Hans Sperling

Die Ernährung in Physiologie und Volkswirtschaft

Die Ernährung in Physiologie und Volkswirtschaft

Von

Dr. Hans Sperling

Oberregierungsrat

DUNCKER & HUMBLOT / BERLIN

Gedruckt 1955 bei Berliner Buchdruckerei Union GmbH., Berlin SW 29

Vorwort

Die vorliegende Schrift will die menschliche Ernährung als wirtschaftliche Aufgabe in Zusammenschau mit ihren physiologischen Grundtatsachen und psychologischen Bedingungen darstellen. Dabei sucht sie sowohl die ökonomische als auch die verwaltungsmäßige Blickrichtung zu berücksichtigen. Besondere Aufmerksamkeit wurde der Rationierung während zweier Weltkriege im In- und Ausland und den hieraus abzuleitenden Erfahrungen gewidmet. Als gesamte Erscheinung ist die Ernährung ein Vorgang des sozialen Lebens und damit auch Bestandteil soziologischer Betrachtung.

Der Inhalt der Schrift ist nach den systematischen Gesichtspunkten einer volkswirtschaftlichen Betrachtung gegliedert. Die Darstellung führt von der Erörterung des Bedarfs über die Probleme des Nahrungsspielraums, der Produktion und des Handels zum Verbrauch und zu den Fragen der Bewirtschaftung. Die ernährungsphysiologischen Grundtatsachen werden in diesem Zusammenhang im Hinblick auf ihre volkswirtschaftliche Bedeutung gesehen. Dabei sind die Ergebnisse der ernährungsphysiologischen Forschungsarbeit insoweit berücksichtigt, als sie für diesen Zusammenhang wesentlich und als hinreichend gesichert anerkannt sind. Die Lebensmittelbewirtschaftung, nach dem ersten Weltkrieg hauptsächlich in historischer Sicht, als Aufgabe einer dokumentarischen Darstellung gesehen, wurde entsprechend der Gegenwartsproblematik als Teilerscheinung einer Anwendung des Wirtschaftslenkungsprinzips mit dem Bestreben behandelt, ihre Methoden und Vorgänge dem Begriffsbereich der Wirtschaftsformen systematisch einzuordnen. Das hierzu notwendige Tatsachen- und Erfahrungsmaterial beschränkte sich demgemäß nicht auf die deutsche Rationierung des zweiten Weltkrieges, doch wurde diese, da sie bisher nicht zusammenfassend dargestellt ist, hierbei auf Grund von Originalunterlagen erstmalig in ihren Einzelheiten behandelt. Die Betrachtung der Wirtschaftsformen selbst wurde in eine Untersuchung über die Relativitätsbedingungen von Freiheit und Regelung des wirtschaftlichen Handelns einbezogen, im Hinblick auf welche allein wohl nur die Zweckmäßigkeit einer wirtschaftspolitischen Haltung beurteilt zu werden vermag. Diese Haltung kann hinsichtlich der Nahrungsmittelversorgung in der heutigen Weltwirtschaftslage nicht die Erfahrungen vergangener Kriege für künftige Parallelfälle zu konservieren trachten, sondern muß bestrebt sein, aus ihnen die Verhaltensformen für den generellen Problembereich abzuleiten, der sich aus den Gegebenheiten des Nahrungsspielraums und der Bezogenheit zwischen Ernährung und volkswirtschaftlicher Leistung der Bevölkerung ergibt. Diese Gegebenheiten und ihre Zusammenhänge darzustellen und hierbei den sozialen Faktoren Rechnung zu tragen, wurde als Aufgabe der Ausführungen über Nahrungsaufkommen und -verbrauch angesehen.

Die Quellen sind in Fußnoten angegeben, die zur Entlastung des Textes von Anmerkungshinweisen an den Anfang der Abschnitte gesetzt wurden, und am Schluß der Schrift in einem Verzeichnis zusammengefaßt. Da sie sich vielfach auf zeitlich begrenzte Abschnitte im Ablauf der ernährungswirtschaftlichen Ereignisse oder auf einen bestimmten Stand der wissenschaftlichen Erkenntnis beziehen, sind sie in den Fußnoten nach der Zeit, beginnend mit der jeweils jüngsten Grundlage, geordnet worden. Eine alphabetische Übersicht der Einzel- und Sammelveröffentlichungen nach dem Verfasser enthält das zusammenfassende Quellenverzeichnis.

Soweit im Text Abkürzungen gebraucht werden, sind sie bei erstmaliger Verwendung jeweils zusammen mit der vollen Bezeichnung angegeben worden.

Das Manuskript war in seinen Grundzügen 1950 fertiggestellt worden. Unter Berücksichtigung der neuesten Entwicklungen erhielt es in den folgenden vier Jahren seine endgültige Fassung und wurde im August 1954 abgeschlossen. Über einzelne in den Zusammenhang des Themas dieser Schrift fallende Probleme hatte der Verfasser bereits Gelegenheit, sich in der von Herrn Professor Dr. *G. Jahn*, Berlin, herausgegebenen Zeitschrift „Schmollers Jahrbuch für Gesetzgebung, Verwaltung und Volkswirtschaft“ zu äußern.

Wiesbaden, den 1. Dezember 1954

Dr. Hans Sperling

Inhalt

Vorwort 5

Erstes Kapitel: Einführung 9

Zweites Kapitel: Der Bedarf 19
1. Bedarf und Nachfrage 19
2. Physisches und soziales Leben 20
3. Die Kreisläufe des Lebens 21
4. Der Wasserhaushalt 24
5. Die Mineralstoffe 27
6. Die Vitamine 30
7. Der Hauptstoffwechsel 33
8. Der Grundumsatz 35
9. Das Wachstumsalter 40
10. Das höhere Alter 42
11. Das Klima 44
12. Die Rasse 46
13. Die Umweltbedingungen 50
14. Die Lebensgewohnheiten 52
15. Das Nahrungsvolumen 52
16. Der Arbeitsumsatz 54
17. Der Normalbedarf 67
18. Der ernährungsphysiologische Bedarf der Bevölkerung 71
19. Unterernährung und Krankheit 76
20. Die Nährstoffe 79
21. Eiweiß 80
22. Fett 83
23. Kohlehydrate 85
24. Der Brennwert der Nährstoffe 87
25. Der Nährwert der Lebensmittel 94

Drittes Kapitel: Das Nahrungsaufkommen 101
1. Bedarf und Erzeugung 101
2. Das ernährungswirtschaftliche Potential 101
3. Der Nahrungsspielraum 106
4. Die Weltproduktion an Nahrungsmitteln 109
5. Welthandel — Weltwirtschaft, Außenhandel — Volkswirtschaft 113
6. Ernährungsbilanzen und Ernährungsvergleiche 130

Viertes Kapitel: Der Verbrauch 152
2. Die Gliederung des Weltverbrauchs 153
1. Die Kriterien des Verbrauchs 152

3. Der Verbrauch Europas ... 157
4. Der volkswirtschaftliche Verbrauch Deutschlands ... 162
5. Die Gliederung des Haushaltsverbrauchs ... 172
6. Die regionalen Unterschiede im Verbrauch der Arbeiterhaushaltungen ... 176
7. Einnahmen und Ausgaben ... 187
8. Der Ausgabenanteil der Ernährung im Frieden ... 193
9. Die Elastizitätskoeffizienten des Nahrungsmittelverbrauchs ... 199
10. Elastizität und Variabilität der Ernährungsausgaben ... 201
11. Die Ernährungsausgaben der landwirtschaftlichen Haushaltungen 203
12. Freier und gelenkter Verbrauch ... 204
13. Grenzen der wirtschaftlichen Handlungsfreiheit ... 210

Fünftes Kapitel: Die Rationierung ... 217
1. Die Formen der Rationierung ... 217
2. Umfang der Rationierung ... 217
3. Die Verwaltungsformen der Rationierung ... 231
4. Der Erfassungsbereich der Rationierung ... 242
5. Die Gliederung der Bevölkerung ... 244
6. Die Verpflegungsformen ... 253
7. Die Technik des Bezugsausweises ... 256
8. Die Rechnungseinheit der Ration ... 268
9. Die deutsche Lebensmittelrationierung des 2. Weltkrieges ... 272
10. Die Entwicklung der Rationen nach Nahrungsmittelgruppen ... 292
11. Die Fleischrationen der Nichtselbstversorger ... 293
12. Die Fischzuteilungen ... 295
13. Die Zuteilungen an Eiern ... 297
14. Milch für den Nichtselbstversorger ... 297
15. Die Zuteilungen an Handelsfetten ... 302
16. Käse und Quark auf Marken ... 305
17. Das tägliche Brot des Nichtselbstversorgers ... 307
18. Nährmittel für den Nichtselbstversorger ... 307
19. Der Kaffee-Ersatz ... 309
20. Zucker, Marmelade, Kunsthonig ... 309
21. Die Kartoffelration ... 312
22. Hülsenfrüchte ... 316
23. Die Gemüsezuteilungen ... 316
24. Die Zuteilungen an Obst und Südfrüchten ... 317
25. Gemüse- und Obstkonserven ... 318
26. Schokolade, Süßwaren und Kakaopulver ... 319
27. Die Zulagen für Arbeiter ... 325
28. Das Punktsystem für Bergarbeiter ... 330
29. Die Zulagen für werdende und stillende Mütter ... 332
30. Die sonstigen Zulagen ... 333
31. Die Selbstversorger ... 338
32. Die Sammelverpflegten ... 338
33. Das Gaststättenessen ... 339
34. Die Auswirkung der Rationierung auf den Ernährungs- und Gesundheitszustand der Bevölkerung ... 339
35. Grenzen der Wirtschaftslenkung ... 370

Anhang: Kalender der Zuteilungsperioden ... 382

Schriftennachweis ... 384

Erstes Kapitel

Einführung

Die wirtschaftlich wesentlichen Probleme der Ernährung sind geschichtlich zunächst in der Erzeugung von Nahrungsmitteln gesehen worden. Gegenstand zahlenmäßiger Wirtschaftsbetrachtung wurde diese im Deutschen Reich mit der Bodenbenutzungserhebung von 1878. Die günstigen Ergebnisse der ersten Reichsviehzählung von 1873 führten zu einer Wiederholung erst nach 10 Jahren. Jährliche Viehzählungen wurden im Deutschen Reich von 1912 an durchgeführt. Die Versorgungslage galt als günstig. Ein gewisser Überblick über den nationalen Erzeugungsstand aus Gründen der Verteidigung galt wohl als notwendig, doch waren die Besorgnisse in dieser Hinsicht geringer als bezüglich der Existenzvoraussetzungen der Landwirtschaft.

Zweifellos war diese auf dem Gebiet der Produktionstechnik und Betriebsorganisation hinter der Entwicklung der aufstrebenden Industrie zurückgeblieben. Gleichzeitig hatte die Entfaltung des Weltverkehrs nicht nur alle Transportvorgänge vereinfacht und beschleunigt, sondern im Rahmen des internationalen Güteraustausches das Problem des zweckmäßigen Umfangs und des tragbaren Preisniveaus einer eigenen Agrarproduktion aufgeworfen. Die Industrie wünschte sich eine möglichst große Einfuhrliste und eine möglichst günstige eigene Kostengestaltung. Je umfangreicher die Liste der zum Import zugelassenen Waren, insbesondere hinsichtlich landwirtschaftlicher Erzeugnisse, um so günstiger beurteilte sie ihre Chance, mit industriell weniger entwickelten Ländern ins Geschäft zu kommen. Der Austausch zwischen Industrieländern fand noch weniger Beachtung als die Konkurrenz mit ihnen. Von einem freien Austausch mit Agrarländern konnte sich die Industrie zudem einen Preisdruck auf die landwirtschaftlichen Inlandspreise und damit einen günstigen Einfluß auf die Lebenshaltungskosten, also auch auf ihre Lohnkostengestaltung, erhoffen.

Diese Erwartungen lenkten das Interesse naheliegenderweise in eine Richtung, die derjenigen der Landwirtschaft entgegenstand, deren Betriebsgrößengestaltung nicht allein von ökonomischen Erwägungen abhing. Sie war nicht in der Lage, sich betriebswirtschaftlich in einem der industriellen Entfaltung gleichwertigen Zeitmaß umzustellen. Andererseits war Deutschland kein entwickeltes Kolonialreich, das die Nutzung des eigenen Bodens im Hinblick auf die Erträge seiner auswärtigen Besitzungen vernachlässigen konnte. Es hatte eine zu große Bevölkerung zu ernähren und dabei eine geographisch in ein Mosaik umgebender Staaten eingebettete Lage, die eine überseeische Versorgung auf periphere Verkehrswege verwies. So günstig die zentrale Lage Deutschland im Schnittpunkt der innereuropäischen Ost-West- und Nord-Süd-Verkehrs stellte, so auferlegte sie auch seinem wirtschaftlichen und wirtschaftspolitischen Handeln eine wohlerwogene Haltung hinsichtlich aller über den unmittelbaren Umgebungsraum hinauswirkenden Schritte. Mit einer solchen Gemessenheit des Weltmarktverhaltens konnte die Landwirtschaft ihr Interesse um so eher identifizieren, als sie überzeugt war, hiermit nicht nur die Belange eines Wirtschaftsbereiches, sondern das Lebensrecht einer gewachsenen und unter den gegebenen wirtschaftsgeographischen und geopolitischen Daseinsbedingungen des Landes unverzichtbaren sozialen Gruppe zu vertreten.

Dieser Gegensatz zwischen der unter den damaligen Umständen als konservativ angesprochenen Auffassung der — sagen wir — landwirtschaftsfreundlichen Gruppe zu den volkswirtschaftlichen Belangen und der sogenannten fortschrittlichen Einstellung der Industriegruppe der politischen Vertreter verlieh der wirtschaftspolitischen Betrachtung eine vorwiegend produktions- und handelspolitische Sicht. Dementsprechend wurde das Ernährungsproblem im wesentlichen nur insoweit in das wirtschaftliche Denken einbezogen, als es ein landwirtschaftliches Erzeugungs- und Absatzproblem war.

Die Volkswirtschaftslehre hatte sich auch so vordringlich mit den unmittelbaren Marktvorgängen befaßt, daß über die sich in der Preisgestaltung niederschlagenden Angebots- und Nachfragebewegungen hinauszudenken kaum ein Anlaß empfunden wurde. Ein hinter der Nachfrage stehender Bedarf, der sich nicht in Geldwert ausdrücken ließ, war wirtschaftlich uninteressant, weil Bedarf eben nur das sein konnte, was zu bezahlen man in der Lage war, und Nachfrage in diesem Rahmen das, was man nach dem Grade seines Interesses und nach Maßgabe seiner Auswahl bezahlen wollte. Um zu fragen, ob jemand auch das bezahlen konnte, wessen er zu seiner Existenz bedurfte, mußte in das wirtschaftliche Denken erst die Vorstellung der sozialen Verpflichtung gegenüber dem einzelnen Marktteilnehmer hineingetragen worden sein. Gewiß hat die Frage des Existenzminimums die Volkswirtschaftstheoretiker bewegt, und dies um so mehr, je stärker sich die „soziale Frage" im gesellschaftlichen Denken als besonderer Problemkomplex abhob. Praktisch ist die Frage nach dem Existenzminimum oder nach dem gerechten Lohn aber nie schlüssig beantwortet worden und konnte dies auch nicht, weil die Maßstäbe dafür fehlten und weil es an der Vorstellung eines unmittelbaren dynamischen Zusammenhanges zwischen Arbeitsleistungsvermögen und Lebensunterhalt mangelte.

Maßstäbe für den existentiellen Bedarf fehlten vor allem auf dem entscheidenden und anteilig bedeutendsten Bereich des Lebensunterhalts, dem der Ernährung. Die Medizin hatte wohl Diätformen entwickelt und konnte in diesem Bestreben wohl schon an *Hippokrates* und *Paracelsus* anknüpfen. Diese Diätetik wandte sich aber therapeutisch gegen ein allgemeines oder spezielles Zuviel der Nahrungsaufnahme. Die Sorge um die Unterschreitung einer unteren Grenze der Nahrungsaufnahme hatte die Medizin noch nicht. Daß es in der Geschichte der Menschheit Mangelzeiten gegeben hat, hatte sich eher auf den Gedanken der Vorratswirtschaft an sich als auf eine bestimmte Mengenplanung ausgewirkt. Die Kornhäuser *Josephs von Ägypten* wurden mit einer bestimmten Ertragsquote der sieben reichen Jahre bevorratet und nicht nach Bevölkerungszahl und erwartbarem Bedarf. Der Gedanke der Ernährungsbilanz und einer Versorgungssicherung durch eine auf den volkswirtschaftlichen Bedarf abgestimmte Erzeugung, Einfuhr und Vorratshaltung ist erst jüngsten geschichtlichen Datums. Noch im ersten Weltkrieg steckte diese Art der Planung nicht bloß organisatorisch, sondern vor allem hinsichtlich ihrer wissenschaftlichen Voraussetzungen in den ersten Anfängen. Trotzdem ist dabei auf beiden Seiten der kämpfenden Parteien Bedeutendes geleistet worden. Es lohnt durchaus und erscheint sogar notwendig, die Rationierungen der beiden Weltkriege in verbindender Betrachtung zu behandeln, wenn man zu systematischen Vorstellungen der Rationierungsmethoden und der Stellung der Rationierung als Wirtschaftsmethode im Gefüge der wirtschaftstheoretischen Begriffe gelangen will. Aber die Resonanz der ernährungsplanerischen Leistungen im ersten Weltkrieg klang als Folge der weithin eingetretenen Unterernährungserscheinungen in einem Überdruß an dem aus, was man als Kalorienrummel bezeichnete.

Das bewirkte bei den forschenden Medizinern der einschlägigen Fachrichtung eine stärkere Hinwendung vom Brennwert der Nahrung zu ihren Grundstoffen, in der breiten Öffentlichkeit und damit in den wirtschaftlich interessierten Bereichen aber ein mehr oder weniger achselzuckendes Desinteressement an diesem nach den Erfahrungen des ersten Weltkrieges doch praktisch nicht lösbar erscheinenden Teil der Ernährungsproblematik. Wie sehr die Vorstellung einer prinzipiell ausreichenden Kaufkraft der Bevölkerung und einer, abgesehen von vorübergehenden Ereignissen der Ernährungsbeengung, im Grunde ausreichenden Erzeugung fortwirkte, zeigt die amüsante Tatsache, daß die Erinnerung an die Kalorien erst mit dem Aufkommen des Schlankheitsideals, also aus der Vorstellung einer Nahrungsfülle heraus, wieder in die breite Öffentlichkeit zurückkehrte. Aus unserer heutigen Schau nach dem Erleben zweier Weltkriege mag dies überraschen. Noch nach dem ersten Weltkrieg war die Erinnerung an lange Vorkriegszeiten reichlicher Ernährungsgrundlage aber so stark und in wirtschaftswissenschaftlichen Kreisen der Gedanke der Überwindung von *Malthus'* Lehre durch den technischen Fortschritt so lebendig, daß eine Ausrichtung an physiologischen Mindest- oder Normalbedürfnissen noch keinen rechten Boden zu finden vermochte. Tatsächlich war die Entstehung eines Ernährungsengpasses für die europäische Bevölkerung in solcher Wirkungsbreite, wie sie der erste Weltkrieg gezeitigt hatte, seit Menschengedenken nicht eingetreten. Weder die von *Napoleon I.* verhängte Kontinentalsperre noch die napoleonischen Kriege als solche noch die Kriege der zweiten Hälfte des 19. Jahrhunderts hatten auf dem Ernährungsgebiet eine gleichartige Breiten- und Dauerwirkung erzielt. Man muß schon sogar über den Siebenjährigen Krieg zurück auf die Ereignisse des Dreißigjährigen Krieges greifen, um ein europäisches Erinnerungsvermögen anklingen zu lassen, das aber kaum größere Lebendigkeit zu gewinnen vermag, als eine Lektüre von *Grimmelshausens* Roman „Simplicius Simplicissimus" vermittelt. Die Vorfahren, mit deren Lebensweise uns noch eine Vorstellung verbindet, sind jene, die uns in altväterlichen Photographien mit jenem soliden Embonpoint gegenübertreten, das uns die erfreuliche Regelmäßigkeit einer Lebensweise mit großen Portionen dokumentiert. Der kosmetischen Diätetik ist es zu danken, daß sie unter dem Gesichtspunkt der Gesundheit, der Schönheitspflege und der Lebensverlängerung das Prinzip der größtmöglichen Saturierung durch die Idee eines — wenn man demgegenüber so sagen will — wohlbemessenen Mangels ersetzt hat. Zu Hilfe kam der Diätetik dabei, daß die Differenzierung der Bedarfsbefriedigungsmöglichkeiten andere Ausdrucksformen für das persönliche Geltungsbedürfnis geschaffen hatte als das der imposanten Körperlichkeit. Daß man aus dem Wandel zu einem sportlich inspirierten, naturnäheren Schönheitsideal wieder anfing, über die Kalorien und sogar über ihre grundstoffmäßige Zusammensetzung nachzudenken, war vom volksgesundheitlichen Standpunkt sicherlich mehr zu begrüßen als etwa eine Betrachtung der Kohlehydrataufnahme unter dem Gesichtspunkt der Diabetestherapie; aber mehr als eine Erschließung der Aufnahmebereitschaft einer breiten Öffentlichkeit für Gedankengänge der Ernährungsphysiologie bedeutete dieser Erfolg der kosmetischen Diätetik auch nicht. Die ernstliche Vorstellung einer Ausrichtung volkswirtschaftlicher Gedankengänge an ernährungsphysiologischen Bedarfsquanten lag in diesem Stadium der Entwicklung noch ziemlich fern.

Als *Voit* um die Jahrhundertwende ein Kostmaß aufstellte, das sich nicht auf bestimmte therapeutische Voraussetzungen bezog, sondern auf den gesunden arbeitenden Menschen, war dies etwas völlig Neues. Bemerkenswerterweise wurde die erste Konsequenz von militärischer Seite gezogen. Bereits 1914 war die Heeresration in Deutschland nach Eiweiß, Fett, Kohlehydraten und Kalorien festgelegt. Sie betrug nach *Flössner* 115 g Eiweiß, 90 g Fett und 490 g Kohlehydrate bei 3150 Kal. je Tag und Mann; die erhöhte Feldkost enthielt bei 3500 Kal. 125 g Eiweiß. Auf dem zivilen Sektor zeigte sich die hier bereits im Prinzip erkennbare Vorstellung eines Zusammenhanges zwischen Ernährung und Leistung erst viel später. Es bedurfte im ersten Weltkrieg erst des bekannten Aufrufs von *Hindenburg*, um die Ernährungslage des Rüstungsarbeiters zur Kenntnis zu bringen. Den Ernährungsbedarf für die verschiedenartigen Tätigkeiten des Erwerbslebens abzuwägen, erforderte allerdings sehr viel differenziertere Untersuchungen über den Zusammenhang von Leistung und Nahrungsaufnahme als der relativ grobe und seiner Natur nach mehr auf Sicherung von Leistungsfähigkeit und Leistungswillen als auf ökonomische Nahrungsmittelverwendung abgestellte Maßstab einer Heeresverpflegung. Die Untersuchungen über den Leistungsbedarf setzten wiederum Feststellungen über das voraus, was man etwa als Normalbedarf ansprechen konnte. So gelangte die Physiologie einerseits zu einer Aufteilung des ernährungsphysiologischen Gesamtbedarfs in den Grundumsatz des Menschen in Ruhelage und in den hierzu tretenden Arbeitsumsatz auf Grund körperlicher Betätigung und andererseits zu einer Staffelung des aus Grund- und Arbeitsumsatz kombinierten Gesamtumsatzes nach der Art der Berufstätigkeit. Da man zunächst einmal ganz unabhängig von den Anforderungen des Erwerbslebens wissen wollte, was der Mensch an Nahrung benötigt, wandte sich die Forschung vordringlich den Problemen der inneren Umsetzungen, der Nahrungsresorption usw. zu, also reinen Fragen der inneren Medizin, der Physiologie, die über den Kreis der medizinischen Wissenschaft hinaus wenig Aufmerksamkeit fanden.

Für den Wirtschaftswissenschaftler war die Anwendung dieser medizinischen Forschungsergebnisse im Rationierungsverfahren des ersten Weltkrieges wenig überzeugend gewesen. Das lag nicht allein daran, daß die ernährungsphysiologisch für notwendig gehaltenen Mengen im Zuge der Entwicklung nicht realisiert werden konnten. Das war auch im zweiten Weltkrieg der Fall, ohne daß die Folgerung einer grundsätzlichen Nichteignung der ernährungsphysiologischen Forschungsergebnisse als ernährungswirtschaftliche Planungsgrundlage gezogen wurde, weil nicht alle Normalverbraucher verhungert waren. Zu diesem Zeitpunkt war man sich bereits durchaus klar darüber, daß die ernährungsphysiologischen Feststellungen noch verfeinert, insbesondere die Elastizitätsgrenzen der sogenannten Minima und die invidiuellen körperlichen Bedingungen noch näher geprüft werden mußten. In dieser Richtung ist dann auch die internationale Arbeit mit dem Ziel weitergelaufen, Grundrelationen zu schaffen, die ein für die besondere Bevölkerungsstruktur jedes Landes anwendbares Bezugssystem ermöglichen. Im ersten Weltkrieg war die ernährungswirtschaftliche Politik aber noch viel mehr von sozialen Vorstellungen einer Sicherung des Lebensunterhalts für die minderbemittelte Bevölkerung von dem Gedanken einer Verhütung von Teuerungsunruhen und Unzufriedenheitsäußerungen der sogenannten unteren sozialen Schichten beherrscht als von einer gesamtplanerischen Disposition der volkswirtschaftlichen Vorräte. Unter diesem Aspekt mußte die Feststellung enttäuschend wirken, daß die nach ernährungsphysiologischen Grundsätzen veranschlagten Rationssätze von den wirklich Minderbemittelten vielfach gar nicht gekauft werden konnten, weil sie über ihrem Normaletat lagen, so daß diese Personen teilweise Lebensmittelmarken verkauften, um sich für den Erlös andere billigere Nahrungsmittel zu kaufen, die ihnen nicht ihrer Gewohnheit entsprechend zugeteilt waren. Hierbei machte sich die damals unzureichende Beachtung des Bedarfs an den einzelnen Grundstoffen geltend, die erst nach dem ersten Weltkrieg eine betonte fachwissenschaftliche Aufmerksamkeit fanden. In die Öffentlichkeit pflanzte sich diese Tendenz aber nur in der schon erwähnten, etwas abseits gelegenen Popularisierung der kosmetischen Diätetik fort, und in der Wirtschaftswissenschaft wirkte das soziale Moment weiter und führte zu Untersuchungen über einkommensmäßig bedingte Unterschiede des Nahrungsverbrauchs. Diese zunächst im wesentlichen mengen- und geltwertmäßig gesehenen Verbrauchsunterschiede erhielten aber schließlich eine neue Beleuchtung durch die Einbeziehung der ernährungsphysiologischen Betrachtungsweise in die Erhebungen über Einnahmen und Ausgaben von Familienhaushaltungen.

Daraus ergab sich der Kontakt zwischen den drei Faktoren: Ernährungsphysiologischer Bedarf — Nahrungsmittelkosten — Einkommen. Die ernährungswirtschaftliche Planung des zweiten Weltkrieges war hierdurch in den Stand gesetzt, den sozialen Schutzgedanken in eine ernährungsphysiologisch fundierte Planung einzubauen, deren übergeordnete Zielstellung eine umfassende Disposition der volkswirtschaftlichen Bestände war. Damit war die ernährungsphysiologische Erkenntnis voll in den wirtschaftlichen Zusammenhang gerückt. Daß diese Einstellung nicht anhielt, lag weniger daran, daß die Abgrenzung der Verbraucherkategorien noch nicht voll befriedigte, als an der Tatsache, daß das ganze Rationierungswesen schließlich auf eine Organisierung des Mangels hinauslief, wobei sich diese Versorgungsform im Bewußtsein der Allgemeinheit mit der Zwangsvorstellung eines *Fichte*schen „geschlossenen Handelsstaates“ verband. Die Notwendigkeit einer wirtschaftlichen Berücksichtigung ernährungsphysiologischer Gegebenheiten wurde in der Folge fürs erste als Faktum einer Planwirtschaft angesehen, die aus der Erfahrung heraus als ein Komplex von Notmaßnahmen für Mangelzeiten und Inbegriff der Zwangswirtschaft empfunden wurde.

Der schlagwortartige Charakter, den solche Begriffe teils als Ausdruck einer öffentlichen Meinung, teils durch Einbeziehung in ideologische Auseinandersetzungen erhielten, hat die objektive Einordnung von Wirtschaftsformen mehr oder weniger ausgesprochen übergeordneter Planung in eine Systematik der möglichen Wirtschaftsformen erschwert. Die Erkenntnis, daß zwischen der für einen sozialen Organismus nicht vertretbaren Unbegrenztheit der menschlichen Handlungsfreiheit einerseits und der allmächtigen Staatsgewalt andererseits ein von der staatlichen Führung als Vertreterin der Gesamtinteressen ausgehendes planerisches Denken und Handeln in mehr oder weniger ausgeprägter Form im modernen Staat zur Entfaltung kommen muß, damit nicht das soziale Risiko einer geringeren Kontrolle als das privatwirtschaftliche unterliegt, hat erst wieder aus den Zusammenhängen zwischen der eigenen Volkswirtschaft und der Weltwirtschaft Geltung gewonnen. Wenn es sich darum handelt, eine Bevölkerung mit Hilfe ihrer Arbeitsleistung zu ernähren, so müssen alle wirtschaftlichen Überlegungen hinsichtlich der Bevölkerung von drei Fakten ausgehen, von der allgemeinen Bevölkerungsstruktur und ihrer Entwicklungstendenz, von dem Arbeitskraftpotential und -volumen der Bevölkerung und von ihrem ernährungsphysiologischen Bedarf.

Es ist bezeichnend, daß gerade die weltwirtschaftliche Perspektive in Form der von der Ernährungs- und Landwirtschaftsorganisation der Vereinten Nationen geleisteten Arbeiten den ernährungsphysiologischen Bedarf als volkswirtschaftliche Kalkulationsgröße zur Geltung brachte. Man wird diese Organisation gewiß zwangswirtschaftlicher Tendenzen für unverdächtig halten, und doch steht hinter diesen Studien eben das, was der Planwirtschaft der Weltkriege den Stempel aufdrückte. Das ist freilich nicht der akute Mangel und auch nicht die Vorstellung einer Unabwendbarkeit zukünftigen Mangels. Wohl aber stehen hinter diesen Bemühungen die Erkenntnisse über die Relation zwischen Weltbevölkerung und Welterzeugung. Diese Erkenntnisse strafen den Optimismus der Anfangszeit der industriellen Expansion gegenüber dem Malthusianismus nicht geradezu Lügen, aber sie statuieren den Nahrungsspielraum jedenfalls als existentes Problem, zu dem eine ökonomische Einstellung erforderlich wird. Dadurch wird die volkswirtschaftliche Haltung von der weltwirtschaftlichen Problematik her auf die planerische Koordinierung von Bedarf und Warenmenge hingeführt, soweit dies nicht bereits aus volkswirtschaftlichen Notwendigkeiten selbst geschehen ist.

Die Zusammenhänge zwischen volkswirtschaftlicher Leistung und der Aufnahmefähigkeit für Weltmarkterzeugnisse liegt ja nicht nur im technischen Element. Die rüstungsindustriellen Erfahrungen zweier Weltkriege haben hinreichend dargetan, daß der Lebensunterhalt des Arbeiters nicht nur ein soziales Problem ist. Die Schlußfolgerungen aus dem ersten Weltkrieg waren in dieser Richtung freilich noch einigermaßen mager. Durch die Schaffung von Tarifverträgen ist der Lohn aus der reinen Marktatmosphäre der sozusagen militanten Auseinandersetzung zwischen Angebot und Nachfrage nicht grundsätzlich herausgehoben worden. Zwar begründeten die Arbeitnehmerverbände ihre Forderungen mit Material über die Lebenshaltungsstruktur und -entwicklung ihrer Mitglieder, doch hatten diese Darlegungen so lange nicht das Gewicht einer leistungsbedingenden Kostenkalkulation, als der Kausalzusammenhang zwischen Lebenshaltung und Arbeitsleistung nicht klarstand. Die staatlichen Schlichtungsausschüsse haben die beiderseitigen Argumente immer nur unter sozialen Gesichtspunkten und im Hinblick auf die Zumutbarkeit für die Kostengestaltung des Arbeitgebers gewürdigt. Die unternehmerischen Erfahrungen gingen aber dahin, daß ein Mann, dessen Lohn erhöht wird, unter der Voraussetzung unveränderter Kaufkraftbedingungen auch mehr arbeiten muß und kann, daß man mit entsprechender Akkordlohn- und Prämienpolitik die Leistung hinaufschrauben könne usw. Der Kampf um den Achtstundentag und um tarifliche Mindestlöhne wäre unnötig gewesen, wenn man in der Lage gewesen wäre, den Menschen schon zu Beginn der Industrialisierung nicht so sehr als Wesen des Willens denn als psychophysisches Wesen aufzufassen und zu würdigen. Erst der zweite Weltkrieg brachte praktisch die Erkenntnis, daß es eine Grenze der physiologischen Leistungsbereitschaft gibt, die von den dem Willen zugänglichen Leistungsreserven nur beschränkt und befristet überwunden werden kann. Mit dieser Formulierung ist freilich über den damaligen Erkenntnisstand hinaus in die Arbeitsphysiologie der jüngsten Gegenwart gegriffen worden. Was aber heute seinen Niederschlag in Lehrbüchern findet, war damals ein Anfang. Die Erkenntnis, daß der Schwerstarbeiter nur mit einem größeren Nahrungsangebot in seiner Tätigkeit leistungsfähig blieb als der Schwerarbeiter, daß sich auf dem Grundumsatz ein je nach der Art der Arbeit verschieden hoher Arbeitsumsatz aufbaute, der einen spezifischen Gesamtumsatz ergab, daß sich hieraus eine Systematik von Bedarfstypen ableiten läßt und daß die Beachtung dieser Gegebenheiten leistungswesentlich ist, wurde von der Arbeitsphysiologie in langwieriger Detailarbeit entwickelt, die ihren Anstoß aus den unmittelbaren praktischen Erscheinungen des Arbeitslebens in Mangelzeiten empfing. Und hier liegt auch die Wurzel für eine Berücksichtigung des ernährungsphysiologischen Bedarfs als Kalkulationselement des Arbeitslohnes.

Wenn so die Arbeitsphysiologie auch in einem Punkt die Lohnbildung über die Sphäre des freien Aushandelns hinausgehoben hat und das Arbeitnehmerinteresse in einer der Unternehmervorstellung adäquaten Form mit einer zahlenmäßig faßbaren Kalkulationsgrundlage versehen hat, so darf dies freilich für den lohnpolitischen Bereich nicht überschätzt werden. Es bleiben noch genügend Lohnbestimmungsmomente, hinsichtlich deren der Arbeitnehmer noch nicht mit Maßstäben gleicher Festigkeit aufzutreten vermag wie der Unternehmer hinsichtlich seiner Kostenkalkulation. Wesentlich ist aber, daß die Arbeitsphysiologie mit ihren Feststellungen den ernährungsphysiologischen Bedarf in die ökonomische Betrachtungsweise der Arbeitswelt eingeführt hat und daß dieser hierdurch so weit zu einer anerkannten ökonomischen Größe geworden ist, daß ihn Arbeitnehmer und Arbeitgeber in umfassendere Untersuchungen über die analytische Arbeitsbewertung einbezogen haben, die sich in jüngster Zeit zu Erörterungen auf internationaler Basis entwickelt hat.

Damit hat sich der physiologische Bedarf zu einem ökonomischen Faktor entwickelt, der nicht nur im großen Rahmen volkswirtschaftlicher Ernährungsbilanzen eine spezielle Bedeutung erlangt hat, sondern in das gesamte Wirtschaftsleben inhäriert. Dennoch wäre es zuviel gesagt, daß diese seine Bedeutung bereits über den begrenzten Kreis der mit diesen Problemen befaßten Wissenschaftler und Verwaltungspersonen in das Bewußtsein der Allgemeinheit oder auch nur des Volkswirtes schlechthin eingedrungen ist. Das ist so wenig der Fall, daß eine speziell auf volkswirtschaftliche Belange zugeschnittene Nahrungsmitteltabelle, die aus praktischen Bedürfnissen volkswirtschaftlicher Berechnungen hervorgegangen war, bei ihrem kürzlichen Wiedererscheinen weit mehr in medizinischen und gesundheitspolitischen Zeitschriften als in volkswirtschaftlichen besprochen wurde und dort zum guten Teil auf ihre Eignung für — diätetische Berechnungen betrachtet wurde. Das erfahrungsgemäß immer langsame Vordringen neuer Notwendigkeiten und Erkenntnisse in das Breitenbewußtsein hat aber noch nie einen Maßstab für ihre Realität gebildet. Wie die Problemstellungen der sogenannten sozialen Frage nur sehr allmählich die rein produktionswirtschaftliche und kommerzielle Betrachtungsweise im Wirtschaftsleben überwinden konnte und die sich mit der zunehmenden sozialen Umschichtung vollziehende Formung des Menschen als sozialwirtschaftliche Einheit nur langsam ihren Niederschlag in der Entwicklung des Begriffs der Erwerbsperson und ihrer Untergliederungen fand, der neben die Erfassung des Menschen als Bevölkerungsbestandteil, als biologische Einheit trat, so erfordert auch die Anerkennung seiner besonderen Stellung als physiologische Einheit eine Neuorientierung.

Dadurch wird das Ernährungsproblem über den speziellen Bereich der Nahrungsmittelerzeugung und der Nahrungsmittelverteilung hinausgehoben. Diese gewinnen im Gesamtkomplex etwa die Stellung, die der Arbeitsplatzverteilung und der Gestaltung der Arbeitsverdienste im Rahmen des Arbeitsproblems zukommt. Wie hier der Mensch als Erwerbsperson die Grundlage und den Ausgangspunkt aller analytischen und politischen Betrachtungen bildet, so erfordert auch eine Behandlung des Ernährungsproblems, vom Menschen in seiner besonderen Eigenschaft als physiologischer Bedarfsträger auszugehen.

Zweites Kapitel

Der Bedarf

Bedarf und Nachfrage.[1] Der Konsumbedarf ist das Fundament allen Wirtschaftsablaufs. Jede Art der sozialorganisatorischen Vorsorge auf wirtschaftlichem Gebiet muß von dieser Grundlage ausgehen. Die tragende Bedeutung des Nahrungsmittelbedarfs hierbei verdeutlicht nichts mehr als die Tatsache, daß gerade während der beiden Weltkriege unter einem außerordentlichen Druck des öffentlichen und von ihm ausgelösten investitorischen Bedarfs das Ernährungsproblem im Schnittpunkt aller verwaltungsmäßigen und auch privatwirtschaftlichen Dispositionen stand. Sowohl die Erhaltung von Gesundheit und Arbeitsfähigkeit der Zivilbevölkerung als auch diejenige der Leistungsfähigkeit der Wehrmacht hing hiervon ab. Die Anwendung dieser objektiven, technisch-naturwissenschaftlichen Maßstäbe bedeutet zunächst einmal einen Verzicht auf diejenigen eines subjektiven Marktverhaltens. Nicht die aus persönlichen Bedarfsvorstellungen und der Meinung über ihre einkommenmäßige Realisierbarkeit resultierende Nachfrage oder der Verbrauch, der sich im Ablauf des Marktgeschehens aus Nachfrage und Angebot herauskristallisiert, bestimmen Gesundheit und Leistungsfähigkeit, sondern der an diesen unmittelbar meßbare physiologische Bedarf. Diese Meßbarkeit ist das Ergebnis einer wissenschaftlichen Forschung, die unter den Notwendigkeiten der Kriege vielleicht gefördert, aber nicht in ihnen begründet und auf sie beschränkt ist, sondern sich auf die Erkenntnis der fundamentalen Bedeutung einer gesicherten Ernährung für die wirtschaftliche Existenz und für das soziale Leben eines Volkes gründet und auf den Wert einer physiologisch richtigen Nahrung für den Gesundheitszustand einer Bevölkerung. Um der so einfach erscheinenden Forderung nach der Meßbarkeit des Nahrungsmittelbedarfs genügen zu können, mußte die Naturwissenschaft im allgemeinen und die Ernährungsphysiologie im besonderen den Weg bis zu den Grund-

[1] *Sperling,* Ideologien und soziale Grundbeziehungen, Schmollers Jahrbuch, Heft 2/1951; *ders.,* Über die Relativität der ökonomischen Freiheit, Schmollers Jahrbuch, Heft 5/1950; *Schrödinger,* What is Life?, New York 1945; *Flössner,* Nährstoffbedarf des Menschen, Carl Flügge's Grundriß der Hygiene, Berlin 1940; *Skalweit,* Die Deutsche Kriegsernährungswirtschaft, Stuttgart-Berlin-Leipzig-New Haven 1927.

faktoren des Lebens und den Prinzipien seiner Organisation suchen. Aus dieser sich für die Naturwissenschaft an der Grenze von mechanistischer und organischer Naturauffassung erneut stellenden Generalfrage nach dem, was Leben ist, wurden für die Ernährungsphysiologie die Fragen nach den Grundstoffen des menschlichen Lebens und nach seiner Einordnung in das physische Leben als Gesamterscheinung von spezieller Bedeutung. Aus der Beantwortung beider Fragen ergeben sich die ursprünglichen Triebkräfte wirtschaftlichen Handelns. Die Überlegungen des ökonomischen Verhaltens entstehen auf der Grundlage der ernährungsphysiologischen Gegebenheiten.

Physisches und soziales Leben[2] sind Integrationsstufen des menschlichen Lebens, deren zweite sich auf der ersten aufbaut. Entsprechendes gilt für die zugehörigen wissenschaftlichen Bereiche. Hier stellen wir die Frage nach den ernährungsphysiologischen Grundtatsachen im Hinblick auf den sozialen Lebensbereich. Die Antwort wird also nicht neue Erkenntnisse in die medizinische Wissenschaft hineintragen, sondern vielmehr aus deren Erkenntnis zur Bereicherung der Sozialwissenschaft zu schöpfen suchen. Das Strukturbild des überindividuellen menschlichen Lebens als physiologisch motivierter Erscheinung setzt sich aber aus eben den Elementen zusammen, auf die sich die Forschung der Medizin bezüglich des individuellen Organismus richtet. Wir brauchen also die Wirkungsträger nicht über diesen Bereich hinaus in ihrer physikalischen Erscheinungsform zu erkennen suchen und uns nicht mit den Grenzproblemen von Stoff und Energie zu beschäftigen. Wohl aber müssen wir versuchen, uns ein Bild dessen zu machen, was physisches Leben ist, wenn wir wissen wollen, welche physiologische Impulse auf die wirtschaftlichen Vorgänge des sozialen Lebens wirken und wie sie zu beurteilen sind. Die Zahl der Grundstoffe, aus denen sich das Leben aufbaut, ist verhältnismäßig gering. Das entscheidende Moment für die Grenze zwischen Leben und Nichtleben, die nach den Ergebnissen der Virenforschung sogar verfließt, liegt nicht so sehr im Stoff als in der jeweiligen Struktur der Stoffe und Stoffkombinationen, welche das energetische Gestaltbild ausmacht. Trotz der systematisch und wohl auch historisch unscharfen Grenze zwischen vitalen und avitalen Erscheinungsformen ist die Zustandsänderung der individuellen Gestalt durch den Übergang vom Leben zum Nichtleben in der bisher gegebenen Gestaltform doch so eindeutig, daß es auf Grund des Befundes am toten Körper nicht möglich ist, die seiner Lebensform eigentümlich gewesenen energetischen Umsetzungen zu rekonstruieren. Biochemie und Physiologie

---

[2] *Sperling,* Ideologien und soziale Grundbeziehungen, Schmollers Jahrbuch, Heft 2/1951; *Beller,* Viren und Miasmen, Stuttgart 1949; *Bavink,* Die Naturwissenschaft auf dem Wege zur Religion, Oberursel 1947; *Oppenheimer,* Der Mensch als Kraftmaschine, Leipzig 1921.

sind daher darauf angewiesen, aus der Wirkungsreaktion des Organismus und aus dem Laboratoriumsversuch auf die energetischen Vorgänge zu schließen, die sich auf der Basis kleinster Strukturelemente unsichtbar im Organismus vollziehen. Die Wirkung dieser Impulstensoren äußert sich im großen als nach Art und Menge bestimmtes Bedürfnis des Organismus. Als Grundbedürfnis, auf dessen Befriedigung sich die Möglichkeit derjenigen aller anderen Bedürfnisse aufbaut, besteht das Nahrungsbedürfnis. Die ihm zugrunde liegenden „Wirkungsquanten" zu analysieren, ist Aufgabe der Physiologie und Biochemie. Die Ergebnisse ihrer Forschungen einer sozialen Befriedigung des Nahrungsbedürfnisses dienbar zu machen, ist Aufgabe der Sozialwissenschaft.

Die Kreisläufe des Lebens.[3] Die organischen Lebensvorgänge vollziehen sich in zwei ineinandergreifenden Kreisläufen. Der äußere Kreislauf umfaßt die Nahrungsaufnahme und den Schlackenausstoß, wenn wir uns den äußeren Stoffwechsel einmal mit diesem bildhaften Ausdruck vergegenwärtigen wollen. Beide erhalten den Kreislauf der inneren Umsetzungen, des intermediären Stoffwechsels, welcher der Erhaltung der Substanz durch ständige Erneuerung sowie der Erzeugung und dem Ersatz von Energie dient.

Der substanzerhaltende Kreislauf umschließt den Baustoffwechsel. Er vor allem bedingt den Eiweißbedarf und den Mineralstoffbedarf des Körpers. Der energetische Kreislauf stellt den Betriebsstoffwechsel des Körpers dar. Er wird hauptsächlich durch die Zufuhr von Fett und Kohlehydraten erhalten. Träger des Stoffwechsels ist das Wasser. Der Körper des erwachsenen Menschen besteht zu etwa 70 % seines Gewichts aus Wasser, zu 15 % aus Eiweiß, zu 10 % aus Fetten und Lipoiden und zu 5 % aus Mineralien, somit nur zu 30 % aus fester Substanz, wovon $^5/_6$ organischen und $^1/_6$ mineralischen Ursprungs sind. In der Gesamtmasse überwiegt dagegen die anorganische Substanz, da auch das Wasser zu dieser rechnet, so daß ihr Anteil (einschließlich der Mineralien) 75 % beträgt.

Entsprechend den Elementen seines Kreislaufes richtet sich das physiologische Bedürfnis des Organismus auf Wasser (Durst) und auf feste Stoffe (Hunger).

Die physiologisch größere Bedeutung kommt dem Wasserbedarf zu. Wasserverluste des Organismus von etwa 15 % des Körpergewichts füh-

---

[3] *Lehnartz,* Chemische Physiologie, Berlin-Göttingen-Heidelberg 1949; *Heupke,* Diätetik, Dresden und Leipzig 1942; *Rein,* Physiologie des Menschen, Berlin 1938; *Steckhan,* Wie erhalten wir den Boden und seine Fruchtbarkeit?, Kosmos Heft 10/1952, S. 437 ff.; *Agatz-Pallasch-Schroeder-Seiler-Grahmann-Prüß-Uhden-Hilfer-Seidling-Wundt,* Wasser — Die Sorge Europas, Forschung und Leben (Bonner Beiträge zur Raumforschung) Heft 2/1951; *Heinrichsbauer,* Die Wasserwirtschaft im rheinisch-westfälischen Industriegebiet, Essen 1936.

ren im allgemeinen zum Tode; bereits geringere Wasserverarmung löst schwerere Funktionsstörungen aus als der alleinige Entzug irgendeines anderen Nahrungsstoffes. Nach *Rein* liegt die Verdurstungsschwelle bei einer Einbuße von 12—20 % des im Körper enthaltenen Gesamtwassers. Jedenfalls verdurstet der Mensch rascher als er verhungert. Boden und Wasser bilden die elementaren Grundlagen der menschlichen Existenz überhaupt. Wirtschaftlich war dennoch das Wasser bis in die jüngste Zeit kein Problem. Abgesehen von den Verkehrsadern der Binnenschiffahrt erlangten die Fragen der Wasserwirtschaft selten überörtliche Bedeutung. Erst die gewaltigen Erosionserscheinungen im mittleren Westen der USA, die in dem mächtigen Staubsturm vom 11. 5. 1934 kulminierten, der 450 000 qkm Ackerfläche und damit die Existenzgrundlage von rund 165 000 Menschen vernichtete, brachten das Erfordernis umfassenderer wasserwirtschaftlicher Planungen zur Kenntnis einer breiten Öffentlichkeit. Auch in Deutschland haben das Ausmaß der Bodenerosion einerseits, aber auch der durch die Bevölkerungsdichte geschaffene Zwang zur Nutzlandgewinnung durch Be- und Entwässerung anderseits die Raumforschung auf den Plan gerufen. Dienen die hiermit zusammenhängenden agrarischen (z. B. Konturpflügung), forstwirtschaftlichen (z. B. Windschutzanlagen) und wasserwirtschaftlichen Maßnahmen (z. B. Drainage) dem physiologischen Bedarf des Menschen mittelbar über das landwirtschaftliche Erzeugnis, so dient ihm das Wasserstraßennetz neben der Beförderung von industriellen Massengütern ebenso mittelbar durch den Transport landwirtschaftlicher Massenerzeugnisse. Wie der Wasserstand der Kanäle durch Pumpwerke auf der erforderlichen Schiffahrtshöhe gehalten werden muß, benötigt die Industrie ungeheure Mengen Wasser, zu denen weitere Anforderungen aus den hygienischen Notwendigkeiten einer Kanalisation der immer dichter besiedelten Niederlassungen treten. Und hierzu kommt der unmittelbare Bedarf des Menschen an Trinkwasser. Die Zusammensetzung aller dieser Forderungen an die Wasserwirtschaft führt zu der Frage nach den Quellen der Wasserdarbietung und damit zum Problem des Wasserhaushalts. Die vielfältigen Anforderungen an die Wasserversorgung müssen dann zu einer wasserwirtschaftlichen Planung führen, wenn sich das Verhältnis der Wasservorräte zum Wasserbedarf verengt. In den Bereich der Möglichkeit wird eine solche Verengung sowohl von der Bedarfsseite als auch von der Beschaffungsseite her gerückt. Die Zunahme der Bevölkerung in Westdeutschland belastet die Wasserdarbietung sowohl direkt als auch indirekt. Anderseits sind vielerorts Senkungen des Grundwasserspiegels beobachtet worden, die zwar vielleicht nicht Anlaß zu unmittelbarer Besorgnis, aber doch zu einer großräumigen Betrachtung der wasserwirtschaftlichen Probleme bieten. Die wirtschaftliche Bedeutung des Wassers auf dem Ernährungssektor liegt so mehr auf dem Gebiet der agrartechnischen Anwendung, so daß eine unmittelbare Planung des Trinkwasserverbrauchs im Sinne einer solchen des Verbrauchs an Nahrungsmitteln pflanzlicher und tierischer Herkunft im allgemeinen nicht in Betracht zu ziehen ist. Immerhin kann eine solche ausnahmsweise gerade in dicht besiedelten Gebieten in Form einer Planung des Haushalts- und des gewerblichen Bedarfs örtlich notwendig werden, wenn örtliche Eingriffe in das Wasserversorgungsnetz (z. B. durch Luftangriff) oder zeitweilige Erschöpfung der Wasserzufuhr und -speicherung (z. B. in Dürrejahren) Ausnahmeverhältnisse schaffen. Nicht aber nur für solche, sondern um den Bilanzwert des physiologischen Wasserbedarfs des Menschen für einen gegebenen oder zu planenden Wasserhaushalt wirtschaftlich veranschlagen zu können, ist es wichtig, diesen Faktor der Versorgung des Organismus auch in einer im wesentlichen auf die ernährungswirtschaftlichen Belange abgestellten Betrachtung nicht zu vernachlässigen.

Ein Teil des physiologischen Wasserbedarfs wird durch den Wassergehalt der pflanzlichen und tierischen Nahrungsmittel gedeckt. Anderseits ist der durch den Hunger bewußt werdende Bedarf nicht allein durch die Zufuhr der oben als feste Bestandteile des Körpers bezeichneten organischen und anorganischen Stoffe stillbar. Um diese in der Verdauung dem substanzerhaltenden und dem energetischen Stoffwechsel bedarfsgemäß nutzbar zu machen, benötigt der Körper in Spuren die Ergänzungsstoffe (akzessorischen Nährstoffe), die unter der Bezeichnung Vitamine bekannt geworden sind. Für das harmonische Zusammenspiel aller Funktionen des Körpers ist die Anwesenheit dieser Ergänzungsstoffe so unverzichtbar, daß diese ebenso wie diejenige des Wassers als Voraussetzung für den ausgeglichenen Ablauf der Nahrungsumsetzung im menschlichen Körper anzusehen ist.

Schließlich haben die mineralischen Salze insofern eine besondere Bedeutung für den Bau- und Betriebsstoffwechsel des Organismus, als von ihrer Konzentration der osmotische Druck der Körperflüssigkeiten und Gewebe bestimmt wird. Dieser ist eine der wesentlichen Voraussetzungen dafür, daß die organischen Strukturteile, insbesondere die labilen Eiweißkörper, nicht denaturierenden Veränderungen unterliegen. Die Aufgabe der Mineralstoffe besteht also im wesentlichen darin, dem Ablauf der Lebensvorgänge im Organismus das ausgeglichene Milieu zu erhalten. Unter dem osmotischen Druck wird der Druck verstanden, der in einem Gefäß durch die Verbindung einsickernden Wassers mit quellfähigen (kolloidalen) Körpern entsteht. Dieser Druck entsteht in den organischen Zellen im Zusammenhang des Austausches von Körperflüssigkeit durch die Zellhaut, der in millionenfacher Vervielfältigung den Stoffwechsel des Organismus ausmacht. Die Wirkung der Mineralsalze hierbei beruht auf den Ionen, in die sie zerfallen. In gebundener

Form bilden die Mineralien hauptsächlich die tragenden Bestandteile des Körpers, das Skelett. Mit Hilfe des Wassers, gesteuert durch die Vitamine, unter der hydrostatischen Regulierung der Mineralsalze und um das mit anorganischen Stoffen aufgebaute Gerüst des Organismus vollzieht sich der Umsatz der Hauptnährstoffe. Die Schlacken der aufgenommenen Nahrung enthalten vor allem nicht ausnutzbare Kohlehydrate (wie Zellulose) und das nicht ausgenutzte Eiweiß. Die Abbauprodukte des Baustoffwechsels werden vor allem durch den Urin, aber auch über den Stickstoffgehalt der Darmsekrete über den großen Verdauungstrakt abgeführt. Als Dung gelangen alle diese Ausscheidungen wieder in den Boden. Über die Atemwege gibt der Körper als Oxydationsprodukt Kohlensäure ab, über die er gewissermaßen im Atmungsaustausch mit der Pflanzenwelt steht. Damit schließt sich der Ring des äußeren Kreislaufs, in den der Mensch einbezogen ist und auf dem letzten Endes die Grundelemente seiner Wirtschaft beruhen.

Der Wasserhaushalt.[4] Das im Organismus vorhandene Wasser ist an seine kolloidalen Elemente wie Eiweißkörper, Glykogen usw. gebunden. Der Wassergehalt der Organe ist unterschiedlich. Abgesehen von den Körperflüssigkeiten wie Blut, Lymphe, Speichel enthalten Bindegewebe und Nieren die verhältnismäßig größte Wassermenge (nach *Lehnartz* 80—83 %). Auch der Wasseranteil von Leber, Rückenmark, Gehirn, Haut, Muskeln, Darm, Pankreas, Lunge und Herz liegt zwischen 70 und 80 %, während das elastische Gewebe und die Knorpel nur 50 bzw. 55 % Wasser enthalten. Gering ist der Wasseranteil des Knochenbaues (22 %), des Zahnbeins (10 %) und des Zahnschmelzes (0,2 %). Die Bindung des Wassers an die Kolloide ist jedoch jeweils bis auf eine geringe Quote labil. Insoweit ist das Quellungswasser als Lösungsmittel für kristalloide Bestandteile verfügbar. Der Wassergehalt der einzelnen Körperzelle zeigt daher eine gewisse Schwankungsbreite, die funktionell bedingt und daher individuell verschieden ist. In je höherem Maß die Funktionalität an eine Konstanz der Wasserhaltung gebunden ist, um so weniger schwankt der Wassergehalt. Dies gilt besonders von dem 80%igen Wasseranteil des Blutes.

Das Wasser wird dem Körper in Form von Flüssigkeiten (Getränken) und von Nahrungsmitteln zugeführt, und zwar nach *Andres* in einer durchschnittlichen Bedarfsmenge von 3,1 l, während 0,4 l aus den Oxydationsvorgängen im Körper anfallen.

[4] *Fachmann-Kraut-Sperling,* Nährstoff- und Nährwertgehalt von Nahrungsmitteln, Leipzig 1953; *Andres,* Getränke, Stuttgart 1950; *Binet,* Wie wehrt sich dein Körper?, Stuttgart 1950; *Lehnartz,* Chemische Physiologie, Berlin-Göttingen-Heidelberg 1949; *Heupke,* Diätetik, Dresden-Leipzig 1942; *Flössner,* Nährstoffbedarf des Menschen, Carl Flügge's Grundriß der Hygiene, Berlin 1940; *Rein,* Physiologie des Menschen, Berlin 1938; *Schall,* Nahrungsmitteltabelle, Leipzig 1935; *Kahn,* Das Leben des Menschen, Stuttgart 1923.

Die Getränke unterscheiden sich in natürliche und künstliche.

Natürliches Getränk ist in erster Linie das Wasser. Für die Wasserversorgung bietet es sich in verschiedenen Härtegraden. Die Härtemessung geht in Deutschland, England und Frankreich von verschiedener Grundlage aus. Der deutsche Härtegrad entspricht einem Gehalt von 10 mg Calciumoxyd in 1 Ltr. Wasser, der französische der gleichen Menge Calciumkarbonat in ebenfalls 1 Ltr. Wasser und der englische dieser Menge Calciumkarbonat in $^{7}/_{10}$ Ltr. Wasser. Das Versorgungswasser kann eine bleibende und eine vorübergehende Härte aufweisen; jene beruht auf den Verbindungen von Calcium und Magnesium mit Nitraten, Sulfaten, Phosphaten und Chloriden, diese auf entsprechenden Verbindungen mit Bikarbonaten. Die auf diesen beruhende Härte verschwindet in dem Maß, in dem diese sich beim Kochen als Kesselstein niederschlagen. Weiches Wasser wird von der Hausfrau für die Wäsche bevorzugt, weil hartes schwer schäumt. Dagegen ist dieses für den Knochenaufbau günstig. Neben dem einfachen Quell- oder Versorgungswasser bietet sich Wasser als natürliches Getränk in Gestalt der Mineralwässer. Die eigentlichen Tafelwässer liefern die Säuerlinge. Die übrigen alkalischen (nach ihrem Gehalt an Alkalimetallen so genannt), muriatischen (kochsalzhaltigen) usw. Quellen dienen weniger dem Getränkebedarf als der Verwendung als Heilwasser. Die Mineralwässer fördern den Mineralhaushalt des Körpers und begünstigen durch ihren Kohlensäuregehalt die Verdauung durch Anregung der Magentätigkeit und der hormonalen Sekretion. Außer Wasser kommen als natürliche Getränke zum Verbrauch normalerweise nur Milch der verschiedenen Herkunftsarten, Kokosmilch und reine Pflanzensäfte. Von letzteren können als Getränke eigentlich nur die Fruchtsäfte gelten, während die eigentlichen Pflanzensäfte (z. B. Brennesselsaft) in erster Linie dem Kurgebrauch dienen.

Der Begriff des künstlichen Getränks ist nicht einer Verwendung von Kunststoffen gleichzusetzen. Als Getränke dieser Art werden hier vielmehr solche verstanden, die erst durch Verarbeitung der Urstoffe in Verbindung mit Wasser in genußfertigen Zustand kommen. Hierzu rechnen alle anregenden und alle alkoholischen Getränke sowie ein Teil der nahrhaften Getränke. Zu den anregenden Getränken zählen, soweit unsere Breiten in Frage kommen, Tee aller Arten, Kaffee und Cola-Getränke, zu den alkoholischen Bier, Wein, Branntweine und Liköre, zu den nahrhaften dieser Gruppe Kakao und Fleischbrühe, außerdem von den natürlichen Tier- und Pflanzenmilch sowie Fruchtsäfte. Die Unterscheidung zwischen alkoholischen und nahrhaften liegt mehr in dem genußbestimmenden Gehalt und bedeutet nicht, daß die alkoholischen Getränke nicht nährwerthaltig sind. Der Nährwertgehalt einiger verbrauchswichtiger Getränke wird von *Fachmann-Kraut-Sperling* für die Verbraucherstufe wie folgt angegeben: Himbeersaft, ungezuckert 40, gezuckert 285, Apfelsaft, unvergoren, ohne Zuckerzusatz 66, Vollmilch, 3,3 % Fettgehalt 64, Kakaopulver 413, Lagerbier, hell, 11,4 % Stammwürze 20, Traubenwein, weiß, Rhein- und Maingau 11 und Apfelwein, deutsch 9 Kal. je 100 g.

Außer den Getränken bieten die Nahrungsmittel dem Körper Flüssigkeit. Ihr Wassergehalt ist verschieden. *Schall* gibt für mageres Rindfleisch 74,2, für das Fleisch des Kabeljau 82,4, für Kuhmilch 87,5, für Weißkohl 92,1 und für das Fruchtfleisch der Tomate 93,4 g Wassergehalt je 100 g Masse an. Durch die Küchenzubereitung der Nahrung ändert sich deren Wassergehalt und damit ihr Volumen. Nahrungsmittel tierischer Herkunft pflegen während der Zubereitung Wasser abzugeben, solche pflanzlicher Art nehmen hingegen dabei im allgemeinen Wasser auf. Nach *Flößner* beträgt der Wassergehalt von Rindfleisch in frischem Zustand 75 %, in gekochtem Zustand 57 % und gebraten 59 %, derjenige von rohen Erbsen 14 %, von Erbsenbrei 73 % und von Erbsensuppe 90 %.

Der Wasserbedarf des Menschen schwankt mit den Flüssigkeitsverlusten des Körpers, also hauptsächlich mit der Stärke der Transpiration und der Intensität der Atmung. Nach *Andres* kann die Schweißabsonderung durch Hitze, Fieber, Muskelarbeit und Erregung bis auf 1,5 Ltr. stündlich steigen. Schwere Störungen des Wasserbestandes treten bei starken Durchfällen, Ruhr, Cholera usw. ein. Den normalen Wasserbedarf des erwachsenen Menschen gibt *Lehnartz* mit 35 g je 1 kg Körpergewicht und 24 Stunden an. *Andres* bemißt den Gesamtbedarf auf 3,5 Ltr., *Rein* auf 2650 ccm. Der Körper verbraucht das ihm zugeführte Wasser in einer gewissen Sparwirtschaft. Es wird über den Verdauungskanal dem Blutstrom zugeführt, aus dem Wasserüberschüsse bis zu einem gewissen Grade gespeichert werden, und zwar im wesentlichen im Bindegewebe der Haut. Anderseits wird der hohe Wasserbedarf der Verdauungstätigkeit durch Wasseraufnahme des Verdauungstraktus bei Tätigkeit der Verdauungsdrüsen aus dem Körper ergänzt. Dieses Wasser wird später durch die Darmwand wieder in das Blut zurückresorbiert. Die Bilanz des Wasserhaushalts stellt sich nach *Rein* und *Andres* wie folgt dar (in ccm je 24 Std.):

Wassereinnahme	Rein	Andres	Wasserabgabe	Rein	Andres
Getränke	1300	3100 (Getränke und Speise)	Harn	1500	2500
Speise	1000		Haut	450	500
Oxydationswasser	350	400	Lunge	550	500 (Lunge und Kot)
			Kot	150	
Insgesamt	2650	3500	Insgesamt	2650	3500

Die Mineralstoffe.[5] In Verbindung mit dem Wasser bilden die mineralischen Salze jene physiologischen Lösungen, die in bestimmter Zusammensetzung und Konzentration den normalen osmotischen Druck aufrechterhalten und den Ablauf der Lebensvorgänge erst ermöglichen.

Die hierfür wichtigsten Salze, die Natriumsalze, werden vorwiegend als Kochsalz (Natriumchlorid) aufgenommen, wovon im Wassergehalt des erwachsenen Körpers etwa 250 g gelöst sind. Bei kochsalzfreier Ernährung stabilisiert sich der Kochsalzbestand des Organismus auf etwa 150 g. Starke Hauttranspiration bedeutet einen Salzverlust des Körpers, der auf hoher Stufe die funktionelle Gleichgewichtslage im Organismus erheblich stören kann (Ansteigen des Kaliumgehalts, Erhöhung des Harnstoffspiegels im Blut, Geschmacksminderung, Auftreten von Muskelschwäche, Krämpfen und Atembeschwerden). Der starke Chlorgehalt des Schweißes, der etwa doppelt so hoch wie derjenige des Blutes ist, hat darauf hingewiesen, außerordentliche Schweißverluste durch Zufuhren von Natriumchlorid auszugleichen. Eine weitere Möglichkeit, die Alkalireserve des Körpers aufzufüllen, bietet die Zufuhr von Natrium-Bicarbonat (doppelkohlensaures Natron). Während die Chloride im wesentlichen für die Einstellung des osmotischen Drucks im Körper bestimmend sind, wirken die alkalischen Bicarbonate und Phosphate insbesondere auf die Einstellung der Reaktion im Gewebe und in den Körperflüssigkeiten. Der tägliche Kochsalzbedarf des erwachsenen Menschen wird von *Lehnartz* mit etwa 5 g im Normalfall angegeben. Da Natrium hauptsächlich in den Körperflüssigkeiten vorkommt, die Nahrungsaufnahme sich aber vorwiegend auf die zellularen Bestandteile der pflanzlichen und tierischen Erzeugnisse richtet, sind die Nahrungsmittel in ihrer ursprünglichen Form um so salzarmer, je geringer ihr Gehalt an Gewebsflüssigkeit ist. Nach *Schall* enthalten 100 g Blut 351, Hecht 243, mageres Rindfleisch 105 mg Na_2O. Die Deckung des physiologischen Bedarfs wird daher im allgemeinen erst durch eine Kochsalzzulage zur Nahrung erreicht, die aber auch bereits in deren Verarbeitungsform gegeben sein kann. So enthalten 100 g geräucherter Schinken 1959 mg Na_2O.

Zwischen den Alkalimetallen Natrium und Kalium besteht im menschlichen Körper ein funktionelles Widerspiel. Während das Natrium hauptsächlich das Spiel der Säfte beherrscht, ist das Kalium vorwiegend Baustein der Zellen. Da im wesentlichen diese als Nahrung dienen, ist die nach *Lehnartz* erforderliche Tagesmenge von ungefähr 3 g Kalium in den Nahrungsmitteln, wie sie sich in ursprünglicher Form bieten, ent-

---

[5] *Lehnartz,* Chemische Physiologie, Berlin-Göttingen-Heidelberg 1949; *Heupke,* Diätetik, Dresden und Leipzig 1942; *Flössner,* Nährstoffbedarf des Menschen, Carl Flügge's Grundriß der Hygiene, Berlin 1940, S. 312 ff.; *Rein,* Physiologie des Menschen, Berlin 1938; *Kahn,* Das Leben des Menschen, Stuttgart 1923.

halten. Umgekehrt wie im Falle des Natriums sind die Nahrungsmittel in unverarbeiteter Form um so reicher an Kaliumsalzen, je geringer der Gehalt dieser Nahrungsmittel an Körperflüssigkeit ist. So enthalten nach *Schall* 100 g Rinderblut 90, Hecht 299 und mageres Rindfleisch 508 mg K_2O. Ein Zusatz an Kaliumsalzen zum natürlichen Kaliumgehalt der Nahrung ist daher nicht erforderlich.

Zusammen mit Natrium und Kalium steht das Erdalkalimetall Calcium an erster Stelle des physiologischen Bedarfs. Der Körper des erwachsenen Mannes enthält etwa 1500 g dieses Minerals. Es dient hauptsächlich als Element der Stütz- und Gerüstsubstanzen des Organismus. Die Hauptmasse der Calciumsalze, überwiegend Calciumphosphat (nach *Lehnartz* 80,0 % der festen Knochensubstanz) und in geringer Menge Calciumkarbonat (6,6 %) befindet sich im Knochenbau des Menschen. Aber auch das Blut weist einen Calciumgehalt von etwa 10 mg je 100 ccm auf. Der wachsende Organismus, die werdende und stillende Mutter haben einen höheren Kalkbedarf als der erwachsene Mensch, dessen Bedarf durch die normalen Stoffwechselumsetzungen bestimmt wird. Dieser beträgt nach *Lehnartz* mindestens 1 g je Tag. Während *Rein* die normale Kost aus Nahrungsmitteln tierischen und pflanzlichen Ursprungs für die Calciumversorgung als ausreichend ansieht, weist Lehnartz darauf hin, daß die Mehrzahl unserer Nahrungsmittel verhältnismäßig kalkarm sind und nur Milch, Molkereiprodukte und Eier eine Ausnahme bilden. Nach *Schall* ergibt sich folgende Skala des CaO-Gehalts je 100 g des Nahrungsmittels (in mg):

Rinderblut	11	Hecht	92
Äpfel	11	Hühnerei	96
Graubrot	15	Haferflocken	100
Rindfleisch, mager	17	Erbsen, gelb	117
Kartoffeln, geschält	22	Kakao	123
Butter	32	Blumenkohl	139
Weißbrot	41	Kuhmilch	175
Weißkohl	70	Orangen	208
Spinat	83	Schweizerkäse	2018
Vollkornbrot	62—85	Limburger (Backsteinkäse)	2184

Frauenmilch hat einen Gehalt von 38 mg CaO je 100 g, steht also der Butter am nächsten. Der Kalk-Phosphorsäure-Stoffwechsel ist eng mit der Vitamin-D-Funktion verbunden.

An Phosphor enthält der Körper des erwachsenen Mannes rund 800 g, zum Teil in der Verbindung von phosphorsaurem Kalk. Zwischen Phosphorsäure und Chlor besteht ein ähnlicher Gegensatz wie zwischen Kalium und Natrium. Natrium und Chlor sind überwiegend in der flüssigen Phase, Kalium und Phosphorsäure hauptsächlich in den Zellen enthalten. Als Baustein des Plasmas der Zellen, in der Verbindung mit Calcium und Magnesium für den Knochenbau, in der organischen Verbindung der Eiweißkörper der Zellkerne (Nucleoproteide), oder Phosphorproteide (Casein, Lecithalbumin) usw. ist die Phosphorsäure einer der lebenswichtigsten Mineralstoffe. Der Phosphorstoffwechsel — im Knochengewebe verbleiben die Phosphatmoleküle etwa vier Wochen — bedarf der laufenden Ergänzung aus der Nahrung. Der tägliche Bedarf an Phosphorsäure wird von *Flößner* mit 1,5 g, von *Lehnartz* auf 5—6 g angegeben. Ebenso wie an Kalk haben Kinder, Schwangere und Stillende auch einen höheren Bedarf an Phosphorsäure als normalerweise der erwachsene Mensch. Der physiologische Bedarf an Phosphorsäure kann aus der normalen Nahrung zwanglos gedeckt werden. Entsprechend der funktionellen Verteilung im Organismus ist der Phosphorsäuregehalt in flüssigkeitsarmer Nahrung höher als in flüssigkeitsreicher. So gibt *Schall* den Gehalt an P_2O_5 je 100 g für Blut als Schlachtabgang mit 70, für Kuhmilch mit 168, für Weißkohl mit 216, Spinat mit 376, mageres Rindfleisch mit 550 und Schweizerkäse mit 2321 mg an.

Die Bedeutung des Magnesiums für den Knochenbau wurde bereits erwähnt. Als Bestandteil des Chlorophylls ist es eines der für das Vorhandensein von Leben bestimmendsten Elemente. Über den Stoffwechselanteil des Magnesiums am menschlichen Organismus ist nicht viel bekannt. In den Nahrungsmitteln ist es allgemein vorhanden, und zwar im großen ganzen in pflanzlichen mehr als in tierischen.

Schwefel und Salpetersäure, wovon der Körper 100 bzw. 80 g enthält, kommen in erster Linie als Bestandteile der Eiweißkörper vor. Etwa 100 g Fluor im Körper verleihen den Knochen und Zähnen ihre Härte. Je 100 g Gewebe sind dies freilich nur geringe Mengen. Dies führt zu den Spurenelementen, die in winzigen Quanten für das organische Leben notwendig sind. Hierzu gehören einige Schwermetalle, an deren erster Stelle das Eisen steht, das als Bestandteil des Blutfarbstoffs (Hämoglobin) — und auch der Zellhämine — eines der wichtigsten Bioelemente bildet. Das Eisen, dessen Bestand im Körper etwa 5 g beträgt, verleiht dem Hämoglobin die Fähigkeit, den Sauerstoff der eingeatmeten Luft zu binden, der die lebenswichtigen Verbrennungsvorgänge im Körper ermöglicht. Der Tagesbedarf an Eisen wird von *Flößner* mit 10 mg angegeben. Mit dem Eisen zusammen finden sich gewöhnlich Kupfer und Mangan, die ebenfalls für die Oxydationsvorgänge im Gewebe Bedeutung haben. Abgesehen von einseitiger Milch- und Weißbrotkost enthält die normale gemischte Kost diese Metalle im allgemeinen in ausreichender Menge. Dem Zink wird eine gewisse Bedeutung für den Kohlehydratstoffwechsel beigemessen. Von den Halogenen wurden Chlor und Fluor bereits erwähnt. Die Zahlenwerte über den Bromgehalt des Körpers sind so unterschiedlich, daß sie wenig besagen. Festgestellt kann nur werden, daß bei Zufuhr von Bromsalzen statt Chlorsalz (Kochsalz) das Chlorid im Körper durch Bromid ersetzt wird. Das Jod steht insbesondere zum Stoffwechsel der Schilddrüse in naher

Beziehung, deren Jodgehalt von *Lehnartz* mit 8—10 mg angegeben wird. Schließlich gehören zu der Gruppe der Spurenelemente noch Bor, das nach Untersuchungen von *Rubner*, wie *Heupke* anführt, die Verbrennungen erhöht, wobei eine vermehrte Fetteinschmelzung stattfindet, während Arsen den Ansatz fördert, ferner Silicium, wahrscheinlich auch Vanadium und Aluminium, endlich nach *Lehnartz* noch Gallium, Molybdän und Kobalt. Das Blutwasser, in dem die Blutzellen schwimmen, ist ähnlich dem Meerwasser zusammengesetzt. In etwas geringerer Konzentration als dieses enthält es Natrium, Calcium, Kalium und Magnesium.

Ein Gehalt von ungefähr 20 kg Kohlenstoff im Körper bildet die Grundlage der organischen Körperverbindungen der Eiweißstoffe, Kohlenhydrate und Fette. Etwa 4 Liter Ammoniak enthalten diejenigen, des in den Eiweißstoffen enthaltenen Stickstoffs. Die Eiweißkörper (Proteine), deren Name auf das Vorkommen dieser Stoffe im Eiklar zurückgeht, weisen einen Gehalt an ihren Hauptelementen auf, der innerhalb geringer Schwankungsbereiche zu liegen pflegt. Nach *Lehnartz* enthalten die hauptsächlichen pflanzlichen und tierischen Proteine etwa 50—52 % Kohlenstoff, 6,8—7,7 % Wasserstoff, 15—18 % Stickstoff und 0,5—2,0 % Schwefel. Der Rest fällt auf die übrigen vorgenannten Mineralstoffe, insbesondere also noch Phosphor, ferner zum Teil Eisen, auch Kupfer, Chlor, Jod oder Brom und in seltenen Fällen noch andere Elemente. Die Proteine haben einen zusammengesetzten Bau und zerfallen durch chemische oder — wie sie sich im Darm vollziehen — fermentative Eingriffe in die Aminosäuren, in welcher Form sie vom Körper resorbiert werden. Fette und Kohlehydrate sind, wenn auch nach voneinander abweichenden Prinzipien, beide aus Kohlenstoff, Wasserstoff und Sauerstoff aufgebaut. Auch die Lipoide, von denen die Wachse, die sich in den Talgdrüsen der Haut befinden, in ihrem chemischen Aufbau den Fetten am stärksten ähneln, bauen sich in verschiedener Struktur auf diesen Grundstoffen auf. Für Lipoide können nach *Flößner* Angaben über den menschlichen Bedarf noch nicht gemacht werden. Über den physiologischen Bedarf an Eiweiß, Fett und Kohlehydraten wird noch ausführlich zu sprechen sein. Hier handelte es sich darum, eine Vorstellung des elementaren Aufbaues auch der organischen Baustoffe des Körpers zu vermitteln.

Die Vitamine.[6] Die Grenzen zwischen Vitaminen, Enzymen und Hormonen sind unscharf. In negativer Abgrenzung verstehen Biochemie und Ernährungsphysiologie unter Vitaminen heute akzessorische Nährstoffe

[6] *Stübler,* Neue Erkenntnisse auf dem Gebiet der Vitaminforschung, Schriftenreihe des AID, Heft 31, Stuttgart 1952; *Rudolph,* Vitamine — Elemente des Lebens, Stuttgart 1951; *Diepgen,* Die Entwicklung der Medizin in den letzten 50 Jahren, Naturwissensachftl. Rundschau, 4. Jg. (1951), Heft 8, S. 331 ff.; *Lehnartz,* Chemische Physiologie, Berlin-Göttingen-Heidelberg

organischen Charakters, die für den menschlichen und tierischen Organismus lebensnotwendig sind, ohne daß er sie im allgemeinen selbst aufzubauen vermag. Aus dieser Lebensnotwendigkeit leitet sich der Bestandteil „vita“ der Wortbildung her. Der weitere Teil „Amin“ beruht auf der ursprünglichen Vermutung, in diesen Substanzen lebenswichtige Amine (Stickstoffverbindungen) vor sich zu haben. Obwohl Kennzeichnungen wie Aneurin, Cholin, Laktoflavin die Buchstabenbezeichnung der Vitamine weitgehend verdrängt haben, ist ein Ersatz für den eingebürgerten Sammelbegriff der Vitamine noch nicht gefunden worden.

Die meisten Vitamine wirken indirekt auf den Stoffwechsel, indem sie in der hochmolekularen Verbindung mit Phosphorsäure und Eiweiß die Enzyme bilden, die etwa in der Rolle von Katalysatoren die Umsetzungen steuern und — ohne selbst Nährstoffe im eigentlichen Sinn zu sein — anwesend sein müssen, um Ausfallerscheinungen zu vermeiden. Unmittelbar wirkt der Vitamin-D-Komplex auf den Phosphorsäure- und Calcium-Stoffwechsel, kommt aber in der Natur praktisch nur in der inaktiven Vorform der Sterine vor.

Die Provitamine wie das Carotin als Vorform des Vitamin A, Ergosterin als Vorform von D 2 und Cholesterin als solche von D 3 liegen auf der Grenze zwischen Vitaminen und Hormonen, insofern das als Nahrung aufgenommene, an sich inaktive Provitamin innerhalb des Körpers erst in einen Wirkstoff umgewandelt wird. Sowohl Hormon- als auch Vitamineigenschaft hat das Cholin.

Die Vitamine werden in die wasserlöslichen und in die fettlöslichen unterschieden. Zu ersteren rechnen die Vitamin-B-Komplexe (einschl. Faktor P-P), die Vitamine C, I (antipneumonisches Vitamin) und P (antihämorrhagisches Vitamin, Citrin). Die wasserlöslichen Vitamine neigen bei der Zubereitung der Speisen dazu, in das Kochwasser überzugehen, so daß im Falle des Weggießens desselben, z. B. bei Kartoffeln und Gemüse, erhebliche Teile des Vitamingehalts der Nahrung verloren gehen. Die fettlöslichen Vitamine stehen auch in engem Zusammenhang mit dem Fettstoffwechsel. Zu ihnen gehören Linol- und Linolensäure, ungesättigte Fettsäuren des Vitamin-F-Komplexes, die namentlich in Butter, Leinöl und Lebertran vorkommen und den Bedarf an diesen Fetten, vor allem also an Butter, mitbestimmen.

Die Wirkung der Vitamine läßt sich am besten an den bei ihrem Mangel auftretenden Ausfallerscheinungen dartun. So wurde die Aufmerksamkeit auf das antiinfektiöse Vitamin C bereits frühzeitig durch

1949; *Schweigart,* Gutachten über die derzeitige Ernährung unter besonderer Berücksichtigung der Vitamin-Unterernährung, vervielfältigtes Manuskript, Bremen 1946; *Stepp-Kühnau-Schröder,* Die Vitamine und ihre klinische Anwendung, Stuttgart 1944; *Droese-Bramsel,* Vitamin-Tabellen der gebräuchlichsten Nahrungsmittel, Leipzig 1941; *Flössner,* Nährstoffbedarf des Menschen, Carl Flügge's Grundriß der Hygiene, Berlin 1940; *Stepp,* Ernährungslehre, Berlin 1938; *Rein,* Physiologie des Menschen, Berlin 1938.

Bezeichnung der Angaben	Vitamine A	Vitamine B_1	Vitamine B_2	Vitamine B_6	Faktor P — P	Vitamine B_{12}	Vitamine C	Vitamine D	Vitamine E	Vitamine F	Vitamine K
Sonstige Benennung	Axerophtol	Aneurin	Lactoflavin	Adermin	Nicotinsäure-amid Niacin	Antianämisches Vitamin	Antiskorbutisches Vitamin, l-Ascorbinsäure	Antirachitische Vitamine	Tocopherol	Hautvitamin	Antihämorrhagisches Vitamin (Phyllochinon)
Bedarf in mg je Tag: Erwachsener	3,0	2,0	2,0	3,0	50,0	Spur	60,0	0,01	30,0	75,0	1,2
Säugling	0,5	0,2	.	.	5,0	.	5,0	0,002	.	.	0,15
Schwangere	20,0	.	.	.	.	.	.	0,02	.	.	.
Vorstufen (Provitamine)	Carotin	—	—	—	—	—	—	Ergosterin(D_2) Cholesterin (D_3)	—	—	—
Bedarf bei Provitaminversorgung in mg je Tag	6,0	—	—	—	—	—	—	.	—	—	—
Hitzeverträglichkeit	schlecht	schlecht	mäßig	gut	gut	gut	schlecht	mäßig	gut	gut	mäßig
Vorkommen: tierisch	Lebertran, Leber, Butter, Eigelb	Milch, Schweinefleisch, Leber	Milch, Leber, Fleisch. Fisch, Tomaten	Milch, Leber, Schweinefleisch	Herz, Leber, Milch, Ei	Säugetierleber, Niere, Hirn	Drüsen mit innersekretorischer Tätigkeit	Leberöle von Knochenfischen, Butter, Milch, Schweineschwarte	Milch. Eidotter, Leber, Öle, Fette	Schweinefett, Fischöle, Trane	Schweineleber, Eigelb
Vorkommen: pflanzlich	Zitrusfrüchte, Kohl, Paprika, Petersilie und andere Grünpflanzen	Hefe, Reisschale, Getreidekeimlinge	Hefe, Getreide, Tomaten	Hefe, Reisschale, Mais	Hefe, Kohlrüben, Rote Rüben, Reiskleie, Getreidekeimlinge	Hefe, Weizen, Gerste, Reiskleie	Zitrusfrüchte, Hagebutten, Paprika, Kohlgewächse	Kakaobutter, Kakaopulver, Kakaoschale,	Gemüse, pflanzl. Öle, Hafer, Gerste, Weizenkeimlinge	Kakaobutter, Weizenkeimlingsöl, Oliven-, Mohn-, Lein-, Sojaöl	Luzerne, Spinat, Brennessel, Weißkohl, Blumenkohl
Typische Mangelerscheinungen	Wachstumsverzögerung, Nachtblindheit	Wachstumsverzögerung, Nervosität, Beriberi	Wachstumsverzögerung, Hautschäden	Störung des Eiweißstoffwechsels	Hautentzündungen, Pellagra	Anämie	Paradentose, Skorbut	Rachitis	Sterilität, Neigung zu Fehlgeburten	Dermatitis, Schuppenbildung	Blutungen

den Skorbut gelenkt. Bekannt ist auch die Nachtblindheit als Mangelerscheinung des Provitamins Carotin bzw. des Vitamins A, das sowohl im Körper gebildet werden kann als auch in der Natur vorkommt. Das antineuritische Vitamin B_1 (Aneurin) ist gleichzeitig für die Kohlehydratversorgung notwendig. Das Vitamin B_2 (Laktoflavin) ist typischer enzymatischer Bestandteil eines der wichtigsten Oxydationsfermente. Das antirachitische Vitamin D bildet der Körper unter Sonnenbestrahlung aus den Vorformen Ergosterin (D_2) und Cholesterin (D_3). Das antipneumonische Vitamin J kommt ebenso wie das bakterizide Vitamin C hauptsächlich in Citrusfrüchten und Beerenobst vor. Die Vitamine P (Citrin) und K sind antihämorrhagische Wirkstoffe, welche die Vorgänge der Blutbildung und Blutgerinnung beeinflussen, wie denn auch der Vitamin-B_2-Komplex hochwichtige blutbildende und antianämische Faktoren enthält. Das Vitamin H (Biotin) ist zur Verhütung bestimmter Hautstoffwechselstörungen erforderlich und steht insofern in einer gewissen Wirkungsverwandtschaft mit der zum B_2-Komplex gehörenden Nikotinsäure. Als wichtigste Formen des Vitamin-F-Komplexes wurden bereits die Linol- und Linolensäure erwähnt. Dieser Komplex bildet wegen des hohen physiologischen Bedarfs hieran, der die Obergrenze des Vitaminbedarfs überhaupt bildet, eine Übergangsstufe zu den Hauptnährstoffen.

Der tägliche physiologische Bedarf des Menschen an Vitaminen ist von den einzelnen Forschern nicht einheitlich angegeben worden. Für die Vitamine H, J und P liegen exakte Bedarfsangaben noch nicht vor. Die heutigen Erkenntnisse genügen aber, gewisse Mengen für volkswirtschaftliche Berechnungen als Richtwerte des Vitaminbedarfs anzunehmen. Einen Überblick über Bedarf und wichtigste Daten der Vitamine, für die Bedarfsangaben gemacht werden können, gibt die beigefügte, dem Schema von *Stübler* angelehnte Tabelle.

Der Hauptstoffwechsel.[7] Der Hauptstoffwechsel beruht auf Eiweiß, Fett und Kohlehydraten, die die Lebensvorgänge tragen und die Gesamtumsetzung energetisch ermöglichen. Sie repräsentieren den Nährstoffbedarf im engeren Sinne. Insbesondere bildet das Eiweiß eine Art rolierenden Kapitals im Körper, das in der einzelnen Zelle nicht immer sofort verbraucht, sondern zeitweilig gehortet wird und — wieder in das Blutserum abgegeben — zu anderweitiger Verwendung gelangt, bis es zum endgültigen Verbrauch kommt oder schließlich ausgeschieden wird.

Diese Hauptnährstoffe werden im Körper mit Hilfe des eingeatmeten Sauerstoffs umgesetzt. Die Ruheatmung des Erwachsenen beträgt nach *Rein* 500 ccm je Atemzug. Bei 15 Atemzügen in der Minute werden so

[7] *Lehnartz,* Chemische Physiologie, Berlin-Göttingen-Heidelberg 1949; *Rein,* Physiologie des Menschen, Berlin 1938.

aus 7500 ccm Luft 3,95 % oder rund 300 ccm Sauerstoff (O_2) aufgenommen. Der Ernergieumsatz und also auch der Sauerstoffverbrauch erhöhen sich mit dem Grade der körperlichen Betätigung. Aus den oxydativen Vorgängen entsteht als Verbrennungsprodukt die Kohlensäure (Kohlendioxyd, CO_2), die ausgeatmet wird. Das Mengenverhältnis der Kohlensäurebildung zum verbrauchten Sauerstoff $\left(\frac{CO_2}{O_2}\right)$ ist der Respiratorische Quotient (R. Q.), mit dessen Hilfe sich der Energieumsatz messen läßt. Für normale Ernährung rechnet man mit einem R. Q. = 0,85. Um exakte Werte zu bekommen, muß der Eiweißumsatz gesondert ermittelt werden, und zwar aus der Stickstoffausscheidung. Die umgesetzte Eiweißmenge ergibt sich, da Eiweiß durchschnittlich 16 % Stickstoff (N) enthält, wenn man die N-Ausscheidung mit 6,25 multipliziert. Da die Verbrennung von 1 g Eiweiß 966,3 ccm Sauerstoff benötigt und 773,9 ccm Kohlensäure bildet, läßt sich über die N-Ausscheidung der Eiweiß-R.Q. berechnen. Aus der Division der hiernach verbleibenden Restwerte der CO_2-Bildung und des O_2-Verbrauchs ergibt sich der Nicht-Eiweiß-R.Q. Im Rahmen des Energiestoffwechsels sind nach *Rubner* die Hauptnährstoffe in einem bestimmten Mengenverhältnis gegeneinander austauschbar. Nach diesem Isodynamie-Gesetz entspricht der Energiewert von 1 g Fett demjenigen von 2,27 g Kohlehydraten oder auch, soweit es sich eben nicht um den Baustoffwechsel handelt, von 2,27 g Eiweiß. Da jedem der Hauptnährstoffe ein bestimmter R. Q. entspricht, läßt sich auch aus jedem ermittelten Nicht-Eiweiß-R.Q. das ihm zugehörige Mengenverhältnis von Fett und Kohlehydraten ableiten. Kohlehydrate und Fett haben einen spezifischen R. Q. von 1,000 bzw. 0,707, so daß der Nicht-Eiweiß-R.Q. mit dem Anteil der Kohlehydrate steigt. Der gesamte R.Q., für den zur Vervollständigung noch der spezifische Eiweiß-R.Q. von 0,801 nachgetragen sei, ist der Quotient aus der Division der Mengen zweier Gase, die sich im Atmungsaustausch bei einem bestimmten R.Q. in der Weise bedingen, daß jedes für sich diesem R.Q. typisch ist und einen diesem Quotienten eigentümlichen Wärmewert repräsentiert. Dieser beträgt für den „normalen" R.Q. von 0,85 je 1 Liter Sauerstoff 4,86 Kal., wodurch sich eine vereinfachte Methode der Umsatzbestimmung ergibt. Praktisch wird diese im Respirationsversuch mit der von *Douglas* entwickelten Sackmethode durchgeführt, wobei ein der Versuchsperson umgehängter Luftsack über einen Schlauch die Ausatmungsluft empfängt und meßbar macht.

Diese Methode ermöglicht Grundumsatzbestimmungen und Arbeitsumsatzmessungen. Grundumsatz und Arbeitsumsatz ergänzen einander zum Gesamtumsatz. Auch der ruhende Körper verrichtet eine gewisse Arbeit, diejenige zur Aufrechterhaltung des Blutkreislaufs und die Verdauungsarbeit. Er unterliegt den klimatischen Bedingungen, also insbesondere dem Einfluß der Außentemperatur. Sowohl Senkung als auch Anstieg der Außentemperatur um einen Indifferenzbereich der Thermometerskala erhöhen die Kohlensäureabgabe. Dieser Indifferenzbereich der thermischen Neutralität liegt für den Menschen bei 20° C, weshalb auch Grundumsatzbestimmungen auf diese Außentemperatur bezogen werden. Weiterhin bestehen in den physiologischen Umsätzen Unterschiede nach dem Geschlecht und nach dem Alter. Alle Umsetzungen des intermediären Stoffwechsels sind chemische Verbrennungsvorgänge, die sich im Rahmen des chemisch und physikalisch regulierten Wärmehaushaltes des menschlichen Körpers vollziehen.

Der Mensch gehört zu den sogenannten gleichwarmen (homoiothermen) Lebewesen, deren körperliche Funktionen an eine gewisse Gleichmäßigkeit der Körpertemperatur gebunden sind. Gleichwohl schwankt diese innerhalb 24 Stunden zwischen etwa 36,4 und 37,4° C (Mastdarmmessung), wobei sie von ihrem gegen Abend erreichten Höchststand während des Schlafes absinkt und in den frühen Morgenstunden ihren Tiefpunkt erreicht. Die hohe Bedeutung des Wärmehaushaltes im ganzen und der oxydativen Prozesse im besonderen legt es nahe, die diese Vorgänge bestimmenden Faktoren und damit auch die Hauptnährstoffe in Wärmeeinheiten zu messen. Die Wärmemenge, welche einem Kilogramm Wasser zugeführt werden muß, um seine Temperatur von 15 auf 16° Celsius zu erhöhen, gilt als „Einheit der Wärmemenge“ und wird als „Kalorie“ bezeichnet. Sie ist gleichbedeutend mit dem Ausdruck „Kilokalorie“ und wird unter der Abkürzung „Kal.“ angegeben. Auf diese Einheiten beziehen sich alle einschlägigen ernährungsphysiologischen Angaben. Von ihr zu unterscheiden ist die „Grammkalorie“, welche sich auf ein Gramm Wasser unter den angegebenen Bedingungen bezieht, die Bezeichnung „cal.“ trägt und nur in der Physik gebraucht wird. Bemerkt sei, daß auf dem Internationalen Kongreß für Maße und Gewichte, der 1948 in Sèvres stattfand, vereinbart wurde, als Wärmeeinheit das „Joule“ zu benutzen. Als „Joule“ wurde die Wämemenge festgelegt, die 1 Amp. bei 1 Volt Spannung in 1 Sekunde liefert. Sie entspricht 0,239 Kal. In der Ernährungsphysiologie, Ernährungswissenschaft und -wirtschaft wird jedoch, soweit sich übersehen läßt, bisher unverändert mit der „Kalorie“ als Einheit gearbeitet.

Der Grundumsatz.[8] Der arbeitende Körper benötigt eine größere Zufuhr von Energiespendern als ein Körper bei vollkommener Muskelruhe, einer Außentemperatur von 20° C und ruhender Verdauungstätigkeit.

[8] *Sperling*, Die ernährungsphysiologischen Grundtatsachen und ihre volkswirtschaftliche Bedeutung, Schmollers Jahrbuch für Gesetzgebung, Verwaltung und Volkswirtschaft, 72. Jg. (1952), Heft 4; *Schmitz*, Körperbauanalyse mit Hilfe der formvariablen Soma-Einheit, S. A. S. Bollettino del Comitato Internazionale per l'Unificazione dei Metodi e per la Sintesi in Antropologia Eugenica e Biologia, Bologna, Nr. 22-23/1951; *ders.*, Medizinische

Quantitativ wird daher zwischen Tätigkeitsstoffwechsel und Ruhestoffwechsel unterschieden. Der Ruhestoffwechsel wird durch den Grundumsatz aufrechterhalten. Dieser beträgt ungefähr 1 Kal. je kg Körpergewicht und Stunde.

Als Rechnungseinheit wird bisher gewöhnlich der erwachsene Mann mit einem Körpergewicht von 70 kg angenommen. Dies entspricht dem mittleren Gewicht von 70,2 kg, das *Wulkow* 1930—1932 an rund 38 000 lebensversicherten Männern im Alter von 25 bis unter 30 Jahren ermittelte. Nach *Schall* kann ein Körpergewicht von rund 70 kg für folgende Körpergrößen und Altersgruppen von Männern als normal angesehen werden:

Altersgruppe in Jahren	Körpergröße in cm	Altersgruppe in Jahren	Körpergröße in cm
15—24	178	45—49	170
25—29	175	50—54	168
30—34	173	55—59	168
35—39	171	60—64	168
40—44	170	65—69	169

Die Normalrelation zwischen Körpergröße und Körpergewicht nach *Broca* (cm — 100 = kg), die zwar von allen einschlägigen Formeln die einfachste ist, hat aber, wie obige Zahlenreihe zeigt, annähernd genaue Gültigkeit nur für die mittleren Altersgruppen. Bei der Rechnung mit dem 70-kg-Mann wird daher auch mittleres Alter unterstellt. Bei einer Größe von 160 cm fand *Wulkow* ein Durchschnittsgewicht von 66,5 kg, bei 175 cm von 79 kg. Das Max-Planck-Institut für Arbeitsphysiologie ermittelte 1937—1938 an 3500 Fabrikarbeitern bei diesen Körpergrößen ein Gewicht von 61,5 und 73,5 kg. Die Unterschiede dieser Messungen beruhen darauf, daß das Körpergewicht von der Wohlhabenheit beeinflußt wird. Dies zeigt besonders ein Vergleich von Wägungen amerikanischer Lebensversicherter aus den Jahren 1885—1900 und deutscher Lebensversicherter aus 1876—1885. Während diese hauptsächlich wohlhabenden Schichten entstammten, schlossen in Amerika, da eine staatliche Alters- und Invalidenversicherung dort noch nicht existierte, ge-

Körperbauforschung, Ärztliche Praxis, 3. Jg. (1951) Nr. 27; *Kraut-Bramsel,* Körpergewichtsentwicklung deutscher Arbeiter von 1937—1947, Arbeitsphysiologie, Bd. 14 (1951) S. 394—406; *Food & Agriculture Organization of the United Nations (FAO),* Calorie Requirements, Report of the Committee on Calorie Requirements (CCR), Washington 1950; *Lehnartz,* Chemische Physiologie, Berlin-Göttingen-Heidelberg 1949; *Fleisch,* Ernährungsprobleme in Mangelzeiten, Die schweizerische Kriegsernährung 1939—1946, Basel 1947; *Hahn-Jacobs-Kraut-Flössner,* Großdeutschlands Ernährung im 4. Kriegsjahr, Umdruck, Berlin 1943; *Heupke,* Diätetik, Dresden-Leipzig 1942; *Flössner,* Nährstoffbedarf des Menschen, Carl Flügge's Grundriß der Hygiene, Berlin 1940; *Rein,* Physiologie des Menschen, Berlin 1938; *Stepp,* Ernährungslehre, Berlin 1938; *Wulkow,* Die Körpermaße der Lebensversicherten, Berlin 1936; *Schall,* Nahrungsmitteltabelle, Leipzig 1935.

rade die Arbeiter Lebensversicherungen ab. Körpergewichtsmessungen, die das Statistische Reichsamt Anfang 1938 an den Männern der hauptsächlich den unteren Einkommensstufen angehörenden 2500 Familien vornahm, die an der „Erhebung von Wirtschaftsrechnungen 1937“ beteiligt waren, ergaben für die 30jährigen entsprechende Werte wie die genannten Fabrikarbeitermessungen von 1937 und 1938. In den älteren Jahrgängen waren die Gewichte geringer, so daß die Durchschnittskurve aller Jahrgänge für die Reichsamtserhebung um rund 2 kg niedriger liegt, als die Institutserhebungen ergeben haben. In Berücksichtigung aller dieser Ergebnisse und der Ernährungsentwicklung während des zweiten Weltkrieges und danach schätzte der Verfasser das mittlere Gewicht des erwachsenen Mannes für die Nachkriegszeit auf etwa 62,5 kg. Dies Gewicht entspricht nach der von *Schall* veröffentlichten Normaltabelle etwa folgenden Altersgruppen und Körpergrößen von Männern:

Altersgruppe in Jahren	Körpergröße in cm
15—24	167
25—29	165
30—34	163
35—39	161
40—69	158

Die nur auf Körperlänge und Alter fußenden Formeln zur Errechnung des Sollgewichts bieten nicht mehr als Faustregeln. Die physikalische Wärmeregulation beruht im wesentlichen, abgesehen von der Schweißsekretion, auf der Wärmeabgabe der Haut. Je größer also die Hautoberfläche im Verhältnis zur Körpermasse ist, um so mehr Brennstoffe benötigt der Körper zur Aufrechterhaltung seiner Körpertemperatur. Dementsprechend relativ höher ist sein Grundumsatz. Dieser wird daher auch in bezug auf die Körperoberfläche angegeben. Nach *Rein* beträgt der Grundumsatz pro 1 qm Körperoberfläche innerhalb 24 Stunden für den erwachsenen Menschen 800 bis 900 Kal. Der ernährungsphysiologische Bedarf des Menschen steigt also bei konstanter Größe mit dem Körpergewicht und umgekehrt. Nach der Formel von *Dubois* läßt sich die Körperoberfläche (O) aus dem Körpergewicht und der Körperlänge ermitteln:

$$O\,(\text{qm}) = 0{,}007\,184 \cdot \text{Gewicht (kg)}^{0{,}425} \cdot \text{Länge (cm)}^{0{,}725}$$

Ein hiernach von *Rein* zum einfachen Ablesen der Körperoberfläche angegebenes Nomogramm zeigt, daß ein Gewicht von 70 kg bei einer Körpergröße von 170 cm einer Körperoberfläche von 1,79 qm entspricht und ein Körpergewicht von 62,5 kg bei einer Körperlänge von 158 cm einer solchen von 1,62 qm. Da die Körpertypen sich im wesentlichen durch das Verhältnis der Körperlänge zum Volumen unterscheiden, sind naheliegenderweise zur Ermittlung des Verhältnisses von

Länge zu Gewicht auch Formeln entwickelt worden, die den Körperumfang einbeziehen. So berücksichtigt die *Bornhardt*sche Formel den Brustumfang. Eine Methode, die Längen-, Breiten- und Tiefenachse des menschlichen Körpers durch Rückführung auf den mathematischen Körper des Prismas stereometrisch darzustellen, hat neuerdings K. L. *Schmitz* entwickelt. Geht man mit ihm davon aus, daß die Athletiker, Pykniker und Leptosomen Plusvarianten, und zwar der Breiten- bzw. Tiefen- bzw. Längsachse darstellen, so müssen die nicht variierenden Personen einer Beobachtungsgruppe typenmäßig in der Mitte liegen. Diese Mesosomen sind aber durchaus nicht die häufigsten Fälle. Ebensowenig kommen die genannten Varianten immer in reiner Form vor; ihre weitaus größte Zahl bilden vielmehr Mischformen. Die Rechnung mit den Maßen der Mesosomen bedeutet also eine gewisse Abstraktion von der Wirklichkeit, um zu Richtwerten zu gelangen, die ohne umfassende Beobachtungen an der Bevölkerung, sei es auch auf repräsentativer Basis, wirklichkeitsnahe nicht darzustellen sind.

Der Grundumsatz des erwachsenen Mannes unter den angegebenen, im Interesse einer Richtwertbildung abgrenzenden Bedingungen beträgt je Tag bei einem Körpergewicht von 70 kg 1700 Kal., bei einem solchen von 62,5 kg 1500 Kal. Der Grundumsatz des weiblichen Körpers ist bei gleichem Körpergewicht und gleicher Größe um etwa 10 % niedriger als der des männlichen. Tatsächlich ist aber auch das durchschnittliche Körpergewicht der Frau geringer. *Schall* gibt hierfür einen Faktor von 0,829 des Mannesgewichts in gleicher Altersstufe und Größe an. Einem Richtwert von 70 oder 62,5 kg für den Mann würde somit ein solcher von rund 60 oder 52 kg für die Frau entsprechen. Bei Zugrundelegung solcher Richtwerte, wie dies für volkswirtschaftliche Berechnungen notwendig ist, ergibt sich so eine Grundumsatzgesamtdifferenz zwischen Mann und Frau von 20 %.

Das Committee on Calorie Requirements (CCR) of the Food and Agriculture Organization of the United Nations (FAO) rechnet mit einem Mann von 65 kg und einer Frau von 55 kg, je im Alter von 25 Jahren, als Standard-Personen. Die von dem CCR auf die Gleichung

$$E = a\,W^{0,73}$$

gebrachte Beziehung zwischen Ernährungsbedarf, physiologischem Verbrauch und Körpergewicht stellt sich für den Mann und die Frau, die nur veränderte Gewichtsbedingungen aufweisen, wie folgt dar:

$$\text{Mann:}\quad E = 152{,}0\ (W)^{0,73}$$
$$\text{Frau:}\quad E = 123{,}4\ (W)^{0,73}$$

Hierin ist E der gesamte Kalorienbedarf, also Grundumsatz zuzüglich Verdauungsaufwand und eine etwa mittelschwere körperliche Berufstätigkeit, und es ist vorausgesetzt, daß dieser Bedarf für den Standard-Mann im Jahresdurchschnitt je Tag 3200 Kal. und für die Standard-

Frau 2300 Kal. beträgt. Soll sich die Berechnung nicht auf einen Tätigkeitsgrad (activity level) dieser Bedarfsgröße beziehen, sondern etwa auf einen solchen, der für den Standard-Mann täglich nur 3000 Kal. erfordern würde, so ändert sich der Faktor a gegenüber dem 3200 Kal.-Niveau wie folgt:

$$a = 152{,}0 \cdot \frac{3000}{3200} = 142{,}5$$

W ist in der Formel das Nacktgewicht des Körpers in kg.

Wenn die Frau entgegen den angegebenen Erkenntnissen über die Gesamtumsatzdifferenz zwischen den Geschlechtern gleichwohl in der deutschen Ernährungsplanung des zweiten Weltkrieges dem Manne als Normalverbraucher gleichgestellt wurde, so geschah dies nicht auf Grund anderer physiologischer Feststellungen über den Grundumsatz, sondern in Berücksichtigung der kriegsbedingten starken beruflichen Beanspruchung der Frau.

Schwangerschaft und Stillzeit heben den Bedarfsunterschied zwischen Mann und Frau im übrigen auf oder verkehren ihn sogar. Nach *Fleisch* ist der energetische Tagesbedarf allerdings während des Beginns der Schwangerschaft noch nicht erhöht, steigt aber in den letzten 3—4 Monaten um 300—400 Kal. an. Das CCR schätzt, daß der tägliche Kalorienbedarf der Schwangeren im dritten Trimester der Schwangerschaft um etwa 450 Kal. über ihrem gewöhnlichen Bedarf liegt. Den Tagesbedarf der stillenden Mutter gibt *Lehnartz* mit 3440 Kal. an. *Fleisch* beziffert seine obere Grenze auf 3000 Kal. Das CCR hat den zusätzlichen Bedarf für das Stillen bei einer halbjährigen Stilldauer und einer durchschnittlichen täglichen Milchleistung von 850 Milliliter auf 1000 Kal. je Tag veranschlagt.

Das CCR gibt, von den erwähnten Standard-Bedingungen ausgehend, folgende Bedarfsskala für verschiedene Körpergewichte an:

Körper-gewicht kg	Gesamtbedarf je Tag Männer	Frauen	Schwangere	Stillende
	Kal. in 1000			
40	—	1,823	2,273	2,823
45	2,447	1,987	2,437	2,987
50	2,643	2,146	2,596	3,146
55	2,833	2,300	2,750	3,300
60	3,019	2,451	2,901	3,451
65	3,200	2,599	3,049	2,599
70	3,379	2,743	3,193	3,743
75	3,553	—	—	—
80	3,725	—	—	—

Die vorgenannte Formel ist eine für den praktischen Gebrauch ausreichende Vereinfachung einer Gleichung

$$E = a\,(W)^{0{,}73} + 0{,}1\,E + b\,W + C,$$

in welcher a nur auf den Grundumsatzbedarf bezogen ist, b den vom Körpergewicht abhängigen Energiebedarf und C den von diesem nicht abhängigen Energiebedarf darstellt, während 0,1 E der mit rund 10 % des Gesamtbedarfs E veranschlagte Verdauungsaufwand ist. Anders ausgedrückt wäre also 0,9 E der Ernährungsaufwand ohne den ernährungsphysiologischen Bedarf für die Verdauungsarbeit. Der Arbeitsumsatz ist dann b W + C. In dieser Formel beträgt a unter den Standardbedingungen für den Mann 92,0 und für die Frau 82,5. Dann entspricht dem Standard-E von 3200 bzw. 2300 Kal. ein Standard-Grundumsatz von 1937 bzw. 1538 Kal. Für den Standard-Typ und je zwei Gewichtsvarianten ergeben sich dann folgende Grundumsatzwerte (in Kal. je Tag):

Mann

50 kg	65 kg	80 kg
1600	1937	2254

Frau

40 kg	55 kg	70 kg
1219	1538	1834

Das Wachstumsalter.[9] Die Wachstumsvorgänge befinden sich während der ganzen Entwicklungszeit in ständigem Fluß. Die für die einzelnen Altersstufen ermittelten Bedarfszahlen sind daher je nach dem Zeitpunkt innerhalb der Stufe, zu dem sie festgestellt werden, verschieden. Feststellungen für den wachsenden Körper zu Beginn eines Lebensjahres ergeben niedrigere Werte als solche in dessen Verlauf oder gegen dessen Ende. Außerdem hängen gerade Untersuchungen an Kindern, deren Körperumsatz durch überstandene Kinderkrankheiten oder vorübergehende Wachstumshemmungen stark zufällig beeinflußt sein kann, erheblich von der Breite des Untersuchungsmaterials ab. Auch das größere oder geringere Bestreben, abgerundete Werte zu geben, spielt hierbei mit. Die für das Wachstumsalter aufgestellten Bedarfssätze verstehen sich daher mit einem größeren Spielraum als die Sollberechnungen für Erwachsene.

Für das Brustkind ist der ernährungsphysiologische Bedarf in demjenigen der Mutter eingeschlossen. Bei einer Stilldauer von 6 Monaten wird man also für diese Zeit einen besonderen Bedarf des Säuglings nicht zu berücksichtigen haben. Läßt die Laktationsmenge nach, so daß dem Kind Beinahrung gegeben werden muß, oder ist das Kind von Anfang

[9] *FAO*, Calorie Requirements, Report of the CCR, Washington 1950; *Flössner*, Nährstoffbedarf des Menschen, Carl Flügge's Grundriß der Hygiene, Berlin 1940; *Kraut-Lehmann-Bramsel*, Vorschläge zu einer Ernährungsstatistik auf der Grundlage des Arbeitsbedarfs der einzelnen Berufe, Arbeitsphysiologie, Heft 4 (1939).

an auf die Flasche angewiesen, so wird auch für das Kleinstkind die gesonderte Bedarfsfeststellung nötig. *Flößner* gibt diesen Nahrungsbedarf pro 1 kg Körpergewicht und je Tag wie folgt an:

Nahrungsbedarf des Kindes				
	Bedarf pro 1 kg Körpergewicht			
Alter	Eiweiß g	Fett g	Kohlehydrate g	Kalorien
3. Tag	2,4	2,8	2,9	47,8
Ende der 1. Woche	3,7	4,3	4,4	73,2
Ende der 3. Woche	4,8	5,0	5,7	89,6
Ende der 8. Woche	4,5	5,2	5,4	88,6
Ende des 5. Monats	4,5	4,8	5,6	86,2
Ende des 12. Monats	4,0	4,0	8,0	86,2
Ende des 18. Monats	4,0	3,5	9,0	85,8
Ende des 2. Jahres	4,0	3,0	10,0	85,3

Das CCR empfiehlt, für das ganze erste Lebensjahr mit einem täglichen Bedarfswert von 110 Kal. je 1 kg Körpergewicht zu rechnen, soweit das Kind nicht mehr gestillt wird. Auf den ganzen Körper bezogen, beträgt der tägliche Nahrungsbedarf im ersten Lebensjahr nach *Flößner* 700 Kal. Im einzelnen gibt Flößner folgende Richtwerte des Nahrungsbedarfs für die einzelnen Jahre der beiden ersten Lebensjahrzehnte an:

Alter in Jahren	Tägl. Kalorienbedarf	Alter in Jahren	Täglicher Kalorienbedarf männlich	weiblich
Bis 1	700	über 9—10	2000	1900
über 1—2	900	„ 10—11	2100	1900
„ 2—3	1100	„ 11—12	2200	2000
„ 3—4	1300	„ 12—13	2300	2000
„ 4—5	1400	„ 13—14	2400	2100
„ 5—6	1500	„ 14—15	2500	2200
„ 6—7	1600	„ 15—16	2600	2300
„ 7—8	1700	„ 16—17	2700	2300
„ 8—9	1800	„ 17—20	2800	2400

Kraut, Lehmann, Bramsel geben den physiologischen Tagesbedarf des Zweijährigen mit 1140, des Fünfjährigen mit 1470 und des Achtjährigen mit 1890 Kalorien an. Für den Knaben von zwölf Jahren berechnen sie 2460 Kalorien. Für Jugendliche ist der Bedarf für den Grad mittelschwerer körperlicher Arbeit ermittelt, der beim erwachsenen Mann 3000 Kalorien voraussetzt, und zwar für den Burschen von 16 Jahren mit 2910 und von 19 Jahren mit 3060 Kalorien. Das CCR sieht für das Alter vom vollendeten 1. bis 15. Lebensjahr folgende Tagesbedarfszahlen vor:

Alter in Jahren				Kalorien
über 1	bis	3		1200
„ 3	„	6		1600
„ 6	„	9		2000
„ 9	„	12		2500
„ 12	„	15	männlich	3200
„ 12	„	15	weiblich	2600

Für die Jugendlichen im Alter von über 15 bis 19 Jahren legt das CCR als Standardbedingung ein Alter von 18 Jahren und ein Körpergewicht von 60 kg für die männliche, von 50 kg für die weibliche Person zugrunde. Unter diesen Bedingungen sowie unter sinngemäßer Anwendung der außerdem für die erwachsene Standardperson angenommenen Voraussetzungen, schätzt das CCR den Tagesbedarf dieser Altersgruppe für männliche auf 3800 Kal. und für weibliche auf 2400 Kal. Dies sind 119 und 104 v.H. des vom CCR angenommenen Bedarfs für die erwachsene (25jährige) Standardperson jedes Geschlechts. Weicht das Gewicht der Jugendlichen genannter Altersgruppe in einer Bevölkerung erheblich von dem angegebenen Standardgewicht ab, so empfiehlt es sich, von dem Bedarf der erwachsenen Standardperson dieser Bevölkerung auszugehen, der nach dem CCR-Standard mit Hilfe der im vorigen Abschnitt gegebenen Umrechnungsformel ermittelt ist, und auf die so ermittelten Werte einfachheitshalber abgerundete Prozentsätze von 120 und 105 anzuwenden.

Das höhere Alter.[10] Wie im Wachstumsalter der physiologische Bedarf stark individuell beeinflußt ist, so vollzieht sich auch der Funktionswechsel im höheren Alter nicht gleichmäßig. Dies ergibt sich für den weiblichen Körper schon aus der Breite des Zeitraums, innerhalb dessen das Klimakterium individuell einsetzen kann. Auch beim Manne vollzieht sich der physiologische Lebensablauf nicht gleichmäßig. Allgemein ist für die Gegenwart zu berücksichtigen, daß die Ernährungsverhältnisse der Kriegs- und Nachkriegszeit auf den Ablauf der organischen Funktionen nicht ohne Einfluß geblieben sind. Die Feststellung von Feinunterschieden in der Bedarfsentwicklung mit zunehmendem Alter dürfte daher einstweilen zur Ermittlung von Markierungspunkten für die weitere Erkenntnisgewinnung der forschenden Ernährungsphysiologie mehr Bedeutung haben als für die angewandte Ernährungswissenschaft im Rahmen der sozialwirtschaftlichen Analyse und Planung. Allerdings stellte das schweizerische Rationierungssystem im zweiten Weltkrieg den

[10] *FAO*, Calorie Requirements, Report of the CCR, Washington 1950; *Fleisch*, Ernährungsprobleme in Mangelzeiten, Die schweizerische Kriegsernährung 1939—1946, Basel 1947; *Kraut-Lehmann-Bramsel*, Vorschläge zu einer Ernährungsstatistik auf der Grundlage des Arbeitsbedarfs der einzelnen Berufe, Arbeitsphysiologie, Heft 4 (1949).

im Alter leicht abnehmenden Stoffwechsel und die geringere körperliche Leistungsfähigkeit insofern in Rechnung, als Personen von über 65 Jahren, wenn sie einen an sich zu einer höheren Arbeitsschwerestufe zählenden Beruf ausübten, normalerweise keine Zusatzkarten erhielten. Erst im Sommer 1945 fiel diese Einschränkung fort.

Kraut und *Bramsel* haben für männliche und für weibliche Personen eine Skala entwickelt, die in je rund 600 Positionen nicht nur den Einfluß verschiedener Arbeitsschwere auf den Nahrungsbedarf berücksichtigt, sondern auch die durch das Lebensalter bedingten Veränderungen des Grundumsatzes. Hierin kommt auch das rückläufige Ernährungssoll im höheren Alter zur Geltung. Danach beginnt beim Manne etwa mit Vollendung des 40. Lebensjahres ein leichter, stetig zunehmender Rückgang des Bedarfs, der sich in fünfjährigem Abstand nach dieser Skala für den mittelschwer arbeitenden Mann wie folgt darstellt:

Alter in	Ernährungssoll je Tag	
Jahren	Normalperson = 1	Kalorien
40	0,97	2910
45	0,95	2850
50	0,93	2790
55	0,90	2700
60	0,87	2610
65	0,84	2520

Der letztgenannte Satz entspricht annähernd dem von der Hygienesektion des Völkerbundes für das Alter von 60 und mehr Jahren angenommenen Nahrungsverbrauch. Das CCR hat — bereits von einem Lebensalter von 25 Jahren ausgehend — den Rückgang des Kalorienbedarfs für je 10 Jahre nach Vollendung dieses Alters auf 7,5 v.H. des Bedarfs der Standardperson schematisiert. In vereinfachender Rechnung wird allerdings der Standardwert für das dritte Lebensjahrzehnt als konstant angesehen, und der prozentuale Abzug erst vom Eintritt in das vierte Lebensjahrzehnt begonnen. Danach gibt das CCR folgende Skala des täglichen Kalorienbedarfs bei fortschreitendem Alter:

Alter	Männer	Frauen	Schwangere	Stillende
Jahre	Kalorien je Tag in 1000			
20— 30	3,200	2,300	2,750	3,300
30— 40	2,960	2,128	2,578	3,127
40— 50	2,720	1,955	2,405	2,955
50— 60	2,480	1,782	—	—
60— 70	2,240	1,610	—	—
70— 80	2,000	1,438	—	—
80— 90	1,760	1,265	—	—
90—100	1,520	1,093	—	—

Erwähnt sei in diesem Zusammenhang der in hohem Alter zu beobachtende Hang zu schlackenarmer Nahrung, ein weniger auf Genußentfaltung zurückzuführender als durch Gebißverlust und abnehmende Leistungsfähigkeit des Digestionstraktus bedingter, also im wesentlichen physiologischer Vorgang. Diesem hat allerdings auch die schweizerische Rationierung Rechnung getragen, indem sie Personen im Alter über 60 Jahren eine Zusatzmilchkarte bewilligte.

Das Klima.[11] Der Kalorienbedarf des Menschen steht in unmittelbarem Zusammenhang zur Wärmeabstrahlung seines Körpers. Diese hängt zusammen mit der Größe der Körperoberfläche und mit den physikalischen Umweltbedingungen. Wesentlichster Faktor dieser ist die Temperatur. Von ihr hängt die Wärmestrahlung ab, zum Teil auch die Kalorienabgabe zur Erwärmung der Luft. Zum anderen Teil wird die Bedeutung dieser Verlustquelle durch das Maß der Luftbewegung bestimmt, die ferner zusammen mit dem Feuchtigkeitsgehalt der Luft die Wasserverdunstung von der Haut beeinflußt. *Rubner* gibt für die Wärmeökonomie des ruhenden Menschen mit einem Tagesbedarf von 2700 Kal. folgende Gliederung der Wärmeabgabeursachen:

Ursache der Wärmeabgabe	Kal	vH
Arbeit	51	1,9
Atmung	77	2,8
Waserverdunstung von der Haut	558	20,7
Erwärmung der umgebenden Luft	833	30,9
Wärmestrahlung	1181	43,7
	2700	100,0

Knapp drei Viertel der Wärmeabgabe des ruhenden Körpers werden somit hauptsächlich durch die Außentemperatur beeinflußt. Die Grundumsatzbestimmungen pflegen sich auf den Bereich der thermischen Neutralität zu beziehen, innerhalb dessen die Kohlensäureabgabe die geringsten Werte hat und der für den Menschen bei 20° C liegt. Diese von den physiologischen Vorgängen der Wärmeregulation hergeleitete Meßbedingung stellt aber keine klimatische Realität dar, sondern in dieser Hinsicht höchstens ein Optimum. Nach *Konrich* ist der hygienische Bestzustand gegeben bei ruhender Luft von 18—20° C Wärme und einer relativen Feuchtigkeit von 40—50 % und für höhere Luftwärme bei einer solchen von 30—40 %. In Wirklichkeit schwanken Luftwärme und -feuchtigkeit im Wechsel der jahreszeitlichen Wetterlagen und darüber hinaus mit den täglichen Witterungsumständen.

[11] *FAO*, Calorie Requirements, Bericht des CCR, Washington 1950; *Lehnartz*, Chemische Physiologie, Berlin-Göttingen-Heidelberg 1949; *Konrich*, Hygiene der Luft, des Klimas und des Bodens, und *Spitta*, Hygiene der Kleidung, in Carl Flügge's Grundriß der Hygiene, Berlin 1940; *Rein*, Physiologie des Menschen, Berlin 1938.

Beidem gegenüber besitzt der Mensch die Ausgleichsmöglichkeit der Kleidung. Sie greift, wie *Lehnartz* sagt, als schwer zu übersehender Faktor in die Wärmeabgabe des Körpers ein. Ihre wesentliche Aufgabe ist nach *Spitta*, den Körper bei der Erhaltung des „Behaglichkeitsgefühls" zu unterstützen. Diese Aufgabe erfüllt sie dann, wenn ihre Wärmedurchlässigkeit der jeweiligen Umwelttemperatur angepaßt ist. In welchem Umfang dies etwa möglich ist, zeigt nachstehende von *Spitta* zusammengestellte Tafel:

Art des Gewebes	Stärke in mm	Spezif. Gewicht	Wärmedurchgang je 1 qcm in 1 sec bei 1 °C Temperaturdifferenz in cal
Shirting	0,16	0,768	0,0230
Glattes Leinen	0,22	0,814	0,0113
Kunstseidentrikot	0,43	0,289	0,0014
Baumwolltrikot	1,01	0,199	0,0010
Wolltrikot	1,12	0,179	0,0006
Sommerkammgarn	1,00	0,302	0,0008
Winterkammgarn	2,50	0,238	0,0003

Diese Wärmedurchgangswerte beziehen sich auf normal trockene Gewebe. Setzt man die Wärmeabgabe des trockenen, unbekleideten Armes gleich 100, so beträgt sie bei dessen Umhüllung mit trockenem, glattem Baumwollstoff 85, bei Durchfeuchtung dieses Stoffes aber 157. Gegen die Durchfeuchtung von außen ist Schutz durch regenabweisende Überkleidung gegeben, gegen die Durchfeuchtung von der Haut her durch Schweiß besteht eine Vorbeugungsmöglichkeit nur in der Wahl eines entsprechenden Gewebes. Im großen ganzen bietet die Kleidung so weitgehende Ausgleichsmöglichkeiten gegen die Temperaturschwankungen, daß deren periodische und kurzfristige Bewegungen für den ernährungsphysiologischen Bedarf nicht in Betracht gezogen zu werden brauchen.

Anders dagegen liegt es bezüglich der Unterschiede zwischen den Klimazonen. Einerseits besteht mehr Spielraum, die Kleidung einer niedrigeren als einer höheren Temperatur anzupassen. Anderseits stellen die europäischen Kleidungsgewohnheiten einen gewissen — wenn auch im einzelnen abgewandelten —, Standard für einen überragenden Bereich des Weltkulturraumes dar. Unter diesen Umständen werden sich die Unterschiede zwischen den Temperatur-Jahresmitteln der Klimazonen auch als ein ernährungsphysiologischer Bedarfsunterschied darstellen. Wenn die fünf Klimazonen als durch die Jahresisothermen 0° und +20° gebildet gedacht werden, so liegen die gemäßigten Zonen zwischen diesen beiden Jahresisothermen.

Es entspricht daher durchaus praktischen Erwägungen, wenn das CCR den Gesamtkalorienbedarf seiner männlichen und weiblichen Standardperson, abgesehen von den sonstigen Voraussetzungen hinsichtlich Gewicht und Arbeitsschwere, auf eine Außentemperatur von 10° C im Jahresmittel bezieht. Für je 10° C Unterschied im Jahresmittel von dieser Standardbedingung berechnet das CCR einen Zuschlag (bei niedrigerem Temperaturwert) oder Abschlag (bei höherem Temperaturwert) von 5 v.H. des (auf ein Jahresmittel von +10° C bezogenen) Standardbedarfs. Diese Berechnung gilt gleichmäßig für alle Altersstufen und ergibt für Erwachsene folgendes Bild, wenn man diese Prozentrechnung auf die vom CCR angenommenen Standardbedarfe anwendet:

Mittlere Jahres-außentemperatur in Grad Celsius	Männer	Frauen	Schwangere	Stillende
	Kalorien je Tag in 1000			
—5	3,440	2,473	2,923	3,473
0	3,360	2,415	2,865	3,415
5	3,280	2,358	2,808	3,358
10	3,200	2,300	2,750	3,300
15	3,120	2,243	2,693	3,243
20	3,040	2,185	2,635	3,185
30	2,880	2,070	2,520	3,070

Die Rasse.[12] Die augenfälligen Unterschiede im Habitus der Varietäten des Wesens Mensch lassen vermuten, daß auch der ernährungsphysiologische Bedarf rassenmäßig beeinflußt wird. Hierfür kommt es jedoch weniger auf anatomische Abweichungen als auf physiologische an. Selbst Verschiedenheiten im Bau der Kauorgane (Kiefer, Gebiß) weisen nur auf mechanische Anforderungen der Nahrung hin. Da der Mensch aber von Natur aus allgemein zu gemischter Nahrung neigt, ist sein Gebiß ohne Rücksicht auf Rassenzugehörigkeit gleichzeitig für scherenförmige und für mahlende Bewegung des Unterkiefers eingerichtet. Zwingen freilich die Verhältnisse des Siedlungsraumes zu einer Vereinseitigung der Nahrung, so entstehen abweichende Erscheinungsformen, wie sie an den Gebissen von Feuerländern beobachtet wurden, die infolge ständigen Genusses von hart geröstetem Fisch ähnlich abgeschliffen sind wie die Zähne reiner Pflanzenfresser. Zweifellos ist die geringere Zubereitung der Nahrung auch die Ursache kräftigerer Ausbildung der Kaumuskulatur von Völkern niedrigerer Kulturstufe. Nach vollzogener Anpassung

[12] *Walter*, Klimazonen und Hautfarben, Kosmos, Jg. 1953; *FAO*, Calorie Requirements, Bericht des CCR, Washington, 1950; *Lehnartz*, Chemische Physiologie, Berlin-Göttingen-Heidelberg 1949; *Zotz*, Vormenschen, Urmenschen und Menschen, Stuttgart 1948; *Ehrhardt*, Rassenmäßige Zusammensetzung (des deutschen Volkes), Carl Flügge's Grundriß der Hygiene, Berlin 1940; *Konrich*, Hygiene der Luft, des Klimas und des Bodens, ebenda; *Rein*, Physiologie des Menschen, Berlin 1938; *Schall*, Nahrungsmitteltabelle, Leipzig 1935; *Beznák*, Unterscheidung von Menschenrassen durch Blutuntersuchung, Kosmos, Jg. 1923; *Basler*, Über die willkürlichen Bewegungen bei verschiedenen Menschenrassen, ebenda.

an den Mehraufwand für Kauarbeit dürfte dieser kalorisch jedoch kaum mehr in Rechnung zu stellen sein. Dieser Mehraufwand kann als durch die Arbeitsgewöhnung, die auch bei der Berufsarbeit einen bedarfsmindernden Einfluß ausübt, ausgeglichen gelten.

Anderseits beschränkt sich der dem Klima bereits in der ersten Hälfte des 18. Jahrhunderts von *Montesquieu* beigemessene Einfluß auf die Entwicklung der Menschenrassen keineswegs auf Anpassungsvorgänge gegenüber mittelbar klimatisch verursachten Lebensbedingungen, wie die Notwendigkeit einseitiger Fischernährung bei nicht ertragfähigem Boden und fehlendem Wild eine solche ist. Im Hinblick auf das augenfällige Rassemerkmal der Hautfarbe und der besonderen Bedeutung der Haut für die Wärmeregulation des Körpers ist die Neigung, hier auch Ursachen für etwaige Unterschiede im ernährungsphysiologischen Bedarf zu suchen, naheliegend. Wie die Versuche von *Walter*, Beziehungen zwischen der Stärke der Ultraviolett-Strahlung in den Wohngebieten der einzelnen Erdstriche und der Hautfarbe der Bevölkerungen zu ermitteln, ergeben haben, bedingt die Verschiedenheit dieser Strahlungswerte in langfristiger Anpassungsentwicklung bleibende Hautfärbungen. Wenn die mögliche Intensität der Hautfarbe auch durch die erblich bedingte Zahl der in der Oberhaut vorhandenen Farbkörperchen (Melanine) begrenzt wird, so spielen sich doch bei Wanderungen in Wohngebiete anderen Strahlungswertes langfristig Anpassungs- und Auslesevorgänge ab, welche die Effizienz der Melanine im Rahmen des erblich angelegten Spielraums ebenfalls wieder erblich verstärken oder abschwächen. Färbt sich die Haut einer Bevölkerung aber unter dem Einfluß der Ultraviolett-Strahlung ihres Wohngebietes dunkel, so entsteht die Frage, ob die hierdurch verursachte größere Wärmeaufnahmefähigkeit den ernährungsphysiologischen Bedarf senkt. Vereinfacht lautet die Frage, ob der Neger unter sonst gleichen Voraussetzungen einen geringeren Nahrungsbedarf hat als der Weiße. Offensichtlich wird aber das Wärmegleichgewicht bei verschiedener Hautfarbe der Völker durch eine unterschiedliche Ausdünstungsmöglichkeit der Haut ausgeglichen. *Walter* gibt nach *Clark* und *Lhanon* folgende Beziehungen zwischen Hautfarbe und Schweißdrüsenbesatz an:

Rassengruppe	Hautfarbe	Schweißdrüsen je 1 qcm
Weißer (USA)	weiß	558,9
Neger (USA)	dunkelbraun	597,2
Philippino	dunkelbraun	653,6
Negrito	dunkelgelbbraun	709,2
Hindu	schwarzbraun	738,2

Danach ist anzunehmen, daß die unterschiedliche Wärmeabsorption infolge verschiedener Hautpigmentierung der Menschenrassen durch eine entsprechend unterschiedliche Flüssigkeitsverdunstung im Wärmehaushalt des Körpers ausgeglichen wird, so daß aus dem Rassemerkmal der Hautfarbe kein Unterschied des ernährungsphysiologischen Bedarfs entsteht.

Es fragt sich, ob im Zusammenhang mit dem biochemischen Index der Völker solche Unterschiede erkennbar werden. Nach den während des ersten Weltkrieges durchgeführten Untersuchungen von *Hirschfeld*, *Verzá* und *Weszeczky* geht der Anteil der Blutgruppe A vom europäischen Norden und Westen zum asiatischen Osten zurück, während der Anteil der Blutgruppe B steigt. Der durch Division des Anteils A durch den Anteil B an der Beobachtungsmasse gebildete biochemische Index ergibt folgendes Bild:

Index	Völker	Index	Völker
4,0—4,5	Engländer	2,0—2,5	Serben, Griechen, Bulgaren
3,5—4,0	Deutsche, Österreicher	1,5—2,0	Araber, Türken, Ungarn
3,0—3,5	Franzosen	1,0—1,5	Russen, Juden, Malaien
2,5—3,0	Italiener	0,5—1,0	Senegalneger, Anamiten, Zigeuner, Inder

Obwohl der biochemische Index der Zigeuner, die vor gut einem Jahrtausend aus Indien ausgewandert und — mindestens der Stamm Sinte — vor etwa 400 Jahren in Deutschland eingewandert sind, noch heute demjenigen der Inder nahezu gleich ist, bestehen aber keine Anhaltspunkte dafür, daß ihr ernährungsphysiologischer Bedarf von demjenigen anderer Menschen gleicher Statur und des gleichen europäischen Lebensraumes abweicht. Entsprechendes gilt von den Juden in diesem Raum und anderseits von den deutschen Siedlern in Ungarn und Rumänien.

Wenn im Zusammenhang mit dem biochemischen Index bewußt von Völkern und nicht von Rassen gesprochen wurde, so ist damit bereits darauf hingewiesen, daß die Abgrenzung der Beobachtungsmassen für die erwähnten Untersuchungen die Tatsache der Gemischtrassigkeit innerhalb dieser Völker nicht berücksichtigt. So ist innerhalb des deutschen Volkes der biochemische Index zweifellos verschieden, je nachdem beispielsweise der Anteil der mittelländischen Rasse in einem Gebiet 2 oder 5 v.H. beträgt. Niemals aber ist festgestellt worden, daß etwa ein Angehöriger der alpinen Rasse unter sonst gleichen Bedingungen einen geringeren Kalorienbedarf hätte als z. B. ein fälischer Mensch. Dagegen ist augenscheinlich, daß zwischen den einzelnen Rassen Unterschiede in der durchschnittlichen Entwicklung der Körpergröße bestehen und auch im Laufe der Menschheitsentwicklung immer bestanden haben. Setzt man neben die von *Ehrhardt* veröffentlichten Durchschnittsgrößen der in Deutschland vorkommenden Menschenrassen die von *Schall* für Männer im Alter von 25—20 Jahren angegebenen Körpergewichte, so ordnet sich jeder Rasse ein bestimmtes mittleres Körpergewicht zu:

Rasse	Körpergröße	Körpergewicht
	des Mannes	
	cm	kg
Fälische	175	70,2
Nordische	174	69,4
Dinarische	173	68,7
Ostbaltische	164	62,0
Ostische	163	61,5
Mittelländische	160	59,4
Sudetische	160	59,4

Diese Übersicht, insbesondere der Vergleich zwischen mittelländischem und sudetischem Typ zeigt, daß nicht die Rasse, sondern die Körpermaße und damit das Körpergewicht für den ernährungsphysiologischen Umsatz bestimmend sind.

Auch im Chemismus der physiologischen Abläufe bestehen zwischen den Menschenrassen keine relevanten Unterschiede. Gewiß erscheinen in manchen Bevölkerungen gehäuft Fälle von herabgesetzer Schilddrüsenfunktion mit hierdurch um 20—30 % verringertem Grundumsatz. Die von einigen Ländern (Schweiz, USA) in der Bekämpfung dieser Erscheinung gemachten günstigen Erfahrungen mit der prophylaktischen Verabfolgung von jodhaltigem Kochsalz zeigen aber als vornehmliche Ursache eine zu geringe Jodzufuhr in der Nahrung, insbesondere infolge zu niedrigen Jodgehaltes des Wassers, so daß also auch hier nicht rassisch bedingte Ursachen vorliegen.

Ebenso wie die Körpergröße werden auch die Umweltfaktoren des Siedlungsraumes allzu leicht mit eigentlichen Rassemerkmalen identifiziert. Es ist naheliegend, daß sich eine Bevölkerung in einem Gebiet niedrigeren oder höheren Luftdrucks schon rein atemtechnisch etwas anders verhalten wird als unter normalen Luftdruckverhältnissen. Dies gilt aber ebenso für den Berghirten wie für den Caissonarbeiter, gehört also zum Arbeitsumsatz und nicht mehr zu dem auf ganz bestimmte Bedingungen bezogenen Grundumsatz.

Nicht weil eine Bevölkerung einer bestimmten Rasse zugehört, sondern weil ihre Menschen bestimmte ihrer Rasse zwar eigentümliche, aber nicht ausschließliche Körpermaße haben — auch die vorgeschichtlichen Menschenrassen hatten ähnliche Körpermaße (der als Endglied einer Entwicklungsreihe angesehene Neanderthaler: 160 cm; der in die Ahnenreihe des sogenannten europäischen Sapiensmenschen gestellte Sukhul-Mensch: 170—180 cm; der wahrscheinlich in den Berbern und den kanarischen Guanchen in geschichtlicher Zeit noch als reiner Typ vorhandene, dem heutigen Europäertyp vorausgehende Cromagnon-Mensch: 170 bis 175 cm) — und bestimmten, auch anderweitig vorkommenden Lebensbedingungen unterliegen, hat sie — als Bevölkerung eines Lebensraumes, nicht als Rasse — einen bestimmten ernährungsphysiologischen Bedarf. Die Bedarfsmerkmale sind also keine anderen unter dem Gesichtspunkt der Rasseeigentümlichkeiten als die allgemeingültigen.

Verbrauchsgewohnheiten, die in neue Lebensräume mitgebracht werden und deshalb leicht den Anschein rassischer Bezogenheit erwecken können, sind nicht maßstäblich für den Bedarf. Im übrigen resultieren sie aus den Lebensbedingungen des bisherigen Siedlungsraumes oder sind kulturbezogen und werden aus geistiger Traditionsgebundenheit aufrechterhalten.

Somit kann mit dem CCR angenommen werden, daß nach der gegenwärtigen wissenschaftlichen Erkenntnis die Individuen gleicher Größe unter den gleichen Lebensbedingungen ohne Rücksicht auf ihre Rassenzugehörigkeit den gleichen Kalorienbedarf haben.

Die Umweltbedingungen.[13] Das Milieu der Lebensgestaltung einer Bevölkerung bildet der von ihr besiedelte Raum. Dieser Siedlungsraum liegt innerhalb einer bestimmten Klimazone, die seine Großwettergestaltung im Jahreslauf bestimmt und damit die Entfaltungsmöglichkeiten der Bodenfruchtbarkeit auslöst oder hemmt. Die Intensität der Ultraviolettstrahlung, über deren Einfluß bereits gesprochen wurde, hängt außer von dem Einfallswinkel und der relativen Luftfeuchtigkeit insbesondere von der Höhenlage des Siedlungsgebiets ab. Diese zusammen mit der Lufttemperatur bestimmt auch den mittleren Luftdruck.

Die mit einer Grundfläche von 1 qcm angenommene Luftsäule, deren Druck bei einem Barometerstand von 780 mm demjenigen von 1 mm Quecksilbersäule (Hg) gleicht, ist bei einer Temperatur von + 30° C 11,5 m, bei + 20° C 11,1 m und bei — 10° C 9,8 m hoch. Der für Grundumsatzberechnungen gewöhnlich zugrunde gelegten Temperatur von + 20° C entspricht eine Luftsäule von 11,1 m bei einem Barometerstand von 780 mm und von 11,7 m bei 740 mm. Bei der vom CCR für die Standardperson angenommenen mittleren Jahrestemperatur von +10° C würden die entsprechenden Maße der Luftsäule 10,7 und 11,2 m sein.

Die Luftdichte schwankt also bei einem Barometerstand von 780 mm um die Dichte der auf +10° C temperierten Luft, wenn sich die Temperatur um ±200 % verändert, zwischen ±8 bis 9 %. Dieser Unterschied ist praktisch bedeutungslos und wird durch den Einfluß der Temperatur völlig überlagert. Bei den monatlichen Luftdruckschwankungen unserer Breiten von 12 bis 20 mm ändert sich die Luftdichte um maximal etwa

[13] *FAO*, Calorie Requirements, CCR-Bericht, Washington 1950; *Kogeler*, Arbeitsleistung und Ernährung, Diss. Hamburg 1948; *Fleisch*, Ernährungsprobleme in Mangelzeiten, Die schweizerische Kriegsernährung 1939—1946, Basel 1947; *Konrich*, Hygiene der Luft, des Klimas und des Bodens, Carl Flügge's Grundriß der Hygiene, Berlin 1940; *Rein*, Physiologie des Menschen, Berlin 1938; *Schall*, Nahrungsmitteltabelle, Leipzig 1935.

0,2 % und bei den Jahresschwankungen von 30—40 mm um kaum mehr als 0,5 %.

Luftdruckbedingungen, die außerhalb dieses Rahmens liegen, stellen Sonderverhältnisse dar. Dabei kommen nennenswerte Luftdruckerhöhungen nur als Begleiterscheinungen bestimmter Berufstätigkeiten (z. B. Untertagearbeit im Bergbau auf der 1500-m-Sohle bei einem Luftdruck von 860 mm) vor und fallen dadurch bei der Bedarfsmessung als Teil der Berufsschwere in Berücksichtigung. Auch die Erschwerung der physiologischen Umsetzungen durch verminderten Luftdruck braucht praktisch nur für Individualfälle des Berufslebens in Betracht gezogen zu werden. Auch hier ist, da die Aufnahmefähigkeit des Hämoglobins für Sauerstoff langsamer als der Luftdruck abnimmt, eine nennenswerte Erschwerung der Sauerstoffzufuhr erst in einer Höhe von 3000 m an aufwärts zu rechnen. Siedlungsgebiete in solchen Höhenlagen sind aber, abgesehen etwa von denen gewisser Indiostämme des Andengebiets oder einiger tibetanischer Siedlungen, für Bevölkerungen praktisch nicht in Betracht zu ziehen. Die Belanglosigkeit geringerer Höhen für ernährungsphysiologische Überlegungen wird vielleicht am besten dadurch illustriert, daß ein Gebirgsland wie die Schweiz bei der Durchführung seiner Rationierung im zweiten Weltkrieg nach *Fleisch* die anfängliche Auffassung, daß 2400 Kal. den Bedarf der erwachsenen Normalpersonen darstellen, als zu hoch auf 2160 Kal. revidiert hatte.

Der weitere Umweltfaktor der Ertragfähigkeit des Bodens interessiert hier nur, soweit diese eine normale Ernährung der Bevölkerung nicht gewährleistet und das Nahrungsaufkommen aus anderen Quellen nicht ergänzt werden kann. Die Bevölkerung ist unter diesen Bedingungen gezwungen, ihre ernährungsphysiologischen Umsetzungen bis zum Ausgleich zwischen Bedarf und Versorgungsmöglichkeit anzupassen, wenn sie in dem so gearteten Siedlungsraum bestehen will. Diese Anpassung ist durch verminderte Gewichtsentfaltung der Individuen möglich, derzufolge sich der Grundumsatz und der von der Eigengewichtsbewegung abhängige Energiebedarf entsprechend niedriger gestaltet. Darüber hinaus kann der Arbeitsenergiebedarf durch geringe Leistung eingeschränkt werden. Der ernährungsphysiologische Ausgleich ist insofern dann gewahrt, wenn die verfügbare Nahrung nach der bei Behandlung des Grundumsatzes angegebenen CCR-Gleichung einem E entspricht, das mit entsprechend eingesetztem W und gekürztem C errechnet wurde. Dieser Ausgleich ist aber dann nur formal, wenn das Körpergewicht der Bevölkerung in keinem Verhältnis mehr zu ihrer durchschnittlichen Körpergröße besteht. *Schall* verzeichnet eine Abweichung von —8 % noch als Normalgewicht und läßt eine solche bis —20 % noch als leichte, bis —35 % als mittlere Magerkeit gelten. Ob sich die Ernährungsbilanz einer untergewichtigen Bevölkerung stabilisiert hat, läßt sich an der Bilanz ihrer natürlichen Bevölkerungsbewegung und an der Erlebenswahrscheinlichkeit ihrer Individuen ablesen.

Das Existenzminimum eines Volkes ist zweifellos dann unterschritten, wenn sich die Ernährungsbilanz in einer Weise zu Lasten der Leistungsfähigkeit stabilisiert hat, daß die soziale Gemeinschaft nicht mehr in der Lage ist, die in ihrem Wesen liegenden Aufgaben ausreichend zu erfüllen. Dieses Existenzminimum liegt zweifellos über dem individuellen; denn es gibt innerhalb der sozialen Gemeinschaft unentbehrliche Funktionen, die von Menschen nicht mehr ausgeübt werden können, die eben noch existieren. Diese Grenze wird um so deutlicher, je mehr sich die Nahrungsaufnahme des sich bewegenden Individuums dem Grundumsatzbedarf nähert. Sie ist unterschritten, wenn die bei unzureichender Nahrungsaufnahme auftretenden Ermüdungserscheinungen durch Leistungsverminderung nicht mehr ausgeglichen werden können und krankhafte Mangelerscheinungen auftreten. Allerdings ist dies nicht nur eine Frage der Nahrungsquantität, sondern auch der Nahrungsqualität, also der Zusammensetzung der Nahrung nach Nährstoffen, auf die an anderer Stelle noch eingegangen wird.

Die Lebensgewohnheiten bestimmen wohl den ökonomischen Bedarf und kommen bei freier Entfaltung des Marktes im Verbrauch zum Ausdruck, beeinflussen aber nicht den ernähruungsphysiologischen Bedarf. Insofern können sie daher außer Betracht gelassen werden.

Das Nahrungsvolumen.[14] Das Volumen des Nahrungsaufkommens nimmt zu, wenn der Anteil der kalorisch geringerwertigen Lebensmittel steigt. Das Nahrungsvolumen der Lebensmittel steht in umgekehrtem Verhältnis zu ihrem Kaloriengehalt.

Die Nahrung von 350 Arbeiterfamilien, deren Wirtschaftsrechnungen den Berichten des Statistischen Reichsamtes über den Kriegs- und Friedensverbrauch zugrunde liegen, hatte 1937 ein Volumen von 0,6 g/Kal. 100 Kalorien wurden also aus 60 g Nahrung gewonnen.

Das Ernährungssoll des mittelschwer arbeitenden Mannes von 3000 Kalorien entsprach mithin bei der friedensmäßigen Zusammensetzung der Nahrung in Arbeiterhaushaltungen einem Lebensmittelgewicht von

---

[14] *Kraut,* Richtige Ernährung — die Grundlage der Leistungsfähigkeit, Frankfurt/Main 1953; *Fachmann-Kraut-Sperling,* Nährstoff- und Nährwertgehalt von Nahrungsmitteln, Leipzig 1953; *Sperling,* Die ernährungsphysiologischen Grundtatsachen und ihre volkswirtschaftliche Bedeutung, Schmollers Jahrbuch, 72. Jg. 1952; *FAO,* Calorie Requirements, CCR-Bericht, Washington 1950; *Statistisches Amt für die Britische Besatzungszone* (STABB), Nährstoff- und Nährwertgehalt der Nichtselbstversorger — Rationen, unveröffentlichte Berichte, 1945—1948; *Statistisches Reichsamt* (St.R.A.), Kriegsverbrauch an Nahrungsmitteln im Vergleich mit dem Friedensverbrauch nach den Ergebnissen von Wirtschaftsrechnungen, unveröffentlichte Berichte 1939—1944.

Lebens-mittelart	Nah-rungs-vol. in g/Kal.	Kal. je 100 g Roh-ware	Lebens-mittelart	Nah-rungs-vol. in g/Kal.	Kal. je 100 g Roh-ware
Butter	0,13	751	Hühnerei	0,66	152
Margarine	0,14	729	Kartoffeln	1,27	79
Zucker	0,24	409	Kabeljau (Filet) ...	1,32	76
Nährmittel	0,28	362	Vollmilch	1,69	59
Wurst	0,31	320	Frischobst	1,79	56
Käse	0,32	317	Magermilch	2,70	37
Brot	0,41	246	Gemüsekonserven	3,45	29
Fleisch	0,51	199	Gemüse (frisch) ...	4.35	23

1,8 kg. In rund 39 Tagen setzt damit ein Mann von 70 kg sein Körpergewicht einmal um und im Jahr verzehrt er das 9,4fache seines eigenen Gewichts. Um diese normale Verdauungsarbeit bewältigen zu können, beansprucht der Körper nach den Berechnungen des Max-Planck-Instituts für Arbeitsphysiologie 8 % der insgesamt aufgenommen Kalorien. Dieser Anteil des Nahrungsaufkommens geht also für den eigentlichen Tätigkeitsstoffwechsel verloren. Das sind bei 3000 Kalorien 240 Kalorien.

Bei einer Zunahme des Nahrungsvolumens um 25 % nimmt das Arbeitsphysiologische Institut eine mittlere Vermehrung des Aufwands für Verdauungsarbeit um 15 % an. Dieser beträgt dann $8 + 8 \times 0{,}15 = 9{,}2\,\%$ oder bei einem Nahrungsaufkommen von 3000 Kalorien 276 statt 240 Kalorien, d. h. der Leistungswert von 36 Kalorien geht für die Tagesarbeit verloren. Soll für diese die bei normalem Nahrungsvolumen zur Verfügung stehende Kalorienmenge erhalten bleiben, so muß das Nahrungsaufkommen entsprechend erhöht werden. Bezeichnen wir das normale Nahrungsaufkommen mit N, das entsprechend der gesteigerten Verdauungsleistung erhöhte mit N_1, den normalerweise auf Verdauungsarbeit entfallenden Kalorienanteil mit V und den prozentualen Anteil hierfür bei vergrößertem Nahrungsvolumen mit V_1, so lautet die Formel für die gesuchte Kalorienmenge N_1 wie folgt:

$$N_1 = \frac{N - V}{1 - V_1}$$

Auf das vorstehende Beispiel angewandt, zeigt die Formel, daß der bei einem normal voluminierten Nahrungsaufkommen von 3000 Kal. nach Abzug des Verdauungsaufwands von 240 Kal. verbleibende Anteil von 2760 Kal. dann erhalten bleibt, wenn das Nahrungsaufkommen bei einer Vergrößerung seines Volumens um 15 %, also einem V_1 von 0,092, auf 3040 Kalorien erhöht wird.

Nach den Berichten des Statistischen Reichsamts über den Kriegs- und Friedensverbrauch von Arbeiterhaushaltungen betrug das Nahrungsvolumen in den Kriegsjahren 1940/41 und 1941/42 in Deutschland je 0,73 g/Kal., 1943/44 durchschnittlich 0,76 g/Kal. und im Durchschnitt des

Winterhalbjahres 1944/45 0,71 g/Kal. Der Spitzenwert hiervon überschritt das friedensmäßige Nahrungsvolumen um rund 27 vH. Ein noch höherer Wert wurde mit 0,82 g/Kal. für die 86. Zuteilungsperiode (4. bis 31. 3. 1946) gemeldet; er lag um rund 37 vH über dem Volumen der Vorkriegsernährung deutscher Arbeiter. Im ersten Fall ergibt sich ein Verdauungsaufwand von 9,3 vH, im letztgenannten von 9,8 vH. In den späteren Perioden der westdeutschen Rationierung, für die entsprechende Berechnungen vorliegen, sind wieder geringere Volumina angegeben. Wenn also das CCR in der bereits im Abschnitt über den Grundumsatz angegebenen Formel den Bedarf für Verdauungsarbeit mit 10 vH (0,1 E) veranschlagt, so entspricht dies wohl den Bedürfnissen einer vereinfachenden Rechnung, gewährt im allgemeinen aber noch eine kleine Reserve von maximal 0,02 E.

Der Arbeitsumsatz.[15] In der vom CCR angegebenen Formel zur Berechnung des Nahrungsbedarfs (vgl. Abschnitt „Grundumsatz") ist bW + C, also der über den Grundumsatz zuzüglich Verdauungsarbeit hinausgehende Bedarf, als Energieaufwand für körperliche „Aktivität" definiert. Dabei bezeichnet b den Energieaufwand für die Bewegung des Körpers und seiner Teile, der in direkter Beziehung zum Körpergewicht W steht. C ist der vom Körpergewicht unabhängige Aufwand, der ausschließlich durch den bewegten Gegenstand bestimmt wird.

In der Praxis werden sich beide Aufwandarten schwer auseinanderhalten lassen, weil jede körperliche Arbeit auch die Bewegung der eigenen Gliedmaßen erfordert. Zweckmäßiger erscheint es daher, den Faktor der körperlichen Aktivität zeitlich nach Freizeitaufwand und Arbeitsaufwand zu teilen. Genaue Berechnungen würden Zeitstudien für beide Aufwandarten bedingen. Es dürfte aber für grobe Schätzungen genügen, den Freizeitaufwand im Schnitt nach dem halben Kalorien-

[15] *Euler-Stevens,* Die analytische Arbeitsbewertung, Düsseldorf 1953 und 1950; *Bramesfeld-Euler-Stevens-Schilling-Schoppe,* Analyse und Bewertung von Angestelltentätigkeiten, Düsseldorf 1953; *Horstmann-Molle,* Vielfalt und Einheit des Berufslebens in Europa, Studium Generale, Heft 2/1953; *Kraut* und Mitarbeiter, Richtige Ernährung — Die Grundlage der Leistungsfähigkeit, Frankfurt (Main) 1953; *Lelonek,* Das Gewicht der Anforderungsmerkmale bei der Arbeitsbewertung, Bundesarbeitsblatt Nr. 11/1953; *Hagner-Weng,* Arbeitsschwierigkeit und Lohn, Köln 1952; *Institut National de la Statistique et des Etudes Economiques,* Code des Catégories Socio-Professionelles, 2. Aufl., Paris 1952; *Statistisches Bundesamt,* Die berufliche Gliederung der Erwerbspersonen im Bundesgebiet, Statistischer Bericht VIII/8/20, Wiesbaden 1952; *CCR* der *FAO,* Calorie Requirements, Washington 1950; *Lehmann-Müller-Spitzer,* Der Calorienbedarf bei gewerblicher Arbeit, Arbeitsphysiologie Bd. 14/1950; *Berufssystematischer Ausschuß,* Systematik der Berufe, Berlin 1950; *U. S. Department of Labor,* Bureau of Employment Security, Dictionary of Occupational Titles, 2 Bde., 2. Aufl., Washington 1949; *Fleisch,* Ernährungsprobleme in Mangelzeiten, Die schweizerische Kriegsernährung 1939—1946, Basel 1947; *Skalweit,* Die deutsche Kriegsernährungswirtschaft, Stuttgart-Berlin-Leipzig-New Haven 1927.

bedarf für leichte Arbeit zu veranschlagen und damit in einen Grundwert (G) aus Grundumsatz, Verdauungsarbeit und Freizeitverwendung einzubeziehen, zu dem der Arbeitsumsatz hinzugerechnet wird. Etwa in diesem Sinn sind *Lehmann-Müller-Spitzer* vorgegangen.

Diese haben den Bedarf für Arbeitsaktivität nach den zwei Komponenten Körperstellung (A) und Arbeitsschwere (B) aufgegliedert. Beide Werte ändern sich mit der Dauer des Aufwandes. G ist von den Verfassern mit 2100 Kal. für 24 Stunden angesetzt, so daß sich folgende Formel ergibt:

$$E = 2100 + A + B.$$

Für Frauen ist die Multiplikation der Summe mit 0,85 vorgesehen. Zur Anwendung dieser Formel haben die Verfasser folgende Tabelle entwickelt:

A

Körperstellung	Stunden									
	1	2	3	4	5	6	7	8	9	10
	Arbeitskalorien									
Liegen-Sitzen	20	40	60	80	100	120	140	160	180	200
Stehen	40	80	120	160	200	240	280	320	360	400
Gehen	120	240	360	480	600	720	840	960	1080	1200
Steigen	250	500	750	1000	1250	1500	1750	2000	2250	2500

B

Art der Arbeit	Stunden									
	1	2	3	4	5	6	7	8	9	10
	Arbeitskalorien									
Handarbeit										
leicht	25	50	75	100	125	150	175	200	225	250
schwer	50	100	150	200	250	300	350	400	450	500
Armarbeit										
leicht	75	150	225	300	375	450	525	600	675	750
schwer	125	250	375	500	625	750	875	1000	1125	1250
Körperarbeit										
leicht	200	400	600	800	1000	1200	1400	1600	1800	2000
mittel	300	600	900	1200	1500	1800	2100	2400	—	—
schwer	400	800	1200	1600	2000	2400	—	—	—	—
sehr schwer ...	500	1000	1500	2000	—	—	—	—	—	—

Dies Verfahren ermöglicht verhältnismäßig einfache Zeitstudien für einzelne Tätigkeiten. Es ist daher geeignet, das noch recht ergänzungsbedürftige Material zur Einstufung der Arbeitsvorgänge nach ihrer Schwere zu erweitern und so die Unterlagen für die Bedarfsgruppenbildung zu verbreitern; denn ohne eine systematische Ordnung der Einzelfälle können diese Feststellungen nicht nutzbar gemacht werden.

Das Max-Planck-Institut für Arbeitsphysiologie führte von 1940 bis 1949 rund 1800 experimentelle Bestimmungen durch. Diesen waren zu Beginn des Krieges freie Schätzungen des gleichen Instituts vorausgegangen, die während dieses Krieges bei Gelegenheit von Körpergewichtsfeststellungen zusammen mit dem Statistischen Reichsamt ergänzt wurden. Ferner begann das genannte Institut Mitte des Krieges, die Ergebnisse der vom Statistischen Reichsamt durchgeführten Erhebungen über Wirtschaftsrechnungen von Arbeiterhaushaltungen auf die Berufsschwere hin auszuwerten. Dabei wurden die Untersuchungsergebnisse in 10 Bedarfsgruppen gegliedert, deren jede in Grundumsatzteilen gemessen ist. Sie sind in Sechsteln ausgedrückt, wobei die Tageseinteilung in je ein Drittel Arbeit, Freizeit und Schlaf zugrunde liegt und jedes Drittel im Interesse einer genaueren Unterscheidung der Berufsschwere halbiert ist. Hierdurch ist die Differenz zwischen Ruhebedarf und Tätigkeitsbedarf für den praktischen Gebrauch ausreichend auf das Körpergewicht bezogen, so daß sie in der CCR-Formel gleich bW + C gesetzt werden kann. Sind nun $^6/_6$ gleich dem in dieser Formel mit $a(W)^{0,73}$ bezeichneten Grundumsatz, der Tätigkeitsbedarf also gleich

$$\frac{a(W)^{0,73} \,.\, x}{6}$$

so lautet die Formel des Gesamtbedarfs nunmehr

$$E = a(W)^{0,73}\left(1 + \frac{x}{6}\right) + 0,1\,E = 1,1\,\left[a\,(W)^{0,73}\left(1 + \frac{x}{6}\right)\right]$$

Da aber der Verdauungsaufwand nach deutscher Berechnungsweise, auf die sich das Sechstelsystem stützt, für ein normal voluminiertes Nahrungsaufkommen, wie gezeigt, in die Bedarfsanschläge einbezogen ist, können wir auf den Faktor 1,1 verzichten und vereinfachen die Formel damit auf

$$E = a(W)^{0,73}\left(1 + \frac{x}{6}\right)$$

Um den Tätigkeitsbedarf in diese Formel einsetzen zu können, bedarf es der Einordnung der ausgeübten Tätigkeiten in die Sechstelgruppen. Jene 10 Bedarfsgruppen gehen auf ein Schema zurück, das *Kraut* und *Bramsel* vor Kriegsbeginn ausgearbeitet hatten und das sich — ausgehend von den 2400 Kal. Tagesbedarf, welche die Hygienesektion des Völkerbundes für den erwachsenen Mann ohne körperlich anstrengende Berufsarbeit als nötig angesehen hatte — um je 300 Kal. staffelte. Auch jetzt noch bildet dieser Standardwert mit $^8/_6$ GU den Grundwert der Skala, jedoch weist diese in ihrer Kalorienspalte Spannen aus, die den Wert der jeweiligen Sechstelstufe um $\pm\ ^1/_{12}$ GU umrahmen, so daß sich folgende Tafel ergibt:

Bedarfsgruppe	Tätigkeits-	Gesamt-	Gesamttagesbedarf in Kalorien	
	Bedarf in Grundumsatzteilen		Männer	Frauen
1	2/6	8/6	unter 2550	unter 2125
2	3/6	9/6	2550—2850	2125—2375
3	4/6	10/6	2850—3150	2375—2625
4	5/6	11/6	3150—3450	2625—2875
5	6/6	12/6	3450—3750	2875—3125
6	7/6	13/6	3750—4050	3125—3375
7	8/6	14/6	4050—4350	—
8	9/6	15/6	4350—4650	—
9	10/6	16/6	4650—4950	—
10	11/6	17/6+	5000+	—

Die Kalorienwerte dieser Übersicht sollen nicht als Normen angesehen werden, sie sind auf einem starren Bezugswert aufgebaut und berücksichtigen nicht das jeweilige Körpergewicht mit seinem Einfluß auf den Energieaufwand für die Bewegung des eigenen Körpers bei der Arbeit. Sie hier anzuführen, war aber notwendig, weil die Arbeitsschwere bisher in der Regel als Gesamtbedarf angegeben wird, weshalb die verfügbaren Angaben ohne Einbeziehung der Kalorienwerte in die vorstehende Skala nicht ohne weiteres eingeordnet werden können.

Praktisch spannen die Bedarfe innerhalb einer Beschäftigungsart infolge Verschiedenheit der Arbeitsbedingungen weiter, als Spielraum innerhalb einer solchen Bedarfsgruppe besteht. Deutlich zeigt dies das Beispiel des Hauers bei verschiedenem Verlauf und verschiedener Mächtigkeit des Flözes nach den Angaben von *Lehmann-Müller-Spitzer:*

Lagerung	Mächtigkeit in Meter	Wöchtl. Soll-Arbeitszeit	Werktgl. Schichtzeit	Reine Arbeitszeit je Schicht	Nahrungsbedarf je Kalendertag	Gesamtbedarf in Grundumsatzteilen
des Flözes		Std.	Std.	Std.	Kal.	
steil	0,65—0,80	49,8	8,3	5,0	3060	10/6
flach	0,50—0,70	48,0	8,0	5,5	3360	11/6
flach	0,50—0,70	49,2	8,2	5,5	3360	11/6
halbsteil	0,50—0,75	49,8	8,3	5,4	3390	11/6
flach	0,70—0,90	49,2	8,2	5,2	3420	11/6
flach	0,70—0,90	48,0	8,0	4.9	3460	12/6
steil	0,80—0,87	49,8	8,3	5,7	3750	12/6
steil	2,40	50,4	8,4	4,6	3820	13/6
steil	0,75—1,85	52,5	8,7	5,6	3960	13/6

Die Bedarfsspanne reicht in diesem Fall also über 4 Stufen, wobei die $^{11}/_{6}$-Stufe verhältnismäßig am häufigsten ermittelt wurde. Der Wechsel der körperlichen Beanspruchung bei gleicher Beschäftigung wird nicht nur sozusagen in der Großarbeitslage durch Änderung des Arbeitsgegenstandes (hier: Flöz) oder sonstiger Arbeitsbedingungen verursacht, sondern auch innerhalb des Arbeitstages schwankt der Energieaufwand mit dem Wechsel im Arbeitsrhythmus.

Welchen Einfluß alle diese Schwankungen auf den Streuungsbereich des beschäftigungsbedingten Bedarfs haben, zeigen Berechnungen, die *Lehmann-Müller-Spitzer* unter Verwendung des angegebenen Zeitstudienverfahrens für 153 Beschäftigungsarten aller Wirtschaftsabteilungen bei achtstündiger Arbeitszeit durchgeführt haben. Danach erstreckte sich der Bedarf von rund 92 vH der Beschäftigungsarten über 2 bis 4 Sechstelgruppen. Beschäftigungsarten, deren energetische Anforderungen nur im Rahmen einer Sechstelgruppe lagen, kamen insgesamt nur zweimal vor. Kein Bedarf umspannte mehr als 6 Bedarfsgruppen, wobei die Bedarfsgruppe 10 im Interesse der Vergleichbarkeit vom Verfasser für 4 Beschäftigungsarten in weitere Gruppen zu je 300 Kal. unterteilt worden war. Mit rund 48 vH bildete die Spanne über 3 Bedarfsgruppen den häufigsten Wert, und rund 78 vH aller untersuchten Beschäftigungsarten spannten über nicht mehr als 3 Sechstelgruppen. Im gewogenen Durchschnitt ergab sich eine Spanne von 3,02 Bedarfsgruppen je Beschäftigungsart. Für Wertungen im volkswirtschaftlichen Bereich reicht danach also eine Gliederung des physiologischen Arbeitsschwerebedarfs in Gruppen zu je $^3/_6$ GU aus, und die obere Grenze einer Gruppenbildung liegt bei $^4/_6$, die untere bei $^2/_6$ GU.

Diese Berechnungen sind für den Arbeitstag aufgestellt. Sie sind in dieser Form notwendig für die analytische Arbeitsbewertung. Berechnungen der volkswirtschaftlichen Versorgung müssen mit größeren Zeitspannen rechnen. Wird hierfür von den ermittelten Tagesbedarfen aus gerechnet, so muß der in einem Zeitraum von einer Woche liegende Sonntag mit seinem geringen Bedarfswert den durchschnittlichen Tagesbedarf der Woche um so mehr senken, je höher der arbeitstägliche Bedarf ist. Dies gilt im Vergleich von zwei Tätigkeitsarten verschiedener Schwere ebenso wie für verschiedene Ausübungsformen derselben Tätigkeitsart. Damit haben aber die Sonn- und Feiertage die Tendenz, die arbeitstäglich erkennbaren Bedarfsspannen im Durchschnitt längerer Zeiträume zu verengen. Andererseits erfordern regelmäßige jahreszeitliche Unterschiede der Arbeitsschwere in einer Tätigkeitsart deren Unterteilung etwa in eine sommerliche und eine winterliche Tätigkeitsform mit getrennter Bewertung. Da Schwankungen in der Tagesleistung für Feststellungen des ernährungsphysiologischen Bedarfs auch für den Arbeitstag immer eine Spanne ergeben, deren extreme Werte den Tagesbedarf weit weniger beeinflussen als der über den größten Teil der Arbeitszeit gehaltene Energieaufwand, dürfte der engere Bereich der mittleren Abweichung vom gewogenen Durchschnittswert auch den arbeitstäglichen Bedarf besser kennzeichnen als die Spanne zwischen Bedarfsminimum und -maximum. Danach gewinnt die $^2/_6$-Stufe den Vorrang gegenüber der $^3/_6$-Stufe.

Die Gruppenbildung zu je $^2/_6$ GU hat den weiteren Vorteil für eine Versorgungsplanung, eine Überdimensionierung des Planbedarfes durch zu starke Berücksichtigung zahlenmäßig schwächerer Tätigkeitsarten größerer Berufsschwere zu vermeiden, wie sie eine größere Gliederung leicht verursacht. Einer solchen Gefahr in diesem Falle durch ordnungsmäßige Veranschlagung eines niedrigeren Bedarfswertes der Gruppe zu entgehen, führt leicht zum entgegengesetzten Risiko einer Unterversorgung der körperlich stärker Arbeitenden. Bei der Wahl zwischen Stufenbildungen von $^1/_2$ und $^1/_3$ GU ist daher entschieden die $^1/_3$-Stufe vorzuziehen.

Im Einvernehmen mit *Kraut* und *Bramsel* hatte sich das Statistische Reichsamt für seine Ernährungsstatistik während des zweiten Weltkrieges mit einer Reduzierung des Bedarfsgruppenschemas der Genannten auf 5 Arbeitsschwerestufen begnügt. Diese Einteilung entsprach der von der Hygienekommission des Völkerbundes vorgenommenen Stufenbildung zu je 75 Arbeitskalorien pro Stunde, also im achtstündigen Arbeitstag $^2/_6$ GU. Die auf Grund der Vorschläge von *Fleisch* nach dem physiologischen Bedarf abgestufte Rationierung in der Schweiz kam für die Erwachsenen mit 4 Zuteilungskategorien aus, wobei sich der Aufbau durch Zusatzkarten (zuzüglich 100 Kalorien nicht rationierter Kartoffeln) um etwa 600 Kalorien je Tag und Stufe staffelte. Auch die deutsche Rationierung begann für den Erwachsenen mit 4 Stufen, wobei die zweite, später durch den Mittelschwerarbeiter ersetzte, ursprünglich die rein arbeitszeitlich charakterisierte Stufe des Lang- und Nachtarbeiters war. Praktisch handelt es sich hierbei in allen Fällen um $^2/_6$-Stufen, deren Anzahl sich nur durch den Skalenpunkt unterscheidet, von dem an eine weitere Unterteilung nicht mehr vorgenommen wird. Dies führt zu folgendem Schema der Arbeitsschwereeinteilung:

Arbeits- -bedarf in $\frac{GU}{6}$	Gesamt- -bedarf in $\frac{GU}{6}$	Arbeitskalorien je Arbeits-Stunde	Schweregrad der Arbeit
2/6	8/6	75	leicht
4/6	10/6	über 75—150	normal
6/6	12/6	„ 150—225	mittelschwer
8/6	14/6	„ 225—300	schwer
10/6+	16/6+	„ 300	schwerst

Dabei stellen die Arbeitskalorien je Stunde absolute Werte dar, welche für die Einordnung des Ergebnisses von Arbeitszeitstudien nach der Tabelle von *Lehmann-Müller-Spitzer* in der $^2/_6$-Skala ein Hilfsmittel bieten. Die Entwicklung einer Formel zur Berücksichtigung der Arbeitsschwere im Gesamtenergieaufwand hat aber nur dann praktischen Nutzen, wenn die Arbeit der Schwereskala entsprechend kategorisiert ist.

Die sogenannte analytische Arbeitsbewertung, die als Grundlage der Tariflohnregelung Richtwerte ermittelt, erfaßt die Muskelbeanspruchung als eine der Anforderungen, die zusammen die technischen Merkmale bilden im Gegensatz zu den ökonomischen des Arbeitsmarktes als zweiter Komponente der Lohnpreisbildung. Diese Erfassung der Muskelbeanspruchung, deren Bewertungsstufen zur Bildung eines gewogenen Gesamtanteils mit den Wägungsskalen der übrigen Merkmale abgestimmt sein muß, erfolgt primär am Arbeitsplatz. Dabei kann bei verhältnismäßig individuellen Arbeitsplatzbewertungen geblieben werden, wenn der Tarifbereich, für den die Arbeitsanalyse Unterlagen erbringen soll, klein ist oder die zu bewertenden Arbeitsvorgänge stark schematisiert sind. Nach dem Grundsatz des gleichen Lohnes für gleiche Leistung wird die tarifpolitische Praxis der Sozialpartner den einzelnen Tarifbereich allerdings nicht als isolierten Ausschnitt des Erwerbslebens behandeln können, sondern mit Querschnittsvergleichen arbeiten müssen. Zwangsläufig steuert die Anwendung der Arbeitsbewertung dadurch bereits in der tarifpolitischen Praxis auf prinzipielle Bewertungen hin. Vom Arbeitsplatz ausgehend, führt dies zu einer Kategorisierung von Tätigkeiten oder Beschäftigungsarten nach der Arbeitsschwere.

Eine systematische Grundlage, wie sie für diesen Zweck benötigt wird, bietet das vom U.S. Department of Labor herausgegebene Verzeichnis der Beschäftigungen. Die hierin enthaltenen rund 22 000 Begriffsbestimmungen für etwa 40 000 Beschäftigungsbezeichnungen geben knapp und prägnant an, was der die Beschäftigung Ausübende tut, wie und warum er es tut, und gewöhnlich, welchen Fertigkeitsgrad sein Tun erfordert. Es ist durchaus denkbar und möglich, im Rahmen und für den Zweck der Arbeitsbewertung das Anforderungsmerkmal „Muskelbeanspruchung" für jede dieser Beschäftigungsarten nach dem $^2/_6$-System einzustufen. Das Ergebnis dieser mit rationellen Arbeitszeitstudien durchaus zu bewältigenden Arbeit wäre eine lückenlose Arbeitsschweresystematik der vorkommenden Beschäftigungsarten, welche die Grundlage für die Berücksichtigung dieses Merkmals bei Abkommen für alle nur denkbaren Lohntarifbereiche bilden könnte.

Für volkswirtschaftliche Berechnungen ist die Arbeit mit einer so großen Anzahl von Beschäftigungsformen nicht nötig und nicht möglich. Sie ist nicht erforderlich, weil diese Berechnungen nicht wie Lohntarife branchenbedingte Tätigkeitsformen zu definieren und einander zuzuordnen haben. Sie kann nicht verwirklicht werden, weil keine totale oder repräsentative Statistik der Erwerbspersonen die Formen der Erwerbstätigkeit mit so differenzierender Fragestellung auch nur annähernd genau zu erfassen vermag. An diese Grenze der Erfaßbarkeit gebunden, hat sich die Berufssystematik des deutschen Zählungswerkes 1950 mit weniger als einem halben Tausend Berufsbenennungen begnügt. Diese Berufe sind im wesentlichen nicht so sehr Berufe im Sinne einer einmaligen lebenbestimmenden Ausbildung für das Erwerbsleben, sondern Tätigkeiten, die im Zeitpunkt der Berufszählung ausgeübt wurden. Das über diese nach der Berufszählung anfallende Zahlenmaterial geht also nicht vom allgemeinen Berufsbild aus, wie etwa das deutsche Handbuch der Berufe, sondern von der momentanen Tätigkeitsform. Gewiß bezeichnet sich diese vielfach mit hergebrachten Berufsbenennungen. Sicher sind auch, wie *Horstmann-Molle* betonen, durchaus noch „Berufe mit einer umfassenden Ausbildung und einem bestimmten Verhältnis des Berufausübenden zu seinem Beruf, der den Beruf als Lebensaufgabe und nicht lediglich als Erwerbsquelle betrachtet", vorhanden. Die Berufszählung geht aber durchaus von dieser Erwerbsquelle, von der Existenzgrundlage im Zeitpunkt der Zählung aus. Die Berufssystematik enthält daher auch Bezeichnungen, die — wie die Schuhwarenhersteller (z. B. Absatzfräser) — nur noch gelernte Teilarbeit oder Teilberufe umfasssen. Insofern kann die deutsche Berufssystematik in diesem Zusammenhang als dem angegebenen amerikanischen Verzeichnis entsprechende Konzentrationsform einer Systematisierung von Tätigkeitsarten betrachtet werden. Man könnte also unter Verarbeitung von Einzelstudien zur Kategorisierung einer fünfstelligen Zahl von Beschäftigungsarten gelangen, die zur Arbeitsschwereeinstufung einer nach gröberen Definitionen gebildeten Berufssystematik gewissermaßen verdichtet wird. Sicher wird ein solches von der einzelnen Ausübungsform der Beschäftigungen ausgehendes Verfahren unter Verwendung von Häufigkeitsdiagrammen sehr genaue Arbeitsschwerebilder der Berufe entwickeln. Auch bei Benutzung statistischer Methoden der repräsentativen Erhebungsform erfordert ein derartiges Vorgehen, so nützlich und notwendig es zur Kontrolle ist, aber mehr Zeit, als für den praktischen Bedarf der Arbeitsbewertung und der volkswirtschaftlichen Rechnung möglich ist.

Hierfür ist es wichtiger, das bereits vorhandene Material über die Arbeitsschwere nach Berufen zu systematisieren, auch wenn diese Unterlagen zum Teil noch sorgfältigerer Abgrenzung bedürfen und weitgehend ergänzungsfähig sind. Es ist notwendiger, Richtmarken für die ernährungsphysiologische Berufsbewertung in volkswirtschaftlichen Rechnungen zu haben als Energieaufwandsquoten, die mit den realen Ausübungsformen der Erwerbsarbeit nicht koordiniert sind. Es ist bekannt, daß die Reichsregierung 1939 Richtlinien für die Auswahl der Schwer- und Schwerstarbeiter herausgegeben hatte. Diese Zusammenstellung hat niemals sehr befriedigt. Vielmehr war sie bereits in den ersten Kriegsjahren Anlaß, weitere Untersuchungen über den Energiebedarf dieser Arbeitergruppen anzustellen. Außerdem hat die Spezialisierung dieser Liste auf die Gruppen hohen Energieaufwands zu einer ernährungsmäßigen Benachteiligung der Verbrauchergruppen mit normaler und mittelschwerer Berufsarbeit geführt. Dieses Verfahren zog nur die halbe Lehre aus der „Hindenburgspende" von 1916, mit der versucht worden war, die unzureichende Lebensmittelbelieferung der Rüstungsarbeiter mit Hilfe freiwilliger Lebensmittelspenden zu bessern, ehe 1917 neue Grundsätze für die Versorgung der Schwer- und Schwerstarbeiter festgelegt wurden. Freilich beschränkten sich die Richtlinien von 1939 nicht wie die Anlage zum Rundschreiben G. 3907 des Präsidenten des Kriegsernährungsamtes vom 26. 10. 1917, der die Bestimmung der Schwerarbeiter den Kommunalverbänden überließ, auf die Schwerstarbeiter. Die Folgerung, daß nur eine Betrachtung der gesamten Erwerbsarbeit die volkswirtschaftliche Leistung sichern konnte, war aber nicht gezogen worden, obwohl sie gerade nach den Erfahrungen des ersten Weltkrieges nahegelegen hätte. Bereits in seinem Schreiben vom November 1916 an den damaligen Reichskanzler hatte *Hindenburg* ganz allgemein darauf abgestellt, es sei bei den gegebenen Rationen „unmöglich, daß unsere Arbeiterschaft auf die Dauer leistungsfähig bleibt". Die Folgerung einer allgemeinen Arbeitsschwerebewertung für die Rationierung war in vollem Umfang dagegen von der Schweiz im zweiten Weltkrieg gezogen worden, deren Eidgenössische Kommission für Kriegsernährung (EKKE) ein umfangreiches systematisches „Berufsverzeichnis für die abgestufte Rationierung" herausgab, das in der Wiedergabe von *Fleisch* 15 Seiten im Kleindruck umfaßt. Die in nebenstehender Übersicht gegebene Auswahl aus diesem schweizerischen Berufsverzeichnis greift, soweit es dessen auf die schweizerische Wirtschaft zugeschnittene Anlage gestattet und in diesem Rahmen vollständig ist, die nach der deutschen Berufszählung von 1950 im Bundesgebiet mit mehr als 30 000 Personen besetzten Berufe heraus. Durch die im Ausgangsmaterial gegebenen Einschränkungen entfallen einige für die deutsche Wirtschaft wichtige Berufe (z. B. die bergmännischen Berufe). In anderen Fällen mußten der Quelle die Angaben für einzelne maßgebliche Berufsausübungsformen der deutschen Systematik entnommen werden, weil die betreffende Berufsposition sich geschlossen nicht einordnen ließ. Im ganzen folgt die Darstellung der deutschen Berufssystematik.

Die Tatsache eines solchen systematischen Verzeichnisses beweist, daß nicht nur seine Aufstellung möglich ist, sondern daß diese auch in einer für die praktische Anwendung durchaus befriedigenden Form erfolgen

Arbeitsschwerebewertung wichtiger Berufe nach dem schweizerischen „Berufsverzeichnis für die abgestufte Rationierung" bezogen auf die deutsche Berufssystematik des Zählungswerkes 1950

Berufsabteilung	Schweregrad der Arbeit			
	leicht	normal	mittel	schwer und schwerst
	Schweizerische Zuteilungskategorie			
	I	II	III	IV
	Bezeichnung des Berufes			
Pflanzenbau und Tierwirtschaft	Mithelfende Familienangehörige, weiblich, 1. 12.—31. 3. Landwirtsch. Gesinde, weiblich, 1. 12.—31. 3.	Mithelfende Familienangehörige, weiblich, 1. 4.—30. 11. Landwirtsch. Gesinde, weiblich, 1. 4.—30. 11.	Gärtner, Gartenbaufacharbeiter Landarbeiter, männlich, 1. 12.—31. 3.	Landwirt Landarbeiter, männlich, 1. 4.—30. 11. Waldarbeiter Melker
Industrielle und handwerkliche Berufe	Dreher (Feinmechanik) Werkzeugmacher (Feinmechanik) Mechaniker (Feinmechanik) Uhrmacher Chemiefachwerker (Laborant u. dgl.) Graphikzeichner Schriftsetzer Schneider, -in Kleidernäher, -in Wäscheschneider u. -näher, -in Sonst. Textilnäher, -in Polsterer Sattler (außer Karosseriesattler) Schuhmacher Schuhwarenhersteller (soweit nicht 2. oder 3. Stufe)	Maler Former (Maschinenformer) Gießer (Spritzguß-Feinmechanik) Blechverformer (Blechschlosser, soweit nicht 3. Stufe) Dreher (außer Feinmechanik) Metallschleifer Messerschmied Maschinenarbeiter an Metallbearbeitungsmaschinen (für leichtere Stücke) Schweißer (für kurante Stücke) Werkzeugmacher (außer Feinmechanik) Schlosser (für leichte Stücke) Klempner (außer Bauklempner) Rohrinstallateur (Rohrschlosser)	Steinbrecher Ziegler Maurer Zimmerer Dachdecker Straßenbauer Stukkateur (Gipser) Erdbewegungsarbeiter Walzer (Kaltwalzer) Former (Handformer) Gießer (die nicht ständig abgießen, Buntmetallgießer) Schmied (außer Messerschmied) Blechverformer (Blechschlosser f. schwere Stücke, wenn vorwiegend ohne Hilfsmittel zu manipulieren) Maschinenarbeiter an Metallbearbeitungsmaschinen (für schwerereStücke)	Tiefbauarbeiter (Caisson-, Stollenarbeiter) Walzer (Warmwalzer) Gießer (die ständig abgießen)

Berufs- abteilung	Schweregrad der Arbeit			
	leicht	normal	mittel	schwer und schwerst
	Schweizerische Zuteilungskategorie			
	I	II	III	IV
	Bezeichnung des Berufes			
(noch) Industrielle und hand-werkliche Berufe	Magaziner, Packer (leichte Arbeit)	Mechaniker (außer Fein-mechanik) Kraftfahrzeug-handwerker (Automonteur) Elektro-installateur Bautischler, Möbeltischler Spinner Garnstrang-macher (Spuler, Bobinierer) Weber Wirker Stricker Karosseriesattler Schuhausputzer, Oberleder-zurichter, Riemenstepper, Maschinen-zwicker, Anklopfer, Risseschließer Anleister Sohlennäher Sohlenglätter Schuhglätter Nagler in Schuhfabriken Magaziner, Packer (schwere Stücke)	Schweißer (für schwere Stücke oder Außen-montage) Schlosser (für schwere Stücke) Klempner (Bauklempner) Chemiebetriebs-werker Gummiwerker Holzsäger Handzwicker in Schuhfabriken	
Technische Berufe	Betriebs-ingenieur, -techniker (in der Regel) Maschinist (außer Schiffs-maschinist und Handwerker-Maschinist in Kraftwerken)	Bauingenieur, -techniker (wenn vorwiegend Außendienst) Handwerker-Maschinist in Kraftwerken Lokomotivführer Lokomotivfüh-rergehilfe (El.)	Schiffsmaschinist Lokomotiv-führergehilfe (Dampf) Heizer (Dampf-, lok. mit Hand-beschickung in Industrie)	Heizer (Dampf-schiff)

Berufsabteilung	Schweregrad der Arbeit: leicht Schweizerische Zuteilungskategorie: I Bezeichnung des Berufes	normal II	mittel III	schwer und schwerst IV
(noch) Technische Berufe		Heizer, Heizer-Schlosser (soweit nicht 3. u. 4. Stufe)		
Handels- und Verkehrsberufe	Kaufm. Angestellter Verkaufspersonal Handelsvertreter Ambulanter Händler Zeitungsverkäufer Kraftfahrer (PKW außer Taxi) Postgehilfe mit leichter Arbeit Bürobote Transportarbeiter für leichte Waren Kellner (Servierpersonal)	Kraftfahrer (Taxi, LKW ohne schwere Verladearbeit, Obus) Signalwärter Weichenwärter Schaffner Zugführer Briefbote (s. a. 3. Stufe) Paketbote Postgehilfe (je nach Schwere der Arbeit) Kassenbote Transportarbeiter für schwere Waren	Kraftfahrer (LKW mit schwererVerladearbeit, Autobus) Bahnwärter Rangierer Bahnpostpersonal (bei mind. 5 Std. tgl. Bahnpostdienst mit Umladearbeiten) Briefbote (Landzustellung bei tgl. mehr als 5 Std. Zustelldienst) Paketbote bei Zustellung mit Handkarren Postgehilfe (je nach Schwere der Arbeit) Transportarbeiter für sehr schwere Waren	
Berufe der Haushalts-, Gesundheits- und Volkspflege	Hausgehilfin Arzt	Hotelzimmermädchen Krankenhauszimmermädchen Krankenpfleger		
Berufe des Verwaltungs- und Rechtswesens	Büroangestellter Volkswirt Hauswart mit leichter Arbeit	Polizist mit Außendienst oder erheblichem Nachtdienst Hauswart mit ständig anstrengender Arbeit	Landgendarm mit erheblichem Nachtdienst	
Berufe des Geistes- und Kunstlebens	Turnlehrer (unter 30 Turnstunden wöchentlich)	Turnlehrer (30 und mehr Turnstunden wöchentlich)		

kann. Die schweizerische Systematik ist auf 4 Zuteilungskategorien zugeschnitten. Bei ihrer Übersetzung in das fünfstufige System mußten daher die beiden oberen Stufen zusammengefaßt werden. Zum Vergleich mit diesem schweizerischen Verzeichnis und zu seiner Ergänzung wird nachstehend eine beschränkte Auswahl aus den Zusammenstellungen des Max-Planck-Institutes für Arbeitsphysiologie gegeben, wobei die dort angewendete zehnstufige Bedarfsgruppenskala auf 5 Stufen reduziert und im übrigen wieder der deutschen Berufssystematik 1950 angepaßt. ist.

Beruf	Arbeitsbedarf in $\frac{GU}{6}$	Beruf	Arbeitsbedarf in $\frac{GU}{6}$
Bergmann unter Tage ..	8—10	Schneider	2
Bergmann über Tage ...	6	Bäcker	6
Steinbrecher	10+	Fleischer	6
Ziegler	8	Zigarrenmacher	4
Maurer	8	Architekt	4
Maler	4—6	Betriebskaufmann	2—4
Eisen- und Stahlschmied	6—8	Verkäufer	4
Dreher	4	Buchhalter	2
Metallschleifer	4—6	Schaffner	4—6
Schlosser	6	Rangierer	8
Klempner	6	Telefonist	2—4
Uhrmacher	2	Kellner	6
Chemiebetriebswerker ..	4	Hausfrau	4—8
Holzmaschinenarbeiter ..	4—8	Hausgehilfin	4—8
Tischler	6—8	Arzt	4
Stellmacher	6—8	Friseur	4
Schriftsetzer	2—4	Verwaltungsbediensteter	2—4
Buchdrucker	2—4	Buchführungs-sachverständiger	2
Weber	4	Volksschullehrer	4

Selbstverständlich kann hier kein umfassendes Register zur Berufsschwerebewertung gegeben werden. Auch muß man sich klar darüber sein, daß die schon auf dem Gebiet der Berufssystematik schlechthin so notwendige Sprachregelung hinsichtlich der Beschäftigungsbezeichnungen ganz besonders zur Voraussetzung wird, wenn man auch nur in den für volkswirtschaftliche Berechnungen genügenden groben Umrissen an eine Bewertung der Muskelkraftbeanspruchung durch die Beschäftigungen gehen will. Immerhin bieten die Übersichten Wegmarken für überschlägige Bewertungen und Anhaltspunkte für die Anwendung der vorgegebenen Formel.

Der Normalbedarf.[16] Eine allgemeingültige Norm des Ernährungsbedarfs gibt es nicht. Die Sollbedarfe, die bisher von der Ernährungsphysiologie errechnet worden waren, bezogen sich regelmäßig auf bestimmte Grade körperlicher Tätigkeit. So hatte *Voit* für den mit gewöhnlicher Arbeit beschäftigten Mann einen Tagesbedarf von 3055 Kal. angenommen. Das von *Rubner* ermittelte Soll von 3000 Kal. je Tag, das unter Zugrundelegung des dem Sozialausschuß unterbreiteten Gutachtens vom 19. 1. 1939 bei der deutschen Ernährungsplanung des zweiten Weltkrieges als Richtwert verwendet wurde, bezeichnet den Bedarf des erwachsenen Mannes an der Grenze der „normalen" und der „mittelschweren" Arbeit. Die Skala des National Research Council setzte diesen Wert für den körperlich tätigen erwachsenen Mann von 70 kg, während sie für den Erwachsenen in sitzender, also leichter, körperlich nicht aufwendiger Tätigkeit ebenso wie die Hygienekommission des Völkerbundes 2400 Kal. und für den Schwerarbeiter 4500 Kal. je Tag annahm. Das von *Flössner* als wünschenswert bezeichnete Tagessoll von 2750 Kal., das sich auf „normalen" Arbeitsaufwand im Stehen und Gehen bezog, entsprach dem durchschnittlichen Nahrungsaufkommen je Vollperson, das aus dem Vorergebnis der vom Statistischen Reichsamt 1937 durchgeführten Erhebung über Wirtschaftsrechnungen von Arbeiterhaushaltungen errechnet worden war. Dies beruhte auf den Angaben von 350 Arbeiterhaushaltungen. Das genannte Soll nach *Flössner* war vom Statistischen Reichsamt in seinen während des zweiten Weltkrieges herausgegebenen Berichten über den „Kriegs- und Friedensverbrauch von Nahrungsmitteln nach den Ergebnissen von Wirtschaftsrechnungen" als Maßstab für seine ernährungsphysiologischen Vergleichsberechnungen gewählt worden. Neben diesen sogenannten Normen gab es Sollbedarfssätze für verschiedene Altersstufen sowie besondere Berechnungen unter Berücksichtigung des Geschlechts. Die Vergleichbarkeit aller dieser Werte war unzulänglich, weil sie meist auf individuellen Untersuchungen verschiedener Urheberschaft und Bedingungen beruhten. Sie waren daher untereinander nicht voll abgestimmt und bildeten kein in sich geschlossenes System. Für ernährungswirtschaftliche Planungen bildeten sie daher eine etwas vage Unterlage. Sowohl Wirtschaft als auch Ernährungsphysiologie mußten daher ein System der Sollwerte anstreben, das den Anforderungen einer rationalen Planung in bestmöglicher Weise Rechnung trug. Das CCR bemühte sich, ein solches System zu schaffen. Wenn wir im vorigen von der männlichen und weiblichen Standardperson des

[16] *Kraut* u. a., Richtige Ernährung — die Grundlage der Leistungsfähigkeit, Frankfurt (Main) 1953; *FAO.*, Calorie Requirements, CCR-Bericht, Washington 1950; *Fleisch*, Ernährungsprobleme in Mangelzeiten, Die schweizerische Kriegsernährung 1939—1946, Basel 1947; *Lehnartz*, Chemische Physiologie, Berlin-Göttingen-Heidelberg 1949; *Flößner*, Nährstoffbedarf des Menschen, in Carl Flügge's Grundriß der Hygiene, Berlin 1940; *Rein*, Physiologie des Menschen, Berlin 1938.

CCR gesprochen haben, so geschah dies in Anknüpfung an die herkömmlichen Begriffe. Den Vorstellungen des CCR entsprach dies insofern nicht, als der Ausschuß nicht Normen, sondern Bezugsbasen gewinnen wollte. Der „Reference Man" ist 25 Jahre alt, gesund, wiegt 65 kg, lebt in der gemäßigten Zone bei einer mittleren Jahrestemperatur von 10 ° C, leistet an Werktagen normale körperliche Arbeit und betätigt sich an den Feiertagen etwas sportlich. Etwa entsprechend sind die Bedingungen für die weibliche Bezugsperson („Reference Woman") mit dem Unterschied eines Körpergewichts von nur 55 kg. Die Jugendlichen und Kinder sowie die Erwachsenen höheren Alters sollen gewissermaßen als die jüngeren und älteren Geschwister dieser Bezugspersonen gedacht werden.

Unter den angegebenen Bedingungen stellt sich nach der Formel

$E = a\,(W)^{0,73}$, und zwar

$E_m = 152{,}0\,(W)^{0,73}; \quad E_w = 123{,}4\,(W)^{0,73}$

der Bedarf der männlichen Bezugsperson, wie im Zusammenhang der Ausführungen über den Grundumsatz bereits gesagt, auf täglich 3200 Kalorien, derjenige der weiblichen Bezugsperson auf 2300 Kalorien.

Um die Arbeitsschwere in die Berechnung einbeziehen zu können, hatten wir aus der CCR-Formel heraus folgende Gleichung entwickelt:

$$E = a\,(W)^{0,73}\left(1 + \frac{x}{6}\right)$$

Bei der Anwendung auf verschiedene Altersstufen ist mit folgenden Faktoren zu multiplizieren:

Alter in Jahren	Faktor männlich	Faktor weiblich
über 1 bis 4	0,375	0,521
„ 4 „ 6	0,500	0,696
„ 6 „ 9	0,625	0,870
„ 9 „ 12	0,781	1,087
„ 12 „ 15	1,000	1,130
„ 15 „ 20	1,200	1,050
„ 20 „ 30	1,000	1,000
„ 30 „ 40	0,925	0,925
„ 40 „ 50	0,860	0,860
„ 50 „ 60	0,775	0,775
„ 60 „ 70	0,700	0,700
„ 70 „ 80	0,625	0,625
„ 80 „ 90	0,550	0,550
„ 90 „ 100	0,475	0,475

Für Kinder über 6 Monate bis zu einem Jahr werden unabhängig von der genannten Formel 110 Kal. je Tag und je kg Körpergewicht veranschlagt. Für Kinder im Alter bis 6 Monate gilt der Bedarf als in demjenigen der stillenden Mutter mitenthalten.

Für Schwangere nimmt das CCR — etwa ab 6. Schwangerschaftsmonat — einen zusätzlichen Bedarf von täglich 450 Kal. an, für Stillende bei halbjährlicher Stilldauer von 1000 Kal.

Bei Temperaturen, die von dem Jahresdurchschnittswert von + 10 ° C abweichen, sind die errechneten Bedarfswerte bei wärmerem Klima für je 10 ° C Temperaturunterschied um 5 vH zu kürzen, bei kälterem Klima um den gleichen Anteil zu erhöhen.

In der vereinfachten Formel ist a mit 152,0 bzw. 123,4 als Faktor zur Berechnung eines Gesamtkalorienbedarfs eingesetzt. In der erweiterten Formel entspricht $a\,(W)^{0,73}$ dem Grundumsatz. Dann ist a für den Reference Man unter den angegebenen Voraussetzungen mit 92,0, für die weibliche Bezugsperson mit 82,5 einzusetzen.

Diese Werte sind wie folgt errechnet: Es ist angenommen, daß die männliche Bezugsperson bei einem Gewicht von 65 kg 172 cm groß ist. Nach der bereits bei Behandlung des Grundumsatzes angegebenen Formel

$$O = 0{,}007184 \,.\, W^{0.425} \,.\, H^{0.725}$$

ergibt sich hierfür eine Körperoberfläche von

$$O = 1{,}769 \text{ oder } 1{,}77 \text{ qm.}$$

Der Grundumsatzbedarf je qm Körperoberfläche wird vom CCR mit 38 Kal. veranschlagt. (Nach der Angabe von *Rein* über 800—900 Kal. je 24 Stunden und 1 qm ergeben sich 33,3—37,5 Kal. je Stunde, wobei der höhere Wert für den Mann zu veranschlagen sein dürfte.) Der Tagesbedarf beträgt dann das 24fache. Nun geht das CCR nicht völlig vom liegend ruhenden Menschen aus, sondern berücksichtigt, daß sich der Grundumsatz bei ruhender Haltung in mehr aufrechter Position um 30 % hebt. Bei Annahme von täglich 8 Stunden Bettruhe und 16 Stunden nicht liegender Haltung, also 8 . 1 + 16 . 1,3, ergibt sich im 24-Stunden-Durchschnitt für den Grundumsatz ein Multiplikator von 1,2. Dann ist der Grundumsatzbedarf der männlichen Bezugsperson im Tag

$$GU_m = 1.77 \,.\, 38 \,.\, 24 \,.\, 1{,}2 = 1937.$$

Da GU_m gleichzeitig durch $a\,(W)^{0,73}$ definiert wird, ist

$$a_m = \frac{GU_m}{W^{0,73}} = \frac{1937}{65^{0,73}} = \frac{1937}{21{,}06} = 91{,}984 = 92{,}0$$

Dementsprechend ist der Faktor a für die weibliche Bezugsperson berechnet mit dem Unterschied, daß das Körpergewicht mit 55 kg, die Körpergröße mit 161 cm, die Körperoberfläche danach mit 1,57 qm und der tägliche Grundumsatzbedarf an Kalorien je qm Körperoberfläche mit 34 Kal. veranschlagt sind.

Das CCR veranschlagt für die männliche Bezugsperson unter den angegebenen Bedingungen einen Tagesbedarf an Kalorien von 3200. Es gibt, wie gesagt, Annahmen, die niedriger liegen. Nach *Jung* benötigt ein Mann von 70 kg Gewicht, 170 cm Größe und 1,80 qm Körperoberfläche täglich 3040 Kal. Diese Unterschiede mögen zum Teil auf Abweichungen hinsichtlich der Bedingungen des physischen Arbeitsaufwandes beruhen. Wenn wir diesen mit Grundumsatzsechsteln bewerten, so kommt es zur Klärung der Frage, ob die vom CCR gestellte Bedarfsannahme für die Bezugsperson angegebenen Alters und Körpermaßes bei einer bestimmten Bevölkerung zutrifft, nur darauf an, dies an entsprechenden Personen dieser Bevölkerung experimentell nachzuprüfen. Wie bei Zugrundelegung eines anderen Gesamtbedarfs als Norm formelmäßig zu verfahren ist, um den neuen Faktor a zur Berechnung des Gesamtbedarfs für verschiedene Körpergewichte zu erhalten, wurde bei Behandlung des Grundumsatzes für einen Übergang von 3200 auf 3000 Kal. Tagesgesamtbedarf dargestellt. Entsprechend errechnet sich der Multiplikator a beim Übergang von der Grundumsatznorm 1937 auf eine andere, wie sie z. B. *Tigerstedt* mit 1680 Kal. angenommen hat, als

$$a = 92{,}0 \cdot \frac{N_1}{N} = 92{,}0 \cdot \frac{1680}{1937} = 79{,}8.$$

Bei Annahme einer Grundumsatznorm von 1800 Kal., wie sie der Bewertung des Gesamtbedarfs für leichte Arbeit mit 2400 Kal. durch die Hygienekommission des Völkerbundes als einem Aufwand von $^8/_6$ GU entspricht, ändert sich der Faktor a von 92,0 in 85,5. Die Formel würde hiernach lauten:

$$E_m = 85{,}5\,(W)^{0{,}73}\left(1 + \frac{x}{6}\right)$$

Für den $^{10}/_6$-Mann von 65 kg Körpergewicht ergibt sich hieraus der Gesamtbedarf von täglich 3000 Kal.

Nehmen wir den Grundumsatz, wobei wir hier diesen Begriff nach dem Vorbild des CCR nicht ausschließlich auf die liegende Ruhestellung beschränken, für die männliche Bezugsperson mit 1800 Kal. je Tag an und den Faktor hierfür mit 85,5, so entspricht dem für die weibliche Bezugsperson unter den angegebenen Bedingungen ein Faktor 76,7.

Dies zeigt, daß es für jeden Bedarf, der sich für das Bezugspersonenpaar einer Bevölkerung ergibt, möglich ist, mit Hilfe der angegebenen Formel und Variationsfaktoren den ernährungsphysiologischen Bedarf dieser Bevölkerung zu berechnen. Erforderlich hierzu ist die Kenntnis des ernährungsphysiologischen Grundbedarfs des Bezugspersonenpaares unter den für dieses angegebenen Bedingungen. Dazu ist nur notwendig, die Körpermaße der 25jährigen der Bevölkerung auf repräsentativer Basis statistisch festzustellen und hiernach mit Hilfe der Formel von *Dubois* den Oberflächenfaktor zu berechnen, der — wie gezeigt — in Multiplikation mit dem Grundumsatzbedarf je qm Körperoberfläche und den Tagesstunden mal 1,2 den Grundbedarf ergibt. Mit der Formel

$$a = \frac{GU}{W^{0,73}}$$

erhalten wir hieraus den Multiplikator a, der unter der Annahme gilt, daß der Bedarf der Bezugspersonen mit den für die bestimmte Bevölkerung ermittelten Körpermaßen dem Bedarf der vom CCR für seine nicht bevölkerungsspezifischen Bezugspersonen mit ihren Körpermaßen proportional ist. Ob dies der Fall ist, kann — ebenfalls im Stichprobenverfahren — geprüft werden. Ergibt sich dabei eine andere Bedarfsnorm, so ändert sich der Faktor a nach der Formel

$$a_1 = a \cdot \frac{N_1}{N}$$

Vorerst sind diese Faktoren noch nicht für bestimmte Bevölkerungen mit der erforderlichen Breite und Sicherheit der Unterlagen bestimmt worden. Die Praxis muß sich daher zunächst begnügen, mit den unspezifischen Faktoren zu arbeiten, wobei für die Bezugspersonen der deutschen Bevölkerung die zuletzt angegebenen Werte in Betracht kommen dürften. Von dieser Basis ausgehend kann dann in Relationen gerechnet werden, wozu die Kenntnis des Geschlechtsverhältnisses, der Altersstruktur, der Berufsschwereverteilung und des Anteiles der Schwangeren und Stillenden benötigt wird.

Das bedeutet, daß wir uns von dem Gedanken der Normenaufstellung entfernt und der Ermittlung spezifizierbarer Bezugsgrößen zugewandt haben. Für diese selbst rechnen wir nicht mehr mit einem „normalen" Bedarf, sondern mit einem auf bestimmte maßstäbliche Bedingungen bezogenen Bedarf. In diesem Rahmen sind auch die Begriffe des Existenzminimums, des Ernährungsmindestsolls und des Nahrungsoptimums fallen gelassen worden. Der errechnete Bedarf repräsentiert das Maß an Nahrung in kalorischen Einheiten, das erforderlich ist, um das Körpergewicht eines gesunden, in vollem Ernährungszustand befindlichen Menschen konstant zu erhalten.

Der ernährungsphysiologische Bedarf der Bevölkerung[17] eines Gebiets läßt sich hiernach wie folgt schätzen:

Nach Feststellung des Grundbedarfs des Bezugspersonenpaares wird die prozentuale Zusammensetzung der Bevölkerung (ohne Kinder im 1. Lebensjahr) nach dem Geschlecht und nach den im Abschnitt über den Normalbedarf angegebenen Altersstufen ermittelt, wobei die geringfügige Zahl der über 100 Jahre alten Personen in die oberste Altersstufe einbezogen wird. Die Anteile der einzelnen Altersstufen an der ent-

---

[17] *FAO.*, Calorie Requirements, CCR-Bericht, Washington 1950; *Lehmann-Müller-Spitzer,* Der Calorienbedarf bei gewerblicher Arbeit, Arbeitsphysiologie Bd. 14/1950; *Fleisch,* Ernährungsprobleme in Mangelzeiten, Die schweizerische Kriegsernährung 1939—1946, Basel 1947.

sprechenden Gesamtpersonenzahl jedes Geschlechts werden multipliziert mit dem jeweils zugehörigen Faktor der Skala im genannten Abschnitt. Die Summe der Produkte für die einzelnen Altersstufen jedes Geschlechts, dividiert durch 100, ergibt die durchschnittlichen Faktoren für die über 1 Jahr alten männlichen bzw. weiblichen Personen. Werden die Grundbedarfe des Bezugspersonenpaares mit dem nach dem Geschlecht zugehörigen Durchschnittsfaktor multipliziert, so ergibt sich der durchschnittliche Grundbedarf je Kopf für die männliche bzw. weibliche Bevölkerung (ohne Personen im ersten Lebensjahr). Das ist nur die einfache Berechnung eines gewogenen Durchschnitts.

In gleicher Weise suchen wir zur Feststellung der durchschnittlichen Arbeitsschwere zu gelangen. Hierzu müssen die Berufe, nach denen die Erwerbstätigen der Bevölkerung ausgezählt sind, den Berufsschweregruppen zugeordnet werden. Ein genaueres Bild ergäbe sich, wenn die Zuordnung auf Grund einer Auszählung der Erwerbstätigen erfolgen würde, bei der die berufliche Gliederung mit der wirtschaftlichen kombiniert wäre. Da die Berufe aber unter dem Gesichtspunkt der Arbeitsschwere noch nicht methodisch durchsystematisiert sind, empfiehlt es sich, auf Grund des vorhandenen Materials, das nicht selten zu Analogieschätzungen zwingt, nur globale Bewertungen vorzunehmen. Wir bestimmen also die Berufe ohne Berücksichtigung ihrer wirtschaftlichen Ausübungsbereiche nach der Arbeitsschwere und ordnen die Erwerbstätigen hierauf nach Arbeitsschweregruppen, indem wir die Erwerbstätigen aller Berufe gleicher Berufsschwere zusammenfassen.

Die Erwerbslosen bewerten wir ohne Berücksichtigung ihrer Berufszugehörigkeit gemeinsam. Solange mangels ausreichenden Zahlenmaterials der Energieverbrauch für die Ausübung von Nebentätigkeiten (außer den Nebenerwerbstätigkeiten der verschiedenen wirtschaftlichen Richtungen auch die nicht auf Erwerb gerichteten Nebenbeschäftigungen wie Kleingartenbau) nicht gesondert veranschlagt werden kann, wird zum Ausgleich zweckmäßig der Kräfteaufwand der Erwerbslosen einheitlich mit dem Arbeitskalorienbedarf für sogenannte normale Arbeit gewertet. Hierdurch wird gleichzeitig der mit dem Umfang der Arbeitslosigkeit schwankende Energieaufwand für Stellungsuche und für Behelfstätigkeiten zur Ergänzung des Einkommens aus Arbeitslosenunterstützung oder -fürsorge berücksichtigt, die mit Wiedergewinnung einer Berufsarbeit wieder fortfallen.

Die weitere Bevölkerungsgruppe der Selbständigen Berufslosen (Altenteiler, Rentner, Ruheständler, Unterstützungsempfänger, Schüler und Studierende, Anstaltsinsassen) wird man im Hinblick auf die Hauptmasse der Untergruppen und der Altersstufen in die Stufe der leichten Arbeit einreihen können.

Bei den Angehörigen ohne Hauptberuf sind die Hausfrauen von den übrigen zu unterscheiden. Sie werden der zweiten Stufe der Arbeitsschwere zugeordnet, während für die übrigen Angehörigen ohne Hauptberuf die erste genügen dürfte.

Wir erhalten daher — und zwar getrennt für männliche und weibliche Personen — folgende Gruppen, wobei sich auch die Zahlen der Nichterwerbspersonen ohne die Kinder im ersten Lebensjahr verstehen:

1. Erwerbstätige, gegliedert nach 5 Arbeitsschwerestufen
2. Erwerbslose
3. Selbständige Berufslose
4. Hausfrauen
5. Übrige Angehörige ohne Hauptberuf

(2.–5.: je als einheitliche Arbeitsschwerestufe)

Nun zählen wir die Personengruppen zu 2. bis 5. entsprechend ihrer Arbeitsschwerestufe den Erwerbstätigenzahlen der entsprechenden Stufe zu, so daß wir die gesamte Bevölkerung von über einem Jahr in 5 Arbeitsschwerestufen aufgeteilt erhalten. Hiernach berechnen wir die prozentualen Anteile dieser Stufen und multiplizieren jeden Anteil mit dem der Stufe entsprechenden Arbeitsbedarf in Grundumsatzsechsteln. Die Summe der Produkte, geteilt durch 100, ergibt den durchschnittlichen Arbeitsbedarf in Grundumsatzsechsteln. Durch Multiplikation dieses Durchschnittswertes für männliche bzw. weibliche Personen mit dem entsprechenden durchschnittlichen Grundbedarf, wie wir ihn auf dem vorher angegebenen Wege errechnet haben, erhalten wir den durchschnittlichen Arbeitsbedarf (männlich bzw. weiblich) in Kalorien. Durch Addition dieser Kalorien zu den durchschnittlichen Grundbedarfswerten des betreffenden Geschlechts kommen wir zu den Gesamtbedarfswerten je Kopf der männlichen bzw. weiblichen Bevölkerung im Alter von über einem Lebensjahr.

Der Bedarf der Kinder im ersten Lebensjahr ist nicht in Relation zur Bezugsperson, sondern absolut festgelegt. Er ist im ersten Lebenshalbjahr im Bedarf der stillenden Mutter mitenthalten, für sich also nicht besonders zu veranschlagen. Im zweiten Lebenshalbjahr wird er vom CCR mit 110 Kal. je Tag und je kg Körpergewicht angegeben. Nehmen wir der Einfachheit halber für die Gesamtzahl der Kinder im ersten Lebensjahr den mittleren Wert von 55 Kal. und ein mittleres Körpergewicht von 7 kg an, so ergibt sich ein mittlerer Gesamtbedarf von 385 Kal. je Tag und Kopf.

Multiplizieren wir nun diesen Wert mit der Zahl der Personen im ersten Lebensjahr und zählen das Produkt mit denjenigen aus der Multiplikation der Gesamtbedarfswerte der übrigen männlichen und weiblichen Bevölkerung zusammen, so benötigen wir noch die zusätzlichen Bedarfsquoten der Schwangeren und Stillenden.

Für Schwangere nimmt das CCR für das dritte Trimester der Schwangerschaft einen zusätzlichen Bedarf von täglich 450 Kal. an. Natürlich steigt der Bedarf nicht sprunghaft zu dieser Höhe an, sondern wächst allmählich. Aus diesem Grund und weil der Beginn des 3. Trimesters statistisch nicht genau festlegbar ist, rechnen wir den Monat, in den der Zeitpunkt für unsere Bedarfsaufstellung fällt, als 6. Schwangerschaftsmonat mit erhöhtem Bedarf mit. Da es eine Schwangerschaftsstatistik nicht gibt, müssen wir die erforderliche Zahl indirekt aus der Geburtenstatistik gewinnen. Die Zahl der Schwangeren mit Zusatzbedarf muß zu einem bestimmten Zeitpunkt gleich sein der Summe der Lebend- und Totgeburten in den vier Monaten nach Ablauf des vor dem Berechnungszeitpunkt endenden Monats abzüglich der Mehrlingsgeburten und zuzüglich derjenigen Fehlgeburten, bei denen ein normaler Schwangerschaftsablauf zu einer Lebendgeburt innerhalb des angegebenen Zeitraumes geführt hätte. Da für diese Fehlgeburten statistische Angaben nicht vorliegen und bei Mehrfachschwangerschaft auch eine Erhöhung des Zusatzbedarfs anzunehmen ist, empfiehlt es sich, auf einen Abzug der Mehrlingsgeburten zu verzichten und sich für die Berechnung mit der angegebenen Summe zu begnügen. Die Multiplikation dieser Summe mit dem Zusatzbedarf je Schwangere ergibt etwa den gesamten Zusatzbedarf der zusatzbedürftigen schwangeren Frauen.

Für Stillende veranschlagt das CCR bei halbjähriger Laktation einen zusätzlichen Tagesbedarf der Mutter von 1000 Kal. Demnach wäre die Zahl der Stillenden aus der Zahl der Geburten während der 6 Monate zu berechnen, in deren letzten der Berechnungszeitpunkt fällt. Die Multiplikation der Summe dieser Geburten mit jenen 1000 Kal. ergibt schätzungsweise den Gesamtbedarf der Stillenden je Tag.

Der Gesamtbedarf der Bevölkerung setzt sich nun wie folgt zusammen:

Gesamtbedarf der Bevölkerung vom 1. Lebensjahr aufwärts
\+ Gesamtbedarf der Kinder im 1. Lebensjahr
\+ Zusätzlicher Bedarf der Schwangeren
\+ Zusätzlicher Bedarf der Stillenden.

Man kann selbstverständlich, um eine globale Schätzung vorzunehmen, die Bezugsperson mit einem $^{10}/_{6}$-Gesamtbedarf einsetzen und den Bedarf der Bevölkerung von hier aus gemäß ihrer Struktur allein durch prozentuale Zu- und Abschläge für die Altersstufen berechnen. An Hand derartiger Berechnungen läßt sich, wenn sie von gleichen Werten für die Bezugspersonen ausgehen, der Einfluß von Veränderungen der Altersstruktur und (oder) Geschlechtsverteilung der Bevölkerung auf ihren ernährungsphysiologischen Bedarf erkennen. Ebenso lassen sich Berechnungen durchführen, in denen bei gleicher Alters- und Sexualstruktur Veränderungen in der Berufsschwere angenommen werden. Je nach dem Erkenntniszweck der Rechnung wird man hierbei sogar auf die Bedarfsermittlung für ein nationales Bezugspersonenpaar verzichten und die internationalen Werte einsetzen können. Man wird dies sogar vorziehen, wenn es sich darum handelt, volkswirtschaftliche Verbrauchsunterschiede zweier Bevölkerungen auf den Einfluß verschiedener Alters-, Geschlechts- und Berufsschwerestrukturen zu untersuchen. Diese Berechnung und eine hiernach vorgenommene Umrechnung auf gleiche Strukturverhältnisse geben erst die Grundlage für einen exakten Vergleich des Lebensstandards und seiner einkommensmäßigen Bedingungen. Anderseits wird man für Bedarfsberechnungen, die dazu dienen sollen, Berechnungen über den volkswirtschaftlichen Verbrauch einer bestimmten Bevölkerung oder Bevölkerungsgruppe zu prüfen oder ihren ernährungsphysiologischen Bedarf und Verbrauch bilanzartig gegenüberzustellen, auf die genauen Bedarfsfeststellungen für ein Bezugspersonenpaar dieser Menschengruppe nicht verzichten dürfen. Man wird für solche Berechnungen diese besonderen Ausgangsfeststellungen sogar treffen müssen, wenn man in Betracht zieht, daß die Rationierungserfahrungen der Schweiz 1943 die von *Fleisch* bereits 1941 vertretene Auffassung bestätigt haben, daß die von der Hygienekommission des Völkerbundes mit 2400 Kal. veranschlagte Normalperson für die schweizerische Bevölkerung mit 2160 Kal. ausreichend bewertet würde.

Bedarfsvorausberechnungen beziehen sich gewöhnlich auf die speziellen Verhältnisse einer bestimmten Bevölkerung und haben dann nicht internationale Vergleichsbewertungen zu berücksichtigen, sondern von den konkreten Bedingungen auszugehen, also auch von dem spezifischen Bezugspersonenpaar. Hinsichtlich der Berufsschwereverteilung wird man aber von gewissen, mehr oder weniger wahrscheinlichen Arbeitsannahmen ausgehen, also etwa gleichbleibende Verteilung der Berufsquoten oder eine ausgeglichene Bilanz von Nachwuchs und Abgang sowie dementsprechende Berufsschwereverteilung annehmen müssen. Veränderungen in der Arbeitstechnik könnte man in Rechnung stellen, wenn in den letzten Jahrzehnten etwa in Erscheinung getretene Tendenzen in berechenbare Faktoren gefaßt wären, aus denen sich ein weiterer Trendverlauf erkennen ließe. Es wird bei solchen Berechnungen also sehr darauf ankommen, inwieweit ihr Zweck den Aufwand für eine Feinkalkulation lohnt. Um Vorräte für regional oder organisatorisch begrenzte Gruppen für einen Zeitraum von wenigen Jahren zu berechnen, wird man genauer rechnen müssen und auch können, als wenn es sich um Vorausschätzungen für mehrere Jahrzehnte handelt. Auch hierbei wird man etwa Berechnungen, die überschläglich auf das Verhältnis von eigener landwirtschaftlicher Produktion zum Einfuhrbedarf abstellen, beispielsweise von der Frage nach der volkswirtschaftlichen Rentabilität einer Großmelioration für die Bevölkerung eines begrenzten Wirtschaftsraumes unterscheiden müssen. In solchen Fällen kann auch in unseren

Breiten einmal die Berücksichtigung besonderer örtlicher Klimaverhältnisse für die Berechnung in Betracht kommen, während wir sonst hierauf nur Rücksicht zu nehmen brauchen, wenn wir internationale Vergleiche mit Lebensverhältnissen in Ländern merklich abweichender Klimalage vornehmen wollen.

Für die Kalkulation von Zuteilungssätzen im Rahmen einer Rationierung gelten grundsätzlich die gleichen Berechnungsmethoden wie für die Durchschnittsberechnung für Bevölkerungen und Bevölkerungsgruppen. Die Gruppen werden hier durch das Rationierungssystem voneinander abgegrenzt. Die Berechnung zielt aber nur auf Werte für die einzelnen Zuteilungskategorie und nicht auf Gesamtdurchschnitte.

Unterernährung und Krankheit.[18] Die Bezugsperson des CCR-Konzepts befindet sich in einem ausgeglichenen Ernährungszustand und nimmt bei dem berechneten Bedarf weder zu noch ab. Der Bedarf von Individuen, die lange Perioden der Unterernährung oder geradezu des Hungers hinter sich haben, muß, wenn ein gesundes Verhältnis von Gewicht und Größe wiederhergestellt werden soll, erheblich höher veranschlagt werden. Wie hoch er eingeschätzt werden muß, hängt ab vom Grad des Unterernährungszustandes. Mitbestimmend ist, ob neben dem Nahrungsmittelmangel ein Mangel an Brennstoffen und Textilien besteht, durch den die äußere Wärmehaltung im Vergleich mit den Lebensgewohnheiten beeinträchtigt wird, die Ausdruck einer vollen Lebensentfaltung der betreffenden Bevölkerung sind. Trotzdem forderten die deutschen Mediziner und Ernährungsphysiologen in den Jahren 1945 bis 1948 nur die Erreichung der 1936 vom Völkerbund festgesetzten Normalquoten. Da die tatsächlichen Rationen beträchtlich unter diesen Sätzen lagen, war diese Forderung zweifellos das nicht nur der Mengenspanne nach, sondern auch im Hinblick auf ihre Beweiskraft näher liegende Ziel.

Gleichwohl ist es bis zum Abschluß der Lebensmittelbewirtschaftung im Jahre 1948 nicht erreicht worden. Da der Körper im Rahmen der vagischen Grundeinstellungen der Regulationen imstande ist, durch Her-

---

[18] *FAO.*, Calorie Requirements, Bericht des CCR, Washington 1950; *Bansi*, Änderung der Nahrungszufuhr durch Kriegs- und Nachkriegsverhältnisse, Hippokrates S. 180/1947; *ders.*, Zur Klinik und Pathogenese der Mangelödeme, Ärztl. Wschr. S. 261/1946; *Rein*, Kampf dem Hunger, Vortrag vom 31. 7. 1945 vor der Göttinger Med. Ges., Die Gegenwart Nr. 8/9 v. 24. 4. 1946 und (nebst Aussprache) Hippokrates, Jg. 1947; *Munk*, Geistige Grundlage der ärztlichen Therapie, Therapie der Gegenwart Heft 9, Jg. 1946/47; *Kühnau*, Eiweißmangel als Ernährungsproblem, Ärztl. Wschr. S. 161/1946; *Schäfer*, Über Unterernährung, Stoffwechselstörungen und klinische Störungen, Ärztl. Wschr. S. 171/1946; *Heupke*, Diätetik, Dresden und Leipzig 1942; *Schenck*, Grundlagen und Vorschriften für die Regelung der Krankenernährung im Kriege, Berlin-Wien 1942; *Mühlens*, Die russische Hunger- und Seuchenkatastrophe in den Jahren 1921—1922, Berlin 1923.

absetzung des Grundumsatzes den Substanzverlust zu steuern, vermag eine Bevölkerung eine längere Periode der Mindererernährung durchzustehen, ohne an der Differenz zwischen dem physiologischen Sollbedarf und dem tatsächlichen Nahrungsangebot zugrunde zu gehen. Bezogen auf diesen herabgesetzten Stoffwechsel bedeutet aber die Erfüllung des für reguläre Umsetzungen berechneten Nahrungsbedarfs bereits das zur Wiederherstellung notwendige Mehrangebot. Der Körper wird dann die Tendenz zur Hypotonie so lange beibehalten, als er aus der Normalernährung einen Wiederaufbauüberschuß herauswirtschaften muß. Er wird zunächst sogar zu einer Fortsetzung seiner Sparwirtschaft über die notwendige Harmonisierung von Körpergewicht und -größe hinaus neigen, bis ihn die Normalisierung der Leistungsanforderungen zur Rückregulierung zwingt.

Anders liegen die Verhältnisse, wenn die Herabsetzung des Ernährungsniveaus bereits zu organischen Störungen geführt hat. In diesen Fällen tritt allerdings ein Kalorienmehrbedarf auf, der sich aber bei der hervorstechendsten Form der Mangelerscheinung, dem Mangelödem, nicht als reiner Brennwertbedarf, sondern vor allem als Baustoffwechselbedarf dokumentiert. Um einen weiteren Abbau der Eiweiß-Substanz des Körpers zur Aufrechterhaltung des energetischen Kreislaufs zu verhüten, ist es selbstverständlich zunächst notwendig, dem Körper hierfür ausreichend Kalorien zu bieten. Für den Betriebsstoffwechsel genügen Fett und Kohlehydrate. Um die Substanzausfälle wieder auszugleichen und gleichzeitig den Baustoffwechsel zu normalisieren, ist aber eine entsprechend hohe Eiweißzufuhr erforderlich. *Bansi* rechnete bei einem Kalorienangebot von 2400 in der klinischen Behandlung mit einer Eiweißzufuhr von 100 g je Tag. Aber auch bezüglich der Fettzufuhr besteht eine Mindestbedingung — *Rein* setzte sie mit 40 g je Tag an —, deren Unterschreitung die Fungibilität des Magen-Darm-Traktus gefährdet, wodurch die Verwertung der noch gebotenen Nahrung, also auch des Eiweißes, beeinträchtigt wird. Ein extremes Beispiel für den Abbau von Körpersubstanz bis zum Massenvorkommen von Hungerödemen bildet die russische Hungerkatastrophe der Jahre 1921 und 1922. Die eigentlichen Mangelerkrankungen traten jedoch gegenüber den Hungerepidemien wohl unter dem Gesichtspunkt der Gefahrenwertung etwas zurück. Immerhin läßt der Bericht von *Mühlens*, obwohl er besonders den sanitären und hygienischen Maßnahmen Raum widmet, doch erkennen, daß man bei dem gegebenen Hungerstatus und der unzulänglichen Unterbringung der Kranken 2400—3600 Kal. pro Tag und Kopf zur Unterstützung eines normalen Genesungsverlaufs für notwendig gehalten hätte.

Über diese Anhaltspunkte hinaus läßt sich ein Maßstab für den Wiederherstellungsbedarf des Unterernährten nicht geben. Wie schon gezeigt, ist die Normalisierung des Ernährungszustandes auch nicht allein und vielleicht auch gar nicht mit besonders starker Betonung ein Mengenproblem, sondern vor allem eine Frage der qualitativen Ernährung. An dem russischen Beispiel wurde deutlich, daß der Minderernährungsstatus mit fortschreitendem Substanzabbau in einen Krankheitszustand übergeht. Deshalb auch werden Unterernährung und Krankheit hier in einem gemeinsamen Abschnitt behandelt.

Außer der angegebenen Voraussetzung bezüglich des Ernährungszustandes setzt das CCR für die Bezugsperson die Bedingung der Gesundheit. Wie bezüglich des Unterernährten entsteht damit also auch für den Kranken die Frage, wie stark sein Bedarf von dem der Bezugsperson abweicht. Während der Ernährungsbedarf zur Wiederherstellung unterernährter Personen zunächst als Plusvariante gedacht wird, existiert die Krankendiät bereits in der Vorstellung hauptsächlich als Minusvariante und nur als Rekonvaleszentendiät auch etwas als Plusvariante.

Die Genesungskost soll die Körpersubstanz ersetzen helfen, die während schwerer Erkrankung (z. B. schwere oder langandauernde Infektionskrankheiten, starke Blutverluste usw.) abgebaut worden ist. Diese Fälle liegen ähnlich denen, die sich als Substanzabbau infolge fehlenden Nahrungsangebots dokumentieren. Hinzu kommen Krankheiten, wie Tuberkulose, bei denen ein Substanzaufbau von vornherein mit der Behandlung einhergeht. Dagegen muß der Diabetiker kalorisch knapp ernährt werden. *Schenck* gibt für ihn 25 (bei körperlich arbeitenden Menschen bis 30) Kal. und 0,75 bis 1,00 g Eiweiß je Tag und kg Sollgewicht an. Damit ist das Gegensätzliche des Begriffs der Krankendiät dargetan.

Als Diät im engeren Sinne definiert *Munk* die Art der Ernährung, wie sie sich für das einzelne Individuum je nach seiner körperlichen Konstitution, nach seiner Beschäftigung, nach seinem Gesundheitszustand oder bei und nach einer jeweiligen Erkrankung eignet. Damit ist das individuelle Moment dargetan, das jede Diät, und zwar nicht nur jede Krankendiät entsprechend den verschiedenen Krankheitsarten, sondern innerhalb eines Krankheitsrahmens die Ernährung jedes Kranken entsprechend seiner Konstitution beeinflußt. Und dabei spielt als Variationsfaktor die Zusammensetzung der Nahrung eine größere Rolle als die Kalorienmenge. Die Krankendiät variiert auch nicht nur hinsichtlich ihrer Zusammensetzung nach den Hauptnährstoffen, sondern auch nach ihren Vitamin- und Mineralbestandteilen. Die Kalorienspanne für Kranke liegt im großen ganzen doch aber auch etwa in dem Rahmen, den *Mühlens* für die Beseitigung von Hungerfolgen angedeutet hat. So gibt *Heupke* zur Behandlung leichterer Fälle von Zuckerkrankheit eine Tageskost von 2400 Kal. (bei 75 g Eiweiß, 125 g Fett und 80 g Kohlehydraten) an und zur Behandlung schwerer Fälle von Magersucht eine solche von 3500 Kal.

Die statistische Komponente zum Einbau entsprechender Posten in eine volkswirtschaftliche Bedarfsschätzung ist allerdings sehr unzulänglich. Eine vollständige Statistik aller in ärztlicher Behandlung befindlichen Kranken existiert im Bundesgebiet nicht. Vielleicht wird es möglich sein, durch repräsentative Erhebungen Unterlagen zu erhalten, die unabhängig von sozialer Stellung der Kranken, von der Zugehörigkeit zu bestimmten Versicherungen, von stationärer oder ambulanter Behandlung den volkswirtschaftlichen Krankenstand erkennen lassen. Vorerst wird man diesen Bedarfsfaktor nur als Mahnung werten müssen, ernährungsphysiologische Bedarfsberechnungen für eine Bevölkerung nicht ohne einen gewissen Spielraum für Unwägbarkeiten aufzuziehen.

Die Nährstoffe.[19] Die Ausführungen über den Bedarf Unterernährter und Kranker lassen erkennen, daß der Kaloriengehalt der Nahrung gewissermaßen nur einen Rahmen zur Bestimmung des Ernährungsbedarfs bildet. Eine ausreichende Kalorienmenge ist freilich die Voraussetzung dafür, daß die dem Körper zugeführten Nährstoffe nicht nur im Energieverbrauch verbrannt werden zu Lasten des Baustoffwechsels. Innerhalb dieses „Gesamthaushalts" müssen aber die Einzeltitel so sorgfältig behandelt werden wie in einem Staatsbudget. Diese Einzeltitel sind der Bedarf an Nährstoffen. Wenn an seiner Bedeutung auch heute noch geforscht wird, so ist er als solcher doch schon früh erkannt worden. Sehen wir uns darum zur Einführung einige Erfahrungssätze an, bevor wir uns mit den einzelnen Nährstoffen näher beschäftigen.

Die gegen Ende des vorigen Jahrhunderts von *Voit* für München, also für eine Stadt mit damals mehr residenz- als großstädtischem Charakter in agrarischer Umgebung mit erheblichem Fleischverbrauch, getroffenen Beobachtungen ergaben bei einem Verbrauch von 3110 Kalorien folgende Verteilung nach Nährstoffen (in g): Eiweiß 118, Fett 56, Kohlehydrate 500. Kalorisch liegt dieser Wert nur wenig über deutschen und amerikanischen Vorkriegswerten; strukturell unterscheiden sich diese von der *Voit*schen Kost durch einen niedrigeren Eiweiß- und höheren Fettgehalt. Das Bremer Institut für Wirtschaftsforschung macht für die Vorkriegszeit folgende Angaben über die volkswirtschaftlichen Durchschnitte für die genannten Gebiete:

Gebiet	Kalorien	Eiweiß (g) insg.	Eiweiß (g) dar. tier.	Fett (g)	Kohlehydrate (g)
	je Tag und Kopf				
Deutschland ...	3107	93	.	115	404
USA	3080	89	51	132	380
Kanada	3020	88	49	122	390

[19] *Bremer Institut für Wirtschaftsforschung,* Reparationen — Sozialprodukt — Lebensstandard, Bremen 1947; *Stepp,* Ernährungslehre, Berlin 1938.

Eiweiß.[20] Das Bilanzminimum, bei dem unter der Voraussetzung eines völlig gedeckten Kalorienbedarfs Gleichgewicht zwischen Stickstoffaufnahme und -ausscheidung besteht, beträgt für den Mann von 70 kg Gewicht etwa 45 g je Tag, davon ungefähr 12 g tierisches Eiweiß. *Lehnartz* gibt das physiologische Eiweißminimum (minimales N-Gleichgewicht) mit 30 bis 40 g an. Im Ernährungssoll für den erwachsenen Mann nach *Flößner* ist bei einem Gesamtwärmewert von 2750 Kalorien mit einem Eiweißanteil von 75 g gerechnet, wovon 25—40 % für tierisches Eiweiß veranschlagt sind. Die Notwendigkeit der Aufnahme von tierischem Eiweiß ergibt sich daraus, daß von den 20 das Eiweiß aufbauenden Aminosäuren 10 vom menschlichen Körper nicht aus anderen Verbindungen aufgebaut werden können. Diese können ihm in ausreichendem Maße — abgesehen von der Sojabohne — nur durch tierisches Eiweiß zugeführt werden. Nach *Kofrányi* soll ein Drittel der zugeführten Eiweißmenge tierischer Herkunft sein. Das Food and Nutrition Board verlangt sogar einen tierischen Eiweißanteil von 50 %.

Ist der Kalorienbedarf nicht gedeckt, so wird die Stickstoffbilanz negativ, weil der Kalorienmangel einen Abbau von Körpereiweiß herbeiführt. Anderseits sichert das physiologische Eiweißminimum eine ausgeglichene Stickstoffbilanz auch bei voll gedecktem Kalorienbedarf nur unter der Voraussetzung einer aktiven und passiven Verhaltensnorm. Gelegentliche Überschreitungen des durchschnittlichen Kalorienverbrauchs, Unpäßlichkeiten und besonders die Anpassung der Muskulatur an die körperliche Arbeit belasten die Stickstoffbilanz.

Die Hygienesektion des Völkerbundes hat 1936, das Food and Nutrition Board 1945 ein funktionelles Eiweißminimum für den erwachsenen Mann von 1 g Eiweiß je kg Körpergewicht als täglichen Bedarf angesetzt. Nach Untersuchungen des Max-Planck-Instituts für Arbeitsphysiologie in Dortmund reicht diese Menge bei mäßiger körperlicher Arbeit aus, genügt aber nicht, um die Muskelentwicklung eines Schwerarbeiters zur Erfüllung der für seine Arbeit erforderlichen Funktionen sicherzustellen. In wiederholten Versuchsreihen haben *Kraut* und Erich A. *Müller* nach-

---

[20] *Fachmann-Kraut-Sperling,* Nährstoff- und Nährwertgehalt von Nahrungsmitteln, Leipzig 1953; *Kraut* u. a., Richtige Ernährung — die Grundlage der Leistungsfähigkeit, Frankfurt (Main) 1953; *Sperling,* Die ernährungsphysiologischen Grundtatsachen und ihre volkswirtschaftliche Bedeutung, Schmollers Jahrbuch S. 431/1952; *Kraut - Bramsel - Wecker,* Über die Ausnutzung von pflanzlichem und tierischem Eiweiß im menschlichen Verdauungstrakt, Biochem. Zschr. S. 422/1950; *Lehnartz,* Chemische Physiologie, Berlin-Göttingen-Heidelberg 1949; *Kraut,* Der Nahrungsbedarf des körperlich Arbeitenden, Ärztl. Wschr. Heft 31/32, 1948; *FAO.,* Energy-Yielding Components of Food and Computation of Calorie Values, Washington 1947; *Rein,* Kampf dem Hunger, Vortrag vor der Göttinger Med. Ges. v. 31. 7. 1945, Die Gegenwart Nr. 8/9 v. 24. 4. 1946 und Hippokrates, S. 24/1947; *Heupke,* Diätetik, Dresden-Leipzig 1942; *Bickel,* Die Art der Eiweißernährung als Grundlage körperlicher Leistungssteigerung, Forschungen und Fortschritte Nr. 11/12, S. 121/1942; *Stepp,* Ernährungslehre, Berlin 1938.

gewiesen, daß zur Entwicklung von Muskelkraft täglich m e h r als 0,8 bis 1,0 g Eiweiß je kg Körpergewicht gegessen werden müßten, während für den ständig trainierten Körper diese Menge zur Erhaltung der Muskelkraft genüge. Da die Muskulatur des Schwerarbeiters aber nicht täglich gleichmäßig beansprucht werde, also ständig ein Entwicklungs- oder Wiederentwicklungsbedarf an Muskelsubstanz auftrete, sei hier auch für die Erhaltung der Muskelkraft ein höherer Eiweißbedarf als der angegebene anzunehmen. Dem entspricht, daß *Flößner* 1,0—1,5 g je kg Körpergewicht und Tag und *Bickel* 1,2—1,3 g/kg veranschlagen. Demnach wird man zur Erhaltung der körperlichen Leistungsfähigkeit bei einem Gesamtumsatz von $^{8}/_{6}$ bis $^{10}/_{6}$ GU etwa 1 g Eiweiß je kg Körpergewicht zu veranschlagen haben. Diese Menge statt der geringeren, aber noch tragbaren von 0,8 für die große Gruppe mit einem Kalorienbedarf zwischen 2400 und 3000 schlechthin zugrundezulegen, empfiehlt sich nach *Zimmermann*, um einer Überernährung dieser Gruppe durch zu kohlehydratreiche Ernährung vorzubeugen. Dies betrifft vor allem den großen Kreis der in Büros und Kontoren arbeitenden Menschen. Sei nämlich der Kohlehydratanteil im Verhältnis zum Fettanteil der Nahrung zu groß und der körperlichen Betätigung nicht entsprechend, so komme es, da der Speicherraum für Kohlehydrate relativ begrenzt sei, zu deren Umwandlung in Fett, daß im Bedarfsfall schwer mobilisiert werden könne. Gleichzeitig wird mit dieser Nahrungszusammensetzung dem besonderen Bedürfnis des geistigen Arbeiters Rechnung getragen, der in besonderem Maß einer eiweiß-, vitamin- und mineralstoffreichen Ernährung bedürfe. Für die Gesamtbedarfsstufen von $^{12}/_{6}$ bis $^{16}/_{6}$ GU wird man grob 1,1—1,3—1,5 g je kg Körpergewicht veranschlagen dürfen. Eine Eiweißüberernährung von Schwerarbeitern ist praktisch kaum je festgestellt worden. Dagegen kommt Eiweißunterernährung mit den aus der Eiweißmangelzeit bekannten Begleiterscheinungen der Müdigkeit und Konzentrationsschwäche auch bei kalorisch vollwertiger Ernährung vor, besonders wenn gleichzeitig Vitamin B 1 unzureichend zugeführt wird.

Wie körperlich Arbeitende brauchen auch Kinder und Jugendliche, also der im Wachstum begriffene Körper, mehr Eiweiß als der weniger beanspruchte Organismus. Für Kinder vom 1. bis 5. Lebensjahr berechnete der Völkerbund 3,5 g Eiweiß, für ältere Kinder 2,0—2,5 g je kg Körpergewicht.

Die Richtlinien des National Research Council der USA, die unabhängig von der Arbeitsschwere für Erwachsene 1,0 g Eiweiß je kg Körpergewicht annehmen, nennen für Kinder bis zu 10 Jahren 2,0 g und für ältere Kinder und Jugendliche 1,2 bis 1,4 g Eiweiß je kg Körpergewicht als wünschenswert. Für den älteren Menschen wird man wohl das Minimum von 0,8 g als ausreichend ansehen können. Wir kommen für volkswirtschaftliche oder verwaltungsmäßige Berechnung hinsichtlich des

Eiweißbedarfs je Tag und je kg Körpergewicht etwa zu folgender Skala (Eiweiß in Gramm):

Alter in Jahren	Kalorischer Gesamtbedarf in .... GU			
	8/6 bis 10/6	12/6	14/6	16/6
über 1 bis 4	3,5	—	—	—
über 4 bis 6	3,0	—	—	—
über 6 bis 9	2,0	—	—	—
über 9 bis 15	1,4	—	—	—
über 15 bis 20	1,2	1,3	1,5	1,7
über 20 bis 60	1,0	1,1	1,3	1,5
über 60	0,8	0,9	1,1	1,3
Schwangere	1,5	.	.	.
Stillende	2,0	.	.	.

In klimatischer Hinsicht scheint eine fallende Tendenz des Eiweißbedarfs von Nord nach Süd zu bestehen. Nach *Kofrányi* gibt es Eskimostämme, die — völlig auf tierische Nahrung angewiesen — täglich 200 bis 300 g Eiweiß je Person aufnehmen. Die Studien von *Albertoni* und *Rossi* über die Ernährung der ärmsten Bevölkerung in Süditalien ergab einen Eiweißanteil von 59—73 g an der täglichen Kost. Untersuchungen von *Campbell* an Eingeborenen in Singapore ergaben eine Eiweißaufnahme von 40—70 g, von *Eykman* an Malaien in Java 54 g. In Japan ist der Eiweißanteil nach den Untersuchungen von *Okashina* auf Grund umfangreichen Materials bei einem durchschnittlichen Körpergewicht der beobachteten Bevölkerungsgruppe von 50 kg mit 40—70 g je Tag verhältnismäßig hoch.

Die Ausnutzung des Nahrungseiweiß durch den Körper richtet sich nach der Art des Nahrungsmittels, nach der Zusammensetzung der Nahrung und nach Veranlagung und Disposition des Verbrauchers. Die Ernährungs- und Landwirtschaftsorganisation der Vereinten Nationen nimmt bei Milch, Milcherzeugnissen, Fleisch, Fisch und Eiern einen Ausnutzungskoeffizienten für Eiweiß von 97 % an, bei Nahrungsmitteln pflanzlichen Ursprungs von 79 % (Weizen höchster Extraktion) bis 89 % (Weizen von 70—74%iger Extraktion). Vom Brennwert des Eiweiß werden 1,25 Kal./g für die Stickstoffabgabe im Urin abgerechnet, die aus den Abbauprodukten der Organe resultiert. Zu diesen Zerfallsprodukten müßte nach *Rieder* der Stickstoff gerechnet werden, welcher als Residuum der Verdauungssäfte im Kot anfällt. Die wirkliche Ausnutzung des Nahrungseiweiß läßt sich daher nach *Heupke* nur durch entsprechende Differenzberechnung ermitteln. Auf Grund von rund 700 einwöchigen Versuchen mit gemischter Kost von 66 g je Tag Eiweißgehalt (40 % tierisch) haben *Kraut-Bramsel-Wecker* die physiologische Ausnutzung des Nahrungseiweiß nach der Methode der Summen der kleinsten Quadrate mit einer Standardabweichung von rund 28 % und einer Korrelation zu den experimentellen Werten von 0,62 bei einem mittleren Fehler von ± 0,004 für tierisches Eiweiß — wie auch von genannter UN-Organisation — auf 97 %, für pflanzliches Eiweiß auf 86 % im Durchschnitt berechnet. Die Untersuchungen haben gezeigt, daß diese Werte bei Digestionsstörungen sinken. Dasselbe gilt für schlackenreiche Kost. Dagegen konnte das Maß des aus Abbauprodukten herrührenden Nichtnahrungseiweiß in den Ausscheidungen als von dem Nahrungsvolumen nicht erheblich abhängig festgestellt werden. Im Hinblick auf die Schwankungen im Eiweißgehalt der Nahrungsmittel selbst, die durch Sorte, Bodenbeschaffenheit, Düngung, Lagerung und Zubereitung bedingt sind, erscheint es für volkswirtschaftliche Zwecke ausreichend, mit obigen Durchschnittswerten zu arbeiten. Bei der zweiten Auflage der 1943 vom Statistischen Reichsamt herausgegebenen Nährwerttabelle sind *Fachmann-Kraut-Sperling* mit aus diesem Grunde dem in der Nährwerttabelle der Vereinten Nationen angewandten Verfahren, ausgenutzte Werte anzugeben, nicht gefolgt und sind bei der Wiedergabe der ausnutzbaren Werte geblieben.

Fett.[21] Für den Fettgehalt der Nahrung des leicht Arbeitenden hat das Statistische Reichsamt nach *Flößner* 65 g veranschlagt. Die gleiche Menge hat *Schweigart* als Erfahrungswert aus dem volkswirtschaftlichen Verbrauch im Vorkriegsdeutschland abgeleitet. *Starling* hielt im Bericht an die englische Kriegsernährungskommission 1917/18 eine Tagesmenge von 75 g Fett für angemessen, wobei er darauf hinwies, daß chronischer Fettmangel durch gesteigerte Kohlehydratezufuhr keineswegs voll ausgeglichen werden kann. *Rein* bemißt das Fettminimum für den Erwachsenen auf 40—60 g je Tag je nach der Fettart. *Flößner* rechnete im Durchschnitt mit einem Bedarf von 50—70 g Fett als Optimalwert, wovon er beim Erwachsenen 30—40 %, beim Kind 50 % für Qualitätsfett veranschlagte. Hierbei würden 15—20 % des Gesamtbedarfs durch Fett gedeckt. Nach *Zimmermann* soll die Kost der Schwerarbeiter ein Drittel der Nahrungskalorien in Fett enthalten. Untersuchungen, die das Statistische Reichsamt 1939 durchgeführt hat, ergaben einwandfrei, daß der Fettverbrauch mit steigender Arbeitsschwere wächst. Der Schwerarbeiter bedarf nicht nur einer höheren Kalorienmenge, sondern sein in schwerer Arbeitsbewegung befindlicher Körper kann diese Kalorienmenge auch

[21] *Kraut* u. a., Richtige Ernährung — die Grundlage der Leistungsfähigkeit, Frankfurt (Main) 1953; *Sperling,* Die ernährungsphysiologischen Grundtatsachen und ihre volkswirtschaftliche Bedeutung, Schmollers Jahrbuch S. 431/1952; *Lehnartz,* Chemische Physiologie, Berlin-Göttingen-Heidelberg 1949; *FAO.,* Energy-Yielding Components of Food and Computation of Calorie Values, Washington 1947; *Rein,* Kampf dem Hunger, Vortrag vor der Göttinger Med. Ges. v. 31. 7. 1945, Die Gegenwart Nr. 8/9 v. 24. 4. 1946 und Hippokrates S. 24/1947; Fritz *Krause,* Über die Bezeichnung der durch Unterernährung entstehenden Schäden, Therapie der Gegenwart, S. 75, Jg. 1946/47; *Heupke,* Diätetik, Dresden-Leipzig 1942; *Flössner,* Nährstoffbedarf des Menschen, in Carl Flügge's Grundriß der Hygiene, Berlin 1940.

nur dann umsetzen, wenn ihm ein entsprechender Teil der Kost in der konzentrierten Form von Fett zugeführt wird.

Beim alten Menschen wird man den Fettanteil der Nahrung mit Rücksicht auf die geringere Fungibilität seiner Kauwerkzeuge und Verdauungsorgane etwas höher halten müssen als für die übrigen Altersstufen. Dies dürfte sich auch für Schwangere und Stillende zur Entlastung des Magen-Darm-Traktus von Cellulosebestandteilen der Kohlehydratnahrung empfehlen.

Nach dem *Rubner*schen Isodynamiegesetz können sich die Nährstoffe im Energiestoffwechsel entsprechend ihrem Brennwert vertreten. Daher kann das dem Baustoffwechsel dienende Eiweiß bei ungenügender Kalorienzufuhr seiner Hauptaufgabe dadurch entzogen werden, daß es der Körper im Energiestoffwechsel verbrennt. Ebenso kann er körpereigene Eiweißsubstanz in Hungerperioden zum Verbrauch im Energiestoffwechsel abbauen. Dagegen können Fett und Kohlehydrate nicht eine fehlende Eiweißzufuhr ersetzen, weil das Isodynamiegesetz nur für den Energiestoffwechsel gilt. Der Tod durch Unterernährung tritt ein, wenn der Körper ungefähr die Hälfte seiner Substanz verbraucht hat. Auch Fett und Kohlehydrate sind nicht völlig gegeneinander austauschbar, so daß gegebenenfalls auch Fettmangelschäden eintreten können. Aus dem im Abschnitt über das Nahrungsvolumen der Lebensmittel Gesagten ist leicht erkennbar, daß zum Ersatz ausfallender Butterkalorien schon fast die doppelte Menge eines so hochwertigen Nahrungsmittels wie Zucker und nahezu die zehnfache Menge an Kartoffeln erforderlich ist. Das zeigt in Verbindung mit dem über das Verhältnis vom Nahrungsvolumen zum Nahrungsbedarf Gesagten, daß dem gedachten Austausch schon durch die Mehrbelastung des Verdauungsapparates Grenzen gesetzt sind. *Kraut* weist ferner auf die geringere Verweildauer fettarmer Nahrung im Magen hin, wodurch die peptische Verdauung des Eiweißes zu sehr verkürzt und die Resorption der Kohlehydrate zu stark beschleunigt wird, was zu einem vorzeitigen Versiegen des alimentären Zuckerzustroms zur arbeitenden Muskulatur führt. Bei diesen Erwägungen ist die Bedeutung des Fettes im Darm für die Resorption der fettlöslichen Vitamine A und D sowie seine mechanische Verdauungsfunktion noch nicht berücksichtigt. Ähnlich dem tierischen Eiweiß enthält ferner auch das Fett Säuren, die im Organismus offenbar nicht aufgebaut werden können. Dies sind bestimmte ungesättigte Fettsäuren, insbesondere Linol- und Linolensäure, die vor allem im Milchfett, im Leinöl und im Lebertran (Vitamin-F-Komplex) enthalten sind.

Den unmittelbaren Einfluß des Fettgehalts der Nahrung auf den Ernährungszustand der Bevölkerung verdeutlichen Untersuchungen des Statistischen Reichsamtes über die Auswirkung der Rationierung auf das Körpergewicht, die in den Jahren 1937—1943 an rund 7500 Industriearbeitern durchgeführt wurden. Während die Entwicklung der Körpergewichte zum Fettgehalt der Nahrung eine positive Korrelation von 1,0 ergab, wurden für Eiweiß und Kohlehydrate Korrelationskoeffizienten von nur +0,8 und +0,5 errechnet. Dementsprechend stand die Korrelation zum Kaloriengehalt mit +0,7 erheblich hinter der Fett- und im übrigen auch der Eiweißkorrelation zurück.

Versuchen wir die Ergebnisse der ernährungsphysiologischen Forschung über den erforderlichen Fettanteil der Ernährung in einer für volkswirtschaftliche Berechnung verwendbaren Übersicht zusammenzufassen, so ergibt sich etwa folgendes Bild:

Alters- bzw. Verbraucherstufe	Fettanteil in % bei einem Gesamtkalorienbedarf von .... GU				
	8/6	10/6	12/6	14/6	16/6
bis 70 Jahre	15	17	20	25	30
über 70 Jahre	20	—	—	—	—
Schwangere	17	—	—	—	—
Stillende	20	—	—	—	—

Der durchschnittliche physiologische Ausnutzungsgrad des Nahrungsfettes wird in der Arbeit der Ernährungs- und Landwirtschaftsorganisation der Vereinten Nationen über die Energiekomponenten der Nahrung mit 95 % für tierische Fette und 90 % für pflanzliche Fette angegeben.

Kohlehydrate.[22] Der durch das Eiweiß- und Fettsoll nicht belegte Kalorienbedarf entfällt auf den Kohlehydratanteil. Das auf Kohlehydrate entfallende Differenzsoll hängt daher von der Höhe des jeweiligen Ansatzes für Eiweiß und Fett ab.

Hinsichtlich des Baues der Verdauungsorgane steht der Mensch, wie *Flößner* sagt, „am nächsten den früchtefressenden Affen. In den tropischen Gegenden stellen Früchte oft noch die natürliche Nahrung des Menschen dar. In den gemäßigten und kalten Zonen ist die Bevölkerung zu gemischter Kost übergegangen." Diese Entwicklung zeigt, daß sich der Mensch bei entsprechender Auswahl der Nahrungsmittel auch auf ausschließliche Pflanzenkost einstellen kann. Diese Entsprechung findet ihr Maß einerseits in den klimatischen Bedingungen und insbesondere

---

[22] *Fachmann-Kraut-Sperling,* Nährstoff- und Nährwertgehalt von Nahrungsmitteln, Leipzig 1953; *Kraut* u. a., Richtige Ernährung — die Grundlage der Leistungsfähigkeit, Frankfurt (Main) 1953; *FAO.*, Tables des Composition des Aliments pour l'usage international, Washington 1949; *Lehnartz,* Chemische Physiologie, Berlin-Göttingen-Heidelberg 1949; *Kogeler,* Arbeitsleistung und Ernährung, Diss. Hamburg 1948; *FAO.*, Energy-Yielding Components of Food and Computation of Calorie Values, Washington 1947; *Flössner,* Nährstoffbedarf des Menschen, in Carl Flügge's Grundriß der Hygiene, Berlin 1940; *Rein,* Physiologie des Menschen, Berlin 1938.

in den Leistungsanforderungen, anderseits im Verdauungspotential des Individuums in bezug auf diese Bedingungen. Keinesfalls ist aber vegetarische Ernährung einer ausschließlichen Kohlehydratversorgung gleichzusetzen. Eine einseitige Kohlehydraternährung ist für den Menschen, insbesondere unserer Breiten, nicht tragbar. Bei Minimalansätzen für Eiweiß und Fett ist außer der mechanischen Kapazität des Verdauungsraumes zu beachten, daß die Kohlehydratträger der Nahrung sehr stark deren Volumen bestimmen und der Nährwert der Nahrung bei zunehmendem Nahrungsvolumen in steigendem Anteil durch die Verdauungsarbeit absorbiert wird. Gleichzeitig fällt die Ausnutzung des Nahrungseiweißes mit wachsendem Schlackenreichtum der Nahrung. Die Fähigkeit zur Ausnutzung massiger Nahrung mag bei den einzelnen Völkern — wohl auch klimatisch bedingt — verschieden sein und hängt wahrscheinlich mit verschiedener Darmlänge zusammen. Unter gleichen konstitutionellen Voraussetzungen und jedenfalls für den Mitteleuropäer bedeutet eine Senkung der Eiweiß- und Fettanteile auf die Minima grundsätzlich eine Belastung seiner Leistungsfähigkeit, wenn die Kapazität des Kohlehydratstoffwechsels auch der Aneurinzufuhr (Vitamin B_1) und bis zu einem gewissen Grade wohl auch der Laktoflavinzufuhr (B_2) proportional ist, durch Steigerung dieser Zufuhren also erhöht werden kann. Da der hohe Gehalt von Vollkorn, Keimlingen und Kleie an B_1 nur durch schlackenreiche Nahrungsmittel eingesetzt werden kann, dürfte ein wesentlicher Zusatz nur durch Hefen, Milch und Fleisch erzielbar sein, wie denn auch der B_2-Komplex hauptsächlich in Eiweißträgern vertreten ist, so daß sich eine Übersteigerung der Kohlehydratzufuhr im Rahmen einer ausgeglichenen Ernährung bis zu einem gewissen Grade von selbst ausschließt.

Selbstverständlich ist der Körper fähig, Änderungen in der Nahrungsstruktur auszugleichen. Ebenso wie sich ein Übermaß der Eiweiß- oder Fettaufnahme nachteilig auf den Organismus auswirkt, gilt dies auch für die Kohlehydratzufuhr. Das deutlichste Zeichen einer Unterbilanz an Eiweiß und Fett und einer Überlastung mit Kohlehydraten ist ein Leistungsrückgang. Dieser braucht sich nicht unbedingt sofort oder in vollem Umfang auf die berufliche Arbeitsleistung auszuwirken. Die verfügbaren Kräfte können sich vielleicht sogar in gewissem Umfang zugunsten dieses Leistungsteils spezialisieren. Möglich auch, sogar wahrscheinlich, ist, daß bestimmte Kostformen auf die Dauer die Entfaltung manchen Leistungspotentials (z. B. des cerebralen oder des sexuellen) hemmen oder fördern und so den Habitus eines Volksstammes oder Volkes beeinflussen. Die Eigensteuerung des Organismus ist sehr elastisch. Vorhanden sind nahrungsbedingte Leistungsunterschiede jedenfalls.

Da der Kohlehydratbedarf dem Kalorienbetrag entspricht, der im Gesamtkaloriensoll nicht durch Eiweiß und Fett gedeckt ist, ergibt er sich aus den Sollwerten der einzelnen Verbrauchergruppen für diese Nährstoffe als Differenzwert.

In der Ermittlung des Kohlehydratgehalts der Nahrung bestehen insofern methodische Unterschiede, als dieser teils durch Differenzberechnung nach Bestimmung des Fett- und Eiweißgehaltes, teils durch direkte Bestimmung vorgenommen wird. Die Nährwerttabellen der Vereinten Nationen und des Landwirtschaftsministeriums der Vereinigten Staaten geben Werte an, die durch Unterschiedsberechnung gewonnen sind und so alle stickstofffreien Extraktivstoffe einschließlich auch Frucht- und Milchsäuren umfassen. Die deutschen Nährwerttabellen messen dagegen die wirklichen Kohlehydrate, für welche die Werte aus direkter Bestimmung ermittelt worden sind und geben die Werte für die genannten Säuren gesondert an.

Der Wert für nichtausgenutzte Nahrung schwankt für Kohlehydrate zwischen 2 und 10 %. Er ist bei schlacken- bzw. zellstoffreichen Zerealien (z. B. Getreide hohen Ausmahlungsgrades) größer als bei reinen Kohlehydraten (z. B. Zucker) oder Nahrungsmitteln tierischer Herkunft (z. B. Milch). Im Mittel wird man den physiologischen Ausnutzungsgrad der Kohlehydratnahrung für volkswirtschaftliche Berechnungen mit 95 % ansetzen können.

Der Brennwert der Nährstoffe.[23] Um den Kalorienbedarf den physiologischen Erfordernissen entsprechend nach Nährstoffen aufteilen zu können, ist es notwendig, deren Brennwerte zu kennen. Dabei sind die physikalische und die physiologische Verbrennungswärme der Nährstoffe zu unterscheiden. Da die Nährstoffe im Körper nicht so vollständig oxydiert werden können wie in der Retorte, ist der ausnützbare Brennwert geringer als der physikalische. Diese Differenz ist bei den einzelnen Nährstoffen verschieden groß. Während Kohlehydrate und Fette bei der Verbrennung in der *Berthelot*schen Bombe des Calorimeters nur ganz unbedeutend höhere Werte ergeben als bei der Verbrennung im Körper, ist der Calorimeter-Brennwert von Eiweiß um 1,5 bis 1,6 Kal. je Gramm höher als bei der Verbrennung im Organismus.

---

[23] *Gräfe,* H.-K., Grundlagen und Ergebnisse physiologischer Ernährungsbilanzen, Berlin 1954; *ders.,* Ernährungswirtschaft im Rahmen der Aufgaben des Instituts für Ernährungsforschung Potsdam-Rehbrücke. Die Pharmazie 1954, 6; *ders.,* Eine Ernährungsbilanz für Schwerstarbeiter, ebenda 1953, 10; *Fachmann-Kraut-Sperling,* Nährstoff- und Nährwertgehalt von Nahrungsmitteln, Leipzig 1953; *U.S. Departement of Agriculture,* Composition of Foods, Agriculture Handbook Nr. 8, Washington 1950; *FAO.,* Tables des Compositions des Aliments, Washington 1949; *Lehnartz,* Chemische Physiologie, Berlin-Göttingen-Heidelberg 1949; *FAO.,* Energy-Yielding Components of Food and Computation of Calories Values, Washington 1947; *Flössner,* Nährstoffbedarf des Menschen, Carl Flügge's Grundriß der Hygiene, Berlin 1940; *Skalweit,* Die deutsche Kriegsernährungswirtschaft, Berlin-Leipzig-New Haven 1927.

Bei der Berechnung des Eiweißgehaltes eines Nahrungsmittels wird von seinem Stickstoffgehalt ausgegangen. Wie bereits in dem Abschnitt über die Mineralstoffe erwähnt, beträgt der Stickstoffgehalt der hauptsächlichen tierischen und pflanzlichen Proteine 15 bis 18 %. Meist liegt er bei 16 bis 17 %. Da sich die Proteine aus Aminosäuren aufbauen, welche die Träger der das Eiweiß besonders charakterisierenden Elemente, also insbesondere des Stickstoffs, sind, wäre es vielleicht genauer, das Eiweiß eines Nahrungsmittels aus seinem Bestand an Aminosäuren zu bestimmen. Für die praktische Nährstoffbewertung kommt es aber anders als bei der Forschung nicht so auf eine Differenzierung bis in die letzten Feinheiten an als darauf, typische Größen zu gewinnen. Nach dem Meistvorkommen wird daher für alle Proteine ein Stickstoffgehalt von 16 % unterstellt. Um aus einem gegebenen Stickstoffwert den Eiweißgehalt zu berechnen, ist es also notwendig, den Stickstoffbetrag mit 6,25 zu multiplizieren. Dieser Faktor wird im Interesse einer vereinfachten Berechnung generalisierend angewandt, obwohl er beispielsweise für Milch 6,38 und für Mandeln 5,18 betragen müßte.

Die üblicherweise angewandte Brennwertbestimmung von Fett nach *Rubner* und *Atwater* bezieht sich auf das Gesamtfett, also nicht nur auf die eigentlichen oder Neutralfette, sondern auch auf die Lipoide (Wachse, Phosphatide, Oerebroside, Sterine, Carotinoide).

Die Ausnützbarkeit von Reineiweiß, Reinfett und Reinkohlehydrat ist nicht gleichzusetzen mit der tatsächlichen Ausnutzung dieser Nährstoffe bei der Zuführung in Form von Nahrungsmitteln. Die tatsächliche Ausnutzung der Nährstoffe, die dem Körper mit den Nahrungsmitteln zugeführt werden, ist geringer als deren physiologische Ausnützbarkeit, wie in den Abschnitten über die einzelnen Nährstoffe bereits ausgeführt wurde.

Sehen wir von den Spannen ab, innerhalb deren alle diese Werte schwanken, die aber in der Großrechnung nur nachgeordnete Bedeutung haben, so kommen wir für die drei Hauptnährstoffe zu folgender Skala:

Nährstoff	Physikalischer	Physiologischer	Tatsächliche Ausnutzung	
			tierischer	pflanzlicher
	Brennwert in Kal. je 1 g		Nährstoffe in %	
Eiweiß	5,7	4,1	97	86
Fett	9,5	9,3	95	90
Kohlehydrate ...	4,2	4,1	95	95

Der physiologische Brennwert für Zitronensäure (Fruchtsäure) beträgt 3,4 Kal., für andere organische Säure 4,1 Kal. je 1 g. Bei den Nährwerttabellen der Vereinten Nationen gehen die Säuren, wie gesagt, in den Kohlehydratwerten unter, weil die dort verwendeten Analysen diese durch Differenzberechnung aus dem Eiweiß- und Fettwert der Nahrungsmittel gewinnen. Dasselbe gilt für alle N-freien Extraktivstoffe. 1 g Extrakt bei Wein hat einen physiologischen Brennwert von 3,4, bei Bier von 4,1 Kal.

Der Alkoholgehalt der Nahrung wird bei der Beurteilung ihres Nährwertes von *Fachmann-Kraut-Sperling* in Übereinstimmung mit der Methodik der *FAO* nicht berücksichtigt. Von den bei der Alkoholverbrennung auftretenden Kalorien wird für die energetischen Bedürfnisse nur ein Teil nutzbar gemacht, der seinerseits in der Hauptsache durch die erhöhte Wärmeabgabe des Körpers nach Alkoholgenuß kompensiert wird.

Um einen gegebenen Gesamtbedarf auf die Hauptnährstoffe aufzuteilen, machen wir etwa folgende Rechnung: Wir nehmen einen Gesamtbedarf von $^{10}/_{6}$ GU mit 3000 Kal. je Tag bei einem Körpergewicht von 65 kg und einem Alter von 25 Jahren an. Der Eiweißbedarf beträgt dann 1 g je kg Körpergewicht, der Fettbedarf 17 % des Gesamtbedarfs. Der Rest sind Kohlehydrate. Also:

Eiweiß	$= 1{,}0 \cdot 65{,}0 \cdot 4{,}1$ .... =	266,5 Kal.
Fett	$= \frac{3000 \cdot 17}{100}$ .... =	510,0 Kal.
Kohlehydrate	$= 3000 - 776{,}5$ .... =	2223,5 Kal.
	Brennwert zus.	3000,0 Kal.

Das sind in Reingewicht:

Eiweiß	.... =	65 g
Fett	.... =	55 g
Kohlehydrate	= 2223,5 : 4,1 = 542,3 .... =	542 g
	Rein-Nährstoff-Substanz zus.	662 g

Kaloriennachrechnung: $4{,}1\,(65 + 542) + 9{,}3 \cdot 55 = 3000{,}2$ Kal.

Die Umrechnung in Nahrungsmittel auf Grund einer Nahrungsmitteltabelle führt zu den eigentlichen Bilanzposten; denn wie *Skalweit* nach dem ersten Weltkrieg resümiert: „Falsch war die Vorstellung, das Konsumtionsproblem nach dem Schema Nährwertmenge = Nährwertmenge lösen zu können. Der Mensch braucht eine differenziert zusammengesetzte Kost. Mit der Zuführung allein der zum Leben erforderlichen Kalorien ist ihm nicht gedient. Er kann nicht von dem Brennwert des ausnutzbaren Teiles der Nahrung leben wie die Maschine von der Kohle. Es liegt uns fern, die wissenschaftliche Bedeutung der Kalorienberechnungen verkleinern zu wollen. Es war ein durchaus gesunder Gedanke, alle die zahlreichen verschiedenen Lebensmittel auf einen gemeinsamen Nenner zu bringen. Aber ... für die praktische Lösung des Ernährungsproblems handelte es sich ... um die Frage, ... wie verschaffe ich der ... Bevölkerung soviel Brot, Fleisch, Kartoffeln, Fett, Milch, Eier, Gemüse usw., als sie zu ihrer täglichen Kost braucht." Wieviel dies bei einem gegebenen Kostmaß ist, sagt uns die Nahrungsmitteltabelle, aus der wir ersehen, wie groß der Anteil jedes Nahrungsmittels an den Hauptnährstoffen und wie groß sein physiologischer Brennwert ist.

In besonderem Maße hat sich *Gräfe* der Ernährungsbilanzforschung gewidmet. Als besondere Aufgabe der Ernährungswirtschaftslehre sieht er hierbei die Koordinierung einer im ernährungsphysiologischen Sinn optimalen Deckung des Nährstoffbedarfs mit einem kostenmäßig dem Einkommensstand des Bedarfsträgers angemessenen Aufwand an vollwertigen Lebensmitteln. Den methodischen Weg hierzu gliedert er in drei Abschnitte, nämlich in die Aufstellung von Ernährungsbilanznormen, in die Ermittlung des tatsächlichen Verzehrs in typischen Haushaltungen und in die Auswertung durch Vergleich der Normen mit dem effektiven Lebensmittelverbrauch unter Entwicklung einer optimalen Kostzusammenstellung. Bei der Aufstellung der Ernährungsbilanznormen geht *Gräfe* von der Frage aus, welche Möglichkeiten methodisch und sachlich gegeben sind, um einen möglichst vollständigen und vollwertigen Ernährungsplan für einen Verbraucher bei mittlerem Bedarf aufzustellen. „Das Ergebnis stellt einen Richtsatz („Idealtypus") für die Ernährungsanforderung (Soll) im Vergleich zur möglichst zweckmäßigen Deckung des ermittelten Bedarfs (Ist) dar. Dabei steht neben der energetischen Seite (Kaloriennorm) die stoffliche, nämlich Bereitstellung optimaler Mengen an den Hauptnährstoffen (Eiweiß, Fett, Kohlehydrate), den gesicherten Vitaminen (A, B_1, B_2, Nicotinsäureamid, C) und den wichtigsten Mineralstoffen (Calcium, Phosphor, Eisen) im Vordergrund." Die Ernährungsbilanz für einen Arbeiter bei mittlerer Tätigkeit auf der Basis von 3000 Kal. Tagesbedarf wird von *Gräfe* wie folgt angegeben:

Bilanzgruppe	Kalorien	Hauptnährstoffe			Mineralstoffe			Vitamine				
	Gesamte Tagesmenge	Eiweiß g	Fett g	Kohlehydrate g	Calcium mg	Phosphor mg	Eisen mg	A I.E.	B_1 mg	B mg	Nic.-amid mg	C mg
Ernährungs-Soll (normative Werte bei ernährungsphysiologisch richtiger Auswahl)	3000	70	70	503	1000	1200	12	2500	1,50	1,80	15,00	125 (75) (50)
Ernährungs-Ist (normativ ermittelte Lebensmittelarten u. -mengen bei möglichst optimaler Kostzusammenstellung)	3000	89	74	476	920	1887	20	8023	2,06	1,36	17,58	49

Ein Beispiel für die Umrechnung des in Kalorien und Nährstoffmengen ausgedrückten Ernährungsbedarfs in Nahrungsmittel gibt *Gräfe* in einer Bilanzberechnung für einen Schwerstarbeiter mit dem Tagesbedarf von 4200 Kalorien für ein monatliches Ernährungsbudget von 87,05 DM (Ost). Diese Gegenüberstellung von Richtsatz (Soll) und Verbrauchsplan (Ist), welche die beigefügte Übersicht zeigt, überspringt insofern eine Zwischenstufe der Methodik, als bei ihrer Aufstellung hinsichtlich des Teiles A von den Rationsmengen der in der sowjetischen Besatzungszone bewirtschafteten Lebensmittel ausgegangen werden konnte. Wird eine solche Berechnung unter der Bedingung des offenen Marktes durchgeführt, etwa um Wirtschaftlichkeitsberechnungen für die Budgetgestaltung von Arbeiterhaushalten durchzuführen, die Zulänglichkeit eines bestimmten Ausgabenanteils für die Deckung des ernährungsphysiologischen Bedarfs zu prüfen oder Einfluß auf eine zweckmäßigere Ernährung bestimmter Bevölkerungsschichten zu nehmen, so steht eine ernährungsplanerische Vorleistung in Form einer Rationsberechnung nicht zur Verfügung, sondern der in ernährungsphysiologischen Begriffen und Einheiten gegebene Rahmen des Bedarfs muß von Grund auf in Nahrungsmittel umgerechnet werden. Hierbei gewinnt die von *Gräfe* zutreffend als zweite Verfahrensstufe erwähnte Ermittlung des tatsächlichen Verzehrs insofern grundlegende Bedeutung, als sie allein eine Kenntnis über die bestehenden Ernährungs- und Lebensgewohnheiten ermöglicht. Solche Erfahrungsgrundlagen lieferten vor dem zweiten Weltkrieg in Deutschland die in größeren Abständen ganzjährig durchgeführten Erhebungen über Wirtschaftsrechnungen. Ein neuestes Material für einen größeren Zeitabschnitt bietet die Zusammenstellung des Statistischen Bundesamtes über den Verbrauch in vierköpfigen Arbeitnehmerhaushaltungen für die Jahre 1949 bis 1952, die u. a. die verbrauchten Mengen der einzelnen Nahrungsmittel nebst den durchschnittlichen Ausgabenbeträgen je Mengeneinheit nach Jahren, Quartalen und Monaten angibt. Die Ernährung dieser Haushaltungen, die 1952 einen durchschnittlichen Aufwand von monatlich DM 161,90, je Kopf also von 40,48 DM repräsentierte, gewährleistete einen befriedigenden Sättigungsstand. Ob auch ihre Struktur als nach Nährstoffzusammensetzung, Angebotslage und Kostengestaltung zweckmäßig angesehen werden kann, bedarf der von *Gräfe* als dritte Arbeitsphase bezeichneten Auswertung durch Vergleich mit den ernährungsphysiologischen Richtwerten, mit den ernährungswissenschaftlichen Erkenntnissen hinsichtlich der Nahrungsmittelverwendung und mit den Ergebnissen ernährungswirtschaftlicher Analysen, wenn eine optimale Kostzusammenstellung entwickelt werden soll. Wesentlich an diesem Verfahren ist, daß es die Bestmöglichkeit der Ernährungsgestaltung nicht an der gegebenen Einkommenshöhe mißt, sondern gewissermaßen um-

Ernährungsbilanz für einen Schwerstarbeiter auf der Basis von 4200 Kalorien Tagesbedarf
Grundlage der ausgewählten Nährstoffarten und -mengen: 15. Juni 1952
Berechnung von *Gräfe*, Institut für Ernährungsforschung Potsdam-Rehbrücke

Lebensmittel und ihre Aufteilung	Monats-ration g	Kalorien in 100 g Subst.	Kalorien im Monat	Eiweiß g	Fett g	Kohle-hydrate g	Calcium mg	Phosphor mg	Eisen mg	A I. E.	B1 mg	B2 mg	Nic.-amid mg	C mg
		an Kalorien		an Hauptnährstoffen			an Mineralstoffen			an Vitaminen				
Ernährungs-Soll		126 000 (= täglich 4200)		100	100	697	1000	1200	12	2500	2,00	1,80	18,00	125 (75) (50)
Ernährungs-Ist														
A) Noch bewirtschaft. Lebensmittel (auf Lebensmittelgrundkarte und Zusatzkarte C)														
I. Fleisch:														
Grundkarte + C 1350 + 600 g	1950													
eingeteilt in a) Fleisch 950 g b) Wurst 1000 g unterteilt in														
a 1) 600 g Schwein		262	1572,0	93,6	127,2	1,8	60,0	1200,0	12,0	0	3,60	1,50	33,00	0
2) 350 g Rind		219	766,5	54,3	58,1	1,1	35,0	700,0	10,5	525	0,53	0,90	17,50	0
b 1) 400 g Blutw.		463	1852,0	55,6	174,4	0,8	80,0	400,0	12,0	1600	0,36	0	20,00	0
2) 400 g Leberw.		211	844,0	27,6	78,0	1,2	80,0	600,0	20,0	1600	0,36	0	20,00	0
3) 200 g Mettw. im Verh. 1 : 0,75 = 150 g Ware		478	717,0	29,1	64,2	0	15,0	300,0	4,5	150	0,14	0	7,50	0
Fleisch insgesamt:			5751,5	260,2	501,9	4,9	270,0	3200,0	59,0	3875	4,99	2,40	98,00	0
II. Fett:														
Grundkarte + C 900 + 150 g	1450													
ausgegeben in Form von														
1. Butter 725 g		750	5437,5	5,1	580,0	3,6	108,8	145,0	1,5	24969	0	0	0	0
2. Schlachtfett 475 g = Speck im Verhältnis 1 : 1		714	3391.5	42,8	345,8	0	9,5	190,0	0	0 0	0	0	0	0
3. Margarine 250 g		748	1870,0	1,3	200,0	1,0	37,5	50,0	0,5	0	0	0	0	0
Fett insgesamt:			10699,9	49,2	1125,8	4,6	155,8	385,0	2,0	24969	0	0	0	0
III. Zucker:														
Grundkarte + C 1200 + 600 g	1800	410	7380,0	0	0	1796,4	0	0	0	0	0	0	0	0
Summe A:			23830,5	309,4	1627,7	1805,9	425,8	3585,0	61,0	28844	4,99	2,40	98,00	0

Lebensmittel und ihre Aufteilung	Monatsration g	Kalorien in 100 g Subst.	Kalorien im Monat	Eiweiß g	Fett g	Kohlehydrate g	Calcium mg	Phosphor mg	Eisen mg	A I. E.	B1 mg	B2 mg	Nic.-amid mg	C mg
		an Kalorien		an Hauptnährstoffen			an Mineralstoffen			an Vitaminen				
Ernährungs-Soll		126 000 (= täglich 4200)		100	100	697	1000	1200	12	2500	2,00	1,80	18,00	125 (75) (50)
B) Frei käufliche Lebensmittel														
Brot 13 Scheiben tägl.	19500	251	48945,0	1228,5	175,5	10315,5	4875,0	39000,0	292,5	0	39,00	13,65	156,00	0
Brötchen 2 Stück tägl.	3000	270	8100,0	204,0	15,0	1734,0	300,0	2850,0	45,0	0	3,00	1,50	27,00	0
26 Mittagessen	—	(920)	23920,0	764,7	489,8	3989,7	4240,6	19180,2	247,0	113331	26,52	20,54	246,22	1266,2
Nudeln	1000	341	3410,0	100,0	7,0	722,0	150,0	1300,0	20,0	0	4,00	0	0	0
Haferflocken	500	392	1960,0	81,5	28,5	331,5	50,0	300,0	10,0	0	1,00	0,50	0	0
Erbsen, gelb	500	330	1650,0	117,0	9,5	263,5	400,0	2000,0	25,0	835	2,00	1,25	12,00	0
Kartoffeln (auß. Mittagessen, s. o.)	5200	72	3744,0	78,0	10,4	816,4	520,0	3120,0	41,6	0	5,20	3,64	52,00	364,0
Gemüse 90 g tgl. (auß. Mittagessen, s. o.)	2700	D.32,9	888,3	57,5	6,8	144,5	1447,2	1239,3	23,8	48254	3,19	2,70	8,72	224,9
Obst 50 g tgl. (auß. Mittagessen, s. o.)	1500	D 62,3	934,5	8,0	0,0	211,5	150,0	200,0	3,5	836	0,75	0,75	7,50	105,0
HO-Käufe														
Käse (mager)	1500	201	3015,0	585,0	40,5	60,0	15750,0	7950,0	7,5	0	0,45	5,40	10,50	0
Bückling	1000	109	1090,0	130,0	60,0	0,0	200,0	2000,0	10,0	8000	1,20	4,00	0	0
Leberwurst	500	211	1055,0	34,5	97,5	1,5	100,0	750,0	25,0	2000	0,45	0	25,00	0
Blutwurst	500	463	2315,0	69,5	218,0	1,0	100,0	500,0	15,0	2000	0,45	0	25,00	0
Butter	250	750	1875,0	1,8	200,0	2,0	37,5	50,0	0,5	7500	0	0	0	0
Margarine	500	748	3740,0	2,5	400,0	2,0	75,0	100,0	1,0	0	0	0	0	0
Marmelade	500	282	1410,0	4,0	0,0	338,5	100,0	100,0	5,0	833	0,20	0,09	0,84	59,0
Kunsthonig	250	302	755,0	0,5	0,0	183,8	0	0	0	0	0	0	0	0
Summe B:			108806,8	3467,0	1758,5	19117,4	28495,3	80639,5	772,4	183589	87,41	54,02	570,78	2019,1
Summe A + B:			132637,3	3776,4	3386,2	20923,3	28921,1	84224,5	833,4	212433	92,40	56,42	668,78	2019,1
pro Tag			4421,2	125,9	112,9	697,4	964,0	2807,5	27,8	7081	3,08	1,82	22,29	67,3
nach Abzug von 5 % Ausnutzungsverlust			126005,4	3587,6	3216,9	19877,1	27475,0	80013,3	791,7	201812	87,78	53,60	635,34	1918,1
pro Tag			4200,1	119,6	107,3	662,5	915,8	2667,1	26,4	6727	2,93	1,79	21,18	63,9

Verhältnis zwischen animal. und vegetab. Eiweiß = täglich 44,94 g : 74,64 g = 37,58 % : 62,42 %

Eiweiß : Fett : Kohlehydrate = täglich 119,6 g : 107,3 g : 662,5 g gekehrt an den physiologischen Notwendigkeiten den erforderlichen Geldaufwand ermittelt. In einer während der Drucklegung dieser Arbeit erschienenen Schrift sagt *Gräfe* in diesem Sinne: „Im Vordergrund steht nicht die tatsächliche Lohnhöhe, sondern der Preis des dauernd als notwendig erkannten Lebensmittelbedarfs für eine physiologisch optimale Ernährung."

Auf die Ernährungsbilanz im Sinne der volkswirtschaftlichen Gegenüberstellung von Verfügungsmenge und Bedarf wird noch an anderer Stelle zurückzukommen sein. Hier handelte es sich darum, die Entwicklung des Nahrungsmittelbudgets aus der ernährungsphysiologischen Grundrechnung darzutun. Die Kalorienrechnung ist als Generalnennerkalkulation nicht zu entbehren, gedacht werden muß ernährungsphysiologisch aber in Nährstoffen, und das wirtschaftliche Handeln vollzieht sich in Lebensmitteln.

Der Nährwert der Lebensmittel.[24] Die Anforderungen an eine Nahrungsmitteltabelle für volkswirtschaftliche und verwaltungsmäßige Zwecke sind nicht die gleichen wie diejenigen an eine solche für ärztliche Kostformenberechnungen.

Für volkswirtschaftliche oder zur Durchführung von Verwaltungsaufgaben benötigte Berechnungen ist es nicht notwendig und auch nicht möglich, Unterschiede im Nährwertgehalt zu berücksichtigen, die sich aus verschiedenen Herkünften desselben Nahrungsmittels ergeben. Selbstverständlich ist es für die landwirtschaftliche und biologische Forschung wichtig, solche Unterschiede, die sich aus Klimalage, Bodenqualität, Düngungsform, Art der Bodenbearbeitung usw. ergeben können, zu kennen. In dem großen Werk von *König* sind solche Analysen in großer Zahl gesammelt. Allerdings ist der letzte Band dieses Werkes bereits 1923 erschienen, so daß außerdem auf das neuere, teils in der Literatur verstreute, teils nur bei den einschlägigen wissenschaftlichen

---

[24] *Fachmann-Kraut-Sperling,* Nährstoff- und Nährwertgehalt von Nahrungsmitteln, Leipzig 1953; *U. S. Department of Agriculture,* Composition of Foods, Washington 1950; *FAO.,* Tables des Composition des Aliments, Washington 1949; *Harmsen,* Papierkalorien, Hippokrates S. 97/1948; *Kogeler,* Arbeitsleistung und Ernährung, Diss. Hamburg 1948; *Schulze* (Gertrud), Die Verwendung von Walfleischmehl für die menschliche Ernährung, Diss. Hamburg 1948; *Sperling,* Die Ernährungsstatistik, Stat. Monatshefte für die Britische Zone, Heft 9, Dez. 1948; *FAO.,* Energy-Yielding Components of Food and Computation of Calorie Values, Washington 1947; *Ziegelmayer,* Handbuch der Nährwertkontrolle, Berlin 1946; *Stat. Reichsamt,* Abt. III (Sozialstatistik), Durchschnittswerte des Nährstoff- und Nährwertgehaltes von Lebensmitteln auf der Verbraucherstufe, Juli 1945 (im Abzugsverfahren vervielfältigt); *Handbuch* der Lebensmittelchemie, Berlin 1933—1942; *Droese-Bramsel,* Vitamin-Tabellen der gebräuchlichsten Nahrungsmittel, Leipzig 1941; *Flössner,* Nährstoffbedarf des Menschen, Carl Flügge's Grundriß der Hygiene, Berlin 1940; *König,* Chemie der menschlichen Nahrungs- und Genußmittel, Berlin 1910—1923.

Instituten vorhandene Analysenmaterial zurückgegriffen werden muß. Das ist für die biologische und agrarwissenschaftliche Forschungsarbeit, die sich in meist auch zeitlicher Begrenzung auf bestimmte spezielle Ziele zu richten pflegt, von geringerer Bedeutung als für die Schaffung von Berechnungsgrundlagen für die Zwecke der Volkswirtschaft und Verwaltung. Diese selbst erfordern zwar Durchschnittswerte für Nahrungsmittelarten und -gruppen. Die Grundlage, solche Werte zu schaffen, ist aber die Sammlung der verstreuten Einzelanalysen und deren Ausrichtung auf einen einheitlichen Analysenrahmen gemäß den Merkmalen, die in den Analysendurchschnitten enthalten sein sollen. Hierin liegt eine statistische Aufgabe, die vom Statistischen Reichsamt erkannt und in Zusammenarbeit mit Gesundheits- und Ernährungsverwaltung für die Zeit nach dem Kriege aufzunehmen beabsichtigt worden war. Die Nachkriegszeit hat diese Absicht einer Erneuerung des Werkes von *König* unter amtlicher statistisch-methodischer Leitung nicht zur Verwirklichung gelangen lassen. Dies ist aber mehr eine Frage der Ausarbeitung von Nahrungsmitteltabellen für den Verwaltungszweck und der Einschaltung in die internationale Arbeit auf dem Gebiet der Ernährungswissenschaft als für die Berechnung ernährungswirtschaftlicher Bilanzen und Bedarfsraten, die von der ausgearbeiteten Nahrungsmitteltabelle ausgehen müssen.

Für diesen Zweck werden Durchschnittswerte benötigt, die auf Grund der Nahrungsmittelarten und mit den Verbrauchsanteilen berechnet wurden, die in dem Wirtschaftsraum gegeben sind, für den mit Hilfe dieser Werte volkswirtschaftliche Berechnungen durchgeführt werden sollen. Es wäre ideal, diese Durchschnitte von den Verbrauchsgewohnheiten kleiner Räume zu denen größerer aufzubauen, um den Einfluß regionaler Essensgewohnheiten auch in der kalorischen Bewertung genau zu erfassen. Der Mehraufwand an Berechnungen hierfür würde jedoch nur verhältnismäßig geringe Unterschiede in Erscheinung treten lassen, da die zweifellos vorhandenen Unterschiede des Speisezettels auch bei geringerer Differenzierung der Wägungsgrundlagen zum Ausdruck kommen, im übrigen aber für die Anwendung der ernährungswirtschaftlichen Erkenntnisse in Volkswirtschaft und Verwaltung der Wirtschaftsraum in Betracht kommt, auf den die Ernährungsbilanz in Erzeugung, Einfuhr, Vorratshaltung und Verbrauch bezogen wird. Man wird daher und — im Hinblick auf die Verfügbarkeit statistischer Unterlagen muß es sogar — die Qualitäten und Wägungswerte auf den die volkswirtschaftliche Einheit bildenden Staat beziehen.

Je größer nun der Raum wird, auf den ernährungswirtschaftliche Berechnungen bezogen werden sollen, um so schwieriger wird es, Strukturelemente des Verbrauchs als Wägungsgrundlagen zu gewinnen. Soweit sich der Verbrauch nur durch ein Nicht, Weniger oder Mehr bestimmter

Nahrungsmittel, z. B. Kartoffeln, unterscheidet, ist dies ohne Belang, weil ja nicht Analysendurchschnitte aus verschiedenen Nahrungsmitteln gebraucht werden, sondern aus verschiedenen Arten eines Nahrungsmittels. Ein Durchschnittswert für Käse hängt also sehr davon ab, wie stark die Sorten jeder Fettgehaltsgruppe am Verbrauch beteiligt sind. Ein Durchschnittswert für frisches Fleisch muß berücksichtigen, ob am Schlachtergebnis mehr Schweine, mehr Rinder oder mehr Schafe beteiligt sind. Man vergegenwärtige sich die Unterschiede in der Art des Fleischverbrauchs zwischen Frankreich und den Balkanländern, um die Schwierigkeit der Berechnung eines Analysendurchschnittes allein für Europa zu ermessen. Man wird diese Schwierigkeiten bei der Benutzung einer ersten Nährwerttabelle für den internationalen Gebrauch im weltweiten Rahmen, wie sie von der Ernährungs- und Landwirtschaftsorganisation der Vereinten Nationen geschaffen wurde, in Betracht ziehen müssen, zumal die Kriegs- und Nachkriegsumstände wohl auch den Zugang zur einschlägigen Literatur teilweise beeinträchtigt haben. Es wurde schon darauf hingewiesen, daß die in dieser Nährwerttabelle enthaltenen Analysen im Brennwertkalkül, in der Ermittlung der Kohlehydratgehalte und durch Nachweisung ausgenutzter Werte Unterschiede in methodischer Hinsicht und des Genauigkeitsgrades gegenüber dem in Deutschland begründet eingeführten Verfahren aufweisen. Erschien es aber auch nicht angebracht, dieses Verfahren für den deutschen Gebrauch zu verlassen, so darf doch nicht vergessen werden, daß die UN-Tabelle erstmals gewissermaßen eine Sprachregelung für die nährwertmäßige Beurteilung von Nahrungsmitteln geschaffen hat, die vielleicht noch manches an Vollkommenheit zu wünschen übrigläßt, die aber dennoch eine Plattform zur Verständigung im internationalen Rahmen bietet, wenn die nationalen Begriffe trotz vielleicht besserer Anpassung an die nationalen Verbrauchsverhältnisse und des einen oder anderen methodischen Vorteils hierzu nicht mehr ausreichen. Es ist hier wie auch auf anderen Gebieten durchaus nicht notwendig, sich bei Verschiedenheiten zwischen internationalen oder ausländischen einerseits und inländischen Systematiken und Verfahrensformen anderseits nur für diese o d e r jene zu entscheiden. Oft ist es aus mancherlei Gründen für den inländischen Gebrauch gar nicht möglich, die bisherige Praxis aufzugeben. Dann wird die internationale Methode dort, wo es sich um internationale Fragen handelt, angewandt werden, und das spezifischere inländische Verfahren wird für die heimische Verwaltung Anwendung finden. Unter Umständen kann — natürlich bei methodisch prinzipieller Richtigkeit an sich — die Vergleichbarkeit der Spezifikation vorangehen.

Das gilt in sinngemäßer Anwendung auch für den volkswirtschaftlichen Raum. So differenziert die Bedürfnisse der ärztlichen Praxis hinsichtlich der Nährwertberechnungen zur Kostformengestaltung sein mögen, so notwendig ist für die Bedürfnisse von Staat und Wirtschaft die Aufstellung anerkannter Nährwertraten. Um — diesem Erfordernis Rechnung tragend — angemessene und einheitliche Berechnungsgrundlagen zu schaffen, berief die Reichsregierung 1939 einen sog. „Analysen-Ausschuß" ein, innerhalb dessen das Statistische Reichsamt die Ergebnisse wesentlicher Vorarbeiten vorlegen konnte und hierauf beauftragt wurde, in Zusammenarbeit mit dem Reichsgesundheitsamt eine entsprechende Tabelle des Nährstoff- und Nährwertgehaltes von Lebensmitteln zu entwickeln. Durch dieses Tabellenwerk, das sich erstmals in aufeinander abgestimmte Werte der Reinsubstanz, der Großhandelsstufe und der Verbraucherstufe gliederte, erhielten die Verbrauchs- und Bilanzberechnungen auf dem Gebiet der Ernährungswirtschaft, die Berechnungen des Außenhandels, des Großhandels, der Lebensmittelindustrie usw. eine einheitliche Bewertungsgrundlage.

Während des Krieges wurden für den amtlichen Gebrauch Ergänzungstabellen zur Berücksichtigung von Qualitätsveränderungen erforderlich. Weitere amtliche Anpassungen der Nährwerte erfolgten für das amerikanische und britische Besatzungsgebiet im Oktober 1946 und Mai 1947 und für das Vereinigte Wirtschaftsgebiet im Mai 1948. Hierdurch veränderten sich die Kalorienwerte je 100 g Rohware auf der Verbraucherstufe beispielsweise für einige wichtige Nahrungsmittel wie folgt:

Nahrungsmittel	Sept. 1939	Mitte 1944	Okt. 1946	Mai 1947	Mai 1948
Brot	246	246	245	245	245
Nährmittel	362	360	330	350	350
Fleisch	220	193	155	160	160
Butter	751	751	720	720	720

Selbstverständlich konnte hiermit nicht allen kriegs- und nachkriegsbedingten Güteveränderungen entsprochen werden, die regional und örtlich, der jeweiligen Belieferung des betreffenden Versorgungsgebietes entsprechend, voneinander abwichen und in zeitlich oft kurzen, auch wieder gebietlich verschiedenen Abständen schwankten. Dabei waren die Abweichungen der örtlich vorgenommenen Analysen von den jeweiligen Tabellenwerten bei den einzelnen Nahrungsmitteln verschieden stark. So wiesen von 26 Nahrungsmitteln einer Aufstellung des von *Harmsen* geleiteten Hygienischen Institutes der Hansestadt Hamburg aus dem Frühjahr 1948 10 Lebensmittel Abweichungen im Kalorienwert auf, die zwischen 57 % (Fleisch) und 1 % (Trockenmagermilch) der Richtwerte lagen, im Rationswert aber natürlich mit dem Gewicht ihres Anteils an der Gesamtration und ihres Brennwerts je Einheit zur Geltung kamen, so daß sich eine Differenz von 13 % bei 245 Kal. je 100 g für einen Massenverbrauchsartikel wie Brot stärker auswirkte als etwa ein Unterschied von 23 % bei einem rechnerischen Wert von 26 Kal. für Sauerkraut. Gewiß können die Abweichungen vom Mittel, welche die einzelnen Analysen für eine Ware gegenüber ihrem volkswirtschaftlichen Durchschnittswert auch unter normalen Versorgungsverhältnissen infolge verschiedener Herkunft, Düngung, Verarbeitungsmethoden oder sonstiger Behandlung der Ware aufweisen, ebenfalls stark sein. Solange solche Abweichungen eine regelmäßige Erscheinung von Plus- und Minusvarianten sind, wird man die Zusammenfassung ihrer Vielfalt in einem kennzeichnenden Zahlenbegriff als rational korrekt und arbeitsökonomisch zweckmäßig anerkennen. Sobald sich aber die tatsächlichen Werte des Marktangebotes einseitig verschieben, werden die Richtwerte unreal. Solche einseitigen Abweichungen, und zwar als Minusvarianten, kamen in der Zeit des Tiefstandes der deutschen Ernährung nach 1945 zeitweilig in gebietlicher Häufung vor. Theoretisch wäre es wohl möglich gewesen, durch systematische Stichprobennahmen und deren zentrale Auswertung einen auch für die fristgerechte Versorgungsplanung der damaligen Zeit genügenden Überblick über das zeitliche und geographische Ausmaß der Minusvariationen zu erlangen. Durch Zugrundelegung gebietlich verschiedener Nährwertraten zu einem mengenmäßigen Ausgleich der interregionalen Nährwertdifferenzen zu kommen, erschien aber aussichtlos, weil diese Mengen nicht zur Verfügung standen. Außer der unzureichenden Erzeugung der eigenen geschwächten Landwirtschaft waren nur die von den Besatzungsmächten nach Deutschland geschafften Nahrungsmittel verfügbar. Da diese Mengen nicht von der deutschen Ernährungsverwaltung disponiert werden konnten, konnten nur von Zeit zu Zeit durchschnittliche Berichtigungen der Richtwerte berücksichtigt werden, die ohne gebietliche Unterschiede der Planung zugrunde gelegt wurden. Vom sozialhygienischen Standpunkt müßte eine um so mehr verfeinerte Feststellung der als Berechnungsgrundlagen für die Lebensmittelversorgung verwendeten Nährwertzahlen verlangt werden, je kürzer die Nahrungsdecke wird. Im April und Mai 1947, als die Ration des erwachsenen Normalverbrauchers im Ruhrgebiet nur noch 821 und 818, des Schwerarbeiters 1776 und 1931 Kal. je Tag betrug, als in Niedersachsen 1365 und 1121 Neuzugänge an Hungerödemfällen, 1658 und 2759 solche an sonstigen Eiweißmangelschäden und nahezu je 12 000 solche an sonstigen Ernährungsschäden im Monat gemeldet wurden, wäre jede Akribie der Nährwertkalkulation gerechtfertigt gewesen, wenn nicht die kritische Lage in der Mengenbeschaffung an sich jeden Versuch zur Lächerlichkeit verurteilt hätte, gebietliche Nährwertdifferenzen von in Anbetracht des Gesamternährungsniveaus gar nicht mehr tragendem Gewicht durch Gramm-Balance-Akte auszugleichen. Es kam nicht mehr darauf an, eine Differenz zwischen zwei

Landesernährungsamtsbezirken auf eine ohnehin völlig unzureichende Einheitsration von 1000 oder 1500 Kal. je Tag aufzupäppeln. So sehr die Notwendigkeit der Kalkulationssorgfalt mit abnehmender Versorgungsquote steigt, ist die Anwendung solcher Sorgfalt nur dann ökonomisch, wenn mit ihrer Hilfe eine ausreichende Ernährung herbeigeführt werden kann. Das Wort von den Papierkalorien rührte nicht so sehr von Änderungen tatsächlicher Analysenwerte gegenüber den Tabellenwerten her als vielmehr von dem zeitweiligen Auseinanderfallen der als Planungssoll von der zentralen Ernährungsverwaltung beschlossenen, der als Zuteilungssoll von den Landesernährungsämtern jeweils aufgerufenen und der schließlich als Erfüllungsist im Laden greifbaren Rationen. Immerhin hatte *Harmsen* noch für das Erfüllungsist der 110. bis 112. Zuteilungsperiode zwischen der Bewertung nach den offiziellen Kaloriensätzen und den unter Berücksichtigung der Qualitätsverschlechterung der Lebensmittel vom Hygienischen Institut für Hamburg angesetzten Werten Minusdifferenzen von 176, 192 und 147 Kal. je Tag errechnet. Aber dieser Tatbestand war innerhalb der Gesamtsituation so wenig ausschlaggebend und auch so wenig auf ein vernünftiges Maß real korrigierbar, daß die Sammlung weiteren Analysenmaterials über die Qualitätsveränderung der Nahrungsmittel, die Ende November 1946 im Unterausschuß „Lebensmittelchemie" beim damaligen Verwaltungsamt Ernährung, Landwirtschaft und Forsten angeregt worden war, hierfür praktisch nicht zum Tragen kam. Fast mehr Aufmerksamkeit als diesen Differenzen mußte bei der Analysenarbeit den neu in die Versorgung eintretenden Lebensmitteln gewidmet werden, die bisher in den Nährwerttabellen nicht berücksichtigt worden waren, wie Nährhefe, Fischpasten, Walfleisch, Walfischmehl, Brennessel u. a., und sich dann z. T. sogar in der Ernährung hielten. Als später das Mengenproblem gelöst wurde und also die Möglichkeit bestanden hätte, gebietliche Versorgungsdifferenzen auf einem vernünftigen Ernährungsniveau auszugleichen, hatte auch die Qualität der Nahrungsmittel jedenfalls in den westlichen Besatzungszonen bald ihren Friedensstand erreicht, so daß die Ausgangstabellenwerte wieder anwendbar wurden. Nach der Währungsreform und der Aufhebung der Rationierung entfielen schließlich alle an diese anzuknüpfenden Erwägungen überhaupt und die Anwendung der Tabellenwerte beschränkte sich wieder auf die allgemeinen ernährungswirtschaftlichen Probleme in Staat und Wirtschaft. Der weitaus größte Teil der bald vergriffen gewesenen Nährwerttabelle, die vom Statistischen Reichsamt und Reichsgesundheitsamt geschaffen und 1943 veröffentlicht worden war, war allerdings durch die Kriegsereignisse verlorengegangen. Um die Dienststellen der Ernährungsverwaltung hinsichtlich der für die Versorgung der Bevölkerung erforderlichen Berechnungen arbeitsfähig zu erhalten, hatte die Dienststelle Hamburg des

Statistischen Reichsamtes, aus welcher später das Statistische Amt für die Britische Besatzungszone hervorging, bereits im Juli 1945 den ständigen Anforderungen der regionalen und örtlichen Verwaltungsdienststellen auf Überlassung von Exemplaren der Einheitstabelle durch auszugsweise Vervielfältigung des Tabellenteiles für die Verbraucherstufe entsprochen und die höheren Dienststellen mit Photokopien der Gesamttabelle versehen. Ein Neudruck der Gesamtzusammenstellung erschien erst nach einer Konsolidierung der Lebensmittelversorgung sinnvoll. Zwar übernahm *Ziegelmayer* gelegentlich der Fortführung der *Facius*schen Nährwertkontrolltabellen, die seinerzeit für den Gebrauch der Küchenverwaltungen von Massenverpflegungseinrichtungen geschaffen waren, eine Reihe von Werten der Einheitstabelle in ein zusätzliches Nährwertregister, behielt dabei aber nicht die systematische Trennung von Verbraucherstufe und Reinsubstanz in der Gliederung der Ursprungstabelle bei und fügte Durchschnittswerte hinzu, deren Berechnungsweise nicht mit den methodischen Grundsätzen übereinstimmte, welche bei den übrigen Durchschnittswerten der Einheitstabelle angewandt worden waren. Anderseits war es auch nach der Stabilisierung der Versorgungsverhältnisse nicht damit getan, die Einheitstabelle in ursprünglicher Fassung zu klischieren, sondern die Entwicklung der Versorgung und der Ernährungswissenschaft erforderte eine Neubearbeitung. Mit Unterstützung des Bundesministeriums für Ernährung, Landwirtschaft und Forsten unternahmen es daher *Fachmann, Kraut* und *Sperling*, das seinerzeit geschaffene Tabellenwerk in einer von der heutigen Sicht her überprüften und redigierten Form für die Zwecke von Verwaltung und Wirtschaft erneut zur Verfügung zu stellen.

Als Vitamintabellen von anerkannter Bedeutung sind diejenigen von *Droese* und *Bramsel* bereits bei Behandlung der Vitamine erwähnt worden. Des erneuten Hinweises an dieser Stelle bedarf es deshalb, weil bei Aufteilung eines ernährungsphysiologischen Solls nach Nahrungsmitteln der Vitaminbedarf mitberücksichtigt werden muß.

Drittes Kapitel

Das Nahrungsaufkommen

Bedarf und Erzeugung. Der Bedarf an Mitteln zur körperlichen Ernährung ist eine physiologische Tatsache, die dadurch bedingt wird, daß der Körper zu seiner physischen Erhaltung und Leistungsfähigkeit bestimmter Nähr- und Ergänzungsstoffe bedarf. Diese kommen in der Natur nicht rein vor, sondern sind in Früchten und Tieren enthalten. Die Notwendigkeit ihrer bewußten Erzeugung ergibt sich einerseits aus dem Erfordernis, Bevölkerung und Nahrungsraum in Einklang zu bringen, anderseits aus der Spezialisierung der Ernährungsgewohnheiten, der Geschmacksentwicklung und der Ernährungstechnik auf bestimmte Naturprodukte. Aus dem Gesamtwachstum an Pflanzen und Tieren tritt damit ein bestimmter Kreis in den Interessenbereich der menschlichen Ernährung. Diese Produkte werden im Hinblick auf den menschlichen Bedarf bewußt erzeugt, ihre Erzeugung wird damit zu einer wirtschaftlichen Tatsache. Daß sie darüber hinaus marktwirtschaftliche Funktionen erlangt hat, ist ein Ergebnis der Entwicklung zur arbeitsteiligen Wirtschaft.

Der ernährungsphysiologische Bedarf ist das Soll dessen, was durch die Erzeugung zu befriedigen ist; es kennzeichnet die untere Grenze für die Erhaltung von Gesundheit und Leistungsfähigkeit der Bevölkerung. Ob, in welchem Maß und in welcher Form und Zusammensetzung die Deckung dieses Solls möglich ist, ergibt sich aus der verfügbaren Erzeugung von Nahrungsmitteln. Gegenüber dem Soll stellt sie das ernährungswirtschaftliche Potential dar.

Das ernährungswirtschaftliche Potential. Was einem Volke an Nahrungsmitteln zur Verfügung steht, hängt ab von der Erzeugung in seinem eigenen Lande und von seiner Fähigkeit, Nahrungsmittel aus dem Ausland zu gewinnen.

Ein Volk ist um so weniger auf den Bezug von Nahrungsmitteln aus dem Ausland angewiesen, je mehr es durch Erzeugung seiner eigenen Landwirtschaft hervorbringt. Befindet sich ein Staat in einer Umwelt, innerhalb deren er damit rechnen muß, durch feindliche Maßnahmen von auswärtigen Quellen abgesperrt zu werden, so gebietet ihm das Selbsterhaltungsinteresse, sich in der Versorgung mit Lebensmitteln möglichst autark zu machen. Die Grenze dieser Möglichkeit liegt nicht in den Aufwendungen, die im Vergleich mit der Erzeugung von Überschußgebieten noch tragbar sind, sondern in dem Aufwand, mit dessen Hilfe auf dem eigenen Boden noch ein sicherer Beitrag zum Nahrungsaufkommen erzielt werden kann. Den Grenzwert für die Preisgestaltung bildet somit der Aufwand, der auf dem anbauungsungünstigsten, für das Erzeugungsziel noch notwendigen Stück Land je Ernteeinheit erforderlich ist. Dies macht für den inländischen Markt eine Preissicherung notwendig, die nach der aufwendigsten Erzeugung ausgerichtet ist. Gegenüber dem Ausland erfordert es einen Schutzzoll, der die einheimische Landwirtschaft gegen die Unterbietung durch kostengünstiger arbeitende ausländische Erzeugung sichert. Die Autarkie eines Landes wird daher im Prinzip mit einer kostspieligeren Lebenshaltung der Bevölkerung erkauft. Das Land setzt sich mit ihr und hinsichtlich ihres Zweckbereichs aus der übernationalen Arbeitsteilung ab. Dabei handelt es nach dem Prinzip der Risikosicherung und nicht nach dem des optimalen Aufwandes. Den Maßstab ihrer Rationalität empfängt die Anwendung jedes dieser beiden Prinzipien von den bestimmenden Bezugstatsachen. Keines von beiden ist also an sich unwirtschaftlich oder unrationell. Die Lebenshaltung einer Bevölkerung erreicht aber dann den günstigsten Stand, wenn der Bedarf von dort gedeckt werden kann, wo die Erzeugung unter dem im Hinblick auf den Gesamtbedarf geringstmöglichen Aufwand erfolgt. Diese Möglichkeit besteht jedoch nur, wenn der übernationale Austausch von Nahrungsmitteln nicht durch feindliche Handlungen zu einem Instrument der Politik mit dem Hunger gemacht werden kann. Die bestmögliche Entfaltung der Kräfte kann immer nur in einem Lebensraum entfaltet werden, der für alle ihre Teile und in jeder Beziehung gemeinsam ist und nicht ein zeitlich befriedetes potentielles Kampffeld darstellt.

Inwieweit ein Land vom Nahrungsmittelmarkt der Welt beziehen muß, richtet sich nach dem Verhältnis des ernährungsphysiologischen Bedarfs seiner Bevölkerung zu seiner Eigenerzeugung an Nahrungsmitteln. Für das Überschußland ergibt sich die Notwendigkeit, am Nahrungsmittelmarkt der Welt teilzunehmen, aus seinem Bedürfnis an Gütern der gewerblichen Wirtschaft und an Dienstleistungen. Die Möglichkeit, einen Fehlbedarf an landwirtschaftlichen Erzeugnissen vom Weltmarkt zu decken, bestimmt sich nach seiner Fähigkeit, jenem Bedarf an gewerblichen Gütern und an Dienstleistungen zu entsprechen. Im wesentlichen hängen die Einfuhrmöglichkeiten der Länder Europas von dem Umfang und der Absatzfähigkeit ihrer industriellen Erzeugung ab.

Wenn nun hier der einfacheren Darstellung wegen zunächst von Überschußländern und Bedarfsländern schlechthin gesprochen worden ist, so muß noch ergänzt werden, daß sich sowohl der Überschuß als auch der Bedarf auf bestimmte Waren der Ernährungswirtschaft beschränken kann. Dasselbe Land kann also auf dem Weltmarkt sowohl mit Nachfrage als auch mit Angebot an Nahrungsmitteln auftreten. So war Zucker vor dem zweiten Weltkrieg für Deutschland ein Ausfuhrprodukt, während gleichzeitig Brotgetreide fast ausschließlich in der Einfuhr erschien.

Bei allem Gewicht des reinen Warenverkehrs darf die Bedeutung getätigter (z. B. Transportleistungen, Investitionen) und empfangener Leistungen (z. B. Kredite) für das Maß der Teilnahme eines Landes am Welthandel nicht vernachlässigt werden. Für Großbritannien und besonders auch für Norwegen stellte die Handelsflotte immer ein für seinen Anteil am Welterzeugungspotential wesentliches Kapital dar, dessen Erträge einen geringeren oder größeren Teil der Einfuhr dieser Länder bestreiten. Anderseits vermindert der Besitz einer eigenen Handelsflotte die an das Ausland zu leistenden Einfuhrkosten um die Frachtrate. Der Schweiz entstanden und entstehen bedeutende Devisenreserven, die in Einfuhr umgesetzt werden können, aus dem Reiseverkehr vom Ausland her.

Der Austausch von Gütern gegen Güter, also die Handelsbilanz, stellt nur einen Teil des gegenseitigen Verhältnisses im Geben und Nehmen zwischen den Ländern innerhalb der weltwirtschaftlichen Arbeitsteilung dar, deren wechselseitige Beziehungen sich über längere Zeiträume hinweg ausgleichen müssen, wenn einzelne Partner nicht leistungsunfähig werden sollen.

Selbstverständlich lassen sich Außenstände von Überschußländern durch Übernahme von Teilen der wirtschaftlichen Substanz eines Abnehmerlandes, also durch Investitionen, ausgleichen. Dieser Kapitalausgleich ist aber nur dann sinnvoll, wenn das Investitionsland hierdurch an den binnenwirtschaftlichen Erträgen des betreffenden Landes partizipiert, sich hierdurch gewissermaßen die Vorhand an den speziellen Ausfuhrerträgen sichert oder das Investitionskapital erforderlichenfalls so bemißt, daß die wirtschaftliche Leistungsfähigkeit des verschuldeten Landes über das bisherige Niveau gehoben wird. Während in diesen Fällen ein spezifischer Einfluß auf die wirtschaftliche Substanz des Schuldnerlandes genommen wird, ist der Kredit als solcher eine Verpflichtung des volkswirtschaftlichen Potentials schlechthin gegen einen festen Zins- und Amortisationssatz, der von der betreffenden notleidend gewordenen Volkswirtschaft in der Folge zusätzlich herausgewirtschaftet werden muß.

Kredit und Substanzübertragung sind wirtschaftliche Vorgänge, die abgesehen von den üblichen Handelskrediten und von Einzelaktionen des Privatkapitals, nicht die Norm volkswirtschaftlicher Ausgleichsmaßnahmen im Rahmen der weltwirtschaftlichen Arbeitsteilung bilden. Diese besteht ihrer Natur nach nicht in Substanz- und Kapitalübertragungen, sondern eben in Arbeit bzw. in den Ergebnissen aus der Anwendung von Kapital mittels dieser Arbeit. Anderseits ist auch die generelle Leistungsunfähigkeit eines Landes nicht die Regel. Weit häufiger tritt eine Unterbilanz gegenüber einem einzelnen Partner bei gleichzeitigem Gläubigerverhältnis gegenüber einem oder mehreren anderen auf, so daß der Ausgleich durch Abtretung von Forderungen oder Guthaben vollzogen werden kann.

Dieser Devisenverkehr setzt voraus, daß die Währung des betreffenden Landes zu seiner volkswirtschaftlichen Leistungsfähigkeit in einem Verhältnis steht, das die in Einheiten seiner Währung ausgedrückte Anweisung auf seine Leistung annahmewürdig macht. Natürlich bietet letzten Endes immer der Goldtransfer einen Ausweg. Das schuldende Land muß dieses Gold nur erst einmal besitzen. Und wenn es hierüber verfügt, kann es eine unzureichende volkswirtschaftliche Leistung nicht auf die Dauer durch Ausfuhr von Gold ersetzen, das es nicht selbst fördert; denn auch dann lebt es von seiner Substanz. Anderseits führt die Akkumulation von Gold bei einem Überschußland zu einer wirtschaftlichen Erstarrung. Nicht nur der internationale Wirtschaftsverkehr wird beeinträchtigt, auch das betreffende Land erhält auf die Dauer gesehen einen Petrefakt, den es ohne inflationistische Gefahr nicht einmal durch Notenausgabe lösen kann, weil diese Anweisungen sich auf eine Substanz beziehen, die produktiv nur begrenzt in Gebrauchswert überführt werden kann, im übrigen aber selbst der Realisierung durch Umsatz bedarf. Eben dieser Umsatz wird aber in dem angenommenen Fall dadurch behindert, daß diesem Land Gold an Stelle der nicht ausreichenden Leistung angeboten wird. Damit führt auch dieses Problem wieder zur Frage der volkswirtschaftlichen Leistungsfähigkeit zurück, die sich in Sachleistungen und Diensten dokumentiert.

Mehr, als dieser Leistungsfähigkeit entspricht, kann ein Land von der weltwirtschaftlichen Erzeugung grundsätzlich nicht beanspruchen. Sinkt diese Leistungsfähigkeit so weit ab, daß der noch erleistbare Anteil an der Welterzeugung den Mindestbedarf seiner Bevölkerung nicht mehr deckt, so bleibt — wirtschaftlich gesehen — nur noch der Ausgleich auf der Bedarfs-, also der Bevölkerungsseite übrig. Das bedeutet entweder Auswanderung, also mit der Abgabe von Verbrauchern auch den Transfer von Arbeitskraft, oder Hunger. So begrüßenswert die Verringerung der zu versorgenden Bevölkerung unter diesen Umständen sein kann, so neigt das Ausland unter eigenwirtschaftlichen Gesichtspunkten doch eher zur Aufnahme jüngerer als leistungsfähiger angesehener Menschen und von qualifizierten Arbeitskräften. Unter diesen Voraussetzungen kann die Auswanderung zu einer Einbuße an Arbeitskraft führen, die den Nutzen der Verminderung des volkswirtschaftlichen Bedarfs durch einen weiteren Rückgang der ohnehin schon ungenügenden volkswirtschaftlichen Leistungsfähigkeit aufhebt. Anderseits ist eine Auswanderung nur möglich, wenn das Ausland für Menschen als Verbraucher und Arbeitskraft aufnahmefähig und -willig ist. Das wirtschaftliche Eigeninteresse kann das Ausland veranlassen, einer Einwanderung entgegenzuwirken. Das bedeutet nicht, daß dieses wirtschaftliche Eigeninteresse es auch veranlaßt, das Notland nun auf den Hungerweg zu verweisen. Ob und inwieweit es dies tut, hängt vielmehr ab von der wirtschaftlichen Erholungsfähigkeit und der Bedeutung innerhalb der Weltwirtschaftsstruktur, die das Ausland dem Notgebiet auf längere oder kürzere Sicht beimißt. Die Aushilfe kann in Krediten usw. bestehen, die das hiermit unterstützte Land dann einmal abarbeiten muß.

Über die wirtschaftliche Verbundenheit der Welt hinaus bestehen aber ethische Beziehungen, aus denen heraus Hilfeleistungen erfolgen können, die außerhalb der wirtschaftlichen Gegenseitigkeit liegen und denen nur der Dank der Beschenkten gegenübersteht. Sie können in Form von Staatsleistungen erfolgen oder als karitative Maßnahmen sozialer, religiöser oder wohltätiger Gemeinschaften oder von privaten Unternehmen oder Einzelpersonen.

Unabhängig von der Gegebenheit oder Nichtgegebenheit einer wirtschaftlichen Notlage können nicht auf wirtschaftlicher Gegenleistung beruhende staatliche Maßnahmen des Auslandes zugunsten eines Landes aus politischen Rücksichten erfolgen.

Bei allen diesen Vorgängen von dem Fall der Auswanderung an handelt es sich um Erscheinungen, die den Anteil eines Landes an der Welterzeugung beeinflussen, ohne entweder in Geldwert ausgedrückt werden zu können oder in dieser Ausdrucksform für den weltwirtschaftlichen Status des betreffenden Landes ein symptomatisches zeitliches Bild zu liefern. Sie sind Ausnahmeerscheinungen, die außerhalb der Regel der weltwirtschaftlichen Vorgänge liegen, aber als solche zu berücksichtigen sind, um zu erkennen, daß die jeweilige volkswirtschaftliche Leistungsfähigkeit eines Landes zwar grundsätzlich, aber nicht unbedingt die obere Grenze seiner möglichen Beteiligung an der Welterzeugung bildet.

Um so deutlicher tritt damit die Bedeutung dieser Leistungsfähigkeit für den Regelfall hervor. In diesem erfolgt die Deckung des über die eigene Erzeugung hinausgehenden Bedarfs stets über den Welthandel kraft eigener Leistung an die Welt. Der Grad der Anteilnahme an der weltwirtschaftlichen Erzeugung außerhalb der Landesgrenzen, der sich in Menge und Wert der eingeführten Güter dokumentiert, ist nicht identisch mit der Teilnahme am Welthandel, die einerseits auch die Kosten für Frachten, Versicherungen usw. umfaßt, anderseits nicht nur auf Warenausfuhr, sondern auch auf Dienstleistungen an das Ausland beruht. So primär notwendig die Kenntnis der Gütermengen ist, um ein Bild der tatsächlichen warenmäßigen Versorgung und so — in Verbindung mit dem im Land erzeugten Gütermengen — einen Überblick über das volkswirtschaftliche Potential der Welterzeugung zu gewinnen, so entscheidet doch nicht die Handelsbilanz, sondern die Zahlungsbilanz über das Vermögen eines Landes, am Welthandel teilzunehmen.

Der Nahrungsspielraum.[1] Unter dem Blickwinkel einer bestimmten Volkswirtschaft ist das ernährungswirtschaftliche Potential die Summe an agrarischer, industrieller und merkantiler Kraft, die ihr zur Verfügung steht, um an der im jeweiligen Zeitpunkt vorhandenen Weltproduktion an Nahrungsmitteln teil zu haben. Wie der Begriff des Potentials in der Physik dazu dient, eine Vorstellung von der Stärke eines elektrischen oder magnetischen Kraftfeldes in einem Punkte zu

[1] *Bayer,* Das Zypermandlgras, eine hochwertige Kulturpflanze, Kosmos 5/1953; *Denzer,* Elektro-Fischerei, Heft 2/1953; *Fischer,* W. J., Ertragssteigerung bei Bohnen und Tomaten durch Blütenspritzung mit Hexachlorcyclohexan, Kosmos Heft 5/1953; *Lux,* Künstlicher Regen in Tanganyika, Kosmos Heft 10/1951 und Heft 4/1953; *Lehovec,* Wieviel Menschen kann die Erde ernähren?, Kosmos Heft 11/1953; *Meyer,* Konrad, Nahrungsraum und Überbevölkerung, Göttingen 1953; *Römpp,* Terramycin erhöht Ernte-Erträge, Kosmos Heft 3/1953; *Scharlau* (Marburg), Zum Problem des Nahrungsspielraums der Erde, Deutsche Gesellschaft für Bevölkerungswissenschaft, Bericht über die Mainzer Arbeitstagung vom 8. 10. 1953; *Seidel,* Landgewinnung durch Binsenkulturen, Kosmos Heft 4/1953; *Wicharz,* Die Ernährungs- und Landwirtschaftsorganisation der Vereinten Nationen (FAO.), Frankfurt (Main)-Berlin 1953; *Rüdiger,* Walter, Die theoretischen Grundlagen und die wirtschaftliche Bedeutung der Pflanzenzüchtung, Kosmos Heft 2/1952; *Steckhan,* Wie erhalten wir den Boden und seine Fruchtbarkeit?, Kosmos Heft 10/1952; *Römpp,* Chemie der Zukunft, Stuttgart 1950; *Bartz,* Alaska — wie es heute ist, Kosmos Heft 3/1950; *Behrens,* Otto, Die größte Wasserleitung der Erde, Kosmos Heft 11/1949; *v. Maltzahn,* Ausfuhr — unsere Lebensfrage, Die Welt Nr. 47 v. 23. 4. 49; *Paech,* Die biologischen Grundlagen der Gefrierkonservierung von Lebensmitteln, Kosmos Heft 7/1949; *Vogt,* Road to Survival, New York 1948; *Freiensehner,* Um das künstliche Fett, Rhein-Neckar-Zeitung Nr. 63 v. 3. 6. 47; *Hartmann,* Helfried, Deutschlands Einfuhrbedarf an Ernährungsgütern, Wirtschaftszeitung Nr. 1 v. 3. 1. 47; *Hermes,* Warum nicht Butter aus Kohle?, Die Welt Nr. 39 v. 1. 4. 47; *Imhausen,* Synthetisches Speisefett, Nr. 25 v. 27. 2. 47, Rhein-Neckar-Zeitung; *Lübke,* Die biochemische Fettgewinnung, Wirtschaftszeitung Nr. 5 v. 31. 1. 47; *Richarz,* Von Hot Springs nach Kopenhagen, Wirtschaftszeitung Nr. 5 v. 31. 1. 47; *Thomas,* Über synthetisches Speisefett, Die Welt Nr. 132 v. 6. 11. 47; *Wirtschaftsrevue,* Konstanz, Nr. 48 v. 13. 9. 47, Fette — Natürliches oder chemisches Produkt?; *dies.,* Nr. 59 v. 29. 11. 47, Künstliche Speisefette; *Wirtschaftszeitung,* Nr. 5 v. 30. 1. 47, Traubenzucker; *dies.,* Nr. 24 v. 13. 6. 1947, Raum für alle hat die Erde; *Ernährungs-Dienst,* Braunschweig, Nr. 28 v. 11. 7. 47, Die Nährhefegewinnung in den westlichen Zonen; *Handelsblatt,* Düsseldorf, Nr. 1 v. 9. 1. 47, Möglichkeiten der Fischersynthese; *dass.,* Nr. 33 v. 24. 12. 46, Problematische Speisefettsynthese; *Arbeitsgemeinschaft Soja,* Berichte 1946/1947; *Bening,* Soja-Broschüre, im Manuskript vorgelegen, Hamburg-Frankfurt (Main), etwa 1946; *Schultze,* Das Meer in Geschichte und Wirtschaft, Berlin 1938; *Flaig,* Harnstoff — ein Kuhfutter, Kosmos Heft 6/1923; *Dove,* Afrikanische Wirtschaftsstudien, Hamburgische Forschungen, Heft 4, Braunschweig 1917; *Scharlau,* Bevölkerungswachstum und Nahrungsspielraum, Bremen 1953.

vermitteln, so richtet sich die Fähigkeit einer Volkswirtschaft, Weltproduktionskraft zu binden, nach der Stärke ihres wirtschaftlichen Kraftfeldes. Folgerichtig kann man nun nicht von einem ernährungswirtschaftlichen Weltpotential sprechen, weil die durch dieses ausgedrückten Bindekräfte begriffsmäßig ein zu bindendes Außen voraussetzen, das als wirtschaftlicher Faktor außerhalb einer Weltwirtschaft nicht vorhanden sein kann. Gewiß gibt es gegenüber der Weltwirtschaft ein Außen, das aber dann nur nichtwirtschaftlicher Natur sein kann, weil alles, was auf der Welt wirtschaftlicher Natur ist, zum Bereich der Weltwirtschaft gehört. Das Nichtwirtschaftliche, innerhalb dessen die Weltwirtschaft besteht und aus dem heraus sie möglich ist, ist der Raum. In dem besonderen Bezug unserer Themastellung ist es die Welt als Nahrungsraum. Das wirtschaftliche Problem in bezug auf diesen Raum ist dann die Frage, inwieweit die in diesem Raum bestehenden Nutzungsmöglichkeiten wirtschaftlich erschlossen sind. Die Differenz zwischen der effektiven und der potentiellen Ausnutzung der im Wirkungsraum des menschlichen Handelns enthaltenen Nahrungsquellen bildet den Nahrungsspielraum. Dieser Nahrungsspielraum steht seit *Malthus* stark im Vordergrund der Überlegungen, die sich mit den wirtschaftlichen Auswirkungen des Wachstums der Erdbevölkerung befassen.

Die gegenwärtig landwirtschaftlich genutzte Fläche der Erde wird von den Vereinten Nationen auf 1,5 Mrd. ha geschätzt. *Otremba* schätzte die landwirtschaftliche Nutzfläche 1953 auf 3,35 Mrd. ha. Entsprechend schwanken die Schätzungen über den Umfang der Flächen, die der Nahrungsproduktion durch Kulturmaßnahmen erschlossen werden können. Nach Konrad *Meyer* wurde die landwirtschaftlich nutzbare Bodenfläche der Erde von folgenden Autoren auf nachstehenden Umfang geschätzt (in Mrd. ha):

Strantz	7,0
Römer	6,3 Ackerland + 3,6 Grasland
Fawcett	4,5
Salter	2,0—2,5

Die großen Unterschiede in diesen Schätzungen mögen damit zusammenhängen, daß sich die Bewertung weiter geographischer Räume teils auf Grund der Weiterentwicklung der landwirtschaftlichen Kultur- und Betriebstechnik, teils infolge Vertiefung der geographischen bodenkundlichen und klimatologischen Kenntnis über viele Gebiete und teils durch die mit der sowjetrussischen Kolonisation der Tundra und Taiga, der agrikulturellen Entwicklung Alaskas und der Erschließung des Amazonasgebietes gemachten Erfahrungen in den letzten Jahren stark gewandelt hat. Hieraus dürfte sich erklären, daß die jüngeren Schätzungen von *Römer* und *Strantz* höher liegen. *Scharlau,* der auf der Mainzer Arbeitstagung der Deutschen Gesellschaft für Bevölkerungswissenschaft am 8. Oktober 1953 diese Ursachen der Schätzungsunterschiede aufzeigte, wies aber auch darauf hin, daß wichtiger als spekulative Prognosen über die künftige Bevölkerungskapazität unseres Planeten die Aufgabe sei, „die in den Nutzungsmöglichkeiten des heutigen Nahrungsraumes verwurzelten Entwicklungsmöglichkeiten unter dem Gesichtspunkt der weitgespannten Anpassungsmöglichkeiten des Menschen und seiner Wirtschaft zu prüfen". Geschichte, Methoden und Probleme der Untersuchungen über regionale und mundiale Bevölkerungstragfähigkeit sind von *Scharlau* in seinem kürzlich erschienenen Buch „Bevölkerungswachstum und Nahrungspielraum" eingehend behandelt worden.

Als vordringliche, bisher noch nicht gegebene Voraussetzung betrachtet *Scharlau* die genaue Kenntnis der gegenwärtigen Bodennutzungsverhältnisse und des künftig realisierbaren Bodenkapitals in allen Teilen der Erde, „wie sie durch den 1949 auf dem Internationalen Geographentag in Lissabon begründeten World Land Use Survey geschaffen werden soll". Als zweites gleichzeitiges Mittel zur Ausschöpfung des potentiellen Nahrungsraumes ist die Vervollkommnung und Differenzierung der Methoden zur Ergiebigkeitssteigerung der Bodenfläche anzusehen. *Meyer* zählt hierfür auf die Bodenpflege durch Fruchtwechsel und Mineraldüngung, eine auf Ertragsteigerung zielende Pflanzen- und Tierzüchtung, die Bekämpfung von Wachstumsschädlingen und Lagerverlusten auf biochemischem Wege, die Rationalisierung der Nutzviehhaltung, die Technisierung der landwirtschaftlichen Arbeit, die Entlastung der landwirtschaftlichen Nutzfläche von Agrarerzeugnissen für den Industriebedarf wie Pflanzenfasern, Kautschuk, Wolle oder Leder durch synthetische Ersatzstoffe, sowie die künstliche Bewässerung und Beregnung. Welche Möglichkeiten großangelegte Landeskulturmaßnahmen der letztgenannten Art in sich schließen, zeigen der Indusdamm bei Sukkur, mit dessen Hilfe Bewässerungskanäle von über 58 000 km Länge gespeist werden, die Tennessee-Stauwerke, die künstlichen Bewässerungsmaßnahmen in Kalifornien, wo im Imperialtal 1600 qkm Wüste in Obst- und Gemüsepflanzungen verwandelt wurden, und am blauen Nil, das *Dawydow*-Projekt, das die Ableitung sibirischer Ströme zum Aralsee plant, und schließlich wie dieses ebenfalls als Großplan der Zukunft das Panropa-Projekt von *Soergel*, das durch eine Großausnutzung von Kongo und Mittelmeer schätzungsweise 6 Mio qkm Land fruchtbar machen würde. Es liegt nahe, daß die großen Stauwerkanlagen und -vorhaben die Aufmerksamkeit vordringlich auf sich ziehen und die in der Wassererschließung durch Brunnenbohrungen liegenden Möglichkeiten stark außer Betracht der Berechnungen drängen. Dennoch zeigten bereits die Überlegungen von *Dove* mit Bezug auf Südafrika, daß auch diese Kulturmöglichkeit je nach Umständen, wobei Umfang und Regelmäßigkeit der Wasserführung in den Flüssen, Niederschlagsverhältnisse, Grundwasserbedingungen usw. mitsprechen, durchaus zu veranschlagen ist. Andererseits wies der gleiche Verfasser darauf hin, daß nicht allein die Erweiterung der landwirtschaftlichen Nutzfläche den Nahrungsraum vergrößert, sondern auch die Verbesserung der Ernteergebnisse oder Kulturfähigmachung des Bodens für wertvollere landwirtschaftliche Erzeugnisse, die sich durch eine verbesserte Wasserkultur bereits in Nutzung befindlicher Flächen erzielen läßt, eine Erweiterung der Ernährungsmöglichkeiten bedeuten.

Auch unter Berücksichtigung der angebauten Fruchtarten und der erzielbaren Ernten wird der Nahrungsraum durch die Größenangabe der landwirtschaftlichen Nutzfläche nicht erschöpfend gekennzeichnet. Hierbei ist insbesondere auch der Meeresnutzung zu gedenken, die außer den Möglichkeiten der noch nicht erschlossenen Tiefenfischerei und weiterer Rationalisierung der Fischerei im bisherigen Nutzungsraum die ernährungswirtschaftliche Nutzung des Meeresplanktons in sich birgt. Liegen hier schon die Erweiterungsmöglichkeiten des Nahrungsraumes außerhalb der landwirtschaftlichen Nutzfläche, so ist die Hydroponik, die Züchtung von Nutzpflanzen in Nährlösungen, vollends eine „Landwirtschaft ohne Boden". Dasselbe gilt von der biologischen Fettsynthese und Eiweißsynthese. In diesen Bereich gehört auch z. B. die Erzeugung von Zitronensäure durch Gärung von Kohlehydraten mit Citromyceten. Schließlich sei auch die Verwendung anorganischer Stoffe zur Nahrungsmittelsynthese erwähnt, wie sie während des zweiten Weltkrieges bei den Versuchen zur Buttergewinnung auf Steinkohlenbasis erfolgte.

Alle diese Beispiele zeigen, daß Berechnungen der maximalen Bevölkerungskapazität eines Raumes wie etwa die an sich sehr gründliche von *Hollstein*, der die Maximalkapazität der Welt auf rund 13,3 Mrd. Menschen schätzte, einen sehr bedingten Wert haben. Diese Zahl entspricht etwa der Schätzung von *Penck*, während *Fawcett* nur auf 7, *Pearson* und *Harper* nur auf 5 Mrd. kamen. Die praktische Bedeutung dieser Schätzungen ist ebenso relativ zu werten wie diejenige der Schätzungen, die sich auf die landwirtschaftlich nutzbare Bodenfläche beziehen. Gegenwärtig wird die Bevölkerung der Erde auf etwa 2,5 Mrd. Menschen bei einem täglichen Zuwachs um durchschnittlich etwa 55 000 Menschen geschätzt. Der Weltbevölkerungszuwachs bildet aber eine in langfristiger Vorausberechnung nicht sicher schätzbare Größe, zumal auch hier beeinflussende Maßnahmen möglich sind.

Die Weltproduktion an Nahrungsmitteln.[2] Gegenwärtig wird die landwirtschaftliche Nutzfläche der Welt auf rund 3,5 Mrd. ha angegeben. Diese Angabe beruht auf Erhebungen, die von den einzelnen Ländern

---

[2] *Statistisches Bundesamt*, Statistisches Jahrbuch für die Bundesrepublik Deutschland 1953, Wiesbaden-Stuttgart-Köln 1953; *Bundesminister für den Marshallplan*, Wiederaufbau im Zeichen des Marshallplans 1948—1952, Bonn

hauptsächlich zwischen 1947 und 1950 durchgeführt worden sind. Auf Ackerland einschließlich Obstanlagen, Gärten, Rebland, Baumschulen u. dgl. entfallen 1,3 Mrd. ha dieser Fläche. Der Rest von 2,2 Mrd. ha besteht aus Wiesen und Weiden. Außerdem wird eine Waldfläche von 4,0 Mrd. ha angenommen.

Sowohl Anbauflächenerweiterung als auch Kulturintensivierung haben die Ernteerträge fast aller ernährungswichtigen Pflanzenarten der Welt im großen Entwicklungszuge der letzten zwei Jahrzehnte erhöht:

Anbauflächen und Ernteerträge der ernährungswichtigsten Pflanzenarten in der Welt (ohne Sowjetunion) 1934—1938 und 1951

Fruchtart	Anbaufläche		Ernteertrag			
			insgesamt		je Hektar	
	1934/38 Mio ha	1951 Mio ha	1934/38 Mio dz	1951 Mio dz	1934/38 dz	1951 dz
Weizen	127,7	129,3	1286	1423	10,1	11,0
Roggen	16,0	14,2	210	194	13,1	13,7
Gerste	35,7	39,0	410	490	11,5	12,6
Hafer	37,9	35,9	450	502	11,9	14,0
Mais	83,8	82,6	1103	1318	13,2	16,0
Kartoffeln	13,5	12,5	1589	1526	117,7	122,1
Reis	85,8	94,5	3024	3064	36,1	32,4
Zuckerrüben ..	2,1	2,9	577	723	268,4	236,1

Die Berechnungen des Internationalen Landwirtschafts-Instituts in Rom für den Durchschnitt der Jahre 1934/38 fassen unter dem Begriff der landwirtschaftlichen Erzeugung 34 landwirtschaftliche Produkte zusammen. Darunter befinden sich sämtliche Grundnahrungsmittel, die wichtigsten Genußmittel, aber auch Textilfasern, Kautschuk und ähnliche Rohstoffe landwirtschaftlicher Herkunft. In diesem Rahmen erscheint Europa mit einem Produktionsbeitrag von fast 30 % als wichtigster Erdteil. Der Vergleich mit seinem Anteil an der festen Erdoberfläche kennzeichnet gleichzeitig seine Produktionsintensität. Nach *Hickmann* ergab eine Umrechnung der landwirtschaftlichen Erzeugung auf den zur Verfügung stehenden Raum folgende Relationen:

	Produktionseinheiten je Flächeneinheit
Europa	100
Asien	19
Nordamerika	15

1953; *Statistisches Reichsamt,* Statistisches Jahrbuch für das Deutsche Reich 1941/42, Berlin 1942; *Hickmann,* Statistisches Taschenjahrbuch der Weltwirtschaft 1942/43, Berlin 1943.

	Produktionseinheiten je Flächeneinheit
Sowjetunion	10
Mittel- und Südamerika	8
Ozeanien	6
Afrika	2

Im einzelnen leisteten die verschiedenen Erdteile nach *Hickmann* folgende Beiträge zur landwirtschaftlichen Weltproduktion (1934/38):

	Gesamterzeugung (Weltprod. = 100)	davon: Nahrungsmittel (Gesamterzeugung = 100)	Ölfrüchte	Rohstoffe
Europa	29,6	97,6	0,1	2,3
Asien	27,4	81,0	7,2	11,8
Sowjetunion	11,9	88,2	1,5	10,3
Nordamerika	15,9	82,2	2,9	14,9
Mittel- und Südamerika	8,8	86,5	3,7	9,8
Afrika	3,6	70,4	10,0	19,6
Ozeanien	2,8	71,3	1,1	27,6
Welt	100,0	86,8	3,4	9,8

Die Entwicklung des Viehbestandes der Welt ohne Sowjetunion wird vom Statistischen Bundesamt wie folgt angegeben (in 1000 Stück):

	Pferde	Rindvieh	Schweine	Schafe
Vorkriegsstand	74 400	626 000	262 000	660 000
1951/52	59 800	708 000	281 000	676 000

Die Fischanlandungen der Welt ohne Sowjetunion betrugen 1951 etwa 14 Mio. t.

Wenn eine Weltbilanz der Nahrungserzeugung gemacht werden soll, würden diese Zahlen die Aktivposten bilden. Diese Mengen bilden den Fundus, auf dessen Grundlage sich der Welthandel in Nahrungsmitteln vollzieht.

Der hohe Anteil Europas an der Weltproduktion beruht auf einer Intensität der landwirtschaftlichen Nutzung, die im Durchschnitt von keinem der anderen Erdteile erreicht wird. Zwar werden auch in einigen außereuropäischen Ländern hohe Hektarerträge erzielt, doch haben diese innerhalb ihres Erdteils eine Sonderstellung, die nur auf die ungenutzten Möglichkeiten in den übrigen Ländern hinweist, aber die Durchschnittsleistung des Erdteils nicht an diejenige Europas anzugleichen vermag. Dies wird besonders deutlich an den Ernteerträgen von Weizen. Während 1939 in Europa (ohne Sowjetunion) 6 Länder einen Ernteertrag von mehr als 20 dz je ha und die übrigen Länder sämtlich mehr als 10 dz erzielten, erreichten in der übrigen Welt nur Japan und Ägypten einen

Hektarertrag von mehr als 20 dz und außer den Vereinigten Staaten von Amerika (1940) und Kanada nur Australien, die Türkei und Syrien-Libanon einen solchen von mehr als 10 dz. Trotz einer Erntefläche Amerikas (Nord und Süd) von 40,1 Mio. ha gegenüber 31,3 Mio. ha in Europa (ohne Sowjetunion) war der Ernteertrag 1939 hier mit 465 Mio. dz (14,8 dz je ha) um rund 66 Mio. höher als derjenige Amerikas (9,9 dz je ha). Die Veränderungen der Ertragsgestaltung über den zweiten Weltkrieg hinweg waren allerdings nicht unerheblich:

	Weizenerträge je ha in dz 1934/38	1952
Bundesrepublik Deutschland	22,3 (1935/38)	27,6
Dänemark	30,4	40,1
Frankreich	15,6	19,6
Großbritannien u. Nord-Irland	23,1	27,3
Niederlande	30,3	39,9
Ägypten	20,1	18,5
Canada	7,1	17,8
USA	8,7	12,4
Argentinien	9,8	10,0
Chile	10,6	14,1
Japan	18,8	21,3
Australischer Bund	8,0	12,0

Trotz der hohen Weltproduktionsquote Europas ist dieser Erdteil auf Grund seiner hohen Bevölkerungsdichte Hauptpartner des Welthandels. Entsprechendes gilt sinngemäß auch für Deutschland. Der deutsche Leistungsanteil an den europäischen Ernten der landwirtschaftlichen Hauptfrüchte und am Viehbestand Europas (ohne Sowjetunion) ist immer beträchtlich gewesen. Er betrug vor Kriegsbeginn bei Roggen, Kartoffeln und Schweinen mehr als ein Drittel, bei Gerste, Hafer und Rindvieh ungefähr ein Viertel:

Frucht- bzw. Viehart	Anteile des Deutschen Reichs an der europäischen Landwirtschaftsproduktion von 1939 in vH
Weizen	11,8
Roggen	37,9
Gerste	26,7
Hafer	25,6
Kartoffeln	38,1
Zuckerrüben	35,7
Rindvieh	23,8
Schweine	37,6

Die Nahrungsmittelproduktion in der Bundesrepublik hatte sich im Landwirtschaftsjahr 1951/52 gegenüber dem Durchschnitt der Landwirtschaftsjahre 1935/36 bis 1938/39 um 11 % erhöht. Dabei ist die Produktion an landwirtschaftlichen Erzeugnissen um 23 % und an tierischen um 7 % gestiegen. Diese Indexberechnung versteht als Nahrungsmittelproduktion die Erzeugung von Nahrungsmitteln pflanzlicher und tierischer Herkunft (einschließlich derjenigen für Erzeugnisse gewerblicher Verarbeitung wie etwa Hanf) aus Eigenerzeugung zuzüglich der aus Einfuhr von Futtermitteln gewonnenen tierischen Produkte. Die Erzeugung sämtlicher Produkte ist auf Getreidewert umgerechnet. Dieser ist eine von dem Nährstoffgehalt der landwirtschaftlichen Erzeugung ausgehende Relation, um die landwirtschaftlichen Erzeugnisse aller Art auf einen einheitlichen Nenner zu bringen (1 dz Getreide = 1 dz Getreidewert). Bei den tierischen Produkten stellen die Wertzahlen die Nährstoffmengen in Getreidewert dar, die zur Erzeugung des betreffenden tierischen Erzeugnisses aufgewandt werden müssen. In absoluten Zahlen zeigt die Nahrungsmittelproduktion in der Bundesrepublik folgende Entwicklung (in Mill. t Getreidewert):

	insgesamt	pflanzlich	tierisch
1935/36—1938/39	33,30	8,23	25,07
1947/48	19,39	6,93	12,46
1949/50	31,04	8,75	22,29
1951/52	36,80	10,10	26,70

Dennoch betrug der Anteil der ernährungswirtschaftlichen Erzeugnisse an der Gesamteinfuhr der Bundesrepublik (einschl. West-Berlin) 1952 noch 37,4 % gegenüber 40,9 % 1928 und 35,5 % 1936 im Reichsgebiet.

Welthandel — Weltwirtschaft, Außenhandel — Volkswirtschaft.[3] Das Volumen des Welthandels, auf der Preisbasis von 1913 berechnet, betrug 1952 rund 261 Mrd. DM. Das Volumen des Welthandels hat sich seit Beginn des Jahrhunderts beinahe verdreifacht. Der Welthandelsumsatz in

[3] *Bundesminister für den Marshallplan,* Wiederaufbau im Zeichen des Marshallplanes 1948—1952, Bonn 1953; *Meyer,* Konrad, Nahrungsraum und Überbevölkerung, Göttingen 1953; *Statistisches Bundesamt,* Statistisches Jahrbuch für die Bundesrepublik Deutschland 1953, Wiesbaden-Stuttgart-Köln 1953; *dass.,* Statistische Unterlagen zum Schumanplan, Stat. Ber. Arb. Nr. II/12/1, Wiesbaden 1952; *United Nations,* Charter of the United Nations and Statute of the International Court of Justice, New York (1953); *Wicharz,* Die Ernährungs- und Landwirtschaftsorganisation der Vereinten Nationen, Frankfurt (Main)-Berlin 1953; *Wiesbadener Kurier,* Nr. 306 vom 30. 12. 1953, Exporterlös erreicht 18 Milliarden; *ders.,* Nr. 304 vom 28. 12. 1953, Welt-Lastenausgleich tut not; *Beard,* Charles and Mary, A Basic History of the United States, New York 1952; *Food and Agriculture Organization* of the United Nations, The Work of FAO 1951/52, Rom 1952; *Friedman-Gray-Hofstadter,* Grundriß der Geschichte der Vereinigten Staaten von Amerika, (Washington 1952); *Keynes,* Allgemeine Theorie der Beschäftigung, des Zinses und des Geldes, Berlin 1952 und 1936; *Sperling,* Ideologien und soziale Grundbeziehungen, Schmollers Jahrbuch Heft 2/1951; *Auswärtiges Amt,* Vertrag über die Gründung der Europäischen Gemeinschaft für Kohle und Stahl, Bonn 1951; *Römpp,* Chemie der Zukunft, Stuttgart 1950; *ders.,* Atomlexikon, Stuttgart 1949; *Kunhenn,* Hirten, Nomaden, Eroberer, Kosmos Heft 10/11 — 1948; *Vogt,* Road to Survival, New York 1948; *Warburg,* Germany — Bridge or Battleground, London-Toronto 1946/47; *Statistisches Reichsamt,* Statistisches Jahrbuch für das Deutsche Reich 1941/42, Berlin 1942; *Riebicke,* Was brauchte der Weltkrieg?, Berlin 1936.

jeweiligem Wert berechnet, ist dabei auf mehr als das Siebenfache gestiegen.

Die Entwicklung des Welthandels von 1900—1952

Jahr	Umsatz in jeweiligen Werten umger. auf Mrd. RM/DM		Volumen 1936 = 100	
	Welt	Europa	Welt	Europa
1900	82,2	54,2	56,5	70,6
1910	131,4	82,7	77,2	92,1
1920	290,1	142,9	73,3	68,5
1930	228,8	129,7	109,3	117,0
1938	114,2	61,1	102,5	104,0
1950	491,0	202,9	138,8	107,7
1952	609,6	259,5	149,3	120,0

Der Anteil Europas am Welthandelsumsatz, 1936 mit 52,8 % berechnet, betrug 1952 nur 42,6 %. Dabei haben sich die Anteile von Belgien-Luxemburg, Frankreich und den Niederlanden auf annähernd gleicher Höhe gehalten. Der Anteil Großbritanniens war um 3,1 % des Welthandelsumsatzes niedriger. Der Vergleich für Deutschland ist unzulänglich, weil für 1952 nur die Zahlen für die Bundesrepublik und West-Berlin zur Verfügung stehen. Diese beliefen sich für 1952 auf 5,4 %, während der Anteil des Deutschen Reichs 1936 8,5 % betragen hatte.

Die Erhöhung des außereuropäischen Welthandelsanteils geht besonders vom gesamtamerikanischen Außenhandel aus. Dieser hat seinen Welthandelsanteil von 1936 bis 1952 von 22,4 auf 33,7 % erhöht. Dabei ist der Anteil der USA von 11,3 auf 17,7 % gestiegen. Diese Steigerung geht überwiegend auf Konto der Ausfuhr. Der Export der USA hat sich von 1936 bis 1952 von 6,0 auf 62,6 Mrd. RM/DM oder von 11,7 auf 21,3 % des Welthandelsumsatzes erhöht. Hierzu ist bemerkenswert, daß die 1936 fast ausgeglichene Handelsbilanz der USA (Einfuhr 5,9 Mrd., Ausfuhr 6,0 Mrd. RM) 1952 einen Ausfuhrüberschuß von 17,5 Mrd. DM aufwies. Im vorangegangenen Jahr hatte dieser Überschuß bereits 17,1 Mrd. DM und 1950 immerhin schon 5,9 Mrd. DM betragen. Eine Folge hiervon ist die starke Zunahme der Goldbestände der USA, die 1938 rund 14,6 Mrd. und 1952 rund 23,3 Mrd. $ betrugen, während sich beispielsweise für Großbritannien und Nordirland die entsprechenden Werte auf 2,9 und 1,8 Mrd. $, für Frankreich auf 2,8 und 0,6 Mrd. $ stellten. Da zu dem positiven Außenhandelssaldo der USA noch ein positiver Saldo der Dienstleistungen (insbesondere aus Transportleistungen und Kapitalerträgen) tritt, ergab die Leistungsbilanz der USA für 1951 einen positiven Saldo von rund 5 Mrd. $. Den Ausgleich in der Zahlungsbilanz bilden die „Allgemeinen staatlichen Finanzierungen“, an deren Spitze die Schenkungen der USA mit 1951 knapp 3 Mrd. $ stehen. Hierzu rechnet man hauptsächlich die ECA/MSA-Wirtschaftshilfe. Einen weiteren größeren Ausgleichsposten innerhalb der „Allgemeinen staatlichen Finanzierungen" bilden die langfristigen Kredite, unter denen für 1951 besonders die Kredite der Export-Import-Bank und die MSA-Kredite hervorzuheben sind. Diese Hinweise lassen die volkswirtschaftliche Basis für die weltwirtschaftliche Stellung der USA und für die Entwicklung weitgreifender Hilfsprogramme erkennen. Um den Hintergrund zu beleuchten, vor dem sich die Warenbewegung vom Erzeugerland zum Verbraucherland in der Weltwirtschaft gegenwärtig abspielt, mögen diese Hinweise hier genügen. Die wirtschaftstheoretische und -politische Problematik dieser Welthandelssituation darf dem speziellen Schrifttum überlassen bleiben. Blickt man zurück auf den Boom des Welthandelsanteils der USA, insbesondere ihres Anteils an der Weltausfuhr, vom Jahre vor Beginn des ersten Weltkriegs bis zum plötzlichen Umbruch dieser Entwicklung nach dem großen Wirtschaftskrach von 1929, ist man geneigt, in der gegenwärtigen Finanzierungspolitik der USA eine Anwendungsform der „Demand Deficiency Theory" von *Keynes* auf die Weltwirtschaft zu sehen. Es war ja die mit jenem Börsenkrach vom Oktober 1929 anrollende Krisenwoge, die Keynes' Bemühen zur Erklärung der Weltwirtschaftskrisen antrieb. Es war aber nicht nur das Mißverhältnis zwischen der Aufnahmefähigkeit des amerikanischen Verbrauchermarktes und der industriellen Kapazität der Vereinigten Staaten, die sich unter dem Anreiz des Kriegsbedarfs und der durch die Nachkriegssituation Europas bedingten Weltmarktnachfrage ausgeweitet hatte, sondern die große Nachfrage nach Erzeugnissen der amerikanischen Landwirtschaft während des ersten Weltkrieges hatte sich als starker Anreiz für deren Produktionskraft ausgewirkt. Und diese trat bereits in den zwanziger Jahren in ein Mißverhältnis zu ihren Absatzmöglichkeiten, als sich die Märkte einer Reihe von Ländern dem amerikanischen Farmer zu verschließen begannen, aus denen die USA nichts importierten. So sehr sich die Ersparnisse der kapitalkräftigen Gruppen und des Mittelstandes der USA infolge der vorangegangenen „Prosperity" vermehrt hatten, konnten sie eine Nachfragelücke nicht auffüllen, die letzten Endes von einer physiologischen Kapazität ausgeht und nur von zusätzlicher Konsumbevölkerung hätte geschlossen werden können, und hatten daher das Maß der Aufnahmefähigkeit der amerikanischen Wirtschaft sowohl für die Konsum- als auch für die Investitionsseite überschritten. Das Problem der Landwirtschaftskrisen war aber nicht ein amerikanisches, sondern geisterte als erkannte Sorge der modernen Wirtschaft mindestens seit Ende des vorigen Jahrhunderts durch die Welt, als die große Agrarkrise der siebziger Jahre 1899 in Paris den Zusammenschluß der großen landwirtschaftlichen Organisationen auf internationaler Basis bewirkte. Hier wird man den Ausgangspunkt jener internationalen Bestrebungen sehen dürfen, die, in Punkt 6 der „Atlantic Charta" als Bemühen der Vereinten Nationen um eine Welt ohne Mangel deklariert, ihren Niederschlag 1945 in der Gründung der „Food and Agriculture Organisation of the United Nations" (FAO) fanden. In Art. I der Verlautbarung der dieser Gründung 1943 vorausgegangenen Konferenz von Hot Springs heißt es unter Ziff. 4 und 5: „Es ist zwecklos, mehr Nahrungsmittel zu erzeugen, bevor die Menschen und die Nationen die Märkte geschaffen haben, um sie aufzunehmen. Die gesamte Weltwirtschaft muß daher erweitert werden, damit eine ausreichende Kaufkraft geschaffen wird, um eine angemessene Ernährung aller Menschen sicherzustellen ... Jede Nation trägt in erster Linie selbst die Verantwortung ... Aber jede Nation kann ihr Ziel nur dann voll erreichen, wenn alle zusammenarbeiten." Der internationale Wille zu einer rationalen Handhabung des Weltmarktes für Nahrungsmittel darf danach als erklärt angenommen werden. Die Möglichkeit und die Notwendigkeit einer Anpassung von Erzeugung und Kaufkraft an einen wachsenden Weltbevölkerungsbedarf wurde bereits behandelt. Wenn die Lehren aus den Vorgängen auf dem Weltmarkt nach dem ersten Weltkrieg gezogen sind, darf die Absicht ihrer Umsetzung in die Wirklichkeit mindestens damit unterstellt werden, daß die vorher gezeichneten Züge der gegenwärtigen Weltmarktsituation nicht als Momentbild in einem ungeordnet schwankenden Verlauf, sondern als Zeichen einer sich anbahnenden durchdachten Entwicklung beurteilt werden.

Unverkennbar zeigen diese Zusammenhänge aber auch die hohe Bedeutung der Ernährungswirtschaft für den Welthandel. Wenn wir die Einflüsse der beiden Weltkriege und der großen Krise außer Betracht lassen wollen, dürften die Welthandelsverhältnisse etwa der Jahre 1935

Warengruppe	Welthandelsvolumen: auf der Preisbasis 1929 in Mrd. RM				Gesamtvolumen = 100			
	1935	1936	1937	1938	1935	1936	1937	1938
Lebende Tiere ...	1,0	1,1	1,1	1,0	0,9	0,9	0,9	0,9
Nahrungsmittel tier. Urspr.	7,4	7,6	7,9	7,5	6,4	6,7	6,2	6,4
pflanzl. Urspr. .	18,0	18,4	19,4	18,8	16,2	15,9	15,1	16,0
Genußmittel	6,4	6,8	6,8	7,4	5,8	5,9	5,3	6,3
Ernährungswirtschaft	32,8	33,9	35,2	34,7	29,5	29,4	27,5	29,6
Gewerbl. Wirtschaft	78,3	81,5	93,1	82,5	70,5	70,6	72,5	70,4
Insgesamt	111,1	115,4	128,3	117,2	100,0	100,0	100,0	100,0

bis 1938 ein Bild bieten, das die Wichtigkeit des ernährungswirtschaftlichen Welthandels unter Ausschaltung außergewöhnlicher Antriebe und Hemmungen zu einer der Gegenwart möglichst naheliegenden Zeit weist. Allerdings ist auch für diese Jahre eine völlige Ausschaltung solcher Faktoren nicht möglich, da die Autarkiebestrebungen des nationalsozialistischen Deutschland zu dieser Zeit bereits wirksam wurden. Trotzdem lassen die Welthandelsumsätze jener Jahre die Größenordnung der Warengruppen mit hinreichender Deutlichkeit erkennen:

Mengenmäßig stellte sich der Welthandel an landwirtschaftlichen Hauptprodukten 1937 und 1938 wie folgt (in Mio. t):

	Welteinfuhr		Weltausfuhr	
	1937	1938	1937	1938
Weizen	15,0	14,1	13,7	14,0
Weizenmehl	1,7	2,1	2,3	2,4
Roggen	1,0	0,9	1,1	0,9
Hafer	0,8	0,9	0,8	0,8
Mais	13,4	9,3	12,9	8,9
Kartoffeln	1,5	1,1	1,6	1,1
Zucker	9,6	9,7	9,9	9,7
Butter	0,6	0,6	0,6	0,6
Käse	0,3	0,3	0,3	0,3
Eier	.	.	0,4	0,4

Der deutsche Einfuhrüberschuß ergab 1937 folgende Mengenanteile an der Welteinfuhr (in %):

Weizen	8,1	Kartoffeln	8,3
Roggen	18,8	Zucker	0,1
Gerste	9,1	Butter	14,5
Hafer	7,8	Käse	13,2
Mais	16,1	Eier (1932)	35,4
Weizenmehl	2,5		

Bei einem Wert von 81 RM je Kopf der Bevölkerung repräsentierte die Gesamteinfuhr Deutschlands 1937 einen Anteil von 8,1 % am Wert der Welteinfuhr. Der Anteil der ernährungswirtschaftlichen Erzeugnisse an der deutschen Gesamteinfuhr lag vor dem zweiten Weltkrieg um 40 %, so daß jährlich für ungefähr 32 RM je Kopf der Bevölkerung Produkte der Ernährungswirtschaft eingeführt wurden. Daran waren Nahrungsmittel pflanzlichen Ursprungs mit etwa der Hälfte, solche tierischer Herkunft mit annähernd 24 %, Genußmittel mit ungefähr 17 % und lebende Tiere mit etwa 10 % beteiligt.

Die Hauptbezugsrichtungen und auch die Einfuhrmengen des Deutschen Reichs haben sich für die Bundesrepublik Deutschland unter dem

Einfluß der weltwirtschaftlichen und eigenwirtschaftlichen Veränderungen des zweiten Weltkrieges erheblich gewandelt:

Warenart	Deutsches Reich 1939			Bundesrepublik Deutschland 1951		
	Gesamt-Einfuhr-menge 1000 t	Haupt-herkunfts-land	Ein-fuhr-anteil vH	Gesamt-Einfuhr-menge 1000 t	Haupt-herkunfts-land	Ein-fuhr-anteil vH
Rindvieh	168,8	Dänemark	45,5	92,7	Dänemark	96,9
Schweine	204,1	Ungarn	28,6	12,2	Polen	63,1
Butter	92,6	Dänemark	39,7	26,2	Schweden	35,3
Käse	32,9	Niederlande	46,9	42,3	Dänemark	53,4
Fleisch und Fleischwaren	162,1	Argentinien	33,9	67,4	Dänemark	30,8
Fische u. Fischzubereitungen	244,0	Norwegen	43,9	111,9	Norwegen	37,5
Walöl	65,9	Norwegen	55,7	28,6	Norwegen	52,4
Eier, Eiweiß, Eigelb	116,7	Dänemark	24,0	99,9	Niederlande	57,2
Weizen	956,1	Ungarn	24,6	2754,8	USA	69,1
Roggen	134,2	Polen	66,1	239,2	USA	38,2
Gerste	397,2	Rumänien	33,3	324,2	Argentinien	33,1
Hafer	52,1	Tschecho-slowakei	46,5	95,0	Argentinien	38,9
Mais	585,8	Argentinien	44,7	950,9	USA	79,8
Kartoffeln	137,5	Italien	66,2	50,6	Italien	57,2
Gemüse	418,3	Italien	40,6	298,9	Niederlande	46,8
Obst	545,1	Italien	32,9	327,5	Niederlande	30,6
Südfrüchte	554,5	Italien	33,1	433,7	Italien	39,5
Ölfrüchte	1563,5	Manschukuo	46,4	678,9	China	36,5
Pflanzl. Öle und Fette	36,7	Spanien	28,2	189,1	Niederlande	25,1
Margarine und Speisefette	15,7	Norwegen	77,6	13,8	Norwegen	53,5

Der Anteil der Ernährungswirtschaft an der Gesamteinfuhr der Bundesrepublik hat sich von 1950 bis 1952 von 44,1 auf 37,4 % gesenkt. Auch dieser Anteil ist noch um 7 bis 10 % der jeweiligen Gesamteinfuhr höher als der entsprechende Anteil an der Gesamteinfuhr des deutschen Reichs. Die strukturellen Verzerrungen, denen der gesamtdeutsche Außenhandel durch die Trennung des ehemaligen Reichsgebiets unterworfen ist, kommen hierin zum Ausdruck. Auch mußte sich die Versorgung einer — 1952 gegenüber 1938 — um fast 10 Mill. Menschen vermehrten Bevölkerung von etwa 70 % der Einwohnerschaft Gesamtdeutschlands (ohne das Gebiet östlich Oder/Neiße und ohne Ostpreußen) auf einem Raum von rund 52 % des Reichsgebiets (Grenzen von 1937) bei einer Bevölkerungsdichte von 194 Einwohner je qkm (1950; dagegen gleiches Gebiet 1939: 160) in einem hohen Einfuhrbedarf niederschlagen. Es darf nicht übersehen werden, daß die Bevölkerung der Bundesrepublik zu deren Fläche etwa im Verhältnis der Bevölkerung der 17 Südstaaten der USA zur Fläche des einen amerikanischen Bundesstaates Oregon steht. So ist es verständlich, daß die Bundesrepublik und West-Berlin 1952 je Kopf für 320 DM Ware eingeführt haben, während die Einfuhr des Deutschen Reichs 1937, wie gesagt, 81 RM und 1938 80 RM je Kopf der Bevölkerung betrug. Freilich hat sich der Preisindex im Welthandel von 1937 bis 1952 um 248,3 % erhöht, so daß der Realwert der Einfuhr der Bundesrepublik mit rund 92 DM nur um 13,3 % über dem Betrag von 1937 lag. Diese mäßige Steigerung der Einfuhrquote erklärt sich aus der schon erwähnten Erhöhung der Nahrungsmittelproduktion der Bundesrepublik um 11 % im Landwirtschaftsjahr 1951/52 gegenüber dem Durchschnitt 1935/36 bis 1938/39, aus dem Anstieg der bergbaulichen Förderung um rund 25 % und der — allerdings teilweise einfuhrabhängigen — Produktion der Grundstoff- und Produktionsgüterindustrien um rund 31 %, je arbeitstäglich berechnet, von 1936 bis 1952, und aus der Bindung der deutschen Einfuhrmöglichkeit an eine entsprechende Ausfuhrleistung. Es soll nicht übersehen werden, daß die Einfuhr der Bundesrepublik und West-Berlins noch 1952 zu 3 % aus Hilfslieferungen des Auslands bestand. Das ist gegenüber dem Jahre 1948, in dem umgekehrt die kommerzielle, also die durch Ausfuhrerlöse finanzierte Einfuhr nur rund 35 % der Gesamteinfuhr stellte, ein ungeheurer Fortschritt, der insbesondere durch die Steigerung der gesamtindustriellen Produktionsleistung (arbeitstäglich gesehen) um rund 44 % im Jahre 1952 gegen 1936 ermöglicht wurde.

Anderseits läßt sich Import nur mit Produktionsleistung finanzieren, die auch im Ausland abgesetzt wird. Wie das Erfordernis von Absatzmärkten die Öffnung des eigenen Marktes für die Partnerländer bedingt, so erfordert umgekehrt die eigene Einfuhr entsprechende Absatzmärkte für die eigene Erzeugung. Zieht man in Betracht, daß der Europahandel an der Gesamteinfuhr der Bundesrepublik mit 52 % und an der Ausfuhr mit 70 % (je 1952) beteiligt ist und daß Europa auch rund 44 % der Welteinfuhr aufnimmt und 39 % der Weltausfuhr leistet (je 1951), so sind die Liberalisierungsbestrebungen der OEEC, die ihren Niederschlag in dem am 4. Oktober 1950 mit der Verpflichtung zu einer 60%igen Liberalisierung des Außenhandels in Kraft getretenen Liberalisierungskodex gefunden haben, ebenso verständlich wie deren Unterstützung durch die Bundesrepublik. Diese war sogar schon im November 1949 mit einer 50%igen einseitigen Freiliste vorangegangen. Als aber im Februar 1951 laut OEEC-Beschluß 75 % aller Einfuhren liberalisiert werden sollten, konnte die Bundesrepublik dem wegen Gefährdung ihrer Zahlungsbilanz zunächst nicht nachkommen, und auch Großbritannien und Frankreich mußten wegen Zahlungsbilanzschwierigkeiten zu einem Liberalisierungsstop Zuflucht nehmen, so daß sich in der Folge eine Differenzierung der Liberalisierungsquoten des Handels der OEEC-Mitgliedsstaaten ergab, nach der diese sich am 1. Januar 1953 in nachstehender Reihe ordneten:

Mitgliedsstaat	Quote vH	Mitgliedsstaat	Quote vH
Italien	99	Bundesrepublik Deutschland	81
Schweiz	92	Dänemark	75
Schweden	91	Irland	75
Belgien-Luxemburg	90	Norwegen	75
Portugal	85	Türkei	63
Niederlande	82	Großbritannien	44

Die Tatsache, daß die Liberalisierung des Außenhandels durch eine Multilateralisierung des Zahlungsverkehrs vorbereitet wurde und der Liberalisierungskodex der OEEC erst nach Schaffung der Europäischen Zahlungsunion in Kraft trat, ist wohl geeignet, die Schwierigkeiten der Währungsverschiedenheit zu mildern und vorübergehende Zahlungsbilanzschwierigkeiten zu überbrücken, wie dies im Falle Deutschlands durch den mit Wirkung vom 1. November 1950 gegebenen Sonderkredit der EZU geschah. Auch ist auf zolltechnischem Gebiet wertvolle Vorarbeit für die Liberalisierung hinsichtlich der Vereinheitlichung der Zolltarife geleistet worden. Alles dies weist aber gerade darauf hin, daß diese Maßnahmen eine Lösung von den Bedingnissen nationaler Zahlungsbilanzen nicht mit sich gebracht haben. Solange die Exporterlöse rund 84 % (1952) der Kreditseite der autonomen Transaktionen (Umsätze, die bestimmten Einzelzwecken dienen) in der Zahlungsbilanz der Bundesrepublik bilden, wird diese ihre Einfuhrmöglichkeit immer in erster Linie an diese Finanzierungsgrundlage gebunden sehen müssen. Darüber hinaus legt es der unterschiedliche Anteil des Europahandels an der Ein- und Ausfuhr der Bundesrepublik nahe, über die traditionellen Absatzgebiete hinaus auf anderen entwicklungsfähigen Märkten, insbesondere solchen unterentwickelter Gebiete, Positionen zu sichern.

Daß diese Möglichkeit der Absatzerschließung besteht, ergibt sich, allgemein gesehen, aus dem Vorhandensein entwicklungsfähiger Gebiete. Allein die Tatsache, daß der Nahrungsraum der Erde, also ihre gegenwärtig landwirtschaftlich genutzte Fläche, erweiterungsfähig ist, bedeutet die Möglichkeit, Produktion und darum Kaufkraft zu schaffen. Ob diese Erweiterungsfähigkeit in der Nutzbarmachung von Neuland, in konservierender Behandlung verunlandenden Kulturbodens oder in der Intensivierung bestehender Agrikulturen, ob sie in unmittelbaren landwirtschaftlichen Maßnahmen oder mittelbar in wasserwirtschaftlicher oder verkehrstechnischer Raumerschließung oder in technischer Ausrüstung und fachlicher Beratung der den Raum besiedelnden Bevölkerung besteht, immer wird es sich hierbei um Investitionen handeln. Diese aufzubringen, ist aber nur solchen Nationen möglich, die über ihren laufenden Bedarf hinaus ersparte und also für den Investitionszweck einsetzbare Kaufkraft besitzen. Das ist aber gerade bei jenen Nationen nicht der Fall, die zur Deckung ihres Einfuhrbedarfs um Märkte bemüht sein müssen, weil sie über ausreichende Einnahmen etwa aus Diensten oder Kapitalverkehr nicht verfügen. Absatzbedarf und Investitionsfähigkeit sind unter den entwickelten Nationen ungleich verteilt. Dabei ist die Investitionsaufgabe so groß, daß sie von einer einzelnen Nation auch unter günstigsten Voraussetzungen eigener ersparter Kaufkraft nicht bewältigt werden kann. Die sich hieraus ergebende Notwendigkeit eines Zusammenwirkens der Nationen wird daher in etwa an den relativen Lebensstandard der einzelnen Partnernation anzuknüpfen haben. Die Erweiterung des wirtschaftlichen Nutzraumes wird aber nicht allein und in erster Linie von dem relativen Lebensstandard der unterentwickelten Gebiete, sondern auch von den natürlichen und technischen Bedingungen der Entwicklungsfähigkeit ihres Raumes und von der Entwicklungsbereitschaft ihrer Bevölkerung abhängen. Die von den Vereinten Nationen 1953 untersuchte und dargestellte Relation Weltbevölkerungsanteil/Welteinkommensanteil der großen Gebiete bildet also keinen alleinigen Maßstab für die Einsatzrichtung kaufkraftschöpfender Investitionen. Immerhin läßt sie Größenordnungsunterschiede erkennen, die für den zur Schaffung supplementärer Weltkaufkraft verfügbaren Niveauunterschied aufschlußreich sind und global die Schwerpunktgebiete aufzeigt, die als Träger supplementärer Kaufkraftschöpfung in der Welt in Betracht kommen:

Anteil an	Nord-amerika	Austra-lien	Europa	Sowjet-union	Süd-amerika	Afrika	Asien
Welt-Einkommen	43,6	1,5	27,3	11,0	3,5	2,6	10,5
Welt-Bevölkerung	9,0	0,5	16,6	8,1	4,5	8,3	53,5
Relation Eink.-Ant. / Bev.-Ant.	4,4	3,0	1,6	1,4	0,8	0,3	0,2

Man wird diese Zusammenstellung auch darum nur als eine Art Richtwertskala von Größenordnungen betrachten können, weil die Berechnung einer Einkommensstatistik für die Bevölkerung der Welt an sich eine sehr problematische Aufgabe ist und weil insbesondere die Weltbevölkerung eine dynamische Größe ist, und zwar eine Größe von sehr unterschiedlicher Dynamik. Die durchschnittliche jährliche Zunahme der Bevölkerung gegenüber der jeweils letzten Volkszählung wurde 1940/41 für einige wichtige Länder in Prozentsätzen der mittleren Bevölkerung wie folgt geschätzt:

Erdteil	Land	vH
Europa	Deutsches Reich	0,63
Asien	Indien	1,39
Afrika	Ägypten	1,15
Amerika	USA	0,68
Australien	Australischer Bund	1,63

Die unterschiedliche Einkommens-/Bevölkerungsrelation der Gebiete ist zum Teil eine Folge der unterschiedlichen Wachstumsquote der Bevölkerungen. Daß die Gebiete mit starkem Bevölkerungswachstum in verhältnismäßig geringerem Umfang an dem Welteinkommen teilhaben, liegt daran, daß sich ihre wirtschaftliche Produktivität nicht in gleichem Maß entfaltet hat wie ihre physische. Maßnahmen lediglich sozialen Charakters, die im Sinne einer Wohltätigkeit der gut gestellten Nationen gegenüber den ärmeren lediglich eine Wohlstandshebung anstreben, würden bei entsprechender physischer Produktivität der Bevölkerung alsbald durch das Bevölkerungswachstum ausgeglichen werden, wenn nicht gleichzeitig für eine Hebung der unterentwickelten wirtschaftlichen Produktivität gesorgt wird. Der Gedanke, bei starker Diskrepanz beider Produktivitäten auf eine Geburtenbeschränkung hinzuwirken, ist seit den Neomalthusianern nicht neu und in der modernen Literatur, namentlich auch im Hinblick auf die bestanderhaltende Wirkung der Hygieneentwicklung und die allmähliche Übertragung ihrer Errungenschaften aus der abendländischen Zivilisation auf die Völker des asiatischen und afrikanischen Raums, in letzter Zeit ernsthaft erwogen worden. Rein rechnerisch muß eine Dämpfung des Bevölkerungswachstums die Effizienz wirtschaftlicher Produktivitätssteigerung erhöhen. Mehr aber vermag sie nicht, insbesondere nicht, die alleinige Lösung zu bilden. Der erste Weltkrieg forderte von allen kriegführenden Nationen zusammen ein Totenopfer von 9,2 Mio. Soldaten. Es ist leicht auszurechnen, daß es genügt, den Geburtenüberschuß einer Bevölkerung von 400 Mio, der 10,0 auf 1000 Einwohner beträgt, auf 3,1 je 1000 herabzusetzen, um das Bevölkerungswachstum innerhalb von vier Jahren um die Gefallenenzahl des ersten Weltkrieges zu verringern. Die für die Vernichtungsarbeit des ersten Weltkrieges aufgewendeten Kosten — allein der an der deutschen Front verbrauchte Stacheldraht hat 330 Mio. M gekostet — hätten durch eine Geburtenbeschränkung mit dem gleichen bevölkerungsmäßigen Nutzeffekt gespart und, in sinnvoller Weise einer wirtschaftlichen Erschließung von ungenutztem oder untergenutztem Raum zugeführt, das Entstehen der zum zweiten Weltkrieg führenden Problematik verhütet oder wenigstens in ihrem Ausmaß vermindert. So groß der Aderlaß des ersten Weltkrieges aber war, hat weder er noch der zweite Weltkrieg den Bevölkerungsdruck der großen Räume entlastet:

Erdteil	Einwohner je qkm vor dem 2. Weltkrieg	Einwohner je qkm nach dem 2. Weltkrieg
Europa	47	48
Asien	30	31
Afrika	5	7
Amerika	6	8
Australien	1	2

Die Kosten des Krieges 1870/71 betrugen für beide Parteien zusammen rund 7 Mrd. M; die Kosten des ersten Weltkrieges wurden auf 1038 Mrd. M beziffert, d. i., auf gleiche Zeiteinheit bezogen, rund das 18fache. Diese Vervielfachung der Kriegskosten war durch eine Effizienzsteigerung der Kriegstechnik verursacht. Die Effizienz der Kriegstechnik hat sich zum zweiten Weltkrieg weiterhin vervielfacht. Die Zahl der Luftkriegstoten Deutschlands lag allein im vierten Vierteljahr 1944 um rund 15 % höher als die Zahl der deutschen Heeresverluste an Gefallenen in der etwa halbjährigen Schlacht vor Verdun im Jahre 1916. Die Atombombe von Hiroshima tötete am 7. August 1945 rund 80 000 Menschen. Trotz dieses ungeheuren Aufwandes an Kosten ist durch keinen dieser Kriege eine Entlastung des Nahrungsraumes von Verbrauchern erzielt worden, wohl aber wurden Mittel ungeheuren Umfangs einer Verwendung entzogen, die diesem Zweck nützlich gewesen wären. Das Panropa-Projekt, das im Mittelmeerbecken auf einen Gewinn von landwirtschaftlicher Nutzfläche etwa im Umfang der Gesamtfläche von Frankreich abzielt, wird auf einen Kostenaufwand von vielleicht 4 % der Gesamtkosten des ersten Weltkrieges geschätzt.

Die Verminderung der Zahl der Verbraucher im Weltnahrungsraum ist nun freilich nicht geradezu das erklärte Ziel bisheriger Kriegsunternehmen gewesen. Seit dem Verschwinden der dynastischen Interessen aus der Weltgeschichte, denen es im Grunde um Macht dokumentierenden Realbesitz ging, hatten die Nationen als solche das Besitzinteressenerbe ihrer Dynastien angetreten. Dieses Interesse bedeutete zunächst den Wunsch jeder Nation, sich einen möglichst großen Anteil am Nahrungsraum der Welt zu sichern, sei es in Form von Märkten, sei es in Form des Besitzes von Gebieten, deren Bodenschätze der heimatlichen Industrie nützten oder denen ein besonderer landwirtschaftlicher Wert zukam oder die zur Sicherung notwendiger Verkehrsverbindungen geeignet waren. Nimmt man die Ausfuhranteile der Länder am Welthandel unter diesem Gesichtspunkt einmal als konkurrierend an, so waren die Anteile Großbritanniens und Frankreichs von der Jahrhundertwende bis 1913 allerdings rückläufig, während der Anteil des Deutschen Reichs stieg. Nach dem ersten Weltkrieg haben aber die Ausfuhranteile weder Großbritanniens noch Frankreichs je wieder die Höhe erreicht, die sie vor jenem Krieg hatten, während der deutsche Anteil schließlich erneut über die Höhe des großbritannischen stieg, ebenfalls freilich ohne seine Vorkriegshöhe zu erreichen. Dagegen hatte der Anteil der Ausfuhr der USA die Bedeutung eingenommen, die vor 1914 der Anteil Großbritanniens hatte:

Jahr	Deutsches Reich	Großbritannien	Frankreich	USA
	Anteil an der Weltausfuhr in vH			
1900	11,8	15,2	8,5	15,6
1910	11,9	14,0	8,0	12,2
1913	13,1	14,0	7,3	13,4
1929	9,9	10,9	6,1	15,9
1937	9,4	10,2	3,8	13,0
1939	9,5	8,9	.	14,2

Daß Deutschland sein Ausfuhrstreben verstärken mußte, ergab sich zwangsläufig aus der ihm im Friedensvertrag von Versailles auferlegten Abtretung von landwirtschaftlichen Überschußgebieten und aus dem Verlust seiner Kolonien. Aber die große Zeit der Kolonialreiche hat ihren Höhepunkt überschritten. Der für Deutschland so schwerwiegende Kolonialverlust rückte an den Rand der Weltgeschichte, verdrängt durch die Probleme Indien, Indochina, Syrien, Insulinde u. a. Der in zwei Weltkriegen für europäische Belange in Anspruch genommene asiatische Kolonialraum tritt in die eigene Souveränität, und die Bilanz dieser Kriege ist für die Kolonialimperien trotz der Übernahme afrikanischer Kolonien aus deutschem und später italienischem Besitz hinsichtlich des kolonialen Verwaltungsraumes negativ. Auch in Afrika treten Selbständigkeitsbestrebungen auf. Dem Ägyptenproblem folgen das Kanalzonenproblem und das Sudanproblem. Der Einsatz der Mächte in zwei Weltkriegen rechtfertigte sich für die europäischen Sieger weder aus der gewonnenen Weltmarktstellung noch aus territorialem Erwerb. Für den amerikanischen Sieger aber zeichnete sich die Uneinsetzbarkeit seiner Ersparnisansammlung aus Weltmarktgewinnen und die Grenze einer Aufnahmefähigkeit des Weltmarkts für seine Produkte in einer Welt nationalpolitischer Egoismen ab, die ihren Bereich ohne Rücksicht auf die Bedarfsstruktur der Erdbevölkerung als ihr unantastbares Reservat innerhalb des Weltnahrungsraumes zu behandeln geneigt sind. So führte die Erkenntnis der Unrationalität territorialen Erwerbsstrebens zu den führenden Verpflichtungen der „Atlantic Charta", to „seek no aggrandizement, territorial or other" and to „desire to see no territorial changes that do not accord with the freely expressed wishes of the peoples concerned". Dennoch wurde Ostpreußen „given to Russia for no better reason that *Stalin* demanded it". *Warburg,* der dies und die Entziehung der landwirtschaftlichen Überschußgebiete östlich der Oder-Neiße-Linie als „very serious and far-reaching blunders" kritisiert, muß 1946/47 an jene Leitsätze der „Atlantic Charta“ erinnern: „In a world which now at long last knows that it can find lasting peace only through a rapid approach to universality, nationalistic territorial annexations, with their implications of continued economic nationalism, are a strange and dangerous anachronism.“

Dabei ist es schwer zu unterscheiden, ob der Annexionismus nur ein Anachronismus ist, also eine mit den Zeiterkenntnissen nicht mehr übereinstimmende Handlungsweise darstellt, oder seiner Motivation nach auch ein Atavismus, also ein Rückschlag in Reaktionsformen primitiverer Lebensführung. Das Studium früherer Sozialformen zeigt, daß der Hirtennomade immer eher zu Angriff und Raubzug geneigt war, als der zu Seßhaftigkeit und stetiger Bodenpflege genötigte Ackerbauer. Dennoch steht auch bei ihm die Friedensliebe im Verhältnis zur Fruchtbarkeit seines Landes und zum jeweiligen Ernteertrag. Damit ist sein Besitznahmestreben stärker gehemmt und bedingt als bei dem Hirtennomaden. Diese Hemmung ist im Prinzip aber keine moralische, sondern zunächst nur die Abwägung zwischen Erfolgs- und Verlustchance, die für den Hirtennomaden infolge der Begrenztheit und der Beweglichkeit seines Eigenbesitzes erheblich günstiger ist. Daß beide Chancen abgewogen werden, wird durch ein Mißverhältnis zwischen Bedürfnis und Deckungsmöglichkeit bewirkt, also durch eine Mangelempfindung. Der Impuls zu ihrem Ausgleich ist jener Gedanke des Habenwollens, der, genau genommen, der Urgedanke alles Lebens ist. Dieser Gedanke kann vom Einzelmenschen so weit gedacht und verwirklicht werden, als seine Erfolgschance reicht, als die Wahrscheinlichkeit des Ausgleichs einer Mangelempfindung durch einen Gewaltakt noch größer ist als die Wahrscheinlichkeit eines seinen Mangel noch erhöhenden Verlusts. Entsprechendes gilt für Gewaltakte eines Volkes. Insoweit umfaßt der Gedanke des Habenwollens nur eine auf das eigene Ich der Person oder des Volkes gerichtete Bedürfnisbefriedigung. Als einziges Kriterium liegt ihm die Wertung des eigenen Raumes als ausreichend oder unzulänglich zugrunde. Die Vorstellung eines Gesamtraumes liegt ihm fern. Dort, wo sich an der Wahrscheinlichkeitsgrenze der Erfolgsaussicht aus dem gegenseitigen Austausch von Friedensgaben die Anfänge eines wechselseitigen Mangelausgleichs entwickelt haben, war der Geburtsort des Handels. Handel ist ja nichts anderes als die Verlegung wechselseitigen Ausgleichs verschiedenartiger Mangelzustände, die zwangsläufig auftreten, aus der risikoreichen streitigen Sphäre der Raubzüge in das mindere Risiko der gütlichen Einigung auf dem Handelswege. Daß dieser Weg bis in die jüngste Geschichte hinein nicht als eine unbedingte Notwendigkeit, sondern in der Weise bedingt gesehen wurde, daß man dann zum Gewaltakt neigte, wenn man auf dem gütlichen Wege des „do ut des“ keinen Ausgleich der Belange finden zu können glaubte, zeigt, wie sehr der Trieb des absoluten Habenwollens aus der Kindheit der Menschheit noch in ihre denkentwickelte Zeit hineinragt. Aber es zeigt auch, daß dieses Denken zu der allgemeinen Erkenntnis geleitet werden muß, daß sich der Nahrungsraum der Welt nicht durch Raubzüge erweitert, und daß auch nationaler Wohlstand nicht durch Zusammenraffung eines möglichst großen Anteils an diesem Raum gesichert werden kann. Im Grunde bedeutet diese Erkenntnis nichts anderes als diejenige, die dem Kinde zuteil wird, das trotz allen Geschreies den guten Pudding mit seinen Geschwistern teilen muß, weil diese eben auch da sind, das aber schließlich auch merkt, daß es sich unter Umständen ein größeres Stück Pudding ohne Geschrei durch Hergabe eines Bonbons einhandeln kann. Es steckt in der Tat viel primitive Vorstellung in den Verhaltensformen bei den großen Vorgängen im Weltgeschehen, und es hat erst so schwerwiegender und opferreicher Lehren bedurft wie derjenigen des letztvergangenen halben Jahrhunderts, um für einen tragenden Teil der wirtschaftlichen und politischen Welt den Blick vom nationalen Nahrungsraum auf den Weltnahrungsraum zu wenden.

Es ist wirklich merkwürdig, daß aus der Erkenntnis der Nützlichkeitsbegrenztheit gewaltsamer Ausgleichshandlungen, die im kleinen Bereich, vor allem in der sozialen Gemeinschaft, so frühzeitig zum moralischen Gesetz des „Du sollst nicht stehlen“ und „Du sollst nicht töten“ wurde, für den großen sozialen Bereich des Zusammenlebens der Völker dieser Welt eine moralische Auffassung gleicher Strenge erst in der Gegenwart heranzureifen beginnt. Welcher moralische Unterschied besteht denn letzten Endes zwischen dem Marksteinversetzer und dem Annektor? Besteht er eben nicht nur darin, daß die Sozialität der Völker untereinander nicht in gleichem Grade moralisch gefestigt ist wie die Sozialität der Individuen und Familien innerhalb dieser Völker? Unter diesem Aspekt ist es ohne Zweifel eine moralische Aufgabe der Vereinten Nationen, „to save succeeding generations from the scourage of war, which twice in our lifetime has brought untold sorrow to mankind“, wie es in der Präambel ihrer Charta heißt. Hierzu wird es aber nötig sein, auch das atavistische Habenwollen der Völker in eine übernationale Sozialität einzuschweißen und ihren Blick und ihr Handeln darauf zu lenken, daß nur die Güter für einen weltwirtschaftlichen Mangelausgleich zur Verfügung stehen, die auf ausreichendem Raum von einer ausreichend kaufkräftigen Bevölkerung erzeugt werden. Insofern trifft die Folgerung der UN-Experten aus jener Untersuchung über die Anteilsrelationen der großen Gebiete an Weltbevölkerung und -einkommen zu, daß es eine moralische Verpflichtung darstellt, auf eine Kaufkrafthebung der einkommensschwächeren Völker hinzuwirken. Diese Folgerung berührt die für ein friedliches Zusammenleben der Völker notwendige Grundhaltung; sie ist im Grunde jener Schluß der Vernunft, über den

Kant sagte: „Nun spricht die moralisch-praktische Vernunft in uns ihr unwiderstehliches Veto aus: Es soll kein Krieg sein; weder der, welcher zwischen Mir und Dir im Naturzustande, noch zwischen uns als Staaten, die, obzwar innerlich im gesetzlichen, doch äußerlich (im Verhältnis gegeneinander) im gesetzlosen Zustande sind; — denn das ist nicht die Art, wie jedermann sein Recht suchen soll." Diese Erkenntnis ist also nicht ganz neu; Kant starb vor 150 Jahren. Neu ist sie aber als Ausdruck und Bekenntnis einer organisierten Gemeinschaft, und neu ist auch ihre wirtschaftliche Anwendung; denn hierin würde sich der Kreis einer kulturellen Entwicklung zu seiner Ganzheit formen, der dann von der Erkenntnis der Unsozialität gewalttätigen Mangelausgleichs im kleinen Bereich zur Erkenntnis der Unsozialität gewaltsamen Mangelausgleichs der Völker untereinander im weltwirtschaftlichen Bereich geführt hätte.

Wirtschaftlich bedeutet der Mangelausgleich in der großen Linie die Auffüllung des „demand deficiency" durch Investitionsmaßnahmen der an Ersparnissen reichen Nationen in den wirtschaftlich schwach entwickelten Gebieten mit dem Ziel einer Kaufkrafthebung der Bevölkerung. Sicher wendet sich ein derartiges gemeinschaftliches Vorgehen der Nationen gegen die von *Keynes* als wichtigste ansehene Ursache von Wirtschaftskrisen. Und darauf zielt auch Art. 55 der Satzung der Vereinten Nationen ab, in dem es u. a. heißt: „With a view to the creation of conditions of stability and well-being ... the United Nations shall promote ... higher standards of living, full employment, and conditions of economic and social progress and development ..." Daß diese Bemühungen vorangetrieben werden, wird man glauben dürfen. Über das Landwirtschaftsjahr 1951/52 berichtet der Generaldirektor der FAO bezüglich „the accelerated progress of the technical assistance program": „During the past year I am inclined to believe that FAO has made more progress in its work than in the previous five years of its existence."

In alle Überlegungen, die sich auf die weltwirtschaftliche Entwicklung beziehen, wird man diese Tendenz einzukalkulieren haben. Sicher wird auch die Liberalisation des Handels fortschreiten, insbesondere wenn gleichzeitig durch eine Ermöglichung und Förderung einer Freizügigkeit der Arbeitskräfte nationalen Arbeitslosigkeiten vorgebeugt wird. Dies alles sind aber Entwicklungsvorgänge, welche die Gegenwartslage nur allmählich aus ihren hergebrachten Gebundenheiten lösen können. Die Aussicht auf Problemlösungen, die auf weitere Sicht in Angriff genommen sind, befreit daher nicht von dem Blick auf die unmittelbaren Forderungen des Heute und Jetzt aus der volkswirtschaftlichen Situation heraus.

Als Teil seiner Auslandhilfegesetzgebung von 1948 hatte die Regierung der USA am 3. April 1948 das Gesetz für wirtschaftliche Zusammenarbeit (Economic Cooperation Act) erlassen, das die Grundlage des Europäischen Wiederaufbauprogramms (European Recovery Program = ERP = Marshallplan) bildete, das mit dem Haushaltsjahr 1951/52 der USA (30. 6. 1952) ablief und für die weitere Zeit bis zum 30. 6. 1954 durch das neue Hilfsprogramm des Gesetzes für gegenseitige Sicherheit (Mutual Security Act) von 1951 ersetzt wurde. Zweck des Marshallplanes war, die Teilnehmer finanziell und materiell zu unterstützen, „um ihnen zu helfen, durch eigene und gemeinsame Anstrengungen innerhalb eines gewissen Zeitraumes von außergewöhnlicher auswärtiger Unterstützung unabhängig zu werden". Hierzu wurde die Verwaltung für wirtschaftliche Zusammenarbeit (Economic Cooperation Administration = ECA) als zentrale amerikanische Verwaltung geschaffen, die am 31. 12. 1951 in das Amt für gegenseitige Sicherheit (Mutual Security Agency = MSA) umgewandelt wurde. Das Europäische Wiederaufbauprogramm war 1947 auf die Rede des amerikanischen Außenministers *Marshall* vom 5. Juni 1947 an der Harvard-Universität von den in Paris zu einem Ausschuß für europäische wirtschaftliche Zusammenarbeit (Committee of European Economic Cooperation = CEEC) zusammengetretenen Vertretern von 16 europäischen Staaten entworfen worden. Dieser Ausschuß wurde nach Verabschiedung des Gesetzes für wirtschaftliche Zusammenarbeit in den Europäischen Wirtschaftsrat (Organisation for European Economic Cooperation = OEEC) als Dauereinrichtung umgewandelt, die als organisatorische Grundlage der „gemeinsamen Anstrengungen" zu wirtschaftlicher Unabhängigkeit als solche notwendig war und in der die Bundesrepublik Deutschland seit dem 31. 10. 1949 vertreten ist. In der begründenden Konvention haben die Mitgliedstaaten sich verpflichtet, die Entwicklung der Produktion zu fördern, Pläne für die Produktion und den Austausch von Waren und Dienstleistungen zu entwerfen, ein multilaterales Zahlungssystem zu schaffen, ihre wirtschaftlichen Verbindungen zu stärken, Zollunionen, Freihandelsgebiete und Zollsenkungen zur Entwicklung eines gesunden und ausgeglichenen multilateralen Handelssystems anzustreben, die Stabilität ihrer Währungen und ihrer inneren Finanzlage zu wahren und ihre Arbeitskräfte zweckdienlich einzusetzen. Der Verwirklichung dieses Programms dienen u. a. die Gründung der schon erwähnten Europäischen Zahlungsunion (EZU), des Ausschusses zur Steuerung der Handelspolitik (Außenhandels-Direktorium), des der Produktionssteigerung im Kohlenbergbau gewidmeten Ministerausschusses für Kohle als Einrichtungen und der ebenfalls schon genannte Liberalisierungskodex als Maßnahme. Auf dem Weg zur wirtschaftlichen Unabhängigkeit hat die Bundesrepublik ihre Warenausfuhr so gesteigert, daß ihre Handelsbilanz trotz hohen Einfuhrbedarfs und eines zunächst beängstigenden Mißverhältnisses zwischen Ein- und Ausfuhr einerseits und kommerzieller Einfuhr und

Hilfsleistungen des Auslandes anderseits 1951 fast ausgeglichen war und 1952 erstmals mit einem positiven Saldo abschloß (Warenaußenhandel der Bundesrepublik Deutschland einschl. West-Berlin):

Jahr	Einfuhr			Ausfuhr
	Hilfslieferungen des Auslandes	durch eigene Ausfuhrerlöse finanzierte Einfuhr	Zusammen	
		Mio $		
1948	1025	563	1 588	642
1949	956	1 281	2 237	1 123
1950	480	2 224	2 704	1 981
1951	428	3 075	3 503	3 473
1952	114	3 740	3 854	4 037
		Mio DM		
1952	481	15 722	16 203	16 908
1953 (tw. gesch.)	·	·	16 000	18 500

Obwohl der Bundesminister für den Marshallplan in seinem Abschlußbericht über die Durchführung des Marshallplanes 1953 feststellen mußte, es mache sich im Außenhandel bereits bemerkbar, „daß nach weitgehender Sättigung des Nachholbedarfs der Wettbewerbskampf am Weltmarkt schärfer wird“, ist die deutsche Ausfuhr von 1952 zu 1953 noch kräftig weiter gestiegen. Das ist für die Bundesrepublik ein erfreuliches Ergebnis. Für die prinzipielle Betrachtung erscheint aber der Hinweis auf den sich verschärfenden Konkurrenzkampf auf dem Weltmarkt wesentlich; denn dieser veranlaßt zu dem Schluß, daß die organisatorischen Maßnahmen zur gütlichen Einigung der nationalen Bedarfsinteressen zwar im Werden sind und auf Teilgebieten — wie dem der 1951 gegründeten Europäischen Gemeinschaft für Kohle und Stahl (Montanunion), die einen Bereich der deutschen Industrie von ungefähr 1 Mrd. DM Gesamtumsatz (1951), darunter etwa 10 Mio DM Auslandsumsatz, einbezogen hat, — auch eine integrierende Marktrealität gewonnen haben, daß aber die nationalen Kräfte durch koordiniertes Handeln noch nicht so weit vom Verschleiß durch Marktfriktionen freigeworden sind, daß der Wettbewerb durch Verlagerung auf eine produktive Marktgestaltung einen für die Völker gemeinnützig schöpferischen Charakter erlangt hätte. Die Ausweitung des Nahrungsraumes der Welt erscheint damit als gemeinsame Aufgabe der Völker wohl erkannt. Für die Bedarfsdeckung der Völker kann sie aber das Ringen auf dem gegebenen Nahrungsraum nur allmählich ablösen, weil die organisierte Gestaltung langsamer vor sich geht und Früchte trägt, als der tägliche Bedarf der Völker zu erwarten vermag. Das schließt nicht aus, daß der Wettbewerb auf dem Gegenwartsmarkt des täglichen Bedarfs durch ordnende Maßnahmen gemeinsamen Verständnisses der Völker gemildert werden kann. Aber die Notwendigkeit, den eigenen Bedarf decken und aus der nationalen Wirtschaftsleistung bezahlen zu müssen, ist doch eben die unmittelbare. Und sie wird auch im gegebenen Nahrungsraum nicht zur zerstörenden Wirkung gelangen, wenn die Völker bedenken, daß sie alle am gleichen Tisch satt werden müssen und bei maßvollem Verhalten auch satt werden können.

Ernährungsbilanzen und Ernährungsvergleiche.[4] Nehmen wir an, wir hätten den ernährungsphysiologischen Bedarf der Bevölkerung auf Grund ihrer Strukturteile errechnet, so stehen wir vor der Frage, ob und inwieweit dieser Bedarf gedeckt ist. Das ist zunächst eine Mengenfrage, nämlich die Frage nach den für die Bedarfsdeckung zur Verfügung stehenden Mengen an Lebensmitteln.

---

[4] *Schörry,* Die Vorräte in der Wirtschaft 1951 bis 1953, Wirtschaft und Statistik H. 4/1954; *Statistisches Bundesamt,* Der Verbrauch in Arbeitnehmerhaushaltungen 1949—1952, Bd. 97 zur Statistik der Bundesrepublik, Stuttgart-Köln 1954; *dass.,* Statistisches Jahrbuch für die Bundesrepublik Deutschland 1953, Wiesbaden-Stuttgart-Köln 1953; *Deneffe,* Die Entwicklung des Verbrauchs in Arbeitnehmerhaushaltungen seit 1949, Wirtschaft und Statistik, Heft 5/1953; *ders.,* Der Verbrauch in Arbeitnehmerhaushaltungen, Wirtschaft und Statistik, Heft 11/1951; *Fachmann-Kraut-Sperling,* Nährstoff- und Nährwertgehalt von Nahrungsmitteln, Leipzig 1953; *Sperling,* Die landwirtschaftliche Produktionsstatistik, Statistische Monatshefte für die Britische Zone, Heft 8, Oktober/November 1948; *ders.,* Niederländische Erhebungen über Haushaltsrechnungen, Soziale Praxis 1941, Sp. 169 ff.; *ders.,* Die Ernährungsweise des Städters in Bulgarien, Die Ernährung, Bd. 6 Heft 7/1941; *Bremer Institut für Wirtschaftsforschung,* Reparationen, Sozialprodukt, Lebensstandard, Bremen 1947; *Kraut,* Die ernährungsphysiologischen Grundlagen der Arbeitsleistung, Zentralbl. f. Arbeitswissenschaft, 1. Jg., Heft 7/Oktober 1947, S. 121 ff.; *Heidemanns,* Die Ernährungswirtschaft in den wichtigsten außereuropäischen Gebieten, Weltwirtschaftliches Archiv, Bd. 60, Heft 1/2, Juli/Sept. 1944; *Hömmken,* Verbrauchsausgaben in bäuerlichen Haushaltungen, Mitteilungen für die Landwirtschaft, Heft 38 v. 16. 9. 1944; *Flössner,* Umschichtungen der Volksernährung in Europa, Forschungsdienst, Bd. 16, Heft 5/1943; *Hahn,* Die Ernährungswirtschaft in den Jahren 1936 bis 1938, Probleme der Weltwirtschaft, 70, Jena 1942; *Statistisches Reichsamt,* Statistisches Jahrbuch für das Deutsche Reich 1941/42, Berlin 1942; *dass.,* Nahrungsmittelverbrauch und Beruf, Vierteljahreshefte zur Statistik des Deutschen Reichs, 1939, I; *dass.,* Die Grundlagen einer laufenden Statistik des Verbrauchs an Nahrungs- und Genußmitteln, Vierteljahreshefte zur Statitistik des Deutschen Reichs, Jg. 1937, Heft I; *dass.,* Die Lebenshaltung von 2000 Arbeiter-, Angestellten- und Beamtenhaushaltungen 1927/28, Einzelschrift Nr. 22 zur Statistik des Deutschen Reichs; *Burgdörfer,* Die Statistik in Deutschland, Bd. II, Teil D. Abschnitt II Landwirtschaftsstatistik, Berlin 1940; *ders.,* Zurück zum Agrar-Staat?, Berlin 1933, *Tornau-Kreck,* Beiträge zur Ernährungsstatistik, Leipzig 1938; *Bureau van Statistik der Gemeente Amsterdam,* Onderzoek naar den toestand van ondersteunde werkloozen en hun gezinnen (Oct. 1934/Febr. 1935), Statistische Mededelingen Nr. 105, Amsterdam 1937; *Schweigart,* Der Ernährungshaushalt des deutschen Volkes, Berlin 1937; *Bames,* Lebensmittel-Lexikon, Berlin 1935.

Hierzu gehören als Fundament der Versorgung die aus der Inlandserzeugung anfallenden Mengen an Nahrungsmitteln. Um diese festzustellen, ist es nötig, zunächst den Umfang der landwirtschaftlichen Erzeugung zu ermitteln. Von dieser steht für die einheimische Versorgung das zur Verfügung, was nicht ausgeführt wird. Von den insgesamt erzeugten Agrarprodukten ist also die Ausfuhr an landwirtschaftlichen Erzeugnissen abzusetzen. Die hiernach aus der Inlandserzeugung für die Inlandsversorgung verbleibenden Mengen gliedern sich nach ihrer Zweckbestimmung in den landwirtschaftlichen Betriebsbedarf, in den gewerblichen Bedarf und in den Ernährungsbedarf. Um die Mengen festzustellen, die aus der Erzeugung für den inländischen Ernährungsbedarf verfügbar sind, müssen von der im Inland verbleibenden Agrarerzeugung die für den landwirtschaftlichen Betriebsbedarf und für den gewerblichen Bedarf benötigten Mengen abgesetzt werden. Zum landwirtschaftlichen Betriebsbedarf gehören Saatgut und Futtermittel. Zum gewerblichen Bedarf gehören die landwirtschaftlichen Produkte, die für technische Zwecke verarbeitet werden, wie Gespinstpflanzen (Flachs, Hanf) oder wie Kartoffeln bei der Spiritusfabrikation. Die hiernach für die menschliche Ernährung verbleibenden Agrarprodukte sind entweder unmittelbar für die menschliche Ernährung bestimmt oder werden für diesen Zweck industriell verarbeitet.

Hierzu kommt die Einfuhr an Gütern der Ernährungswirtschaft, die sich ebenfalls wieder auf den landwirtschaftlichen Betriebsbedarf (z. B. Saatgut, Futtermittel), auf die technische Verarbeitung (z. B. Melasse zu Melassespiritus) und auf die menschliche Ernährung oder auf die industrielle Verarbeitung für Ernährungszwecke (z. B. Ölfrüchte, pflanzliche Öle und Fette für die Margarinefabrikation) verteilen.

Die hiernach im Inland verfügbare Menge vermindert sich für die Marktverfügung um die auf Vorratshaltung genommenen Mengen und sie erhöht sich um die aus der Lagerung dem Markt zugeführten Mengen.

Wir kommen damit zu folgenden Gegenüberstellungen:

1. Gesamtversorgungsmenge = landw. Inlandserzeugung ± landw. Außenhandelssaldo — (landw. Eigenbedarf + industrieller Bedarf an landw. Produkten) + Vorratshaltung an Nahrungsmitteln.
2. marktfähige Versorgungsmenge = landw. Inlandserzeugung ± landwirtschaftl. Außenhandelssaldo — (landw. Eigenbedarf + industrieller Bedarf an landw. Produkten) ± Saldo der Vorratsbewegung.

In der schematischen Darstellung erscheint es verhältnismäßig einfach, eine Vorstellung über die verfügbaren stofflichen Grundlagen der ernährungsphysiologischen Bedarfsbefriedigung zu gewinnen. Die Verwirklichung eines solchen Überblicks verlangt aber die Berücksichtigung einer Reihe von Einflüssen, die geeignet sind, die Konturschärfe des Bildes zu beeinträchtigen.

Solche Einflüsse können in der Mehrfachverwendungseignung eines Produkts liegen. Ein Teil der Ernteerträge an Roggen und Weizen pflegt als Saatgut beansprucht zu werden. Gerste und Hafer dienen nur zu einem verhältnismäßig geringen Teil unmittelbar der menschlichen Ernährung in Form von Graupen oder Flocken. Ein erheblicher Teil der Gerstenernte wird für Brauerei und Brennerei sowie für die Herstellung von Malzkaffee u. dgl. verwendet. In der Hauptsache dienen aber Gerste und Hafer — und, vom Saatgutbedarf abgesehen, Menggetreide ausschließlich — der Verwendung für Futterzwecke. Milch wird zum Teil für die Aufzucht von Vieh benötigt und gelangt so — wie natürlich auch die Milch für den menschlichen Eigenbedarf im Erzeugungsbetrieb — gar nicht erst auf den Markt. Zum Teil fällt die Milch zur Verfütterung als Magermilch aus der Butterherstellung an. Ein weiterer Teil dieses Nebenprodukts dient ebenso wie ein Teil der Milcherzeugung unmittelbar der Käseherstellung, aus der wiederum Molke als Nebenprodukt anfällt, die zum Teil wieder verfüttert, zum Teil auch für Zwecke der menschlichen Ernährung verwendet wird. Der unmittelbar der menschlichen Ernährung zugeführte Teil der Milcherzeugung gelangt zum weit überwiegenden Teil als Trinkmilch an den Verbraucher, zum geringeren Teil als Dauermilcherzeugnis, hauptsächlich in Form von kondensierter und von Trockenmilch. Diese Beispiele des Getreides und der Milch zeigen die

Deutsche Getreideversorgung 1936	Roggen	Weizen	Gerste vH	Hafer	Sonstiges Getreide
Menschl. Ernährung:					
Brotgetreide	66,0	76,0	—	—	—
Graupen	—	—	3,1	—	—
Flocken	—	—	—	1,9	—
Malzkaffee	—	—	0,7	—	—
Brauerei	—	—	27,0	—	—
Brennerei	—	—	3,0	—	—
Vorratszugang oder Verfütterung	21,9	15,2	—	—	—
Verfütterung	—	—	56,0	87,9	90,0
Saatgut	9,4	6,5	10,2	10,2	10,0
Schwund	2,7	2,3			
Gesamtverfügungsmenge	100,0	100,0	110,0	100,0	100,0
Mehl	70,9	80,0	—	—	—
Kleie	18,3	15,8	—	—	—
Grieß, Graupen, Flocken	8,0	—	—	100,0	—
Sonstige Nahrungs- und Genußmittel	—	—	100,0	—	—
Reinigung, Schwund, Verlust	2,8	4,2	—	—	—
Menschl. Ernährung zus.	100,0	100,0	100,0	100,0	—

Notwendigkeit differenzierter Feststellungen über die Verwendungsvorgänge, die erst ein genaues Bild über den aus Erzeugung und Einfuhr für die menschliche Ernährung anfallenden Teil jedes Produkts ermöglichen.

Dabei ist zu berücksichtigen, daß die landwirtschaftlichen Hauptprodukte Getreide und Fleisch der menschlichen Ernährung nur in verarbeitetem Zustand zugänglich sind. Folgen wir zur Gewinnung einer beispielmäßigen Vorstellung einer Berechnung von *Schweigart* über die Getreideversorgung für 1936, so gewinnen wir für den damaligen Versorgungsstatus des Deutschen Reiches das auf Seite 132 dargestellte Bild, in das die am Ende des Getreidewirtschaftsjahres vorhandenen Bestände allerdings allein bei Weizen, und zwar auch nur teilweise, einbezogen sind und bei dem von der nach Abzug der Ausfuhr im Inland verfügbaren Menge aus Eigenerzeugung und Einfuhr ausgegangen wird.

Aus dem Mehlanteil der für die menschliche Ernährung zur Verfügung stehenden Mengen wurden herstellbar:

	Roggenmehl	Weizenmehl
	Gewichtsmenge Mehl = 100	
Brot	150,0	—
Teigwaren, Feingebäck, Haushaltsbackwaren u. dgl.	—	135,4

Der Verbrauchsverlust beim Endprodukt wurde von *Schweigart* mit 1 vH veranschlagt.

Von einer Gesamtgetreidemenge von rund 22,3 Mio t für 1936 ausgehend, hat *Schweigart* hiernach das für die menschliche Ernährung anfallende Aufkommen an den Hauptnährstoffen mit je Tag und Kopf 31,6 g Eiweiß, 4,8 g Fett und 105,5 g Kohlehydraten berechnet. Seine entsprechend für alle Nahrungsmittel durchgeführte Berechnung zeigt das auf Seite 134 angegebene Nährstoffaufkommen im Deutschen Reich für 1936.

Dieser Berechnung wäre nun der Bedarf der Bevölkerung gegenüberzustellen, um die Bilanz aus Versorgung und Bedarf zu ziehen. Diese Bilanz zeigt an, inwieweit der Bedarf aus eigener Erzeugung gedeckt wird, welche Einfuhr also bedarfsnotwendig ist oder inwiefern eine Steigerung der eigenen Erzeugung erwünscht ist.

Für eine Erzeugungssteigerung ist von Bedeutung, ob der hierzu notwendige Kostenaufwand im Verhältnis zum möglichen Verkaufserlös steht. In engem Zusammenhang hiermit steht die Frage der Rationalisierung des landwirtschaftlichen Betriebes. Nun waren allerdings die Betriebsausgaben der Landwirtschaft, bezüglich deren Berechnungsweise auf die Arbeit von *Rosemann* (Karl) über die Erzeugungs- und Geldbilanz der Landwirtschaft in dem 1940 von *Burgdörfer* herausgegebenen Sammelwerk hingewiesen werden darf, in der Bundesrepublik Deutsch-

Nahrungsmittelaufkommen im Deutschen Reich 1936	Eiweiß 1000 t	Fett 1000 t	Kohlehydrate 1000 t
Milch und Milcherzeugnisse	488,4	830,1	534,7
Öle und Fette	2,2	544,4	2,0
Fleisch	539,4	1167,2	2,7
Eier	51,8	50,8	3,1
Honig	0,1	—	22,6
Fische	83,6	39,4	2,3
Getreide	779,4	117,9	4820,2
Kartoffeln	190,6	19,0	2038,7
Zucker	—	—	1620,6
Obst und Obsterzeugnisse	15,9	13,9	266,7
Gemüse	83,1	9,0	203,6
Südländische Erzeugnisse	37,9	56,4	276,9
Alkoholische Getränke	17,1	—	175,7
Zusammen	2289,5	2848,1	9969,8
dar.			
Auslandsware	196,0	893,5	407,2
Gesamtaufkommen je Tag u. Kopf in g	92,9	115,5	387,9

land im Landwirtschaftsjahr 1951/52, bezogen auf 1000 t Getreidewert der Bruttobodenproduktion, gegenüber dem Durchschnitt der Jahre 1935/36 bis 1938/39 für das entsprechende Gebiet um rund 106 vH gestiegen, wobei sich insbesondere die Ausgaben für Barlöhne (Veränderung des Gesamtbetrags von 1938/39 zu 1951/52: + 134 vH), für Handelsdünger (+ 116 vH), für Zukauf-Futtermittel (+ 103 vH), für neue Maschinen (+ 237 vH), für Inventarunterhaltung (+ 184 vH) und für Brenn-, Treibstoffe und elektrischen Strom (+ 113 vH) erhöhten. Trotz der Steigerungen bei diesen Ausgabeposten, deren Anteil an den gesamten Betriebsausgaben in der angegebenen Zeit von 65,7 auf 72,1 vH anwuchs, blieb der Anstieg der Betriebsausgaben insgesamt hinter demjenigen der Verkaufserlöse zurück. Während erstere sich um 122 vH erhöhten, stiegen letztere um 132 vH. Die privatwirtschaftliche Rentabilitätsgrenze der einheimischen Landwirtschaft erscheint somit trotz der zunehmenden Intensivierung der Produktion noch nicht erreicht. Allerdings näherte sich der Überschuß der Verkaufserlöse erst 1950/51 mit rund 28 vH der Betriebsausgaben dem Friedensstande von etwa 32 vH im Jahre 1938/39. Im Wirtschaftsjahr 1951/52 hatte er aber mit rund 38 vH diesen Stand überschritten. Der Markt hat also jedenfalls die mit erhöhten Kosten erweiterte Produktion der einheimischen Landwirtschaft so aufgenommen, daß dieser noch ein befriedigender Überschuß der Verkaufserlöse über die Betriebsunkosten verblieb.

Dennoch bleibt unübersehbar der Tatbestand, daß eine Steigerung der in Getreidewert berechneten Bruttobodenproduktion um 8 vH gegenüber dem Durchschnitt der Wirtschaftsjahre 1935/36 bis 1938/39 mit einem um 122 vH vermehrten Betriebskostenaufwand bewerkstelligt wurde, der nur dadurch tragbar war, daß die Verkaufserlöse noch stärker zugenommen haben, eben um 132 vH bis 1951/52. Rechnet man die Betriebsausgaben von 1951/52 mangels ausreichender und vergleichbarer Unterlagen über die Entwicklung der Landarbeiterlöhne mit Hilfe des Preisindexes der sächlichen Betriebsmittel der Landwirtschaft grob auf den Preisstand von 1938 zurück, so zeigt sich, daß die Betriebsausgaben sich bei gleichbleibendem Preisniveau für die verhältnismäßig geringe Erhöhung der Bruttobodenproduktion um rund 3,3 Mio t Getreidewert eben wegen der Kleinheit dieses Zuwachses im Verhältnis zur Gesamtproduktion um nur etwa 1,60 M oder knapp 1,7 vH je Tonne Getreidewert erhöht haben würden. Dies bedeutet aber, daß die Betriebsausgaben für die Mehrproduktion je Tonne Getreidewert unter gleichbleibenden Preisbedingungen von rund 96 auf 118 M gestiegen wären. Ungeachtet der privatwirtschaftlichen Rentabilität der mit erhöhtem Aufwand erzielten Mehrerzeugung stellt sich hierbei die Frage, bis zu welchem Aufwand je Erzeugungseinheit eine Steigerung der landwirtschaftlichen Produktion volkswirtschaftlich zweckmäßig und einer Intensivierung der Exportindustrie und ihres Absatzes zur Ermöglichung von Nahrungsmittelimporten vorzuziehen ist.

Diese Frage kann freilich nicht nur auf der Grundlage von Kostenkalkulationen beantwortet werden. Die einheimische Landwirtschaftsproduktion bietet in jedem Fall die Garantie, soweit sie nicht von auswärtigen Produktionsgrundlagen abhängt, auch bei einer Grenzschließung verfügbar zu sein. Außerdem stellt sie eine Rückversicherung dar gegenüber Weltmarktvorgängen, die mittelbar über die Exportdevisengrundlage oder unmittelbar die Versorgung mit Nahrungsmitteln ausländischer Erzeugung beeinträchtigen können. Schließlich ist die Gesunderhaltung der eigenen Landwirtschaft nicht nur ein wirtschaftliches, sondern sehr stark ein sozialbiologisches Problem. Wenn *Burgdörfer* einmal die Seßhaftmachung und bestmögliche Festhaltung des ländlichen Nachwuchses als volksbiologische Aufgabe bezeichnet hat, die bedeutend genug sei, um von der Gesamtheit des Volkes auch wirtschaftliche Opfer zu verlangen, so finden sich für diese Auffassung hinreichend Nachkriegsparallelen, die ihre unveränderte Gültigkeit unterstreichen. Es ist müßig, in diesem Zusammenhang an die Bestrebungen zu erinnern, die Heimatvertriebenen aus der Landwirtschaft auch wieder in diesem Wirtschaftsbereich seßhaft zu machen. Gerade diese lenken aber unseren Blick auf die Zerschneidung des deutschen Wirtschaftsraumes, der vor Abschluß eines Friedensvertrages jedenfalls rechtlich nicht als endgültig angesprochen werden kann. Dies legt zunächst einmal nahe, die biologische Substanz der zugeströmten Agrarbevölkerung wirtschaftlich nicht endgültiger festzulegen, als der Stand der völkerrechtlichen Konzeption dies erfordert, und damit auch eine agrarische Überinvestition im gegenwärtigen Wirtschaftsraum zu vermeiden. Damit stoßen wir aber auf die Beziehung des Investitionsumfangs zum Raum überhaupt. Zwangsläufig ist unter gleichen Bodenverhältnissen der gleiche Grad der Sicherung aus landwirtschaftlicher Eigenerzeugung um so schwerer zu erreichen, je kleiner der Raum im Verhältnis zur Bevölkerungszahl ist. Für einen gleichen Versorgungsgrad ist also eine um so intensivere Landwirtschaft und damit um so höhere landwirtschaftliche Investition erforderlich, je größer die Bevölkerungsdichte ist. Hierdurch wirkt sich das nationale Sicherungsbedürfnis wirtschaftlich dahin aus, daß der Intensitätsgrad der Landwirtschaft in benachbarten Staatsgebieten höchst ungleich sein kann. So kann 20 km nach der einen Seite einer Staatsgrenze der Hektarertrag mit entsprechendem Kostenaufwand um 50 vH höher hinaufgetrieben sein als 20 km nach der anderen Seite dieser Grenze. Gewiß wird das Land auf dieser anderen Seite eine so intensiv betriebene Landwirtschaft eben nicht nötig haben, denn die Bodenbedingungen haben wir ja als gleich vorausgesetzt. Und nötig hat es diese Intensität deshalb nicht, weil es entweder glaubt, als mehr oder weniger ausschließliches Industrie- und Handelsland einen günstigeren Lebensstandard seiner Bevölkerung halten zu können, oder weil es bei geringerer Bevölkerungsdichte leichter saturiert ist. Das Land mit der intensiveren Landwirtschaft, zu der es seine hohe Bevölkerungsdichte zwingt, muß nun aber um des höheren Kostenaufwandes für seine Landwirtschaft willen für deren Produkte vergleichsweise mehr je Einheit aufwenden als jenes Land, das eine Bevölkerung geringerer Dichte zu ernähren hat. Es muß daher seine industrielle Wirtschaft so rationalisieren, daß der Aufwand für Ernährung einen Ausgleich findet; es wird also vor allem um einen möglichst großen Markt für seine Industrieprodukte bemüht sein und dadurch in verschärfte Konkurrenz zu jenem angenommenen Industrie- und Handelsland treten. Weder diese kostspielige Hochzüchtung der landwirtschaftlichen Produktion noch diese Wettbewerbsschärfe auf dem Weltmarkt sind aber notwendig, wenn bei der Ordnung der Beziehungen innerhalb der Weltbevölkerung in Räumen gedacht wird, die einem optimalen Einsatz der Mittel zur Bedarfsdeckung im jeweiligen Zeitpunkt adäquat sind. Mit der Organisation für europäische wirtschaftliche Zusammenarbeit ist eine solche Ordnung für den europäischen Raum eingeleitet worden. Das wirtschaftliche Raumdenken befindet sich also in einer Entwicklungsphase, welche die Überlegungen über den volkswirtschaftlichen Aufwand für eine agrarische Produktionssteigerung hinsichtlich Arbeitsökonomie, Sicherungsbedürfnis und sozialbiologischen Belangen unter andere Maßstäbe zu stellen beginnt, als sie einem herkömmlicherweise vorwiegend unter nationalstaatlichen Aspekten stehenden Wirtschaftsdenken geläufig sind.

Die sich damit abzeichnende Relativität eines bisher als absolut gültig gedachten Rahmens der ernährungswirtschaftlichen Disposition und Bilanzierung ändert aber nichts daran, daß so oder so verzehrt nur das werden kann, was selbst erzeugt oder von außerhalb des eigenen Wirtschaftsraums mit eigener wirtschaftlicher Leistung erkauft werden kann. Die Hilfe von außen, die das Nahrungsaufkommen in Form von nicht kommerziellen Einfuhren ergänzt, darf ja nicht als ein regulärer Vorgang angesehen werden. Gelingt es der unterstützten Wirtschaft nicht, ihre Leistung dem Bedarf so weit anzugleichen, daß diese Hilfe allmählich schadlos entbehrt werden kann, so bedeutet dies, wenn organisatorische oder technische Mängel in der Wertschöpfung nicht vorliegen, daß der betreffende Wirtschaftsraum mit seinem Bevölkerungsbesatz nicht in Einklang steht. Natürlich ist mit Hilfe entsprechender Anstrengung unter Anwendung der modernen wissenschaftlichen Erkenntnisse und neuzeitlicher Methoden die Erreichung von Intensitätsgraden der Raumnutzung möglich, an die ein *Malthus* niemals gedacht hat und die den notwendigen Raum zu einer sehr relativen Größe machen. Das hierbei entstehende Problem der unterschiedlichen Raumnutzungsintensität ist aber nicht nur eine Angelegenheit zwischen unterentwickelten und entwickelten Ländern im Sinne einer technisch-zivilisatorischen Unterscheidung, sondern durchaus auch, wie gezeigt, eine Angelegenheit zwischen Ländern gleicher technisch-zivilisatorischer Stufe innerhalb desselben Großraumes. Daß einem Volk, das über den hohen Nutzungsgrad seines dicht besiedelten Gebietes glücklich ist, die Nichtanerkennung seines durch diesen Wirtschaftsstand dokumentierten Fleißes durch das Ausland unverständlich erscheint, ist psychologisch ebenso begreiflich, wie die Ausstrahlungen dieser Wirtschaftsintensität im an sich unzureichenden eigenen Nahrungsraum über den eigenen Wirtschaftsraum unvermeidlich und der Leistungsfähigkeit der eigenen Landwirtschaft umgekehrt proportional sind. Solange mit einer Hebung der Weltnahrungsproduktivität nicht eine — selbstverständlich durch die natürlichen Produktionsvoraussetzungen bedingte — Angleichung der Wirtschaftsintensität der verschiedenen Volkswirtschaften verbunden wird, werden die Friktionen im Weltwirtschaftsgetriebe nicht restlos behoben werden können und die unvermeidliche Alternative einer unzulänglichen landwirtschaftlichen Wertschöpfungsmöglichkeit wird immer die Steigerung der industriellen Wertschöpfung sein müssen.

Da sich aller Handel nun einmal über den Preis vollzieht, ist d i e i m p o r t i e r b a r e G ü t e r m e n g e g l e i c h d e r e x p o r t i e r t e n G ü t e r m e n g e m a l e r z i e l t e m P r e i s j e E i n h e i t d i v i d i e r t d u r c h d e n I m p o r t g ü t e r p r e i s j e E i n h e i t. Verschärft sich also der Wettbewerb auf dem Weltmarkt in der Weise, daß die Preise für den existenznotwendigen Industrieexport der landwirtschaftlich nicht autarken Länder sinken, während das Angebot an Nahrungsmitteln seinen Preis zu halten vermag, so verringert sich für das Industrieland trotz mengenmäßig gleichbleibender Exportleistung die Einfuhrmöglichkeit an Nahrungsmitteln. Je größer der Bevölkerungsdruck in dem Industrieland ist, je dringender es also der Nahrungsmitteleinfuhr zur Deckung des Ernährungsbedarfs seiner Bevölkerung bedarf, um so eher wird es geneigt sein, seine Exportpreise zu Lasten seines Inlandsmarktes zu senken. Das bedeutet, daß die Bevölkerung dieses Landes jenes von *Burgdörfer* zur Erhaltung und Stärkung des eigenen Bauerntums als eine Art volksbiologische „Lebensversicherung" gedachte „Opfer" in Gestalt höherer Lebenshaltungskosten mittelbar zugunsten der Landwirtschaft eines auswärtigen Erzeugungsgebietes bringen muß. Dies verleiht der Frage nach der volkswirtschaftlichen Rentabilität einer intensiven Landwirtschaft oder, sagen wir im Hinblick auf die wirtschaftlich noch weitgehend unerschlossenen Möglichkeiten der Biochemie und der Chemie überhaupt, der Frage nach der volkswirtschaftlichen Rentabilität einer hochorganisierten inländischen Nahrungsmittelerzeugung eine neue Perspektive. Bei dieser geht es nicht um den Vergleich zwischen den Kosten-/Ertrags-Relationen von Landwirtschaften verschiedener Erzeugungsintensität, sondern um den Vergleich des volkswirtschaftlichen Gesamtaufwandes bei weitgehender Außenhandelsdeckung des Ernährungsbedarfs und bei entsprechender Hochzüchtung der landeseigenen Nahrungsmittelerzeugung, die das Exportbedürfnis vermindern und die aus ihm resultierenden Ungewißheiten verringern würde, die im letzten Grunde auf divergierenden Preisbewegungen der Außenhandelsgüter beruhen.

Nach alledem tritt als Bestimmungsfaktor des volkswirtschaftlichen Nahrungsaufkommens der Geldwert vor den Nährwert. Die Gesamtverfügungsmenge an Nahrungsmitteln, die sich aus der eigenen landwirtschaftlichen Erzeugungsleistung zuzüglich des durch den Importgüterpreis dividierten Marktwertes der in Nahrungsmittel umgesetzten eigenen Exportleistung bestimmt, zeigt, umgerechnet in Nährwerte und Nährstoffmengen, in Gegenüberstellung mit dem ernährungsphysiologischen Bedarf den Grad der ernährungsphysiologischen Saturierung der Bevölkerung an. Aus diesem ergibt sich, ob Schritte zur Verbesserung der Bedarfsdeckung durch Hebung der Eigenerzeugung oder der Exportleistung unternommen werden müssen oder der Aufwand für Nahrungsmittelversorgung im ganzen oder bezüglich bestimmter Nährstoffträger eingeschränkt werden kann.

Aber auch der ernährungsphysiologische Bedarf der Bevölkerung kann nur nach Maßgabe ihrer Kaufkraft marktwirksam werden. Auch die Bevölkerung kann, im Schema gedacht, nur so viel Nahrungsmittel kaufen, als ihrem hierfür verfügbaren Einkommensteil, dividiert durch den Preis je Nahrungsmitteleinheit, entspricht. Die sich hiernach ergebenden Mengen bilden den Verbrauch.

„Versorgung und Verbrauch", heißt es in einer Veröffentlichung des Statistischen Reichsamts, „unterscheiden sich in ihrer Größe einerseits durch die Lagerbildung, anderseits durch die Mengen, die auf dem Wege vom Erzeuger zum Verbraucher verlorengehen (Schwund, Verderb, gewaltsame Vernichtung, z. B. durch Feuer), ohne ihrem eigentlichen Zweck, dem Verbrauch, zugeführt zu werden." Wenn *Schweigart* in seiner Berechnung nach dem eingangs dieses Abschnitts gezeigten Beispiel den Schwund und Reinigungsverlust bereits abgesetzt hat, so hat er sich hiermit im Sinne obiger Unterscheidung bereits vom Versorgungsbegriff entfernt und dem Verbrauchsbegriff genähert. Es ist für eine von Erzeugung und Außenhandelssaldo ausgehende statistische Berechnung aber ebenso schwierig, dieser Unterscheidung präzise zu entsprechen, wie der Inhalt des Verbrauchsbegriffs durch sie nicht erschöpft erscheint. Gehen wir von der Gesamtversorgungsmenge in dem zu Anfang dieses Kapitels bezeichneten Umfang als dem Fundus aus, auf dem sich alle Verteilungsvorgänge aufbauen, so ist das, was wir vorhin als marktfähige Versorgungsmenge bezeichnet haben, praktisch das Angebot an den Verbraucher aus dem genannten Fundus. Je nach dem Umfang der Nachfrage wird dabei zu den unmittelbar aus Erzeugung und Einfuhr anfallenden Mengen aus der Lagerhaltung zugeschossen werden, soweit die Vorräte hierzu ausreichen. Ist die Nachfrage also geringer als die arithmetische Summe von Inlandserzeugung und Außenhandelssaldo, so wird ein Teil dieser Menge auf Lager gehen. Ist sie größer, so werden entsprechende Lagerabgänge eintreten, bis die Vorräte erschöpft sind und die darüber hinausgehende Nachfrage ins Leere stößt. Die Zeitunterschiede zwischen dem Auftreten der jeweiligen Nachfrage und der Anpassung des effektiven Angebotes lassen diese beiden Größen zu einem bestimmten Zeitpunkt divergieren, über einen größeren Zeitabschnitt hinweg muß die wirksame Nachfrage aber gleich dem effektiven Angebot sein. Selbstverständlich beeinflußt auch die nicht zum Zuge kommende Nachfrage und das potentielle Angebot, das in den Vorräten steckt, die Preisvorgänge auf dem Markt. Darauf kommt es aber nicht an, wenn wir die Komplexe der volkswirtschaftlich zu Gebote stehenden Mengen voneinander abgrenzen wollen. Hierfür ist zunächst festzuhalten, daß marktmäßige Versorgungsmenge = effektivem Angebot = wirksamer Nachfrage gesetzt werden kann. Versteht man nun unter Verbrauch den Vorgang, durch den eine Ware ihrem zweckbestimmten

Letztabnehmer zugute kommt, so ist die vom Letztabnehmer auf dem Markt übernommene Warenmenge, weil vom Markt zum Verbraucher kein Verlust oder Verderb mehr eintritt, der Verbrauchsmenge gleichzusetzen. Da aber der Warenumschlag auf dem Markt den Ausgleich zwischen effektivem Angebot und wirksamer Nachfrage darstellt, ist Verbrauch in diesem Sinne gleich marktfähiger Versorgungsmenge. Erzeugt und beschafft muß aber nicht nur das werden, was — abgesehen von der Vorratshaltung — dem Letztabnehmer zugeführt wird, sondern auch das, was, ohne an diesen zu gelangen, aus dem Bereich der Verfügbarkeit herausfällt, indem es verdirbt oder sonst zugrunde geht. Im Sinne der Notwendigkeit volkswirtschaftlicher Wiederbeschaffung ist auch dies Verbrauch. Wir haben also vorher das Bild übermäßig vereinfacht, wenn wir den Verlust und Verderb vernachlässigt haben, der mit allen Verteilungsvorgängen einhergeht. Damit erfassen wir aber nur Ausfälle, die auf dem Wege bis zum Verbraucher eintreten. Um festzustellen, in welchem Umfang der ernährungsphysiologische Bedarf der Bevölkerung gedeckt ist, muß auch noch der Verlust abgerechnet werden, der beim Verbraucher selbst in Form von Küchenabfall u. dgl. entsteht. Der Vorteil, gleichwohl marktfähige Versorgungsmenge und Verbrauch gleichzusetzen, liegt nun darin, hiermit die Mengen zu erfassen, die über den Markt einer weiteren verteilungsmäßigen Verfügung entzogen werden. Hierzu genügt es, die Warenmenge auf der Erzeuger- oder Großhandelsstufe zu messen und von ihr den Nettolagerzugang der Zwischenhandelsstufen abzusetzen. Um von hier aus die Bedarfsdeckung des Verbrauchers festzustellen, die im Hinblick auf die Struktur des ernährungsphysiologischen Bedarfs nicht so sehr in Rohware als in Nährstoffmengen interessiert, genügt es, die Rohwarenmengen mit Tabellenwerten umzurechnen, die den handelsüblichen Verlust durch Schwund und Verderb berücksichtigen, der auf dem Wege vom Erzeuger zum Verbraucher entsteht.

Bilanzmäßig gesehen haben wir so folgende einander gegenüberstehende Posten:

a) Gesamtversorgungsmenge — marktfähige Versorgungsmenge; Saldo: Vorratshaltung;

b) marktfähige Versorgungsmenge — verzehrbare Versorgungsmenge; Saldo: Verlust aus Schwund und Verderb;

c) verzehrbare Versorgungsmenge — ernährungsphysiologischr Bedarf; Saldo: Über- oder Unterdeckung dieses Bedarfs.

Die Bilanz zu a) wird in Gewichtsmengen Rohware, also etwa in Tonnen oder, um einen Gesamtausdruck zu finden, in Getreidewert oder dergleichen gezogen. Die Bilanz zu b) wirft den bezeichneten Saldo aus, wenn die marktfähige Versorgungsmenge in Nährstoffwerten der Reinsubstanz zur Darstellung des Aktivpostens und in Nährstoffwerten der

Erzeuger- bzw. (z. B. bei Importgemüse) der Großhandelsstufe zur Darstellung der Passivseite berechnet wird. Für die Bilanz zu c) sind die Passivwerte der Bilanz zu b), gekürzt um die Verluste im Verbraucherhaushalt (z. B. infolge Verderbs, unterbliebener Resteverwertung oder durch Verfütterung an kleine Haustiere wie Hunde und Katzen) in Höhe von etwa 7 vH, als Aktiva einzusetzen und dem ernährungsphysiologischen Bedarf als Passivum gegenüberzustellen, wenn dieser in resorbierbaren Mengen berechnet ist. Ist dieser aber in resorbierten, also im Körper tatsächlich ausgenutzten Werten festgestellt, so ist die Aktivseite nach der Kürzung um die genannten 7 vH weiterhin entsprechend dem Unterschied zwischen voller und tatsächlicher Ausnutzung zu verringern, wie er im Abschnitt über den Brennwert der Nährstoffe in einer kleinen Übersicht angegeben ist.

Bei der Aufstellung dieses Bilanzschemas sind wir von der Gesamtversorgungsmenge als gegebener Größe ausgegangen. Tatsächlich ist die primäre Größe aber immer der Bedarf, aus dem die Notwendigkeit einer Versorgung logischerweise erst folgt. Gehen wir also von ihm aus, so müssen die für ihn berechneten Größen entsprechend den Ausnutzungsausfällen, Verlusten und Verderbsquoten auf den, sagen wir, Bruttobedarf erhöht werden, der die Sollmenge der marktfähigen Versorgung anzeigt. Diese, erhöht um den erfahrungsmäßigen Lagerhaltungsbedarf, der sich aus den Umschlagsgeschwindigkeiten auf den einzelnen Handelsstufen, aus der Ernteerwartung und aus der Weltmarktbeurteilung ergibt, bildet das Gesamtversorgungssoll an Nahrungsmitteln, in Nährstoffen gerechnet. Die Umwertung in Nahrungsmittelmengen wird entsprechend dem erwarteten Lebensmittelanfall aus der eigenen landwirtschaftlichen Erzeugung, dem voraussichtlichen Angebot auf dem Weltmarkt und unter Berücksichtigung der erfahrungsmäßigen Verbrauchsstruktur erfolgen. Soweit die sich hiernach ergebenden Mengen voraussichtlich nicht aus der eigenen Erzeugung anfallen werden, wird diese Berechnung auch in Geldwert zu den erwartungsmäßigen Weltmarktpreisen nötig, um durch Vergleich mit den wahrscheinlich erzielbaren Exporterlösen zu einem Überblick über die Deckungsmöglichkeiten zu gelangen. Da diese Berechnung von dem ernährungsphysiologischen Soll ausgeht, das sich mit dem tatsächlichen Verbrauch oder dem herkömmlichen Verbrauchsstreben nicht zu decken braucht, wird neben der Berechnung auf Grund des ernährungsphysiologischen Bedarfs eine weitere Sollkalkulation nach Maßgabe des Gewohnheitsverbrauchs aufzustellen sein, der sich aus der marktmäßigen Versorgung der vorangegangenen Bilanzperiode ergibt. Genau genommen müßte dieser Wert entsprechend der zwischenzeitlichen Veränderung im Bevölkerungsstand (was auch für die Schätzung des ernährungsphysiologischen Bedarfs gilt) und entsprechend der Kaufkraftänderung jeweils korrigiert werden.

Die Unterlagen über den Umfang der inländischen Agrarerzeugung liefert die landwirtschaftliche Produktionsstatistik. Der Saldo aus Einfuhr und Ausfuhr an landwirtschaftlichen Produkten ergibt sich aus der Außenhandelsstatistik. Den landwirtschaftlichen Eigenbedarf, womit der betriebswirtschaftliche Bedarf und nicht auch der im physiologischen Bedarf der Bevölkerung zu veranschlagende und daher mit dem Verzehr der landwirtschaftlichen Bevölkerung zu bilanzierende Ernährungsbedarf der landwirtschaftlichen Bevölkerung gemeint ist, bildet die Differenz aus der um den Verzehr aus Selbstversorgung geminderten Erzeugung und dem Verkauf, vermindert um den etwaigen Nettozugang zu den Lagerbeständen beim Erzeuger und vermehrt um den Zukauf an Saatgut, Futtermitteln, Vieh u. dgl. und einen eventuellen Nettoabgang vom Erzeugerlager. Der industrielle Bedarf an landwirtschaftlichen Produkten ist zum Teil in den Verkaufsmengen der Produkte selbst gegeben, soweit diese ausschließlich industriellen Zwecken dienen (z. B. Flachs), oder er läßt sich an Hand der Produktionsleistung und des Rohstoffbedarfs des betreffenden Industriezweiges unter Berücksichtigung seines aus Einfuhr gedeckten Rohstoffbedarfs schätzen.

Von der Vorratshaltung an landwirtschaftlichen Erzeugnissen kommt den Getreidebeständen die größte Bedeutung zu. Nach den ersten bezirklichen Feststellungen in den Handelskammerbereichen Berlin und Mannheim wurde 1910 von der Preisberichtsstelle des Deutschen Landwirtschaftsrates auf repräsentativer Grundlage erstmalig eine Erhebung über die „Getreidevorräte der ersten Hand" veranstaltet. Noch im gleichen Jahre wurde vom Reichsministerium des Innern eine Erhebung über die Produktionsverhältnisse der Getreidemühlen durchgeführt, wobei diese auch nach ihren Vorräten für eigene Rechnung auf eigenen und fremden Lagern und auf inländischen Verkehrswegen befragt wurden. Von diesen beiden Ausgangspunkten darf man die späteren periodischen, zeitweilig allerdings unterbrochenen Statistiken der Getreide- und Mühlenvorräte datieren. Weitere wichtige Bestandsfeststellungen sind die Viehzählungen. Schwieriger ist die Erfassung der Vorräte an anderen Nahrungsmitteln und überhaupt die Feststellung der Lagerbestände auf den jeweiligen Verarbeitungsstufen und im Handel. Jedoch bieten hier die Statistiken der Verbrauchssteuereinnahmen, der Umsätze und der Preise Anhaltspunkte. Auf die von *Cohrs* bearbeitete Veröffentlichung des Statistischen Reichsamts über die Grundlagen der Statistik des Verbrauchs an Nahrungs- und Genußmitteln darf insofern Bezug genommen werden. In der Bundesrepublik ist die Statistik der Vorratshaltung, obwohl ihre Bedeutung und ihre Notwendigkeit insbesondere für die Durchführung genauer Sozialproduktsberechnungen durchaus erkannt wird, noch wenig entwickelt. *Schörry* führt hierzu in seiner Darstellung der Vorräte und Vorratsveränderungen von 1951 bis 1953, die von Erhebungen und Schätzungen der Vorräte in der Wirtschaft (ohne Landwirtschaft); durch das IFO-Institut in München ausgehen, folgendes aus: „Der Lagerbestand einer Volkswirtschaft und seine Veränderung ist eines der wichtigsten Symptome zur Beurteilung künftiger Produktionsmöglichkeiten und zur Analyse der konjunkturellen Situation. Leider sind gerade auf diesem wichtigen Gebiet in der Bundesrepublik noch keine befriedigenden statistischen Unterlagen vorhanden; insbesondere fehlen kurzfristige Vorratsstatistiken, wie sie in einer Reihe anderer Länder vorhanden sind, noch völlig. Das Statistische Bundesamt bemüht sich auf verschiedensten Wegen, durch Einbau einer Frage nach den Lagerbeständen in vorhandene oder geplante Statistiken Angaben über die Vorratswerte, wenigstens jährlich, zu ermitteln. So wurde bei der Umsatzsteuerveranlagungsstatistik eine Frage nach dem Wert der Vorräte am Anfang und am Ende des Jahres 1950 gestellt. Ergebnisse für alle Bereiche der Wirtschaft aus dieser Erhebung werden in Kürze vorliegen. Es wird angestrebt, die Vorratswerte der Industrie künftig in den jährlichen Zusatzerhebungen zum Industriebericht zu erfassen. Die Vorräte im Einzelhandel und im Großhandel sollen nach Möglichkeit künftig im Rahmen der laufenden Umsatzstatistiken für diese beiden Wirtschaftszweige erhoben werden. Angaben für alle Bereiche der Wirtschaft sind weiter aus der Kostenstrukturerhebung 1950 und aus künftigen Einheitswertfeststellungsstatistiken zu erwarten. Aus der Bilanzstatistik der Aktiengesellschaften stehen ebenfalls Angaben über die Vorratswerte zur Verfügung. Mit Hilfe der erwähnten Erhebungen wird sich eine einigermaßen zuverlässige Berechnung der Vorratsbestände als Ausgangspunkt für die laufende Fortschreibung gewinnen lassen.“

Der volkswirtschaftliche Verbrauch pflegt sekundärstatistisch und kompilatorisch aus den Unterlagen über Erzeugung, Außenhandel und Lagerung ermittelt zu werden. Ein abgeschlossenes System dieser Art war für das Deutsche Reich nur hinsichtlich des Verbrauchs an Nahrungs- und Genußmitteln ausgearbeitet worden, während der Konsum an sonstigen Verbrauchsgütern — abgesehen von einigen mit Verbrauchssteuern belegten Waren und von während des Krieges teilweise als Primärstatistiken auf repräsentativer Basis durchgeführten Erhebungen über den Konsum an Verbrauchsgütern (z. B. Untersuchung des Stat. Reichsamtes über den Verbrauch an Haushaltsgeräten) — nicht erfaßt wurde.

Wenn das ernährungsphysiologische Soll der Bevölkerung so berechnet ist, wie dies in dem Abschnitt über den ernährungsphysiologischen Bedarf der Bevölkerung dargestellt wurde, so ist es möglich, hierin einen zuverlässigen Maßstab für die volkswirtschaftlich verzehrbare Versorgungsmenge zu gewinnen. Sobald es sich darum handelt, die Ernährungslage verschiedener Gebiete (z. B. einzelner Länder des Bundesgebietes) zu vergleichen oder internationale Vergleiche durchzuführen, wird es aber notwendig, die Bedarfssummen auf die personelle Einheit zurückzurechnen. Aber auch für die Bevölkerung des gleichen Gebietes wird der Vergleich über mehrere Zeitabschnitte hinweg unübersichtlich, wenn in ihm außer den Veränderungsfaktoren der Nahrungsmittelversorgung auch die Veränderungsfaktoren der Bevölkerungsbewegung mitsprechen. Die sich aus solchen Überlegungen ableitende Notwendigkeit der Bilanzierung oder Gegenüberstellung auf der Basis der Einzelperson führt zu jenem Erfordernis des Rechnens mit typischen Größen, auf die nicht nur die Statistik, sondern das menschliche Denken überhaupt angewiesen ist, um die Vielfalt der Vorstellungswelt zu überschaubaren Begriffen konzipieren zu können. Die Arbeit mit typischen Größen rechtfertigt sich aus der natürlichen Anlage des menschlichen Denkprozesses, und ihre Ergebnisse sind insoweit maßstabbildend, als ihr Benutzer sich der Abweichungen bewußt bleibt, die vom typischen Wert bestehen und bestehen können.

Die typische Größe des — notwendigen oder vollzogenen — Verbrauchs, also die Verbrauchseinheit, kann verschieden definiert werden, und sie ist verschieden definiert worden. Nach dem im Abschnitt über den Bedarf Gesagten liegt es nahe, hier an die dort behandelte Bezugsperson zu denken. Wir erinnern uns aber daran, daß diese Größe an eine Reihe spezifischer Voraussetzungen gebunden ist, deren Werte sich von Volk zu Volk und auch von Zeitabschnitt zu Zeitabschnitt unterscheiden. Für die gedachten Vergleichszwecke müssen wir daher schon bezüglich der die Verbrauchseinheit bestimmenden Faktoren zu einer gewissen, zwangsläufig mehr oder weniger abstrahierenden Normung gelangen. Unter diesen Bedingungen ist es auch durchaus denkbar, vom „Reference-Person"-System der FAO zu einer schematisierten Verbrauchseinheiten-Skala zu gelangen. Die Bestrebungen, aus der Vielfalt der verwendeten Verbrauchseinheiten-Skalen zu einer Vereinheitlichung zu gelangen, sind jedoch älter, und zwar gehen sie auf den Völkerbund zurück, dessen Hygiene-Sektion einen verhältnismäßig befriedigenden Schlüssel zur Umrechnung von Zahlen natürlicher Personen auf Verbrauchseinheiten aufgestellt hatte. Er schließt eine bis 1889 zurückreichende Reihe solcher Skalen ab. *Kreck* hat diese nicht weniger als 22 bisher angewandten Umrechnungsschlüssel, deren Staffelungen aus der beigefügten Zahlentafel ersichtlich sind, in übersichtlicher Form zusammengestellt. Das Statistische Reichsamt hatte beabsichtigt, die 1937 durchgeführte Erhebung über Wirtschaftsrechnungen von Arbeiterhaushalten auch nach dem internationalen Schema auszuwerten. Infolge des Kriegsausbruchs bewendete es jedoch bei der zeitlich vorgezogenen Auswertung nach dem Schema von 1927/28, die im Interesse des Vergleichs mit der damaligen Erhebung nicht unterbleiben konnte.

Verbrauchseinheiten-Rechnung

Die wichtigsten der bisher aufgestellten bzw. angewandten Umrechnungsskalen

(100 = 1 Verbrauchseinheit)

Alt. in Jahr.	USA 1889 (Galton)	Wörishoffer 1890	Kuhna 1894	Engel 1895	Atwater 1895/96	Dänemark 1897	Hmb 1903	More 1903	Deutschl. 1907 Stockh. 1907/08	Australien 1910	Langworthy 1911	Frankreich 1913 u. v. Tyszka 1926	Deutschland 1916	Amsterdam 1917	van Thienen 1917	Lusk	Peller 1919	Zuntz	Rußland 1925	Japan 1926/27	Deutschland Ernährung (NaVE)	1927/28 Sonstig. Verbr. (SVe)	Internat. Skala der Hygiene-Sektion des Völkerbundes
	1	2	3	4	5	6	7	8	9	10	11	12	13	14	15	16	17	18	19	20	21a	21b	22
	m. w.			m. w.	m. w.	m. w.		m. w.	m. w.	m. w.	m. w.	m. w.		m. w.		m. w.	m. w.	m. w.	m. w.	m. w.	m. w.	m. w.	m. w.
0	15	50	10	29	30	22 18	50	30	10	20	30	50	50	15	37,5	50	20	20	10	30	50	20	20
1	15	50	10	31	30	22 18	50	30	10	35	30	50	50	20	37,5	50	25	30	30	30	50	20	20
2	15	50	10	34	40	30 24	50	40	10	35	40	50	50	30	37,5	50	30	40	30	40	50	20	30
3	15	50	20	37	40	36 29	50	40	10	35	40	50	50	35	75	50	35	40	30	40	50	20	30
4	40	50	20	40	40	39 31	50	40	20	35	40	50	50	40	75	50	45	40	30	40	50	20	40
5	40	50	20	43	40	43 34	50	40	20	35	40	50	50	45	75	50	50	50	30	50	50	30	40
6	40	50	30	46	50	44 35	50	50	20	50	50	50	50	50	75	70	53	50	30	50	50	30	50
7	75	50	30	49	50	45 36	50	50	30	50	50	50	50	55	75	70	57	50	55	50	50	30	50
8	75	50	30	51	50	47 37	50	50	30	50	50	50	50	60	75	70	60	50	55	70	50	30	60
9	75	50	40	54	50	48 38	50	50	30	50	50	50	50	65	75	70	63	50	55	70	75	50	60
10	75	50	40	57	60	50 40	62,5	60	40	65	60	50	60	70	75	83	66	75	55	70	75	50	70
11	90	50	40	60	60	55 44	62,5	60	40	65	60	50	100	75	75	83	70	75	55	80	75	50	70
12	90	50	50	63	70 60	60 48	62.5	60	40	65	70 60	100 80		80	75	83	73	75	55	80	75	50	80
13	90	50	50	66	80 70	66 53	62,5	60	50	80 70	80 70	***)		85	75	83	76	75	55	80	75	50	80
14	90	100	60	69	80 70	71 57	100	80 70	50	80 70	80 70			90	75	100 83	80	75	80 60	80	100 90	70	100 80
15	100 90		60	71	90 80	74 59		80 70	*) 70 60	80 70	90 80			100 90	100		83 80	100 80	80 60	90		70	100
16			70	74	90 80	76 61		80 70	*) 70 60	80 70	90 80						86 80	100	80 80	90		70	100
17			70	77	100 80	79 63		100 80	*) 90 70	100 80	**)						89 83	100	80 80	90		70	100
18			100	80		82 66			*) 90 70								93 83	100	100 80	90		70	100
19				83		100 80			100 80								96 83	100	100 80	90		100 90	100
20				86													100 86	100	100 80	100 90			100
				89 86																			
21				91 86														100	100 80				100
22				94 86														100	100 80				100
23				97 86														100	100 80				100
24				100 86														100	100 80				100
25—54																		100	100 80				100
55—59																		90	100 60				100
60u.m.																		90	60 60				80

*) Die mit *) versehenen Zahlen sind der Skala „Deutschland 1907" bei der Verwendung der Skala in Stockholm 1907/08 nachträglich eingefügt worden. — **) Ab 17. Lebensjahr männlich: In Ruhe 80, mittlere Arbeit 100, schwere Arbeit 120; weibliche: In Ruhe 70, mittlere Arbeit 80, schwere Arbeit 100; männlich und weiblich in hohem Alter 90, in extrem hohen Alter 70-80. — ***) Tyska: männlich und weiblich = 100.

Diese Skala ist gegenüber der tatsächlichen Abstufung des Bedarfs weitgehend vereinfacht. Sie sieht für den Nahrungsverbrauch nur drei Altersstufen von 50 % (0—8 Jahre), 75 % (9—13 Jahre) und 100 % (14 Jahre und darüber) der Vollperson (VPN) vor (Frauen 90 %). Für den sonstigen Verbrauch je Verbrauchseinheit (VPS) ist abweichend von den übrigen Schlüsseln eine besondere Skala aufgestellt worden. In der Folge hat sich das Max-Planck-Institut für Arbeitsphysiologie in Dortmund, das in der Auswertung der Erhebungen über Wirtschaftsrechnungen bereits mit dem Statistischen Reichsamt zusammenarbeitete und diese Zusammenarbeit mit dem Statistischen Bundesamt fortsetzt, bemüht, mit zunehmender Verfeinerung die Fakoren herauszuarbeiten, mit deren Hilfe sich ein möglichst zerrfreies Bild des Verbrauchs der Vollperson entwerfen läßt. In diesem, Ende 1951 entwickelten Verfahren sind Alter, Geschlecht und Beruf berücksichtigt. Von hier aus ist es vielleicht nur noch ein kleiner Schritt, zu einer Abstimmung mit dem FAO-Schlüssel zu gelangen.

Das Ziel solcher auf die Verbrauchseinheit, auf die Vollperson, bezogenen Berechnungen ist die vergleichende und, weil es sich dabei um die Feststellung von Unterschieden zwischen Soll und Ist handelt, bilanzartige Gegenüberstellung von Bedarf und Verbrauch, wie sie etwa in der von *Deneffe* auf Grund der Wirtschaftsrechnungserhebungen für die Entwicklung von 1949 bis 1952 mit der insoweit abschließenden Feststellung getroffen wird, daß die Ernährung gegenüber der Bewirtschaftungszeit einen Stand erreicht habe, „der nach den hergebrachten Regeln der Ernährungsphysiologie als normal anzusehen ist.“

Die Erwähnung der Erhebungen über Wirtschaftsrechnungen macht es erforderlich, an dieser Stelle kurz auf die Beobachtung des Individualverbrauchs einzugehen. Es handelt sich hierbei um Feststellungen, die dazu dienen, Vorstellungen über den Verbrauch in einzelnen Gruppen der sozialen Gemeinschaft zu gewinnen. Diese Gruppen können durch Zugehörigkeit zu einer bestimmten Einkommensstufe, durch die soziale Stellung, durch den Beruf, durch die Tätigkeit innerhalb eines bestimmten Wirtschaftszweiges, durch die Zugehörigkeit zu einem bestimmten Unternehmen, durch die Schwere ihrer Arbeit, durch Erwerbslosigkeit oder durch Merkmale des Wohnsitzes oder der gebietlichen Herkunft bestimmt sein, um nur einige häufig vorkommende Kriterien zu nennen, die für sich oder in Kombination zur Anwendung gelangen. Der Zweck dieser Feststellungen ist es im allgemeinen nicht, zu einem volkswirtschaftlichen Gesamtergebnis oder zu Gesamtwerten für einzelne Bevölkerungsgruppen hochgerechnet zu werden. Dies erklärt sich aus den für solche Ermittlungen bisher verwendeten Verfahren. Der Verbrauch an Nährstoffen und Nährwerten kann durch experimentelle Messungen oder durch Erfassung freier Verbrauchsvorgänge ermittelt werden.

Erstere Aufgabe bedarf als Träger des Physiologen, wenn ihr Anlaß und ihre Zwecksetzung auch auf sozialem und wirtschaftlichem Gebiet liegen, woraus die Notwendigkeit eines Kontaktes mit der Sozialwissenschaft folgt. Beispiele derartiger Untersuchungen bieten die Arbeiten des Max-Planck-Instituts für Arbeitsphysiologie, die sich mit den Zusammenhängen zwischen Nahrungsverbrauch und Arbeitsleistung und der Ermittlung des Nahrungsbedarfs der Berufe befassen. Die Erfassung freier Verbrauchsvorgänge ist eine statistische Aufgabe des Sozialwissenschaftlers, der für die Schaffung bestimmter Auswertungsmöglichkeiten in ernährungsphysiologischer Hinsicht und ihrer Nutzung der Unterstützung durch die Physiologie bedarf, wie denn auch die überregionalen statistischen Behörden jeweils eine Zusammenarbeit mit den einschlägigen Institutionen gepflegt haben. Dies gilt insbesondere für die Statistik der Wirtschaftsrechnungen. So wurde die Systematik der Nahrungsmittel für die vom Statistischen Reichsamt für 1937 durchgeführte Erhebung über Wirtschaftsrechnungen mit ernährungsphysiologischer Fachunterstützung ausgearbeitet. Die hollerithmäßige Auswertung der Haushaltungsbücher für die ernährungsphysiologische Sozialanalyse erfolgte durch das Max-Planck-Institut für Arbeitsphysiologie, das die „Nährwertkarte für jedes Nahrungsmittel" im Format der 45stelligen Lochkarte zusammen mit dem Statistischen Reichsamt aufgestellt hatte. Diese Erhebungen, die auf der Führung von Haushaltsbüchern für Familienhaushaltungen beruhen, wurden vom Statistischen Reichsamt in großen Zeitabständen für gewerbliche und landwirtschaftliche Haushaltungen, Angestellten- und Beamtenhaushaltungen und vom Reichsnährstand für bäuerliche Haushaltungen als ganzjährige Erhebungen durchgeführt (Erhebung 1907: Sonderheft 2 z. RABl. 1909; Kruppsche Arbeiterfamilien: RABl. 1915, Sonderbeil. zu Nr. 5; Kriegsausschuß für Konsumenteninteressen 1916: RABl. 1917 Nr. 2 u. 3; desgl. 1917: Sonderh. 17 zum RABl. 1918; 1927/28 [Arbeiter-, Angestellten- und Beamtenhaushaltungen]: Einzelschrift Nr. 22 zur Statistik des Dt. Reichs; 1937 [gewerbliche Arbeiterhaushaltungen]: organisatorisch-methodische Behandlung: V.-H. zur St. d. Dt. R. 1937 I; desgl., Vorergebnis für 350 Haushaltungen: W. u. St. 1939, 4 u. 8; desgl. Danzig: St. Jb. 1941/42 S. 450; desgl., Gesamtergebnis Einnahmen und Ausgaben je Haushaltung: ebenda S. 448 bis 449; desgl., Nahrungsmittelverbrauch: ebenda S. 451; 1937/38 [Landarbeiterhaushaltungen]: Ergebnisse nicht mehr greifbar; 1941/42 [Erhebungen des Reichsnährstandes in bäuerlichen Haushaltungen]: *Hömmken*, Verbrauchsausgaben in bäuerlichen Haushaltungen, Mitteilungen f. d. Landw., H. 38 v. 16. 9. 44). Die Ganzjährigkeit dieser Erhebungen entsprach dem Beobachtungszeitraum der volkswirtschaftlichen Verbrauchsstatistik und lieferte Durchschnittswerte je Tag, die frei sind von den jahreszeitlichen Schwankungen nach Menge, Gefüge und Qualität in Bedarf, Angebot und Verbrauch sowie von den mit Genauigkeit schwer abgrenzbaren Überhängen von etwa am Monatsende unverbrauchten Einkaufsmengen. Von einem bekannten Jahresdurchschnittswert her lassen sich allerdings mit Hilfe laufender Erhebungen von Monats- und Vierteljahresbudgets bereinigte Entwicklungskurven gewinnen. Die Bedeutung der laufenden statistischen Auswertung kurzfristiger Abrechnungsperioden, wie sie vom Statistischen Bundesamt in der neuen Folge von „Wirtschaft und Statistik" neben Darstellungen auf ganzjähriger Vergleichsbasis veröffentlicht werden, liegt mehr in den Aufschlüssen, welche Vergleiche adäquater Jahresabschnitte hinsichtlich der Entwicklung des Preis/Menge-Verhältnisses liefern. Sowohl die experimentellen Verbrauchsmessungen als auch die Statistik der Wirtschaftsrechnungen rechnen zur Beobachtung der Einzelverbrauchsvorgänge. Im strengen Sinne individuelle Vorgänge werden freilich nur durch erstere erfaßt, während die Ergebnisse letzterer von Personengruppen (Familien, Haushaltsgemeinschaften) abgeleitet werden, sich aber als Ergebnisse aus einzelnen sozialen Schichten, Einkommensstufen und dergleichen, also aus morphologischen Bestandteilen des Gesamtorganismus von der diesen als ganzen behandelnden volkswirtschaftlichen Verbrauchsstatistik unterscheiden.

Es ist nun naheliegend, daß die Zahl der experimentellen Verbrauchsmessungen, die sich aus labormäßigen und Arbeitsplatzuntersuchungen in Form von Respirationsversuchen, Zeitstudien usw. kombinieren, infolge des hiermit verbundenen Arbeits- und Kostenaufwandes begrenzt ist. Auch eine Erhebung, die wie diejenigen von Wirtschaftsrechnungen auf täglichen Anschreibungen zahlreicher Einzelausgaben beruht, kann sich nur auf die verhältnismäßig schmale Basis solcher Familienhaushaltungen stützen, die zur Übernahme dieser Aufgabe bereit sind und bei ihrer Erfüllung auch durchhalten. Die Möglichkeit einer wahrscheinlichkeitstheoretisch einwandfreien Zufallsauswahl wird durch diese Bedingungen praktisch ebenso ausgeschlossen wie etwa eine gerichtete, letzten Endes auf das verkleinerte Abbild einer durch bestimmte gemeinsame Merkmale bestimmten Gesamtheit zielende bewußte Auswahl. Die Ergebnisse solcher Erhebungen so zu gliedern, daß die so entstehenden Teilresultate etwa mit Hilfe der Volks- und Berufszählungszahlen und der Feststellungen der Einkommenssteuerstatistik zu einem Gesamtergebnis der Haushaltungsausgaben für die Bevölkerung überhaupt oder für eine definierte Gruppe hochgerechnet werden können, stößt also auf Schwierigkeiten, die in der Natur des Ermittlungsverfahrens liegen. Es ist aber durchaus denkbar, die Ergebnisse aus Wirtschaftsrechnungen und aus Experimentaluntersuchungen durch enquêtarische Ermittlungen zu ergänzen, die sich auf einzelne aus den Wirtschaftsrechnungen abgeleitete Schlüsselpositionen der Haushaltsgestaltung beschränken und in dieser vereinfachten Form auf eine große Zahl einmalig oder wiederholt zu befragender Haushaltungen ausgedehnt werden können. Anderseits spricht die fehlende Möglichkeit, umfassende Ergebnisse aus den Erhebungen über den Individualverbrauch zu bilden, nicht gegen das für diese gültige Verfahren als solches. Der ihm eigentümliche Zweck, Vorstellungen über die Verbrauchsstruktur in bestimmten typischen Haushaltungen, etwa „der vierköpfigen Arbeiterhaushaltung", zu gewinnen, um hieraus Unterlagen z. B. für die Berechnung des „Brotkorbes" abzuleiten, auf dessen Basis eine „Indexziffer der Lebenshaltungskosten" berechnet werden kann, setzt ganz bewußt das Individuelle vor das Generelle. In seiner konzentriertesten Form ist das Ergebnis der Erhebungen von Wirtschaftsrechnungen in Gestalt des Verbrauchs je Vollperson und Tag in kg und, daraus abgeleitet, in Kalorien und in Gramm der verschiedenen Nährstoffe, wie es z. B. in nachstehender Übersicht nach der

Gebiet	Jahres-einnahmen je Vollperson in RM	Nährwert in Kalorien	Nährstoffgehalt		
			Eiweiß	Fett	Kohlehydr.
			in Gramm je Vollperson und Tag		
Pommern	647	2808	73,5	91,0	402,9
Ostpreußen	657	2840	76,5	96,0	395,2
Schlesien	683	2758	70,8	94,9	383,0
Bayr. Ostmark	683	2589	71,5	72,1	383,2
Halle-Merseburg	683	2738	73,3	95,3	375,2
Koblenz-Trier	701	2801	72,6	94,3	393,0
Kurhessen	710	2755	71,7	93,1	384,8
Thüringen	733	2650	71,1	88,5	369,8
Westfalen-Nord	736	2930	77,3	101,3	404,6
Kurmark	737	2802	71,7	98,4	383,8
Baden	746	2745	76,9	76,2	405,3
Osthannover	751	2892	77,2	104,0	389,0
Sachsen	756	2733	71,3	96,9	372,1
Württ.-Hohenzollern	763	2976	79,4	78,3	431,6
Mecklenburg	768	2826	72,3	103,0	381,1
Schwaben	770	2671	76,6	77,9	388,4
Franken	775	2511	71,9	74,9	358,3
Westfalen-Süd	782	2939	75,7	103,3	402,9
Südhann.-Braunschweig	791	2729	75,3	96,2	368,2
München-Oberbayern	795	2677	76,8	77,0	390,8
Saarpfalz	801	2862	77,9	83,4	425,0
Schleswig-Holstein	809	2936	75,1	102,4	406,3
Magdeburg-Anhalt	817	2933	79,8	100,3	404,0
Mainfranken	821	2728	78,7	85,5	377,5
Düsseldorf	823	3042	70,8	103,0	423,8
Hessen-Nassau	824	2833	76,8	89,5	405,9
Weser-Ems	846	2907	75,8	103,7	394,4
Köln-Aachen	883	3051	77,4	110,2	412,6
Essen	906	2932	76,1	103,2	399,5
Hamburg	949	2873	76,4	107,8	378,9
Berlin	980	2668	71,7	103,7	339,5
Reich	·	2798	74,4	92,7	390,0

Erhebung von 1937 für die einzelnen Gebiete des Deutschen Reichs dargestellt ist, daher betont individuellen Charakters.

Die Vergleichsrechnung wird hier für den durchschnittlichen Verbrauch des Individuums durchgeführt, und das bilanzmäßige Gegenstück bildet das ernährungsphysiologische Soll des Individuums. Wenn ein solcher bilanzierender Vergleich unter den angegebenen Voraussetzungen auch nicht durchaus repräsentativ im streng mathematischen Sinne sein muß, so können seine Ergebnisse doch symptomatisch sein für den Ernährungszustand einer bestimmten Gruppe und können anzeigen, ob er sich in der Höhe des Mindestsolls oder des Optimismus hält, ob er an der Notstandsgrenze (Starvation Line) liegt oder einen Normalsatz (Good Health Line) darstellt. Daß solche Berechnungsgrundlagen und solche Erwägungen eine sehr wesentliche Rolle spielen, wenn es sich in einem rationierten Verbrauchssystem um die Festlegung und um die Beurteilung der Rationen handelt, bedarf keiner besonderen Betonung. Daß aber der Repräsentationswert der Ergebnisse genannter Individualverbrauchsstatistiken wächst, je uniformer die untersuchte Bevölkerungsgruppe ist, wie dies etwa für erwerbslose Arbeiter gelten kann, sei zur Gültigkeit dieser Ermittlungen erwähnt.

Bezogen auf entsprechende soziale Typen bieten die Erhebungen über Wirtschaftsrechnungen im übrigen durchaus die Möglichkeit des internationalen Vergleichs und gewähren hierbei wertvolle Aufschlüsse über Verschiedenheiten der Verbrauchsstruktur, über Unterschiede der Kaufkraft und über abweichende Ernährungsgewohnheiten. Sowohl der Individualverbrauch als auch der volkswirtschaftliche Verbrauch erbringen im internationalen Vergleich auf der Basis des Nährstoff- und Nährwertgehaltes wertvolle sozialökonomische Aufschlüsse, sofern darauf geachtet wird, daß der Vergleich in adäquaten Einheiten durchgeführt wird. Hierbei ist insbesondere die Versorgungsstufe (Erzeuger- bzw. Großhandels- oder Verbraucherstufe) zu berücksichtigen, auf welcher die Ware in dem betreffenden Land erfaßt worden ist, ferner der Zustand der Ware, auf den sich die verwendeten Analysen beziehen (Reinsubstanz oder Rohware), sowie die Tatsache, ob die Analysenwerte „ausgenutzte" oder „ausnutzbare" Nährwerte bezeichnen und ob z. B. die Angaben über den Kohlehydratgehalt auf direkter Ermittlung oder auf Differenzberechnung beruhen. Dies gilt auch für alle Vergleichseinheiten, die auf Nährwertbasis berechnet sind, also z. B. auch für den Versuch von *Hahn* und *Heidemanns* den internationalen Vergleich auf der Basis eines sogenannten Brotwertes (2400 Kal. = 1000 g Brot) vorzunehmen. Je exakter die Vergleichsgrundlagen für das Verhalten in der internationalen Wirtschaftspolitik und auf dem Weltmarkt in dieser Beziehung sind, um so mehr werden Irrtümer und Mißverständnisse im zwischenstaatlichen Verhandlungsverkehr, wie sie vorkommen können und zum Nachteil beteiligter Bevölkerungen auch vorgekommen sind, vermieden werden, und um so leichter wird es möglich sein, die Welternährungswirtschaft zu einem gesunden Organismus im Dienste der Menschheit zu gestalten. Hierin liegt die letzte schwerwiegende Bedeutung der Ernährungsphysiologie, der Ernährungsbilanzen und der Ernährungsvergleiche für die Volkswirtschaft.

Hahn faßt das Ergebnis der genannten Untersuchungen wie folgt zusammen: Die Überschußgebiete des angloamerikanischen Kulturbereichs weisen einen gleichliegenden Höchststandard von 1000—1200 g Brotwert täglich mit hohem tierischem Anteil auf, wobei der Verbrauch in dem zuschußbedürftigen und mit überwiegend farbiger Bevölkerung besiedelten Dominien Südafrika allerdings erheblich niedriger lag. Die nah- und fernöstlichen Völker verzehrten von den untersuchten Nahrungsgruppen nur etwa 600 g Brotwert täglich. In Europa, dessen auch im Frieden immerhin begrenzte Ernährungsmöglichkeiten zu sorgfältigem Haushalten zwangen, lagen die Verbrauchszahlen unter denen des Empire. Indien lag mit seinem Gesamtverzehr noch unter dem Verbrauch im japanisch-chinesischen Kulturbereich.

Viertes Kapitel

Der Verbrauch

Die Kriterien des Verbrauchs. Der Umfang des Angebots an Nahrungsmitteln im großen Rahmen einer Volkswirtschaft bestimmt sich nach dem Umfang der eigenen Erzeugung, dem Angebot auf dem Weltmarkt, den Einfuhrmöglichkeiten des Verbraucherlandes und dem Ausmaß der Vorratshaltung. Von diesem Angebot kann der Verbraucher in dem Umfang Gebrauch machen, als seine Einkommensverhältnisse und etwaigen Vermögensreserven sowie seine sonstigen Lebensbedürfnisse einerseits und die Preisverhältnisse anderseits gestatten, soweit Maßnahmen der Verbrauchsregulierung diese Entfaltung nicht beschränken oder umlenken. In diesem Rahmen bestimmt sich das Streben des Verbrauchers primär nach seinem ernährungsphysiologischen Bedarf. Dieser setzt sich zusammen aus seinem Bedarf an Nährstoffen und Ergänzungsstoffen. Das Hauptgewicht kommt hierbei den Nährstoffen zu. Die leitende Meßeinheit für diese ist die Kalorie.

Die Verbrauchsangaben liegen in Mengeneinheiten vor. Ihre Umrechnung in Kalorien oder, noch weitergehend, in Nährstoff- und Vitamingehalte ist nur sinnvoll, wenn entsprechende Vergleichsgrößen vorliegen. Die Zusammensetzung einer Verbrauchermasse nach Bedarfsträgergruppen ist dabei für einen vorliegenden Gesamtverbrauch nicht immer bekannt. Auch für einen bestimmten Verbrauchertyp wie den erwachsenen Mann bei mittelschwerer körperlicher Arbeit können von Volkswirtschaft zu Volkswirtschaft Unterschiede bestehen. Starke Differenzen in der durchschnittlichen Körpergröße zwischen den Bevölkerungen verschiedener Länder, rassemäßige Unterschiede in der organischen Konstitution (z. B. Darmlänge) und der Intensität der Lebensvorgänge und ihres Ablaufs, extreme klimatische Spannungen zwischen den Vergleichsgebieten können Unterschiede im Grundumsatzbedarf und Arbeitskalorienbedarf auslösen. Dadurch ergeben sich gewisse Schwankungen um das ernährungsphysiologische „Normal"-Soll, die sich allerdings — namentlich für Mitteleuropa im engeren und für die weiße Bevölkerung im weiteren Sinn — in engen Grenzen halten. Immerhin sprechen alle diese Momente dafür, sich bei Verbrauchsangaben zunächst auf die Mengen zu beschränken und ihre Umrechnung zu ernährungsphysiologischen Vergleichszwecken einer auf ihren speziellen Untersuchungskomplex abgestellten Auswertung zu überlassen. Dies bedeutet keine Herabsetzung der Mengenangabe zu einer Hilfsgröße; denn sie bietet als solche bereits Vergleichsmöglichkeiten, die wertvolle Aufschlüsse über den Versorgungsgrad einer Bevölkerung, den Grad der Selbstversorgung eines Landes, das Verhältnis von Verbrauch und Einkommen usw. erteilen. Anderseits nimmt die Möglichkeit des ernährungsphysiologischen Vergleichs mit der Spezialisierung der Mengenangabe zu. Sie steigt also vom weltwirtschaftlichen über den volkswirtschaftlichen und hauswirtschaftlichen Verbrauch zur rationsmäßigen Versorgung.

Die Gliederung des Weltverbrauchs.[1] Nach den Berechnungen des Internationalen Landwirtschaftsinstituts in Rom stand Europa im Durchschnitt der Jahre 1934/38 ebenso wie in der Erzeugung auch im Verbrauch landwirtschaftlicher Produkte an erster Stelle. Seine Bevölkerung, noch nicht 20 % der Weltbevölkerung, bestritt hiernach mehr als ein Drittel des Weltverbrauchs an landwirtschaftlichen Erzeugnissen, während Asien (ohne Sowjetunion) nur ein Viertel in Anspruch nahm. Nordamerika lag mit einem Sechstel an dritter Stelle vor der Sowjetunion, deren Anteil nicht ganz ein Neuntel war. Seinen Verbrauch, der beinahe um die Hälfte größer als derjenige Asiens war und mehr als das Doppelte des nordamerikanischen Verbrauchs betrug, konnte Europa freilich nur zu 80,5 % aus eigener landwirtschaftlicher Erzeugung decken. Hingegen verbrauchten Asien nur 92,2 %, Mittel- und Südamerika 76,5 %, Afrika 65,8 % und Ozeanien 36,6 % ihrer landwirtschaftlichen

Die Anteile der Kontinente 1934/38	Erzeugungsanteil : Verbrauchsanteil = 1 :	Flächenanteil : Erzeugungsanteil = 1 :	Bevölkerungsant. : Verbrauchsanteil = 1 :
Europa	1,2	7,2	2,0
Asien	0,9	1,3	0,5
Sowjetunion	1,0	0,7	1,5
Nordamerika	1,0	1,1	2,4
Mittel- und Südamerika	0,8	0,6	1,1
Afrika	0,6	0,2	0,3
Ozeanien	0,4	0,4	2,0

[1] *Statistisches Bundesamt,* Statistisches Jahrbuch für die Bundesrepublik Deutschland 1953, Wiesbaden-Stuttgart-Köln 1953; *Harmssen,* Reparationen, Sozialprodukt, Lebensstandard, Bremen 1947; *Heidemanns,* Die Ernährungswirtschaft in den wichtigsten außereuropäischen Gebieten, Weltwirtsch. Archiv, Bd. 60, Heft 1/2, Juli/Sept. 1944; *Hickmann,* Statistisches Taschenbuch der Weltwirtschaft 1942/43, Berlin 1943; *Statistisches Reichsamt,* Statistisches Jahrbuch für das Deutsche Reich 1941/42, Berlin 1942; *Hahn,* Die Ernährungswirtschaft in den Jahren 1936—1938, Probleme der Weltwirtschaft, 70, Jena 1942.

Produktion. In Nordamerika und in der Sowjetunion waren die Anteile an der Welterzeugung und dem Weltverbrauch untereinander jeweils ausgeglichen. Die Relationen der Anteile untereinander veranschaulichen für die einzelnen Kontinente ihren Beitrag zur Welterzeugung bzw. ihren Anspruch an die jeweils außerkontinentale Erzeugung, die Intensität ihrer Eigenerzeugung und ihren Lebensstandard auf dem Gebiet der landwirtschaftlichen Erzeugnisse (vgl. Übersicht S. 153).

Im einzelnen gliederte sich der Weltverbrauch an landwirtschaftlichen Erzeugnissen wie folgt:

Gliederung des Weltverbrauchs 1934/38	Gesamtverbrauch (Weltverbrauch = 100)	davon		
		Nahrungsmittel	Ölfrüchte	Rohstoffe
		(Gesamtverbrauch = 100)		
Europa	36,8	87,9	2,3	9,8
Asien	25,3	85,0	6,0	9,0
Sowjetunion	11,9	87,7	1,6	10,7
Nordamerika	16,0	81,5	3,9	14,6
Mittel- und Südamerika	6,7	93,6	1,8	4,6
Afrika	2,3	92,8	3,6	3,6
Ozeanien	1,0	92,7	0,8	6,5
Welt	100,0	86,8	3,4	9,8

Allerdings darf nicht übersehen werden, daß sich der Anteil Europas am Welthandel wie schon in dem Abschnitt über den Welthandel ausgeführt, gegenüber der Zeit vor dem zweiten Weltkrieg vermindert hat. Von einem reichlichen Zweidrittelanteil zu Beginn des Jahrhunderts war Europa vor Ausbruch des ersten Weltkrieges auf einen Anteil von gut sechs Zehnteln zurückgegangen. In der Zwischenkriegszeit überschritt sein Anteil noch die Hälfte des Welthandelsumsatzes, 1952 nur noch zwei Fünftel. Im Gegensatz zu diesem nahezu stufenweise erscheinenden Rückgang des europäischen Welthandelsanteils wies der Anteil der USA allein von 1936 bis 1952 eine Steigerung um mehr als 7 % und Gesamtamerikas um mehr als 11 % des Welthandelsumsatzes auf.

Die für 1934/38 gegebenen Zahlen dürfen daher nicht als starre Größen angesehen werden. Das im nordamerikanischen Wirtschaftsraum enthaltene Potential gibt seiner aktiven Verflochtenheit mit dem Weltmarkt die Möglichkeit der elastischen Gestaltung. So gesehen erscheint sein Beitrag zur Weltmarktversorgung mit Nahrungsmitteln für 1934/38 eher als eine Mindestgröße. Dabei ist die Steigerung seiner Nahrungsmittelausfuhr nicht von einer Verbrauchsminderung begleitet gewesen. *Harmssen* gibt für die USA und für Kanada folgende Verbrauchszahlen je Kopf und Tag im Durchschnitt der Zivilbevölkerung an:

Land	Zeit	Eiweiß insg. g	Eiweiß tierisch g	Eiweiß pflanzlich g	Fett g	Kohle-hydrate g	Kalorien
USA	Frieden	89	51	38	132	380	3080
	1943/44	95	56	39	138	375	3130
Kanada	Frieden	88	49	39	122	390	3020
	1943/44	97	57	40	133	385	3120

Ist demgegenüber auch in Anbetracht der landwirtschaftlichen Erzeugungslage und der Einfuhr Europas, speziell seiner Nahrungsmitteleinfuhr, ein Rückgang des europäischen Anteils am Weltverbrauch anzunehmen, ist doch auch eine gewisse Parallelität der Erscheinungen von 1913/19 und 1937/47 augenscheinlich. In beiden Fällen treten sie in Auswirkung einer gestörten weltwirtschaftlichen Ordnung auf. Wenn Nordamerika in diesen Störungsphasen den Elastizitätsfaktor gebildet hat, so ist demgegenüber anzunehmen, daß sich die gestörten Elemente der weltwirtschaftlichen Ordnung in der Zwischenphase ausgependelt hatten. Trifft diese Annahme zu, so kann die Gliederung des Weltverbrauchs in den Jahren 1934/38 insoweit als „normal" angesehen werden, als die Erzeugungsintensität und der Bedarf in der gleichen Größenordnung bestehen.

Hahn und *Heidemanns* haben versucht, auf der Basis des Brotwerts (2400 Kal. = 1000 g Brot) einen Index der jeweiligen Ernährungsmöglichkeiten für etwa diese Zeit (1936/38) zu berechnen. Der statistisch gegebene Anfall, beschränkt auf Getreide, Reis und Hülsenfrüchte als Zerealien sowie auf Kartoffeln, Fleisch, Fette, Öle und Zucker, der in Europa 80 % des Verzehrs ausmachte, wurde nach Maßgabe des wahrscheinlichen Bedarfs von Mensch und Vieh dem Menschen unter Berücksichtigung von Klima und Rasseeigentümlichkeiten, dem Vieh unter Be-

Land	Bevölkerung in Mio.	Brot	Fleisch	Fett	Zucker	Znsammen (einschl. Kartoffeln) in g Brotwert täglich
		in kg natural je Kopf				
England	47,0	122	68,0	23,0	30,0	978
USA	130,0	125	57,0	22,0	48,0	910
Kanada	11,2	160	70,0	31,0	45,0	1080
Indien	340,0	135	3,0	9,0	10,0	500
Argentinien	13,0	120	125,0	22,0	31,0	936
Brasilien	42,0	120	36,0	15,0	23,0	639
Mexiko	20,0	110	14,0	6,0	16,0	453
Ägypten	16,1	175	5,0	4,8	10,0	585
Türkei	16,2	180	9,4	5,6	5,5	510
Iran	15,0	160	6,0	2,0	6,3	498
Japan	105,0	190	4,0	5,0	12,0	630
China	434,0	175	11,0	9,0	1,0	593

rücksichtigung der Veredelungsleistung zugerechnet. Die so gewonnenen Zahlen erbrachten einen Index, der für Volkswirtschaften mit ähnlichen natürlichen und Kulturbedingungen entsprechende Werte ergab. Die so berechneten Ernährungsmöglichkeiten in der Welt im Durchschnitt der Jahre 1936/38 zeigt die Übersicht auf Seite 155.

Als wesentlichstes, aber auch stabilstes Element erwies sich der Verzehr an Zerealien. Er schwankte zwischen jährlich 110 kg je Kopf in Mexiko und 238 kg in der Sowjetunion. Im einzelnen gliederte sich der Zerealienverbrauch der Welt 1936/38 wie folgt:

Gebiet	Bevölkerung in Mill.	Nettoernte	Nahrung	Futter	Einfuhr
		in Millionen t			
Welt	1720	528	301	227	± 0
Europa	529	192	108	101	+ 17
Sowjetunion	172	77	41	35	— 1
Kontinentaleuropa (ohne UdSSR)	310	110	60	58	+ 8
Außereuropa	1191	337	193	127	— 17
		in kg je Kopf			
Welt	x	307	175	132	± 0
Europa	x	365	203	194	+ 32
Sowjetunion	x	450	238	245	— 7
Kontinentaleuropa (ohne UdSSR)	x	355	194	187	— 26
Außereuropa	x	238	162	106	— 15

Bei Fleisch, Fett und Zucker kennen die Schwankungen wegen der verschwindend niedrigen Mindestverzehrszahlen (vgl. oben Indien für Fleisch, Iran für Fett und China für Zucker) fast keine Grenzen. Über

Land	Viehbestand			Ernte	Einfuhr	Direktverzehrnahrung	Futterverbrauch		
	Rinder	Schweine	Schafe				Pferde	Rinder	Schweine
	Stück je 100 Einw.			kg je Kopf d. Bev.			kg je Stück Vieh		
England	18	10	50	93	+ 210	128	1 560	125	420
USA	55	38	42	830	— 15	125	1 420	180	550
Kanada	78	38	30	1 600	— 350	160	1 000	250	50
Indien	59	—	26	177	—	135	500	60	—
Argentinien	260	31	375	1 100	— 720	150	0	0	300
Brasilien	98	60	48	172	+ 22	120	—	—	100
Mexiko	52	19	53	115	+ 16	110	—	—	—
Ägypten	13	0	20	260	—	175	750	150	·
Türkei	44	0	180	440	—	180	1 000	250	·
Iran	21	0	140	193	—	160	70	120	—
Japan	3	4	—	235	+ 8	190	1 000	60	·
China	5	15	10	230	+ 2	175	500	60	·

den Viehbestand und die Verwendung der Zerealien (ohne Kleie) im Durchschnitt der Jahre 1936/38 entwirft die vorstehend auszugsweise wiedergegebene Tabelle ein Bild.

Der Verbrauch Europas.[2] Fast übereinstimmend mit der vom internationalen Landwirtschaftsinstitut in Rom bei seinen Berechnungen über die Anteile der Kontinente am Weltverbrauch von landwirtschaftlichen Erzeugnissen zugrunde gelegten Zeit (1934/38), für die sich ein Anteil Europas von 36,8 % ergab, liegen die Untersuchungen von *Woermann* über den Nährgehalt der in den einzelnen Ländern Europas verbrauchten Mengen an Brot, Getreide, Hülsenfrüchten, Kartoffeln, Zucker, Fetten, Fleisch und Milch im Jahresdurchschnitt 1935/38 vor. Da Eier, Fisch, Gemüse und Obst fehlen, repräsentieren diese Zahlen etwa 90—95 % des Gesamtverbrauchs ohne solche Nahrungsmittel nachgeordneter Bedeutung wie Kakao, Schokolade und Getränke.

Wie schon bemerkt, leiden internationale Vergleiche auf Nährwertbasis an der Uneinheitlichkeit der Berechnungsgrundlagen. So weist *Harmssen* hin auf die Verschiedenheit der von *Woermann* verwendeten Kaloriensätze für die einzelnen Nahrungsmittel (Rohgehalt oder verdaulicher Reingehalt an Nährstoffen, Abzüge für Transport-, Lagerungs- und Küchenverluste auf dem Wege vom Erzeuger oder Großhandel zum tischfertigen Gericht oder keine Abzüge), die außer dem Schätzungscharakter vieler Zahlen die Ergebnisse ungleich, vielfach erhöhend beeinflußt haben. Die Angaben von Woermann entsprechen daher vielfach nicht den Gesamtverbrauchsangaben anderer Forscher und überschreiten sie. Wenn hier gleichwohl dem Beispiel der Wiedergabe von Harmssen gefolgt wird, so geschieht dies wegen des hohen Vollständigkeitsgrades der Zusammenstellung von Woermann in gebietsmäßiger Hinsicht, die hierdurch immerhin in großen Zügen die Abstufung der Verbrauchsunterschiede zu übersehen erlaubt.

Woermann kommt hinsichtlich des Nährgehaltes der je Kopf und Tag in Europa verbrauchten Hauptnahrungsmittel für 1935/38 zu den auf Seite 158 wiedergegebenen Ergebnissen, denen nach dem Statistischen Jahrbuch für das Deutsche Reich Vergleichszahlen über den Grad der Industrialisierung, der Verstädterung und über die Klimaverhältnisse zugeordnet sind.

Bei allen Vorbehalten bezüglich des Kalorienvergleichs und unabhängig davon, daß die Bezugszahlen nicht alle Bestimmungsfaktoren umfassen, zeigt diese Zusammenstellung doch, daß der Nahrungsver-

---

[2] *Statistisches Bundesamt,* Statistisches Jahrbuch für die Bundesrepublik Deutschland 1953, Wiesbaden-Stuttgart-Köln 1953; *Harmssen,* Reparationen, Sozialprodukt, Lebensstandard, Bremen 1947, *Flössner,* Umschichtungen der Volksernährung in Europa, Forschungsdienst Bd. 16, Heft 5, 1943; *Statistisches Reichsamt,* Statistisches Jahrbuch für das Deutsche Reich 1941/42, Berlin 1942.

Land	Nährgehalt der Hauptnahrungsmittel je Kopf und Tag			Industrie und Bergbau		Städte mit 100 000 und mehr Einwohnern		Temperatur-Jahresmittel	
	Kalorien	Eiweiß g	Fett g	Jahr	% der Erwerbspersonen	Jahr	% der Gesamtbevölkerung	Ort	+ .. °C
Belgien	3180	88	88	1930	48,9	1940	24,6	Brüssel	9,0
Schweiz	3310	99	97	1930	44,9	1930	15,5	Zürich	8,5
Deutschland	3190	88	101	1939	41,5	1939	30,5	Berlin	8,6
Österreich	2940	90	84					Wien	9,2
Tschechoslowakei	3000	87	70	1930	39,7	1930	15,0	Prag	8,8
Holland	3000	86	82	1930	39,3	1930	27,2	.	.
Frankreich	2950	90	71	1931	35,1	1936	21,1	Paris	10,3
Schweden	3560	98	115	1930	32,2	1940	16,1	Stockholm	5,6
Italien	2750	88	49	1936	28,5	1936	17,8	Rom	15,4
Dänemark	3510	85	131	1930	28,1	1940	23,2	.	.
Norwegen	3250	86	116	1930	26,5	1930	9,0	Bergen	7,0
Spanien	2840	88	67	1920	24,6	1930	14,9	Madrid	13,3
Ungarn	3230	102	69	1930	23,3	1941	11,2	Budapest	9,9
Polen	2950	90	52	1931	16,1	1931	10,4	Warschau	7,3
Jugoslawien	2900	92	52	1931	10,6	1931	3,8	Belgrad	11,1
Bulgarien	2980	99	53	1934	9,0	1934	4,7	.	.
Rumänien	2950	94	54	1930	8,8	1940	6,5	Bukarest	10,4

brauch mit dem Anteil der bergbaulichen und industriellen Arbeit steigt. Der Einfluß des Konzentrationsgrades der Bevölkerung in Städten mit 100 000 und mehr Einwohnern spricht hierbei wohl grundsätzlich unterstützend mit, scheint aber im ganzen von geringerer Bedeutung für den Verbrauchsanstieg zu sein als die Abnahme der mittleren Jahrestemperatur. Unter dem Gesichtspunkt des primär bestimmenden Faktors ist eine auf die klimatischen Unterschiede nicht eingehende Gegenüberstellung nach Industrie- und Agrarländern wohl zulässig, zumal wenn sie die Naturalzusammensetzung des Verbrauchs in den Vergleichsgebieten zum Gegenstand hat, die wesentlich von Elementen der Erzeugungsstruktur des Landes mitbeeinflußt wird, die zu den im Vorvergleich nicht ausreichend zum Ausdruck gekommenen Faktoren zählen. *Harmssen* beleuchtet die typischen Verbrauchsunterschiede in Industrie- und Agrarländern an den in nachstehender Übersicht (S. 159) wiedergegebenen sechs Beispielen.

Danach ist der Verbrauch an tierischen wie an pflanzlichen (Zucker!) Veredlungsprodukten in den Industrieländern, der unmittelbare Verbrauch pflanzlicher Nahrungsmittel in den Agrarländern höher. Strukturell und klimatisch zählt Deutschland nach dem Niveau seiner Vorkriegsernährung mehr zu dem mittelnördlichen bis westlichen Teil Kontinentaleuropas, so daß mindestens dessen Nord-/West-/Süd-Durchschnitt die Verbrauchs-/Bedarfs-Lage Deutschlands eher bezeichnet als ein gesamtkontinentaler Durchschnitt unter Einschluß Südosteuropas. Für die

Jährl. je Kopf verbrauchte Nahrungsmittel	Industrieländer			Agrarländer		
	Schweiz	Deutschld.	England	Ungarn	Jugoslaw.	Bulgarien
Pflanzliche						
Zerealien (kg) ...	160	140	130	210	230	230
Hülsenfrüchte (kg)	2,4	2,3	1,0	5	6	6
Zucker (kg)	38	25	45	12	5	4
Tierische						
Fleisch (einschl. Schlachtfette) (kg)	50	58	70	29	25	21
Butter (kg)	7,1	8,8	11,2	1,7	1,3	0,3
Eier (St.)	155	120	185	90	80	75

so abgegrenzten Gebiete ergeben sich aus den Unterlagen von *Harmssen* folgende Verbrauchswerte je Kopf und Tag in Kalorien:

Gebiet	Vorkriegs-verbrauch	Verbrauch		
		1943/44	1946	1947
Kontinentaleuropa (ohne Deutschland u. UdSSR)	2750	·	2200	2430
Nord- und Westeuropa				
Frankreich	2790	2230	·	·
Belgien	2900	2020	·	·
Holland	2770	2160	·	·
Dänemark	3250	3020	·	·
Norwegen	2800	2310	·	·
Deutschland	3000	·	1700	1750
Nord-, West- und Südeuropa	2850	·	2185	2435
Südosteuropa	2575	·	2225	2420

Diese Übersicht zeigt gleichzeitig den Verbrauchsrückgang Europas in und nach dem zweiten Weltkrieg bis 1947. Etwa Mitte 1946 veröffentlichte eine englische Zeitung ein Schaubild, in welchem das Vorkriegsniveau der Ernährung einer Reihe von Staaten mit dem Stand der Veröffentlichung verglichen wurde. Mit Ausnahme der USA, für die eine Überschreitung des bei 3250 Kal. angegebenen Vorkriegsstandes verzeichnet wurde, war danach der Ernährungsstandard sämtlicher beobachteten Länder zurückgegangen. Als Markierungsgrenzen nimmt die Zeitung dabei eine „Good-Health-“Linie bei täglich 2000 Kal. und eine „Starvation-“Linie bei 1500 Kal. an. Trotz gewisser Rückgänge in der Lebenshaltung blieben nach der Zeichnung das Vereinigte Königreich noch um beiläufig 900, Dänemark und Schweden um ungefähr 750 und Frankreich-Belgien-Holland etwa gegen 400 Kal. von der unteren Grenze des angenommenen „Good-Health-“Standards entfernt. Jugoslawien und

Griechenland hatten diese Linie unterschritten, aber nicht die Hungerlinie erreicht. In allen übrigen in der Graphik aufgeführten Ländern war der Ernährungsstandard unter diese Grenze gesunken. Dabei ergab sich diese Reihenfolge zunehmenden Unterschreitungsgrades: Italien, China, Indien, Polen, Deutschland (Brit. Zone), Japan. Deutlicher wird diese Entwicklung nach einer Aufstellung der Westdeutschen Wirtschaftszeitung (Handelsblatt) vom 12. 9. 1946, die für eine Reihe von Staaten den Kalorienverbrauch vor Ausbruch des zweiten Weltkrieges und für Mitte 1946 wie folgt veranschaulicht:

	vor Kriegsausbruch	Mitte 1946	Vorkriegsstand = 100
Europa	.	.	74,9
Dänemark	3270	2920	89,3
Schweden	3130	2790	89,1
Norwegen	3130	2480	79,2
Irland	3100	3200	103,2
Frankreich	3020	2300	76,2
Schweiz	3000	2800	93,3
Deutschland	3000	1550	51,7
Großbritannien	3000	2850	95,0
Finnland	2950	2300	78,0
Österreich	2930	1700	58,0
Luxemburg	2900	2400	82,8
Holland	2890	2300	79,6
Belgien	2870	2200	74,6
Rumänien	2760	2500	97,7
Jugoslawien	2730	2300	84,2
Tschechoslowakei	2710	2000	73,8
Italien	2620	1800	68,7
Griechenland	2530	1800	71,1
Nordamerika	.	.	102,9
Vereinigte Staaten	3100	3200	103,2
Kanada	3000	3000	100,0
Australien	3000	2910	97,0

Decken sich die Nährwertzahlen der verschiedenen Quellen wegen ihrer unterschiedlichen Berechnungsmethode auch nicht vollständig, so ergibt sich aus der Gesamtheit dieser Daten doch ein ziemlich eindeutiges Bild. Der Ernährungszustand Nordamerikas hatte sich um rund 3 % gehoben. Derjenige Australiens war um etwa den gleichen Prozentsatz zurückgegangen. Europa hatte seinen Nahrungsmittelverbrauch um ungefähr den vierten Teil eingeschränkt, Asien wahrscheinlich ebenso stark, wenn nicht mehr. Danach ist anzunehmen, daß sich der Anteil Europas, Asiens und geringfügig wohl auch Australiens am Weltverbrauch jedenfalls zugunsten Nordamerikas, wahrscheinlich aber ganz Amerikas vermindert hatte, soweit Nahrungsmittel in Rede stehen. Innerhalb Europas hat sich der Lebensstandard der kriegsbetroffenen Länder (ohne Sowjetunion,

Polen und baltische Gebiete) um rund 26 %, derjenige der neutralen Länder (ohne Iberische Halbinsel) um nur etwa 6 % gesenkt. Der Ernährungsstand der von den kriegsbetroffenen Ländern im gegnerischen Verband gestandenen Staaten im Rahmen der angegebenen Länder war um nicht ganz 16 %, derjenige der auf seiten der Achsenmächte in den Krieg getretenen Gebiete um gut ein Drittel zurückgegangen. Im ganzen haben aber die mehr agrarbetonten europäischen Länder mit einer Minderung ihres Nahrungsmittelverbrauchs um etwa 11 % den Krieg ernährungsmäßig besser überstanden als die mehr industriebetonten Länder, bei denen diese etwa 27—28 % betrug. In geographischer Einteilung ergab sich für Mitteleuropa mit nahezu 43 % der vergleichsweise stärkste Verbrauchsrückgang auf dem Ernährungssektor. Italien als Repräsentant Südeuropas in vorstehender Übersicht wies eine Verminderung um gut 31 % auf. Der Nahrungsmittelverbrauch Westeuropas war mit 15 % nur wenig stärker gesunken als der nordeuropäische. Am geringsten hatte sich der Ernährungsstand Südosteuropas um reichlich 13 % gesenkt. Allerdings darf nicht übersehen werden, daß gegenüber diesem Befund für Europa von Mitte 1946 bereits bis 1947 eine Besserung, freilich verschiedener Stärke, eingetreten war. Trotz des außerordentlichen Rückganges seines Verbrauchs war sie für Deutschland mit 2,9 % am geringsten. Südosteuropa, das aber auch die geringste Einbuße an Ernährungsmöglichkeiten erlitten hatte, wies von 1946 bis 1947 eine Wiedererhöhung seines Ernährungsstandards um 8,8 % auf. Der Durchschnittswert für Nord-, West- und Südeuropa erhöhte sich dagegen um 11,4 %. Im Mittel für Kontinentaleuropa ohne Deutschland und Sowjetrußland besserte sich die Lebenshaltung auf dem Gebiet der Ernährung von 1946 bis 1947 um 10,5 %. Diese Entwicklung hielt in der Folge an.

Neben diesen Vorgängen dürfen nicht die Umschichtungen im europäischen Nahrungsmittelverbrauch unbeachtet bleiben, die sich langfristig im Zuge der Mechanisierung der Arbeit und der damit verbundenen Verschiebung des Schwergewichtes der körperlichen Arbeit von der großen zur kleinen Muskelgruppe, im Zuge der Verstädterung und der Änderungen im Altersaufbau vollzogen haben und vollziehen. Insbesondere war die Ernährung im Laufe der Jahrzehnte bis zum Beginn des zweiten Weltkrieges eiweiß- und fettreicher, schlackenärmer und weniger voluminös geworden. Die von *Flössner* angegebenen Ursachen weisen auf das Gewicht struktureller und biologischer Faktoren hin, die einen gegebenen Ernährungsstandard einer Volkswirtschaft zu einer gewachsenen und ihr eigentümlichen Erscheinung machen, die sich auf die Dauer nicht nach einem abstrakten Schema uniformieren läßt, ohne daß sich natürliche Rückwirkungen ergeben. Dies schließt nicht aus, daß gleiche Ursachen in verschiedenen Volkswirtschaften gleiche oder ähnliche Entwicklungtendenzen auslösen.

Der volkswirtschaftliche Verbrauch Deutschlands.[3] Die Entwicklung des volkswirtschaftlichen Verbrauchs Deutschlands bis zur Zeit vor dem zweiten Weltkrieg ist auf der Bedarfsseite im wesentlichen durch vier Elemente gekennzeichnet:

1. Der Anteil der Erwachsenen, also des Bevölkerungsteiles, der nach der Verbrauchseinheitenrechnung seinen maximalen Verbrauchsbewertungsfaktor erreicht hat, hat zugenommen. Der Anteil der 14jährigen und Älteren war im alten Reichsgebiet von 1910 zu 1939 von 68,3 auf 78,3 % der Gesamtbevölkerung gestiegen. Der Anteil der erwachsenen männlichen Personen, denen in der Vollpersonenrechnung der Faktor 1,0 zugemessen wird, ist in dieser Zeit von 67,0 auf 77,4 % der männlichen Bevölkerung gestiegen; der Anteil der erwachsenen weiblichen Personen mit einem Vollpersonenwert von 0,9 stieg von 68,7 auf 79,2 % der weiblichen Bevölkerung. Diese Entwicklung hat sich von 1880 bis in die Gegenwart in etwa fortgesetzt, wobei allerdings auch eine Zunahme des Anteils der mit abnehmendem Bedarf zu registrierenden Personen im Alter von 65 Jahren und darüber zu verzeichnen ist. Stellen wir, anders als bei dem auf gleichen Gebietsstand bezogenen Vergleich der Jahre 1910 und 1939, die Zahlen nach dem jeweiligen Gebietsstand gegenüber, so ergibt sich folgendes Bild (in %):

[3] *Kroeber-Keneth,* Die Frau in der Industrie, Sozialer Fortschritt, Heft 3/1954; *Kraut - Kofrányi - Müller - Wildemann - Spitzer - Zimmermann - Wirths - Bramsel,* Richtige Ernährung — die Grundlage der Leistungsfähigkeit, Frankfurt (Main) 1953; *Lehmann,* Praktische Arbeitsphysiologie, Stuttgart 1953; *Statistisches Bundesamt,* Die Zivilbevölkerung des Deutschen Reiches 1940 bis 1945, Stat. Ber. Arb. Nr. VIII/19/1 v. 28. 2. 1953; *dass.,* Statistisches Jahrbuch für die Bundesrepublik Deutschland 1953, Wiesbaden-Stuttgart-Köln 1953; *dass.,* Die Frau im wirtschaftlichen und sozialen Leben der Bundesrepublik, Stat. Ber. Arb. Nr. II/2/2 vom 12. 11. 1952; *Horstmann,* Der Umfang der Erwerbstätigkeit der Bevölkerung, Wirtschaft und Statistik N.F. 1952, Heft 9; *Mehnert-Schulte,* Deutschland-Jahrbuch 1949, Essen 1949; *F. O. Licht*-Berichte Nr. 24/1948: Die europäische Zuckerrübenindustrie nach vierjährigem Wiederaufbau, und Nr. 21/1948: Zweite Schätzung der europäischen Rübenzuckererzeugung 1948/49; *Statistisches Amt für die Britische Besatzungszone,* Berichte über Mengen, Nährstoffe und Nährwert der Nichtselbstversorgerrationen, Umdrucke 1945—48; *Harmssen,* Reparationen, Sozialprodukt, Lebensstandard, Bremen 1947; *Kraut,* Die ernährungsphysiologischen Grundlagen der Arbeitsleistung, Zentralblatt für Arbeitswissenschaft 1947, Heft 7; *Bening,* Sojabroschüre, vervielf. Manuskript, 1946; *Ministerial Collecting Center* (Office of Military Government for Germany — U.S.), Economics Division, Statistisches Handbuch von Deutschland, Teil II, Ernährungs-, Land- und Forstwirtschaft, Fürstenhagen 1946; *Flössner,* Umschichtungen der Volksernährung in Europa, Forschungsdienst 1943, XVI/5; *Sperling,* Die Ernährungsweise des Städters in Bulgarien, Die Ernährung, Bd. 6/1941, Heft 7; *ders.,* Die ökonomischen Gründe für die Minderbezahlung der weiblichen Arbeitskraft, Berlin 1930; *Statistisches Reichsamt,* Statistische Jahrbücher für das Deutsche Reich 1941/42, 1939/40 und 1938; *Conring,* Der deutsche Butterhandel, Diss. Frankfurt (Main) 1938; *Schweigart,* Der Ernährungshaushalt des deutschen Volkes, Berlin 1937; *Weidlich,* Die Selbstversorgung Deutschlands mit pflanzlichen Ölen und Fetten, Diss. Frankfurt (Main) 1937; *Wegener,* Nationale Fettwirtschaft, Teil I: Margarine und Öle, Kempten 1933.

Altersgruppe nach Jahren	Deutsches Reich 1880	1910	1925	1939	Bundesrepublik Deutschland 1939	1950
			insgesamt			
unter 14	33,4	32,1	23,7	21,8	22,1	21,8
14 bis unter 65	61,8	62,9	70,5	70,2	70,6	68,9
65 und darüber	4,8	5,0	5,8	8,0	7,3	9,3
14 und darüber	66,6	67,9	76,3	78,2	77,9	78,2
			männlich			
unter 14	34,0	32,7	24,8	23,1	22,9	23,9
14 bis unter 65	61,4	62,9	69,9	69,2	70,1	67,2
65 und darüber	4,6	4,4	5,3	7,7	7,0	8,9
14 und darüber	66,0	67,3	75,2	76,9	77,1	76,1
			weiblich			
unter 14	32,6	31,5	22,7	20,6	21,4	20,2
14 bis unter 65	62,3	63,0	71,1	71,0	71,0	70,2
65 und darüber	5,1	5,5	6,2	8,4	7,6	9,6
14 und darüber	67,4	68,5	77,3	79,4	78,6	79,8

2. Der Frauenüberschuß ist gestiegen. Auf 1000 Männer entfielen im alten Reichsgebiet (Gebietsstand 1. 1. 1938) 1910 1028 und 1939 1044, im Bundesgebiet 1950 1134 Frauen. Diesem bedarfsmindernden Moment steht das — vom Arbeitsumsatz her — bedarfserhöhende einer ständig zunehmenden Frauenerwerbsarbeit gegenüber (weibliche Erwerbspersonen in Prozent der Gesamtzahl an Erwerbspersonen; Deutsches Reich: jeweiliger Gebietsstand):

Deutsches Reich						Bundesrepublik Deutschland	
1882	1895	1907	1925	1933	1939	1939	1950
29,3	29,8	33,7	35,7	35,5	37,5	35,6	36,0

Zwar hat die Zahl der weiblichen Erwerbspersonen in der Angestellten- und Beamtentätigkeit (1925/1939: +36,9 %) bedeutend stärker zugenommen als in der Arbeitertätigkeit (+5,6 %), wodurch sich der Anteil der Arbeiterinnen an der Gesamtzahl der abhängigen weiblichen Erwerbspersonen von 77,4 auf 72,5 % senkte, doch ist arbeitsphysiologisch zu berücksichtigen, daß bei den erwerbstätigen Frauen zu dem Arbeitsumsatz auf Grund der Erwerbsarbeit in sehr vielen Fällen noch ein Arbeitsumsatz auf Grund von Hausarbeit hinzutritt. Dies gilt vor allem für die Verheirateten, in zweiter Linie für die Verwitweten und Geschiedenen, aber in gewissem Grade — mindestens in stärkerem Maß als bei den Männern hinsichtlich Instandhaltung und Pflege von Kleidung und Wäsche, auch hinsichtlich der Beköstigung — für die ledigen Frauen. Nach einer Berechnung von *Horstmann* auf Grund der Volks- und Berufszählungsergebnisse von 1950 waren von rund 7,9 Mio. weiblichen Erwerbspersonen in der Bundesrepublik Deutschland 2,8 Mio. verheiratet und führten fast durchweg einen Haushalt. Bei weiteren 2,2 Mio. Frauen, die, ohne verheiratet zu sein, insbesondere als Witwen oder Geschiedene, einem Haushalt vorstanden oder in Einzelhaushaltungen lebten, konnte ihre Aufteilung auf Selbständige Berufslose, Erwerbspersonen und Angehörige ohne Hauptberuf nicht angegeben werden, doch ist für einen Teil von ihnen das Zusammentreffen von Erwerbspersoneneigenschaft und zusätzlicher Tätigkeit im eigenen Haushalt jedenfalls anzunehmen. Allerdings war die weibliche Erwerbstätigkeit im Bundesgebiet 1950 gegenüber 1939 gesunken (von 36,1 auf 31,4 % der weiblichen Bevölkerung), ein Umstand, der teils auf ein Auslaufen des Nachholbedarfs, teils auf die beträchtliche Zunahme der von Hinterbliebenenrenten Lebenden, zu einem weiteren Teil auf eine Verminderung der mithelfenden Landwirtsfrauen und schließlich auf eine Reaktion gegenüber der Dienstverpflichtung im Kriege und gegenüber der Überforderung gerade der Frauen in der Zeit vor der Währungsreform zurückzuführen sein dürfte. Trotz dieser rückläufigen Bewegung betrug der Anteil des weiblichen Geschlechts an der Gesamtzahl der Erwerbspersonen 1950 im Bundesgebiet rund 36 %. Rund 40 % der weiblichen Erwerbspersonen und 66,6 % der weiblichen Abhängigen waren Arbeiterinnen, so daß also gegenüber den Vorkriegsverhältnissen im Deutschen Reich eine relative Vermehrung der weiblichen Angestellten und Beamten stattgefunden hat. Immer liegt aber das Schwergewicht der weiblichen Erwerbsarbeit ebenso wie bei der männlichen wie vor dem Kriege so auch danach bei der Arbeitertätigkeit. In dieser spielte und spielt die Hauptrolle nächst der Landwirtschaft die Tätigkeit in der Industrie. Nun hat sich die Schwere der Arbeit für die Frau gerade in der Industrie teils auf Grund der Arbeitsschutzgesetzgebung, in der Hauptsache aber durch einen der weiblichen Leistungsfähigkeit angemessenen Einsatz und durch entsprechende Arbeitsanordnung und Arbeitsgeräte (schon aus betriebswirtschaftlichen Gründen) im Laufe der Jahrzehnte erheblich vermindert. Diese Tendenz einer Verminderung der körperlichen Arbeitsanstrengung ist freilich allgemein, „indem", wie *Kroeber-Keneth* sagt, „die sich verfeinernden Arbeitsgänge frauennäher werden", erscheint aber in dieser Allgemeinheit als ein Ergebnis der modernen Arbeitsphysiologie, deren Erkenntnisse vor dem zweiten Weltkrieg erst sehr begrenzte Auswirkungen gezeitigt hatten, so daß für diese Zeit nennenswerte volkswirtschaftliche Einsparungen an Ernährungsbedarf aus Arbeitsumsatz noch nicht zu veranschlagen gewesen sein dürften. Bei Würdigung aller Umstände erscheint die Entwicklung der Frauenarbeit im Wirtschaftsleben daher als ein erhöhender Faktor des Ernährungsbedarfs in der Volkswirtschaft.

3. Die industrielle Form der wirtschaftlichen Produktion ist zunehmend in den Vordergrund getreten.

Von 1000 Erwerbspersonen des Deutschen Reichs arbeiteten 1882 in der Land- und Forstwirtschaft 432 und in Industrie und Handwerk 363. 1939 waren es 261 und 421. Bei einer Vermehrung der Erwerbspersonen in Industrie und Handwerk um 7 % (1925—1939) war die industrielle Produktion im alten Reichsgebiet um etwa zwei Drittel (1927 bis 1. Vierteljahr 1939: +65,3 %) gestiegen. Die zunehmende Mechanisierung, sogar Automatisierung der Arbeitsvorgänge, hat den Anteil der Schwerst- und Schwerarbeit zwar vermindert, doch ist im Rahmen der allgemeinen Zunahme der Industriebeschäftigten auch eine Steigerung der absoluten Zahl dieser Arbeiter anzunehmen, wenn diese eben wohl auch mit dem Anwachsen der Industriearbeiterschaft im ganzen nicht Schritt gehalten hat. Immerhin empfingen 1944 nach den Ergebnissen der Verbrauchergruppenstatistik 6,4 % der Zivilbevölkerung Schwer- und Schwerstarbeiterzulagen, die nicht auf den Selbstversorgerkreis, also die Landwirtschaft, entfielen. Hierzu kamen 6,2 % Nichtselbstversorger der Zivilbevölkerung mit Lang- und Nachtarbeiterzulagen. Auf die relative Verminderung der Schwerarbeit zu schließen, erlauben nicht nur die Mechanisierung der Arbeitsvorgänge und die zunehmend angestrebte Optimalisierung der Arbeitselemente, sondern auch die Arbeitszeitentwicklung. Die Arbeitszeiten von 12 bis zu 16 Stunden im Tag, die mangels gesetzlicher Regelung in der ersten Entwicklungsphase der Industrie um die Mitte des vorigen Jahrhunderts in England und auch in Deutschland verlangt worden waren, reduzierten sich durch die Arbeitszeitregelung nach dem ersten Weltkrieg auf die 48-Stunden-Woche. Hierdurch erfuhr die Arbeitsleistung eine hohe Konzentration, die an Verdaulichkeit und Gehalt der Nahrung gesteigerte Forderungen stellte.

4. Die städtische Lebensform der Bevölkerung hat zugenommen. Im Zusammenhang mit der Intensivierung der Arbeitsprozesse steht hierbei eine im Vergleich mit einer landwirtschaftlich oder handwerklich betonten Wirtschaftsordnung schärfere Einteilung des Tagesablaufs, die für die städtische Lebensweise in industriellen Ländern in höherem Grad symptomatisch ist als für die in agrarischen und mit der Gemeindegröße zunimmt. Nahrungsmittel leichterer Zubereitungsmöglichkeit und konzentrierterer Wirkung gewinnen hierdurch in Industriestaaten einen bevorzugten Rang. Allgemein ist ferner bei der städtischen Lebensweise eine größere Daseinsdichte gegeben, die von der stärkeren Beschränkung auf den geschlossenen Raum über die örtliche und technische Drängung der Entfernungen bis zur Bindung an den Arbeitsplatz die muskularen Großbewegungen vermindert oder vereinseitigt und dadurch ebenfalls eine Beschränkung des Nahrungsvolumens oder Schlackengehalts der Nahrung bedingt. Auch Vorgänge wie die Verminderung des Säuregehalts im Brot gehören hierher.

Schließlich wirkt die Bildung großer Verbraucherzentren rein technisch aus Gründen des Transportraums in Richtung einer konzentrierteren Ernährungsweise. Erfordert die in ihrer Entwicklung skizzierte Bevölkerungs- und Arbeitsstruktur Deutschlands ernährungsphysiologisch eine Eiweiß- und Fettanreicherung der Nahrung, so bedingt die Zunahme seines Anteils groß- und mittelstädtischer Bevölkerung von 12,9 % seiner Gesamteinwohnerschaft im Jahre 1871 über 30,4 % an der Jahrhundertwende auf 45,3 % im Jahre 1939 eine Devoluminisierung der Ernährung. Gleichzeitig erleichterte eine Steigerung des Volkseinkommens je Kopf der Bevölkerung gegenüber 1913 um 5 % im Jahre 1934, 28 % in 1936 und 69 % in 1939 dem einzelnen im Schnitt die Inanspruchnahme hochwertigerer Nahrungsmittel.

Diese Entwicklung bedingte eine quantitative und qualitative Verbrauchsentfaltung. Sie wurde durch spezifische Entwicklungsvorgänge auf der Erzeugerseite ermöglicht.

Im Rahmen einer allgemeinen Intensivierung der landwirtschaftlichen Produktion gestattete eine zunehmende Veredlungswirtschaft die steigende Verwendung von Nahrungsmitteln tierischer Herkunft. Die Schweinehaltung stieg von 29,8 Stück je 100 Einwohner im Jahre 1900 auf 36,4 in 1939. Die Rindviehhaltung, absolut und bezogen auf die Einwohnerzahl zwar etwas rückläufig, erhöhte sich aber immerhin je 100 ha Gesamtfläche im gleichen Zeitraum von 35,0 auf 42,2 Stück. Gleichzeitig verbesserte die Zentrifugentechnik die Ausbeute aus dem Ertrag der Milchkühe, deren Anteil am gesamten Rindviehbestand 1939 gut 20 % betrug.

Für den Butterverbrauch ist bezeichnend, daß Butter in der agrarwirtschaftlichen Periode des umständlichen Herstellungsverfahrens wegen nur ausnahmsweise bereitet wurde und eine produktivere Herstellungstechnik sich erst mit Beginn der stadtwirtschaftlichen Periode entwickelte, die etwa die Jahre 1000 bis 1500 umfaßte. Mit der fortschreitenden Industrialisierung stieg die Buttererzeugung später rasant. Für die deutsche Buttererzeugung (insgesamt) ergab sich folgende Entwicklung seit Mitte des vorigen Jahrhunderts (in 1000 t):

1861	110	1927	310
1883	150	1929	360
1897	220	1931	430
1907	290	1933	500

In den Jahren 1932 bis 1939 erhöhte sich in den Molkereien die Butterproduktion um 106,3 %, die Käseerzeugung um 48,7 %, die Herstellung von Sauermilchkäse um 83,6 % und von Speisequark um 238,7 % bei einem Anstieg der in den Molkereien verarbeiteten Milchmenge um 83,6 %. Neben der Verbesserung der Produktionstechnik hob die Durchorganisierung der Verteilung und eine gewisse Standardisierung der Ware die Absatzmöglichkeiten.

Die Herstellung von Margarine, Kunstspeisefett, pflanzlichen Ölen und Fetten blieb ungeachtet der 1933 eingeführten Bindung der Gewährung von zusätzlichen Produktionskontingenten für Margarine an eine 20%ige Magermilchverwendung auch während des zweiten Weltkrieges überwiegend auslandsabhängig. Das Inlandsangebot an diesen Waren richtet sich in erster Linie nach dem Einfuhrsaldo an Ölrohstoffen, dessen Entwicklung die Angebotsentwicklung soweit kennzeichnet, als Maßnahmen der Produktionskontingentierung und Rohstoffsteuerung den Gleichlauf der Trends nicht beeinträchtigt haben. Die Gesamtlinie wird ferner durch die beiden Weltkriege und die dazwischenliegende Wirtschaftskrise gestört. Zu ihrer Kennzeichnung genüge daher die Darstellung des Einfuhrüberschusses an Ölrohstoffen (Rapssaat, Leinsaat, Sesam, Erdnüsse, Mohnsaat, Palmkerne, Kopra, Cotton, Sojabohnen usw. zusammen) bis zum ersten Weltkrieg (in 1000 t):

1840	7,5	1890	352,7
1850	22,6	1895	526,3
1860	25,2	1900	620,2
1870	82,9	1905	840,0
1875	99,6	1910	1278,6
1880	133,9	1913	1733,7

Das billige Pflanzenfett hatte eine Lücke geschlossen, die sich aus dem wachsenden Fettbedarf der Arbeiterschichten in den Industrieländern und der immerhin begrenzten Butter- und Schmalzerzeugung ergab. 1939 waren in Deutschland 186 Margarine- und Kunstspeisefettfabriken und 935 Ölmühlen, Ölraffinations- und -härtungsanlagen mit 21 750 Beschäftigten vorhanden.

Die Fangergebnisse der deutschen Seefischerei, technisch gefördert durch den Übergang zur Schleppnetzfischerei, hatten sich bis 1937 auf das 4½fache der Fänge von 1913 entwickelt.

Als im 18. Jahrhundert Brot in Europa verhältnismäßig knapp und teuer geworden war, kamen die billigen Kartoffeln und Zuckerrüben auf, um die Lücke der Versorgung mit Kohlehydraten zu schließen. Die Rübenzuckererzeugung hatte durch die beiden Weltkriege in ganz Europa erhebliche Einbuße erlitten. Die Zuckerrübenanbaufläche war allerdings in Europa (ohne Rußland) nach dem ersten Weltkrieg mit 41% stärker zurückgegangen als nach dem zweiten (—33,2%). Die Zuckererzeugung hatte sich infolgedessen seinerzeit um 61,7, jetzt nur um 45,8% vermindert. Während die europäischen Zuckerrübenkulturen nach dem ersten Weltkrieg erst innerhalb von 6 Jahren ihren alten Stand wiedererreichten, beanspruchte der Wiederaufbau jetzt nur drei Jahre. Allerdings gelangte die Zuckererzeugung infolge der ungewöhnlichen Trockenheit des Erntejahres 1947/48 erst ein Jahr später auf den alten Stand. Sieht man von diesen Einbrüchen in der Entwicklung ab, so hat sich die europäische Rübenzuckererzeugung (ohne Rußland) von der Jahrhundertwende bis 1948/49 trotz aller Rückschläge in der großen Linie um mehr als ein Drittel erhöht. In Deutschland, das entsprechend seinem Anteil von 24,4 % (1938/39) an dieser europäischen Entwicklung partizipierte, war die Erzeugungsentwicklung von 1938/39 bis 1948/49 im Osten und Westen sehr ungleich. Da die Sowjetzonenangabe für 1938/39 die Erzeugung Österreichs, des Sudetenlandes und der Ostgebiete einschließt, muß die Sowjetzone für beide Vergleichsjahre zusammen mit der Entwicklung in Österreich, der Tschechoslowakei (bzw. dem böhmisch-mährischen und dem slowakischen Raum), Danzig und Polen betrachtet werden. Während die Rübenzuckererzeugung in diesem Ostraum um 47,9 % zurückging, stieg sie gleichzeitig in den Westzonen um 18,1 %. Gleichwohl blieb hier eine Zuckereinfuhr notwendig. Die für die Zuckererzeugung besonders einschneidende wirtschaftliche Teilung Deutschlands beeinträchtigte aber nicht den Gesamtbefund, daß sich in der großen Entwicklung über die letzten 50 Jahre auch für Deutschland die Versorgung mit diesem Reinkohlehydrat günstiger gestaltet hat.

Die Erzeugung von Brotgetreide war insgesamt und je Hektar gestiegen. Die Ernteerträge an Roggen hatten sich allein im Zeitraum von 1928 bis 1938 von 8,5 auf 8,6 Mio t oder von 18,4 auf 20,2 dz je ha, diejenigen von Weizen im gleichen Zeitraum von 3,9 auf 5,6 Mio t oder von 22,3 auf 27,4 dz je ha im Reichsgebiet von 1937 erhöht. Kennzeichnender im Zusammenhang mit den vorher behandelten strukturellen Entwicklungstendenzen ist hier aber vielleicht die Entwicklung der Welternten. Der Weltweizenertrag hatte sich im Durchschnitt der Jahre 1934/38 gegenüber dem Durchschnitt 1909/1913 um etwa ein Viertel erhöht, der Weltroggenertrag um ungefähr 7 % gesenkt. Leichtere Brotsorten und eine stärkere Tendenz zur Weizenmehlverwendung machte sich auch in Deutschland bemerkbar. *Schweigart* berechnete den Roggenanteil für alle Arten von Gebäcken zusammen für 1936 auf 52,2 %, den Weizenanteil auf 47,8 %.

Obwohl die Kartoffel bei einem Verlust vom Acker bis zum Tisch, der das 1,7fache des Verlustes bei Buchweizen und rund das Doppelte von Roggen beträgt, ein voluminöses Nahrungsmittel ist, liegt sie hinsichtlich ihres Kalorienertrages erzeugungsmäßig je ha um rund 137 % günstiger als Roggen und um 289 % günstiger als Buchweizen. Diese vergleichsweise hohe nährwertmäßige Wirtschaftlichkeit, verbunden mit guten Produktionsbedingungen, die sich mit Zunahme der Lagerfestigkeit der mittelfrühen Sorten in Richtung auf den Anbau der Frühkartoffel noch verbesserten, haben den erzeugungswirtschaftlichen Nutzen und die Vorrangstellung der Kartoffel erhalten und gefestigt, die sie im Laufe des vorigen Jahrhunderts gegenüber anderer Beinahrung wie Buchweizen und Hülsenfrüchte gerade auch mit der zunehmenden Industrialisierung und Verstädterung erlangt hat. Ihr niedriger Preis in Verbindung mit ihrer leichten Zubereitungsweise und der im Vergleich mit anderem pflanzlichen Eiweiß günstigen Aufschließbarkeit ihres Proteingehalts haben dabei mitgewirkt.

In der Ernährungsgestaltung eines Volkes, somit auch des deutschen, vollziehen sich über lange Sicht Umschichtungen. Ihre Voraussetzungen bilden ein funktionelles Ganzes, das die in einem bestimmten Zeitabschnitt gegebene Struktur eines volkswirtschaftlichen Verbrauchs als Resultante der sozialbiologischen und produktionstechnischen Kräfte kennzeichnet, die innerhalb dieser bestimmten Raum-/Zeit-Begrenzung wirksam sind. Nur innerhalb dieses Rahmens kann von Standardwerten des Verbrauchs gesprochen werden. Die Aneinanderreihung aufeinanderfolgender Zeitwerte ergibt zunächst nur das Nebeneinander verschiedener Charakteristika, deren jedes Ausdruck seiner Zeitbedingungen ist, dadurch aber in der Aufeinanderfolge eine Entwicklung kennzeichnet. Innerhalb dieser Entwicklung kann eine Norm als Richtwert gegenüber einem pathologischen Zustand des Sozialorganismus, oder als Meßgröße zum Vergleich mit den Standardwerten anderer Zeitabschnitte nur auf Grund des letzten vorhergegangenen Gesundheitsstatus aufgestellt werden. In diesem Sinn kennzeichnet auch die Verbrauchsentwicklung des deutschen Volkes eine sozialorganische Entwicklung, und gleiche oder ähnliche Einzelgrößen in der Verbrauchsstruktur verschiedener Zeitabschnitte deuten eher hin auf Annäherungen bestimmter Sozialverhalte zwischen diesen, als daß sie von dem Wert eines bestimmten Zeitabschnittes aus unter dem Gesichtspunkt des Auchgenügens oder des Saturierungszieles gewertet werden dürfen, soweit es sich eben nicht um die Gegenüberstellung von gesunden und krankhaften Zuständen handelt. Die steigenden Verbrauchsmengen an Fett, Fleisch, Fisch und Zucker bei einer rückläufigen Verbrauchsbewegung von Brot in Deutschland waren weder Zeichen der Entfaltung einer luxuriösen Lebenshaltung noch liefert etwa ein Durchschnitt über Jahrzehnte hinweg einen Standardwert von Dauergültigkeit. Sie sind funktionelle Größen und als solche Ausdruck des jeweiligen sozialbiologisch-technisch-organisatorischen Status der deutschen Volkswirtschaft. Am stärksten war die Verbrauchssteigerung in Margarine und Zucker. Es folgen Fisch, Butter und Fleisch. Im einzelnen ergibt sich folgende Entwicklung des volkswirtschaftlichen Verbrauchs pro Jahr je Kopf der deutschen Bevölkerung (in kg):

Jahr	Margarine	Zucker	Seefische	Butter	Fleisch	Brotgetreide Mehl	Kartoffeln
1913	2,7	19,1	7,2	*6,4	42,7	**121,7	174,7
1930	6,7	24,3	9,3	8,1	43,5	103,3	174,2
1933	6,2	19,9	8,8	7,8	42,1	99,0	187,1
1936	6,3	22,5	11,8	8,5	43,6	107,8	170,8
1938	6,1	24,3	11,9	8,8	48,6	104,9	182,9

* 1909/13 — ** 1912/13

Insgesamt wurden in Deutschland (altes Reichsgebiet) im Jahre 1936 verbraucht:

	Gesamtmenge in 1000 t	je Kopf der Bevölkerung in kg	je Vollperson in kg
Fleisch (ohne Fette)	2 937,9	43,6	50,5
Innereien	113,2	1,7	1,9
Geflügel	102,0	1,5	1,8
Eier	7 860,0 Mill. St.	117 St.	135 St
Kuhmilch (Trink-)	7 700,0 Mill. Ltr.	114 Ltr.	.
Ziegenmilch	900,0 Mill. Ltr.	13 Ltr.	.
Käse	358,3	5,3	6,2
Seefische	794,4	11,8	13,7
Schweinefett, roh	555,4	8,2	9,6
Butter	571,5	8,5	9,8
Speisetalg	49,0	0,7	0,8
Margarine	422,2	6,3	7,3
Kunstspeisefett	13,4	0,2	0,2
Speiseöl und Pflanzenfette	169,1	2,5	2,9
Kartoffeln	11 500,0	170,8	197,9
Roggenmehl	3 710,0	55,1	63,8
Weizenmehl	3 550,0	52,7	61,1
Graupen	38,0	0,6	0,7
Haferflocken	52,0	0,8	0,9
Reis	126,0	1,9	2,2
Hülsenfrüchte	139,0	2,1	2,4
Zucker	1 513,2	22,5	26,0
Honig	27,0	0,4	0,5
Gemüse	3 500,0	52,0	60,2
Kern- und Steinobst	1 965,0	29,2	33,8
Nüsse	61,0	0,9	1,0
Südfrüchte	574,8	8,5	9,8
Kakao	59,1	0,9	1,0

Der Nährstoff- und Nährwertverbrauch der deutschen Bevölkerung betrug je Kopf und Tag:

	Jahr	Kalorien	Eiweiß	Fett	Kohlehydrate
nach *Flössner*	1936	3107	93 g	115 g	404 g
nach *Harmssen*	1936/38	3078	89 g	102 g	430 g

Demgegenüber wurde im Statistischen Reichsamt für Januar 1945 ein Tagesverbrauch von 2046 Kalorien je Kopf der Bevölkerung berechnet bei einem Nährstoffgehalt von 55 g Eiweiß, 38 g Fett und 358 g Kohlehydraten. *Harmssen* gibt im Durchschnitt für die Jahre 1945/47 einen deutschen volkswirtschaftlichen Verbrauch von 1725 Kalorien je Kopf und Tag aus 45 g Eiweiß, 20 g Fett und 330 g Kohlehydraten an. Berücksichtigt man, daß der volkswirtschaftliche Verbrauch auch zu Friedenszeiten etwas über dem Individualverbrauch liegt, so erscheint diese Zahl im Hinblick auf einen Anteil der Zulageempfänger und der (Teil- und Voll-) Selbstversorger von je etwa 20 % an der versorgten Bevölkerung etwas niedrig veranschlagt, wenngleich die Normalverbraucherration im Durchschnitt des Rationsjahres 1945/46 nur 1412 Kal. je Tag betrug. Bei einem Rückgang der landwirtschaftlichen Erzeugung in der britischen Zone um rund 40 % von 1938 bis 1946 wäre der volkswirtschaftliche Verbrauch für dieses Jahr und Gebiet auf rund 1900 Kal. je Kopf und Tag zu veranschlagen. Eine Zusammenstellung des Statistischen Amts dieser Zone für die 100. Zuteilungsperiode (31. 3.—27. 4. 1947) führt zu einem Durchschnittswert von 2043 Kal. Allerdings geht diese Berechnung vom Rationsplan aus. Da die tatsächliche Versorgung in der genannten Periode überwiegend hinter diesem zurückblieb, wäre dieser Wert auf rund 1800 Kal. zu modifizieren, was unter Berücksichtigung eines 5 %igen Schwundes und Verderbs jenem Wert von 1900 Kal. auf der Ausgangsstufe entspricht. Unter Berücksichtigung der Entwicklung der Rationen von 1945 bis 1947 und ihrer ungefähren Unterschiede in den einzelnen Zonen ergibt sich hiernach für diese drei Kalenderjahre ein quadrizonaler volkswirtschaftlicher Durchschnittswert von rund 2000 Kal. je Kopf und Tag, der zu folgender Gegenüberstellung führt:

	Volkswirtschaftlicher Verbrauch in Deutschland je Kopf der Bevölkerung pro Tag	
	Kalorien	1936/38 = 100
1936/38	3078	100,0
1945/47	2000	65,0

Dieser Rückgang von 35 % gegenüber dem Vorkriegsstand entspricht einer Unterschreitung des ernährungsphysiologischen Solls im gewogenen Durchschnitt der Verbrauchergruppen um etwa 37 %. Somit lag der volkswirtschaftliche Verbrauch in Deutschland 1936/38 nicht nennenswert über dem ernährungsphysiologischen Soll, war also eine normale Größe. Anderseits bedeutete der volkswirtschaftliche Stand von 1945/47 für die Masse der Normalverbraucher, die nicht ganz 60 % der versorgten Bevölkerung ausmachte, ein Defizit gegenüber ihrem Durchschnittssoll um etwa 44 % und drückte damit deren legale Versorgung unter den von der Hygienesektion des Völkerbundes für den ruhenden Erwachsenen angenommenen Tagessatz von 1600 Kal. Folgerichtig ist ein volkswirtschaftlicher Verbrauch von 2000 Kal. bei der in Deutschland gegebenen sozialen und wirtschaftlichen Struktur nicht mit dem Stand auf einer „Good-Health-Line“ gleichzusetzen, sondern liegt auf einer „Starvation-Line“. Im Durchschnitt des Rationsjahres 1947/48 war für die Bizone ein volkswirtschaftliches Niveau von etwas über 2100 Kal. je Kopf und Tag anzunehmen. Im November 1948 hatte sich der volkswirtschaftliche Verbrauch schätzungsweise auf 2500—2600 Kal. je Kopf und Tag erhöht, lag also nur noch ungefähr 15—20 % unter dem durchschnittlichen physiologischen Soll, wenngleich solche Berechnungen um diese Zeit mit Rücksicht auf die zunehmende Lockerung der Ernährungsplanung auf der Verbraucherebene und einer zeitweiligen Unübersichtlichkeit zahlreicher Marktvorgänge etwas problematisch waren. 1952 dürfte der volkswirtschaftliche Verbrauch in der Bundesrepublik Deutschland bei 3100—3200 Kal. je Tag und Kopf der Bevölkerung gelegen haben.

Die Gliederung des Haushaltsverbrauchs. Der Verbrauch in den Familienhaushaltungen findet seinen Niederschlag in deren Wirtschaftsrechnungen. Im ganzen wurden vom Statistischen Reichsamt drei Erhebungen allgemeiner Art über Wirtschaftsrechnungen durchgeführt (außerdem eine Erhebung über Haushaltungen landwirtschaftlicher Arbeiter 1937/38). Während sich die Erhebungen von 1907 und von 1927/28 auf Arbeiter-, Beamten- und Angestelltenhaushaltungen erstreckten, wurde die Erhebung von 1937 auf Haushaltungen gewerblicher Arbeiter beschränkt.

Aus der Erhebung von 1907 liegen in einer vom Statistischen Reichsamt 1940 vorgenommenen Auswertung Durchschnittsangaben über die Gliederung der Ernährungsausgaben in Frankfurt/Main, Mannheim und Breslau vor. Danach ergaben sich folgende Anteile (in vH) an den Gesamtausgaben für Lebensmittel:

	Frankfurt (Main) und Mannheim im Durchschnitt	Breslau
Brot- und Backwaren	19,0	17,6
Mehl und Nährmittel	4,3	2,2
Kartoffeln	3,3	1,3
Gemüse	2,7	2,9
Handelsfette (ohne Öl)	9,4	10,9
Salz, Gewürze, Öl	1,6	.
Fleisch und Fleischwaren	22,1	29,4
Ausgaben in Gastwirtschaften	5,0	.

Nach den Ergebnissen von 1927/28 und 1937 gliederten sich die Nahrungsmittelausgaben (ohne Getränke und Tabakwaren) der einzelnen Schichten in großen Zügen wie folgt (Nahrungsmittelausgaben = 100), wobei zu berücksichtigen ist, daß das durchschnittliche Einkommen der 1937 erfaßten Arbeiterhaushaltungen nicht unerheblich geringer war als dasjenige der vorherigen Erhebung:

	Arbeiter 1937	Arbeiter 1927/28	Angestellte 1927/28	Beamte 1927/28
Tierische Nahrungsmittel	53,7	55,6	55,5	55,8
darunter				
Fleisch und Fleischwaren ..	25,2	25,2	24,2	24,1
Butter	5,4	5,4	9,1	9,2
Sonstige tierische und gemischte Fette	6,8	6,2	4,0	3,9
Fische	1,9	1,5	1,7	1,7
Pflanzliche Nahrungsmittel	41,6	42,5	40,5	41,0
darunter				
Brot- und Backwaren	16,1	16,2	14,1	14,0
Kartoffeln	4,2	4,9	3,8	3,9
Zucker	4,0	2,8	2,4	2,7
Pflanzliche Öle und Fette ..	1,4	0,8	0,6	0,7
Speisen im Wirtshaus	2,3	1,9	4,0	3,2

Die beigefügte Tabelle über die Zusammensetzung der von den Arbeiterhaushaltungen 1937 verbrauchten Nahrungsmittel nach Menge, Nährstoffgehalt und Nährwert, die in der seinerzeit vom Statistischen Reichsamt ausgearbeiteten Originalfassung wiedergegeben ist, zeigt, daß der ausgabemäßig geringere Anteil der pflanzlichen Nahrungsmittel nährwertmäßig überwiegt. Kalorisch bildete das Brot die Basis der Ernährung, mengenmäßig war es die Kartoffel. Das Rückgrat der Versorgung mit tierischem Eiweiß und mit Fett bildete das Fleisch, dasjenige der pflanzlichen Eiweißnahrung das Brot. Das Hauptkontingent des Kalorienaufkommens setzte sich — mit abnehmender Bedeutung — zusammen aus Brot und Backwaren, Kartoffeln sowie Fleisch und Fleischwaren mit zusammen 53,6 %. In der Eiweißernährung bildeten Brot und Backwaren, Fleisch und Fleischwaren sowie Milch mit zusammen 66,5 % die entsprechende Reihe. Den Fettverbrauch bestritten in gleicher Rangordnung Fleisch und Fleischwaren, Margarine und Butter zusammen mit 60,2 %. Im Verbrauch an Kohlehydraten trugen Brot und Backwaren, Kartoffeln und Zucker in dieser Reihenfolge den Hauptanteil von 75,8 %.

Innerhalb der alkoholischen Getränke stand Bier mit dem relativ größten Nährwert an erster Stelle. Obstwein wurde gegenüber dem Traubenwein bevorzugt. Branntwein stand an letzter Stelle des Verbrauchs. In diesem Zusammenhang sei auf Grund einer Sonderauswertung des Statistischen Reichsamts erwähnt, daß der Bierverbrauch mit 103,6 l je erwachsene Person (über 15 Jahre) und Jahr in der Bayerischen Ostmark, der Branntweinverbrauch mit einem entsprechenden Wert von 1,1 l im Gebiet von Essen am höchsten waren. Den niedrigsten Bierverbrauch verzeichnete die Aufarbeitung für Danzig mit 3,3 l. Der mit 0,2 l niedrigste Branntweinverbrauch wurde in 5 von 32 Gebieten seinerzeitiger Einteilung angetroffen.

Ergänzend zu diesen Angaben sei bemerkt, daß der maximale Zigarettenverbrauch mit jährlich 685 Stück je Erwachsenen auf Berlin entfiel, während die erwachsenen Haushaltungsmitglieder in Ost-Hannover

Nährstoffgehalt und Nährwert der in Arbeiterhaushaltungen 1937 verbrauchten Nahrungsmittel. Reichsdurchschnitt

2496 Haushaltungen, 4,4 Haushaltsmitglieder je Haushaltung, 3,45 Vollpersonen (VPE) je Haushaltung

Nahrungsmittel	Tagesmenge je VPE	Eiweiß Tagesverbrauch je VPE	Eiweiß vH	Fett Tagesverbrauch je VPE	Fett vH	Kohlehydrate Tagesverbrauch je VPE	Kohlehydrate vH	Kalorien Tagesverbrauch je VPE	Kalorien vH
	g	g		g		g		Anzahl	
Roggen-, Grau-, Misch- u. Schwarzbrot	305,8	19,571	26,3	1,835	2,0	151,677	38,9	718,6	25,7
Weißbrot u. Weizenkleingebäck	30,7	2,210	3,0	0,154	0,2	17,069	4,4	80,4	2,9
Sonstiges Backwerk	8,7	0,670	0,9	0,757	0,8	5,316	1,3	31,6	1,1
Brot und Backwaren zusammen	345,2	22,451	30,2	2,746	3,0	174,062	44,6	830,6	29,7
Mehl aus Brotgetreide	43,1	5,000	6,7	0,647	0,7	30,472	7,8	151,7	5,4
Gries	3,1	0,291	0,4	0,006	0,0	2,353	0,6	10,9	0,4
Graupen und Grütze aus Getreide	1,1	0,133	0,2	0,036	0,0	0,803	0,2	4,2	0,1
Haferflocken	2,1	0,302	0,4	0,143	0,2	1,397	0,4	8,3	0,3
Sonst. Mühlenerzeugnisse	0,8	0,038	0,1	0,007	0,0	0,638	0,2	2,8	0,1
Mühlenerzeugnisse zus.	50,2	5,764	7,8	0,839	0,9	35,663	9,2	177,9	6,3
Kartoffelmehl, Kartoffelgraupen, Sago	0,9	0,008	0,0	0,001	0,0	0,726	0,2	3,0	0,1
Teigwaren	6,0	0,792	1,1	0,072	0,1	4,332	1,1	21,7	0,8
Erbsen	2,7	0,632	0,8	0,051	0,1	1,423	0,4	8,9	0,3
Bohnen	1,7	0,420	0,6	0,032	0,0	0,879	0,2	5,6	0,2
Linsen	1,9	0,494	0,7	0,036	0,0	1,003	0,3	6,5	0,2
Hülsenfrüchte zusammen	6,3	1,546	2,1	0,119	0,1	3,305	0,9	21,0	0,7
Reis	5,2	0,411	0,5	0,026	0,0	4,046	1,1	18,5	0,7
Kartoffeln	479,3	7,669	10,3	0,959	1,0	81,960	21,0	378,6	13,5
Kohl, Kohlrabi	42,2	0,633	0,8	0,127	0,1	1,393	0,4	10,1	0,4
Rüben, Wurzeln	13,3	0,120	0,2	0,027		0,891	0,2	4,4	0,2
Bohnen	9,7	0,204	0,3	0,019		0,485	0,1	3,0	0,1
Erbsen (Schoten)	2,0	0,052	0,1	0,004		0,100	0,0	0,7	0,0
Gurken, Salat	13,2	0,092	0,1	0,026	0,1	0,145	0,0	1,2	0,0
Zwiebeln	6,1	0,049	0,0	0,006		0,354	0,1	1,7	0,1
Sellerie, Radieschen, Rettich	1,3	0,012	0,0	0,001		0,057	0,0	0,3	0,0
Spinat, Sauerampfer	3,7	0,067	0,1	0,007		0,059	0,0	0,6	0,0
Tomaten	5,6	0,050	0,1	0,095	0,1	0,190	0,1	1,8	0,1
Sonstige frische Gemüse	5,3	0,090	0,1	0,011	0,0	0,233	0,1	1,4	0,1
Gemüsekonserven	3,1	0,056	0,1	0,006	0,0	0,136	0,0	0,8	0,0
Gemüse zusammen	105,5	1,425	1,9	0,329	0,3	4,043	1,0	26,0	1,0
Frisches Kernobst	27,3	0,109	0,2	—	—	3,549	0,9	15,8	0,6
Frisches Steinobst	7,7	0,062	0,1	—	—	1,147	0,3	5,2	0,2
Frisches Beerenobst	8,3	0,091	0,1	—	—	0,805	0,2	4,2	0,2
Dörrobst	1,7	0,032	0,0	0,015	0,0	1,025	0,3	4,6	0,2
Frische Südfrüchte	3,8	0,030	0,0	—	—	0,486	0,1	0,2	0,1
Nüsse, Mandeln u. dgl.	1,0	0,110	0,2	0,329	0,4	0,068	0,0	3,8	0,1
Marmeladen, Gelees	8,6	0,060	0,1	—	—	5,607	1,4	23,7	0,8
Sonstiges Obst, auch Obstkonserven	2,3	0,009	0,0	0,005	0,0	0,274	0,1	1,2	0,0
Obst, Nüsse und Obstkonserven zusammen	60,7	0,503	0,7	0,349	0,4	12,961	3,3	60,7	2,2
Zucker	39,9	—	—	—	—	39,820	10,2	163,2	5,8
Sirup, Kunsthonig u. ähnl.	1,7	0,083	0,1	—	—	1,173	0,3	5,2	0,2
Kakao	0,8	0,142	0,2	0,110	0,1	0,413	0,1	3,3	0,1
Schokolade und andere Süßwaren	2,6	0,099	0,1	0,341	0,4	2,036	0,5	11,9	0,4
Pflanzliche Fette	1,9	—	—	1,896	2,1	—	—	18,6	0,7
Pflanzliche Öle	3,9	—	—	3,881	4,2	—	—	37,1	1,3
Pflanzl. Nahrungsmittel zusammen	—	40,893	55,0	11,668	12,6	364,540	93.5	1777,3	63,5
Tierische Nahrungsmittel zus. (Übertrag)	—	32,379	43,5	80,371	86,7	20,834	5,3	966,1	34,5
Suppenpräparate u. ähnliches	1,3	0,111	0,2	0,100	0,1	0,766	0,2	4,5	0,2
Speisen im Wirtshaus usw.	.	0,801	1,1	0,579	0,6	1,334	0,4	14,1	0,5
Alkoholische Getränke zusammen (Übertrag)	—	0,167	0,2	—	—	2,481	0,6	36,0	1,3
Insgesamt	—	74,351	100,0	92,718	100,0	389,955	100,0	2798,0	100,0

Nahrungsmittel	Tagesmenge je VPE	Eiweiß Tagesverbrauch je VPE	Eiweiß vH	Fett Tagesverbrauch je VPE	Fett vH	Kohlehydrate Tagesverbrauch je VPE	Kohlehydrate vH	Kalorien Tagesverbrauch je VPE	Kalorien vH
	g	g		g		g		Anzahl	
Vollmilch	323,0	10,982	14,8	11,628	12,5	15,504	4,0	216,4	7,7
Magermilch, Buttermilch	12,3	0,455	0,6	0,062	0,1	0,529	0,1	4,6	0,2
Sahne, Rahm	0,5	0,016	0,0	0,110	0,1	0,018	0,0	1,2	0,0
Sonstige Milch	0,9	0,072	0,1	0,084	0,1	0,098	0,0	1,5	0,1
Milch zusammen	336,7	11,525	15,5	11,884	12,8	16,149	4,1	223,7	8,0
Butter	14,5	0,102	0,1	12,135	13,1	0,115	0,0	113,8	4,1
Käse	11,6	2,912	3,9	1,404	1,5	0,336	0,1	26,4	1,0
Eier (Stück)	0,3	0,021	0,0	0,018	0,0	0,001	0,0	0,3	0,0
Bienenhonig	0,2	0,001	0,0	—	—	0,162	0,1	0,7	0,0
Rohe Fette, ohne Talg u. Schmalz	1,7	0,022	0,0	1,539	1,7	—	—	14,4	0,5
Talg	1,0	0,005	0,0	0,982	1,1	—	—	9,2	0,3
Schmalz	7,6	0,023	0,0	7,554	8,2	—	—	70,4	2,5
Margarine	24,9	0,125	0,2	21,065	22,7	0,100	0,0	197,0	7,0
Rindfleisch	16,7	3,307	4,4	1,202	1,3	0,084		25,1	0,9
Schweinefleisch	20,1	2,372	3,2	5,246	5,7	0,040		58,7	2,1
Kalbfleisch	1,4	0,305	0,4	0,073	0,1	0,007		2,0	0,1
Hammelfleisch	0,6	0,113	0,2	0,106	0,1	0,002		1,5	0,1
Pferdefleisch	0,2	0,041	0,1	0,005	0,0	0,002		0,2	0,0
Hackfleisch	4,6	0,828	1,1	0,598	0,6	0,032		9,1	0,3
Geflügel	1,7	0,274	0,4	0,250	0,3	0,002	0,1	3,5	0,1
Ziegen- und Kaninchenfleisch	1,6	0,286	0,4	0,086	0,1	0,005		2,0	0,1
Wild, ohne Wildgeflügel	0,2	0,037	0,0	0,003	0,0	0,001		0,2	0,0
Sonstiges frisches Fleisch	5,6	1,058	1,4	0,207	0,2	0,073		6,6	0,2
Gefrierfleisch	0,0	0,000	0,0	0,000	0,0	0,000		0,0	0,0
Knochen	3,3	0,007	0,0	0,208	0,2	—	—	1,9	0,1
Fleisch zusammen	56,0	8,628	11,6	7,984	8,6	0,248	0,1	110,8	4,0
Speck, geräuchert	7,5	0,773	1,1	5,055	5,4	—	—	50,2	1,8
Wurst	34,5	4,727	6,4	8,556	9,2	3,623	0,9	113,9	4,1
Schinken und sonst. Aufschnitt	3,3	0,825	1,1	0,825	0,9	—	—	11,1	0,4
Sonstige Fleischwaren	2,0	0,476	0,6	0,236	0,3	0,032	0,0	4,3	0,1
Fleischwaren zusammen	47,3	6,801	9,2	14.672	15,8	3,655	0,9	179,5	6,4
Fleisch- u. Fleischwaren zusammen	103,3	15,429	20,8	22,656	24,4	3,903	1,0	290,3	10,4
Frische Süßwasserfische	0,6	0,044	0,1	0,016	0,0	—	—	0,3	0,0
Frische Seefische und Muscheln	8,3	0,664	0,9	0.091	0,1	—	—	3,6	0,1
Salzheringe	4,5	0,630	0,8	0,513	0,6	0,041	0,0	7,5	0,3
Geräucherter Fisch	3,3	0,455	0,6	0,224	0,2	0,007	0,0	4,0	0,1
Sonstige Fischwaren	2,9	0,421	0,6	0,290	0,3	0,020	0,0	4,5	0,2
Fische zusammen	19,6	2,214	3.0	1,134	1,2	0,068	0,0	19,9	0,7
Tierische Nahrungsmittel zusammen	—	32,379	43,5	80,371	86,7	20,834	5,3	966,1	34,5
Bier	41,8	0,167	0,2	—	—	1,881	0,5	19,6	0,7
Branntwein	1,0	—	—	—	—	—	—	2,8	0,1
Traubenwein	3,2	—	—	—	—	—	—	2,0	0,1
Obstwein	15,0	—	—	—	—	0,600	0,1	11,6	0,4
Alkoholische Getränke zusammen	—	0,167	0,2	—	—	2,481	0,6	36,0	1,3

sich auf 81 Stück in diesem Zeitraum je Kopf beschränkten. Die meisten Zigarren wurden mit 133 Stück je Erwachsenen in Düsseldorf geraucht. Tabak erfreute sich mit einem Jahresverbrauch von 1,2 kg je Erwachsenen der meisten Beliebtheit bei den Arbeiterfamilien in Köln-Aachen.

Die regionalen Unterschiede im Verbrauch der Arbeiterhaushaltungen. Die vom Statistischen Reichsamt 1937 durchgeführte Erhebung über Wirtschaftsrechnungen von rund 2500 Haushaltungen gewerblicher Arbeiter spiegelt im wesentlichen den städtischen Verbrauch wider, wie er sich für die breiten Schichten geringeren Einkommens darstellt. Die Erhebung erstreckte sich über ein Jahr und erfaßte das Reich nach dem Gebietsstand des Erhebungsjahres unter Einbeziehung des Danziger Gebietes. Nach ihren Ergebnissen lag der Anteil der pflanzlichen Nahrungsmittel am Gesamtverbrauch von annähernd 3000 Kalorien je Vollperson in den einzelnen Gebieten zwischen 57,0 (Berlin) und 70 % (Westmark). Das Nahrungsmittel der größten mengenmäßigen Bedeutung war dabei die Kartoffel. Je Haushalt und Jahr verbrauchten die untersuchten Familien 604 kg Kartoffeln gegenüber 435 kg Brot, 424 Liter Milch, 130 kg Fleisch und Fleischwaren sowie 70 kg tierische und pflanzliche Fette und Öle. Sowohl der Menge als dem Kaloriengehalt nach erwies sich die Kartoffel als das preiswürdigste Nahrungsmittel.

Wenn die Kartoffel hinsichtlich ihres Anteils am Gesamtnährwertaufkommen der Haushaltungen mit 13,5 % auch gegenüber dem Brot (29,7 %) zurücktritt, so bildet sie daher doch mengenmäßig und wirtschaftlich im allgemeinen die Grundlage für die Ernährung der deutschen Arbeiterfamilien.

Die durchschnittliche Ausgabe der Arbeiterhaushaltung je Einheit für die wichtigsten Nahrungsmittel 1937	Rpf.	
	je Tag	je 1000 Kal.
Kartoffeln	7	9
Vollmilch	22	33
Roggen-, Misch- und Schwarzbrot	31	13
Margarine	144	18
Schweinefleisch	187	64
Wurst	221	67
Butter	309	39

Die Bedeutung der Kartoffel für den Haushaltsverbrauch war freilich regional verschieden. Teilt man die Gebiete nach annähernd gleichem Anteil des Kartoffelverbrauchs ein, so ergeben sich 5 Zonen (Schaubild 1). Die geringste Bedeutung kam der Kartoffel in den süddeutschen Haushalten zu. Sie war aber in Baden und den fränkischen Gebieten mit 11—12 % etwas größer als in Württemberg, Oberbayern und Schwaben, in denen 8—9 % der insgesamt verbrauchten Kalorien aus der Kar-

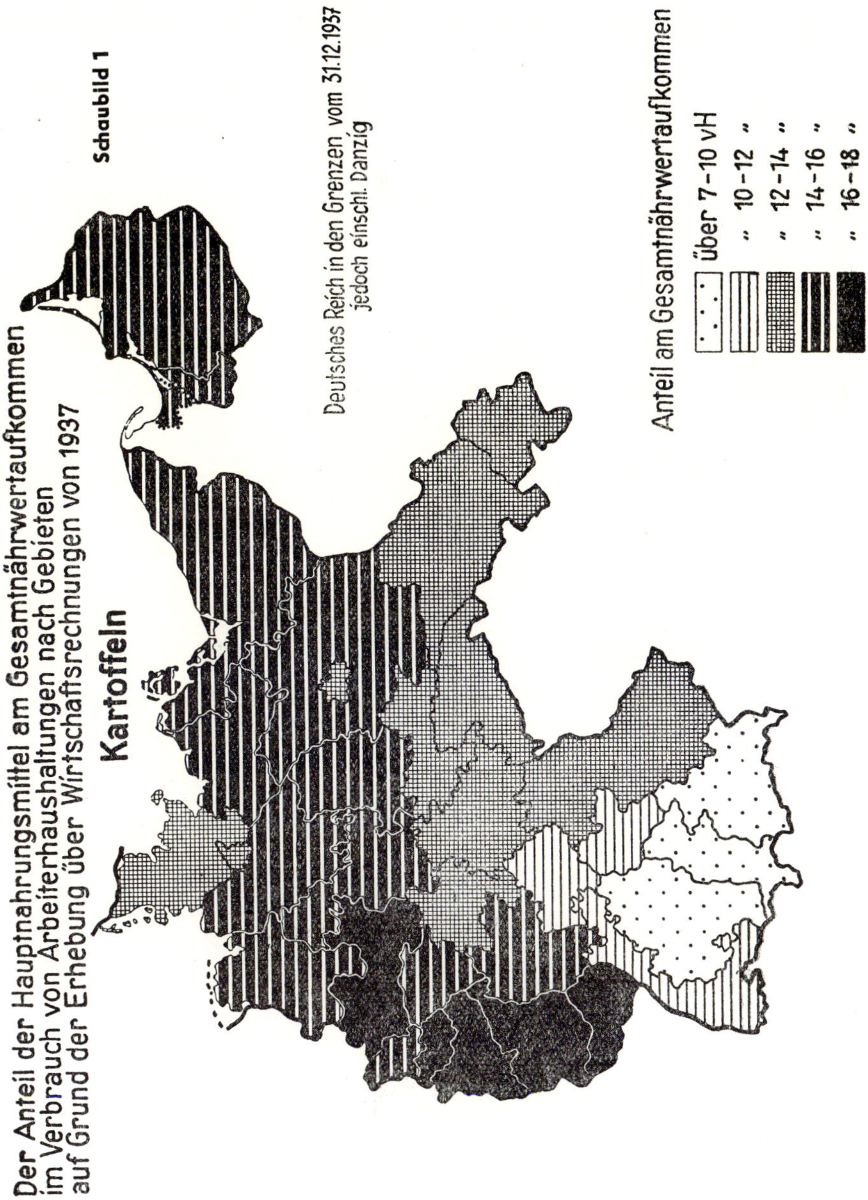
Schaubild 1
Der Anteil der Hauptnahrungsmittel am Gesamtnährwertaufkommen
im Verbrauch von Arbeiterhaushaltungen nach Gebieten
auf Grund der Erhebung über Wirtschaftsrechnungen von 1937
Kartoffeln
Deutsches Reich in den Grenzen vom 31.12.1937
jedoch einschl. Danzig
Anteil am Gesamtnährwertaufkommen
über 7–10 vH
„ 10–12 „
„ 12–14 „
„ 14–16 „
„ 16–18 „

Schaubild 2

Der Anteil der Hauptnahrungsmittel am Gesamtnährwertaufkommen im Verbrauch von Arbeiterhaushaltungen nach Gebieten auf Grund der Erhebung über Wirtschaftsrechnungen von 1937

Brotgetreidenahrung *)

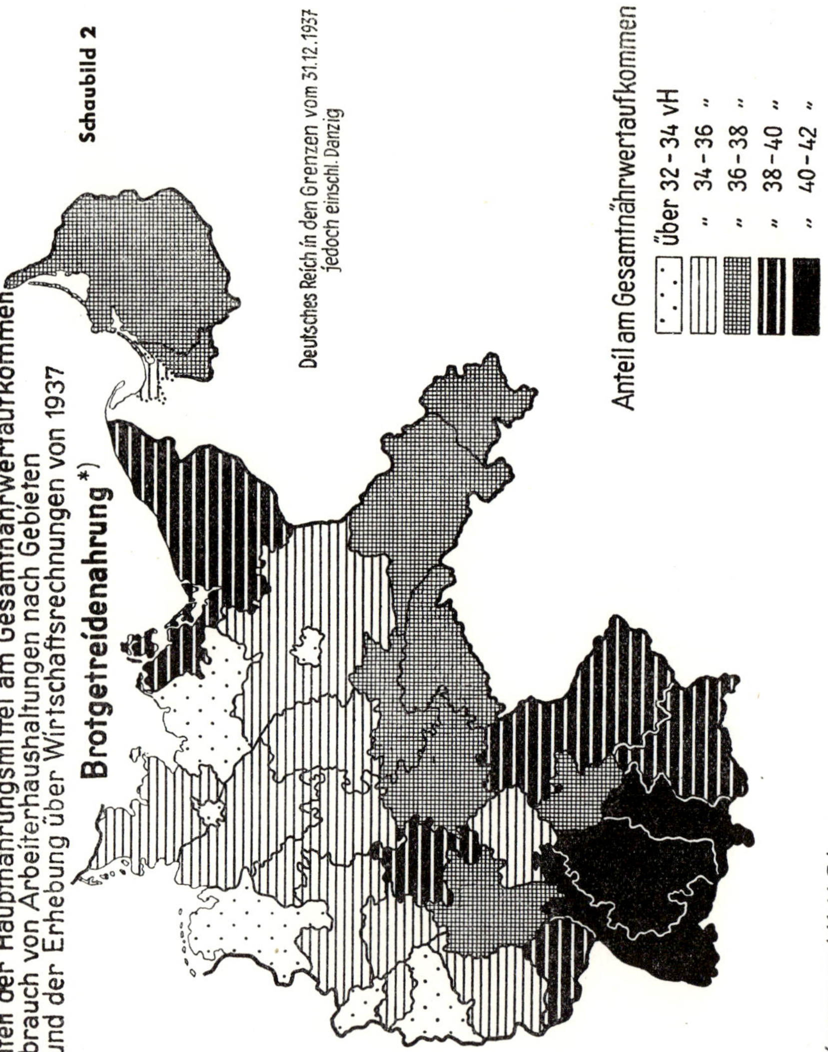

*) *Brot, Backwaren und Mehl, Teigwaren*

toffel bestritten wurden. Die nächsthöhere Stufe des Kartoffelverbrauchs (über 12—14 %) wird durch die Gebiete des äußeren Sudetenrandgebietes, den kurhessisch-thüringischen Raum und den Raum Halle-Merseburg sowie — räumlich getrennt von diesen Gebieten — durch Schleswig-Holstein und Berlin gebildet. Letzteres lag isoliert inmitten der als geschlossenes Gebiet von Ostpreußen bis zur niederländischen Grenze reichenden Zone des zweithöchsten Kartoffelanteils (über 14—16 %), die sich im Westen — unterbrochen durch Nordwestfalen — um die zusammenhängenden Gebiete Hessen, Westfalen-Süd und Hessen-Nassau erweiterte, die den Übergang vom rheinischen und nordwestfälischen Industriegebiet mit dem höchsten Kartoffelverbrauch (über 16—18 %) zu den Zonen des mittleren und schwachen Kartoffelverbrauchs bilden.

Die Unterschiede im Kartoffelverzehr wurden in ihrer Auswirkung auf den Gesamtnährwertverbrauch durch die verschiedenen Gewohnheiten im Verbrauch an Brotgetreidenahrung (Brot, Backwaren, Mühlenerzeugnisse, Teigwaren) gemildert. Die Anteilgrößen dieser Nahrungsmittelgruppe und des Kartoffelverbrauchs ergaben aber nur ein in großen Zügen gegenläufiges Gefälle (Schaubild 2). Wenn im allgemeinen auch der Anteil des Kartoffelverbrauchs in Nord- und Westdeutschland höher, des Mehl- und Backwarenverbrauchs geringer war als in Süddeutschland, so wiesen doch verschiedene Gebiete gleichzeitig hohe (z. B. Westmark, Pommern) oder gleichzeitig mäßige Anteile beider Nahrungsmittelgruppen auf (z. B. Mainfranken). Sowohl in den Gebieten des schwächeren als auch des stärkeren Kartoffelverbrauchs bildete das Brotgetreide die nährwertmäßige Grundlage der Ernährung. Sein Anteil am Gesamtnährwertaufkommen der untersuchten Haushaltungen war erheblich höher und stetiger als der Kartoffelanteil. Während sich dieser in den einzelnen Gebieten zwischen 7,9 % (Schwaben) und 18,0 % (Koblenz-Trier) bewegte, wies der Anteil an Brotgetreidenahrung nur eine Spannung von 32,4 % (Berlin) bis 42,1 % (Württemberg) auf.

Ein allgemeiner Ausgleich des Verbrauchs beider Nahrungsmittelgruppen auf ein gemeinsames Niveau trat daher nicht ein. Auch für beide Nahrungsmittelgruppen zusammen bestanden zwischen den einzelnen Gebieten erhebliche Unterschiede der Verbrauchsanteile. Sie betrugen bis zu 10 % des Gesamtnährwertaufkommens. Der niedrigste Anteil ergab sich für Berlin mit 45,1 %, der höchste für die Westmark mit 55,0 % (Schaubild 3). Der Verbrauch an Brotgetreideerzeugnissen und an Kartoffeln stand allgemein mit wesentlichen Anteilen nebeneinander, wobei der Nährwertanteil der verbrauchten Kartoffelmenge ebenso allgemein erheblich niedriger war.

Stärkere Beziehungen zur Größe des Kartoffelverbrauchs als bei der Brotgetreidenahrung schlechthin zeichneten sich bei den Mühlen-

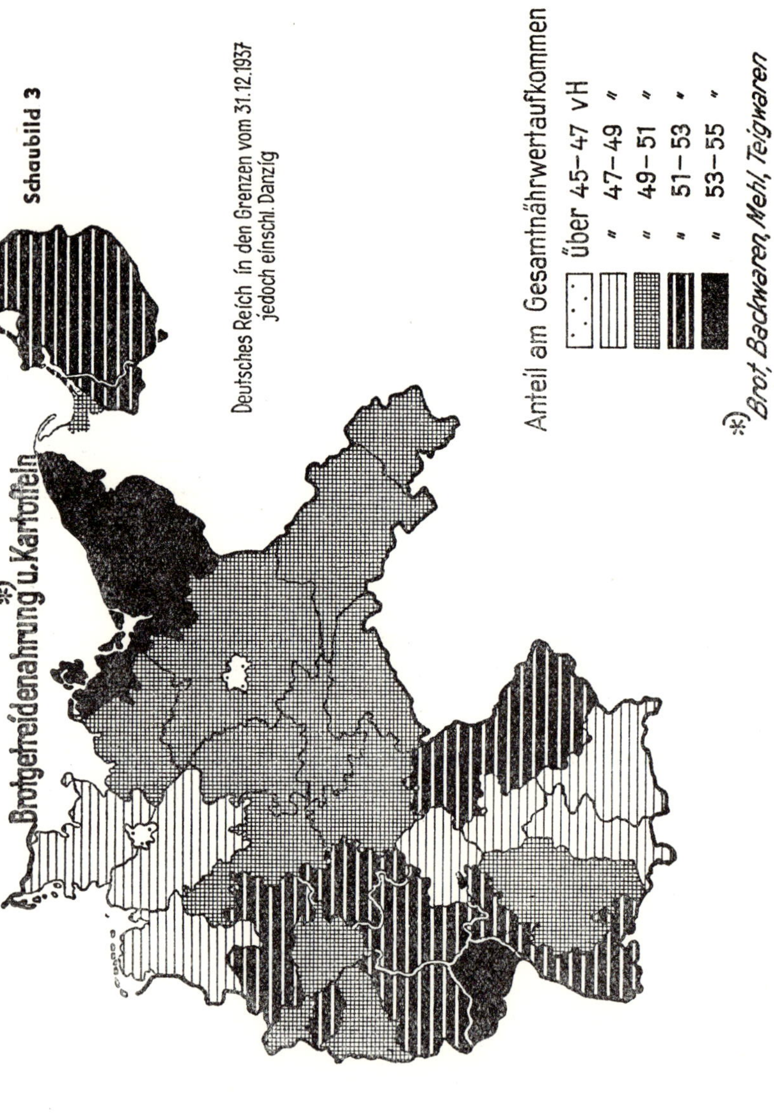

Schaubild 3

Der Anteil der Hauptnahrungsmittel am Gesamtnährwertaufkommen im Verbrauch von Arbeiterhaushaltungen nach Gebieten auf Grund der Erhebung über Wirtschaftsrechnungen von 1937

Brotgetreidenahrung u. Kartoffeln *)

erzeugnissen allein ab, deren weitaus höchste Anteile mit den geringsten Kartoffelanteilen gebietlich zusammenfallen.

Von den Gebieten mit überdurchschnittlichem Verbrauch an Mühlenerzeugnissen wiesen Oberbayern (9,5 %), Schwaben (8,6 %), Franken (7,9 %) und Bayreuth (7,8 %) die höchsten Anteile des Zuckers am Gesamtverbrauch auf. Ebenso fiel in Danzig der niedrigste Anteil der Mühlenerzeugnisse mit dem geringsten Zuckerverbrauch (3,7 %) zusammen. Daneben wurde der Zuckerverbrauch durch die Verarbeitung von Obst zu Marmeladen und Obstsäften beeinflußt. In Süddeutschland traf diese Gewohnheit mit häufiger Mehlspeisenbereitung zusammen (6,3 bis 9,5 %). Der gewohnheitsmäßige Genuß gesüßter Getränke (Tee, Kaffee) prägt sich besonders im Zuckerverbrauch von Schleswig-Holstein (7,1 %), Weser-Ems (6,6 %) und Hamburg (5,9 %) aus. In den übrigen Gebieten lag der Anteil des Zuckers am Gesamtnährwertverbrauch zwischen 4,3 (Koblenz-Trier) und 6,7 % (Schlesien).

Der nährwertmäßige Anteil von Obst (einschl. Hartschalenobst) und Obstkonserven lag zwischen 1,5 (Bayreuth) und 2,7 % (Berlin und Pommern). In der überwiegenden Anzahl der Gebiete (21 von 32) wurden 2 % und mehr der benötigten Kalorien durch Obst und Obstkonserven aufgebracht. Besonders gering war der Nährwertanteil dieser Nahrungsmittelgruppe außer im Raum Bayreuth in Danzig (1,6 %) sowie in Franken, Schleswig-Holstein, Mecklenburg (je 1,7 %) und Mainfranken, Süd-Hannover-Braunschweig und Koblenz-Trier (je 1,8 %).

Der verhältnismäßig niedrige Anteil des Gemüses (0,7—1,5 %) trotz nicht geringer Verbrauchsmenge ergibt sich aus seiner Nährwertarmut. 100 g Frischgemüse bieten auf der Verbraucherstufe nur 24 Kalorien bei einem Abfall von 23,7 % gegenüber einem durchschnittlichen Aufkommen von 57 Kalorien aus Frischobst (ohne Südfrüchte und Hartschalenobst) bei einem Abfall von nur 3,5 %. Die Verbrauchsmenge steht daher bei Gemüse in einem vergleichsweise ungünstigen Verhältnis zum Nährwertertrag, wobei freilich die Stellung dieser Nahrungsmittelgruppe in der Vitaminbilanz nicht übersehen werden darf. Mit etwas stärkerem Gemüseverbrauch (1,0 % und mehr) traten besonders die Haushaltungen in anbaugünstigen Gebieten hervor, also im Stromgebiet des Rheins und seiner Zuflüsse mit dem Raum Düsseldorf (1,5 %) an der Spitze, im Weser-Ems-Gebiet und im Mündungsraum der Elbe.

Trotz ihres im Gegensatz zum Frischgemüse sehr hohen Nährwertgehalts von 333 Kalorien je 100 g Rohware und ihres bedeutenden Eiweißertrages (24,7 %) haben die Hülsenfrüchte nur in 12 von 32 Gebieten 1,0 % und mehr, jedoch nicht über 1,3 % (Weser-Ems, Westfalen-Süd) des Nährwertaufkommens der untersuchten Arbeiterhaushaltungen geliefert. Es handelt sich dabei vorwiegend um die westlichen und nordwestlichen Industriegebiete. Im übrigen, namentlich in Süd-

Schaubild 4

Der Anteil der Hauptnahrungsmittel am Gesamtnährwertaufkommen im Verbrauch von Arbeiterhaushaltungen nach Gebieten auf Grund der Erhebung über Wirtschaftsrechnungen von 1937

Fette und Öle *)

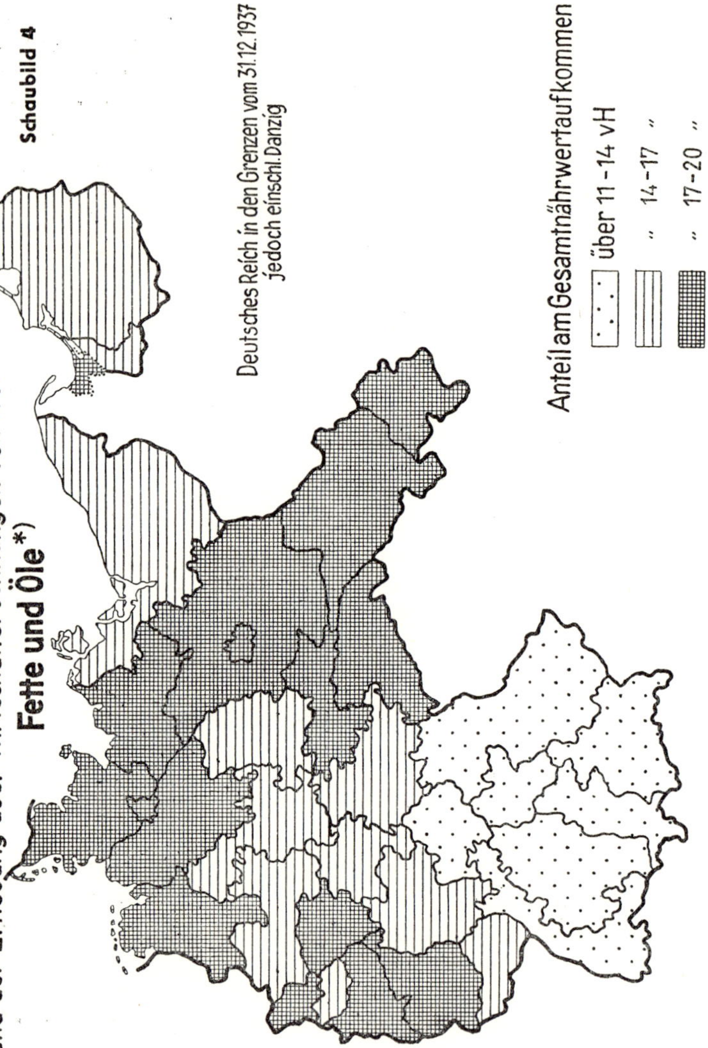

*) *Erzeugnisse tierischer und pflanzlicher Herkunft zusammen*

deutschland, war der Verbrauch an Hülsenfrüchten ausgesprochen gering und lag in Oberbayern, Schwaben und Bayreuth bis nur auf 0,3 % des Gesamtnährwertverbrauchs.

Noch geringere Bedeutung hatte Reis. Lediglich in Schleswig-Holstein erreichte er einen Anteil von 1,0 % der Gesamternährung. Württemberg, Süd-Hannover-Braunschweig und Danzig wiesen mit 0,4 % die geringsten Reisanteile aus.

Schokolade und Süßwaren traten in den Wirtschaftsrechnungen der Arbeiterhaushaltungen mit dem geringen Gewicht eines Luxuskonsums in Erscheinung. Nur in den Einfuhrzentren Hamburg und Danzig sowie bei dem weltstädtischen Berliner Lebensstandard erreichte ihr Anteil 0,8 %. In den übrigen Gebieten wurden aus diesen nährwertreichen Nahrungsmitteln nur 0,2 (Württemberg, Baden) bis 0,6 % Sachsen, Mark Brandenburg, Ostpreußen) des Nährwertverbrauchs der Arbeiterhaushaltungen bestritten.

Für den Verbrauch an tierischen und pflanzlichen Fetten ergab sich eine von Nordwesten nach Südosten verlaufende Zone der höchsten Anteile am Gesamtnährwertaufkommen (über 17—20 %), die mit Ausnahme von Ost-Hannover, Berlin und Halle-Merseburg die Zone des höchsten Fleischverbrauchsanteils mied (Schaubild 4). Dazu trat ein etwa durch das westdeutsche Industriegebiet gekennzeichneter Raum und im Osten das Gebiet von Danzig. Der gesamte süddeutsche Raum bis etwa zum Main wies einen vergleichsweise geringen Verbrauch an Handelsfetten auf. Für die übrigen Gebiete hatten diese mittlere Bedeutung.

Allgemein überwog der Anteil der tierischen Fette den der pflanzlichen. Rechnet man Margarine ungeachtet ihrer pflanzlichen Bestandteile zu den tierischen Fetten, so war der Anteil der pflanzlichen Öle und Fette am Gesamtfettverbrauch mit 35 und 32 % in der Westmark und Württemberg am höchsten. Hinsichtlich des Anteils an der Gesamtnahrung stand der Pflanzenfettverbrauch der württembergischen Haushaltungen infolge ihres geringen Gesamtfettverbrauchs erst an 5. Stelle hinter der Westmark, Hessen-Nassau, Essen und Koblenz. Die Zone des höheren Verbrauchs an pflanzlichen Fetten und Ölen wurde nach Osten etwa durch die Gebiete Essen, Westfalen-Süd, Kurhessen, Mainfranken und Württemberg abgegrenzt. Im ganzen war ein von der Scheitellinie Westmark-Hessen-Nassau ausgehendes Gefälle mit Verlauf nach Norden und Osten zu beachten.

Von den Gebieten geringen Pflanzenfettanteils wiesen Schleswig-Holstein, Hamburg und Ost-Hannover höchste, ferner das Weser-Ems-Gebiet und die industriestarken Räume Berlin, Süd-Hannover-Braunschweig und Sachsen hohe Verbrauchsanteile an Margarine auf. Sehr hoch ist auch der Margarineanteil bei gleichzeitig beachtlichem Pflanzenfettverbrauch im südlichen Westfalen, eine Erscheinung, die in Nord-

Schaubild 5

Der Anteil der Hauptnährungsmittel am Gesamtnährwertaufkommen im Verbrauch von Arbeiterhaushaltungen nach Gebieten auf Grund der Erhebung über Wirtschaftsrechnungen von 1937

Fleisch und Fleischwaren

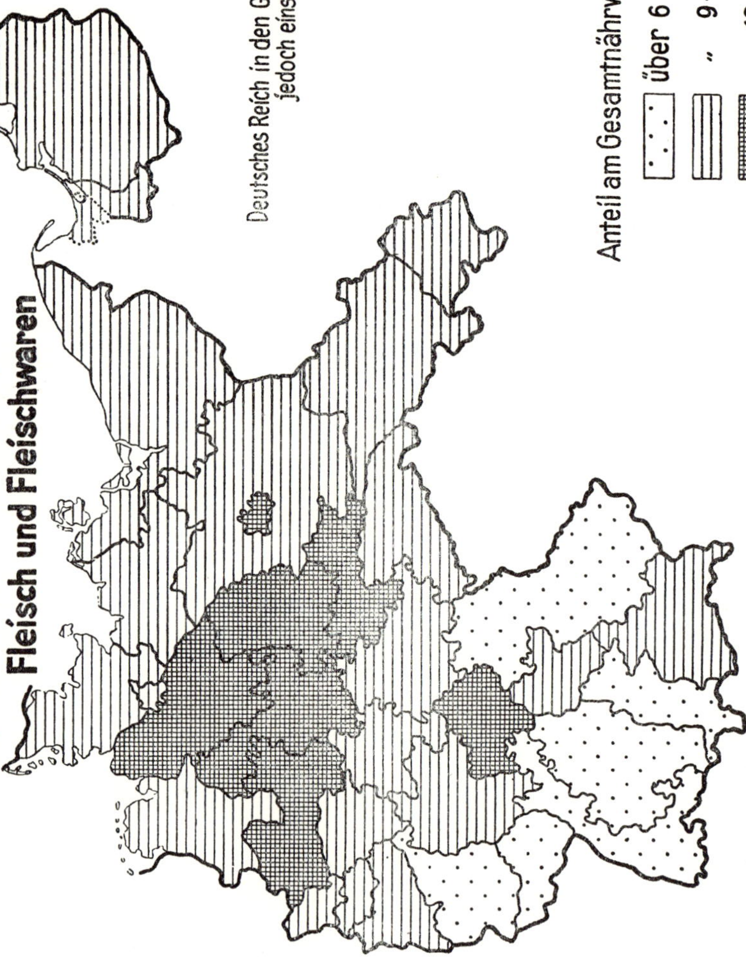

Deutsches Reich in den Grenzen vom 31.12.1937 jedoch einschl. Danzig

Anteil am Gesamtnährwertaufkommen

- über 6 – 9 vH
- „ 9 – 12 „
- „ 12 15 „

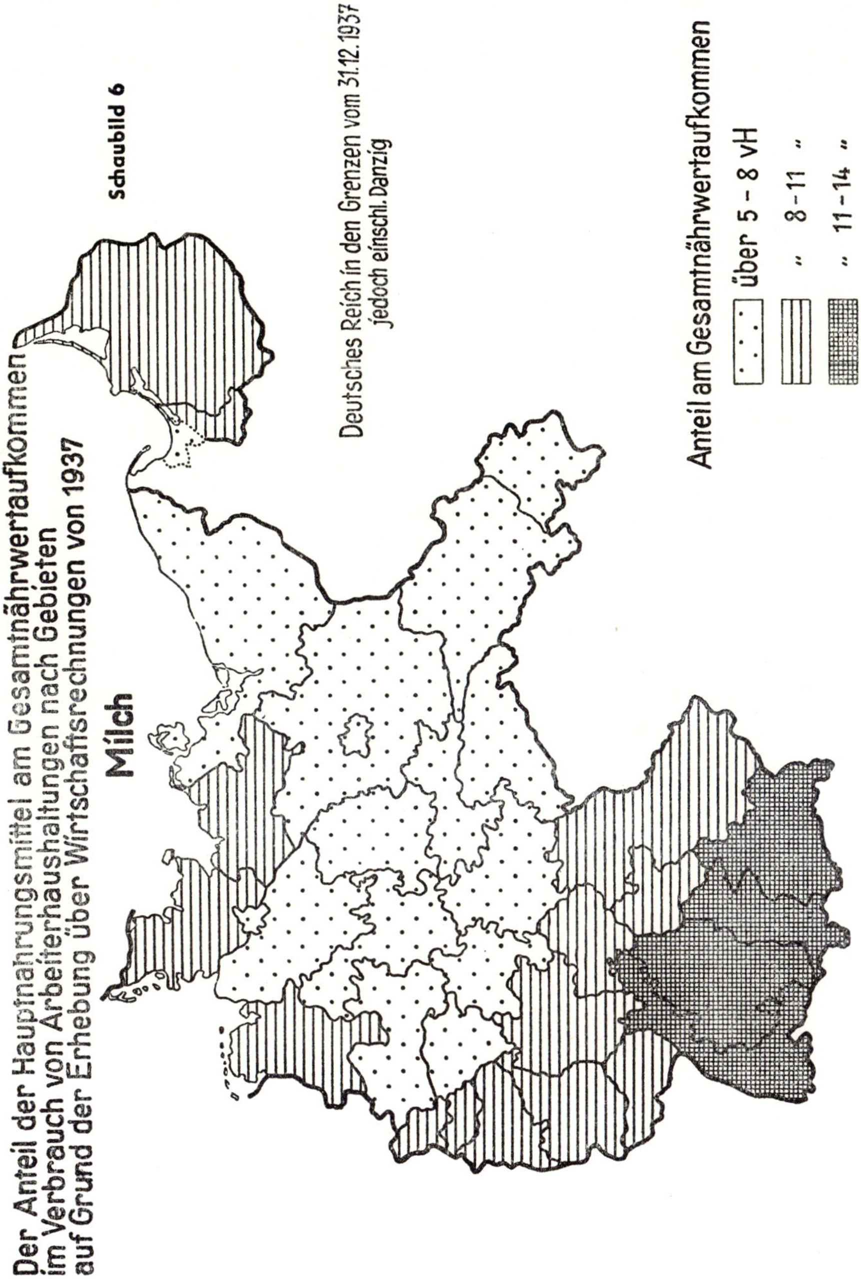
Schaubild 6
Der Anteil der Hauptnahrungsmittel am Gesamtnährwertaufkommen
im Verbrauch von Arbeiterhaushaltungen nach Gebieten
auf Grund der Erhebung über Wirtschaftsrechnungen von 1937
Milch
Deutsches Reich in den Grenzen vom 31.12.1937
jedoch einschl. Danzig
Anteil am Gesamtnährwertaufkommen
über 5 - 8 vH
" 8 - 11 "
" 11 - 14 "

westfalen nicht ganz so ausgeprägt war, aber auch hier auf die Bedeutung der gegenüber Butter billigeren Margarine für die auf hohe Kalorienzufuhr angewiesene Industriebevölkerung hinwies.

Im übrigen wies aber der Butteranteil des Nährwertaufkommens gerade in den großen Verbraucherzentren, die wesentlich durch Industrieballung bedingt sind, Größen auf (Berlin 9,0, Sachsen 6,8, Hamburg 6,3 %), die nur in einem agrarischen Gebiet (Mecklenburg 8,2 %) erreicht wurden, während er im gesamten restlichen Gebiet 5,5 % des Nahrungsmittelverbrauchs (Pommern) nicht überschritt.

Der Verbrauch an Schmalz u. dgl. hatte die größte anteilmäßige Bedeutung in Danzig (8,0 %), Mark Brandenburg (5,8 %), Ostpreußen (5,5 %) und Berlin (5,0 %), also Gebieten hohen Fleischverbrauchs.

F l e i s c h u n d F l e i s c h w a r e n traten im südwestdeutschen Raum von Schwaben bis hinauf zum Moselland und in der Bayerischen Ostmark im Verbrauch der Arbeiterhaushaltungen zurück (Schaubild 5). Das Gebiet des geringeren Verbrauchs von Fleisch deckte sich damit nicht völlig mit dem des geringsten Kartoffelverbrauchs und stärkster Inanspruchnahme von Brotgetreidenahrung. Oberbayern wies bei geringem Kartoffelanteil und viel Brotgetreidenahrung einen Fleischanteil auf, der etwa den Gewohnheiten in Schleswig-Holstein und Hessen-Nassau entsprach. Ähnlich, jedoch mit höherem Kartoffelanteil, dürften sich die Verhältnisse in Niederbayern darstellen, dessen Fleischverbrauchsanteil in der Zusammenfassung mit den Gebieten des Sudetenwestrandes etwas zurücktritt. In der Westmark und dem Moselland trifft ein geringer Anteil der Fleischnahrung mit einem ausgesprochen hohen Kartoffel- und gut mittleren Milchverbrauch zusammen, wobei die Brotgetreidenahrung für die Saarpfalz erhebliche, für das Moselland mäßige Bedeutung hatte. Sowohl die Gebiete niedrigen als auch diejenigen hohen Fleischanteils am Haushaltsverbrauch waren verhältnismäßig begrenzt und in sich geschlossen. Das Gebiet des hohen Fleischanteils umfaßte hauptsächlich den mittel- und nordwestdeutschen Raum (ohne Weser-Ems) sowie — getrennt hiervon — die Gebiete Berlin und Mainfranken.

Sehr ausgeprägt waren die Unterschiede im M i l c h v e r b r a u c h (Schaubild 6). Der Anteil am Gesamternährwertaufkommen war — durch Erzeugungslage und Ernährungsgewohnheiten bedingt — in Oberbayern (13,3 %), Schwaben (12,6 %), Baden (11,8 %), Württemberg (11,2 %), der Bayerischen Ostmark, der Saarpfalz und dem Gebiet Koblenz-Trier höher als der Anteil des Fleischverbrauchs. Vergleichsweise gering war er im nord- und mitteldeutschen Binnenraum, insbesondere in den Räumen Halle-Merseburg (5,1 %), Magdeburg-Anhalt und Kurmark (5,6 %) sowie in Thüringen (5,8 %).

B o h n e n k a f f e e gehört nicht zu den Nahrungsmitteln im eigentlichen Sinn. Er hat keinen Nährwertgehalt. Die verhältnismäßig hohe

Bedeutung, die er bei der beschränkten Einkommenslage der erfaßten Arbeiterfamilien hatte, weist aber darauf hin, daß er nicht ausschließlich unter dem Gesichtspunkt des Genußwertes zu würdigen ist. Sieht man von der verbrauchsgünstigen Lage von Hamburg, das mit 3,4 kg jährlich je erwachsene Person (über 15 Jahre) den stärksten Kaffeekonsum hatte, und dem Weser-Ems-Raum (2,2 kg) mit Bremen als den Haupteinfuhrgebieten ab, so fällt auf, daß der Kaffeeverbrauch ausgesprochen in Gebieten großstädtischer und industrieller Prägung mit ihrem gesteigerten Lebensrhythmus die hohen Werte mit mehr als 2 kg je genannte Einheit zeigte. Wenn in Köln-Aachen 2,8 kg, in Düsseldorf und Essen je 2,7 kg, in Berlin 2,5 kg je Erwachsenen im Jahr verbraucht wurden, so erscheint dieser Verbrauch doch stark durch das Bedürfnis nach einem Anregungsmittel bestimmt, das ja nicht nur allgemein gegen Ermüdungserscheinungen wirkt, sondern speziell auch die Peristaltik belebt. Anderseits ist nicht zu verkennen, daß der Verbrauch mit der Küstenentfernung abnahm. So wiesen einerseits die küstennahen und den Einfuhrzentren benachbarten Gebiete auch bei vorwiegend agrarischem Charakter (z. B. Mecklenburg 2,8 kg, Schleswig-Holstein 2,3 kg) hohe Verbrauchsziffern auf, während die Mengen nach dem Binnenraum bis auf 0,6 kg in Württemberg-Hohenzollern und 0,4 kg in der Bayerischen Ostmark absanken. Anderseits ergibt auch noch diese geringste Jahresmenge jeden 4. bis 5. Tag eine Tasse Bohnenkaffee durchschnittlicher Stärke für den Erwachsenen über 15 Jahre. Es erscheint daher für den Zusammenhang des Kaffeeverbrauchs mit der städtisch-industriellen Struktur symptomatisch, daß dieser in einem Binnengebiet wie Hessen 2,0 kg betrug und in München-Oberbayern trotz der reichlichen Saturierung des Flüssigkeitsbedarfs durch einen hohen Bierverbrauch von jährlich 74,2 l je Erwachsenen immerhin noch auf 0,9 kg, also bei einer Tasse Bohnenkaffee jeden 2. Tag, lag.

Einnahmen und Ausgaben.[4] Der Umfang, in dem die Nachfrage an Verbrauchsgütern des privaten Bedarfs bei einem bestimmten Niveau der Einzelhandelspreise gedeckt werden kann, richtet sich grundsätzlich ebenso nach dem Volumen der verfügbaren Individualeinkommen oder besser der in den einzelnen Haushaltungen verfügbaren Einkommen wie

---

[4] *Bartels-Spilker,* Das Einkommen aus unselbständiger Arbeit im Rahmen der Volkseinkommensberechnung, Wirtschaft und Statistik, Heft 7/1954; *Spilker,* Das Einkommen aus unselbständiger Arbeit in den Jahren 1949 bis 1953, ebenda; *Fürst* (und Mitarbeiter), Zur Frage der Einkommensschichtung, Wirtschaft und Statistik, Heft 6/1954; *Deneffe,* Der Verbrauch in Arbeitnehmerhaushaltungen im Jahr 1953, Wirtschaft und Statistik, Heft 5/1954; *ders.,* Die Gehälter der Angestellten in der Bundesrepublik, ebenda, Heft 1/1954; *ders.,* Das Lohngefüge in der Bundesrepublik, ebenda, Heft 7 und 10/1953; *Horstmann,* Zahl und Art der Einkommensbezieher in den Haushaltungen, ebenda; *Statistisches Bundesamt,* Die Haushaltungen und Die Struktur der Haushaltungen im Bundesgebiet nach der Zählung vom 13. 9. 1950, Bd. 35,

die Deckung der volkswirtschaftlichen Nachfrage nach dem Volkseinkommen. Bestimmt wird dieses Volumen durch die kleinen und mittleren Einkommen. Der Anteil der Einkommensbezieher und der Einkommen bis zu jährlich 5000 RM stellte sich im alten Reichsgebiet wie folgt (Gesamtsummen = 100):

	1928	1932	1934	1936
Einkommensbezieher	95,7	97,3	97,3	96,6
Einkommen	75,3	82,9	82,3	78,0

Selbstverständlich ist Berechnungen der Einkommensschichtung, die sich auf die Ergebnisse der Steuerstatistiken stützen, insofern mit Vorsicht zu begegnen, als der Begriff des Einkommens in diesen steuerrechtlich definiert ist, sich also nicht mit dem ökonomischen Begriff des Einkommens deckt. *Fürst* weist in einer Erläuterung zu der vom Statistischen Bundesamt unternommenen Berechnung einer Einkommenspyramide auf diese Unterschiede sowie auf die zwangsläufigen Unvollkommenheiten einer solchen Zusammenstellung nach den Ergebnissen von Lohn- und Einkommensteuerstatistiken im einzelnen hin. Wenn diese Berechnungen aber auch kein Strukturbild ergeben, das allen Anforderungen an ein genaues Abbild der Wirklichkeit entspricht — in der Darstellung des Statistischen Bundesamtes ist jedenfalls versucht worden, durch Einbeziehung der steuerlichen Vergünstigungen (Erfassung der „Einkünfte") dem ökonomischen Einkommensbegriff näherzukommen —, so lassen sie doch deutlich die Schwerpunktverteilung der Einkommen erkennen. Nach der Berechnung des Statistischen Bundesamtes für 1950 entfallen ähnlich den Berechnungen des Statistischen Reichsamtes, das eine Gruppengrenze bei dem Jahreseinkommen von RM 5000,— zog, auf die Gruppen mit jährlichen Einkünften unter 4800,— DM 91 vH der Steuerpflichtigen mit 66 vH der Einkünfte. Von diesen etwas über 18 000 Steuerpflichtigen sind 9600 durch die Lohnsteuerstatistik erfaßt und etwa 6800 Personen als durch diese Statistik nicht erfaßte Lohnsteuerpflichtige geschätzt worden. Zusammen bilden diese Personen einen Anteil von rund 90 vH aller Steuerpflichtigen innerhalb der angegebenen Abgrenzung der Einkünfte mit rund 85 vH dieser Einkünfte insgesamt. An der Gesamtzahl der Steuerpflichtigen und ihrer Einkünfte waren die Lohnsteuerpflichtigen mit 86 bzw. annähernd 68 vH beteiligt. Wenn

Heft 4 und 8 zur Statistik der Bundesrepublik Deutschland, Stuttgart-Köln 1954; *dass.*, Bevölkerung und Erwerbstätigkeit am 13. 9. 1950 und 17. 5. 1939, Stat. Ber. Nr. VIII/8/28, Wiesbaden, 1954; *dass.*, Der Verbrauch in Arbeitnehmerhaushaltungen 1949—1952, Bd. 97, ebenda, Stuttgart-Köln 1954; *dass.*, Statistisches Jahrbuch für die Bundesrepublik Deutschland 1953, Wiesbaden-Stuttgart-Köln 1953; *dass.*, Personal der öffentlichen Verwaltung am 2. 9. 1950, Bd. 55 zur Stat. d. Bundesrep. Deutschland, Stuttgart-Köln 1952; *Stat. Reichsamt,* Statistisches Jahrbuch für das Deutsche Reich 1941/42, Berlin 1942.

diese Berechnung auch einen Anteil der Veranlagten von 32 vH an der Gesamtheit der Einkünfte bedeutet, so liegt das Schwergewicht des Einkommensbezuges nach Personenzahl und Summe ihrer Einkünfte doch zweifelsfrei bei den Personen in unselbständiger Stellung, also bei den Beamten, Angestellten und Arbeitern, womit auch die oben wiedergegebenen Zahlen aus der Reichsstatistik eine entsprechende Beleuchtung erfahren.

Nach der Berufszählung von 1939 betrug der Anteil der Arbeiter an der Gesamtzahl der Erwerbspersonen im Deutschen Reich rund 50 vH bei einem Anteil der Beamten, Angestellten und Arbeiter zusammen von knapp 70 vH. Bezogen auf das jetzige Bundesgebiet betrugen diese Anteile 1939 rund 48 und 67 vH (ohne Wehrmacht und Arbeitsdienst). 1950 waren die entsprechenden Anteile im Bundesgebiet 51 und 71 vH. Es entspricht nun freilich keineswegs den Anforderungen an statistische Genauigkeit, die aus den Beiträgen zu den Rentenversicherungen berechneten Einkommen in Beziehung zu den Ergebnissen der Steuerstatistik zu setzen, schon weil sich die Beitragspflicht zu den Rentenversicherungen nicht mit der Steuerpflicht deckt und eine Berechnung der Einkommen aus den Beitragsklassen nur sehr grobe Anhaltspunkte liefert. Immerhin dürfte eine solche für 1936 vorgenommene rohe Schätzung die Annahme zulassen, daß der Anteil der Arbeiter und Angestellten allein am unberichtigten Gesamteinkommen jenes Jahres nach der Steuerstatistik in einen dem Anteil von wenigstens der Hälfte dieses Gesamteinkommens entsprechenden Größenordnung lag. An der Summe der nach den Rentenversicherungsbeiträgen errechneten Gesamteinkommen waren die im Bereich der Invalidenversicherung angefallenen Einkommen mit folgenden in runden Beträgen angegebenen Prozentsätzen beteiligt:

1932	1934	1936	1938	1940
67	70	70	70	66

Die in dem nach der Steuerstatistik entworfenen Strukturbild nur unvollständig enthaltene Schicht der Selbständigen Berufslosen (Rentner, Pensions- und Ruhegeldempfänger, Unterstützungsempfänger und dergleichen) sowie die Gruppen der eine eigene Haushaltung führenden Mithelfenden Familienangehörigen und sogenannten Angehörigen ohne Hauptberuf lassen sich zwar nicht ihrem Einkommen nach, wohl aber nach der Zahl der Haushaltungen und der in ihnen lebenden Einkommensbezieher aus den vom Statistischen Bundesamt veröffentlichten Ergebnissen der Volkszählung vom 13. 9. 1950 unterscheiden. Wie die beigefügte hiernach aufgestellte Übersicht zeigt, entfallen auf diese drei Gruppen zusammen 27,0 vH der Haushaltungen (ohne Anstaltshaushaltungen) und 25,2 vH der Einkommensbezieher. Berücksichtigt man bei

Die Haushaltungen ohne Anstaltshaushaltungen im Bundesgebiet nach der sozialen Stellung des Haushaltungsvorstandes und ihre Einkommensbezieher. Ergebnisse einer Sonderauszählung auf repräsentativer Basis im Rahmen der Volkszählung vom 13. 9. 1950

Soziale Stellung des Haushaltungsvorstandes	Haushaltungen ohne Anstaltshaushaltungen				davon							
					Mehrpersonenhaushaltungen				Einzelhaushaltungen			
	Haushaltungen		Einkommens-bezieher		Haushaltungen		Einkommens-bezieher		Haushaltungen		bezieher Einkommens-	
	1000	vH	1000	vH	1000	vH	1000	vH	1000	vH	1000	vH
Arbeiter	5 581,3	36,3	8 519,6	36,2	4 767,1	37,9	7 705,4	37,0	814,2	29,0	814,2	30,2
dar. Landarbeiter	200,1	1,3	335,5	1,4	178,7	1,4	314,1	1,5	21,4	0,8	21,4	0,8
Selbständige Berufslose	4 009,7	26,1	5 863,1	24,9	2 748,4	21,9	4 698,1	22,6	1 261,3	44,9	1 165,0	43,2
Selbständige	2 964,1	19,3	5 313,8	22,6	2 761,9	22,0	5 111,6	24,5	202,2	7,2	202,2	7,5
dar. in landwirtschaftl. Betrieben	1 179,6	7,7	2 359,5	10,0	1 150,7	9,2	2 330,6	11,2	28,9	1,0	28,9	1,1
Angestellte	1 901,2	12,4	2 622,3	11,1	1 489,8	11,9	2 210,9	10,6	411,4	14,6	411,4	15,3
dar. kranken- u. angestelltenvers.pflichtig	1 426,5	9,3	1 958,9	8.3	1 074,1	8,6	1 606,5	7,7	352,4	12,5	352,4	13,1
Beamte	767,2	5,0	1 148,3	4,9	666,6	5,3	1 047,7	5.0	100,6	3,6	100,6	3,7
dar. im einfachen und mittleren Dienst	436,5	2,8	673,1	2,9	392,1	3,1	628,7	3,0	44,4	1,6	44,4	1,6
Mithelfende Familienangehörige	23,8	0,1	29,9	0,1	20,7	0,2	26,8	0,1	3,1	0,1	3,1	0,1
Angehörige ohne Hauptberuf	123,9	0,8	42,6	0,2	105,3	0,8	42,6	0,2	18,6	0,6	—	—
Insgesamt:	15 371,2	100	23 539,6	100	12 559,8	100	20 843,1	100	2 811,4	100	2 696,5	100

den Beamten nur den einfachen und mittleren Dienst, bei den Angestellten nur die Kranken- und Angestelltenversicherungspflichtigen, bei den Selbständigen Berufslosen in angemessener Weise die Beamtenversorgung, ferner die mäßig verdienenden Selbständigen, so kann man auch auf dieser Grundlage annehmen, daß über acht Zehntel der Haushaltungsvorstände und etwa 90 vH der Einkommensbezieher dieser Haushaltungen zu den Schichten mit Jahreseinkünften innerhalb der ersten vier Stufen der Einkommensskala liegen. Gleichwohl sind die Einkünfte dieser Gruppe untereinander sehr differenziert und lassen es daher nicht zu, von einem „Masseneinkommen" als Typus zu sprechen.

Dies ist auch deshalb nicht angängig, weil für die Kaufkraft der „Masse", wenn wir auf die Zahl der Kaufkraftträger mit dem insgesamt relativ größten Kaufkraftvolumen für den Privatbedarf hinauswollen, nicht schlechthin die Individualeinkommen zugrunde gelegt werden dürfen, sondern die Gesamteinkünfte der Haushaltung in Betracht gezogen werden müssen. Die Bedeutung dieser Berechnungsform zeigt ohne weiteres ein Vergleich der Haushaltungszahlen mit den Zahlen der zugehörigen Einkommensbezieher an Hand der beigefügten Tabelle. Er macht einerseits ersichtlich, daß in Mehrpersonenhaushaltungen, deren Haushaltungsvorstand als Angehöriger ohne Hauptberuf erfaßt wurde, durchaus Einkommensbezieher vorhanden sein können, die wahrscheinlich aus ihrem Einkommen den Haushaltungsvorstand unterstützen (z. B. Sohn/Mutter), anderseits, daß in Mehrpersonenhaushaltungen die Zahl der Einkommensbezieher je Haushaltung wie besonders bei den Selbständigen in der Landwirtschaft und bei den Landarbeitern, aber auch bei den Arbeitern überhaupt recht erheblich sein kann. Nach einer Zusammenstellung von *Horstmann* hatten zwar mehr als die Hälfte aller Mehrpersonenhaushaltungen nur einen Einkommensbezieher, immerhin nicht viel weniger als ein Drittel aber zwei und noch ungefähr ein Siebtel drei und mehr. Da sich bei dieser Zusammensetzung der Haushaltungen die sozialen Schichten bereits innerhalb der Familie überschneiden, ist es im Gegensatz zur reinen Individualeinkommensschichtung unter dem Gesichtspunkt der Kaufkraftentfaltung kaum möglich, eine bestimmte Schicht als soziale Kaufkraftträgergruppe exakt abzugrenzen. Die Abgrenzung nach der sozialen Stellung des Haushaltungsvorstandes ist nur ein Behelf und darum nicht voll befriedigend. Immerhin läßt sie erkennen, daß aus der Arbeiterbevölkerung mehr als ein Drittel aller Einkommensbezieher kommen.

Nun ist oft genug und von verschiedensten Seiten gesagt worden, daß die Einkommen der Arbeiter, der kranken-, und angestelltenversicherungspflichtigen Angestellten und der Beamten des einfachen und mittleren Dienstes sich in der gleichen Größenordnung halten. Nimmt man die Bezüge der Sekretäre und Polizeimeister (Besoldungsgruppe A 7a) hierbei als Maßstab, die nach dem Stand vom 1. Oktober 1951 zwischen annähernd 260 DM (Anfangsgehalt Lediger in Ortsklasse D) und nicht ganz 450 DM (Endgehalt Verheirateter mit 1 Kind in Ortsklasse S) variierten, so kann man sagen, daß die monatlichen Bruttoverdienste (ohne Arbeitnehmer in der Landwirtschaft), die sich auf Grund der Lohn- und Gehaltsstrukturerhebung des Statistischen Bundesamtes nach dem Stand vom 1. November 1951 für männliche Arbeiter im Durchschnitt mit annähernd 350 DM, für männliche Angestellte mit etwa 460 DM errechnen, ungefähr diesem Rahmen entsprechen. Es entspricht also auch der Vorstellung eines Kaufkraftvolumens, wenn die Berufszählung die Arbeiter, Angestellten und Beamten als größere Gruppe unter dem Begriff der Abhängigen zusammenfaßt und die Statistik der volkswirtschaftlichen Gesamtrechnungen die Einkommen dieser Gruppe (einschließlich der Sozialbeiträge der Arbeitgeber, der Pensionsanteilsquote des Beamtengehalts und der Lohnnebenkosten) dem zusammenfassenden Begriff des Einkommens aus unselbständiger Arbeit subsumiert. Die volkswirtschaftliche Bruttoeinkommenssumme dieses Bereichs, die das Statistische Bundesamt für das Jahr 1953 mit 65,5 Mio DM berechnet, erscheint so als ein in sich geschlossener, die Schwierigkeiten der sozialen Abgrenzung ausschließender Komplex. Unter diesem Gesichtspunkt erschiene eine zusammenfassende Behandlung der Wirtschaftsrechnungen von Arbeiter-, Angestellten- und Beamtenhaushaltungen, wie sie das Statistische Bundesamt in seinen Veröffentlichungen über den Verbrauch in Haushaltungen vornimmt, auch dann begründet, wenn die Zahl der erfaßten Haushaltungen eine getrennte Nachweisung ermöglichte. Es spricht auch für eine gewisse Gleichförmigkeit des Materials, daß sich die Budgets der erfaßten Haushaltungen, wenn man die Unterschiede der Berechnungsgrundlagen in Betracht zieht, größenordnungsmäßig in dem angegebenen Rahmen halten. Auch entspricht der Ausgabenanteil für Ernährung mit ungefähr 43 vH der Gesamtausgaben dem vor dem zweiten Weltkrieg ermittelten Anteilswert bei Arbeiterhaushaltungen.

Anderseits ist nicht zu übersehen, daß in der Lebensführung von Arbeiterhaushaltungen, Angestelltenhaushaltungen und Beamtenhaushaltungen doch Unterschiede bestehen, die nicht allein durch die Einkommenshöhe bedingt sind und die ganz offensichtlich von der sozialen Stellung des Haushaltungsvorstandes beeinflußt werden. Ein Vordringen in den Komplex der unselbständigen Arbeit hinein läßt daher weitergehende Aufschlüsse erwarten, die besonders für das Ernährungsproblem von Interesse sind. Bei einer derartigen Analyse wird allerdings die Gestaltung der Lebensbedürfnisse des Arbeiters, dem als Gruppe auf dem Markt nach dem Gesagten in diesem Rahmen die größte Bedeutung zukommt, in den Vordergrund der Betrachtung zu ziehen sein.

Der Ausgabenanteil der Ernährung im Frieden.[5] Der Nahrungsbedarf stellt nur einen Teil des gesamten Lebensbedarfs dar. Ein weiterer Teil des Einkommens ist durch andere lebensnotwendige Ausgaben gebunden. Nach den Ergebnissen der Erhebung über Wirtschaftsrechnungen von Arbeiterhaushaltungen für 1937 wurden rund 43 % der Gesamteinnahmen für Nahrungsmittel ausgegeben. Dieser Anteil liegt im Rahmen dessen, was vor dem zweiten Weltkrieg in europäischen Ländern von etwa gleicher Wirtschaftsstruktur als üblich angesehen werden konnte. Er kann bei Ländern stärkerer Industrialisierung als etwas niedriger, in solchen geringerer als etwas höher angenommen werden, wird sich aber bei unbeeinträchtigter Marktentwicklung ungefähr in dieser Größenordnung halten.

Land	Erwerbspersonen in Industrie, Bergbau, Handel und Verkehr in % sämtl. Erwerbspersonen	Zählungsjahr	Nahrungsmittelausgaben in % der Gesamtausgaben	Haushaltungstyp
Großbritannien und Nordirland	75	1931	40	Typische Arbeiterhaushaltung
Niederlande	63	1930	40 (einschl. Genußmittel)	Arbeiterhaushaltung
Deutschland	59	1939	43	Bescheidene Arbeiterhaushaltung
Norwegen	48	1930	41 (Oslo) 43 (Bergen)	Einfache Fam.
Bulgarien	13	1934	49	Arbeiter, Angestellte, Beamte

Selbstverständlich bilden solche Anteilsätze keine unwandelbare Norm. Sowohl Änderungen der Lebensmittelpreise oder der Ernährungsgewohnheiten als auch Änderungen des Aufwands für Wohnung, Heizung und Beleuchtung, Kleidung usw. können ihn beeinflussen. Dabei ist allerdings zu berücksichtigen, daß der Wohnungsaufwand — bedingt durch Mietvertragsdauer, Umzugskosten und wohnraumwirtschaftliche Lage — verhältnismäßig unelastisch ist. Der für Nahrungsmittelausgaben verfügbare Einkommensteil ist nicht nur von dem Verhältnis des Einkommens zu den Nahrungsmittelpreisen, sondern auch zu den Prei-

[5] *Statistisches Reichsamt,* Statistisches Jahrbuch für das Deutsche Reich 1941/42, Berlin 1942; *Auslandsstimmen f. d. dt. Wirtschaft* — Nr. 740 v. 28. 1. 1941 Bl. 2; *weiterhin* Originalmaterial des Statistischen Reichsamts.

sen der übrigen Verbrauchsgüter abhängig. Je höher diese Preise sind und je weniger die Nachfrage nach diesen Gütern noch eingeschränkt werden kann, um so knapper wird der für Nahrungsmittel verfügbare Teil der Einnahmen. Wenn sich die Indexziffer für Bekleidung verdoppelt und diejenige für Verschiedenes um ein Drittel steigt, während sich die Ernährungskosten nur um ein Viertel erhöhen, so muß der Verbraucher seine Ernährungsausgaben um ein Fünftel verringern, um sie wertmäßig auf dem Vorkriegsstand zu halten, wenn er mehr als die Hälfte dessen an Bekleidungsware beziehen will, was er vor dem Krieg ohne Nachholbedarf angeschafft hat.

Der Anteil von 43 % ist der Durchschnitt aus den Wirtschaftsrechnungen von 2500 Arbeiterhaushaltungen und versteht sich für deren durchschnittliches Einkommen, das im Erhebungsjahr 1937 rund 2400 RM betrug. Bereits eine Aufgliederung dieser Erhebungsmasse nach Einkommensstufen zeigt deutliche Unterschiede des Ernährungsanteils:

Jahreseinkommen je Haushaltung in RM	Durchschnittliche Zahl der		Anteil der Ernährungsausgaben in vH
	Haushaltungsmitglieder	Vollpersonen je Haushaltg.	
1200 bis unter 1600	3,8	2,9	47,0
1600 „ „ 2000	4,0	3,0	44,6
2000 „ „ 2500	4,2	3,3	43,0
2500 „ „ 3000	4,8	3,8	42,2
3000 „ „ 3600	4,9	4,1	41,0
3600 „ „ 4500	5,8	4,8	39,8

Mit steigendem Einkommen sinkt also der Anteil der Ernährungsausgaben an den Gesamtausgaben. Dies kommt bei Verlängerung der Einkommensreihe noch deutlicher zum Ausdruck.

Die vom Statistischen Reichsamt für das Jahr 1927/28 durchgeführte Erhebung über Wirtschaftsrechnungen von Arbeiter-, Angestellten- und Beamtenhaushaltungen gestattet einen Überblick über den Anteil der Ernährungsausgaben nicht nur bei verschiedenem Einkommen der gleichen sozialen Schicht, sondern gleichzeitig über seine Entwicklung bei allen Schichten von Personen in abhängiger Arbeit mit Ausnahme der Personen in der Landwirtschaft (Vgl. Übersicht S. 195).

Daß der Anteil der Ernährung an den Gesamtausgaben mit steigendem Einkommen zurückgeht, liegt daran, daß der Ernährungsaufwand schneller seine obere Grenze erreicht als die übrigen Ausgabemöglichkeiten. Sieht man von anomalen Wirtschaftsverhältnissen ab, so liegt die individuelle Elastizitätsspanne

a) zwischen karger Ernährung, die eben die Grenze des physiologischen Bedarfs erreicht, und reichlicher Ernährung, deren obere

Soziale Stellung	Jahreseinkommen in RM					
	bis unter 2500	2500 bis unter 3000	3000 bis unter 3600	3600 bis unter 4300	4300 bis unter 5100	5100 und mehr
	Durchschn. Zahl der Haushaltsmitglieder					
Arbeiter	3,6	3,9	4,2	4,4	4,9	—
Angestellte	—	3,1	3,3	3,5	3,6	4,0
Beamte	—	3,1	3,6	3,8	3,9	4,2
	Ausgaben für Nahrungs- und Genußmittel in %					
Arbeiter	47,9	47,3	45,6	44,5	41,5	—
Angestellte	—	41,6	39,8	37,6	35,0	30,5
Beamte	—	43,2	40,9	39,6	36,5	29,4

Grenze aber durch die Leistungsfähigkeit der Verdauungsorgane verhältnismäßig bald erreicht wird;

b) zwischen sparsamer Verwendung der Nahrungsmittel, die durch den Mindestabfall der Ware begrenzt wird, und verschwenderischem Umgang mit den Erzeugnissen, dessen Grenze in dem Maximalabfall und der Konservierungs- und Lagerungstechnik liegt;

c) zwischen der Verwendung billiger und derjenigen teurer Qualitäten.

Je knapper das Einkommen bemessen ist, desto stärker ist die Notwendigkeit, den Verbrauch auf den physiologischen Bedarf zu beschränken und ihn möglichst preiswert zu befriedigen. Die möglichst ökonomische Ausnutzung der Nahrungsmittel setzt in mancher Beziehung Kenntnisse voraus, die oft gerade in den einkommensschwachen Schichten nicht hinreichend verbreitet sind. Kleinigkeiten wie die Ausnutzung des Kartoffelwassers für Suppen und Soßen oder die Verwendung eines nur geringen mit Natron versetzten Wasseransatzes für Kohl zur Erzielung einer den Nährstoffgehalt schonenden kurzen Abkochzeit, um nur einige Beispiele zu nennen, sind Techniken, die gerade in Haushaltungen bescheidenen Einkommens verhältnismäßig selten angetroffen werden. Andererseits behindert gerade dieses beengte Einkommen diese darin, sich Frischhalteeinrichtungen wie Kühlschränke, zweckmäßige Eisschränke oder auch nur geeignete Lagerungsmöglichkeiten zu schaffen. Der Vorteil des höheren Einkommens liegt daher nicht nur in der Möglichkeit des Kaufes größerer und daher in der Einheit wie in der Ausnutzbarkeit billigerer Posten, sondern auch in der leichteren Beschaffung einer gesicherten Aufbewahrungsmöglichkeit. Andererseits erlaubt sowohl die höhere Einnahme an sich als auch diese wirtschaftliche Verwendbarkeit der Ware die Inanspruchnahme teurer Qualitäten.

Bei gleichem Einkommen weist die Arbeiterhaushaltung immer einen höheren Anteil der Ernährungsausgaben auf als die Angestellten- und Beamtenhaushaltung. Die höhere Zahl der Haushaltungsmitglieder in den Arbeiterhaushaltungen bildet eine wesentliche, aber nicht die einzige Ursache hierfür. Hinzu kommt, daß der körperlich schaffende Arbeiter und seine oft ebenfalls in körperlicher Arbeit mitverdienenden Familienangehörigen einen höheren physiologischen Bedarf haben als die Angehörigen der Angestellten- und Beamtenschicht. Welche Bedeutung dies hat, zeigt der Vergleich zwischen den Anteilen für Ernährungsausgaben der Angestellten und der Beamten in der Einkommensstufe 2500 bis 3000 RM. Bei gleicher Kopfzahl der Haushaltungen ist hier der Ausgabenanteil der Beamten merklich höher, zu denen in dieser Gruppe körperlich tätige Personen wie Ministerialamtsgehilfen, Betriebsassistenten, Oberpost- und Postschaffner, Botenmeister, Heizer und Hauswarte gehören. In den übrigen Einkommensstufen, in denen die Angestellten- und Beamtentätigkeit keine nennenswerten Unterschiede des physiologischen Bedarfs aufweisen dürfte, liegt dagegen allgemein eine höhere Kopfzahl der Beamtenhaushaltungen vor.

Daß der sonst höhere Ausgabenanteil der Beamtenhaushaltungen in der höchsten Einkommensstufe gleichwohl unter denjenigen der Angestelltenhaushaltungen sinkt, hängt damit zusammen, daß die Erhebung in der oberen Einkommensstufe bei den Beamten auch eine Anzahl von Haushaltungen mit höheren Einkommen erfaßt hat, als sie in dem Erhebungsmaterial der Angestelltenhaushaltungen enthalten sind.

Schon im Zusammenhang der Ausführungen über die Verbrauchseinheitenberechnung wurde darauf hingewiesen, daß die vom Statistischen Reichsamt angewandte Vollpersonenrechnung auf verhältnismäßig groben Maßstäben basiert. Strukturverschiebungen im Nahrungsmittelverbrauch der Familie ergeben sich daraus, daß die Ernährung der Kinder mit deren Heranwachsen eine stark wechselnde Heranziehung einiger Nahrungsmittel erfordert. Dies gilt nicht nur von der Milch, die das Statistische Reichsamt aus diesem Grunde nicht in seine Vollpersonenrechnung des volkswirtschaftlichen Verbrauchs einbezogen hatte, auch andere Nahrungsmittel wie Nährmittel und Zucker unterliegen diesem Einfluß.

Um diesen Einfluß des Altersunterschiedes der Kinder nachzuweisen, hat das Statistische Reichsamt 1940 an Hand der Wirtschaftsrechnungen von 1927/28 144 Arbeiterhaushaltungen von zwei Erwachsenen und einem Kind auf den Zuckerverbrauch hin untersucht. Dabei wurden Haushaltungen mit besonders hohem Obst-, Mehl- und Kaffeeverbrauch außer Betracht gelassen. Es ergaben sich folgende Verbrauchsunterschiede:

Alter des Kindes im 3-Personen-Haushalt	Durchschn. jährl. Zuckerverbrauch je Haushaltungsmitglied (in kg)	Durchschn. jährl. Zuckerverbrauch je Kind (in kg)
0 bis 1 Jahr	13,8	17,4
über 1 „ 3 Jahre	12,4	13,2
„ 3 „ 6 „	12,0	12,0
„ 6 „ 10 „	12,0	12,0
„ 10 „ 14 „	11,9	12,0
„ 14 „ 17 „	12,2	12,0

Außer dem Zuckerverbrauch wird besonders der Verbrauch an Vollmilch, Nährmitteln, Butter, Gemüse und Obst durch das Alter des Kindes beeinflußt.

Vergleicht man nach den Wirtschaftsrechnungen von 1937 die durchschnittlichen Ausgaben je kg bzw. je Liter dieser Nahrungsmittel mit denjenigen wichtigeren, deren Verbrauch durch das Alter der Kinder nicht in gleichem Maß berührt wird, so ergibt sich folgendes Bild (in Rpf.):

Vollmilch	22,2	Mager- und Buttermilch	9,7
Mühlenerzeugnisse	48,7	Kartoffeln	7,0
Butter	309,4	Brot	38,3
Zucker	78,6	Margarine	140,2
Frischgemüse	29,0	Fleisch und Fleischwaren	109,7
Obst- und Obstkonserven (einschließlich Marmelade)	46,7		

Bei der Kinderernährung trifft also ein mit jedem Wachstumsjahr steigender physiologischer Bedarf und ein allmählicher Wechsel in der Nahrungszusammensetzung mit relativ hohen Kosten der für Kinder vorzugsweise in Betracht kommenden Lebensmittel zusammen. Die von der Reichsstatistik verwendete Vollpersonenrechnung kann allen diesen Einflüssen nur sehr unvollkommen Rechnung tragen. Andererseits läßt sich der Einfluß der Einkommenshöhe auf die Ausgabengestaltung nur dann rein darstellen, wenn die nicht vom Einkommensstand ausgehenden Einflüsse der Familiengröße, der Alterszusammensetzung der Haushaltungsmitglieder und der sozialen Stellung ausgeschaltet werden, also der Grad der Wohlhabenheit zugrunde gelegt wird.

Im Zusammenhang einer im September 1940 abgeschlossenen Untersuchung über den „Einfluß der kriegswirtschaftlichen Versorgungsmaßnahmen auf die Einkommensverwendung" hat das Statistische Reichsamt versucht, die Mängel der Vollpersonenrechnung dadurch zu umgehen, daß es die aus den Eigentümlichkeiten der Haushaltung herrührenden Einflüsse durch Beschränkung auf Haushaltungen mit vier Normalverbrauchern und durch Gegenüberstellung typischer sozialer Gruppen ausschaltete. Bei dieser Berechnung, zu der die Ergebnisse der Wirtschaftsrechnung von 1927/28 und 1937 unter Umrechnung auf den gemeinsamen Stand von 1937 verwendet wurden, kam es bezüglich des Anteils der Nahrungsmittelausgaben (ohne Genußmittel) an den Gesamtausgaben zu folgendem Ergebnis:

Jahreseinkommen in RM	Sozialer Typ der Haushaltung	Nahrungsmittelausgaben in %
2250	Arbeiter	37,7
3000	Angestellte	32,1
4800	Beamte	27,0
6000	Beamte	24,1
7200	Beamte	22,2

Die Einkommensanteile, die für Nahrungsmittel verwendet werden, sind somit sehr verschieden. Sie hängen einerseits von dem Angebot auf dem Markt und der Form ab, in dem es sich der Bedarfsdeckung bietet, andererseits von der Größe und Zusammensetzung sowie den sozialen Verhältnissen der Familie und der Höhe der ihr unter diesen Umständen zur Bedarfsdeckung zur Verfügung stehenden Einnahmen. Zu überlegen ist dabei aber noch, daß nicht nur die persönlichen physischen oder auch selektiven Bedürfnisse der Haushaltungsmitglieder die Höhe der Ausgaben für Nahrungsmittel beeinflussen. In den Haushaltungsbüchern, die das Statistische Reichsamt zur Durchführung der Wirtschaftsrechnungen monatlich an die erfaßten Haushaltungen ausgegeben hat, waren zwar u. a. Angaben über Anwesenheit zusätzlich verpflegter Personen zu machen, die Berücksichtigung dieser Anwesenheit in der Vollpersonenrechnung mußte aber gleichwohl unvollkommen bleiben, weil Besuche zu einzelnen Mahlzeiten hierdurch schwerlich genau erfaßt werden können, andererseits die dem Gast gebotene Mahlzeit in der Regel qualitativ und quantitativ über dem Niveau der Hauskost liegt. Diese Fehlerquelle der Vollpersonenrechnung hat freilich auf den unteren Einkommensstufen geringere Bedeutung als auf den höheren, in denen gesellschaftliche Verpflichtungen eine größere Rolle spielen. Wenn sie freilich auch hier keineswegs überschätzt werden darf und neben den individuellen Faktoren, welche die Genauigkeit der schematischen Vollpersonenrechnung für physiologische Vergleiche unvollkommen machen, besonders in den hierfür bevorzugten unteren Einkommensstufen unwichtig erscheinen mag, so ist ihr Einfluß auf die Ausgabengestaltung bei steigendem Einkommen doch insofern in Betracht zu ziehen, als der Steigerungs- oder auch Reduktionsgrad der Nahrungsmittelausgaben oder der Ausgaben für bestimmte Nahrungsmittel hierdurch in mehr oder weniger geringem Umfang mitbeeinflußt wird.

Die Elastizitätskoeffizienten des Nahrungsmittelverbrauchs.[6] Nach den bisherigen Ausführungen über die Bestimmungsmomente der Nahrungsmittelausgaben bzw. des Nahrungsmittelverbrauchs ist es erklärlich, daß die Ernährungsbedürfnisse einer Veränderung des Einkommens nicht im gleichen Maßstab folgen. Insbesondere vollziehen sich bei veränderter Einkommenshöhe Strukturveränderungen im Nahrungsbudget, die auf einem Wechsel in dem Grad der Inanspruchnahme bestimmter Nahrungsmittel beruhen. Die Stellung des einzelnen Lebensmittels oder der einzelnen Lebensmittelgruppe im Ernährungshaushalt der Familie ist somit elastisch. Da die Dispositionen der Hausfrau vom Wirtschaftsgeld, also mittelbar vom Einkommen her erfolgen, wird jene Elastizität in erster Linie von der Ausgabemöglichkeit und damit vom Preis der Ware her bestimmt. Ihr zweiter Bestimmungsfaktor ist unter dem Gesichtspunkt der Sättigung der Nährwertgehalt der Lebensmittel. Hierdurch gewinnen die einzelnen Lebensmittel und Lebensmittelgruppen hinsichtlich ihrer Inanspruchnahme durch die Haushaltung einen verschiedenen Elastizitätsgrad.

Auf Grund der reichsamtlichen Erhebung von Wirtschaftsrechnungen aus 1927/28 unter Mitberücksichtigung der Bewegung des Arbeitseinkommens hat *Bauer* diese Veränderlichkeit des Verbrauchs für eine Reihe von Nahrungsmitteln unter besonderer Berücksichtigung des Fleisches näher untersucht. Anschließend an die Definitionen und Überlegungen von *Marshall* hat er hierbei die prozentuale Erhöhung des Einkommens als Divisor mit der prozentualen Verbrauchsveränderung der Ware als Dividendus in Beziehung gesetzt, so daß eine Einkommenssteigerung um 1 % und eine Verbrauchserhöhung um 0,8 % einen Elastizitätskoeffizienten von 0,8 ergeben würde. Der Elastizitätskoeffizient ist dann negativ, wenn der Verbrauch einer Ware bei steigendem Einkommen zurückgeht.

Für ein durchschnittliches Jahreseinkommen von 1350 RM je Vollperson, das *Bauer* für die städtische Bevölkerung der Jahre 1925 bis 1929 als typisch ansieht, berechnet er die auf Seite 200 oben angegebenen Elastizitätskoeffizienten.

Abgesehen von den Kartoffeln sind hierbei die Ausgabenbeträge zugrunde gelegt worden. Bei den Kartoffeln wurde mit den Mengen gerechnet, weil der Unterschied von Einkommensstufe zu Einkommensstufe durch die teuren Frühkartoffeln beeinflußt wird. Die Berechnung selbst zeigt zunächst die geringere Reagibilität des Nahrungsmittelbudgets der Angestelltenhaushaltung auf Einkommenserhöhungen. Ferner zeigt sich, daß der Fleischverbrauch deutlich stärker reagiert als der Durchschnitt der übrigen Nahrungsmittel. Die Ausgaben für Fleisch und

[6] *W. Bauer,* Einkommen und Fleischverbrauch, Sonderheft 28 der Vierteljahreshefte zur Konjunkturforschung, Berlin 1932; *A. Marshall,* Handbuch der Volkswirtschaftslehre, Übers. v. Ephraim und Salz, 1905, S. 146 ff. und 684 ff.

Nahrungsmittel	Arbeiter-	Angestellten-
	haushaltung	
Fleisch und Fleischwaren	0,79	0,74
Sonstige Nahrungsmittel	0,60	0,56
darunter:		
Eier, Milch, Milcherzeugnisse	0,78	0,73
Gemüse und Obst	1,04	0,93
Kaffee, Tee, Kakao, Schokolade, Süßwaren	1,04	0,97
Roggen-, Grau-, Misch- und Schwarzbrot	— 0,37	— 0,36
Kartoffeln	— 0,03	— 0,03
Nahrungsmittel zusammen	0,65	0,60

Fleischwaren sind annähernd ebenso elastisch wie diejenigen für die übrigen tierischen Nahrungsmittel. Dies ist erklärlich, weil diese teurer sind als die pflanzlichen. Nach den Wirtschaftsrechnungen für 1937 lagen die Ausgabenwerte der tierischen Nahrungsmittel im Durchschnitt je Mengeneinheit um 57,7 % über denen für pflanzliche, Margarine bei diesen eingerechnet. Andererseits beanspruchen innerhalb der pflanzlichen Nahrungsmittel Gemüse und Obst bei geringem Nährwert einen vergleichsweise hohen Aufwand, was ihre verhältnismäßig hohe Reagibilität erklärt.

Noch deutlicher tritt der Einfluß des Preises bei einer Aufgliederung des Fleischverbrauchs nach Fleischarten in Erscheinung. Für die angegebene Einkommensstufe kommt *Bauer* hierbei zu folgenden Elastizitätskoeffizienten:

Fleischart	Arbeiter-	Angestellten-
	haushaltung	
Rindfleisch	1,15	0,74
Schweinefleisch	0,67	0,58
Kalbfleisch	1,98	1,41
Hammelfleisch	1,19	0,53
Hackfleisch	0,44	0,51
Sonstiges frisches Fleisch	0,90	0,86
Speck, Schinken, Wurst und Aufschnitt einschl. sonst. Fleischwaren	0,71	0,66

Es ist naheliegend, daß die Elastizität der Ausgaben für Nahrungsmittel insgesamt wie im einzelnen in den verschiedenen Einkommensschichten nicht gleich ist. Bezüglich des Fleisches weist *Bauer* darauf hin, daß Haushaltungen mit höherem Einkommen und dementsprechend bereits höherem Fleischverbrauch weniger geneigt sind, diesen Fleischverbrauch zu steigern, als Haushaltungen, deren niedriges Einkommen nur einen geringen Fleischverbrauch gestattet hat. Nach den Ergebnissen der Wirtschaftsrechnungen von 1927/28 gibt er folgende Skala der Elastizitätskoeffizienten für Fleisch an:

	Einkommensniveau		
	niedrig	mittel	hoch
Arbeiterhaushaltung			
Durchschnittl. Jahreseinkommen je Vollperson (RM)	700	1350	1800
Elastizitätskoeffizient für Fleisch	0,93	0,79	0,68
Angestelltenhaushaltung			
Durchschnittl. Jahreseinkommen je Vollperson (RM)	900	1350	2900
Elastizitätskoeffizient für Fleisch	0,87	0,74	0,05

Die Reagibilität der Ausgaben für Fleisch richtet sich also — und das dürfte grundsätzlich auch für die Nahrungsmittelausgaben insgesamt gelten — nach dem Niveau, das bei Eintritt der Einkommenserhöhung bereits gegeben ist. Das natürliche Bedürfnis an Nahrungsmitteln nimmt von einer gewissen Grenze relativ ab. Nach optimaler Befriedigung des physiologischen Bedarfs und der hergebrachten Vorstellung einer gewissen Reichlichkeit wirkt im allgemeinen nur noch ein Genußbedürfnis verbrauchssteigernd, dessen Realisierungsmaß aber durch die Verdauungskapazität physisch begrenzt ist. Danach kann geschlossen werden, daß die Elastizität des Verbrauchs an einem bestimmten Nahrungsmittel

a) im umgekehrten Verhältnis zu dem physiologischen Bedarf an ihm (unter der Voraussetzung grundsätzlicher Deckung des physiologischen Minimalbedarfs mindestens an Kalorien),

b) im direkten Verhältnis zur Höhe seines Preises steht.

Auf das Nahrungsbudget insgesamt übertragen, bedeutet diese Schlußfolgerung, daß die Nahrungsmittelausgaben unabhängig von der relativen Höhe ihres Anteils an den Gesamtausgaben eine um so größerere Elastizität besitzen, je stärker der durch sie vermittelte Verbrauch über dem physiologischen Bedarf liegt.

Elastizität und Variabilität der Ernährungsausgaben. Elastizitätsgrad und Schwankungsbreite des Anteils der Ernährungsausgaben an den Gesamtausgaben sind nicht identisch. Das gegenseitige Verhältnis von Variabilität und Elastizität des Ernährungsbudgets läßt sich nach dem Gesagten zusammenfassend etwa durch folgende Leitsätze umschreiben:

1. Die untere Grenze der Schwankungsbreite der absoluten Ernährungsausgaben wird grundsätzlich durch das ernährungsphysiologische Soll gebildet.
2. Dieses Soll kann zeitweilig, jedoch ohne Schädigung der Gesundheit des Bedarfsträgers nicht auf die Dauer unterschritten werden.
3. Wird das Soll unterschritten, so tritt der Zustand des Hungers ein. Wird dieser zur konstanten Unterernährung und geht in den Zu-

stand allmählichen Verhungerns über, so ist die Schwankungsbreite der Ernährungsausgaben insofern nach unten unbegrenzt.

4. Das ernährungsphysiologische Soll ist primär nur als Forderung eines bestimmten Nährstoff- und Nährwertgehalts der Nahrung bestimmt; seine wirtschaftliche Quantifikation hängt von der Struktur der Nahrung ab, die sich bei ökonomischer (oder zwangsläufiger) Auswahl aus den angebotenen Nahrungsmitteln ergibt, und bestimmt sich als der Kostenaufwand der zur Deckung des Sollbedarfs mindestens erforderlich ist.
5. Die Mindestkosten des ernährungsphysiologischen Solls werden durch die Preisbewegung auf dem Nahrungsmittelmarkt bestimmt und sind dementsprechend labil.
6. Bei steigender Preisbewegung können diese Mindestkosten so lange durch Ausgaben gedeckt werden, als noch nicht die untere Elastizitätsgrenze der Ausgaben für sonstige Lebensbedürfnisse erreicht ist. Überschreiten die Mindestkosten diese Grenze, so kann das ernährungsphysiologische Soll nicht mehr erkauft werden, und es tritt der Zustand zu 2. bzw. 3. ein, womit die Grenze des Grundvolumens des Ernährungsbudgets erreicht ist.
7. Abgesehen von der Erhöhung des Mindestaufwandes durch angebotsbedingte Kostensteigerung können die Ausgaben für Ernährung über das ernährungsphysiologische Soll bis zur Grenze der physiologischen Aufnahmefähigkeit von Nahrung sublimer Qualität bei minimaler Ausnutzung der Rohware erhöht werden, sofern der Aufwand für sonstige Lebensbedürfnisse nicht eine niedrigere Grenze setzt.
8. Der Tendenz zu fülliger Ernährung folgend steigen die absoluten Ausgaben für Nahrungsmittel mit dem Einkommen, jedoch nicht gleichlaufend mit dessen Zunahme, weil die Grenze der Aufnahmefähigkeit für Nahrungsmittel bei geordneter Marktlage und mittleren Einkommen erheblich vor der Elastizitätsgrenze der Ausgaben für sonstige Lebensbedürfnisse zu liegen pflegt.
9. Infolgedessen sinkt der Anteil der Nahrungsmittelausgaben mit steigendem Einkommen.
10. Die Steigerungsfähigkeit der Ausgaben für die einzelnen Nahrungsmittel und für Nahrungsmittel insgesamt nimmt mit steigendem Einkommen ab. Sie wird bestimmt durch den bisher erreichten Sättigungsgrad des Bedarfs, d. h. der Spannungsdruck der Bedarfselastizität nimmt ab mit der Entfernung in positiver Richtung vom ernährungsphysiologischen Soll.
11. Liegt das Nahrungsbudget der unteren Einkommensstufen auf der Linie des ernährungsphysiologischen Solls, so zeigt die Unterschreitung seines Anteils an den Gesamtausgaben in den höheren

Einkommensstufen, daß der Anteil der Nahrungsmittelausgaben in keinem Fall die relative Höhe überschreitet, welche dieser Anteil an den Gesamtausgaben einer Arbeiterhaushaltung im Falle zu 6. erreichen kann.

12. Die Schwankungsbreite des Anteils des Ernährungsaufwandes an den Gesamtausgaben liegt zwischen dem niedrigsten Anteil bei hohem Einkommen und dem bei geringem Einkommen äußerstenfalls aufbringbaren Ausgabenanteil für die Mindestkosten des ernährungsphysiologischen Solls.

Die Ernährungsausgaben der landwirtschaftlichen Haushaltungen.[7] Die bisherige Darstellung ging von den Wirtschaftsrechnungen von Haushaltungen gewerblicher Arbeiter sowie von Angestellten und Beamten aus. Es bleibt zu prüfen, ob für die Ausgabengestaltung der landwirtschaftlichen Bevölkerung die gleichen Regeln gelten. Dazu sind einer Abhandlung von *Hömmken* folgende Angaben für das Wirtschaftsjahr 1941/42 zu entnehmen, wobei die „Ausgaben im Gasthof" im Gegensatz zu dem Posten „Speisen im Wirtshaus" der städtischen Wirtschaftsrechnungen von der Position „Ernährung" getrennt geführt sind (in % der Gesamtausgaben):

Ausgabenposten	Stufen der jährlichen Gesamtausgaben in RM				Gesamtdurchschnitt
	unt. 1000	1000—2000	2000—3000	über 3000	
	Durchschnittl. Zahl der Personen je Haushaltung				
	5,4	6,8	8,2	8,3	6,8
Ernährung	46,8	39,0	35,2	34,1	37,8
Ausgaben im Gasthof	2,1	2,2	2,8	1,4	2,2

Für das Wirtschaftsjahr 1938/39 hatte das Statistische Reichsamt eine Erhebung von Wirtschaftsrechnungen in Landarbeiterhaushaltungen durchgeführt, die während des Krieges aufgearbeitet wurde. Die Ergebnisse wurden seinerzeit nur als Umdrucke vervielfältigt und den interessierten Stellen, insbesondere dem Reichsministerium für Ernährung und Landwirtschaft, dem Reichsnährstand und den Landesbauernschaften zugeleitet. Die Bemühungen, den Verbleib der einen oder anderen Ausfertigung zu ermitteln, sind jedoch fehlgeschlagen, so daß die Ergebnisse nach dem derzeitigen Stand der Feststellungen als bisher nicht wieder verfügbar angesehen werden müssen.

[7] *E. Hömmken,* Verbrauchsausgaben in bäuerlichen Haushaltungen, Mitteilungen für die Landwirtschaft, Heft 38 vom 16. 9. 1944.

Grundsätzlich kann aber für die landwirtschaftlichen Haushaltungen allgemein gesagt werden, daß für die Ausgaben und den Budgetanteil der Ernährungsausgaben in ihnen dieselben Bestimmungsfaktoren und Bewegungskomponenten wie bei den städtischen Haushaltungen wirksam sind.

Freier und gelenkter Verbrauch. Das Material der vorstehenden Abschnitte hat eine Zeit zum Gegenstand, in welcher sich der Verbrauch im wesentlichen frei von staatlicher Einflußnahme entfalten konnte. Der anschließende Zeitraum, in dem sich der Verbrauch bis in die kleinsten Einzelvorgänge unter unmittelbarer staatlicher Einwirkung vollzog, wird noch zu behandeln sein. Der Übergang zu ihm geschah nicht in einem plötzlichen Umbruch, sondern gestaltete sich als eine Entwicklungsreihe von Maßnahmen, mit denen der Staat, bei der Produktion einsetzend, unmittelbar steuernd in das Wirtschaftsgeschehen eingriff. Endphase in dieser Entwicklung einer Wirtschaftsadministration wurde die unmittelbare Ausrichtung des Einzelverbrauchs nach staatlichen Anweisungen durch die Rationierung. Man kann sagen, daß von der Sicht des Verbrauchers mit dem Zeitpunkt ihrer Einführung die Verbrauchsregelung eingesetzt hat und daß die Verbrauchsentfaltung bis zu diesem Termin als frei empfunden wurde. Und das war sie im großen ganzen auch noch, wenn man dabei an die Verfügungsfähigkeit des Einkommensbeziehers über sein Einkommen nach Menge und Art der Sachbezüge denkt und von einzelnen der Rationierung vorangehenden Maßnahmen, wie der Einführung von Kundenlisten für den Butterverkauf, absieht. Die Begriffe der Wirtschaftsreglementierung und der Verbrauchsreglementierung beziehen sich also nicht auf kongruente Sachverhalte. Innerhalb einer gelenkten Wirtschaft ist eine von unmittelbaren Staatsdirektiven freie Entfaltung des Individualverbrauchs durchaus denkbar.

Folgerungen, die aus Darstellungen der Struktur und Entwicklung eines unmittelbar nur vom Einkommensbezieher her disponierten Verbrauchs gezogen werden, setzen daher immer den Blick auf das Wirtschaftssystem als ganzes voraus. Es wäre beispielsweise denkbar, auf der Grundlage von Erkenntnissen, die aus Untersuchungen über Wirtschaftsrechnungen gewonnen sind, unter Berücksichtigung des ernährungsphysiologischen Bedarfs, der sozialhygienischen Erfordernisse der Wohnraumgestaltung und von familienpolitischen Gesichtspunkten zu konstruktiven Vorstellungen über einen Grundlohnstandard als Fundament der Leistungsbewertung zu gelangen und so die Variabilität des Einflusses der Marktfaktoren — mindestens hinsichtlich der Versorgung der Arbeitskraft aus dem Bedarfsgütermarkt — bei den modernen Überlegungen über die Arbeitsbewertung einzuengen. Doch nur am Rande mag hiermit ein Gedankengang angedeutet sein, der — angeregt durch die vom Arbeitsplatz ausgehenden modernen Studien der Arbeitsbewertung — vielleicht weiter zu führen vermag, als die Frage nach dem Existenzminimum, die seit Beginn des industriellen Zeitalters die Nationalökonomen immer wieder beschäftigt hat, und als die Vorstellung, den „gerechten Arbeitslohn" nach dem Gedanken von *Thünen* in eine mathematische Formel fassen zu können. Im vorliegenden Zusammenhang wurde die Ableitung eines Grundwertes für den Lebensbedarf aus Untersuchungen über Haushaltsrechnungen deshalb als Beispiel gewählt, weil diese immer nur als Aufzeichnungen realer Einnahme- und Ausgabevorgänge innerhalb der Gegebenheiten eines bestimmten Wirtschaftssystems vorliegen. Dabei kann etwa ein freier Nahrungsmittel- und Gebrauchsgütermarkt durchaus neben einem zwangsbewirtschafteten Wohnungsmarkt oder neben einer Bindung von Einkommensteilen in einem Zwangssparsystem bestehen. Staatliche Maßnahmen, durch die mittelbar oder unmittelbar die Verfügung über Einkommensteile der freien Willensbestimmung des Einkommensbeziehers entzogen wird, vermindern zwangsläufig dessen Nachfragepotential hinsichtlich der Güter, deren Markt als frei gilt. So kann durch Erhöhung der Steuersätze oder Einführung eines Zwangssparsystems der Verbrauch einem verminderten Warenangebot angepaßt oder durch eine gesteigerte Steuerlast der private zugunsten des öffentlichen Verbrauchs eingeschränkt werden, ohne daß dies die Vorstellung einer grundsätzlichen Freiheit des Güterverbrauchs beeinträchtigen würde. Bereits die Festsetzung einer nach dem Familienstand unterscheidenden Steuertafel stellt eine staatsautoritative Veränderung im Gefüge der unmittelbar marktwirksamen privaten Kaufkraft dar, deren Auswirkungen meßbar sind. Aus den Pflichtbeiträgen zur Sozialversicherung und aus der Bemessung der Beamtenbesoldungssätze im Hinblick auf den späteren Pensionsanspruch ergibt sich eine zeitliche Verschiebung in der privaten Verfügungsfähigkeit über Einkommensteile, deren Erheblichkeit bei internationalen Vergleichen der für einen bestimmten Brotkorb zu leistenden Arbeitszeit mit und ohne Berücksichtigung dieser Einflüsse deutlich wird. Da die Erhebung von Steuern aus der Existenz des Staates als sozialautoritativer Institution an sich folgt und die Sozialversicherung eine Sozialmaßnahme für den Altersschutz ist, pflegen die von diesen Maßnahmen ausgehenden Einflüsse auf die Verfügungsgewalt des Einkommensbeziehers über sein Einkommen nicht als Beschränkung der augenblicklichen Verbrauchsfreiheit empfunden zu werden. Dennoch sind sie dies in Wirklichkeit. Eine andere Frage ist es, ob sie als solche gewollt sind. Das muß nicht zutreffen, und man wird dann geneigt sein, eine staatliche Lenkung wirtschaftlicher Vorgänge als nicht gegeben anzunehmen. Schon dann wird diese Annahme aber unsicher, wenn der Staat die als Quelle seiner Haushaltsmittel erforderlichen Steuern erhöht, um einen gesteigerten Finanzbedarf zu decken; denn damit verlagert er offensichtlich und planmäßig Teile des volkswirtschaftlichen Verbrauchs vom privaten auf den öffentlichen Sektor. So gesehen, kann man von einem freien Verbrauch in des Wortes eigentlichem Sinne im modernen Staat überhaupt nicht mehr sprechen. Einen freien Verbrauch sozusagen in Reinkultur gibt es dann nicht, wenn die freie Verfügung des einzelnen über sein Einkommen durch die Staatsbedürfnisse a priori — mindestens potentiell — beschränkt ist.

Wenn wir vorher festgestellt haben, daß eine freie Verbrauchsgestaltung auch innerhalb einer gelenkten Wirtschaft denkbar ist, nun aber sagen, daß es einen freien Verbrauch im eigentlichen Sinne des Wortes innerhalb eines organisierten Staatswesens überhaupt nicht gibt, so erscheinen diese Feststellungen als Antinomie. Versuchen wir den Begriff der wirtschaftlichen Freiheit weniger logisch als historisch definiert zu verstehen, so setzt sich uns die Vorstellung eines im absoluten Sinne unbeschränkten Marktverhaltens von derjenigen eines sich innerhalb der allgemeinen Staatsordnung entfaltenden spekulativen Marktverhaltens ab. Verneinen wir innerhalb eines in den Grenzen seiner Gesetze bestehenden sozialen Organismus die absolute wirtschaftliche Freiheit, so bleibt eine solche unter allen Umständen nur in Relation zur umfassenden sozialen Ordnungsgestalt bestimmbar. Da die staatliche Ordnung nicht nur nach innen, sondern — z. B. durch ihre Zollpolitik, Subventions- oder Kreditpolitik — auch nach außen, auf die weltwirtschaftlichen Vorgänge wirkt, und diese außerdem durch Maßnahmen überstaatlicher Organisationen, wie etwa der Montanunion, beeinflußt werden, besteht die Relativität der wirtschaftlichen Entfaltungsfreiheit auch in der Weltwirtschaft. Sehen wir nun die einer sozialen Ordnung staatlicher oder überstaatlicher Natur entspringenden Akte in ihrer Gesamtheit als den Rahmen an, innerhalb dessen sich die wirtschaftliche Handlungsfreiheit entfalten kann, so kann innerhalb dieses Rahmens eine maximale und eine minimale Handlungsfreiheit bestehen. Das jeweilige Maß der Handlungsfreiheit unterscheidet sich dann, vom Begriff der Freiheit her gesehen, nicht dem Prinzip nach, denn dies ist durch die Relativität der Freiheit festgelegt, sondern dem Grade nach. Die aus der Erfahrung abstrahierten Gesetze einer als unbedingt frei gedachten Wirtschaft müssen demnach in der Realität des Wirtschaftens in dem Umfang als gültig angenommen werden, der einer Entfaltung der wirtschaftlichen Willensfreiheit im Rahmen der gegebenen sozialen Ordnung zur Verfügung steht.

Nun wird die wirtschaftliche Handlungsfreiheit unter zwei entgegengesetzten Umständen keine für die Bedarfsdeckung wesentliche Rolle spielen, nämlich dann nicht, wenn diese austauschfrei auf reiner Selbstversorgung beruht oder wenn der Verbrauch ausschließlich zudiktiert wird. Als gestaltender Faktor innerhalb einer Sozialwirtschaft kommt der individuelle Wille zur Bedarfsdeckung erst dann und nur dann zum Tragen, wenn sich aus dieser Initiative heraus Austauschvorgänge vollziehen, also ein Markt stattfindet.

Auch die Erfüllung dieser Voraussetzung bedeutet freilich nicht mehr als einen Rahmen, der als solcher keineswegs gleichbedeutend ist mit uneingeschränkter Entfaltung individuellen Wirtschaftswillens. Der Übergang von der Markt- zur Verwaltungswirtschaft ist fließend. Er ist so wenig prägnant, daß es zweifelhaft sein kann, ob diese Begriffe einen echten Gegensatz bezeichnen. Das geschichtlich zunächst Gegebene ist immer der Markt, in dessen Vorgänge die Verwaltung eingreift, um sie zu nützen, zu beschränken oder zu formen. Abgesehen vielleicht davon, daß sich eine Verwaltung auf die Versorgung einer organisierten Gemeinschaft bezieht, innerhalb deren das Prinzip der Leistung und Gegenleistung überhaupt aufgehoben ist, wie etwa bei einer Truppe, wird eine Verwaltungswirtschaft auch in ihrer strengsten Form noch wesentliche Elemente der Marktwirtschaft enthalten, wie u. a. die Aufrechterhaltung des Geldverkehrs auch während nahezu vollendeter Erfassung der Lebensmittel durch das Rationierungssystem zeigte. Selbst im Falle der Truppe oder eines Lagers wird die Aufhebung des Leistungsaustausches nur im Innenverhältnis wirken, so daß vom Außenverhältnis her marktmäßige Einflüsse bis zu einem gewissen Grade selbst in diesem Falle inhärieren. Ist aber in jedem Grade der Verwaltungswirtschaft der Markt mindestens als jederzeit entfaltungsfähiges „Spurenelement" enthalten, so haben wir es selbst in einem vollendeten System der Verwaltungswirtschaft mit einer „latenten Marktwirtschaft" zu tun. Diese wäre dann der extreme Gegensatz einer „offenen Marktwirtschaft", und zwischen diesen Polen lägen Abstufungen einer mehr oder weniger „gehemmten Marktwirtschaft", die im einzelnen durch besondere Bezeichnungen charakterisiert sein oder werden mögen.

Der Begriff der Verwaltungswirtschaft ist aber, weil er keinen echten Gegensatz zur Marktwirtschaft kennzeichnet, auch nicht geeignet, Stufen der Marktfreiheit oder -gebundenheit zu charakterisieren. Er bezeichnet nur eine von mehreren möglichen Formen einer Bindung der Marktvorgänge. Die verwaltungsseitige Einflußnahme auf diese ist wirtschaftlich nicht anders zu beurteilen als etwa eine religiöse oder eine sozialethische. Man könnte in diesem Sinne von der Form des betreffenden Güteraustauschsystems als von einer „verwaltungsmäßig, religiös oder sozialethisch gehemmten Marktwirtschaft" sprechen, womit freilich noch nichts über die technischen Mittel ausgesagt ist, welche die Hemmung bewirken oder bewirken sollen. Diese können im Fall der verwaltungsseitigen Einflußnahme in Gesetzgebungs- oder Verwaltungsakten bestehen, also marktfremden Charakter haben, oder in wirtschaftlichen

Maßnahmen, bei denen der Staat als Marktpartner (z. B. durch Bildung und dem Marktgeschehen angemessene Disposition von Getreidevorräten, durch Vergabe oder Einschränkung von Staatsaufträgen, durch Kreditausweitungen oder -restriktionen, durch Herab- oder Heraufsetzen der Bankrate) auftritt oder sich einem solchen ähnlich verhält (z. B. durch Werbung für eine bestimmte Verbrauchsgestaltung oder Einkommensverwendung), also einen markteigenen Charakter haben.

Vom Standpunkt des Verbrauchers mag es freilich verhältnismäßig gleichgültig sein, ob er etwa seinen Margarineverbrauch einschränken muß, weil der Staat den Einfuhrzoll auf deren ausländische Rohstoffe erhöht oder eine besondere Verbrauchssteuer auf das Fertigprodukt gelegt oder die Margarine im Sommer zugunsten eines schnelleren Verbrauchs der weniger lagerungsfähigen Butter durch Vorratskäufe vom Markt abgezogen oder durch Gesetz die Margarineherstellung beschränkt oder eine Margarinerationierung eingeführt hat. Für den Verbraucher ist maßgebend, ob er in seiner Bedarfsdeckung ganz oder überwiegend nach eigenem Entschluß handeln kann oder hierbei vorwiegend, wenn nicht gar ausschließlich von staatlichen Maßnahmen abhängig ist. Gleichwohl sind Maßnahmen, die formenden Einfluß auf die Verbrauchsgestaltung gewinnen, nicht ohne weiteres einer Verbrauchslenkung gleichzusetzen. Ein nicht freier Verbrauch ist allein aus diesem seinem Charakter her nicht auch ein gelenkter Verbrauch, und die Gegebenheit einer „gehemmten Marktwirtschaft" ist nicht gleichzusetzen mit dem Vorhandensein einer Wirtschaftslenkung. Wenn es auch für die Gültigkeit der volkswirtschaftlichen Gesetze des Marktverhaltens relativ unerheblich sein mag, warum die Marktfreiheit beschränkt ist, und viel bedeutsamer, ob und in welchem Maß diese Beschränkung besteht, so steht die Frage nach der Ursache der Beschränkung unter dem Gesichtspunkt der Wirtschaftsgestaltung geradezu im Vordergrund. Im Hinblick auf sie ist es entscheidend, ob eine verwaltungsmäßige Maßnahme eine Änderung im Verbrauchsgefüge unmittelbar zum Ziel hat, sie neben einem anderen (z. B. fiskalischen) Hauptzweck in Betracht zieht oder als mögliche Nebenwirkung eines nichtwirtschaftlichen (z. B. ethischen — man denke an ein Verbot von Hundeschlachtungen —) Zweckes unbeachtet läßt. Nur wenn die Einwirkung auf den Verbrauch, den Markt oder auf die Wirtschaftsvorgänge überhaupt das ausschließliche oder mitverfolgte Ziel verwaltungsmäßiger Maßnahmen ist, kann von einer Lenkung gesprochen werden.

Lenkung, die begriffsmäßig einen bewußt gewollten Vorgang darstellt und daher eine Willensbildung, die in bezug auf das Wirtschaftsleben nur als planerischer Vorgang gedacht werden kann, voraussetzt, braucht in der Form der Wirtschaftslenkung nicht gleichzeitig auch eine Verbrauchslenkung zu sein. Sie kann (z. B. als Maßnahme zur Rationalisierung des Bankwesens) rein organisatorischen Charakter haben. Auch Maßnahmen solcher Art, wenn sie sich auf die Gütererzeugung auswirken oder geradezu bestimmt sind, diese zu beeinflussen — man denke an den Aufbau des Reichsnährstandes oder etwa nur an Maßnahmen zur Förderung einer Motorisierung der Landwirtschaft —, wirken in ihrem Ergebnis freilich auf die Verbrauchsgestaltung, nämlich in Form der dann nach Menge und Art zur Verfügung stehenden Erzeugnisse. Gegenstand der Lenkung ist bei diesem Vorgang aber nicht der Verbrauch, sondern eben die Erzeugung. Erst wenn Maßnahmen ergriffen werden, die sich auf den Verbrauch selbst beziehen, indem sie sich unmittelbar an den Verbraucher wenden (z. B. Abfallverminderungspropaganda, Bindung der Bezugsberechtigung an Kundenlisten, Kaffeeverbrauchsverbot) oder den Bereich seiner Bedarfsdeckungsmöglichkeiten mittelbar von der Warenseite her beeinflussen (z. B. Kontingentierung des Marktangebots) oder beide Wege kombiniert beschreiten (z. B. Einführung einer besonderen Bezugsberechtigung unter gleichzeitiger Warenzuteilung), liegt eine Verbrauchslenkung vor.

Versuchen wir das Gesagte in der Art einer Systematik zusammenzufassen, so kommen wir zu folgendem Bild: Die Marktwirtschaft bildet den Gegensatz zur (austauschfreien) Selbstversorgungswirtschaft einerseits und zur (leistungsunabhängigen) Versorgungswirtschaft andererseits. Sie ist denkbar also offene, als gehemmte und als latente Marktwirtschaft. Die Verwaltungswirtschaft ist eine von mehreren möglichen Formen der gehemmten und die maßgebende Form der latenten Marktwirtschaft. Ihre Mittel, auf die Marktvorgänge einzuwirken, können markteigen oder marktfremd sein. Sofern der von der Verwaltung ausgehende Einfluß auf die Marktvorgänge nicht nur unbeabsichtigte Nebenerscheinung einer anderweitigen Zwecksetzung, sondern als solcher gewollt ist, liegt ein Vorgang der Wirtschaftslenkung vor. Geht deren Zielsetzung so weit, die Bedarfsdeckung völlig von einem leistungsbedingten Austausch frei zu machen (was selbst bei Vollrationierung nicht der Fall ist, solange die Beschaffung der Ration an ein auf Leistung beruhendes Einkommen gebunden ist), so ist der Übergang von der gehemmten Marktwirtschaft zur Versorgungswirtschaft gegeben, die sich nur in der Form einer Verwaltungswirtschaft vollziehen kann. Der Verbrauch ist subjektiv frei, solange der Verbraucher in der Disposition seines Einkommens zur Deckung seines Bedarfs nach Maßgabe des auf dem Markt verfügbaren Warenangebots nicht beschränkt wird. Diese Verbrauchsfreiheit kann auch noch in einem System der gehemmten Marktwirtschaft bestehen. Er ist objektiv frei, solange das Warenangebot auf dem Markt nicht durch Verwaltungsmaßnahmen eingeengt oder modifiziert wird. In jedem Falle ist er aber im Rahmen eines Staatswesens nur bedingt frei. Die Tatsache, daß sich der Verbrauch innerhalb eines bestimmten Systems der Wirtschaftsvorgänge nicht frei entfalten kann, ist nicht gleichbedeutend mit einer Verbrauchslenkung. Diese ist vielmehr nur eine spezielle Form der Einflußnahme auf die Handlungsfreiheit im Verbrauch oder in der Bedarfsdeckung, was in diesem Zusammenhang gleichgesetzt sein mag.

Man muß sich diese Bedingnisse der Markt- und Verbrauchsfreiheit gegenwärtig halten, um die Entwicklung von der sogenannten freien Wirtschaft zur Rationierung sinngemäß als wirtschaftssystematische Gestaltformen erfassen und vor allem auch die Rückkehr zur „freien" Wirtschaft den besonderen Bestimmungsmomenten der entstandenen Form entsprechend in systematische Vorstellungen einordnen zu können.

Daß es verschiedene Wirtschaftsformen gibt, die sich zu einem systematischen Bild ordnen lassen, besagt nichts über den Wert oder Unwert einer bestimmten Wirtschaftsform an sich oder unter bestimmten Umständen. Wenn wir die Dinge hier unter der Perspektive des Verbrauchs sehen wollen, so bedeutet dies, daß die Feststellung einer Verbrauchslenkung keinerlei Werturteil enthält. Diese Frage ist nicht systematologischer Natur. Wir hatten die Relativität der wirtschaftlichen Handlungsfreiheit im Rahmen dieses systematologischen Exkurses bereits kurz berührt, um aufzuzeigen, daß in einem sozialen Organismus Grenzen dieser Freiheit grundsätzlich gegeben sind. Offen ließen wir ihre nähere Bestimmung. Wir werden aber nicht umhin können, uns mit dieser zu befassen; denn die Begriffe der „Planwirtschaft", der „Verbrauchslenkung" und der „Rationierung" sind aus der Erfahrung der vergangenen Jahre so stark mit Ressentiments belastet, daß eine Behandlung der Rationierung ohne den vorherigen Versuch, gewissermaßen das Gelände für ihre Betrachtung zu bereinigen, wenig fruchtbar werden könnte. Bevor wir uns daher mit der Zeit und den Vorgängen der Rationierung befassen, mag der Abschnitt über den Verbrauch mit einer Betrachtung über die Relativität der ökonomischen Freiheit abgeschlossen werden.

Grenzen der wirtschaftlichen Handlungsfreiheit. Der Begriff der Freiheit ist komplex. Er umschließt eine Mehrzahl verschieden bestimmter Verhaltensbezirke. Das Wesen der Wirtschaft besteht in einem Zusammenwirken zweckgerichteter Handlungen. Sein Akzent liegt daher auf der Sphäre des Bestimmens über die anzuwendenden Mittel, also im engeren Sinne über den Einsatz der Produktionsmittel, somit im Verhaltensbereich des Willens

Planck[8] vertritt die Gültigkeit eines allgemeinen Kausalgesetzes und die Determinierung sämtlicher Vorgänge in der natürlichen und geistigen Welt durch dieses Gesetz und schließt daraus, daß von einer universalen Kausalität nicht die Rede sein könne, wenn nicht auch der menschliche Wille diesem Kausalgesetz unterworfen wäre. Um freilich die Determination menschlicher Willensäußerungen, also Handlungen, als Resultate der motivierenden Faktoren erkennen zu können, bedürfe es der Annahme eines neutralen, also in den Verlauf der Vorgänge nicht eingreifenden Beobachters.

Die Rolle eines solchen Beobachters im Wirtschaftsleben spielt die Statistik. Das Bedürfnis nach diesem Beobachter trat geschichtlich bei der Staatsführung auf, d. h. bei dem übergeordneten Funktionsträger des Sozialorganismus. Daß ihr nicht mehr als die Stellung eines Beobachters zukam und zukommt, kennzeichnet die ursprüngliche Definition ihres Wesens als der Summe alles dessen, „was zu gründlicher Einsicht eines Reiches beitragen kann", ebenso wie die in der Gegenwart entwickelten Begriffe der Wirtschafts„beobachtung" und Markt„beobachtung". Ungeachtet ihres Bedeutungswandels für die Leitung des Sozialorganismus im Laufe der Veränderungen in der Sozialorganisation ist sie in ihrem Wesen auch immer mit der sozialen Ganzheitsbetrachtung verbunden geblieben. Gewiß verlor die Statistik für die Staatsverwaltung in dem Maß an praktischer Bedeutung, als der Liberalismus Boden gewann und die Wirtschaft der Selbstbestimmung ihrer Träger überlassen wurde. Es ist aber kennzeichnend für den Zug der privatkapitalistischen Entwicklung, daß sich das Bedürfnis nach „gründlicher Einsicht" in die wirtschaftlichen Zusammenhänge gerade bei den Trägern der Privatwirtschaft in dem Maß entfaltete, als die durch die technische Entwicklung bedingte Kapitalintensivierung der Produktion das Verhältnis zwischen investitorischem Erfordernis und Gewinnchance verengte. Mit der Verlagerung des produktionswirtschaftlichen Schwergewichts vom Einzelunternehmen zur Gesellschaft als dominanter Unternehmungsform ging nicht nur die Ausbildung der Betriebsstatistik und die Einrichtung ganzer volkswirtschaftlicher Büros bei den industriellen Unternehmungen einher, sondern die Konstituierung großer, von der Industrie allein oder in Verbindung mit dem Staat getragener Markt- und Wirtschaftsforschungsinstitute. Wurde ferner in der Zeit der sogenannten großen Wirtschaftsexpansion den Statistiken der Produktion, der Kapitalbewegungen und des Handelsverkehrs nahezu ausschließliche Daseinsberechtigung zugebilligt, so wuchs mit der zunehmenden Bedingtheit dieser Expansion das Bedürfnis der Erforschung des Verbrauchs und seiner Kausalitäten. Es ist selbstverständlich, daß sich die Organisationen der Arbeitskraftträger unter ihrem spezifischen Aspekt

---

[8] *Planck,* Vom Wesen der Willensfreiheit, Leipzig 1948.

der Arbeitskraftverwendung, des Verwendungsertrages und der Ertragsverwendung von dieser Entwicklung nicht ausschließen konnten. Da nun aber einmal das „Gesetz der großen Zahl“ das Fundament der Statistik ist und der Staat über die breiteste Funktionsbasis verfügt, war es bei dem gegebenen Stand der wirtschaftlichen Entwicklung unvermeidlich, daß ihm in zunehmendem Maß die Aufgabe der umfassenden Beobachtung der wirkenden Faktoren zufiel, welche für alle Glieder der sozialen Gemeinschaft von Bedeutung sind.

Ihren Sinn empfing diese Aufgabe aber nur aus dem Bedürfnis, von der Erkenntnis der Kausalzusammenhänge auf die Determiniertheit der Wirtschaftsvorgänge zu schließen und damit die Voraussicht auf die wahrscheinliche künftige Entwicklung zu gewinnen. Bei der Analyse der individuellen Willensbildung gelangt nun *Planck* zu der Feststellung, daß „es für einen Beobachter im wirklichen Leben häufig gar nicht möglich ist, die Rolle der Passivität völlig zu wahren“. Im Rahmen einer Verwaltung ist diese Trennung des „erkennenden Ich“ und des „wollenden Ich“ grundsätzlich nicht organisatorisch unmöglich. Sind aber schon die Voraussetzungen für die Passivität des beobachtenden Ich in der geistigen Haltung des Individuums bei retrospektiver Betrachtung andere, als wenn es sich um zukünftige Willenshandlungen dreht, so hat die Wirtschaftsbeobachtung ihren Sinn allein als Erkenntnisgrundlage für die Beurteilung eines zukünftigen Ablaufs wirtschaftlicher Verhaltensweisen. Daß die Erkenntnis von Kausalitäten aus naheliegenden psychologischen Gründen auch im Wirtschaftsleben nicht nur dazu anregt, das Verhalten nach gegebenen Kausalitäten einzurichten, sondern solche auch bewußt auszulösen und wollend zu schaffen, beweist die wirtschaftliche Werbung. Hat aber einmal die strukturelle Entwicklung dem sozialwirtschaftlichen Risiko das Übergewicht über das privatwirtschaftliche verliehen, so führt die Bewußtheit der sozialorganisatorischen Verantwortung die Verwaltung mit gleicher Zwangsläufigkeit wie das Selbstbewußtsein den einzelnen Menschen zur Verschmelzung von „erkennendem“ und „wollendem Ich“. Nichts anderes aber beinhaltet der Begriff einer übergeordneten Planung, als daß die Leitung des Sozialorganismus aus der Erkenntnis des Kausalprinzips an sich und aus der Wirkungsweise gegebener Kausalitäten heraus den künftigen Ablauf wirtschaftlicher Vorgänge zu beeinflussen sucht.

Haben sich die Größenordnung der tragenden Produktionsaggregate, die erforderlichen Finanzkomplexe, die Formen der Arbeitskraftverwendung und die Notwendigkeiten einer angemessenen Verteilung des Sozialprodukts über die Leistungs- und Verantwortungskapazität des Individuums hinausentwickelt, so führt ein ungeordnetes Nebeneinander divergierender Einzelplanungen von den diversen Aggregaten und Sektoren aus mit innerer Notwendigkeit zu jener Schwächung der sozialwirtschaftlichen Leistungsfähigkeit, die der sozialorganisatorischen Planung das Primat der wirtschaftlichen Gestaltung verleiht. Erlangt das planerische Wollen der Verwaltung wirtschaftliche Gestaltungskraft, so ist der Tatbestand der Wirtschaftslenkung gegeben. Sie steht also zur Planung etwa im Verhältnis von Exekutive zu Legislative oder, anders ausgedrückt, Statistik, Planung und Lenkung stehen zueinander in ähnlicher Beziehung wie Wahrnehmen, Denken und Handeln. Wirtschaftslenkung bedeutet somit nicht mehr, aber auch nicht weniger als die Schaffung und Ordnung wirtschaftsbewegender Kausalitäten nach Maßgabe eines den Willensbildungen innerhalb der Wirtschaft übergeordneten planerischen Wollens.

Die Wirtschaftslenkung erfolgt kraft staatlicher Autorität. Sie schränkt daher die Souveränität derjenigen ein, die kraft privaten Rechts eine Bestimmungsbefugnis über die Produktionsmittel ausüben. Mit ihr tritt der Staat aus der Hilfestellung für die Handlungsbedürfnisse der privaten Wirtschaftsträger in die Stellung eines die Elemente der Wirtschaft seinen Belangen unterordnenden Wirtschaftsgestalters. Insofern steht die Wirtschaftslenkung im Gegensatz zur liberalistischen Wirtschaftsform.

Ihre Mittel mögen markteigen oder marktfremd, indirekt oder direkt, werbend oder zwingend, regulativ oder konstruktiv, total oder speziell sein. Über Mittelanwendung und Ausmaß der Wirtschaftslenkung entscheidet die Wirtschaftspolitik. Diese kann von der parlamentarischen Gesetzgebung über ein paritätisches Zusammenwirken der Staatsverwaltung mit den Einzelwirtschaftern oder ein bloßes Anhören dieser bis zum autoritären Verfahren alle Spielarten politischer Willensbildung umfassen, ohne durch die eine oder andere Art im Ergebnis den Charakter einer staatlichen Maßnahme gegenüber den einzelnen Gliedern der Wirtschaft zu verlieren. Welche rationalen oder ideologischen Gesichtspunkte die Linie der Wirtschaftspolitik auch bestimmen mögen, sobald ein Staat sich zu einer eigenen Wirtschaftspolitik bekannt hat, was in der Errichtung eines Wirtschaftsministeriums oder einer Wirtschaftsverwaltung seinen Ausdruck zu finden pflegt, hat er grundsätzlich den Weg der Wirtschaftslenkung beschritten.

Vom Standpunkt des Vertreters der einzelnen wirtschaftlichen Einheit bedeutet die Gebundenheit seiner Willensbetätigung an nach übergeordneten Gesichtspunkten angelegte Richtlinien selbstverständlich eine Unterordnung. Auch eine offene Marktwirtschaft bedeutet aber die Beschränkung der Willensfreiheit des einzelnen Produzenten durch die Verhaltensweise der Konkurrenz und der Verbraucherschaft, und zwar um so fühlbarer, als die Voraussetzungen einer Wirtschaftsexpansion abnehmen. Ohne zu untersuchen, ob die Wirtschaftslenkung als solche oder ein bestimmtes System derselben ein geringeres, gleiches oder größeres

Maß an Beeinträchtigung der individuellen Willensfreiheit erfordert, kann daher als wesentlich festgestellt werden, daß die Wirtschaftslenkung hinsichtlich des Maßes persönlicher Willensbetätigung nur die Bezugsbasis ändert, ohne eine vorher unbegrenzte Willensfreiheit aufzuheben oder ihre Einschränkung als etwas noch nie Dagewesenes auszulösen. Da die Willensfreiheit des Menschen nicht nur gelegentlich auf Widerstände stößt, sondern prinzipiell begrenzt ist, weil sie stets nur relativ besteht, ist es auch kaum nutzbringend, verschieden determinierte Willensbeschränkungen gegeneinander abzuwägen. Zumal für ein ganzes Wirtschaftssystem kann weniger die Frage danach beantwortet werden, ob eine Beeinträchtigung der Willensfreiheit gegenüber dem Zustand vorher eintritt, als danach, welche Willensträger mit welchen um das größtmögliche Maß an Willensfreiheit ringen. Der prinzipielle Unterschied zwischen dem liberalistischen Wirtschaftssystem und dem der Wirtschaftslenkung liegt nicht so sehr auf dem Gebiete der Willensfreiheit an sich als darin, daß die Willensbestimmung der einzelnen Wirtschaftsträger zum wirtschaftlichen Gestaltungswillen des Sozialorganismus relativiert wird. Ein hochindustrialisierter Staat kann es sich nicht unbesorgt leisten, Industrieunternehmungen sich gegenseitig „freiwillig" zu Tode konkurrieren zu lassen. Und ein Sozialorganismus mit dominanter Industriebevölkerung ist nicht in der Lage, sich zu den Problemen der Arbeitskraft ebenso zu verhalten wie ein Staat mit dominanter landwirtschaftlicher, insbesondere bäuerlicher Bevölkerung. Darin liegt die wesentliche Bestimmung des sozialorganisatorischen Rahmens eines Systems der Wirtschaftslenkung. Die sozialwirtschaftliche Struktur der hochentwickelten Industriestaaten erlaubt einen unbewachten Spieleinsatz der sozialwirtschaftlichen Kräfte ohne schwerwiegendes soziales Risiko nicht mehr.

Hinzu kommt in Hinsicht auf die Willenshandlungen der Produktion die Gliederung des Bedarfs in den privaten und den öffentlichen, hinsichtlich dessen der Staat unmittelbar Partei ist. Das System der Wirtschaftslenkung ist daher besonders ausgeprägt in Zeiten wirksam geworden, in denen die öffentlichen Aufgaben eine Expansion erfuhren, z. B. durch Rüstungs- und Verteidigungsbedürfnisse. Hat die wirtschaftliche Entwicklung einen Stand erreicht, der die sozialorganisatorische Abstimmung von Erzeugung und Bedarf erforderlich macht, so ist die Unterscheidung zwischen öffentlichem und privatem Bedarf freilich insofern unerheblich, als sie die grundsätzliche Notwendigkeit einer Wirtschaftslenkung nicht berührt, weil deren letzte Ursache gerade nicht im Bedarf, sondern in dem investitorischen Risiko der Produktion liegt. Demgegenüber ist der Bedarf, also der Absatzraum als solcher, Maßstab. Die Träger der Wirtschaftspolitik können die Kausalitäten des Verbrauchs wohl auf den öffentlichen Sektor lenken, manifestieren damit die Wirtschaftslenkung aber nicht als solche, sondern nur eine bestimmte Form derselben. Umgekehrt kann ein besonderer Notstand des öffentlichen Bedarfs die Ausrichtung der Wirtschaftslenkung nach dessen besonderer Lage bedingen; dann liegt hierin nur ein Motiv für die Graduierung des Maßstabs. Dieser ist gegenüber der Produktion als ganzer die Ganzheit des Bedarfs. In diesem Rahmen hat aber der private Bedarf, und zwar derjenige an Konsumgütern, fundamentale Bedeutung. Kein sozialer Organismus ist auf die Dauer lebens- und leistungsfähig, dessen physische Glieder hungern, frieren und obdachlos sind. Wohl kann zeitweilig ein Konsumverzicht zugunsten öffentlicher Bedürfnisse erforderlich werden. Diese charakterisieren sich aber gerade dadurch als aus dem privaten Bedarf abgeleitet, daß sich das Maß ihrer Tragbarkeit für die Bevölkerung nach ihrer Erfolgsaussicht für deren künftige Lebensgestaltung bestimmt. Dasselbe gilt — in anderen Kategorien gedacht — in der Gegenüberstellung von Konsum- und Investitionsbedarf.

Ist aber der Konsumbedarf das Fundament allen Wirtschaftsablaufs, so muß auch die sozialorganisatorische Planung der Wirtschaft gedanklich von dieser Grundlage als einem Phänomen und — mindestens hinsichtlich des ernährungsphysiologischen Bedarfs — auch als einer Größe ausgehen. Selbstverständlich bedient sich ein Sozialorganismus daher der Ergebnisse einer Forschung, welche die Kausalitäten des Bedarfs quantifizierbar machen. Durch die Erforschung des ernährungsphysiologischen Soll in allen seinen Abstufungen, durch die Aufstellung einer Leiteinheit für den Nährwertgehalt nach den physiologischen Wertigkeiten der Nährstoffe und durch die normierende Feststellung des Nährwertgehaltes der Nahrungsmittel wurde es möglich, die Beobachtungsergebnisse über die Erzeugung und Einfuhr an landwirtschaftlichen Produkten fruchtbar zu machen nicht nur für die Lebensmittelversorgung der Bevölkerung, sondern für Produktion und Export überhaupt.

Staatliche Wirtschaftslenkung bedeutet Steuerung des Sozialprodukts nach den Erfordernissen der sozialen Gemeinschaft. Der in Jahren der Zwangswirtschaft mit ihrer lähmenden Minutiosität der Einzelzumessungen erwachsene psychologische Horror vor dem Plan, die Furcht vor der Fehlentwicklung einer volkswirtschaftlichen Funktionsform zum unelastischen Mechanismus und die Pachtung sozialökonomischer Erkenntnisse durch Ideologien mit Ausschließlichkeitsanspruch erschweren nicht nur das tatsächliche Einspielen der ökonomischen Kräfte nach dem Gesetz der Proportionalität entsprechend der ihnen innewohnenden wirtschaftlichen Dynamik, sondern haben auch zu einer Verkrampfung des Selbstwertbewußtseins geführt, welche die Vorstellungen über die Freiheit neurotisiert hat. Sicher liegen die Ursachen hierfür nicht nur auf wirtschaftlichem Gebiet. Dennoch darf das Postulat der menschenwürdigen Freiheit sich nicht zu einem Verdrängungsvorgang entwickeln, der den Blick für die Determiniertheit der wirtschaftshistorischen Entwicklung trübt und durch eine Leugnung der Wandlungsvorgänge im sozialökonomischen Rahmen des natürlichen menschlichen Entfaltungsstrebens die korrektiven Gegenkräfte über das Maß ihrer wirtschaftsdynamischen Proportionalität wachsen läßt, so daß die beabsichtigte Rettung der Freiheit in eben jener Reglementierung untergeht, die sie verhüten will. Die Erfahrung hat gelehrt, daß die Zwangsreglementierung ebenso wie das anarchische Chaos als ihr Gegenpol nicht nur in ihrer letzten Folge gleichermaßen destruktiv wirken, sondern auch gleicherweise auf einer Disproportionalität der wirtschaftsordnenden Kräfte beruhen. Die Herstellung der Kräfteproportionalität ist aber bei der heutigen Größenordnung der sozialen Risiken nicht als Siegespreis für die überlebenden Stärkeren tragbar, sondern nur als Ergebnis einer von allen Teilen in freier Verantwortung gemeinschaftlich getragenen Ordnung, die dem auf wirtschaftlichem Gebiet zwangsläufig aus der Passivität herausgetretenen Staat das Recht der Interessewahrung für alle seine Teile zugesteht.

Wirtschaftslenkung als System ist nicht „gut“ oder „schlecht“, „falsch“ oder „richtig“ in einem allgemeingültigen Sinn. Sie gehört zur „gehemmten Marktwirtschaft“ so gut wie zur „latenten“. Von letzterer bildet die Einzelrationierung eine Erscheinungsform. Auch diese ist nur eins von mehreren Mitteln und ein — besonders hoher — Grad der Wirtschaftslenkung.

Das sozialorganisatorische Wirtschaftssystem ist naheliegenderweise zunächst nach seinen extremen Erscheinungsformen beurteilt worden. In Wirklichkeit ist der Streit um die Willensfreiheit vielleicht gar nicht einmal so sehr eine Angelegenheit der Betrachtungsweise als in diesem sozialwirtschaftlichen Zusammenhang eine Frage der organischen Proportionen. Wirken die einzelnen Teile des sozialwirtschaftlichen Getriebes in organischer, ihrer Funktion und Kapazität entsprechenden Zuordnung, so ist nicht mehr die Frage akut, ob die einzelnen Willensträger im absoluten oder in welchem relativen Sinn frei sind, sondern es dreht sich darum, daß sie sich auf Grund einer ihrer fungiblen und rezeptiven Natur gemäßen Einordnung in den Gesamtorganismus frei fühlen.

Fünftes Kapitel

Die Rationierung

Die Formen der Rationierung des Lebensmittelverbrauchs charakterisieren sich an sieben Hauptmerkmalen. Diese sind der Umfang der Rationierung, das bei ihr angewandte Verwaltungsprinzip, der Umfang, in dem die Bevölkerung von der Rationierung erfaßt wird, und die Prinzipien, nach denen sie gegliedert wird, die Verpflegungsform, die Technik des Bezugsausweises und die Werteinheit der Ration.

Umfang der Rationierung.[1] Hinsichtlich des Umfangs der Rationierung unterscheiden wir die Vollrationierung und die Teilrationierung. Im ersten Fall sind sämtliche für die Ernährung der Bevölkerung üblicherweise in Betracht kommenden Lebensmittel rationiert. Diese totale Rationierung des Lebensmittelverbrauchs kann sich aus anfänglicher Teilrationierung als Folge zunehmender Versorgungsschwierigkeiten entwickeln. Sie kann aber auch von Anfang an geplant werden. In Deutsch-

---

[1] *Statistisches Bundesamt,* Stat. Jb. f. d. Bundesrepublik Deutschland 1953; *Fachmann-Kraut-Sperling,* Nährstoff- und Nährwertgehalt von Nahrungsmitteln, Leipzig 1953; *Ministry of Food,* ABC of Rationing in the United Kingdom, London 1951; *dass.,* How Britain was fed in War Time, Food Control 1939—1945, London 1946; *Sperling,* Das Schwein ist unser Fettlieferant, Mindener Tageblatt Nr. 64 v. 16. 3. 1950; *Mehnert-Schulte,* Deutschland-Jahrbuch 1949, Essen 1949; *Passarge,* ZEL, Zentralamt für Ernährung und Landwirtschaft in der britischen Zone 1945—1948, Hamburg 1948; *Fleisch,* Ernährungsprobleme in Mangelzeiten, Die schweizerische Kriegsernährung 1939—1946, Basel 1947; *Handelsblatt* Düsseldorf Nr. 40 vom 9. 7. 1947; Weltvorräte an Getreide; *dass.,* vom 20. 3. 1947: Prämien für Ablieferungsleistungen?; *Knobloch,* Leitfaden zur Bekanntmachung der Militärregierung Deutschland (Britisches Kontrollgebiet) über Kontrolle und Verteilung von Verbrauchsgütern, Minden (Westf.) 1946; *ders.,* Memorandum über Verbrauchsregelung vom 31. 10. 1945; *Zentralamt für Ernährung* in der Britischen Zone, Erfassen oder Laufenlassen?, Berichte und Nachrichten aus der Land- und Forstwirtschaft Nr. 15 v. 12. 11. 1946; *Niedersachsen Regional Food Team,* Ernährungswirtschaft unter deutscher Verwaltung, Ernährungs-Dienst Nr. 23 v. 9. 8. 1946; *Statistisches Reichsamt,* Kriegsverbrauch an Nahrungsmitteln im Vergleich mit dem Friedensverbrauch nach den Ergebnissen von Wirtschaftsrechnungen, vervielfältigte Berichte 1939—1944; *dass.,* Stat. Jb. f. d. Deutsche Reich 1941/42; *Egle,* Wesen und Formen der Verbrauchsrationierung in Europa, Weltwirtschaftliches Archiv, Heft 2 / Sept. 1943; *Schweigart,* Der Ernährungshaushalt des deutschen Volkes, Berlin 1937; *Bames,* Lebensmittel-Lexikon, Berlin 1935; *Skalweit,* Die deutsche Kriegsernährungswirtschaft, Stuttgart-Berlin-Leipzig-New Haven 1927.

land hatte die Rationierung 1939 zunächst als Teilrationierung begonnen. Der Anteil der freien Nahrungsmittel an dem Gesamtnahrungsaufkommen der Vergleichsfamilien, der nach den Berechnungen des Statistischen Reichsamts im Kriegsjahr 1939/40 noch 18,4, im zweiten Kriegsjahr sogar 20,6 von 100 Kal. betragen hatte, sank dann rasch, und zwar 1941/42 auf 10,0 und 1942/43 auf 0,3 %.

Nicht immer freilich muß sich aus einer Teilrationierung eine Totalmaßnahme entwickeln. Das hängt von mehreren Umständen ab. Bedeutet die Teilrationierung, auch wenn sie die Versorgung nicht unter die „Good Health Line" drückt, eine für die Bevölkerung oder für einzelne Bevölkerungsteile fühlbare Beschränkung hinsichtlich bestimmter Essensgewohnheiten, so werden die Verbraucher auf andere, ihnen genehme Nahrungsmittel auszuweichen suchen, die nicht bewirtschaftet sind. Daß die zunächst freien Feinbackwaren vom 6. 5. 1940 an durch Anordnung der Hauptvereinigung der deutschen Getreide- und Futtermittelwirtschaft vom 29. 4. 1940 der Kartenpflicht unterworfen wurden, war hauptsächlich dadurch bedingt, daß sich der Verbrauch in einem nicht erwarteten Ausmaß auf Feinbackwaren verlagert hatte. Je knapper die Versorgungslage wird, um so mehr muß die Verwaltung bemüht sein, alle verfügbaren Nahrungsmittel einer sinnvollen Verteilung zuzuführen. Läßt sich durch Teilrationierung ein hinreichender Grundstock der Versorgung sichern und ist die Vorratslage im übrigen so, daß das Abklingen gewisser Verlagerungspsychosen abgewartet werden kann, so sollte die Teilrationierung schon aus Gründen der Verwaltungsersparnis vorgezogen werden. Diese Relativität des Bedürfnisses an einer Vollrationierung sollte der Verwaltung immer gegenwärtig sein.

In welchem Umfang die Lebensmittelversorgung im Wege einer Rationierung gehandhabt werden m u ß, richtet sich nach dem Verhältnis des Nahrungsmittelaufkommens zum Bedarf. In welchem Umfang der Weg der Rationierung beschritten werden k a n n, richtet sich danach, ob und in welchem Maß die bedarfsnotwendigen Lebensmittel organisatorisch verfügbar gemacht werden können. Während Deutschland in den ersten Weltkrieg eintrat, ohne landwirtschaftlich nennenswert vorbereitet gewesen zu sein, hatte der Aufbau des Reichsnährstandes organisatorische Voraussetzungen geschaffen, auf deren Grundlage die Erfassung und Ablieferung der inländischen Erzeugung gesichert werden konnte. Wesentlich war, daß diese Organisation durch Landes-, Kreis- und Ortsbauernschaften auf jeder Verwaltungsstufe verankert war, so daß die Fäden in jedes Dorf hineinreichten. Später ging die Erfassungsaufgabe der Landesbauernschaften mit auf die Landesernährungsämter über. Der Reichsnährstand, der 1947 durch die Kontrollratsdirektive Nr. 50 aufgelöst wurde, war im Gegensatz zum Bund der Landwirte, der zu Beginn des ersten Weltkrieges mit Vorschlägen zu einer landwirtschaftlichen Mobilisierung das Versäumnis einer ernährungswirtschaftlichen Vorbereitung auf den Kriegsfall auszugleichen suchte, eine Zwangsorganisation. Die in einer solchen waltende Disziplin ist stets bedingt durch das Machtvolumen der Verwaltungshoheit. Durch den Zusammenbruch von 1945 war nicht nur die Staatshoheit fortgefallen, sondern auch die ihrer Verwaltung eigentümliche geistige Orientierung. Die Lösung des Problems der bäuerlichen Organisation von dem administrativen Leitregelungsgedanken, der als staatliches Führerprinzip seines Promotors verlustig gegangen war, erforderte aber eine gewisse Übergangszeit, innerhalb deren die Unschlüssigkeit bezüglich der anzuwendenden Prinzipien der Selbstverwaltungsform die Aktivität der an sich fortbestehenden Nährstandseinrichtungen beeinflußte. Zwar gelang es verhältnismäßig früh, die Arbeiten der ehemaligen Landesbauernschaften, späteren Landwirtschaftskammern, und auch der Länder und damit Landesernährungsämter hinsichtlich der landwirtschaftlichen Erzeugung und des Ausgleichs der Lebensmittelversorgung zu koordinieren. Trotz straffer Ablieferungs- und Selbstversorgerbestimmungen blieb jedoch ein im Vergleich mit der Totalrationierung vor 1945 relevanter Nichterfassungsfaktor. Psychologisch ist es für den Grad der Produktionserfassung von erheblicher Wichtigkeit, ob die Ablieferung von dem Landwirt als Beitrag zu einer ideologisch motivierten Großaufgabe verlangt oder ihm nach einer großen Kraftanstrengung auferlegt wird, deren Vergeblichkeit für ein solches Ziel ihn alle Reaktionen der Enttäuschung durchlaufen ließ.

Insofern ist es verständlich, daß die Marktregelung 1946 aus der ständischen Sphäre, in der die Hauptvereinigungen gelegen hatten, in die staatliche der Hauptstellen gerückt wurde. Die Betonung des staatlichen Charakters der Bewirtschaftung konnte gegenüber den Ablieferungspflichtigen aber schließlich nur manifestiert werden durch Gebote und Verbote, die durch Strafbestimmungen und Kontrollen gestützt wurden, oder durch Ablieferungsprämien. Obwohl in der britischen Besatzungszone, deren Ernährungslage wegen ihrer hohen Bevölkerungsdichte und starken Industrieballungen besonders prekär war, das Zentralamt für Ernährung und Landwirtschaft gleich nach Übernahme der Verantwortung im August 1946 das Erfassungssystem durch Einrichtung von Ernährungsausschüssen in jedem Dorf, durch Verstärkung der Hofbegehungskommissionen von der Verbraucherseite her, durch Zusammenschluß der einzelnen Dörfer zu Liefergemeinschaften usw. an entscheidenden Punkten zu verbessern suchte, konnte es die Erschütterung von Treu und Glauben, auf denen das deutsche Erfassungssystem vorher in hohem Maße beruhte, nicht organisatorisch ausgleichen.

Das ideelle Motiv, das der Krieg ad absurdum geführt hatte, durch ein materielles zu ersetzen und also Ablieferungsprämien in Erwägung zu ziehen, lag nahe. Die Fragwürdigkeit eines solchen Verfahrens angesichts eines aufgeblühten Schwarzhandels ist auch durchaus gesehen worden. Was der Bauer brauchte, waren nichtlandwirtschaftliche Erzeugnisse. Diese konnten ihm aber nicht als Prämien zugeteilt werden, weil sie selbst bewirtschaftet waren. Der von *Knobloch* 1946 herausgegebene Leitfaden zur Bewirtschaftung von Verbrauchsgütern und das seinem vorausgegangenen Memorandum beigegebene Kreislaufschema des Warenbezugsrechts lassen sogar das Bestreben einer sehr straffen Organisation auch auf diesem Gebiet erkennen. Das bedeutet, daß auch eine Freigabe von Teilen der eigenen Erzeugung zum offenen Verkauf für den Landwirt uninteressant gewesen wäre, weil er den erzielten Verkaufspreis nicht hätte in die von ihm begehrte Ware umsetzen können. Die Einschränkung der Beschickung des schwarzen Marktes war auf diese Weise nicht zu erreichen, abgesehen von der zwingenden Notwendigkeit, angesichts der Versorgungslage nicht nur eine totale Erfassung anzustreben, sondern auf jeden Fall den Willen der Verwaltung hierzu gegenüber den Besatzungsmächten auch eindeutig zu demonstrieren. Die Schärfe der Bewirtschaftungsvorschriften und ein noch so energisches Handeln der Exekutivorgane verlieren aber an Wirkung, wenn die Gerichte bei Verstößen nicht entsprechend den Bewirtschaftungserfordernissen reagieren.

Der Landwirt hat gewiß auch in der schwersten Zeit der deutschen Ernährungslage das Seine getan, um die Versorgung als Organisation und Verwaltung nicht zusammenbrechen zu lassen. Auf diese Feststellung kommt es aber hier weniger an als auf die Darstellung der Faktoren, die in wechselseitigem Zusammenwirken den Grad der Produktionserfassung bedingen. Die graduellen Unterschiede, die sich auf der breiten Ebene des Gesamtnahrungsaufkommens gegenüber einer totalen Bewirtschaftung ergeben, weil die Verwaltungsmaßnahmen der Erfassung dieser Aufgabe nicht voll entsprechen, sind aber mehr organisatorisch-tatsächlicher als systematischer Natur. Die Rationierung als System der Güterverteilung kann auf eine totale Verbrauchsregelung angelegt sein, auch wenn die Organisation der Güterablieferung als Erfassungssystem dem Rationierungsplan nicht äquivalent ist. Das Auseinanderklaffen von Verbrauchsregelungsplan und Erfassungseffekt dokumentiert sich in dem Vorhandensein eines schwarzen Marktes. Der vom Statistischen Reichsamt berechnete Anteil an freien Nahrungsmitteln beruhte aber nicht auf der Unvollständigkeit einer an sich vollständig gewollten Erfassung, sondern auf einer systematischen Beschränkung hinsichtlich der erfaßten Nahrungsmittelgruppen. Eine vom ersten Schritt in eine Verbrauchsregelung her stufenweise ausgebaute Rationierung kann sich unter dem äußeren Zwang einer ungenügend kontrollierten Versorgungslage, aus verwaltungsökonomischen Gründen oder aus der Beharrung auf einer den jeweiligen Verhältnissen optimalen Reglementierungsgrenze ergeben, ohne im einen oder anderen Fall unsystematisch zu sein. Wenn im Weltkrieg 1914/18 die Reichsfettstelle erst im Juli 1916 gegründet, die Reichsfleischkarte am 2. 10. 1916 eingeführt worden war, so war dies der Zeit nach wohl eine Folge der Illusion von einem kurzen Krieg, der Anlage nach Lebensmittelgruppen nach aber zweifellos systematisch. Daß sich während des ersten Weltkrieges ein damals als Schleichhandel bezeichneter schwarzer Markt entwickelte, lag nicht am Verteilungssystem, sondern in hohem Maße an den Erfassungsprinzipien. *Oldenburg-Januschau* hat besonders auf die Diskrepanz der Verbrauchsregelungs- und der Agrarpolitik der damaligen Regierung hingewiesen, die nur nach den Erfassungsmöglichkeiten gefragt habe, nicht aber nach Möglichkeiten, die Erzeugung zu fördern. Dieser Aufgabe, die Erzeugung zu verbessern, diente insbesondere späterhin die Einrichtung des Reichsnährstands. Gleichwohl war die Verbrauchsregelung im Deutschland des zweiten Weltkrieges zunächst nicht umfassend. Insbesondere die billige und wichtige Kartoffel stand noch bis April 1942 als freies Nahrungsmittel zur Verfügung. Wenn *Egle* als besonderes Kennzeichen der deutschen Rationierung vom August 1939 die Totalität,, Radikalität und Plötzlichkeit bei der Einführung und später die besondere Akribie und Systematik bei der Durchführung anspricht, so muß man die ersten beiden Attribute wohl als den Tatsachen nicht ganz entsprechend ansehen und statt von Plötzlichkeit in Anbetracht des organisatorischen Fundus besser von Schlüssigkeit sprechen, die übrigen Attribute wird man freilich anerkennen müssen.

Mit der Erwähnung von Fett und Fleisch als rationierter und von Kartoffeln als freier Ware ist schon eine bestimmte Form der systematischen Teilrationierung in unseren Gedankenkreis gerückt, nämlich die Beschränkung der Verbrauchsregelung auf die h o c h w e r t i g e n N a h r u n g s m i t t e l. So hatte Schweden, als es im zweiten Weltkrieg trotz seiner Neutralität zur Bewirtschaftung überging (teils infolge des — von England, analog seinem Vorgehen im ersten Weltkrieg, am 21. 11. 1939 errichteten und entgegen den Protesten der Neutralen vom 25. 11. aufrechterhaltenen — Blockadesystems, teils als Folge zweier Mißernten) von den Nahrungsmitteln in erster Linie diejenigen mit einem Nährwertgehalt über 150 bis gegen 800 Kal. je 100 g sowie mit überdurchschnittlichem Eiweiß- und Fettgehalt rationiert. Dies waren an tierischen Eiweißträgern Eier (152 Kal., 12,3 g Eiweiß je 100 g), Fleisch (211 Kal., 13,5 g E.) und Käse (317 Kal,, 29,3 g E.), Margarine (729 Kal., 78,0 g Fett), Butter (751 Kal., 80,0 g Fett) und Zucker (409 Kal.) als reines Kohlehydrat (Nährwertangaben nach *Fachmann-Kraut-Sperling*). Unter dem Gesichtspunkt der Leistungserhaltung der Bevölkerung wird es in Zeiten ernährungswirtschaftlicher Beengung immer vordringlich sein, die konzentrierten Nahrungsmittel vor Verbrauchsfehlleitungen zu bewahren. Hinzu kommt, daß die tierischen Erzeugnisse als — agrarwirtschaftlich gesehen — mittelbare Nahrungsmittel nur entsprechend der verfügbaren Futtermittelmenge und den natürlichen Aufzuchtbedingungen der Tiere zur Verfügung stehen. Anders ist es etwa mit Wildfleisch, das wohl ziemlich allgemein einer besonderen, für den Verbraucher günstigeren ernährungswirtschaftlichen Behandlung unterlag, weil das Jagdrecht den Abschuß ohnehin besonderen Regeln unterwirft. Getreideerzeugnisse und Zucker sind gegenüber den tierischen Erzeugnissen Mittel der direkten menschlichen Ernährung, und zwar die konzentriertesten dieses Sektors, welche die Grundlage der menschlichen Ernährung überhaupt bilden. Aus der agrarwirtschaftlichen Konkurrenz zwischen beiden Nahrungsmittelgruppen ist wiederholt auf eine Zulässigkeit oder Notwendigkeit der Verminderung des Viehbestandes geschlossen worden, sei es um die Nutzfläche für den Anbau von pflanzlichen Nahrungsmitteln erweitern zu können, sei es um die Einfuhr von Futtermitteln zu verringern. Hierbei darf nur nicht übersehen werden, daß einerseits die Viehwirtschaft nicht eine willkürliche, sondern von den Bodenverhältnissen abhängige landwirtschaftliche Betriebsform ist und daß weder mit dem Umbruch von Wiesen und Weiden auf ein Wort hochwertiges Ackerland entsteht noch der Übergang von der Grünlandwirtschaft zum Körnerfrucht- und Hackfruchtanbau betriebswirtschaftlich ohne weitgehende technische Umstellung bewältigt werden kann, daß aber anderseits die reine Kalorienrechnung ernährungswirtschaftlich für eine derartige Umstellung nicht schlüssig ist, weil sie den Bedarf an tierischem Eiweiß vernachlässigt.

Dieser Fehler wurde während des ersten Weltkrieges gemacht, als aus der Kalorienrechnung der 1914 erschienenen Denkschrift von *Aereboe* u. a. der Trugschluß gezogen wurde, es sei keine Schwierigkeit, den auf 10 % der insgesamt benötigten Kalorien berechneten Einfuhrbedarf einzusparen, indem man einen Teil der beträchtlichen Nährwertmengen, die an das Vieh verfüttert werden, der menschlichen Ernährung direkt zuführe. Eine gewisse Parallele fand dieser Vorgang nach dem zweiten Weltkrieg in der von der Militärregierung angeordneten Viehabschlachtung. In dem von *Passarge* gezeichneten Bericht über die Ernährungsverwaltung der britischen Zone heißt es hierüber: „Bei allen diesen Maßnahmen zur Überbrückung von Augenblicksschwierigkeiten konnte die agrarpolitische Linie nicht immer ganz sichtbar werden; ja, einzelne Maßnahmen, wie z. B. die von der Militärregierung befohlene Viehabschlachtung, schienen im Gegensatz zu dem aufgestellten Fernziel zu stehen. Es mußte zunächst die drohende Hungersnot vermieden werden, bevor man daran gehen konnte, das Programm zu realisieren, die deutsche Nahrungsmittelproduktion durch Anpassung an die gegebenen Möglichkeiten und an die arbeitsteilige Weltwirtschaft zu verändern und zu steigern." In beiden Fällen steht die Erwägung der Einfuhrabhängigkeit hinter der Maßnahme. Natürlich gibt es gegen zeitweiligen Ausfall der Importmöglichkeit das Mittel der Vorratsbildung. *Oldenburg-Januschau* klagt in seinen Erinnerungen bitter darüber, daß *Bethmann-Hollweg* auf seinen Vorschlag, alles Getreide von Staats wegen aufzukaufen und zu magazinieren, 1914 nicht einging. Im zweiten Weltkrieg hatte Deutschland durchaus Vorräte. Aber zur Zeit der Übernahme der Ernährungsverwaltung in der britischen Zone durch *Schlange-Schöningen*, auf die sich das erwähnte Zitat bezieht, waren alle öffentlichen und privaten Vorräte geschwunden, und die durch den Verlust großer landwirtschaftlicher Produktionsgebiete noch verschärfte Einfuhrabhängigkeit wirkte sich voll aus. Auch die Schweiz, die übrigens im Gegensatz etwa zu Deutschland, England, den Niederlanden und Schweden die Vorratsbildung in die Hand des Verbrauchers verlegt hatte, hing in hohem Maß von der Einfuhr ab. Nach *Fleisch* erzeugte die Schweiz vor dem Kriege jährlich 201 000 t Brotgetreide (Durchschnitt 1934/39) und führte 460 000 t davon (Durchschnitt 1934/38) ein. Die hohe Abhängigkeit der Schweiz vom Weltmarkt wirkte sich aber nicht in beiden Weltkriegen gleich aus. Im ersten Weltkrieg brauchte die Schweiz viele wichtige und wertvolle Nahrungsmittel überhaupt nicht zu rationieren, weil die Entente ihr ständig Häfen für die Einfuhr zur Verfügung stellte, während die Schweiz zwischen den Fronten des zweiten Weltkrieges in eine Art insularer Lage geriet, die wiederholt zu monatelanger vollständiger Einfuhrsperre führte. So ist die Schweiz besonders durch ihre Situation im ersten Weltkrieg das Schulbeispiel für eine Teilrationierung infolge begrenzter Verknappung von Einfuhrware. Allerdings stiegen die vielen freien Nahrungsmittel der damaligen Bewirtschaftungszeit nach *Fleisch* derart im Preise, daß sie die große Masse der Arbeiter und Angestellten nur in kleinsten Mengen zu kaufen vermochte. Die natürliche insulare Lage Englands hat es dem Weltmarkt vielleicht mehr zugewandt, als der Eigensicherung durch eine intensive Landwirtschaft zuträglich sein mag. Die Kriegsentwicklung hat gezeigt, in welchem Maß die einheimische Produktion dort steigerungsfähig war. Sie stieg von 1939 bis 1944 in Mio Tons bei Weizen von 1,6 auf 3,1, bei Gerste von 0,9 auf 1,8, bei Hafer von 2,0 auf 3,0 und bei Kartoffeln von 5,2 auf 9,1. Die Gesamteinfuhr des United Kingdom (ohne die Einfuhr unraffinierten Walöls u. ä. aus Irland) an Lebens- und Futtermitteln ging freilich von 22,0 Mio Tons jährlich im Durchschnitt 1934/38 auf 11,5 Mio Tons zurück, Ausfälle, die durch keine noch so große Anstrengung der eigenen Landwirtschaft ausgeglichen werden konnten. Es ist nun in der Wirkung kein Unterschied, ob die Zufuhr durch eine U-Boot-Blockade oder durch

Mangel an Devisen zur Bezahlung der ausländischen Lieferanten gedrosselt wird und ob eine Verbrauchsrationierung eingeführt oder aufrechterhalten werden muß, um einen Krieg mit Gewinnaussicht durchhalten zu können oder um zu einem Ausgleich der Handels- und Zahlungsbilanz zu gelangen. Entscheidend ist allein, daß die Außenhandelsabhängigkeit den Umfang und gegebenenfalls auch die Reihenfolge der Rationalisierungsmaßnahmen bestimmt. Insofern nun ist bemerkenswert, daß die Rationierung in England am 8. 1. 1940 mit Butter, Zucker, Bacon und Schinken begann. Mit diesen Einfuhren liegt Großbritannien zwar weitaus an der Spitze aller europäischen Länder und gerade ihre Verschiffungswege sind in einem europäischen Krieg besonders gefährdet, aber es sind eben auch die hochwertigen Nahrungsmittel. Gewiß wurde in England auch der Tee rationiert, aber erst im Juli 1940, über ein Vierteljahr später als das Fleisch, für das die Rationierung am 11. 3. 1940 begann.

Es trifft also wohl zu, daß zum Rationieren erst einmal ein Fundus vorhanden sein muß, den man verteilen kann, daß also vor dem Rationieren das Erfassen steht. Erfaßbar ist die Einfuhr leichter als die Inlandserzeugung. Zollüberwachung, Devisenzuteilung, Außenhandelskontrolle sind verhältnismäßig einfach zu handhabende Mittel, um den Einfuhrhandel zu regeln oder gar ganz zu sperren. Die Erfassung der Inlandserzeugung erfordert eine größere und differenziertere Organisation, vor allem aber auch eine gleichzeitige Pflege der Produktion und der Vorratshaltung. Es trifft auch zu, daß das Maß der Rationierung stark von der Einfuhrabhängigkeit bestimmt werden kann und ihre Notwendigkeit von einer Verringerung der Importmöglichkeit. Auch das trifft zu, daß entsprechende Folgerungen sich aus einem Mißverhältnis von Erzeugung zu Bedarf ergeben können. Immer aber stehen die hochwertigen Nahrungsmittel im Vordergrund solcher Maßnahmen, weil aus ihrer Wichtigkeit im Rahmen der landwirtschaftlichen Erzeugung bei deren Unzulänglichkeit die Bedeutung der gleichen Nahrungsmittel für die Einfuhr und, im Falle Erzeugung und Einfuhr enge Grenzen ziehen, schließlich die Wichtigkeit für die Erfassung folgt.

Überlegen wir einmal kurz, worin die Hochwertigkeit dieser Nahrungsmittel besteht. Kalorisch ist ihr Wert je Gewichtseinheit höher als derjenige anderer Nahrungsmittel, wie etwa Kartoffeln. Demzufolge haben sie ein geringes Nahrungsvolumen. Beides zeigte bereits eine Übersicht in dem Abschnitt über das Nahrungsvolumen. Je Gewichtseinheit sind aber auch die V e r b r a u c h e r p r e i s e von Fetten, Fleisch und Zucker merklich höher als diejenigen der anderen Nahrungsmittel.

Für Brot und Nährmittel trifft dies nicht zu. Beide sind aber Getreideerzeugnisse und konkurrieren anbauflächenmäßig mit dem Futtergetreide. Aus der Rationierung von Nahrungsmitteln tierischer Herkunft folgt nun einerseits eine Sicherung der Futtergrundlage für die einheimische Viehzucht, anderseits aber auch eine Sicherung des menschlichen Direktbedarfs an der Getreideernte. Die Bedeutung dieser gegenseitigen Abwägung ergibt sich aus den beiderseitigen Mengenverhältnissen der deutschen Ernteerträge. Nach *Mehnert-Schulte* wurden in Deutschland (Gebietsstand 1937) im Durchschnitt 1935/39 jährlich geerntet (in 1000 t): Roggen 7738 (davon östl. Oder-Neiße 2378), Weizen 4656 (429), zusammen 12 394 (2807), Futtergetreide 10 496 (2630). Die Bezeichnung Futtergetreide ist hierbei insofern nicht ganz genau, als Teile dieser Ernteerträge auch unmittelbar der menschlichen Ernährung dienen. Dieses sogenannte Futtergetreide setzt sich zu rund 51 vH der damaligen deutschen Ernte aus Hafer, zu 34 vH aus Gerste und hinsichtlich des Restes aus Gemenge, Spelz und sonstigem Getreide zusammen. Von der Hafererernte wurden rund 2 vH zu Flocken verarbeitet. Von der Gerstenerzeugung wurden etwa 38 vH für Brauerei, Kaffee-Ersatz, Brennerei und Graupenherstellung verbraucht. Wenn also zur ausreichenden Fleischversorgung die inländische Futtermittelbasis gesichert werden soll, muß anderseits der Raum abgesteckt werden, der für den Getreideanbau zur menschlichen Ernährung benötigt wird. Das bedeutet, daß die Verbrauchsrationierung von tierischen Produkten, sofern deren Erzeugungsbasis auch nur zum Teil im Inland liegt, eine Bewirtschaftung, die ja nach der Verfügungsmenge ebenfalls bis zur Verbrauchsrationierung gehen kann, auch für das Getreide zur menschlichen Ernährung auslöst. Wenn eine Teilrationierung außer den, auf die Gewichtseinheit bezogen, teuren Nahrungsmitteln wie Fleisch und Butter auch die billigeren Lebensmittel auf Getreidebasis wie Brot und Nährmittel umfaßt, schließt dies die grundsätzliche systematische Orientierung dieser Verbrauchsplanung nach dem höheren Preis nicht aus. Die Beschränkung des Rationierungsumfangs nach dem höheren Preis zu orientieren, ist als soziales Motiv durchaus denkbar, wenn es sich darum handelt, dem Bezieher kleinen Einkommens „sein Stück Fleisch im Topf zu sichern". Wenn Vorratswirtschaft, Preisüberwachung und Lohnpolitik nicht ausreichen, dieses Ziel mit marktmäßigen Mitteln zu erreichen, ist es schwer, die Verbrauchsregelung zu vermeiden. Natürlich besteht manchmal die Möglichkeit, den Verbrauch umzulenken.

Als klassisches Beispiel gelten hierfür die Margarine und die Sojabohne. Hinsichtlich der Margarine wird dabei nur übersehen, daß gleichzeitig auch die Buttererzeugung stieg. Gewiß erhöhte sich der Einfuhrüberschuß des Deutschen Reichs (bzw. des entsprechenden Gebiets) an Ölrohstoffen (Rapssaat, Leinsaat, Sesam, Erdnüsse, Mohnsaat, Palmkerne, Kopra, Cotton, Sojabohnen usw. zusammen) von 7500 t im Jahre 1840 über 25 200 t in 1860 auf 1 278 600 t im Jahre 1910, während die Buttererzeugung von 1861 mit 110 000 t nur auf 290 000 t im Jahre 1907 stieg, aber diese war auch nicht in gleichem Maß erhöhungsfähig. So war das Anwachsen des Margarineverbrauchs nicht im eigentlichen Sinn mit einer Verbrauchsverlagerung verbunden, sondern sie war nur ein Kennzeichen und eine wesentliche ernährungsphysiologische Voraussetzung für die rasante Industrialisierung der damaligen Epoche. Das billige Pflanzenfett hatte eine Lücke geschlossen, die sich aus dem wachsenden Fettbedarf der Arbeiterschichten in den Industrieländern und der immerhin begrenzten Butter- und Schmalzerzeugung ergeben hatte. Nicht für eine Verbrauchsverlagerung bildet die Entwicklung der Margarineproduktion ein Beispiel, sondern sie zeigt nur, wie eng der Verbrauch der verschiedenen Handelsfette, im großen volkswirtschaftlichen Rahmen gesehen, verflochten ist.

Wenn die Auswahl der zu rationierenden Nahrungsmittel nach dem Preis orientiert werden soll, um die Nahrungsmittel, die bei Beginn der Verbrauchsregelung vergleichsweise teuer sind, dem bisherigen Konsumentenkreis zu erhalten, so ist das sinnvoll nur, wenn das betreffende Nahrungsmittel zu verteuern droht. Das ist aber nur bei einer eintretenden Knappheit zu erwarten. Wird aber Butter knapp, so kommt eine Verbrauchsverlagerung unter Erhaltung der Ernährungseffizienz nur für Margarine und Schlachtfette in Betracht. Mit den Schlachtfetten kommen wir wieder zur Fleischrationierung und sehen hier deren Verflechtung mit der Butterbewirtschaftung. Die Margarine kommt als Ausweichgeleise in Mangelzeiten aber darum nicht in Frage, weil sie hinsichtlich ihrer Rohstoffe gerade für die Industrieländer in hohem Maße auslandsabhängig ist. Der Vergleich der Preise von Butter und Margarine schlägt daher unter dem Gesichtspunkt einer Schutzrationierung nicht durch. Trotzdem ist natürlich nicht zu bestreiten, daß Margarine im Vergleich mit anderen Nahrungsmitteln wie Kartoffeln oder Milch je Gewichtseinheit teurer ist.

Die Sojabohne wäre für eine Verbrauchsverlagerung wohl in Betracht zu ziehen. 57 500 t Fleisch enthalten nicht mehr Eiweiß als 24 500 t Sojabohnen. Aber Vollsojaprodukte, die völlig frei von Neben- und Nachgeschmack für den europäischen Gaumen sind, wurden erst nach dem zweiten Weltkrieg erzeugt. Erst zu dieser Zeit wurden auch die ersten Versuchsanbauten in Deutschland aufgenommen. Die Verbrauchsverlagerung, das Ausweichen zu anderen, mit geringerem Erzeugungsaufwand oder in geringerer Auslandsabhängigkeit zu erstellenden Nahrungsmitteln hat sehr fühlbare Grenzen in ihren agrarwirtschaftlichen und technischen Voraussetzungen. Auch wenn es sich nur darum handelt, bisherige Verlustquellen zu schließen, bedarf dies einer Entwicklungszeit. So wertvoll es wäre, den Eiweißbedarf für die kaufkraftsschwächeren Teile der Bevölkerung durch Sojaerzeugnisse zu sichern und damit auch auf den Fleischmarkt einzuwirken, wird man doch zunächst hierfür noch an den Fleischtopf zu denken haben und bei einer Verknappung dieser Eiweißquelle, die ja gleichzeitig auch eine Fettquelle ist, die Verbrauchsregelung als Alternative einer unzureichenden Wirksamkeit der marktmäßigen Mittel ansehen müssen.

Damit kommen wir über den Umweg einer Erörterung der Verbrauchsverlagerungsfrage zu dem Ausgangsgedanken einer Orientierung der Regelungsmaßnahmen nach dem höheren Preis um eine Erkenntnis reicher zurück: Der vergleichsweise höhere Preis kann niemals ausschließlicher Orientierungsfaktor sein, weil hinsichtlich der Erzeugungsbzw. Beschaffungsbedingungen zwischen Nahrungsmitteln unterschiedlicher Preislage innerhalb bestimmter Nahrungsmittelgruppen so enge Beziehungen bestehen, daß im Falle einer Verbrauchsregelung keines von ihnen isoliert betrachtet werden kann.

Aber wir wollen den Gedanken der Preisorientierung auch von der Seite der billigen Nahrungsmittel her beleuchten. In England war der Kartoffelverzehr mit Ausnahme der kurzen Zeit vom 9. 11. 1947 bis 30. 4. 1948, nachdem die Kartoffelernte ungewöhnlich gering ausgefallen war, frei gelassen worden.Auch Brot wurde in England erst vom 21. 7. 1946 an rationiert, als die Getreidevorräte in den Hauptausfuhrländern USA, Kanada, Argentinien und Australien am 1. 7. 1946 nur rd. 37 Mio t betrugen gegenüber 56 Mio t am 1. 7. 1945; diese Rationierung endete erst am 24. 7. 1948. England konnte sich diese Sonderbehandlung von Brot gestatten, weil die Konkurrenz zwischen Nahrungs- und Futtergetreide dort insofern kaum Bedeutung hatte, als England ohnehin zu 88 vH seines Bedarfs an Getreideerzeugnissen, zu 93 vH seines Bedarfs an Handelsfetten und zu 55 vH seines Bedarfs an Fleisch auslandsabhängig (Jahresdurchschnitt 1934/38) und hinsichtlich seiner Zufuhren aus den Hauptausfuhrländern von Getreide weniger gefährdet war als hinsichtlich etwa seiner Butter- und Bacon-Lieferungen aus Dänemark. So konnte die Versorgung der Zivilbevölkerung mit Brot, Mehl und anderen Zerealien bis 1944 um 19 vH gegenüber der Vorkriegszeit gesteigert werden, während diejenige mit Fleisch um 14 vH zurückging. Anderseits konnte die Kartoffelversorgung, die 1934/38 nur zu 6 vH vom Import abhing und 1944 auf einer gegenüber 1936/38 um rund 87 vH gesteigerten Erzeugung beruhte, gleichzeitig um 60 vH verbessert werden. England hatte also bezüglich der Kartoffeln alle und für Brot jedenfalls weitaus mehr Voraussetzungen als Deutschland für die Möglichkeit, es dem Minderbemittelten offenstehen zu lassen, „sich durch Zukauf dieser billigen Grundnahrungsmittel das physiologische Minimum zu sichern“. Auch in Deutschland bestand zunächst diese Absicht. So wurden die Kartoffeln in Hamburg erst ab 20. 10. 1941, in Berlin ab 6. 4. 1942 rationiert, aber nicht im Rahmen der reichszentralen Rationierung, sondern — wie sich schon aus den unterschiedlichen Anfangsdaten ergibt — in

Form örtlich geregelter Zuteilungen. Für Brot fiel die Möglichkeit, einen markfreien Bezug zuzulassen, aus den angegebenen Gründen aus. Für Kartoffeln, deren Erzeugung innerhalb der ohnehin sehr intensiv arbeitenden deutschen Landwirtschaft im Gegensatz zu England nicht nennenswert gesteigert werden konnte, ergaben sich bald zwei Hemmnisse der Marktfreiheit. Die Nichtbewirtschaftung der Kartoffel beschwor die Gefahr ihrer Verwendung zur Schweinemast statt zur menschlichen Ernährung in dem Maß herauf, in welchem die Futtermittelrestriktion auf den Viehbestand zu drücken begann. Als voluminöses Frachtgut belastete sie außerdem den Frachtraum, der sich infolge der Verlängerung der rückwärtigen Verbindungen während des Bewegungskrieges jener Jahre verengte, erheblich, so daß in erster Linie Überdispositionen nach den großen Verbrauchszentren vermieden werden mußten. Die Absicht, ein Nahrungsmittel dem freien Verbrauch zu überlassen, das zu niedrigem Preis je Gewichtseinheit erhältlich war, bestand auch in Deutschland, nur gestatteten es die Versorgungsbedingungen hier nicht, dabei zu bleiben. Wollen und Können ist eben auch für die Verbrauchsregelungspolitik zweierlei.

Dabei hatte der Grundsatz der Rücksichtnahme auf die weniger kaufkräftige Bevölkerung für die deutschen Maßnahmen eine sehr inhärente empirische Bedeutung. In seiner Darstellung der Ernährungswirtschaft des ersten Weltkrieges schreibt *Skalweit:* „Wünschenswert wäre auch eine Verfeinerung der rohen Rationierung in der Form gewesen, daß den Inhabern kleiner Einkommen für die Belieferung mit manchen Waren eine besondere Bevorzugung gewährt worden wäre, in Berücksichtigung der Tatsache, daß ihnen der Zukauf noch freier Ware sehr viel schwerer fiel als den wohlhabenderen Schichten der Bevölkerung. Außerdem stellte es sich heraus, daß die ärmeren Schichten einen Teil der zugewiesenen Lebensmittel, insbesondere Fleisch und Eier, infolge des hohen Preises nicht immer kauften, obwohl die ihnen zustehenden Mengen vorhanden waren. Daraus entwickelte sich dann nicht selten ein reger privater Markenaustausch. Die Marken für die teuren Lebensmittel wurden (zum Teil hatte sich ein bestimmter Preis dafür entwickelt) ausgetauscht gegen Brot- und Kartoffelmarken, die bei den Bessersituierten nicht in gleicher Zahl wie bei den Ärmeren benötigt wurden. Wenn auf diese Weise ein alle Teile befriedigender Ausgleich bewirkt worden wäre, hätte sich dagegen weniger einwenden lassen. Bei der Knappheit aber, mit der die einzelnen Rationen bemessen waren, mußte der Markenaustausch zu dem Übelstande führen, daß sich die Ernährungsbedingungen für die Minderbemittelten noch mehr verschlechterten." Auf die damals getroffenen Abhilfemaßnahmen braucht hier nicht eingegangen zu werden, weil sie durch die verfeinerten Rationierungsmethoden des zweiten Weltkrieges überholt sind und hier nur das Prinzip der freien Ware für die Schicht der kleinen Einkommen interessiert, denn dies Problem bestand auch zu Beginn des zweiten Weltkrieges. So wird zunächst in einem Bericht des Statistischen Reichsamts schon für die Zeit der 2.—4. Zuteilungsperiode darauf hingewiesen, daß sich durch die Rationierung eine Verlagerung zu den teureren Lebensmitteln vollzog und vor allem der Ausfall der von der Arbeiterbevölkerung üblicherweise in den Zeiten der Marktschwemme getätigten Vorratskäufe diese Einkommensschicht auf den laufenden Einkauf zu den höheren Kleinmengenpreisen gedrängt habe. Aber auch abgesehen hiervon bedeutete der Eintritt in die Rationierung des zweiten Weltkrieges genau so wie jede irgendwann irgendwo aufgenommene Rationierung einen Eingriff in den Leistungsaustausch mit Hilfe des Geldes. Rationieren bedeutet doch eben zuteilen, und zwar nach übergeordneten Gesichtspunkten. Damit fällt, und zwar um so mehr, je stärker sich die Rationen dem ernährungsphysiologischen Minimum nähern, die Möglichkeit einer auswählenden Anpassung an das eigene Einkommen aus. Es war also durchaus zu beachten, daß sich die Reichsindexziffer für Ernährung zu Beginn des zweiten Kriegsjahres im September 1941 auf 106,2 vH des Jahresdurchschnitts 1937 erhöht hatte. Nach den Vergleichsberechnungen des Statistischen Reichsamtes für einkommensschwache Arbeiterfamilien bedeutete die Rationierung gegenüber den Haushaltsausgaben des Jahres 1937 sogar eine Steigerung der Ausgaben für Ernährung auf 108,1 vH. Dennoch verlor der bis dahin sorgfältig fortgeführte spezielle Ausgabenvergleich für die Schicht der ganz kleinen Einkommen allmählich an Interesse, und das Statistische Reichsamt ließ es von der 26. Zuteilungsperiode an (28. 7. 1941) bei den Meßzahlen des Lebenshaltungsindex bewenden; denn die Bruttowochenverdienste waren bereits im September 1940 gegenüber März 1937 auf 114,1 vH gestiegen. Preis- und Lohnstop einerseits, Erhöhung der Beschäftigungsintensität und Vermehrung der Einkommensbezieher je Haushaltung hatten die Frage der Berücksichtigung einkommensschwacher Schichten für die Rationierungspolitik praktisch außer Betracht gerückt.

Damit können wir unsere Feststellungen zu diesem Punkt zusammenfassen. Die Veränderung der Verbrauchsstruktur durch die Rationierung kann Erhöhungen des Familienbudgets für Ernährung bewirken. Im Interesse einer ernährungsphysiologisch ausreichenden Versorgung der einkommensschwachen Schichten ist daher bei der Anlage eines Rationierungssystems hierauf zu achten. Hierbei kann ein Elastizitätsfaktor zur Erhaltung einer gewissen individuellen Anpassungsmöglichkeit an die Einkommenslage durch Wahrung der Marktfreiheit für bestimmte billige Nahrungsmittel eingeschaltet werden. Anderseits ist mit Hilfe geeigneter preispolitischer Maßnahmen dafür zu sorgen, daß auch der einkommensschwache Teil der Bevölkerung nicht vom Bezug der für ihn lebensnotwendigen teureren Nahrungsmittel ausgeschaltet wird. Diese Erwägungen werden aber in ihrer Bedeutung relativiert durch die Einkommens- und Ausgabenentwicklung. Ob Maßnahmen zur Sicherung der Ernährung bestimmter Einkommensschichten getroffen werden müssen, ist nicht allein aus Überlegungen der Nahrungsmittelbewirtschaftung zu beantworten, sondern nur im Rahmen der ganzen Wirtschaftsgestaltung.

Der Geldpreis je Gewichtseinheit eines Nahrungsmittels ist also ein für den Umfang der Rationierung durchaus zu beachtender Faktor. Hinter dieser Erwägung steht aber die Notwendigkeit einer ernährungsphysiologisch ausreichenden Versorgung aller Teile der Bevölkerung. Richten wir aber eine Rationierung ganz nach der Preiswürdigkeit im Hinblick auf die Gewichtseinheit ein, so werden wir dieser Forderung bald nicht mehr genügen können; denn in bezug auf ihren Nährwert gesehen sind gerade die sog. „billigen" Nahrungsmittel vergleichsweise teuer. Rechnen wir nämlich mit Hilfe der Angaben in der erwähnten Tabelle des Abschnitts über das Nahrungsvolumen mit den Preisen von 1938 und 1952 um, so zeigt sich uns folgendes Bild:

Lebensmittelart	Einzelhandelspreis			
	JD. 1938		Dez. 1952	
	je kg DM	je 100 Kal. Pfg.	je kg DM	je 100 Kal. Pfg.
Butter	3,19	4,2	7,31	9,7
Jagd- u. Schinkenwurst	2,68	7,6	5,30	15,1
Margarine	2,20	3,1	2,11	2,9
Schweinefleisch	1,68	4,8	4,12	11,8
Zucker	0,80	2,0	1,36	3,3
Haferflocken	0,55	1,4	1,12	2,8
Kartoffeln	0,46	5,8	0,94	11,9
Brot	0,34	1,4	0,61	2,5
Vollmilch (Liter)	0,23	3,9	0,39	6,6
Hühnerei (St.)	0,12	1,4	0,29	3,4

Die rationspolitische Verweisung einer sozialen Schicht auf die „billigen" Nahrungsmittel würde aber infolge der Kapazitätsgrenzen der Verdauungsorgane nicht nur eine kalorisch unzureichende, sondern auch eine ernährungsphysiologisch unzweckmäßige Ernährung zur Folge haben; denn die Nahrungsmittel unterscheiden sich nicht nur in ihrem Kaloriengehalt, sondern eben auch funktionell. Es handelt sich nicht so sehr darum, den einkommensschwachen Schichten die „teuren" Nahrungsmittel unter dem Gesichtspunkt einer sozial ausgleichenden Gerechtigkeit zugänglich zu machen oder zu erhalten. Wir brauchen hierzu keinerlei Ideologien zu bemühen, sondern können uns mit der ganz primitiven ernährungsphysiologischen Tatsache bescheiden, daß jeder Mensch, gleichgültig, wieviel er verdient, seinen bestimmten Anteil

Eiweiß und Fett an der Nahrung braucht. Dieser steckt aber im wesentlichen in den „teuren“ Nahrungsmitteln. Der schon erwähnte „Elastizitätsfaktor“ auf der „billigen“ Seite hat freilich seine ökonomische Berechtigung, aber die ernährungsphysiologische ist doch hier auch im Spiel, weil zur Stillung des Hungergefühls auch ein gewisses Nahrungsquantum gehört. Und nicht nur dazu, sondern auch zur Anregung und Erhaltung einer ausreichenden Darmtätigkeit. Ohne die Bedeutung der Nahrungsmittelpreise für die Rationierungspolitik mindern zu wollen, können wir daher jetzt sagen, daß sie für die Abgrenzung des Umfangs der Rationierung zwar relevant, aber doch von nachgeordneter Bedeutung sind. Davor steht die ernährungsphysiologische Wichtigkeit. Aber auch diese kommt nur dann und insoweit zum Tragen, als die betreffenden Nahrungsmittel knapp sind.

Damit kommen wir auf den Kern. Die systematische Aufteilung der Gründe für die Festlegung des Umfangs einer Rationierung hat es nicht mit nebeneinander-, sondern hintereinandergeordneten Faktoren zu tun. Der Umfang der Rationierung bestimmt sich danach,

1. ob eine Knappheit vorliegt oder zu erwarten ist,
2. welche ernährungsphysiologische Bedeutung den betreffenden Nahrungsmitteln zukommt,
3. in welchem Maß diese Nahrungsmittel erfaßt werden können, und
4. welches ihr Preis je Gewichtseinheit ist.

Die Verwaltungsformen der Rationierung.[2] Die Rationierung ist eine geplante Verteilung von Waren, also ein Lenkungsvorgang, der sich administrativ durch die Art des ihn planenden, auslösenden und überwachenden Bewegungselementes kennzeichnet. Dies kann aus einer oder mehreren getrennt wirkenden Einheiten bestehen. Die Summe der Ver-

[2] *Wicharz*, Die Ernährungs- und Landwirtschaftsorganisation der Vereinten Nationen (FAO) Dokumente Heft VIII, hgg. v. d. Forschungsstelle für Völkerrecht und ausländisches öffentliches Recht der Universität Hamburg, Frankfurt (Main)-Berlin 1953; *FAO.*, The Work of FAO 1951/52, Report of the Director-General, Rom 1952; *Ministry of Food*, ABC of Rationing in the United Kingdom, London 1951; *Passarge*, ZEL, Zentralamt für Ernährung und Landwirtschaft in der britischen Zone 1945—1948, Hamburg 1948; *StABB*, Nährstoff- und Nährwertgehalt der Nichtselbstversorger-Rationen, vervielfältigte Berichte 1945—1948; *Fleisch*, Ernährungsprobleme in Mangelzeiten, Die schweizerische Kriegsernährung 1939—1946, Basel 1947; *Richarz*, Von Hot Springs nach Kopenhagen, Wirtschaftszeitung Nr. 5 v. 31. 1. 1947; *Knobloch*, Leitfaden zur Bekanntmachung der Militär-Regierung (Britisches Kontrollgebiet) über Kontrolle und Verteilung von Verbrauchsgütern, Minden (Westf.) 1946; *StRA*, Kriegsverbrauch an Nahrungsmitteln im Vergleich mit dem Friedensverbrauch nach den Ergebnissen von Wirtschaftsrechnungen, vervielfältigte Berichte 1939—1944; *Attlee u. a.*, Labour's Aims in War and Peace, London 1940; *Saure*, Reichsnährstandsgesetze, Berlin-Leipzig 1935; *Reischle-Saure*, Der Reichsnährstand, Aufbau, Aufgaben und Bedeutung, Berlin 1934; *Skalweit*, Die Deutsche Kriegsernährungswirtschaft, Stuttgart-Berlin-Leipzig-New Haven 1927.

waltungsvorgänge, welche die Rationierung ausmachen, ist im ersten Fall zentral gelenkt, im zweiten dezentral. Das Prinzip der zentralen Lenkung weist verschiedene Stufen aus, die gewissermaßen vom vollen Zentralismus zum Dezentralismus führen. Gehen wir vom zentralen System aus, so wäre die nächste Stufe die Beschränkung auf eine zentrale Planung, der sich die zentrale Verteilungsplanung als weitere Stufe anschließt. Eine noch losere Form zentraler Handhabung ist die Beschränkung der Zentralinstanz auf die Koordinierung. Fällt auch diese fort, so haben wir es mit einer dezentralen Verwaltungsform zu tun.

Bei der zentralen Rationierung werden die Rationen zentral geplant, und die Verteilung wird zentral gelenkt. Im vorigen Abschnitt war auf die hohe Bedeutung der Erfassung und der Produktionspflege als Voraussetzung für eine rationelle Versorgungsplanung hingewiesen worden. Nun hatte man in Deutschland selbstverständlich aus den Erfahrungen des ersten Weltkrieges gelernt. Grundsätzlich besteht für eine Volkswirtschaft immer die Alternative, die eigene Landwirtschaft als mitwirkenden Bestandteil in eine arbeitsteilige Weltwirtschaft einzubauen oder eine höchstmögliche Autarkie anzustreben. In beiden Fällen ist es notwendig, die eigene Landwirtschaft entsprechend ihrer Aufgabenstellung lebensfähig zu erhalten. Erst die Wahl zwischen den Möglichkeiten und die sich daraus ergebende Aufgabenstellung entscheidet über die Form der Existenzerhaltung und über den Weg, den gesetzten Zweck zu erfüllen.

Dieser Zweck gipfelte für die deutsche Landwirtschaft nach der großen Krise von 1932 in der Steigerung der eigenen Erzeugung. Diese setzte unter den damaligen Umständen gleichzeitig eine Eigentumssicherung und eine kreditpolitische Sanierung, anderseits eine gewisse Preissicherung voraus, die nicht ohne eine sinngemäße Ordnung des Marktes für die eigenen landwirtschaftlichen Erzeugnisse und für die Einfuhrware erzielbar war. Das Gesetz über den vorläufigen Aufbau des Reichsnährstandes und Maßnahmen zur Markt- und Preisregelung für landwirtschaftliche Erzeugnisse vom 13. 9. 1933 (RGBl. I S. 626) war schon durch diesen seinen Titel und weiterhin durch seine Begründung auf dieses Ziel ausgerichtet. Die ausschließliche Zuständigkeit des Reiches für die Regelung des ständischen Aufbaues der deutschen Landwirtschaft war bereits durch Gesetz vom 15. 7. 1933 (RGBl. I S. 495) begründet worden. Der Reichsnährstand selbst war als Pyramide mit den Ortsbauernschaften als Basis und dem Reichsbauernführer als Spitze aufgebaut worden. Als Marktverbände gehörten dem Reichsnährstand die Hauptvereinigungen für jeden Erzeugungssektor der Landwirtschaft, wirtschaftliche Vereinigungen der Nahrungsmittelindustrie, Beauftragte für bestimmte Spezialerzeugnisse und der Raiffeisenverband an. Neben den ständischen Marktorganisationen bestanden als Rückhalt für deren Marktpolitik in den

Reichsstellen staatliche Institutionen, deren Aufgabe im wesentlichen darin gesehen worden war, durch Vorratsanlage und Vorratsabgabe von Reichs wegen und damit zentral ausgleichenden Einfluß auf die Marktlage auszuüben. Den Ausgangspunkt für diese Einrichtung wird man bereits im Maisgesetz vom 26. 4. 1930 (RGBl. I S. 88) zu sehen haben. Als Ganzes datiert diese Form der Landwirtschaftsorganisation aber eben erst vom Reichsnährstandsgesetz an. Diese Einrichtung bestand also bei Ausbruch des zweiten Weltkrieges rund 6 Jahre. Es ist naheliegend, daß es verhältnismäßig geringer organisatorischer Mühe bedurfte, diesem die Produktion und — zunächst jedenfalls marktpolitische — Erfassung des gesamten Erzeugungsbereichs umfassenden Organisationskörper einen instantiell entsprechend gestuften Verwaltungskörper für die Verteilung an die Seite zu stellen. Dieser baute sich von den Ortsernährungsämtern über die Kreis- und Landesernährungsämter zum Reichsminister für Ernährung und Landwirtschaft hoch, der in Personalunion Reichsbauernführer war. Damit war die gesamte Planung der landwirtschaftlichen und der ernährungswirtschaftlichen Belange und die Lenkung der Planverwirklichung mindestens als Potiential restlos zentralisiert. In welchem Umfang von diesem Potential Gebrauch gemacht wurde, war Tatfrage. Die Entscheidung hierüber fiel aber ebenfalls zentral. Die eventuell nicht volle Inanspruchnahme einer an sich uneingeschränkt gegebenen zentralen Dispositionsbefugnis bedeutet systematisch keinen Unterschied.

Auch in Großbritannien war ein System der zentralen Rationierung eingeführt worden, dessen Verwaltungssystem von rund 1400 Local Food Offices (1951) her in der Weise aufgebaut worden war, daß diese 169 District Offices zugeordnet wurden, die sich ursprünglich zu 19 Divisions gruppierten (17 in England, 2 in Wales, 4 in Schottland, 1 in Nordirland). Im Februar 1950 wurden diese Divisions in 11 Regions umgebildet, die je einem Regional Food Office unterstellt wurden, wovon 8 in England und je 1 in Schottland, Wales und Nordirland errichtet wurden. Diese Ämter waren als dem Ernährungsminister unmittelbar nachgeordnete Instanz geschaffen, als dessen Repräsentant der Regional Food Officer und außerdem auf der Distriktebene der Food Executive Officer installiert worden war. Außer diesem Instanzenaufbau waren schon 1939 bei Kriegsausbruch 1520 Food Control Committees eingerichtet worden, die später auf 1250 reduziert wurden und als gemeinsame Vertretungen der Verbraucher, der Einzelhändler und deren Angestelltenschaft die Durchführung der ministeriellen Anordnungen über die Rationierung zu überwachen sowie Vorschläge über die Zulassung von Händlern und Gemeinschaftsverpflegungsstätten an den Minister zu machen eingesetzt worden sind. Die Exekutivfunktionen dieser Ausschüsse nebst einem erheblichen Teil ihrer Kontrollaufgaben fielen übrigens der Wahrnehmung durch die Local Food Officers zu. Die während des Krieges in Deutschland aufgetretene Meinung, in Großbritannien werde die Rationierung weniger straff gehandhabt, weil die Mentalität der englischen Bevölkerung eine Zwangswirtschaft nicht zulasse, trifft jedenfalls für den administrativen Aufbau der dortigen Rationierung nicht zu. Die liberale Lebenseinstellung des Engländers war auf wirtschaftlichem Gebiet durchaus nicht mehr dieser Vorstellung entsprechend ungeteilt vorhanden. Die Deklaration der Labour Party vom 14. Mai 1940 sagte ganz unmißverständlich: „None can be intelligently faced save in terms of national economic planning ... After 1918, there was a hurried return to business as usual. The Labour Party demanded then, and it demands now, that wartime organisation shall be undertaken in the full knowledge that there can be no going back ..." Ende 1949 begründete *Cripps* in einer zweitägigen Unterhausdebatte die weitgehende staatliche Wirtschaftsplanung und -lenkung einschließlich der Aufrechterhaltung der Rationierung: „Es ist das Hauptziel unserer gesamten Wirtschaftspolitik, den höchsten und am gerechtesten a u s g e g l i c h e n e n Lebensstandard zu erreichen, der für unsere gesamte Bevölkerung zu erreichen ist." Praktisch bedeute dies, daß z. B. jeder Bürger unabhängig von seinem Einkommen die gleiche rationierte Menge Fleisch erhalte. Begünstigt wurde diese Tendenz, die nach dem Kriege freilich nicht aus ideologischen, sondern devisenpolitischen Gründen über die Amtszeit der Regierung *Attlee* hinweg in die nachfolgende Regierungszeit *Churchills* wirkte, dadurch daß die Selbstversorgung Englands gering war und das Hauptversorgungskontingent in Form von Einfuhrgütern einem zentralen Zugriff viel leichter und unmittelbarer zur Verfügung stand, als dies in einem anderen Lande höheren Selbstversorgungsanteils der Fall war.

Anderseits ist ein zentrales Rationierungssystem nicht die notwendige Folge einer hohen Einfuhrabhängigkeit. Dies zeigt die kriegswirtschaftliche Organisation der Schweiz im zweiten Weltkrieg. Sie umfaßte neun zentrale Kriegswirtschaftsämter, von denen eins das Kriegs-Ernährungsamt war. Diese neun Ämter unterstanden in ihrer Gesamtheit dem eidgenössischen Volkswirtschaftsdepartment, das durch Bundesratsbeschluß vom 17. Oktober 1939 zur Aufstellung von Vorschriften zur Sicherstellung der Landesversorgung mit Lebens- und Futtermitteln befugt war, und bildeten durch ihre Leiter in der Kommission für Kriegswirtschaft ein Koordinationsorgan. Die Exekutivorgane standen diesen Kriegswirtschaftsämtern aber nicht unmittelbar zur Verfügung. Die Eidgenossenschaft baut sich staatsorganisatorisch auf den kantonalen und kommunalen Selbstverwaltungen auf, so daß zu den Kantonen Verbindungsinstanzen in Gestalt der kantonalen kriegswirtschaftlichen Zentralstellen geschaffen werden mußten und die Kantone anderseits dem Bunde gewissermaßen Amtshilfe liehen. Das Übertragen der Durchführung der

Bundesvorschriften an 24 Kantone und weiter an rund 3000 autonome Gemeinden vollzog sich also jedenfalls nicht im Sinne eines einfachen Befehlsempfangs. Wenn dabei auch, wie *Fleisch* betont, die Rationierung in der Schweiz ausgezeichnet funktioniert hat, so ist doch die Beteiligung der regionalen und örtlichen Selbstverwaltungsorgane als wegen dieser ihrer Eigenschaft eben nicht nur nach oben verantwortliche Instanzen unverkennbar. Fleisch schreibt wörtlich im Zusammenhang mit dem Einbau der Kantone und Kommunen in die kriegswirtschaftliche Organisation: „Haben doch in der Schweiz, dem klassischen Lande der lokalen Selbstverwaltung, die kommunalen Behörden bei der Vollziehung staatlicher Anordnungen immer entscheidend mitgewirkt. Ebenso entspricht es einer bewährten staatsrechtlichen Tradition, daß auch in kriegswirtschaftlichen Dingen der Verkehr zwischen Bund und Gemeinden grundsätzlich nicht direkt, sondern stets durch Vermittlung der zuständigen kantonalen Behörde erfolgt.“

Schärfer noch hat sich der Begriff der zentral geplanten Rationierung in Deutschland ausgeprägt, als das Statistische Amt für die Britische Besatzungszone (StABB) 1947 zwischen Soll- und Istrationen zu unterscheiden begann. Aus dem Fehlen einer Vorratshaltung, die als ausgleichendes Polster zwischen Warennachschub und Verteilung hätte wirken können, hatte sich die Notwendigkeit ergeben, die Bestimmung über die Belieferung der Lebensmittelkartenabschnitte, die zu diesem Zweck numeriert waren, den Landesernährungsämtern zu übertragen. Die vom Zentralamt für Ernährung, Landwirtschaft und Forsten nach den Richtlinien der Militärregierung herausgegebenen Rationssätze waren für den Verbraucher nicht automatisch gültig, sondern nur insoweit sie von den Landesernährungsämtern jeweils durch besondere Bekanntmachung aufgerufen wurden. Diese Aufrufrationen (Istrationen) wichen zeitweilig erheblich von der Planration (Sollration) ab. So verzeichnet das StABB für die 100. Zuteilungsperiode (31. 3.—27. 4. 1947) eine Sollration des Normalverbrauchers von 1540 Kal. je Tag, aber Istrationen von 1175 Kal. in Westfalen, 1293 Kal. in Nordrhein, 1324 Kal. in Schleswig-Holstein, 1472 Kal. in Hamburg und 1550 Kal. in Weser-Ems.

Bei der dritten Form, die Rationierungsverwaltung zu handhaben, der zentralen Verteilungsplanung, wird die Rationierung nicht zentral für die Verbraucherstufe geplant. Die Zentralstelle legt nur Quoten nach Gebieten oder sonstigen Verwaltungseinheiten fest. Diese Quoten können für die einzelnen Gebiete relativ gleich sein, indem sie etwa nach der Bevölkerungsdichte berechnet werden, oder sie können bewußt ungleich gehalten sein, indem bei ihrer Berechnung der Selbstversorgungsgrad des Gebietes berücksichtigt wird. Natürlich können hierbei gröbere oder feinere Maßstäbe angelegt werden. Das hängt zum Teil von der Ware selbst ab. Erzeugnisse, die vorzugsweise einem bestimmten Verbraucherkreis dienen wie Kindermilch, dürfen nicht einfach nach der Bevölkerungsdichte quotiert werden, sondern sind auf die Kinderzahl des Gebietes oder je Gebietseinheit zu berechnen.

Deutlichere Beispiele als auf dem Ernährungssektor haben sich hierfür aber auf dem Gebiet der Gebrauchsgüterverteilung ergeben. Das Zentralamt für Wirtschaft in der britischen Besatzungszone berechnete die Kontingente, die es den Landeswirtschaftsämtern zur Verfügung an die Wirtschaftsämter für einen bestimmten Zeitraum zuwies, nach *Knobloch* in erster Linie nach der Einwohnerzahl des betreffenden Bezirks. Zusätzlich wurde die Luftkriegsschädigung und der Flüchtlingsbesatz des Bezirks berücksichtigt. Die Höhe der Warenvorräte in einem Bezirk spielte dagegen bei der Berechnung eine untergeordnete Rolle. Dagegen wurden die besser versorgten Gebiete (Produktionsgebiete) zur Versorgung der schlechter gestellten herangezogen, um einen gleichmäßigen Versorgungsstatus in der ganzen Besatzungszone zu bewirken.

Das Reichswirtschaftsministerium hatte seine Kontingentierungsschlüssel auf sehr eingehenden Untersuchungen aufgebaut. So hatte es 1942 das Statistische Reichsamt mit der Ermittlung des laufenden Bedarfs an den wichtigsten Haushaltsgeräten aus Eisen und Metall nach Bedarfsträgergruppen und nach Landeswirtschaftsamtsbezirken beauftragt. Die Berechnungen beruhten auf Umfragen, in denen der Bestand an den in Betracht kommenden Gegenständen vor Kriegsbeginn und im Zeitpunkt der Erhebung erfaßt wurde. Hieraus wurde der jährliche Verschleiß berechnet; der Ersatz von Verlusten infolge Kriegseinwirkung war in diese Berechnungen nicht einbezogen worden. Auf eine spätere Anfrage des Zentralamts für Wirtschaft in der britischen Zone hatte das StABB nach diesem Material den Jahresbedarf an den genannten Gegenständen ohne Kriegsersatzbedarf für die britische Zone wie folgt geschätzt (in Mio. St.), was hier zu Illustration der Differenziertheit solcher Schätzungen vermerkt sei:

	Gesamtbedarf	dar. f. Haushaltungen		Gesamtbedarf	dar. f. Haushaltungen
Wannen	1,5	1,4	Eimer (einschl. Mülleimer) ...	1,9	1,3
Bratpfannen ...	1,4	1,4	Schüsseln	1,2	0,9
Gabeln	1,3	0,4	Kochtöpfe	1,3	1,2
Messer	1,3	0,4	Wasserkessel ...	4,3	4,3
Eßlöffel	2,6	1,8	Waschtöpfe	0,03	0,01
Kaffeelöffel	2,1	0,3			

Der Bedarf der zweiten Spalte versteht sich dabei für 5½ Mio. Haushaltungen. Das bedeutet nun nicht, daß bei Zuteilung eines entsprechenden Kontingents an den Wirtschaftsbezirk jeder Haushaltung 0,78 Wasserkessel zustanden. Das Wirtschaftsamt erteilte vielmehr Bezugscheine auf das ihm zur Verfügung stehende Kontingent nur auf Antrag. Bei der herrschenden Warenknappheit nach der Kapitulation spielten hierbei natürlich Dringlichkeitsnachweise eine erhebliche Rolle. Für die Lenkung der Erzeugung von Gebrauchsgütern war daher ein Überblick über die Dringlichkeitsstruktur des Bedarfs von zunehmender Wichtigkeit. Das StABB veranstaltete daher im Februar 1946 eine Bedarfsumfrage, mit der eine Dringlichkeitsskala für die hauptsächlichen Gegenstände von Kleidung, Schuhwerk, Hauswäsche, Möbeln usw. gewonnen werden sollte, und im September 1946 führte es umfangreiche Schätzungen über den Bedarf an Verbrauchsgütern durch. Was wir für unseren Zweck hieraus entnehmen, ist die Feststellung, daß Kontingentierungen ohne Festsetzung der Ration in der Verbraucherstufe überall dort angebracht sind, wo der Bedarf je Bewirtschaftungszeiteinheit und je Verbraucher geringer ist als die kleinste technisch verfügbare Einheit des betreffenden Gutes und dort, wo die Ware zu rasch verderblich ist, um den Erfassungs-, Lagerungs- und Verteilungsvorgang eines zentral bis zur letzten Versorgungsstufe wirkenden Zuteilungsverfahrens verlustfrei zu überstehen. Man kann nicht $^1/_{25}$ Holzbettstelle je Erwachsenen im Jahr als Zuteilung, sondern nur als Kontingentsanteil bestimmen. Und man kann nicht übergebietlich zentral eine Milchration festlegen, weil man für Milch nicht einen übergebietlichen Versorgungsausgleich wie etwa bei Nährmitteln herbeiführen kann.

Bei dem System der zentral koordinierenden Planung werden Rationen und Verteilung von den regionalen Verwaltungsorganen geplant. Die Zentrale beschränkt sich auf ausgleichende Maßnahmen. Es liegt nahe, daß sich das Schwergewicht der zentralen Arbeit dort am stärksten auf die Koordination verlagert, wo die Selbstverwaltungshoheit der regionalen Instanz am stärksten ausgeprägt ist. Dies ist dort am meisten der Fall, wo diese Hoheit nicht nur verwaltungsrechtliche Bedeutung, sondern staatsrechtlichen Charakter hat, wo sie also Souveränität bedeutet. Fassen wir einmal Rationierung und Verteilung nicht in ihrer letzten Ausformung auf der Verbraucherstufe, sondern in der Stufe der Rationierungsgrundlagen, so kommen wir auf den volkswirtschaftlichen Raum, durch den das Erzeugungs- und Außenhandelspotential begrenzt wird und der als staatlicher Organismus gleichzeitig Souveränitätsträger ist. Dieser Staat befolgt seine eigene Wirtschaftspolitik im allgemeinen wie auf dem Ernährungssektor. Für die begriffssystematische Vorstellung ist es dabei nicht wichtig, ob er mit dieser Politik ein Prinzip der Marktwirtschaft verfolgt oder den Warenverzehr bis zum letzten Verbraucher rationiert, sondern daß er eine eigene Wirtschaftspolitik betreibt und daher jedenfalls auch in der Lage ist, eine Warenrationierung vorzunehmen. Ordnet sich dieser Staat nun in eine internationale Ernährungsorganisation ein, ohne Souveränitätsrechte aufzugeben, so hat die Planungsarbeit dieser Organisation vorwiegend koordinierenden Charakter.

Den Wunsch nach einer laufenden internationalen Übereinkunft auf landwirtschaftlichem Gebiet hatte bereits die große europäische Agrarkrise der siebziger Jahre laut werden lassen, die unter dem Druck der aus günstigeren Produktionsbedingungen angebotenen Erzeugnisse aus Übersee entstanden war und durch Schutzzölle zwar tatsächlich, aber nicht ihrem Wesen nach behoben werden konnte. Der Anfang einer solchen internationalen Zusammenarbeit vollzog sich auf der Ebene der Interessenverbände in dem 1899 vollzogenen Zusammenschluß der bestehenden landwirtschaftlichen Organisationen zu einer „Internationalen Agrar-Kommission". Da wir hier nicht die geschichtliche Entwicklung von diesem Beginn bis zur heutigen Form des überstaatlichen Zusammenschlusses verfolgen, sondern die Eigenart des Verwaltungssystems der Planungskoordinierung exemplifizieren wollen, überschlagen wir die Erörterung des 1905 gegründeten „Internationalen Landwirtschaftsinstituts" in Rom und des auf Anregung von *Bruce* 1935 geschaffenen Völkerbundsausschusses für Gesundheit und Ernährung bis zur Konferenz von Hot Springs, die vom 18. 5. bis 3. 6. 1943 stattfand. Von dieser ging die am 5. 7. 1943 zusammengetretene „Interims-Kommission" aus, welche die am 16. 10. 1945 gegründete Food and Agriculture Organisation (FAO) vorbereitete. Diese Ernährungs- und Landwirtschaftsorganisation der Vereinten Nationen hat gemäß der Präambel ihrer Satzungen die Aufgabe, zu wirken „for the purpose of raising levels of nutrition and standards of living of the peoples under their respective jurisdictions, securing improvements in the efficiency of the production and distribution of all food and agricultural products, bettering the condition of rural populations and thus contributing toward an expanding world economy". Da aber die FAO nicht in die Souveränität der Mitgliedstaaten eingreifen kann, bleibt ihre Einflußnahme auf Vorschläge und Empfehlungen beschränkt, deren Durchführung von dem eigenverantwortlichen Ermessen der souveränen Mitgliedsstaaten abhängt. Wir haben hier also eine koordinierende Einflußnahme auf die Ernährungswirtschaftspolitik der Mitgliedstaaten vor uns, die zwar nicht mit einer Lenkungsbefugnis gekoppelt ist und welche die volle Verantwortlichkeit der Regierungen gegenüber ihren Völkern und im internationalen Konzert aufrecht erhält, eben darum aber keine mechanische Gleichschaltung ist. Anderseits, ein Welternährungsamt, wie es *Boyd Orr* vorgeschwebt hat, ist aus der FAO nicht geworden. Der Gedanke einer Verteilungsregelung der agrarischen Welterzeugung ist hinter dem Bestreben einer Rationalisierung und Erhöhung der Weltproduktion zurückgetreten. Die praktische Arbeit der FAO liegt in dieser Richtung, so die Entwicklung rostbeständigen Weizens, die Maiszüchtungsversuche in Europa und dem Mittelmeerraum, die Arbeit der Internationalen Reis-Kommission usw. Man hegte aber doch 1947 sehr stark „die Hoffnung, daß eine Organisation gefunden wird, in der die Nahrungsmittel für die Welt als Lebensbedürfnis und nicht als Handelsware behandelt werden“. Dies klingt durchaus an die Reaktion auf die spekulativen Vorgänge an, die sich gegen die Jahrhundertwende auf den Weltgetreidemärkten abspielten und *David-Lubin* dazu veranlaßten, sich für eine Zusammenarbeit der Regierungen zur Ausschaltung eben dieser Spekulation und zur internationalen Förderung der landwirtschaftlichen Probleme einzusetzen. Daß ein Schutz gegen verantwortungsloses Spekulantentum im Interesse sowohl der landwirtschaftlichen Erzeuger als auch der Verbraucher liegt, steht außer Frage. Eine internationale Marktordnung mit der Zielsetzung eines gerechten Preises durchzuführen — denn das bedeutet doch wohl der Wunsch einer Beseitigung des Charakters von Handelsware — ist aber ein Unterfangen, das nur allzu leicht auf die Kontingentierung und damit nicht auf die Entfaltung, sondern auf die Begrenzung des Lebensbedürfnisses hinausläuft. Inwieweit die Marktbeeinflussung mit markteigenen Mitteln international möglich ist, inwieweit sich *Orrs* Gedanke der Kornhäuser als weltwirtschaftlicher Maßnahme finanziell und ohne Einflußgabe an einen spekulativen Finanzkapitalismus realisieren läßt, braucht hier nicht weiter untersucht zu werden. Das Bedürfnis nach einer planmäßigen Verteilung der Weltvorräte an Nahrungsmitteln wird bei einer Verknappung der Nahrungsmittel selbstverständlich immer wieder auftreten. Diese Verknappungen treten zwar gewöhnlich regional auf, und es bedarf immer wieder der Entscheidung für die Bevölkerung der anderen Wirtschaftsräume, sich zu dieser regionalen Verknappung zu stellen, aber es ist doch denkbar, daß eine Verengung des Nahrungsspielraumes der Welt gegeben ist, und die Notwendigkeit einer kontingentierenden Verteilung entsteht, aus der dann wieder die nationale Rationierung für den Verbraucher folgt oder mindestens folgen kann. Dann beruht das Dispositionsrecht nach der Satzung der FAO zweifellos in der Souveränität der einzelnen Mitgliedsstaaten, und die Dispositionsfähigkeit der koordinierenden Instanz richtet sich nach der Bereitwilligkeit dieser Staaten, ihre Belange koordinieren zu lassen.

Diese Betrachtung nähert sich bereits sehr stark dem System der dezentralen Rationierung, die, nachdem die Absicht der Errichtung eines verteilungsbefugten Welternährungsamts von den Ländern nicht akzeptiert worden war, von der weltwirtschaftlichen Sicht her weiterbestand. Anderseits sind die wirtschaftspolitischen Erwägungen aller Völker heute auf die Beachtung ihres Ernährungsrahmens und damit auf eine weltwirtschaftliche Zusammenarbeit zur bestmöglichen Gestaltung des Weltnahrungsraumes angewiesen, nachdem das Gewebe des alten Weltmarkts durch zwei Weltkriege zerrissen worden ist. Inwieweit eine weltwirtschaftliche Cooperative auf dem Gebiet der landwirtschaftlichen

Erzeugung einmal zum Tragen kommt, wird aber davon abhängen, inwieweit sich die Staaten von einem Autarkiegedanken ihres Souveränitätsbereichs zu lösen bereit sind. Das ist zum Teil wohl eine Frage der Produktionskapazität ihres Raumes bezogen auf die Bevölkerung, wobei man die Weltmarktabhängigkeit Großbritanniens durchaus als durch das Commonwealth-System relativiert ansehen kann. Es ist aber weiter auch eine politische Frage der Sicherheit und des Sich-abhängig-Machens, die an das Souveränitätsprinzip rührt. Sieht man die Nationalstaaten als wirtschaftsräumlich zu eng geworden an und plädiert für ihre Zusammenfassung zu größeren Einheiten, so werden die bisherigen Staaten nicht ohne teilweisen Souveränitätsverzicht in das neue staatsrechtliche Gebilde übergehen können. Im Weltrahmen bildet dann aber eben dieses den primären Souveränitätsträger, und seine Stellungnahme in einer Welt-Cooperative wird im Grunde von den gleichen Faktoren, freilich auf anderer Ebene und in anderen Größenordnungen bestimmt wie bei den bisherigen Ländern. Mit diesen Hinweisen auf die Relativität der Voraussetzungen für eine Zusammenarbeit genannter Art soll nicht gesagt werden, daß ein koordinierendes System nicht wenigstens in Form einer rahmenmäßigen Oberverteilung auf die Staaten vorgestellt werden könnte. Die Unterverteilung, die Rationierung des letzten Verbrauchs, wird aber, sofern die Umstände eine solche erfordern, nie außerhalb des volkswirtschaftlichen Raumes geregelt werden können, so daß wir mit dieser Überlegung an die Grenze des verwaltungsmäßig für die Festsetzung von Individualrationen vernünftigerweise vertretbaren Bereichs stoßen.

Dieser Begrenzung hinsichtlich des größten Raumes steht eine solche hinsichtlich des Gebietes gegenüber, unterhalb dessen Größe ein separates Rationierungssystem verwaltungsmäßig nicht mehr vertretbar ist. Daß es bei der heutigen Verflochtenheit von Stadt und Land nicht mehr zu einer bedarfsgerechten Verteilung führt, wenn man, statt nach Verbraucherkategorien zu unterscheiden, eine Verbrauchsregelung gebietlich nach Verwaltungsprinzipien zu organisieren versucht, wie sie für mittelalterliche Stadtstaaten geeignet gewesen sein mögen, wird niemand bezweifeln. Auch wenn man berücksichtigt, daß sich die Bevölkerung in Gemeinden niedrigerer Größenklasse hinsichtlich ihrer Ernährungshilfsquellen im allgemeinen durchschnittlich günstiger stellt als in größeren Orten, wird man diese Feststellung nicht als Grundlage für eine Rationierung verallgemeinern können, deren Sätze nicht als Elemente eines großen Kollektivtopfs, sondern als einzige Brocken vieler individueller Töpfe verwirklicht werden. Der Typ einer Gemeinde kann wohl als Grundlage für die Berechnung der erwartungsmäßigen Kopfquote des Bedarfs, aber nicht als Bestimmungsmaß für die Kopfration dienen. So wie die gewerbliche Wirtschaft innerhalb des gesamten volkswirtschaftlichen Raumes zusammenhängt, ist auch die Landwirtschaft gebend und nehmend mit allen Teilen dieses Raumes verbunden, und zwar nicht nur auf ihrem eigenen Sektor, sondern erst recht mit dem gewerblichen, und dies um so mehr, je intensiver sie arbeitet. Daraus folgt zwangsläufig ein übergebietlicher Warenausgleich als Grundlage einer Bedarfsdeckung, die nun nur nach gleichen Grundsätzen denkbar ist, wenn der die Rationierung bedingende Notstand für den Raum als ganzes behoben werden soll. Dennoch ist innerhalb eines volkswirtschaftlichen Raumes als Gesamtstaatsgebiet mehrerer Bundesstaaten eine völlig dezentrale Handhabung der Ernährungsverwaltung durchaus denkbar. Praktisch war dies der Zustand in Deutschland nach dem Zusammenbruch von 1945 mit dem Unterschied, daß die Dezentralisation nicht das Ergebnis einer effizienten Souveränität von Teilgebieten, sondern eine Folge des Zerfalls der zentralen Verwaltung war. Die Verhältnisse, die hier zu einer dezentralen Form der Rationierung zwangen, bestanden einfach darin, daß der organische Ausgleich etwa zwischen der Kartoffelerzeugung der früheren Provinz Hannover, dem Schlachtviehaufkommen von Oldenburg und Schleswig-Holstein, dem Gemüseanbau an der unteren Elbe und dem Industriegebiet an Rhein und Ruhr, kurz zwischen den Überschuß- und den Zuschußgebieten aufgehört hatte. Aber die Gründe und Umstände dieses Zustandes sollen uns hier weniger interessieren als die Tatsache, daß hier innerhalb eines Staatsgebietes und volkswirtschaftlichen Raumes eine zweifelsfrei dezentrale Form der Rationierung verwirklicht wurde. Es mag nun sein, daß ein landwirtschaftliches Überschußgebiet innerhalb eines volkswirtschaftlichen Gesamtraumes in Notzeiten geneigt ist, sich in der Regelung des Nahrungsmittelverbrauchs zu separieren. Auf lange Sicht gesehen, schlägt dies Verfahren zum eigenen Nachteil aus, weil sich die Erzeugung der agrarwichtigen gewerblichen Güter, wie Kohle, Kunstdünger, Landmaschinen, im Zuschußgebiet hierdurch nur vermindern kann und damit allmählich die ganze volkswirtschaftliche Leistung untergraben wird. So verständlich die Neigung des Erzeugers ist, sich in Notzeiten vor allem selbst zu sättigen, übersieht er doch, wenn er diesem Hang nachgibt, die Rolle der Landwirtschaft als des großen Investitors in den Produktionsfaktor Magen, von dessen Saturierung nun einmal die menschliche Wirtschaft trotz allen technischen Fortschritts noch abhängt. Die beispielmäßige Nennung einiger Länder steht freilich nicht auch für eine solche Verfolgung von Sonderinteressen. Diese ist hier nur als mögliche Folge eines Dezentralismus behandelt worden. Daß sie aber im Rahmen der Verwaltungsorganisation der Nahrungsmittelversorgung jedenfalls theoretisch zu überlegen ist und daß der weitestmögliche Ausgleich zwischen Überschuß- und Zuschußgebieten eines Raumes als essentielle Grundlage für jede weitere Planung angesehen werden muß, zeigen die schon Mitte 1945 einsetzenden Bemühungen der britischen Militärregierung, den gemeinsamen Verwaltungsorganismus auf dem Ernährungssektor für ihr Besatzungsgebiet schnellstens wieder in Ordnung zu bringen. In Verfolg dieser Absicht errichtete sie bereits am 12. Juli 1945 in Obernkirchen das German Interregional Food Allocation Committee (Gifac), dessen erste Aufgabe es war, einen Ausgleichsplan für die zur Verfügung stehenden Nahrungsmittelmengen auszuarbeiten.

Der Erfassungsbereich der Rationierung[3] ist entweder ganzheitlich oder partiell. Nach der deutschen Erfahrung zweier Weltkriege erscheint ein nicht die ganze Bevölkerung umfassendes Rationierungssystem schwer vorstellbar. Dennoch lag der Gedanke einer partiellen Rationierung für das Deutschland des ersten Weltkrieges gar nicht so ferne, indem die Lebensmittelversorgung zunächst doch sehr stark unter dem Gesichtspunkt der preisgünstigen Ernährung der weniger bemittelten Schichten gesehen wurde. Da man zudem hierbei nur in Kalorien und nicht in Nährstoffen dachte, wurde ein Austausch der Nahrungsmittel untereinander im Ernährungsprogramm der Haushaltungen unter dem Gesichtspunkt der nach dem eigenen Einkommen möglichen Ausgabe für den Gesamtbedarf an Kalorien ohne weiteres für möglich gehalten. So äußerte das Preußische Ministerium des Innern 1915: „Im ärmeren Haushalte spielt Brot innerhalb der gesamten Ernährung eine größere Rolle als im wohlhabenden. Das Brot ist im Vergleich zu seinem hohen Nährwert ein verhältnismäßig billiges Nahrungsmittel. Der Wohlhabendere ist in der Lage, das Brot durch andere Nahrungsmittel aller Art: Fleisch, Gemüse, Eier und auch Luxusnahrungsmittel zu ersetzen. Im Kriege erwächst ihm die Pflicht, das zu tun, auch unter Aufwendung größerer Geldmittel." Man wird diese Empfehlung zwar nicht sehr logisch finden, wenn das Ministerium einige Seiten später über die damals für nötig erachtete rasante Schweineabschlachtung damit tröstet, daß unsere Vorfahren vor damals hundert Jahren die Hälfte und noch weniger Fleisch aßen als unsere Bevölkerung um 1913, aber jener Rat hatte doch seinen Sinn; denn durch diesen sogenannten „Schweinemord" fiel zunächst tatsächlich viel Fleisch an, auf dessen Aufnahme und Konservierung durch die Haushaltungen geradezu gedrängt wurde: „Ist auch die Sicherstellung von Dauerwaren in großem Umfange den Gemeinden übertragen,

---

[3] *Egle,* Wesen und Formen der Verbrauchsrationierung in Europa, Weltwirtschaftliches Archiv, Heft 2/1943; *Skalweit,* Die Deutsche Kriegsernährungswirtschaft, Stuttgart-Berlin-Leipzig-New Haven 1927; *Preuß. Min. d. Inn.,* Die Ernährung im Kriege, Berlin 1915; *Eltzbacher* u. a., Die deutsche Volksernährung und der englische Aushungerungsplan, Braunschweig 1914.

so ist es doch auch Pflicht eines jeden Haushalts, mitzuhelfen ... Das Pökelfaß im Hause muß ein Stolz der Hausfrau sein.“ Solche Vorratswirtschaft zu treiben, war aber tatsächlich nur den wohlhabenderen Haushaltungen möglich. Selbstverständlich ist dann eben doch einmal das Fleisch auf dem Markt knapp geworden und die Fleischkarte der Brotkarte gefolgt. Was den Zeitgenossen des ersten Weltkrieges im Gedächtnis haften blieb, war schließlich die Vorstellung einer totalen Rationierung, wie sie sich mit den Hungerrationen des Kriegsendes dem Erleben eingeprägt hat. Zunächst war die Rationierung, wenn sie auch nicht in dem Sinne partiell war, daß Zuteilungen nur an bestimmte Bevölkerungsgruppen erfolgten, aber doch stark auf einen Schutz der minderbemittelten Schichten ausgerichtet. Sie konnte dies, weil sie nur Kalorien sah, und war daher innerhalb des ganzen, in sich austauschbar gedachten Kalorienaufkommens tatsächlich partiell. Sie konnte aber in dieser Form nicht aufrechterhalten werden, nicht weil die Kalorien nährstoffmäßig verschieden waren — der Einfluß dieser Tatsache wurde erst viel später erkannt —, sondern weil erzeugungsmäßig zusammenhängende Produkte nicht eine marktmäßig verschiedene Behandlung vertragen. Wie stark die damaligen Vorstellungen von sozialen Erwägungen beeinflußt waren, geht daraus hervor, daß das genannte Ministerium das Gesetz betreffend Höchstpreise vom 4. August 1914 als „die Grundlage der späteren staatlichen Regelung der Volksernährung im Kriege“ bezeichnete. Zweifellos ist es in Zeiten der Warenverknappung wichtig, eine hemmungslose Aufwärtsbewegung der Preise abzufangen. Auch im zweiten Weltkrieg bestand eine ähnliche Sicherung, nur mit dem Unterschied eines Stops der Preise auf dem Waren- und Arbeitsmarkt. Anderseits wohnt jeder Rationierung ein soziales Moment inne, weil tatsächlich die einkommensschwachen Schichten am wenigsten auszuweichen vermögen. Muß ein insgesamt enger Nahrungsmittelvorrat verwaltet werden, so wird dieser Zweck aber durch eine möglichst vollständige Erfassung besser erreicht, als durch eine Teilbewirtschaftung der „billigen“ Ware. Ist es aber möglich, über den zu normalen Preisen anbietbaren, aber nur begrenzt verfügbaren Nahrungsmittelvorrat hinaus weitere Lebensmittel unter erhöhtem Kostenaufwand zu beschaffen, so ist eine Regelung denkbar, die den Mindestbedarf, der nach Verbraucherkategorien gestaffelt sein kann, durch Zuteilungen sichert, den darüber hinausgehenden Bedarf aber der Deckung auf dem preisungünstigeren freien Markt überläßt. Die Staffelung nach Verbrauchergruppen kann dabei so weit gehen, daß einzelne Personenkreise (z. B. wegen ihrer Einkommenshöhe oder wegen des Grades ihrer Selbstversorgungsmöglichkeiten), also aus sozialen oder wirtschaftlichen Erwägungen aus dem Zuteilungssystem ausgeschaltet werden.

Die Gliederung der Bevölkerung[4] in die Verbrauchergruppen eines Rationierungssystems bestimmt sich nach drei Gesichtspunkten, dem ernährungsphysiologischen, dem wirtschaftlichen und dem sozialen.

Die Bildung ernährungsphysiologischer Kategorien ist durch die Stufen des natürlichen Bedarfs vorangelegt. Die Feinheit dieser Gliederung wird einerseits durch die Größe der Unterschiede im Bedarf der einzelnen Stufen, anderseits durch die Möglichkeit bestimmt, die Gliederung nach Bedarfsträgergruppen verwaltungsmäßig zu beherrschen.

Je geringer sich die Bedarfssätze mehrerer Stufen unterscheiden, je breiter die individuellen Bedarfe einer Stufe um ihren Durchschnittswert streuen oder je größer die Schwankungsbreite des individuellen Tagesbedarfs der — ihrem mittleren Bedarf nach zu einer bestimmten Stufe zu rechnenden — Person gegenüber diesem Mittel zu sein pflegt, um so stärker können die ernährungsphysiologischen Bedarfsstufen im Rationierungssystem zusammengefaßt werden. Je prägnanter die Unterschiede zwischen den Bedarfssätzen der ernährungsphysiologischen Stufen sind, um so mehr hängt die Möglichkeit ihrer Zusammenfassung von dem Nahrungsspielraum ab, innerhalb dessen die Ernährungsverwaltung verfügen kann. Ist der Nahrungsspielraum weit, so daß die Zuteilung für eine Verbrauchergruppe nach dem Bedarf ihrer höchsten ernährungsphysiologischen Stufe bemessen werden kann, so wird sich die Einteilung nach dem sorgfältigst zu rationierenden Nahrungsmittel richten. Besteht dagegen wenig Spielraum in den Möglichkeiten der Nahrungsmittelzuteilung, so daß diese für die einzelnen Bedarfsträgergruppen nach dem mittleren ernährungsphysiologischen Bedarf ausgerichtet werden muß, so wird die Bedarfsdeckung eines um so größeren Teiles der Bevölkerung gefährdet, je mehr ernährungsphysiologische Bedarfsstufen in den Kategorien des Rationierungssystems zusammengefaßt sind und je weniger diese systematische Zusammenfassung einer tatsächlichen Gemeinsamkeit der durch diese Durchschnittszuteilungen über- und unterversorgten Bedarfsstufen in Haushalts- oder Verpflegungsführung entspricht.

Dies Moment des Familienausgleichs ist aber eine sehr fragwürdige Dispositionsgrundlage, und zwar aus zwei Gründen. Einmal ändert sich die Zusammensetzung der Familien, worunter hier praktisch Haushal-

---

[4] *Statistisches Bundesamt,* Die Zivilbevölkerung des Deutschen Reiches 1940—1945, Wiesbaden 1953; *Lehmann,* Praktische Arbeitsphysiologie, Stuttgart 1953; *Ministry of Food,* ABC of Rationing in the United Kingdom, London 1951; *Landois-Rosemann,* Physiologie des Menschen, München-Berlin 1950; *Landesernährungsamt Oldenburg,* Broschüren, Oldenburg 1947 und 1948; *Fleisch,* Ernährungsprobleme in Mangelzeiten, Die schweizerische Kriegsernährung 1939—1946, Basel 1947; *Statistisches Reichsamt,* Kriegsverbrauch an Nahrungsmitteln im Vergleich mit dem Friedensverbrauch nach den Ergebnissen von Wirtschaftsrechnungen, vervielfältigte Berichte 1939—1944.

tungen verstanden werden, im Laufe der Zeit nicht nur nach dem Alter, das besonders in den Wachstumsjahren der Kinder ernährungsmäßig erhebliche Bedeutung hat, sondern auch nach der Zahl der berufstätigen Haushaltsmitglieder, nach der körperlichen Schwere der von ihnen verrichteten Arbeit und nach der den Familienausgleich stark beeinflussenden Zahl der Haushaltungsmitglieder schlechthin (z. B. Unterbringung von Kindern in Kinderhorten oder Kinderheimen, Abzug von berufstätigen Familienmitgliedern aus der Haushaltung zu auswärtigen Arbeiten, durch Betriebsverlagerungen, Evakuierung von Familienangehörigen oder Einberufungen zum Wehrdienst). Dann aber ist, auch für einen bestimmten zeitlichen Stand gesehen, die Zusammensetzung der Haushaltungen nach Alter und Berufstätigkeit so verschieden, daß es die statistische Kenntnis über die Struktur der Haushaltungen, über die Alterszusammensetzung und über die Berechenbarkeit der Geburtenfolgen nicht erlaubt, alle Varianten zu Typen zusammenzufassen, die als Ausgleichseinheiten mit genügender Sicherheit in ein Rationierungssystem einbezogen werden könnten. Dies auf Individualsätzen aufzubauen und dabei ganz allgemein aus den Unterschieden zwischen Verbrauchergruppenzuteilung und ernährungsphysiologischem Bedarfsstufensatz auf einen wahrscheinlichen Familienausgleich zu schließen, bedeutet nichts anderes, als den statistischen Ausgleich in der großen Zahl auf das reale Leben der kleinen Familiengemeinschaft übertragen anwenden zu wollen. Das Statistische Reichsamt wies im vierten Jahr des zweiten Weltkrieges auf die Fragwürdigkeit dieser Annahme mit einer Berechnung hin, deren Feststellung darin gipfelte, daß der Familienausgleich um so geringer ist, je älter die Kinder sind. Die damals aufgestellte Übersicht bezog sich auf die Zuteilungen der 46. Periode (8. 2.—7. 3. 1943), die sich an markenpflichtigen und ausweisgebundenen Nahrungsmitteln wie folgt stellten (in Kal.):

Normalverbraucher	2106	Kinder über 3— 6 Jahre ..	2002
Lang- und Nachtarbeiter	2409	Kinder über 6—10 Jahre ..	2229
Schwerarbeiter	2840	Kinder über 10—14 Jahre ..	2544
Schwerstarbeiter	3608	Jugendliche über 14—18 Jahre	2356
Kinder bis 3 Jahre	2094	Jugendliche über 18—20 Jahre	2229

Für den Familienausgleich in Haushaltungen mit drei Kindern verschiedenen Alters ergab sich je nach der Verbrauchergruppe bzw. dem physiologischen Bedarf des Ehemannes und bei einem physiologischen Bedarf der Ehefrau von 2400 Kal. das auf Seite 246 oben gezeigte Bild, den Kalorienwert der Summe aller Zuteilungen in % des physiologischen Gesamtbedarfs der Familie gesehen.

Das Statistische Reichsamt schrieb dazu: „Diese Ergebnisse erscheinen verhältnismäßig ungünstig, wenn man berücksichtigt, daß die gleichen Nahrungsmittel rund 104 % des Verbrauchs gedeckt haben, der für

Alter der Kinder in Jahren			Zuteilungen in vH des Familienbedarfs				
			Verbrauchergruppe des Ehemannes				
1.	2.	3.	Normalverbraucher		Lang- und Nachtarbeiter	Schwer-arbeiter	Schwerst-arbeiter
Kind			Physiol. Bedarf des Ehemannes (Kal. je Tag)				
			2 700	3 000	3 300	3 600	4 500
2	5	8	109,8	106,4	106,3	107,3	105,6
5	8	12	100,6	97,9	98,0	99,2	98,2
8	12	16	91,8	89,6	89,9	91,1	90,7
12	16	19	83,8	82,0	82,4	83,7	83,8

350 Arbeiterfamilien durch die Erhebung für 1937 ermittelt worden ist. Zum Teil hängt dies damit zusammen, daß hierbei rund 45 % der Haushaltungsmitglieder Kinder im Alter bis zu 14 Jahren waren, deren Zuteilungen ihren physiologischen Bedarf überschritten. Dabei gehörten rund 35 % den Altersstufen bis zu 10 Jahren an, in denen die Zuteilungen um 14 % und mehr über dem Bedarf lagen. Diese 350 Haushaltungen stellen daher ein für den Familienausgleich besonders günstig gelagertes Material dar. Zum Teil dürfte das günstige Vergleichsbild, das sich für die 350 Haushaltungen ergibt, aber auch dadurch bedingt sein, daß der in ihren Wirtschaftsrechnungen angeschriebene Verbrauch an jetzt markenpflichtigen und zuteilungsgebundenen Nahrungsmitteln ihren physiologischen Bedarf nicht in gleichem Umfang deckte wie jetzt. Überschlägt man nämlich den Bedarf dieser Haushaltungen unter Zugrundelegung der oben angegebenen Bedarfszahlen für die erwachsenen Männer, eines Tagesbedarfs von 2400 Kal. für die Frauen und durchschnittlicher Werte für die Altersstufen der Kinder, so ergibt sich ein durchschnittlicher Tagesbedarf je Kopf von 2309 Kal., der durch den Verbrauch an Nahrungsmitteln der angegebenen Gruppen 1937 mit 2099 Kal. je Kopf zu rund 91 % und in der 46. Zuteilungsperiode mit 2183 Kal. zu rund 95 % gedeckt war. Wenn sich bei einer genauen Berechnung des Bedarfs, die im Augenblick nicht durchgeführt werden kann, für 1937 das Verhältnis zum tatsächlichen Verbrauch wahrscheinlich auch günstiger stellt, so dürfte dieser den Bedarf doch nur eben ausreichend gedeckt haben. Als Ursache hierfür erscheint die vergleichsweise bescheidene Einkommenslage, in der sich die untersuchten Haushaltungen 1937 befanden. Bereits für Ende 1939 wurde dargelegt, daß innerhalb der 350 Haushaltungen der geringer verdienenden Schicht durch das Zuteilungssystem eine günstigere Ernährungslage geboten wurde, als sie vorher hatte, während die besser verdienende Schicht sich weniger gut stellte. Daraus dürfte es sich erklären, daß die Körpergewichte der er-

wachsenen weiblichen Mitglieder dieser Haushaltungen bis Februar 1942 gar nicht, die der Männer nur um 3,1 % zurückgegangen waren, während Körpergewichtsuntersuchungen in Industriewerken von Berlin und Mitteldeutschland für die gleiche Zeit bei den männlichen Gefolgschaftsmitgliedern einen Rückgang um annähernd 6 % ergaben. Selbstverständlich befand sich unter diesen Industriearbeitern auch eine Anzahl von Personen, die an einem Familienausgleich nicht teilhatten. Anderseits bestätigt dies Ergebnis in Verbindung mit den Feststellungen an Haushaltsmitgliedern, daß auch für Haushaltungen mit Kindern hinsichtlich der Zuteilungen an markenpflichtigen und ausweisgebundenen Nahrungsmitteln nicht allgemein ein Vollausgleich angenommen werden kann." Hieran wird unter Zuhilfenahme der Ergebnisse schulärztlicher Untersuchungen der Schluß geknüpft, daß ein Fehlbetrag in der Ernährungsbilanz der Familie in erster Linie von den Eltern getragen wird. „Betrachtet man hiernach die Normalverbraucherfamilie mit drei Kindern im Alter von 5, 8 und 12 Jahren, für die sich durch Familienausgleich im Gesamtdurchschnitt eine Bedarfsdeckung durch zugeteilte Nahrungsmittel von 97,5 % ergab, im einzelnen, so zeigt sich, daß der Bedarf der Erwachsenen nicht dem durchschnittlichen Familienausgleich entsprechend gedeckt wird." Hierzu gab das Statistische Reichsamt folgende Übersicht:

Haushaltungsmitglied	Physiolog. Tagesbedarf in Kal.	Zuteilung 46. ZP. in Kal.	Differenz in Kalorien		Saldo in Kal.	Ergebnis des Ausgleichs in Kal.	Ergebnis des Ausgleichs Bedarf = 100
Mutter	2 400	2 106	—294	—1188	—233	5 167	95,7
Vater	3 000	2 106	—894				
5 jähriges Kind ..	1 470	2 002	+532	+ 955	—	5 820	100,0
8 „ „ ..	1 890	2 229	+339				
12 „ „ ..	2 460	2 544	+ 84				

Daraus folgt, daß der Ausgleich einer mangelhaften Anpassung der Rationen an den physiologischen Bedarf der Stufen im Rahmen der Haushaltungsgemeinschaft nicht als Planungshypothese unterstellt werden Statistischen Reichsamt die in der Übersicht auf Seite 248 gezeigte Gegenüberstellung vor.

Obwohl in dieser Übersicht bereits starke konträre Unterschiede hervortreten, ist sie schematisiert. Die Normalverbrauchergruppe umfaßte alle Bedarfsträger von 2100 bis unter 3300 Kal. Die Zuteilung der 46. Periode lag um 6 Kal. über dem unteren und um 1194 Kal. unter dem oberen Grenzwert. Die Vergleichswerte für Kinder und Jugendliche sind in obiger Aufstellung jeweils auf den physiologischen Bedarf eines etwa mittleren Altersjahres bezogen, also auf ein Alter von 2, 5, 8, 12 Jahren

Verbrauchergruppe	Physiolog. Bedarf (männl. Personen) Kal.	Nährwert der markenpflichtigen und ausweisgebundenen Nahrungsmittel			
		24.8.—20.9.	19.10.—15.11.	14.12.—10.1.	8.2.—7.3.
		1942			1943
		40.	42.	44.	46.
		Zuteilungsperiode			
		Physiologischer Bedarf = 100			
Normalverbraucher	3 000	68	69	72	70
Lang- u. Nachtarbeiter .	3 300	70	72	74	73
Schwerarbeiter	3 600	77	78	80	79
Schwerstarbeiter	4 500	78	79	81	80
Kinder bis 3 Jahre	1 140	178	179	191	184
Kinder üb. 3— 6 Jahre	1 470	137	132	142	136
Kinder üb. 6—10 Jahre	1 890	118	114	122	118
Kinder üb. 10—14 Jahre	2 460	103	100	106	103
Jgdl. üb. 14—18 Jahre	2 910	81	78	84	81
Jgdl. üb. 18—20 Jahre	3 060	74	71	74	73

und — bei Jugendlichen (mit mittelschwerer Arbeit) — von 16 und 19 Jahren. Es ist klar, daß sich der Vergleich für die jeweils ältesten Jahrgänge der Gruppe ungünstiger stellt, als die Übersicht zeigt. Trotzdem bleibt eine Überdotierung der Kindergruppen bei Unterversorgung der übrigen Bedarfsträger, die weder ernährungsphysiologisch noch ernährungswirtschaftlich befriedigt. Richtiger wäre es gewesen, einen etwaigen Dispositionsspielraum innerhalb der Gruppen anzulegen und die Zuteilungen nach dem Bedarf der höchsten Stufe jeder Gruppe so weit zu orientieren, als der verfügbare Nahrungsmittelvorrat dies zuließ. So aber erscheint der damals mit dem Hauch eines systematischen Bestandteils der Rationierung versehene Familienausgleich als ein großes Wort für eine unzulängliche Maßnahme.

Die Stufen des ernährungsphysiologischen Bedarfs, die sich als Grundlage für ein Rationierungssystem anbieten, sind zu differenziert, um verwaltungsmäßig unmittelbar rezipiert werden zu können. Die Zusammenfassung dieser Stufen ist aber bedingt und begrenzt. Diese generelle Feststellung muß für alle Arten der ernährungsphysiologischen Bedarfsabstufungen im Gedächtnis behalten werden. Da ein Rationierungssystem gewöhnlich für eine bestimmte Bevölkerung in einem begrenzten Klimabereich aufgestellt wird, pflegen in der Hauptsache nur drei Bedarfsbestimmungsfaktoren in Betracht zu kommen: Geschlecht, Alter und körperliche Schwere der Arbeit. Über Alter und Arbeitsschwere braucht den Ausführungen im Kapitel über den Bedarf an dieser Stelle nichts hinzugefügt zu werden. Bleibt also nur die Frage, ob das Rationierungssystem nach dem Geschlecht unterscheiden muß. Die Praxis der Zuteilungen hat von dieser Unterscheidung abgesehen. Die Begründungen hierfür sind verschieden. Bei *Fleisch* stoßen wir für die Schweiz wieder auf den Hinweis, daß ein Familienausgleich stattfinde, wenn man die Rationen ohne Rücksicht auf das Geschlecht für die Normalbezüger einheitlich festsetze. In England, wo überhaupt nur zwischen „domestic consumers except children under five years of age" und „children from birth to five years" unterschieden wurde, spielte das Geschlecht überhaupt keine Rolle. In Deutschland wurde die Gleichstellung der Frau mit dem Mann in der Ernährungsplanung mit der kriegsbedingten starken Beanspruchung der Frau begründet. Der wirkliche Grund dürfte darin zu suchen sein, daß die Unterscheidung nach dem Geschlecht, weil sie dann durchlaufend durch alle Kategorien hätte erfolgen müssen, als eine zu starke Belastung der Verwaltung angesehen wurde, die nicht im Verhältnis zum wirtschaftlichen und ernährungsphysiologischen Nutzeffekt gestanden hätte. Bei aller Berücksichtigung dieser Notwendigkeiten darf nie die Überlegung vernachlässigt werden, ob die durch eine Maßnahme erzielbare größere Exaktheit der Zuteilung und die sich hieraus ergebende Verbesserung im Verteilungsmodus den Mehraufwand an Verwaltungsarbeit rechtfertigt.

Nächst den ernährungsphysiologischen stehen die wirtschaftlichen Gesichtspunkte der Selbstversorgung aus Eigenerzeugung oder der Nichtselbstversorgung. Das deutsche Rationierungssystem des zweiten Weltkrieges unterschied die beiden großen Gruppen der Nichtselbstversorger und der Selbstversorger. Erstere wurde durch die Normalverbraucher aller Altersstufen gebildet. Zu diesen gehörten auch die Zulageempfänger. Die letztgenannte Gruppe gliederte sich wieder in die Vollselbstversorger und in die Teilselbstversorger. Diese wiederum gliederten sich in die Teilselbstversorger mit Butter, praktisch also die Nur-Kuhhalter, und in die Teilselbstversorger mit Fleisch und Schlachtfetten, im wesentlichen die Nur-Schweinehalter. Für die Selbstversorger bestand ein kompliziertes System von Verordnungen, Bekanntmachungen und Erlassen, das den Verbrauch aus Eigenerzeugung regelte und teilweise mit den Vorschriften über die Ablieferung gekoppelt war. Diese Bestimmungen wurden wohl wiederholt geändert, stellten aber ihrem Wesen nach nicht Zuteilungen, sondern Eingriffe in das Verwendungsrecht der Eigenerzeugung dar; sie wandten sich also an den Selbstversorger nicht in erster Linie in seiner Eigenschaft als Verbraucher, sondern in derjenigen als Erzeuger. Auch wurden sie nicht als laufende Festsetzungen geführt. So galten nach der Anordnung der Verwaltung für Ernährung, Landwirtschaft und Forsten des Vereinigten Wirtschaftsgebietes über die Selbstversorgung in Fleisch und Schlachtfetten vom 29. 9. 1948 — III B 2 c — drei Personen durch die Schlachtung eines Schweines, eine Person durch ein Schaf oder ein Kalb (bis vier Wochen alt) oder eine halbe Person durch ein Schaflamm (bis ein Jahr alt) für die Dauer von

12 Monaten = 36 Dekaden versorgt. Kinder bis sechs Jahre rechneten als halbe Person. Diese Bestimmungen gehörten daher zwar zum Bewirtschaftungssystem, aber nicht im Sinne der Zuteilung an den Letztverbraucher zum Rationierungssystem. Die Behandlung der Selbstversorger innerhalb eines Bewirtschaftungssystems hinsichtlich der Regelung ihrer Bedarfsdeckung aus Eigenerzeugung darzustellen, ist eine eigene, sehr anspruchsvolle Aufgabe. Die Fülle der rechtlichen Vorschriften auf diesem Gebiet systematisch darzustellen und sie unter wirtschaftspolitischen Gesichtspunkten zu würdigen, würde die Darstellung des Zuteilungswesens beschweren und beeinträchtigen. Begnügen wir uns daher hier damit, auf die besondere Stellung der Selbstversorgergruppen im Bewirtschaftungssystem hingewiesen zu haben. Innerhalb des Rationierungssystems haben sie nur insofern Bedeutung, als sie mit den Nahrungsmitteln, hinsichtlich deren sie nicht von der Eigenerzeugung leben können, an den allgemeinen Zuteilungen teilnehmen.

Über soziale Gesichtspunkte der Rationierung wurde bereits im Zusammenhang der Ernährungssicherung für die einkommensschwache Bevölkerung gesprochen. Hier interessiert uns diese Betrachtungsweise als Ausgangspunkt für die Bildung von Verbrauchergruppen. Worum es sich hierbei handelt, möge folgendes Beispiel dartun. Zu Beginn der deutschen Rationierung des zweiten Weltkrieges wurden die Arbeiterzulagen auf drei Gruppen verteilt: Lang- und Nachtarbeiter, Schwerarbeiter und Schwerstarbeiter. Davon hatten die Schwer- und Schwerstarbeiter einen höheren physiologischen Bedarf, weil ihr körperlicher Arbeitsaufwand in der Zeiteinheit größer war als bei anderen Tätigkeiten. Die Langarbeiter hatten einen Mehrbedarf, weil sie einen an sich normalen Aufwand an körperlicher Berufsarbeit während einer längeren als normalen Arbeitszeit hatten, die nicht unbedingt die betriebliche sein mußte, sondern u. U. auch den Weg zwischen Wohnung und Arbeitsstätte mitumfassen konnte. Die Nachtarbeiter hatten aber einen ernährungsphysiologischen Mehrbedarf nicht. Wenn auch die biologische Leistungsdisposition während der Nachtschicht, insbesondere in den ersten Frühstunden des Tages, ungünstig ist, so ergibt sich hieraus doch kein höherer ernährungsphysiologischer Bedarf. Erforderlich ist dagegen ein höherer Willenseinsatz. Versagt dieser, so läßt die Leistung nach und es verbreitet sich Mißstimmung und Unzufriedenheit unter der Belegschaft. Ist also Nachtarbeit notwendig, obwohl ihr Nutzeffekt immer unter derjenigen der Tagesarbeit liegen wird, so muß der Willenseinsatz der Arbeiter gewissermaßen durch eine Prämie angespannt werden. Dies pflegt tarifvertraglich in Form von Nachtarbeitszuschlägen zu geschehen. Dieser Mehrlohn ist aber wirkungslos, wenn sich der Arbeiter in Zeiten der Verbrauchskontingentierung hierfür nichts anschaffen kann. Er wird dann den Mehrverdienst gar nicht begehren. Folglich muß die lohnpolitische Regelung in einer rationierungspolitischen ihre Entsprechung finden. Nichts anderes bedeuten jene Lebensmittelzulagen für Nachtarbeiter.

Nicht ganz so deutlich zeigt ein zweites Beispiel das Mitwirken sozialer Erwägungen: Nach dem zweiten Weltkrieg, als die allgemeine Ernährungslage in Deutschland sich in ihren ungünstigsten Bereichen befand, erhielten die Bediensteten der zentralen Verwaltungen Ernährungszulagen, etwa in Form von Teilschwerarbeiterkarten. Man könnte diese Maßnahme unter die sozialen reihen, wenn sie eben nicht auf eine Kategorie von Bediensteten beschränkt worden wäre, deren Stellen ein ungewöhnlich hohes Maß an Arbeit aufbringen mußten, um die durch den Kriegsausgang zusammengebrochene Verwaltung wieder tragfähig zu machen und mit ihrer Hilfe die außerordentlichen Schwierigkeiten der deutschen Situation zu bewältigen. Diese Arbeit vollzog sich freilich nicht unter erhöhter Muskelbeanspruchung. Der Mehrverbrauch von 14 Kal. je Stunde, der für konzentrierte geistige Arbeit gefunden ist, steht in keinem Verhältnis zu den 25 Arbeitskalorien je Stunde leichter Handarbeit oder zu den 75 Kalorien Arbeitsumsatz je Arbeitsstunde bei leichter körperlicher Arbeit schlechthin. Die geistige Arbeit vollzieht sich aber auch nicht in dem großen Muskelapparat des Körpers, sondern in der Großhirnrinde, die nur etwa 0,03 % des Körpergewichts ausmacht. Unter diesem Gesichtspunkt wirkt sich die geistige Arbeit verhältnismäßig sogar stark auf den Gesamtstoffwechsel aus. Trotzdem wird dieser im ganzen gesehen hierdurch nur wenig berührt. Wichtiger ist, daß die Sauerstoffaufnahme der Hirnrinde dabei auf das 2½fache des Ruhewertes steigt. Dieser Bedarf kann aber nur bei optimaler Blutversorgung des Gehirns gedeckt werden; denn wie *Landois-Rosemann* nach *Wachholder* ausführen, „eine Einschränkung der Nahrungszufuhr macht sich durch das Sinken der Blutzuckerkonzentration (Hypoglykämie) bei gleichzeitiger Minderung des Blutdruckes (Hypotonie) in einem erheblichen Nachlassen der geistigen Spannkraft und Leistungsfähigkeit bemerkbar, so daß die Forderung einer kalorisch vollwertigen Ernährung der Geistesarbeiter durchaus berechtigt erscheint". Diese Forderung war aber in jener Zeit für den Normalverbraucher ganz und gar nicht erreicht und wurde es praktisch auch nicht durch jene Zulagen, weil diese Bediensteten nicht in der Lage waren, sich etwa im Tausch von Deputatware wie der Fabrikarbeiter zusätzlich Nahrungsmittel zu verschaffen. Aber die Zulagen bedeuteten immerhin einen Auftrieb, der psychologisch über seinen physiologischen Wert hinausging. Er dämpfte dadurch die Unzufriedenheit, die sonst die Verwaltungsarbeit gerade dort gehemmt hätte, wo sie nach außen Initiative geben sollte. Damit gewinnen die Zulagen wieder einen begrenzt sozialen Charakter, wobei das Wort „sozial" allerdings nicht im Sinne von „fürsorgerisch" zu verstehen ist, sondern im Sinne einer auf das gesellschaftliche Geschehen gerichteten Regelung.

Diese Beispiele mögen genügen, um das Prinzipielle der Gliederungsgesichtspunkte darzutun. Wie sich diese Gesichtspunkte in die Praxis umsetzen, wird der Abschnitt über die Verbrauchergruppen zeigen. Was wir in diesem Abschnitt noch erwähnen müssen, ist ein Gliederungsgesichtspunkt, den wir zunächst vernachlässigt haben, weil er spezieller Natur ist und bis zu einem gewissen Grad an denjenigen der sozialen Erwägungen anschließt. Das ist die Unterscheidung zwischen Zivilbevölkerung und Wehrmacht. Wenn wir bisher den Bedarf der Wahrmacht unerörtert ließen, so hat dies mehrere Gründe. Die Bundesrepublik Deutschland verfügt bisher über keine Wehrmacht. Insofern braucht ein solcher Bedarf aus der Augenblicksperspektive nicht in Erwägung gezogen zu werden. Die Deutschlandverträge sind im Zeitpunkt der Niederschrift dieser Zeilen noch nicht ratifiziert. Werden sie es, so wird ein deutsches Kontingent einer Europaarmee entstehen, das ernährungspolitisch diesem speziellen Aspekt unterliegt. Anders wieder würden die Dinge für ein Deutschland als NATO-Partner und wieder anders für ein Gesamtdeutschland liegen. Die Erfahrungen der Nationalarmeen bezüglich des Nahrungsmittelfundus, aus dem sie versorgt werden, lassen sich daher nur bedingt und in Alternativerwägungen auf die deutsche Zukunft anwenden. Offen ist hierbei vor allem die Frage, inwieweit eine solche jetzt noch nicht vorhandene Wehrmacht aus der nationalen Agrarerzeugung leben wird, ob sie aus dem Gesamtnahrungsmittelaufkommen der Volkswirtschaft oder aus einem speziell für ihre Bedürfnisse abgegrenzten Nahrungsmittelfundus der Weltwirtschaft versorgt wird, ob sich also die militärische Ernährungswirtschaft zu einem eigenen internationalen Wirtschaftssektor entwickeln oder ein Sektor im Rahmen der einzelnen Volkswirtschaften bleiben wird. Außer diesen Fragen ist zu überlegen, daß für den Soldaten das ernährungsphysiologische Soll eine andere Rolle spielt als für den Zivilisten. Er kann seinen Dienst auf die Dauer nicht versehen, wenn es nicht erfüllt ist. Er muß ihn aber unabhängig davon erfüllen, wenn die Umstände es erfordern. Er wird diesen Anforderungen aber nur gewachsen sein, wenn er glauben kann, sich nach Überwindung dieser Umstände ernährungsmäßig wieder erholen zu können. Dann will er sich richtig satt essen. Das bedeutet, daß die Ernährung des Soldaten nicht auf den ernährungsphysiologischen Mindestbedarf zugeschnitten sein darf, sondern neben den physiologischen auch psychologische Gesichtspunkte zu berücksichtigen hat. Schließlich kommt hinzu, daß das Problem der Wehrmachtsernährung im wesentlichen ein solches der Gemeinschaftsverpflegung ist, während das Hauptgewicht für die Zivilbevölkerung auf der Haushaltsverpflegung liegt. Darum bewegen sich die Vorstellungen der Verwaltung für die Wehrmacht nur als Berechnungseinheit in Individualverpflegungssätzen, während diese für die zivile Ernährungsverwaltung als Rationen das A und O ihrer gesamten Maßnahmen sind. Sowohl hinsichtlich der Nahrungsmittelgrundlage als auch in der Bedarfsbemessung, der Verpflegungsform und deren Organisation stellt die Wehrmacht, wenn sie real vorhanden ist, einen besonderen Problemkomplex dar, der auch einer besonderen Behandlung bedarf. Wir beschränken uns daher hier in allen Überlegungen auf die Zivilbevölkerung.

Die Verpflegungsformen.[5] Im Zusammenhang seiner Darstellung der Maßnahmen von *Lord Rhondda,* der 1917 die Ernährungsverwaltung Englands in einer noch für die dortige Rationierung des zweiten Weltkrieges vorbildlichen Form reorganisierte, sagt *Beveridge* einmal: „The civilian population was to be fed henceforth as the Army was, by a Government Department itself purchasing the supplies and arranging for their distribution." Gewiß wollte *Beveridge* hiermit nur die Straffung der Versorgungsorganisation unterstreichen, insbesondere mit Bezug auf die Berufung von *Wintour,* des vorherigen Director of Army Contracts im Kriegsministerium, als Food Controller in das Ernährungsministerium. Systematologisch wird dieser Vergleich den realen Verhältnissen nicht gerecht.

Die Aufbringung der Nahrungsmittel wird für die Gesamtheit der Bedarfsträger eines Landes unabhängig von ihrer zivilen oder militärischen Eigenschaft immer so lange bei der Ernährungsverwaltung dieses Landes liegen, als es sich um die Inlandsversorgung handelt und das Land als solches für diese gesamtverantwortlich ist. Operieren Teile der Wehrmacht außerhalb des Landes in einem Gebiet, aus dem sie sich ganz oder zum Teil selbst verpflegen kann, so wird die Beschaffung dieses Teiles der Verantwortung des Trägers der Kommandogewalt zuzumessen sein, der sich der fachlichen Beratung von Beamten der Ernährungsverwaltung bedienen kann, die Entscheidungsbefugnis im Hinblick auf seine operativen Maßnahmen aber selbst behalten muß. Handelt es sich um Operationen in landwirtschaftlichen Überschußgebieten, aus denen die Entnahme von Nahrungsmitteln für die Heimat möglich ist, so wird deren Ernährungsverwaltung zwar für die Übernahme dieser Nahrungsmittel Sorge tragen müssen. Hinsichtlich des Maßes der Entnahme, ihrer Form und ihrer Überführung wird sie sich

[5] *Statistisches Bundesamt,* Die Zivilbevölkerung des Deutschen Reiches 1940—1945, Wiesbaden 1953; *Ministry of Food,* ABC of Rationing in the United Kingdom, London 1951; *Beveridge,* British Food Control, London-New Haven 1928; *Skalweit,* Die Deutsche Kriegsernährungswirtschaft, Berlin-Leipzig-New Haven 1927; *ders.,* Die Nahrungsmittelwirtschaft großer Städte im Kriege, Berlin 1917; *Thiess-Wiedenfeld,* Die Preisbildung im Kriege, Berlin 1916.

aber nach den Weisungen des gebietlichen Militärbefehlshabers richten müssen, der neben dem Truppenbedarf und dem militärischen Transportbedarf den Nahrungsmittelbedarf der einheimischen Bevölkerung des besetzten Gebietes berücksichtigen muß. Ist dies ein landwirtschaftliches Zuschußgebiet, dessen Bevölkerung von der Besatzungsmacht mitversorgt werden muß, so wird deren heimatliche Ernährungsverwaltung nicht autorisiert sein, sich von sich aus einzuschalten, sondern es wird Sache der Besatzungsverwaltung sein, sich um unterstützende Mitwirkung an die Ernährungsverwaltung des eigenen Landes zu wenden. Besteht eine Wehrmacht nicht als nationales Instrument, sondern bildet ein nationales Kontingent, das Bestandteil eines übernationalen Instrumentes ist, so wird auch die Aufbringung der Nahrungsmittel für diese Wehrmacht übernational verwaltet werden müssen. Selbstverständlich wird diese Verwaltung sich hierbei der nationalen Ernährungsverwaltungen bedienen. Diese treten dabei aber in die Funktion von Zulieferern und richten ihre Maßnahmen insoweit nach den Dispositionen einer übergeordneten Stelle. Die Aufbringung der Lebensmittel für eine Wehrmacht liegt also nur begrenzt, d. h. unter bestimmten Voraussetzungen in den Händen der nationalen Ernährungsverwaltung, während diese für die zivile Bevölkerung immer zuständig ist, auch dann, wenn das Land durch eine fremde Macht besetzt ist und die erforderliche Nahrung aus dem eigenen Land nicht mehr aufgebracht werden kann.

Der zweite Unterschied zwischen ziviler und militärischer Nahrungsmittelversorgung liegt in der Verteilung. Der auf den Wehrmachtsbedarf entfallende Anteil der gesamten Nahrungsmittelaufbringung geht im Wege der Beschaffung durch die Militärverwaltung als einheitlichen Großbedarfsträger in die Form der Verpflegung über. Diese Verpflegung wird „ausgegeben“ — über die Einheit an den Mann. Sein Anspruch auf die Ration beruht auf seiner Zugehörigkeit zur Einheit. Er kauft die Ration nicht, sondern er „empfängt“ sie, und zwar in natura. Die zivile Verteilung vollzieht sich über lokale Verteilungsstellen, die als selbständige Unternehmen des Einzelhandels oder als öffentliche Einrichtungen Waren verkaufen, die vom Verbraucher auf Grund einer ihm vom Staat zugesprochenen Bezugsberechtigung unter Hingabe von Geld bezogen werden. Die Bindung des Warenbezugs an diese ist im Gegensatz zum militärischen Verpflegungsakt notwendig, weil die Zivilbevölkerung sich nicht wie die Wehrmacht ausschließlich aus Dienstleistenden zusammensetzt, weil auch für die Erwerbspersonen der Empfänger ihrer Arbeitsleistung nicht identisch zu sein pflegt mit dem Lebensmittelverteiler und weil die Ration nicht im gleichen zeitlichen Rhythmus und in gleicher Geschlossenheit zum Verbrauch gelangt wie die Wehrmachtsverpflegung. Die Hausfrauen stellen die einzelnen Mahlzeiten nach ihrem

Ermessen zusammen und kaufen die Ration der Zuteilungsperiode dementsprechend ab. Je nach der Einteilung der Tagesarbeit des Haupteinkommensträgers, nach der Lage des Schulunterrichts der Kinder usw. werden die Mahlzeiten von der Hausfrau über den Tageslauf verteilt. Dementsprechend legt sie ihre Einkaufszeiten.

Hierin liegt der wesentliche Unterschied zwischen Wehrmachtsverpflegung und ziviler Nahrungsmittelversorgung. Das Hauptmerkmal dieser ist die individuelle Verpflegungsform. Die Gemeinschaftsverpflegung kommt vor, bleibt aber hier eine Nebenform, die entweder eine zeitlich (z. B. Krankenanstalten) oder sachlich (z. B. Strafanstalten) begrenzte Zusammenfassung von normalerweise Individualverpflegungsberechtigten ist, eine zweckbedingte Zusammenfassung für einzelne, meist zusätzlich zur normalen Ration gewährte Mahlzeiten (z. B. Werksverpflegung) darstellt oder schließlich auf unter sich verschiedene Gruppen angewandt wird, bei denen ähnlich einer militärischen Einheit die Voraussetzungen für eine Identität zwischen Dienstleistungsempfänger und Verpflegungsbedarfsträgerschaft gegeben sind (z. B. kasernierte Polizei, Arbeitseinheiten bei Großbauvorhaben, Klöster). Je nach der Größenordnung und Gliederung dieser Gemeinschafts- oder Sammelverpflegungseinrichtungen ressortiert ihre Versorgung zur örtlichen, zur regionalen oder zur zentralen Instanz der Ernährungsverwaltung.

Während also auf dem militärischen Sektor die Gemeinschaftsverpflegung die Regel und die Individualverpflegung (z. B. für den Urlauber) die Ausnahme bildet, ist die zivile Nahrungsmittelversorgung genau umgekehrt orientiert. Als ausschließliche oder dominante Form der Rationierung kommt die Gemeinschaftsverpflegung daher nur im militärischen Bereich vor. Das soll nicht besagen, daß man sie nicht auch im zivilen Bereich versucht hätte. Von dem Gedanken beherrscht, daß Warenverknappung Preisanstieg bedeutet, und angesichts der Tatsache, daß die amtlich festgesetzten Höchstpreise „tatsächlich zu allgemein bewilligten Taxpreisen geworden" waren (*Thiess*), hatte man sich in der Anfangszeit des ersten Weltkrieges weitgehend auf einen Teuerungsschutz der Minderbemittelten eingestellt und zu diesem Zweck Massenspeisungen eingeführt. Man wird zugeben, daß dies vorübergehend wenigstens örtlich von Erfolg sein konnte, zumal die Kommunen sich auf eine eigene Ernährungspolitik eingestellt hatten und ihre Versorgungsmaßnahmen aus den örtlichen Bedürfnissen heraus organisierten, so daß z. B. 14 Stadt- und Landkreise sich unter Dortmunds Führung zu einer Einkaufsvereinigung zusammengeschlossen hatten, die Stadt Dortmund aber auch noch unabhängig hiervon größere Mengen Lebensmittel einkaufte. Gelang es also, dem eigenen Bereich — natürlich unter Konkurrenz mit den Einkaufsorganisationen der übrigen Kommunalverwaltungen — eine ausreichende Versorgung zu sichern, so konnten die Massenspeisungen so dotiert werden, daß der für sie in Betracht kommende Bevölkerungsteil von der direkten Nachfrage auf dem Nahrungsmittelmarkt abgelenkt wurde. In Hannover hatte man sich zunächst völlig darauf beschränkt, die Versorgung hilfsbedürftiger Familien, voran der Kriegerfamilien, in die Hand zu nehmen und hatte gleich nach der Mobilmachung Küchen in Betrieb gesetzt, in denen unentgeltlich eine warme Tageskost verabfolgt wurde. Je länger der Krieg dauerte, um so mehr verbreiterte sich zwangsläufig der Kreis der sogenannten Hilfsbedürftigen. Mit dem fortschreitenden Schrumpfen der Nahrungsmitteldecke wurde es natürlich für einen immer größeren Kreis schwierig, sich zu sättigen. Anderseits sind die technischen Erfordernisse für die laufende Verpflegung großer Massen so vielgestaltig und hoch, daß sie weder personell noch sachlich bewältigt werden können, wenn es sich eben nicht um organisierte Massen wie bei den Einheiten einer Wehrmacht handelt. Es ist natürlich theoretisch denkbar, die Verpflegung der Erwerbstätigen in die Betriebe zu verlegen, diesen Personenkreis durch Dienstverpflichtung auf alle Erwerbsfähigen auszudehnen, die nicht erwerbsfähigen Invaliden und Alten in Heimen, die Kleinkinder in Horten und die Schulkinder in Internaten zu verpflegen. Abgesehen davon, daß dies schon für die Erwerbstätigen nicht allgemein möglich ist, weil diese Verpflegungsform eine gewisse Größe des Betriebes mit entsprechender Kantineneinrichtung voraussetzt, haben auch die übrigen Institutionen weder zahlenmäßig noch räumlich noch auch technisch und personell die Kapazität, um solche Aufgaben zu bewältigen. Von den technischen und wirtschaftlichen Erwägungen abgesehen, würden derartige Maßnahmen aber das Familienleben in einer Weise zerreißen, daß den Menschen der natürliche Lebensinhalt verlorengeht und damit das, worum sie in Notzeiten ringen.

„Rationing", sagt *Beveridge,* „is a term of military origin. It means allotting to each member of a fighting force or a beleaguered population his approbiate share of food." Der begriffliche Ursprung des Wortes darf aber nicht darüber hinwegtäuschen, daß Organisation und Verfahren der militärischen und zivilen Nahrungsmittelversorgung verschieden sind. In dieser dominiert die Einzelverpflegung in Haushalt oder Gaststätte, und die Sammelverpflegung bildet eine Ausnahme.

Die Technik des Bezugsausweises[6] hat im wesentlichen vier Formen der Warenbezugsberechtigung entwickelt: Kundenliste, Kundenbuch, Bezugskarte und Bezugschein.

---

[6] *Statistisches Bundesamt,* Die Zivilbevölkerung des Deutschen Reichs 1940—1945, Wiesbaden 1953; *Fachmann-Kraut-Sperling,* Nährstoff- und Nährwertgehalt von Nahrungsmitteln, Leipzig 1953; *Ministry of Food,* ABC of Rationing in the United Kingdom, London 1951; *Verwaltung für Ernährung, Landwirtschaft und Forsten* des Vereinigten Wirtschaftsgebietes, Er-

Die Kundenliste bildet die am wenigsten komplizierte Form einer Beurkundung der Bezugsberechtigung. Der Kunde läßt sich in die Kundenliste eines Einzelhandelsgeschäfts eintragen. Dem Einzelhändler wird auf Grund der von ihm gemeldeten Kundenzahl von der für ihn zuständigen Bewirtschaftungsstelle ein Warenkontingent zugewiesen. Dies Kontingent verteilt er nach eigenem Ermessen auf seine Kundschaft. Die Ration bildet hierbei eine Recheneinheit für die Festsetzung des Kontingents. Der Kunde erfährt ihre Höhe nur dann, wenn seine Ansprüche sie ausschöpfen. Er unterliegt daher der Neigung zu ihrer vollen Inanspruchnahme weniger, als wenn die Rationshöhe ihm von vornherein bekannt wird. Werden die Kontingente nicht für bestimmte Zeitabschnitte ausgegeben, sondern auf Anforderung zugeteilt, so verlängern die von der Kundschaft nicht abgeforderten Mengen die Kontingentsausnutzung.

Diesen Vorteilen steht das Bedenken gegenüber, daß die Kontingentsverwendung nur durch Kontrolle der Übereinstimmung des listenmäßigen Kundenbestandes mit dem gemeldeten und durch Vergleich der das Kontingent bildenden Rationensumme mit der Summe der vom Händler in der Kundenliste aufgezeichneten Ausgabemengen überwacht werden kann. Wenn die Eintragung in die Kundenliste nicht an die gleichzeitige Kennzeichnung eines Ausweispapiers gebunden wird, besteht kein Schutz gegen Mehrfacheintragungen. Eine solche Kennzeichnung begegnet aber mehreren technischen Schwierigkeiten. Die vielleicht bedeutendste ist das Ausweisproblem. Viele Menschen besitzen in normalen Zeiten keinen amtlichen Personalausweis, und die vorhandenen Ausweise sind uneinheitlich und aus Raumgründen oder wegen ihres gesetzlich festgelegten Verwendungszweckes für Eintragungen oder Kennzeichnungen zu Rationierungszwecken nicht geeignet. Die Neuausgabe einheitlicher Ausweise mit geeigneter Raumeinteilung für den besonderen Zweck von Bewirtschaftungsmaßnahmen erfordert einen einmaligen erheblichen administrativen Aufwand, dessen Kosten sich nur rechtfertigen, wenn die Absicht, eine verläßliche Urkunde der

---

lasse, 1949—1950; *Landesernährungsamt Oldenburg,* Erlasse, 1948—1949; *dass., Broschüren,* 1947—1948; *Knobloch,* Leitfaden zur Bekanntmachung der Militärregierung Deutschland (Britisches Kontrollgebiet) über Kontrolle und Verteilung von Verbrauchsgütern, Minden (Westf.) 1946; *ders.,* Memorandum über Verbrauchsregelung vom 31. 10. 1945; *Sperling,* Die Berechnungsgrundlagen für eine amtliche Zusammenstellung des Nährstoff- und Nährwertgehaltes von Lebensmitteln, Manuskript 1943; *ders.,* Die Berechnungsgrundlagen für eine amtliche Zusammenstellung des Nährstoff- und Nährwertgehalts von Lebensmitteln im Kriege, Manuskript 1944; *Egle,* Wesen und Formen der Verbrauchsrationierung in Europa, Weltwirtschaftliches Archiv, Heft 2/Sept. 1943; *Statistisches Reichsamt,* Statistik der Verbrauchergruppen und die Zuteilung an Lebensmitteln, 46., 51., 56. und 59. Zuteilungsperiode, Berlin 1942—1944, Weimar 1944; *Beveridge,* British Food Control, London-New Haven 1928; *Skalweit,* Die Deutsche Kriegsernährungswirtschaft, Stuttgart-Berlin-Leipzig-New Haven 1927.

Bezugsberechtigung zu schaffen, hiermit erreicht wird. Dies ist verhältnismäßig einfach, wenn die Bezugsberechtigung umfassend und die Kennzeichnung einmalig ist. Handelt es sich um Waren, die in verschiedenen Einzelhandelszweigen gehalten werden, wie Fleisch, Butter und Kartoffeln, so müßte der Ausweis von jedem einzelnen der in Betracht kommenden Händler gekennzeichnet werden. Der Firmenstempel reicht hierzu nicht aus, weil seine Angaben nicht immer genau genug sind, bei längerem Gebrauch des Ausweises an Lesbarkeit verlieren und häufig größer sind als das Format eines optimalen Ausweisfeldes. Die unzulängliche Lesbarkeit gilt nicht für Angaben, die mit Hilfe einer Prägezange angebracht werden. Die Lochung bietet aber nur verhältnismäßig geringe Variationsmöglichkeiten.

Wenn es auch gelingt, den Kunden mit Hilfe des Kontrollvermerks in einem hierzu geschaffenen Dauerausweis, der aus entsprechend festem Papier bestehen muß, daran zu hindern, daß er sich für die gleiche Ware in Kundenlisten verschiedener Geschäfte eintragen läßt, so sichert der Ausweis doch den Kunden nicht gegen ungenaue Belieferung. Mit einem solchen Ausweis kann nicht die Übereinstimmung der Ausgabeeintragungen mit den von den einzelnen Kunden tatsächlich bezogenen Mengen gesichert werden. Er erlaubt nicht, festzustellen, ob die Kunden ihre Ration wirklich ausgekauft haben oder ob etwa nichtausgeschöpfte Mengen außerhalb des Kreises der eingetragenen Kunden oder innerhalb desselben über die Ration hinaus an bestimmte Kunden — eventuell zu überhöhten Preisen — verkauft worden sind. Der Kunde besitzt außer dem Kassenzettel keinen Nachweis über seinen Einkauf. Dieser ist dort aber jedenfalls im Lebensmittelhandel nur nach Warenart und Preis, aber nicht nach der Menge vermerkt, weil dies die Bedienung der Kundschaft so aufhalten würde, daß mit einer beweiskräftigen Genauigkeit der Eintragung nicht gerechnet werden kann. Die Überwachungsbehörde besitzt daher keine Vergleichsmöglichkeiten, die ihr zum Schutze der Bevölkerung und der Rationierung die nötigen Anhaltspunkte liefern könnten.

Weder die Vorteile noch die Mängel eines Systems wiegen unter allen Umständen gleich schwer. Im Falle eines allgemein sehr beengten Nahrungsspielraums spielt die Notwendigkeit von Kontrollmöglichkeiten eine ungleich größere Rolle, als wenn es sich darum handelt, den Verbrauch einer Lebensmittelart (z. B. tierische Fette) einzuschränken, während für andere diese Notwendigkeit nicht besteht. Die Neigung zu Mehrfacheintragungen wird dann ebensowenig ins Gewicht fallen wie die Versuchung zu Rationsbeschneidungen. Es ist auch durchaus denkbar, allgemein vorhandene Personalausweise (z. B. Kennkarten) einmalig durch Lochung als Verteilungsdokument für eine bestimmte Sonderzuteilung heranzuziehen. Diese Verwendungsmöglichkeit besteht sogar für kurzfristig begrenzte Bezugsausweise für die laufende Verteilung, die hierdurch zusätzliche Anwendung erhalten können. Für eine Rationierung größeren Stils und in einer Zeit, in der die Bevölkerung zur Ausnutzung aller Ernährungschancen neigt, der Handel aber der Versuchung spekulativer Chancen ausgesetzt ist, genügt dieses System nicht. Hier führt die administrative Überlegung von der Kundenliste zum Kundenbuch.

Das Kundenbuch bildet gewissermaßen das Gegenbuch zum Kundenverzeichnis des Lieferanten. Für jeden hier eingetragenen Kunden muß ein Kundenbuch vorhanden sein, und der jeweilige Bezug der Ration muß sowohl im Verzeichnis des Einzelhändlers als auch im Kundenbuch vermerkt sein. Dabei genügt eine Eintragung, welche die Tatsache des Bezugs bekundet. Die Angabe der jeweils bezogenen Mengen hält die Bedienung der Kunden stark auf und unterliegt Buchungsirrtümern und Schreibfehlern, zumal sie in Eile doppelt gebucht werden muß. Die Tatsache des Warenbezugs ist allerdings nur dann eine ausreichende Feststellung, wenn die Ration öffentlich bekanntgegeben und der Bezug jeder Warenart im Kundenbuch hinreichend erkennbar gemacht wird, was z. B. durch Benutzung verschiedener Spalten oder Felder leicht zu ermöglichen ist.

Das Kundenbuch kann für Waren benutzt werden, die von verschiedenen Gewerbezweigen gehandelt werden (z. B. Gemischtwarenhandel — Fleischerei), indem durch entspechenden Aufdruck für jeden Zweig bestimmte Teile des Buches reserviert werden. Der Sinn des Kundenbuches — wie auch der Kundenliste — ist es aber, hierdurch einen Bezugsausweis für längere Zeiträume zu gewinnen. Dafür ist es nicht zweckmäßig, das Kundenbuch zu einem Kontobuch für allzu verschiedenartige Bezüge auszugestalten, weil zu befürchten ist, daß es dadurch ein für die Hausfrau im wörtlichen Sinne nicht mehr tragbares Volumen erhält. Am handlichsten wird sich ein Kundenbuch dann gestalten lassen, wenn es für die Rationierung von Waren benutzt wird, die nach einem bestimmten Schlüssel gegeneinander austauschfähig sind, weil in diesem Fall die Kennzeichnung der Bezüge nach Warenarten in Kundenbuch und Kundenregister unterbleiben kann.

Die doppelte Registrierung der Bezüge beim Kunden und beim Lieferanten erlaubt es der Überwachungsbehörde, in Form von Stichproben Vergleiche durchzuführen. Allerdings werden diese Stichproben in Anbetracht der Vielzahl von Einzelhandelsgeschäften und der Größe ihrer Kundenkreise nur mit einem so geringen Auswahlsatz durchgeführt werden können, daß sie keine sehr wirksame Kontrolle bilden. Will man den Überwachungsapparat nicht über ein für Notzeiten tragbares Maß vergrößern, so wird man sich kaum auf ein umfassendes Stichprobensystem einlassen können, sondern die Stichprobennahme auf solche Geschäfte beschränken müssen, über die von der Bevölkerung geklagt wird, die hinsichtlich der Höhe ihrer Kontingente im Vergleich zu ihren vorangegangenen Umsätzen auf dem freien Markt auffallen, stark wechselnde Kundenzahlen aufweisen oder sonst von dem regelmäßigen Verhalten ihrer Konkurrenz abweichen.

Immerhin ist eine Überwachungsmöglichkeit gegeben, die bei der einfachen Kundenliste nicht besteht. Diese Kontrolle wird aber eines erheblichen Teils ihrer Wirksamkeit beraubt, wenn die Höhe der Rationen kurzfristig wechselt. Das Kundenbuch verlangt eine gewisse Stabilität in der Festsetzung der Rationen, weil die Tatsache des Warenbezugs sonst nicht mehr mit genügender Sicherheit aus dem Vergleich zwischen Kundenbucheintragung und Listenführung des Geschäfts auf die Richtigkeit der Warenanforderungen als Kontingentsgrundlage schließen läßt.

Mit diesem Erfordernis einer möglichsten Stabilität der Rationen verbindet sich zwangsläufig die Notwendigkeit einer möglichst langen Gültigkeitsdauer des Kundenbuches. Diese hat nicht die Nachteile der langfristigen Benutzung anderer Ausweise, weil es sich um ein für den besonderen Zweck eingerichtetes Dokument handelt, das zudem als Buch die Erhaltung von Eintragungen besser gewährleistet als ein offener Ausweis. Nachteilig ist vielmehr die bei langer Gültigkeitsdauer für solche Bezugsausweise immer steigende Wahrscheinlichkeit des Aufkommens von Fälschungen. Natürlich steht das Interesse der Fälscherkreise an diesen im direkten Verhältnis zur Knappheit der Ware, steigt also nicht überall und immer mit der Gültigkeitsdauer des Papiers in gleichem Maß. Während der außerordentlichen Warenverknappung in Deutschland nach 1945 mußte sich die Ernährungsverwaltung in zunehmendem Maß sogar bei den vier Wochen gültigen Lebensmittelkarten sorgfältig auf die Verhütung von Fälschungsmöglichkeiten einrichten. Obwohl dies geradezu mit den Mitteln des Notendrucks geschah, gelang dies nicht vollständig. Für ein Kundenbuch wäre das Unterfangen aussichtslos gewesen. Das besagt nicht, daß bei günstigerer Ernährungslage und also geringerem Fälscherinteresse ein Kundenbuch seine Zwecke nicht hätte erfüllen können. Immer wird das Erfordernis der Stabilität ihm den Nachteil einer Unelastizität insofern einbringen, als der Wechsel der Bezugsquelle für den Kunden schwierig ist. Da die Kundenbuchrationierung nicht auf einem Abrechnungssystem beruht, sondern auf einem Anforderungssystem, steht der Verteilerorganisation in der Ernährungsverwaltung kein Prüferapparat gegenüber, wie er für das Abrechungswesen der Lebensmittelkartenrationierung benötigt wird. Der einfachere Verwaltungsapparat der Kundenbuchrationierung ist daher nur imstande, für größere Zeiträume die Berechnungsgrundlagen für die Kontingentsbestimmung festzuhalten. Wie das Erfordernis einer gewissen Stabilität der Rationshöhe auch mit dieser beschränkten Leistungskapazität des Verwaltungsapparates zusammenhängt, so bildet auch die Zahl der Kunden eine Größe, die für einen größeren Zeitraum als stabil gesetzt werden muß. Dies führt zu einer fühlbaren Beschränkung in der Beweglichkeit der Kundschaft. Für die Dauer einer beträchtlichen Zeit ist sie auf Gedeih und Verderb an einen bestimmten Detaillisten gebunden und kann weder auf Reisen noch im Falle eines Umzugs ihre Ware anderwärts erhalten. Aus diesen Gründen ist das Kundenbuch nur dort verwendbar, wo die Bevölkerung auch unter den allgemeinen Umständen, welche die Rationierung notwendig gemacht haben, ihre Seßhaftigkeit behält. Wo eine übernormale Binnenwanderung zu gewärtigen ist, kann das Kundenbuch eine geregelte Versorgung der Bevölkerung nicht bewältigen.

Daß die Kundenbücher amtlicherseits als urkundliche Bezugsausweise ausgegeben werden, verhütet zwar Mehrfachbezüge, die bei der einfachen Kundenlisteneintragung durch Meldung der gleichen Person bei verschiedenen Einzelhändlern zustande kommen können, vermag dem Kundenbuch aber nicht den Charakter eines Allround-Certificate zu verleihen, wie ihn etwa Postsparbücher im Bereich des postalischen Geldverkehrs besitzen. Lebensmittel sind eben kein Geld, das durch einfache Umbuchung an einem anderen Ort verfügbar gemacht werden kann. Sofern die Rationierung selbst nicht nach einem differenzierten Abrechnungssystem arbeitet, auf Grund dessen der regionale und lokale Bedarf laufend neu kalkuliert wird, ist der Warenbezug für die im Verwaltungsapparat kapazitätsbedingten Zeiträume an die starren Einzelhandelskontingente gebunden.

Überall dort, wo die Rationen nur für kürzere Zeitabschnitte festgesetzt werden können oder sollen und wo eine erhebliche oder nach Richtung und Umfang stark wechselnde Binnenwanderung in Betracht gezogen werden muß, wo ferner die Ernährungslage eine strenge Kontrolle der Versorgungsvorgänge erfordert und auch eine erhöhte Gefahr von Fälschungen besteht, ist die Lebensmittelkarte dem Kundenbuch und erst recht der Kundenliste vorzuziehen. Der Verwaltungsaufwand, den die Lebensmittelkarte erfordert, ist freilich ungleich größer als für die beiden vorher genannten Verfahren. Selbstverständlich können Lebensmittelkarten ohne Ausnutzung ihrer Kontrollmöglichkeiten lediglich zu einer Anpassung der Bezugsausweise an wechselnde Rationshöhen oder an die Binnenwanderung benutzt werden, die das Kundenbuch oder die Kundenliste nicht erlauben. Bereits hierbei steigt aber der Verwaltungsaufwand, weil die Lebensmittelkarten in regelmäßiger Wiederholung ausgegeben und die Kontingente des Einzelhandels nach Maßgabe der bei ihm auf Lebensmittelmarken abgeforderten Nahrungsmittel jeweils neu berechnet werden müssen. Für den Einzelhandel fällt die Registrierung der von ihm ausgegebenen Rationen fort. Es kann ihm sogar gestattet sein, seinen Ersatzbedarf allein nach Bestandsaufnahme anzufordern, wenn man annimmt, daß die Vorlage und Entwertung der Lebensmittelkartenabschnitte Falschbezüge hinreichend ausschließt. Es wird bei diesem Verfahren sehr darauf ankommen, inwieweit die Verwaltung Fehlausgaben durch den Handel selbst für ausgeschlossen hält. Bei knapper Versorgungslage läßt das wachsende Risiko illegaler Marktvorgänge ein so weitgehend unkontrolliertes Bezugsverfahren nicht sinnvoll erscheinen. Mindestens wird dann eine Sammlung und Ordnung der eingenommenen Lebensmittelkartenabschnitte als Unterlage für die Anforderungen des Einzelhandels verlangt werden müssen. Diese Arbeit, die für den Einzelhändler an die Stelle der Ausgaberegistrierung tritt, ist allerdings aufwendiger. Den Zweck einer Kontrolle erfüllt freilich auch dies Verfahren nicht vollständig, weil ein Vergleich der Anforderungen mit den gesammelten Marken doch nur in recht vereinzelten Stichproben gemacht werden kann.

Ist eine sparsame Bewirtschaftung der verfügbaren Lebensmittel wirklich notwendig, so kann auf eine volle Ausschöpfung der durch die Lebensmittelkarte gebotenen Kontrollmöglichkeiten nicht verzichtet werden. Diese Möglichkeiten liegen in der Durchführung des Abrechnungssystems. Das bedeutet die Einführung eines Markenrücklaufs. Dieser vollzieht sich etwa in folgender Weise: Der Kunde legt bei seinem Einkauf die ihm zugeteilte Lebensmittelkarte vor. Der Einzelhändler schneidet die für den getätigten Warenbezug gültigen Abschnitte vom Kartenstamm ab und sammelt sie zunächst vorsortiert in einer Schublade oder dergleichen. Nach Abschluß der Ausgabezeiten wird er die gesammelten Abschnitte in übersichtlicher und leicht zählbarer Zusammenstellung auf Bogen kleben und diese Bogen am Ende der Zuteilungsperiode unter Beifügung einer Aufrechnung bei seinem Ernährungsamt einreichen. Die hierdurch für den Einzelhändler entstehende Arbeit ist erheblich. Allerdings ist der Warenumschlag in Zeiten der Verknappung im ganzen geringer als bei freier Entfaltung der Nachfrage. Dies braucht aber nicht eine geringere Auslastung der Kräfte des Einzelhandels mit sich zu bringen, weil die Bedienung der Kundschaft gegen Markenabgabe mehr Zeit erfordert als im reinen Geldverkehr, weil sich Geschäfte mit normalerweise schon geringen Umsätzen nicht mehr halten können und in Kriegszeiten Kleinstbetriebe durch Einberufungen gewöhnlich zur Schließung kommen, so daß sich der Warenumschlag auf die verbleibenden Geschäfte konzentriert, und weil schließlich der Warenbezug für den Einzelhandel selbst in Zeiten, die eine Rationierung notwendig machen, verfahrensmäßig und technisch erschwert ist. Wenn die Zusammenstellung der Marken vom Einzelhändler einigermaßen sorgfältig gehandhabt werden soll, muß diesem durch formularmäßige und technische Vorbereitung die größtmögliche Erleichterung gewährt werden. Die Prüfer des Ernährungsamts sind gewöhnlich nur in der Lage, eine Prima-Vista-Kontrolle der Markenzusammenstellung vorzunehmen. Im übrigen sind sie auf Stichproben angewiesen, die in diesem Fall allerdings mit systematischer Regelmäßigkeit über den gesamten Nahrungsmitteleinzelhandel des Ernährungsamtsbezirks erstreckt werden können. Ist die Aufstellung für richtig befunden worden, so bildet sie im Verhältnis der Rationshöhe der abgerechneten Zuteilungsperiode zu derjenigen der nun zu beliefernden die Grundlage für das neue Kontingent des abrechnenden Einzelhändlers. Da dieser seine Kundschaft laufend versorgen muß, kann mit der Kontingentszuteilung nicht bis nach Abwicklung des Abrechnungsvorgangs gewartet werden. Der Einzelhändler wird also, wenn er seine Abrechnung einreicht, zunächst eine Abschlagsleistung auf sein Kontingent erhalten, dessen Restmenge ihm nach Abschluß der Rechnungsprüfung verfügbar gemacht wird.

Um sein Kontingent zu realisieren, braucht der Einzelhändler nun selbst einen Bezugsausweis, der ihn gegenüber seinen Lieferanten, also dem Großhändler oder Erzeuger, als bezugsberechtigt legitimiert. Dieser Ausweis ist die vierte Form der Bezugsausweise, nämlich der Bezugschein. Er kommt hier als Dokument der Handelsstufe vor, wird aber auch, wie schon bemerkt, als Bezugsausweis der Verbraucherstufe verwandt, wenn die betreffende Ware keinem laufenden, regelmäßigen Bedarf unterliegt oder in der Aufteilung für jedermann einen unter der kleinsten darstellbaren Einheit liegenden Bedarf ergeben würde. Der in diesen Fällen bis in die Verbraucherstufe laufende Bezugschein gelangt aber beim Einkauf an den Einzelhandel und wird von hier aus ebenso weiter abgewickelt wie ein dem Einzelhandel selbst erteilter Bezugschein.

Der Verwendungsbereich des Bezugscheins wird nach zwei Richtungen bestimmt: einmal eben dadurch, daß die kleinste unteilbare verbrauchsgeeignete Wareneinheit größer ist als die durchschnittliche Bedarfs- oder Anteilsquote der Bevölkerung an der verfügbaren Menge der betreffenden Ware; weiterhin hat er im Umsatz der Rationen die Funktion der großen Noten im Geldverkehr. Der Bezugschein ist also das Mittel der Individual- und der Großzuteilung. Er kann beide Funktionen verbinden, muß es aber nicht. So wird der Großhändler vielleicht nicht die Vielzahl der Bezugscheine, die er z. B. für gelieferte Bratpfannen von den Einzelhändlern empfangen hat, an den Erzeuger weitergeben, sondern diese bei dem zuständigen Wirtschaftsamt in einen Großbezugschein umsetzen. Hierbei wird das Wirtschaftsamt zu prüfen haben, wie sich das auf seinen Bezirk entfallende Kontingent der laufenden zu dem der abgerechneten Periode verhält und dementsprechend den Mengenbetrag des Großbezugscheins prozentual kürzen oder erhöhen. Mit diesem Großbezugschein kann der Großhändler seine Bestellung beim Erzeuger aufgeben.

Dieser erhält seinerseits auf die bei ihm eingereichten Großbezugscheine für Fertigware die entsprechenden Bezugscheine für Rohmaterial und Betriebsmittel. Hierbei ändert sich also der Warentitel des Bezugscheins. Dies kann bereits auf der Einzelhandelsstufe notwendig werden. So muß der Bäcker auf die von ihm eingenommenen Marken, auch wenn diese nicht wahlweise für Brot oder Mehl gelten, sondern an die Warenart gebunden sind, selbstverständlich immer Bezugscheine für Mehl erhalten. Der Fleischer erhält für die von ihm eingenommenen Marken über Handelsgewichtsmengen Bezugscheine auf Lebendgewicht oder, wenn eine Relation zwischen diesem und dem Schlachtgewicht festgesetzt ist, auf eine entsprechende Menge des letzeren. Damit stoßen wir auf die Tatsache, daß zwischen den Handelsstufen nicht nur Unterschiede in der Warenart oder, sagen wir besser, im Fertigungszustand der Ware, sondern auch des Gewichts bestehen, und zwar auch bei unverändertem Zustand der Ware und bei unverändertem Kontingent. Die Differenz zwischen den Warengewichten ist um so größer, je weiter voneinander entfernt die Stufen des Wirtschaftsverkehrs sind, auf denen die Ware erfaßt wird. Auf dem Weg des Nahrungsmittels vom landwirtschaftlichen Erzeuger bis zum Teller des Verbrauchers addieren sich die Gewichtsminderungen. Sieht man von den Küchenverlusten ab, die wohl bei der Nährwertberechnung für die Verbraucherstufe berücksichtigt werden müssen, aber nicht die Mengendifferenzen in der Kontingentfestsetzung für die verschiedenen Handelsstufen beeinflussen, so bleiben hierbei als wichtigste Verlustquellen zu berücksichtigen der Verarbeitungsverlust, der Verderb bei Lagerung und Transport und der Schwund, der sich aus Verdunstung des Wassergehalts (z. B. bei lagernden Kartoffeln), durch Anhaften von Warenresten am Behälter (z. B. Butter an der Faßwand) oder aus unverwertbaren Resten (z. B. Schnittverlust bei Fleisch- und Wurstwaren) ergeben kann. Dabei kann der Verlust für Ware gleicher Gattung durchaus verschieden sein, wenn die Art der Verarbeitung oder des Weges zum Verbraucher nur etwas anders ist. So sind bei der 1944 vom Statistischen Reichsamt herausgegebenen Einheitstabelle zur Bewertung von Nahrungsmitteln auf der Großhandelsstufe für Hafer bei Verarbeitung auf Flocken und Mehl 29,0 % Mahlverlust und 5,0 % Handelsverlust veranschlagt worden, wobei sich der Handelsverlust selbstverständlich aus der nach Abzug des Mahlverlustes verbleibenden Menge berechnet. Demgegenüber war bei Körnermais bei gleichem Handelsverlust nur ein Verarbeitungsverlust von 15,0 % zu berücksichtigen. Für Roggenmehl wurde ein Schwund von 2,8 % und ein Backverlust von 1,7 % veranschlagt, für Weizenmehl ein Reinigungsverlust von 3,1 %, ein Schwund von 1,2 % und ein Backverlust von 1,7 %.

Andererseits können sich Verlustunterschiede auf der gleichen Stufe wegen verschiedener Betriebstechnik ergeben. So hatte die Hauptvereinigung der deutschen Viehwirtschaft für die Zuteilungen an Fleisch die Hau- und Schwundverluste bei Lieferungen an Normalbetriebe auf 8,0 % und bei Lieferungen an Versandbetriebe der Fachgruppe Fleischwarenindustrie auf 10,0 % festgesetzt. Damit ist gleichzeitig darauf hingewiesen, daß bei der Mengenberechnung im Zuteilungsverfahren an die Lieferanten nicht mit fallweise berechneten speziellen Verlustquoten gerechnet werden konnte, sondern daß genormte Werte für den generellen Gebrauch festgesetzt werden mußten und bei einem solchen Zuteilungsverfahren immer angewandt werden müssen. Es gab daher im Deutschland des zweiten Weltkrieges eine ganze Reihe von Vorschriften hierüber sowie für den praktischen Gebrauch auch Anrechentabellen. Diese Bestimmungen zu behandeln, muß aber als Aufgabe einer Darstellung des Bewirtschaftungsrechts angesehen werden, da die Höhe der anerkannten Richtquoten für Verluste nicht nur von der Höhe der Verarbeitungs-, Lagertechnik usw. abhängt, sondern auch von der Einflußnahme auf diese, die mit einer rechtlichen Bestimmung beabsichtigt ist. Hier, unter dem wirtschaftlichen Aspekt dieser Darstellung erscheint eine rechtspolitische Wertung dieser Vorschriften nicht sinnvoll, die nicht nur rechtspolitisch, sondern auch hinsichtlich der technischen Behandlung der Ware zu jedem Zeitpunkt auf andere Voraussetzungen treffen. Es mag daher an dieser Stelle genügen, wegen der Verlustquoten der einzelnen Nahrungsmittel auf die Nährwerttabelle von *Fachmann-Kraut-Sperling* zu verweisen, die nach Handelsstufen aufgebaut ist. Für die Bezugscheintechnik ist wesentlich, daß Differenzen in der Mengenwertberechnung für die Handelsstufen berücksichtigt werden müssen und warum diese Berücksichtigung erforderlich ist.

Dabei darf nicht außer Betracht gelassen werden, daß der Bezugschein für große Mengen nicht nur als Anweisung für den Handel, sondern auch unmittelbar für den Verbraucher in Betracht kommt. Seine Verwendung für direkte Zuteilungen an den Verbraucher findet an sich bereits im Falle der Vergabe von nicht allgemein und regelmäßig verteilbaren und benötigten Waren auf individuelle Anforderungen statt, wie dies schon für Haushaltsgeräte erwähnt wurde. Hierbei handelt es sich aber nicht um Großmengen. Solche benötigt allerdings der Produzent beispielsweise in Holz, das er zur Fertigung von Kochlöffeln braucht, oder von Griffen, die als Halbfabrikat bei der Herstellung von Bratpfannen verbraucht werden. Die Großmengen, die auf dieser Wirtschaftsstufe „verbraucht" werden, gehen aber aus einer niedrigeren in eine höhere Fertigungsstufe über; sie werden nicht verbraucht, sondern umgewandelt. Ein echter Verbrauch findet auf der letzten Wirtschaftsstufe statt, zu welcher die Ware auf ihrem Wege vom Urprodukt über die Halb-

und Endfertigung vom Erzeuger über den Handel gelangt, um den Zweck zu erfüllen, für den sie eine handelsübliche Fertigware darstellt. Ein Großverbrauch in diesem Sinne liegt für Nahrungsmittel dort vor, wo die Mahlzeiten für eine Vielzahl von Personen zentral zubereitet werden. Dies sind die Gaststätten und die Gemeinschaftsverpflegungsstätten.

Wird ein Lebensmittelkartensystem angewandt, das für jeweils eine Zuteilungsperiode die Eintragung des Inhabers der Lebensmittelkarte bei einem bestimmten Händler vorsieht oder wird ohne eine derartige Bindung die Gültigkeit der Lebensmittelkarte für den Bereich etwa eines Landesernährungsamtes begrenzt, so ist es aus Gründen solcher örtlichen Begrenzung notwendig, und sollen Reisen über den Terminwechsel der Zuteilungsperioden hinaus erleichtert werden, so ist es aus zeitlichen Gründen — und zwar hier sinngemäß für längere Abschnitte als Zuteilungsperioden — erforderlich, Gaststätten- oder Reisemarken auszugeben, gegen welche Abschnitte der Lebensmittelkarte umgetauscht werden können. Je nach dem, wie die Lebensmittelkarte angelegt ist, wird die Gaststätte also ihre Mahlzeiten gegen Abschnitte dieser Karte oder gegen Reisemarken oder gegen beides abgeben. In diesen Fällen wird sie genau wie der Einzelhändler diese Abschnitte und Marken als Grundlage für die Erteilung von Bezugsrechten für ihren Betrieb durch das Ernährungsamt sammeln.

Schematischer mit den sich daraus ergebenden Vor- und Nachteilen ist das Verfahren der Zuteilung nach den ausgegebenen Mahlzeiten. Diese waren z. B. in England je Mahlzeit oder je warmes Getränk für jedes Nahrungsmittel in ganz bestimmten Bruchteilen der Ration festgesetzt. So wurde Bacon „per breakfast" mit $^{1}/_{14}$, „per main meal" mit $^{1}/_{28}$ und „per light meal" mit $^{1}/_{112}$, Fett „per meal" mit $^{1}/_{28}$ und Zucker „per meal" oder „per hot beverage" mit $^{1}/_{64}$ Wochenration festgesetzt. Für begünstigte Gemeinschaftsverpflegungsstätten wie Arbeiterkantinen bestimmter Gewerbezweige, Schulkantinen, Kindertagesstätten usw. wurden teilweise entsprechend höhere Quoten bestimmt. Während z. B. die Quote für Bacon unverändert blieb, erhöhte sich diejenige für Fett auf $^{1}/_{16}$. Die Zuteilung an die Verpflegungsstätte wurde dann in der Weise berechnet, daß bei allgemeiner, also nicht begünstigter Verpflegungsart z. B.

$$\text{der Fettbedarf des Restaurants} = \frac{\text{Ration} \cdot \text{Zahl der Mahlzeiten}}{28}$$

gerechnet wurde. Gemeinschaftsverpflegungsstätten, mit denen eine Gemeinschaftsunterbringung der Verpflegten verbunden war, wie Krankenhäuser, Sanatorien, Waisenhäuser u. ä., wurden auf der Grundlage der für Haushaltsverpflegung gültigen Rationen versorgt, allerdings mit Ausnahme des nicht in dieser Gemeinschaftseinrichtung wohnenden

Personals (z. B. Ärzte), für das die Regelung der Nur-Verpflegungsstätten-Abrechnung Platz griff.

In Deutschland rechneten Gaststätten u. dgl. nicht zu den Gemeinschaftsverpflegungsstätten. Zu diesen zählte nur die zuletzt genannte Gruppe der Krankenanstalten, Gemeinschaftserziehungsanstalten, Strafanstalten usw. Für deren Versorgung war die mittlere Verpflegungsstärke maßgebend, also die Summe der ausgegebenen Tagesverpflegungen geteilt durch die Zahl der Kalendertage des Verpflegungszeitraums.

Eine Sonderstellung nahm hierbei die Speiserolle für Seeschiffer ein. Die angemusterten Besatzungsmitglieder wurden hierbei über ein Lebensmittel-Einkaufsbuch verpflegt. Diese Einkaufsbücher wurden von dem für den Heimathafen des Fahrzeugs zuständigen Seemannsamt gegen Vorlegung der Musterrolle ausgehändigt und berechtigten zum Empfang von Schiffsproviant durch bestimmte vorgeschriebene Ernährungsämter. Die Speiserollensätze waren höher als die Rationssätze für Normalverbraucher, senkten sich aber auf diese bei Liegezeiten von bestimmter Dauer an. In England war für Seeleute ein besonderes Rationsbuch ausgegeben worden, das aber nicht für ferngehende Schiffe mit Gemeinschaftsverpflegung galt. Hier erfolgte die Verproviantierung über die Eigner bei besonders lizenzierten Schiffsprovianteuren. Die Rationen für Seeleute waren in den Merchant Shipping Acts festgelegt worden.

Der Übergang von der Einzel- in die Gemeinschaftsverpflegung vollzog sich in Deutschland in der Weise, daß der Verbraucher seine Lebensmittelkarte auf dem Ernährungsamt abgab und dafür eine Abmeldebescheinigung erhielt, auf Grund deren er in die Gemeinschaftsverpflegung aufgenommen wurde. Entsprechend war der umgekehrte Weg des Ausscheidens aus der Gemeinschaftsverpflegung.

Das deutsche Rationierungsverfahren war ein System der Lebensmittelkarte, das englische beruhte auf dem Kundenbuchprinzip, auf dem Ration Book. Der Bezugschein fand in beiden Ländern Anwendung. Im ganzen war das englische System legerer als das deutsche, das angesichts seiner Ernährungslage ein strenges Abrechnungssystem anwandte. In beiden Formen der Rationierung ergibt sich aber ein difierenzierter und dadurch kostspieliger Verwaltungsapparat als unvermeidbare Notwendigkeit. Die Frage, was eine Rationierung kostet, ist freilich nicht ohne weiteres zu beantworten. Diese Kosten beschränken sich nicht nur auf den personellen und sächlichen Aufwand der Ernährungsverwaltung selbst, sondern erstrecken sich auch auf den Mehraufwand an Bedienungsarbeit, Abrechnungs- und Beschaffungsarbeit beim Handel und — nicht zuletzt — auf die Arbeit der Ablieferungsabrechnung und -nachweisung bei der Landwirtschaft und auf die behördliche Ablieferungskontrolle. Nicht veranschlagt ist hierbei die Mehrbelastung der Hausfrau, äußerlich illustriert durch das Bild der „Schlangen" vor den Einkaufsstätten. Es ist ferner bei einem so komplizierten System der Nahrungsmittelversorgung, wie es die Rationierung auch in ihrer einfachsten technischen Form darstellt, nicht zu umgehen, daß die Nahrung dem Menschen nach einem uniformierenden Schema zugemessen wird, so daß seine Verbrauchsinitiative auf den engsten Spielraum zurückgedrückt wird. Daß die obrigkeitliche Zuteilung der Nahrung an den Letztverbraucher die Entfaltung desjenigen Konsumenteninteresses ausschließt, das gewissermaßen den Motor zur Entfaltung der wirtschaftlichen Kräfte bildet, schließt aber nicht aus, daß die Rationierung dann und so lange unentbehrlich sein kann, als die Volkswirtschaft sich eben im Zustand einer belagerten Stadt befindet. Dann sind aber die Kosten eine Angelegenheit nachgeordneter Bedeutung. Befindet sich eine Volkswirtschaft nicht in solchem Notstand, so muß sie allerdings auf eine „ökonomische" Handhabung ihrer Verwaltung und ihrer Versorgung sehen. Das bedeutet Rationalität, Sparsamkeit. Ob unter dieser Wertung eine Rationierung als Dauereinrichtung geeignet ist, dem Ziel einer gerechten Verteilung der Nahrungsmittel zu dienen, ob die Zumessung von Nahrungsmengen kraft obrigkeitlicher Autorität überhaupt nach dem Prinzip der Gerechtigkeit und nicht vielmehr nur nach wirtschaftlichen Notwendigkeiten beurteilt werden muß, soll hier nur als Frage aufgeworfen werden. Sofern man hiernach zu der Überzeugung gelangt, daß Rationierung nur als Verfahren für Notzeiten nützlich sein kann, möge aber nicht übersehen werden, daß Rationierung und Wirtschaftslenkung nicht identisch sind, sondern erstere nur e i n e, und zwar die strengste Form der letzteren darstellt und letztere als solche nicht von der inneren Wirtschaftspolitik zu trennen ist, die ihre Ziele mit marktgemäßen, marktordnenden oder verbrauchsordnenden Mitteln anstreben kann.

Die Rechnungseinheit der Ration[7] kann entweder eine Mengeneinheit oder eine Werteinheit sein.

Als Mengeneinheit ist die Gewichtsangabe am geläufigsten. Die deutsche Lebensmittelrationierung erfolgte unter dem Gesichtspunkt, daß Lebensmittel nach Gewicht gehandelt zu werden pflegen, mit Ausnahme von Milch und Eiern. Für Milch bildete der Liter die Einheit. Eier wurden in Stück zugeteilt. Die Zuteilung auf der Mengengrundlage erfordert, daß die Rationen für Qualitäten, die unterschiedliche Anforderungen an die Vorratslage stellen, auch unterschiedlich festgesetzt

---

[7] *Fachmann-Kraut-Sperling,* Nährstoff- und Nährwertgehalt von Nahrungsmitteln, Leipzig 1953; *Ministry of Food,* ABC of Rationing in the United Kingdom, London 1951; *Hygienisches Institut der Hansestadt Hamburg,* Umrechnungsfaktoren für die Verteilung von Fischen, gutachtl. Bericht v. 18. 9. 1948; *StABB,* Umrechnungsfaktoren für die Verteilung von Fischen, gutachtl. Bericht v. 9. 9. 1948; *DPD,* Durchführung des Bergarbeiter-Punktsystems, Meldung Nr. 355a v. 19. 2. 1947; *Tagesspiegel* Berlin, Das Punktsystem im Ruhrbergbau, Nr. 37 v. 12. 2. 1947; *StABB,* Schätzung des Bedarfs

werden. Dies bedarf nur eines einmaligen Verwaltungsaktes, wenn es sich um feststehende Unterschiede im Verarbeitungsgang handelt. So konnte Brot und Mehl leicht in ein festes Umrechnungsverhältnis gebracht werden. Erheblich schwieriger ist es schon, einen gewichtsmäßigen Verteilungsschlüssel für eine Ware zu finden, die auch unverarbeitet in sehr unterschiedlicher Sortierung anfällt. Um angemessene Umrechnungsfaktoren für die Zuteilungen von Frischfisch mit und ohne Kopf, Filet, Hering, Räucherschellfisch, Seelachs, Marinaden, Fischvollkonserven, Bückling und Salzhering zu gewinnen, sind im Sommer 1948 von *Harmssen* und *Sperling* für die Ernährungsverwaltung des Vereinigten Wirtschaftsgebiets eingehende Berechnungen auf Grund des Warengewichts, der Anlandungen, der Einfuhr und der industriellen Verarbeitung durchgeführt worden. Bei Fleisch bestehen bereits im Frischzustand erhebliche Unterschiede im Nährwert und im Nährstoffgehalt nicht nur von Tierart zu Tierart, sondern auch zwischen den verschiedenen Körperteilen desselben Tieres. Hierzu kommen die verschiedenen Formen der Verarbeitung, wie Pökeln, Räuchern, Wursten und Konservieren. Allein bei der Wurstherstellung ergibt schon eine Grobunterscheidung die fünf Arten der Rohwürste, Kochwürste, Sülzwürste, Brühwürste und Würstchen. Dabei bestehen allein innerhalb der Rohwürste Spannen von 375 Kal. (Schinkenwurst) bis 552 Kal. (Salami) je 100 g Rohware auf der Verbraucherstufe. Es liegt nahe, daß auch der differenzierteste Umrechnungsschlüssel diese Vielfalt der Unterschiede nicht in einem dem Verbraucherinteresse angemessenen Verhältnis berücksichtigen kann. Auch wenn dies der Fall wäre, würde ein solcher Schlüssel in der Praxis nicht verwirklicht werden können, weil seine Anwendung zu umständlich und zeitraubend wäre. Diese kann sich mit derart subtilen Unterscheidungen nicht abgeben, sondern kann am Ladentisch nur einige grobe Unterscheidungen treffen, die den tatsächlichen Qualitätsunterschieden in einem solchen Fall dann natürlich nicht gerecht werden können.

Soweit die Mengeneinheit als Rechnungseinheit der Zuteilungen nicht befriedigt, muß die Werteinheit in Betracht gezogen werden. Sie kommt in Form der Punktbewertung und in Form der Rationierung nach dem Geldbetrag vor.

Die Rationierung in Punkten ist dort vorteilhaft, wo dem Verbraucher auf denselben Bezugsausweis die Wahl zwischen mehreren Waren freigestellt werden kann und soll. Sie ist hierfür anwendbar,

---

an gewerblichen Verbrauchsgütern, gutachtl. Bericht v. 6. 9. 1946; *Knobloch*, Leitfaden zur Bekanntmachung der Militärregierung Deutschland (Britisches Kontrollgebiet) über Kontrolle und Verteilung von Verbrauchsgütern, Minden (Westf.), 1946; *ders.*, Memorandum über Verbrauchsregelung v. 13. 10. 1945; *Ministry of Food*, How Britain was fed in War Time, Food Control 1939—1945, London 1946; *Egle*, Wesen und Formen der Verbrauchsrationierung in Europa, Weltwirtschaftliches Archiv, Heft 2/Sept. 1943; *Beveridge*, British Food Control, London-New Haven 1928.

wenn sich die Variationsbreite der Zuteilungen in Grenzen hält, die eine Beschränkung der Gesamtpunktezahl auf ein übersichtliches und abrechnungstechnisch für den Einzelhandel erträgliches Maß erlauben. Ihre Anwendbarkeit ist ferner daran gebunden, daß die Zuteilungen der austauschbar zu stellenden Waren auf lange Sicht im gleichen Verhältnis zueinander gehalten werden können und im ganzen so weit stetig bleiben, daß sich das Gesamtbild des Bezugsausweises bei Aufrechterhaltung des Realisierungswertes jedes Punktes nur wenig verändert, wenn die Gesamtzuteilung durch Änderung der Punktzahl wirklich einmal nicht starr erhalten werden soll. Eine Ausnahme hiervon gilt dann, wenn diese Form der Rationierung auf eine geringe Zahl von Waren beschränkt bleibt und diese Waren im Rahmen der Gesamtbedarfsdeckung nur eine nachgeordnete Rolle spielen. Dann kann gegebenenfalls durch Veränderung des gegenseitigen Punktverhältnisses der Waren die Nachfrage von einer zur anderen Ware umgelenkt werden.

Technische Voraussetzung ist aber selbstverständlich immer die Aufstellung einer Punktwertskala für die in Betracht kommenden Waren. In England wurde die Punktrationierung vom 1. Dezember 1941 bis 19. Mai 1950 durchgeführt, und zwar zunächst für Büchsenfisch und Büchsenbohnen, später für Büchsengemüse überhaupt, für Obstkonserven und bestimmte, hauptsächlich importierte Marmeladen, für Teigwaren, Trockenkartoffeln, für getrocknetes Obst, Trockenei (in Haushaltspackung), kondensierte Milch und einiges andere. Die Gesamtzahl der Zuteilungspunkte begann mit 16 für vier Wochen, erreichte ihren Gipfel mit 32 Punkten am 21. Juli 1946 und sank schließlich am 23. April 1950 wieder auf 16. Es wurden drei Gruppen von Coupons unterschieden. Davon hatten die Coupons der Gruppe A während der gesamten Anwendungszeit dieses Systems den Wert von 1 Punkt, diejenigen der Gruppe B mit Ausnahme der Zeit vom 1. Dezember 1941 bis 8. Februar 1942 und vom 23. April bis 19. Mai 1950 (jeweils 1 Punkt) stets den Wert von 2 Punkten, während der Wert der C-Coupons im allgemeinen zwischen 2 und 3 Punkten schwankte, vom 17. August 1947 bis 14. August 1948 aber 4 und vom 21. Juli 1946 bis 16. August 1947 sogar 5 Punkte betrug. Stetiger hielt sich die Punktwertung bei der deutschen Reichskleiderkarte schon wegen ihrer längeren Gültigkeitsdauer, die ursprünglich auf 1 Jahr berechnet war. Diese Geltungsdauer kam dem Stetigkeitsbedürfnis dieses Zuteilungsverfahrens näher als die für die Einzelhandelspraxis doch etwas problematische Anwendungsform in England. Immerhin konnte auch der Bekleidungsbedarf in Deutschland nicht mit genügender Sicherheit vorausdisponiert werden. Da die verteilten Punktrationen aus der Produktion in der veranschlagten Zeit nicht gedeckt werden konnten, wich man einer für den abgegrenzten Zeitraum an sich notwendig gewesenen Restriktion der Punktwerte durch Verlängerung der Gültigkeitsdauer aus. Trotzdem konnte insbesondere infolge des rasant wachsenden zusätzlichen Ersatzbedarfs aus Luftkriegsschäden die Deckung der Reichskleiderkarten nicht aufrechterhalten werden, wodurch das ganze Punktsystem seines Hintergrundes beraubt wurde. Immerhin wirkte der Grundgedanke, nach dem die Berechnungsgrundlagen für die Reichskleiderkarten mit Hilfe des Statistischen Reichsamts geschaffen worden waren, nämlich die Zugrundelegung des normalen Jahresbedarfs des Verbrauchers, so weit nach, daß das Statistische Amt für die Britische Besatzungszone im September 1946 beauftragt wurde, diese Berechnungsgrundlagen für den Bekleidungs- und Haushaltsbedarf neu zu erstellen, nun allerdings nicht als Grundlage für ein auf den Letztverbraucher abgestelltes Bezugsdokument, sondern als Unterlage für die Produktionslenkung und für die Oberverteilung. Die Tatsache, daß die Bedarfsmenge je Jahr und Person bei Fertigkleidung nicht unter $^1/_{12}$ und nicht über 3 Wareneinheiten lag, zeigt die Variationsbreite zwischen geringstmöglicher Zuteilungseinheit und größter Bedarfseinheit als erträglich gering. Sie weist uns aber noch auf zwei weitere wichtige Momente des Punkteschemas hin. Seine Anwendung wird immer dort zu überlegen sein, wo die auf das Bezugsdokument wahlweise zu beziehenden Waren sich nicht in gleichen Einheiten bemessen lassen. Das Oberhemd läßt sich zum Regenmantel in keine andere verbrauchs- und marktgerechte Beziehung bringen als durch das Verhältnis der durchschnittlichen Lebensdauer beider Artikel zueinander. Damit kommen wir auf den zweiten für die Anwendung dieses Systems noch wichtigen Punkt. Kann die Zahl der Punkte nicht so hoch bemessen werden, daß der Verbraucher sich auf sein Bezugsdokument im Jahr wenigstens ein Großbekleidungsstück kaufen kann, ohne dadurch auf jede notwendige Anschaffung kurzlebiger Kleidungsstücke verzichten zu müssen, so muß die Punktzuteilung auf letztere beschränkt und die Anschaffung von Großbekleidungsstücken, wie Wintermäntel und Herrenanzüge, der Regelung durch Individualbezugscheine vorbehalten werden. Im ganzen erweist sich der Anwendungsbereich des Punktsystems somit als recht begrenzt, und die mit ihm im zweiten Weltkrieg gemachten Erfahrungen legen es nahe, seine Möglichkeiten vorsichtig einzuschätzen.

Das Verfahren der Rationierung nach dem Geldwert wurde in England für die Fleischzuteilungen angewandt. *Beveridge* führt über diese bereits im ersten Weltkrieg angewandte Form der Fleischrationierung folgendes aus: „Every cut of beef or mutton varied in quality and in the proportion of bone to meat; the problem was how to allow for this and make the ration approximately equal in satisfaction, whatever cut was taken, without making an excessively elaborate schedule of weights for every cut, varying as it would have to vary in different parts of the country. The problem was solved by making the coupon in respect of butcher's meat represent value not quantity. There was already in existence for every district a schedule of retail prices per pound for all the different cuts in use there; this naturally allowed for differences in the proportion of bone or quality of the meat. By giving the coupon a price value, the price schedule was made to serve a double purpose. Each coupon entitled a customer to buy at the outset fife-pence worth of butcher's meat; he could please himself whether he spent his five-pence and his coupon on a prime morsel or on a large lump of bone and scrapings." Im zweiten Weltkrieg führte England die Fleischrationierung am 11. März 1940 mit einer Wochenration von 1 s. 10 d. für Personen über 6 Jahre und von 11 d. für die jüngeren sowie für Gaststätten mit einem Satz von 60 % ihres normalen Umschlags ein. Selbstverständlich mußte nicht nur die Versorgung der Einzelhändler und Gaststätten entsprechend diesem Verfahren gehandhabt werden, sondern es war auch notwendig, die Preisbildung zu überwachen. Die Wiederholung dieser Wertrationierung in zwei Kriegen beweist, daß sich dies Verfahren in England für Fleisch bewährt hat. Allerdings mußte, wie *Beveridge* ausgeführt hat, das verschiedene Preisniveau in den einzelnen Bezirken bei der Festsetzung der Rationen beachtet werden. Ein Strom der Verbraucher zu den Regionen niedrigeren Preisstandes war nicht zu erwarten, weil der Verbraucher durch Eintragung an seinen Händler gebunden war und die Höhe der Rationen größere Fahrtausgaben, um aus dem Bereich der preisungünstigeren Verbraucherzentren zu gelangen, auch kaum gelohnt haben dürfte.

Die deutsche Lebensmittelrationierung des zweiten Weltkrieges[8] hatte sich aus einer Teilrationierung zur Vollrationierung entwickelt, die für die gesamte Zivilbevölkerung zentral gehandhabt wurde, weitgehend nach Verbrauchergruppen gegliedert war und zwischen Haushaltsverpflegung und Gemeinschaftsverpflegung unterschied. Dabei wurde für jene zur Versorgung des Letztverbrauchers die Lebensmittelkarte und

---

[8] *Statistisches Bundesamt,* Die Zivilbevölkerung des Deutschen Reiches 1940—1945, Stat. Ber., Arb. Nr. VIII/19/1, Wiesbaden 1953; *dass.,* Statistisches Jahrbuch für die Bundesrepublik Deutschland 1953, Wiesbaden-Stuttgart-Köln 1953; *Die Welt* Nr. 2 v. 3. 1. 1950, Keine alliierten Einwände gegen Ende der Rationierung; *Sperling,* Normalverbrauchers dornenvoller Weg, Mindener Tageblatt Nr. 22 v. 26. 1. 1950; *Landesernährungsamt Oldenburg,* Broschüren, 1947—1948; *Bipartite Finance Group,* Das Währungs-ABC, 1948; *Harmsen,* Papierkalorien, Hippokrates Heft 4/1948; *Statistisches Amt für die Britische Besatzungszone,* Statistik der Verbrauchergruppen und des Bedarfs an Lebensmitteln, 82., 89. und 97. ZP, vervielf. Berichte, Hamburg 1945—1947; *dass.,* Die Lebenshaltung der Bevölkerung, einmal. Bericht, Hamburg 1947; *Schulze* (Richard), Die quantitative Bedeutung des schwarzen Marktes und seine sozialwirtschaftlichen Auswirkungen, wiss. Ausarbeitung im Auftrage des StABB, 1947; *Hamburger Freie Presse* Nr. 21 v. 15. 3. 1947, Steigerung der Zuckerration geplant; *Wirtschaftsrevue* v. 28. 6. 1947, Weltzuckerkrise bald

für den Handel gegen Abrechnung der eingenommenen Lebensmittelkartenabschnitte der Bezugschein verwandt. Für die Gemeinschaftsverpflegung diente dieser schlechthin als Bezugsdokument. Rechnungseinheit war dabei in jedem Fall die Mengeneinheit. Mit Ausnahme von Milch, die in Litern berechnet wurde, und von Eiern, die nach Stück rationiert wurden, erfolgte die Berechnung der Rationen in Gramm und dementsprechend im Abrechnungsverkehr in Kilogramm.

Die kartenmäßige Versorgung der Bevölkerung war am 28. August 1939 eingeführt worden. Die damals ausgegebenen „Ausweiskarten" waren jedoch nur eine Übergangsregelung. Brot und Mehl wurden, obwohl hierfür Abschnitte vorgesehen waren, noch frei abgegeben. Die auf dieser Ausweiskarte vorgesehene Markenpflicht für Kartoffeln wurde erst im dritten Kriegsjahr Tatsache, als der Kartoffelbezugsausweis mit örtlich begrenzter Gültigkeit eingeführt wurde. Durch die in jeder Landesbauernschaft errichteten Kartoffelwirtschaftsverbände, in denen Erzeuger, Verarbeiter, Veredler und Verteiler zusammengeschlossen waren und die zusammen die durch Verordnung vom 18. April 1935 geschaffene Hauptvereinigung der Kartoffelwirtschaft bildeten, war trotz der Ausgabe örtlicher Bezugsausweise die Möglichkeit einer zentralen Steuerung der Kartoffelwirtschaft gegeben. Die Zuteilungen waren daher in den einzelnen Ernährungsamtsbezirken zwar nicht gleich, wichen aber nicht sehr voneinander ab. So wurden beispielsweise für die Zuteilungsperiode vom 24. 8. bis 20. 9. 1942 je Kopf und Woche in den Bereichen der Haupternährungsämter Berlin, Breslau, Dresden, Frankfurt (Main) und Magdeburg gleichmäßig je 4,0 kg und in denen der Haupternährungsämter Danzig, München, Posen und Wien je 4,5 kg zugeteilt. Auf die Kartoffel-

überwunden; *Handelsblatt* Düsseldorf Nr. 12 v. 27. 3. 1947, Die bizonale Fettkrise; *DPD,* Wirtschaftsberichte v. 11. 2. 1947, Meldung Nr. 75; *Buurman-Ickert,* Vorschlag zur Umgestaltung der Lebensmittelkarte — Die physiologische Grundkarte, Denkschrift in Form eines Oberpräsidialberichts, Hannover 1946; *Statistisches Reichsamt,* Kriegsverbrauch an Nahrungsmitteln im Vergleich mit dem Friedensverbrauch nach den Ergebnissen von Wirtschaftsrechnungen, vervielf. Berichte 1939—1944; *dass.,* Statistik der Verbrauchergruppen und der Zuteilung an Lebensmitteln, 37., 38., 42., 46., 51., 56. und 59. ZP, Berlin-Weimar 1942—1944; *dass.,* Statistisches Jahrbuch für das Deutsche Reich 1941/42, Berlin 1942; *dass.,* Der Einfluß der kriegswirtschaftlichen Versorgungsmaßnahmen auf die Einkommensverwendung, einmalig. Bericht, Sept. 1940; *Reichsausschuß für Wirtschaftlichkeit* im Handel beim RKW, Die Entwicklung der Umsätze und Wareneingänge im Einzelhandel im Jahre 1942, vervielf. Bericht, Berlin 1943; *Ernährungswirtschaftliche Forschungsstelle,* Gliederung der Bevölkerung nach Verbrauchergruppen in Großdeutschland und in den einzelnen Landes- (Provinzial-) Ernährungsämtern. Ergebnisse der Umfrage bei den Ernährungsämtern für die 36. Zuteilungsperiode vom 4. 5. bis 31. 5. 1942, Berlin, August 1942; *dies.,* Statistik der Verbrauchergruppen und des Bedarfs an Lebensmitteln für die Zuteilungsperiode vom 12. 2. bis 10. 3. 1940, Berlin, Juni 1940; *Langenfeld,* Staatliche Investitionslenkung in Wirtschaftstheorie und Wirtschaftspolitik, Dresden 1941; *Reischle-Saure,* Der Reichsnährstand, Berlin 1934.

abschnitte jener ersten Ausweiskarte waren zum Teil zusätzliche Zuckermengen abgegeben worden. Käse und Quark wurden damals auf die Abschnitte für Eier verkauft, deren Auslieferung noch nicht an die Abgabe von Marken gebunden war. Eine Reichseierkarte verzeichnen die Berichte des Statistischen Reichsamts erst seit dem 15. Januar 1940. Zuvor sind Eier offenbar mit auf die Reichszuckerkarte zugeteilt worden. Die Milchabschnitte der zuerst ausgegebenen Ausweiskarte berechtigten noch ohne Unterscheidung nach dem Alter der Verbraucher zum Bezug. Der Vollmilchverbrauch ist für Erwachsene, soweit für diese nicht besondere Voraussetzungen vorlagen (z. B. werdende Mütter) mit Ablauf der Ausweiskarte gesperrt worden. Dabei blieb jedoch entrahmte Frischmilch bis zum 31. Mai 1942 frei beziehbar, was nicht bedeutet, daß sie auch unbeschränkt verbraucht werden konnte. So berichtete das Statistische Reichsamt nach dem 1. Vierteljahr 1940, „daß auch die entrahmte Frischmilch nicht mehr unbegrenzt als Aushilfsmittel zu bewerten ist. So kann in Groß-Berlin seit etwa Mitte März auf Grund der hier zur Verfügung stehenden Magermilchmengen nur $^1/_8$ l statt bisher $^1/_4$ l je Normalverbraucher ausgegeben werden".

Außer Abschnitten für Lebensmittel enthielt die Ausweiskarte auch noch solche für Kohle und Seife. Die Rationierung dieser Waren wurde schon nach Ablauf dieser Ausweiskarte völlig von der Lebensmittelrationierung getrennt. Die Hausbrandzuteilung, die für das Kohlenwirtschaftsjahr 1940/41 (1. 4. 1940—31. 3. 1941) durch die Anordnung Nr. 5 der Reichsstelle für Kohle vom 3. April 1940 (Deutscher Reichsanzeiger Nr. 80 vom 5. 4. 1940) geregelt worden war, ist vom Statistischen Reichsamt mit dem Kohlenverbrauch verglichen worden, der sich nach den Erhebungen von Wirtschaftsrechnungen für acht Gaue im Kalenderjahr 1937 ergeben hatte. Danach lag die Hausbrandbevorratung nach der Regelung für den Winter 1940/41 im Durchschnitt um 1,4 vH über dem Kohlenverbrauch jener allerdings zur geringst verdienenden Schicht der Arbeiter gehörenden Haushaltungen im Vergleichsjahr. Man kann anehmen, daß die Zuteilung bereits in den besser verdienenden Arbeiterschichten und unabhängig von der sozialen Stellung überhaupt mit steigendem Einkommen hinter dem Friedensverbrauch zurückblieb. da bereits innerhalb der untersuchten Gruppe von Haushaltungen ein Rückgang der Meßzahl von 102,8 vH bei einem Jahreseinkommen der Haushaltung von 960 bis unter 2000 RM auf 100,8 vH bei einem solchen von 2000 RM und mehr festgestellt worden war. In der Gliederung nach Gauen ergab die damalige Berechnung folgende Vergleichszahlen (1937 = 100): Schwaben 147,1, Franken 132,6, Kurhessen 123,5, Kurmark 113,3, Ostpreußen 106,5, Berlin 105,6, Schlesien 87,3, Schleswig-Holstein 82,2. Die Ausgaben der Vergleichshaushaltungen jener Erhebung von 1937 für Seife und Waschmittel sind nach einem Bericht des Statistischen

Reichsamts für die Zeit vom 25. 9.—17. 12. 1939 infolge der Zuteilung ungefähr halbiert worden.

Mit Ausnahme von Butter waren alle von der Ausweiskarte erfaßten Erzeugnisse erstmalig nach dem ersten Weltkrieg wieder in ein Rationierungssystem einbezogen worden. Diese war schon auf die bekannte *Göring*-Alternative „Kanonen statt Butter" hin einer losen Rationierung nach dem Kundenlistensystem unterworfen worden.

Nicht in die Ausweiskarte einbezogen waren von den später rationierten Erzeugnissen Gemüse, Obst und Süßwaren sowie Kleidung und Tabakwaren. Der Bezug von Gemüse und Obst wurde örtlich geregelt, worauf „die vielgestaltigste aller Hauptvereinigungen", nämlich die am 27. Februar 1935 gegründete Hauptvereinigung der deutschen Gartenbauwirtschaft und die am 30. September 1936 errichtete Reichsstelle für Garten- und Weinbauerzeugnisse allerdings Einfluß nahmen; denn bewirtschaftet, wenn damit freilich auch noch nicht rationiert, waren Gemüse und Südfrüchte auf Grund des Gesetzes vom 30. 9. 1936 über den Verkehr mit Garten- und Weinbauerzeugnissen bereits seit dem 1. November 1936. Die Ausgabe von Kakaopulver und Schokolade war zu Kriegsbeginn zunächst gesperrt und wurde dann bis zum 17. Dezember 1939 zugeteilt. Infolge des danach bestehenden Auslieferungsverbots von Schokoladewaren an den Einzelhandel blieb es im Dezember 1939/Januar 1940 bei dem Verkauf von Restbeständen, bei denen es sich hauptsächlich um Ware handelte, die während der vorangegangenen Zuteilungsperiode von der Bevölkerung nicht aufgenommen worden war. Am 2. Februar 1940 wurde die Abgabe von Schokoladewaren mit Ausnahme der ungefüllten Tafel- und Blockschokolade in kleinen Mengen zur Deckung des täglichen Bedarfs freigegeben. Die Rationierung der Bekleidung drückte das Maß der möglichen Anschaffungen für die Gesamtbevölkerung auf den Friedensstand der geringst verdienenden Teile der Arbeiterschaft. In einem Bericht über das 4. Vierteljahr 1939 sagte das Statistische Reichsamt bezüglich der Versorgung dieser Schicht: „Bei den Bekleidungsausgaben dürfte sich die Auswertung der Kleiderkarte den bisherigen Ausgabenverhältnissen für Ober- und Unterkleidung anpassen lassen. Die Bindung der meisten sonstigen Spinnstoffwaren und des Schuhwerks an die Bezugscheinpflicht hat den mengenmäßigen Verbrauch hieran im ganzen wohl eingeschränkt; für die hier untersuchten Haushaltungen dürfte sich der Aufwand aus Anlaß der Bewirtschaftung nicht nennenswert verändert haben."

Tabakwaren wurden zunächst in Form von Kontingenten an den Einzelhandel zugeteilt. Dies Kontingent betrug im ersten Kriegsjahr für Zigaretten 60—80 vH der durchschnittlichen monatlichen Bezüge im

Januar bis September 1939, das Zigarrenkontingent 50—60 vH des aus dem Jahresbezug von 1938 errechneten Durchschnitts.

Die Gültigkeit der „Ausweiskarte“ endete am 24. September 1939. Wenn sie auch der Form nach bereits die wesentlichen Grundzüge des späteren Zuteilungssystems enthielt, so wich ihre Anwendung auf die Warenabgabe im einzelnen doch entscheidend von dem anschließend eingeführten und beibehaltenen Zuteilungssystem ab. Bei diesem unterblieb die formularmäßige Zusammenfassung der Zuteilung von Nahrungsmitteln und Gebrauchswaren, die auch verwaltungsmäßig getrennter Zuständigkeit bei den Ernährungsämtern und den Wirtschaftsämtern unterlagen. Die Nahrungsmittelzuteilung wurde formularmäßig auf Karten für einzelne Lebensmittelgruppen aufgegliedert. Erst nach der Kapitulation fand sich die Organisation des Kartenwesens zu einer umfassenden Karte zurück, die dann aber nur Lebensmittelkarte war. Die nach Ablauf der ersten Ausweiskarte einsetzende Form der Rationierung unterschied markenpflichtige, zuteilungsgebundene und freie Nahrungsmittel. Die erste Gruppe war an die Reichskarten gebunden, ihre Zuteilungen waren reichseinheitlich. Die Lebensmittel, deren Rationen örtlichen Bindungen unterlagen, wie Kartoffeln, die auf der Ausweiskarte unterschiedslos neben später markenpflichtigen Nahrungsmitteln, wie Fleisch, geführt wurden. oder wie später Gemüse, das auf der Ausweiskarte nicht berücksichtigt war, galten als zuteilungsgebunden. Freie Nahrungsmittel waren solche, für die weder eine Reichskarte noch ein örtlicher Bezugsausweis vorgelegt werden mußte, was allerdings, wie am Beispiel der entrahmten Frischmilch bereits gezeigt, nicht gleichbedeutend mit einer unbeschränkten Bezugsmöglichkeit war. Die für die Kriegsdauer maßgebende Form des Kartensystems trat mit dem 25. September 1939 in Wirkung.

Mit der Rationierung war neben das Tauschmittel Geld der Bezugsausweis gesetzt worden, der nun nicht nur die Nahrungsaufnahme auf ein gleiches Maß festlegte, sondern damit auch in die Einkommensverwendung eingriff. Das hieraus resultierende Problem war als solches früh erkannt worden. Bereits zu Beginn des Krieges suchte man einer Kaufkraftfreisetzung durch einen Kriegszuschlag zur Lohn- und Einkommensteuer zu begegnen. Außerdem waren Bier, Branntwein, Schaumwein und Tabakwaren mit einer Kriegssteuer belegt worden. Gleichwohl ergaben sich bereits im ersten Kriegsjahr deutliche Verminderungen der Ausgaben eines beträchtlichen Teils der Haushaltungen. In einer Untersuchung über den Einfluß der kriegswirtschaftlichen Versorgungsmaßnahmen auf die Einkommensverwendung kam das Statistische Reichsamt für den Stand vom April 1940 an Hand von Beispielsrechnungen für Haushaltungen von 4 Normalverbrauchern zu folgenden Ergebnissen:

Jahreseinkommen in RM	Gesamtausgaben ohne Genußmittel	Gesamtausgaben ohne Genußmittel und Abzüge	Gesamtausgaben
	Veränderung gegenüber 1937 in vH		
2250	+ 3,7	+ 4,3	+ 5,7
3000	+ 2,1	+ 0,1	+ 3,2
4800	— 5,5	— 8,6	— 4,2
6000	— 5,8	— 10,3	— 4,7
7200	— 7,3	— 11,5	— 6,0

Bei diesen Berechnungen ist wohl die kriegsbedingt verringerte Bereitstellung von Fertigwaren, Rohstoffen usw. berücksichtigt, doch war zu ihrem Zeitpunkt noch nicht zu übersehen, daß gerade die verminderte Produktion den Bedarf in zunehmendem Maß zu einer Lagerräumung von zahlreichen im Preise hoch liegenden Artikeln führte (z. B. hochwertiges Schreibpapier), daß die veränderte Dispositionsgewalt der Einkommensbezieher deren Bedarf teilweise auf bisher außer ihrem Betracht liegende Luxusartikel wie Kunstkeramik lenkte, daß der Kriegsverlauf diese Neigung zunächst durch die Möglichkeit der Hereinnahme von ausländischen Parfüms, kosmetischen Artikeln u. ä. begünstigte und daß schließlich — auch unabhängig von dem Ersatzbedarf aus Luftkriegsschäden — kriegsbedingter Zusatzbedarf auftrat, wie er z. B. dem Papierwarenhandel in Form des Bedarfs an Verdunklungspapier zugute kam. Der Einzelhandel erfuhr durch diese Umstände trotz des bestehenden und in bezug auf die jeweilige Ware auch keinswegs durchbrochenen Preisstops teilweise zunächst noch bemerkenswerte Umsatzsteigerungen. Ein Bericht des Reichsausschusses für Wirtschaftlichkeit im Handel vom 1. April 1943 läßt folgende Umsatzentwicklung in den wichtigsten Zweigen des Einzelhandels erkennen (1938 = 100):

Handelszweig	1939	1940	1941	1942
Lebensmittelfachgeschäfte[1]	109,5	111,7	115,0	115,0
Tabakwaren[1]	121,0	141,9	133,0	126,0
Textilwarenfachgeschäfte	111,2	103,5	107,1	93,0
Schuhwarenfachgeschäfte	112,0	98,6	105,0	105,0
Möbeleinzelfachhandel	126,7	89,0	73,0	58,0
Eisen- und Metallwaren-Einzelhandelsumsatz für hauswirtschaftl. Bedarf	122,0	122,0	117,0	95,0
Glas, Porzellan, Hausrat	134,0	138,0	127,0	102,0
Drogerien	121,0	129,0	135,0	132,0
Papier, Schreibwaren, Bürobedarf	126,0	151,2	169,0	160,0

[1] Meßzahlen einschl. Kriegszuschlag auf zuschlagpflichtige Waren berechnet.

Erst von 1941 zu 1942 trat die große Wende ein, nach der die Gesamtheit der Umsatzkurven des Einzelhandels mehr oder weniger abwärts gerichtet war. Man kann danach annehmen, daß sich die vom Statistischen Reichsamt für April 1940 geschätzte Freisetzung von Kaufkraft zunächst nicht weiterentwickelt, sondern bis 1942 sogar eher noch vermindert hat, soweit die Einkommensverhältnisse stetig blieben. Dies war allerdings insofern nicht allgemein der Fall, als nicht nur die Verdienste in den kriegswichtigen Industrien ohne Änderung des Tarifsatzes an sich durch Mehr- und Nachtarbeitszuschläge, Gefahrenzulagen, Leistungsprämien usw. erhöht wurden, sondern namentlich infolge der Dienstverpflichtung der Frauen auch die Zahl der Einkommensbezieher je Familie anstieg. Immerhin konnte die waren- und leistungsmäßig nicht gedeckte Kaufkraft zum Teil noch auf die Spartätigkeit gelenkt werden, da die grundsätzliche Festhaltung des Lohn- und Preisniveaus das Vertrauen auf eine spätere Realisierbarkeit der Ersparnisse erhielt. Anderseits brachten die Evakuierungen wieder zahlreiche zusätzliche Aufwendungen für die Evakuierten wie auch für die mit Residenzpflicht belegten Haupteinkommensbezieher in den bombengefährdeten Städten mit sich, und zwar hauptsächlich für Dienstleistungen, Verkehrsausgaben und ähnliche bei einer normalen Haushaltsführung nicht nennenswert anfallende Kostenelemente. So kam es, daß sich die Geldflüssigkeit der Arbeiter- und Angestelltenkreise verhältnismäßig in Grenzen hielt. Nach einer in der britischen Zone durchgeführten Untersuchung über das Barvermögen von 118 Arbeiter- und Angestelltenhaushaltungen verfügten diese im Zeitpunkt des Zusammenbruchs nur über eine durchschnittliche Reserve von 2700 RM. Diese Reserve erscheint freilich nicht unbedeutend, wenn man den durchschnittlichen Kontostand der Spareinlagen bei den Sparkassen von etwas über 500 RM Ende 1938 und den durchschnittlichen Nettozugang dieser Einlagen durch Einzahlungen um ungefähr 35 RM während dieses Jahres in Betracht zieht. Nach den Erhebungen von Wirtschaftsrechnungen aus dem Jahre 1937 betrugen die Reinausgaben für Vermögensbildung und Entschuldung bei den erfaßten Arbeiterfamilien im Gesamtdurchschnitt mit einem Jahreseinkommen von rund 2400 RM rund 62 RM im Jahr und in der Spitzengruppe mit einem Jahreseinkommen von rund 3900 RM rund 176 RM. Bei Annahme des vorgenannten Kontostandes als Bestand hätte obige Reserve auch mit der Rücklage der Spitzengruppe nicht in fünf Kriegsjahren erreicht werden können. Dennoch lagen jene 2700 RM im Bereich dessen, was bei einer Ausgabenminderung um 4—5 vH (wie sie das Statistische Reichsamt 1940 für Jahreseinkommen von etwa 5000 RM geschätzt hatte) unter Beibehaltung der bisherigen Aufwendungen für Vermögensbildung (wie sie sich nach den Erhebungen von Wirtschaftsrechnungen ergaben) auf der Grundlage einer Ausgangsreserve von 500 RM geschaffen werden konnte, auch ohne daß die Einnahmen durch Vermehrung der Einkommensbezieher oder aus Mehrleistung erhöht wurden. Man wird eine Untersuchung über 118 Haushaltungen gewiß nicht als repräsentativ ansehen dürfen, ihre Ergebnisse bestätigen aber in etwa das sich aus der Entwicklung der Einzelhandelsumsätze abzeichnende Bild, wonach keineswegs ein sich von Kriegsbeginn an kumulierender Kaufkraftüberhang angenommen werden konnte. Die Diskrepanz zwischen Kaufkraft und Kaufmöglichkeit wurde wirklich deutlich erst seit 1942, konnte sich also erst von hier an merklich aufstauen. Da aber die gesamte Produktion und der gesamte Markt sowohl des landwirtschaftlichen als auch des gewerblichen Sektors organisatorisch und administrativ in fester Hand lag, konnte sich die überschießende Kaufkraft nicht wie im ersten Weltkrieg in einen Schleichhandel hinein entwickeln. Wenn eine an sich wohl möglich gewesene Kaufkraftabschöpfung größeren Stils auf eine Intervention des Reichspropagandaministeriums vom April 1942 unterblieb, so konnte der von diesem geltend gemachten Befürchtung psychologischer Rückwirkungen ungestraft nur deshalb Rechnung getragen werden, weil die Zentralverwaltungswirtschaft genügende Sicherheit gegen unerwünschte Auswirkungen eines Geldüberhangs bot. Gewiß hatte die Aufrüstung schon vor dem Krieg den Rückzug des Staates aus dem Investitionsbereich unterbunden, als die Wirtschaft sich der Vollausnutzung ihrer Kapazitäten so weit genähert hatte, daß der Staat die Auftriebkräfte der privaten Wirtschaft weiterhin sich selbst hätte überlassen können. Ganz zweifellos waren die Bedürfnisse der Rüstungsproduktion eine bedeutende Ursache für die Vermehrung des Geldbedarfs, aber sie führten eben auch zur totalen Investitionssteuerung, die ihrerseits ein integrierender Bestandteil jenes Sicherungssystems einer zentralen Verwaltungswirtschaft war. Gewiß hatte sich auch der Bargeldumlauf während des Krieges sehr stark vermehrt. Ohne die außerordentliche Erweiterung des deutschen Wirtschaftsgebietes zu berücksichtigen, ohne die in Notzeiten vielfach auftretende Neigung zu größeren Bargeldreserven in Betracht zu ziehen, ohne den Zustrom von Bevölkerung durch Heranziehung fremder Arbeitskräfte und Volksdeutsche zu veranschlagen und schließlich ohne den Bargeldmehrbedarf durch Trennung von Familien durch Evakuierungsmaßnahmen abzuwägen, läßt sich die gestiegene Höhe des Noten- und Münzenumlaufs, die gegen Ende der Kampfhandlungen 73 Mrd. RM erreicht hatte, nicht würdigen. Die Parallele zur Entwicklung im ersten Weltkriege bestand insofern nicht. Die damals aus der Kaufkraftfreisetzung durch die Rationierung resultierende Wirkung unterblieb. Erst als die feste Organisation und Verwaltung zusammengebrochen war und der Verlust des Endsieges den Kredit vernichtet hatte, den die Regierung 1943 mit dem Versprechen der Kaufkraftdeckung durch diesen Endsieg vom Volk genommen hatte, platzte die Hülle von organisatorischer Sicherung und von Vertrauen, die den Kaufkraftüberhang so lange gewissermaßen invirulent gehalten hatte, und infizierte die Wirtschaft mit dem Schwarzen Markt, der endgültig erst mit der Aufhebung der Rationierung erlosch. Geschäfte mit unverzollter Schmuggelware u. dgl., die auch später noch vorkamen, sind nicht dem Begriff des Schwarzen Marktes zuzurechnen. Wenn sich die Elemente des Vertriebs solcher Ware vielfach auch aus Kreisen ehemaliger Schwarzhändler rekrutiert haben mögen, so handelt es sich bei solchen Geschäften doch nicht um einen über das gesamte Wirtschaftsgebiet reichenden und mehr oder weniger allen Volkskreisen zugänglichen „Markt", sondern um örtlich und milieumäßig begrenzte Nebenerscheinungen des Wirtschaftslebens, die höchstens gelegentlich zu Maßstäben für die Wirksamkeit oder Eignung steuerpolitischer Maßnahmen werden können.

Die Rationierung begann für die Zivilbevölkerung nach der Episode der „Ausweiskarte" mit einer Dreiteilung der Verbraucher in die Hauptgruppen derjenigen, die vollständige Karten bezogen, die Teilkarten erhielten und die Selbstversorger waren. Die Empfänger der vollständigen Karten bildeten während der ganzen Rationierungszeit die Masse der Verbraucher. Die Zahl der ausgegebenen vollständigen Karten war nicht für alle Nahrungsmittel gleich, weil sie um die jeweilige Zahl der Selbstversorger in dem betreffenden Nahrungsmittel niedriger war als die Gesamtzahl. Auch die Gesamtzahlen der Karten für die verschiedenen Nahrungsmittelgruppen wichen voneinander ab, da die Bevölkerung nicht in allen ihren Teilen gleichmäßig an dem Bezug sämtlicher Kartenarten beteiligt war. Besonders groß waren diese Unterschiede bei den verschiedenen Fettarten, weil die Selbstversorgung mit Butter sich auch auf die Bezugsberechtigung für Fette auswirkte, in denen diese Verbraucher nicht Selbstversorger waren oder auch nur sein konnten wie bei Margarine. Am stetigsten waren und blieben die Ausgabezahlen der Nährmittelkarten, da für die von ihnen erfaßten Erzeugnisse praktisch keine Selbstversorger in Betracht kamen. Aus den drei zunächst (7. Zuteilungsperiode: 12. 2.—10. 3. 1940) registrierten Hauptgruppen sind 1944 (59. Zuteilungsperiode: 7. 2.—5. 3.) die Gruppen der Vollversorgungsberechtigten, der Selbstversorger mit Karten und der Selbstversorger ohne Karten geworden, und 1947 (97. Zuteilungsperiode: 6. 1. bis 2. 2.) werden in der britischen Besatzungszone Nichtselbstversorger, Teilselbstversorger und Vollselbstversorger gezählt. Im Prinzip handelt es sich immer um die gleichen drei großen Gruppen derer, die in ihrer Versorgung voll auf den Markt angewiesen sind, die sich teilweise selbst versorgen, indem sie ein Schwein aufziehen und schlachten oder eine Kuh, häufiger vielleicht ein Schaf oder eine Ziege halten, und schließlich die Landwirte, die sich mit Ausnahme der Nährmittel voll selbst versorgen können. Alle diese Gruppen gliedern sich nach Altersstufen. Am stärksten ist diese Untergliederung dort, wo die Zuteilung auf die besonderen physiologischen Bedingungen jeder Altersstufe Rücksicht nehmen muß, nämlich bei den Nichtselbstversorgern. Soweit eine Selbstversorgung gegeben ist, besteht diese Notwendigkeit in geringerem Maße, wie die Anrechnungsgewichte für Hausschlachtungen erkennen ließen. Zu den allgemeinen Lebensmittelkarten kamen Zulagekarten für bestimmte Gruppen von Berechtigten. Die Zulagekarten für Arbeiter unterschieden während des ganzen Krieges die drei Stufen der Lang- und Nachtarbeiter, der Schwerarbeiter und der Schwerstarbeiter. Nach der Kapitulation wurde diese Einteilung verfeinert. An die Stelle der nach Maß und Lage der Arbeitszeit bestimmten Lang- und Nachtarbeiter traten die beiden neuen, nach der Arbeitsschwere ausgerichteten Gruppen der Mittelschwer- und der Teilschwerarbeiter. Außerdem wurde die Liste um die Bergschwer- und die Bergschwerstarbeiter aufgestockt. In diesem Zusammenhang sind noch die weiteren Zulagen für Sonderberufe (Staub, Hitze, chemische Einflüsse) zu erwähnen, die in Form von Vollmilch gewährt wurden. Als physiologische Zulagen sind die Berechtigungskarten für werdende und stillende Mütter anzusehen. Im Verlauf der Rationierung wurde die Gliederung der Verbrauchergruppen zunehmend verfeinert. Die Reichsstatistik zählte für die 7. ZP. (12. 2. bis 10. 3. 1940) 28 Karten-, Teilkarten- und Zusatzkartenarten, die sich nach der Lebensmittelart und nach Altersstufen unterschieden; die Statistik der Britischen Besatzungszone läßt für die 97. ZP. (6. 1.—2. 2. 1947) 45 Kartenarten erkennen, obwohl mit Ausnahme der Bezugsausweise für Gemüse und für Obst und der Selbstversorger-Mahl- bzw. -Brotkarten umfassende Lebensmittelkarten ausgegeben wurden, wobei aber anderseits die hinzugekommenen Raucherkarten in zwei Gruppen (Männer über 18 Jahre, Frauen über 25 Jahre) mitgezählt sind. Da die statistischen Übersichten stets einige Zusammenfassungen enthalten, sei noch angegeben, daß der Kartensatz der 113. ZP. (April 1948) für das Vereinigte Wirtschaftsgebiet 60 Karten umfaßte, worin allerdings auch Krankenzulagekarten und die Zulagekarte für Personen über 70 Jahre, aber nicht der Bezugsausweis für Obst und Gemüse enthalten sind. Gegen Ende der Rationierung verringerte sich der Umfang der Kartensätze wieder. Der Satz für die 124. und 125. ZP. (März und April 1949) umfaßte nur noch 27 Karten. Es braucht nicht auseinandergesetzt zu werden, daß die ungeheure Differenzierung des Kartensystems das gesamte Zuteilungswesen vom Aufruf bis zur Abrechnung mit einem Übermaß von Verwaltungsarbeit belastete. Es lag daher nahe, Wege zu suchen, die aus dieser weitgehenden Untergliederung herausführten. In diesem Zusammenhang gelangte 1946 beim Zentralamt für Ernährung und Landwirtschaft der Vorschlag von *Buurman* und *Ickert* zur Erörterung, ein Kartensystem zu schaffen, das auf einer physiologischen Grundkarte aufgebaut war. Dieser Plan einer Grundkarte ging allerdings nicht unmittelbar aus von den ernährungsphysiologischen Bedingungen des Grundumsatzes, sondern von der Tatsache einer Kürzung der Ration für den erwachsenen Nichtselbstversorger ohne Zulagenberechtigung (Normalverbraucher) auf damals 1017 Kal. je Tag. Der Plan erstrebte auf Grund der Beobachtungen an Ernährungsgeschädigten, wonach Eiweißmangelschäden vorzugsweise bei Personen von mehr als 180 cm Größe vorkamen, eine Sicherung der Eiweißversorgung, die allerdings nicht ganz folgerichtig in Höhe von 50 % des für einen 180 cm großen Menschen errechneten Minimums verlangt wurde, obwohl der günstigere Ernährungszustand der kleinwüchsigen Personen des Lübecker Beobachtungsmaterials gerade mit der Begrenzung ihres Eiweißdefizits auf 20 % begründet wurde. Richtig war dabei der Leitgedanke, das Eiweiß- und Fettminimum mit einem angemessenen Kohlehydratzuschlag als Grundkarte festzusetzen, die für Personen in Frage kam, „welche keine Arbeit leisten", wobei aber der Begriff der physiologischen und der wirtschaftlichen Arbeitsleistung nicht genau auseinandergehalten wurde; denn Arbeitslose, nichtarbeitende Sozialrentner und Unterstützungsempfänger und auch Arbeitskräfte in stillzulegenden Betrieben sollten auf die Grundkarte beschränkt bleiben. Wenn der etwas willkürlich aus der Momentsituation heraus vorgeschlagene Satz von 1017 Kal. für die Grundkarte auch keine abgewogene Planungsbasis darstellte, so erschien dem Zentralamt doch der Gedanke, eine wirklich physiologisch bestimmte Grundkarte mit formularmäßig einheitlichen Zusatzkarten von 250 Kal. Tageswert zu verbinden, die je nach der Schwerestufe der Arbeit in einfacher oder mehrfacher Ausfertigung ausgegeben werden sollten, als Sicherung eines ernährungsphysiologischen Minimums und als Vereinfachung des Kartensystems. Die allgemeine Versorgungslage war jedoch zur Zeit dieser Erwägungen so ungünstig, daß ein Minimum, wie es auch immer hätte bestimmt sein mögen, nicht gewährleistet werden konnte. Im Grunde war ja auch der Ernährungsplan von 1939 von einer Mindestkategorie, nämlich dem leicht arbeitenden Normalverbraucher, ausgegangen und hatte auf dieser Basis Zuschläge ausgearbeitet, die zur Bildung der Arbeiterzusatzkarten geführt hatten. Diese Zusatzkarten waren aber kategoriebestimmt, und die Schwerarbeiterzusatzkarte behielt ihre Bezeichnung, auch wenn ihr Wert zusammen mit der Normalverbraucherkarte auf 1700 Kal. je Tag sank. Die Bezeichnung der Karte gewährte keine Garantie für die Deckung eines an sich feststehenden ernährungsphysiologischen Bedarfs, aber sie hatte die psychologische Wirkung einer amtlichen Anerkennung der Zugehörigkeit zu einer bestimmten Leistungskategorie. Die Zusatzkarten nach dem Vorschlag von *Buurman* und *Ickert* wären in ihrer physiologischen und psychologischen Wirkung an die Garantie ihres Wertes gebunden gewesen, die damals nicht nur wie immer in Notzeiten grundsätzlich außerhalb der Verantwortungsmöglichkeit einer gewissenhaften Verwaltung lag, sondern auch formal den Verantwortungsbereich der deutschen Verwaltung überschritt. Das Zentralamt blieb daher bei dem sich zwar immer mehr vervielfältigenden und daher umständlichen und aufwendigen, aber auf Grund seiner psychologischen Wirkung elastischeren Kartensystem, wie es bisher entwickelt worden war. Eine grundsätzliche Änderung in der Handhabung des Kartensystems trat nur insofern ein, als am 1. 3. 1948 an die Stelle der seit Kriegsbeginn auf eine Vierwochenperiode berechneten Lebensmittelkarten die monatliche Zuteilung trat.

Außer den eigentlichen Lebensmittelkarten gab es noch eine Reihe von Bezugsdokumenten für Selbstversorger. In der 97. ZP. (6. 1.—2. 2. 1947) waren dies nach der Aufzählung der Statistik für die Britische Besatzungszone vor allem die Fleischberechtigungsscheine für Selbstversorger. In den letzten Jahren der Rationierung kamen sie für solche in Betracht, die nicht selbst schlachteten, sondern ihr Tier ablieferten, oder die einen Teil ihrer Schlachtung abgaben, um eine Frischfleischberechtigung zu erhalten. Diese Bedingungen waren aber veränderlich. Noch 1947 galt als zwingender Grund für die Ausgabe von Fleischberechtigungsscheinen nur die Unmöglichkeit der Vornahme einer Hausschlachtung infolge Vernichtung des Tierbestandes durch Seuche, infolge Vernichtung des Stallraumes durch Kriegseinwirkung und infolge unverschuldeten Futtermangels. Im Oktober 1948 wurde eine Selbstversorger-Fleischkarte geschaffen für Landwirte, die sich in Ausnahmefällen nicht nach der Hausschlachtungsanordnung selbstversorgen konnten, und für ständige landwirtschaftliche Arbeitskräfte, die aus zwingenden Gründen selbst nicht einschlachten konnten oder denen ihr Betrieb ein Deputattier zur Hausschlachtung nicht zuweisen konnte. Die beim Hausschlachtungsrecht obwaltende Unterscheidung in die Selbstversorgergruppe A, im wesentlichen die auf Eigenzüchtung mästenden Selbstversorger, und in die Selbstversorgergruppe B, im wesentlichen die Haushaltungen, die über Einkaufsgenehmigung bezogene Ferkel für den Eigenverbrauch aufzogen, erhielt sich über die ganze Rationierungszeit. Hierzu kam noch die Gruppe C der Anstalten. Die Hausschlachtungstiere wurden mit einem bestimmten Anrechnungsgewicht für die Versorgung der Haushaltung veranschlagt. Das Anrechnungsgewicht der Haushaltungsschweine wurde gebietsweise in verschiedener Höhe festgesetzt. So wurde das Schwein in der Schlachtperiode November 1941/April 1942 im Gebiet I, d. h. in allen Teilen des damaligen Reichsgebiets — ausgenommen Baden, Württemberg, Bayern und Sudetenland (Gebiet II) sowie Alpenland, Donauland und Südmark (Gebiet III) — mit 125 kg angerechnet. Im Gebiet II betrug das Anrechnungsgewicht 100 kg, im Gebiet III 90 kg. Die Unterschiede erklären sich aus der verschiedenen Mästung und aus der Verwendung verschiedener Schweinerassen. Soweit die Hausschlachtungsschweine das Anrechnungsgewicht nicht erreichten, konnte besondere Gewichtsfeststellung beantragt werden. Diese erfolgte in der angegebenen Hausschlachtungsperiode im Gebiet I bei 87,9 % der Schweine, im Gebiet II bei 51,7 % und im Gebiet III bei 77,9 %. Das durchschnittliche Schlachtgewicht der gewogenen Schweine betrug im Gebiet I 91 kg, im Gebiet II 75 kg und im Gebiet III 72 kg. Aus der besonders großen Divergenz der Gewichte im Gebiet I war in der folgenden Hausschlachtungsperiode September 1942/Februar 1943 bereits die Konsequenz durch Herabsetzung des Einheitsgewichts auf 110 kg gezogen worden. Außerdem wurden damals Berechtigungsscheine für Hausschlachtungen über Grütze und Gewürze ausgegeben. Der Mengenwert ihrer Ausgabe umfaßte in der 46. ZP. (8. 2.—7. 3. 1943) rund 4,3 Mio. kg Grütze und Mehl und 0,4 Mio. kg Gewürze. Die Statistik der Britischen Besatzungszone zählte statt dessen Nährmittelberechtigungsscheine. Außerdem weist diese Statistik Berechtigungsscheine für Zuckerrübenprämien aus, deren Mengenwert in dieser Zone 22 119 kg Zucker in der 90. ZP. (24. 6. bis 21. 7. 1946), 2455 kg Zucker in der 94. ZP. (14. 10.—10. 11. 1946) und 105 kg Zucker in der 97. ZP. (6. 1.—2. 2. 1947) betrug. Außerdem gab es Ölberechtigungsscheine, die in den genannten drei Zuteilungsperioden mit Mengenwerten von insgesamt 3989, 164 102 und 7354 kg Speiseöl ausgegeben wurden. Die Zuckerrübenprämie sollte einen Anreiz zur Ausdehnung des Zuckerrübenanbaues bieten. Für je 100 dz abgelieferter Rüben wurden in der britischen und amerikanischen Zone 12 kg Zucker als Prämie gewährt, die teilweise in Rübensaft abgegolten wurde. Das zuckerstatistische Büro *Licht* hatte die Rübenzuckererzeugung Deutschlands für das Kampagnejahr 1946/47 auf 990 000 metr. t (1945/46: 780 000 t) gegenüber 2 227 000 t in 1937/38 geschätzt. Dieser Rückgang fiel zusammen mit einem Rückgang der Weltzuckererzeugung. Nach der gleichen Schätzung hatte sich die Zuckererzeugung der Welt von 29 314 000 t (darunter 11 123 000 t Rübenzucker) in 1937/38 auf 21 248 000 t (darunter 5 552 000 t Rübenzucker) in 1945/46 vermindert. Von da an wurde die Weltzuckerkrise allerdings überwunden, so daß die Schätzung der Weltzuckererzeugung für 1946/47 wieder auf 25 427 000 t (darunter 7 749 000 t Rübenzucker) lag. Ähnlichen Bedürfnissen wie die Zuckerrübenanbauprämie entsprang der Ölberechtigungsschein. Der Ertrag des Ölfruchtanbaues lag 1946 infolge Mangels an Stickstoffdünger, infolge Schädlingsbefall (Rapsglanzkäfer) und infolge von Witterungsschäden erheblich unter der erwarteten Menge (in der britischen Zone etwa 11 000 t statt 15 000 t Öl). Die Selbstversorgung mit Fett erforderte im übrigen eine sehr starke Differenzierung der Fettbezugsberechtigung für Selbstversorger innerhalb des allgemeinen Kartensystems. Es wurden fünf Gruppen von Selbstversorgern mit Fett unterschieden, nämlich die Vollselbstversorger mit Butter, Käse und Schlachtfetten, die überhaupt keinen Anspruch auf markenmäßige Versorgung mit Fett hatten, die Selbstversorger nur mit Butter, die bezugsberechtigt waren für Butterschmalz und Speiseöl (nur über 14jährige), Margarine (nur über 6jährige) und Käse, weiter die Selbstversorger mit Butter und Käse, für welche mit Ausnahme der Käsezuteilung die Regelung der Selbstversorger nur mit Butter galt, dann die Selbstversorger nur mit Schlachtfetten, die bezugsberechtigt für Butter, Butterschmalz und Käse waren, und schließlich die Selbstversorger mit Butter und Schlachtfetten, die bezugsberechtigt waren für Käse. Diese fünf Gruppen wurden über drei Sorten von Teilselbstversorgerkarten (soweit erforderlich, unter Abtrennung bestimmter Abschnitte) versorgt. Hierzu kamen in der westzonalen Regelung nach 1945 noch die Teilselbstversorgerkarten für Selbstversorger nur mit Fleisch. Die Selbstversorger-Brotkarten und -Mahlkarten setzten für den Getreideerzeuger die Menge der ihm zustehenden Brot- und Mehlration fest.

Außer den Zulagen für Arbeiter, zu denen außer den auf die Arbeitsschwere gegründeten noch die Vollmilchzulagen für Sonderberufe kamen, gab es noch eine Reihe von Zulagen, die teils aus sozialpolitischen, teils aus administrativen, teils aus praktischen und sozialen Gründen gewährt wurden. Die Statistik der britischen Zone nennt hier für die 97. ZP. Blutspender, Spender von Poliomyelitis-Rekonvaleszentenserum, Frauenmilchspenderinnen (in zwei Spendergruppen mit 12 L-Grenze), Polizeibeamte, Gefängnisangestellte, Feuerwehrleute, Gemeindeschwestern, Pflegepersonal, Tuberkulose-Gefährdete, Ärzte mit Privatpraxis und Medizinalpraktikanten, ehemalige KZ-Häftlinge, gewisse Personen aus dem von der UNRRA betreut gewesenen Kreis und Hochzeitsgesellschaften. Weitere Zulagenempfänger waren die nichtständigen Arbeitskräfte in der Landwirtschaft, die Arbeiter in der Hackfruchternte, die Zulagen für unvorhergesehene Überarbeit in der Industrie und die Zulagen für Kranke und Gebrechliche. Die Struktur dieser Individualzulagen hat sich im Laufe der Rationierungszeit mehr oder weniger den jeweiligen Bedürfnissen angepaßt. So waren statt der Hochzeitszulagen einmal Zulagen für Familienfeiern geführt worden, und vor 1945 gab es Zulagen für ausländische Missionen. Hierzu kam während der ganzen Rationierungszeit die Zulageberechtigung der werdenden und stillenden Mütter, die zunächst jedenfalls sehr gut auf den Bedarf abgestimmt war. Das Statistische Reichsamt berechnete für das Kriegsjahr 1940/41 unter Zugrundelegung von ernährungsphysiologischen Bedarfswerten nach *Lehnartz* und *Flössner* bei Veranschlagung der Normalverbraucherration zuzüglich ¼ Liter Vollmilch und 100 g Nährmittel täglich sowie 125 g Butter wöchentlich für die Mutter, jedoch ohne Berücksichtigung von Sonderzuteilungen an Obst folgende prozentuale Deckung:

Verbraucher	Tägl. Bedarf an Kal.	davon ... vH gedeckt durch markenpflichtige	sonstige zuteilungsgebundene	insgesamt zugeteilte
		Nahrungsmittel		
Stillende Mutter	3440	72	1	73
Kind v. 0—1 Jahr	700	234	9	243
Zusammen	4140	97	3	100

So weit etwa ist der Kreis der Personen zu ziehen, die über individuelle Zuteilungen versorgt wurden. Hierzu kommt der Kreis der Sammelverpflegten ohne Karten. Die Begriffe der Gemeinschaftsverpflegung und der Sammelverpflegung sind im Verlauf der Rationierung nicht immer genau voneinander abgegrenzt gewesen, wurden zeitweilig sogar als Synonyma behandelt. Als Entwicklungsergebnis hatte sich der Begriff der Sammelverpflegung als Oberbegriff herausgeschält. In diesem Rahmen galten als Gemeinschaftsverpflegungseinrichtungen die Verpflegungseinrichtungen von Personengemeinschaften, die aus einem anderen Anlaß oder zu einem anderen Zweck als dem der gemeinsamen Verpflegung gebildet worden waren und denen die von ihnen umfaßten Personen ähnlich Haushaltungsmitgliedern in der Abwicklung ihres gesamten Tagesablaufs unter Aufgabe ihrer Eigenschaft als Einzelverpfleger angehörten. Demgegenüber dienten die übrigen Sammelverpflegungseinrichtungen der gemeinsamen Verpflegung einer Mehrzahl von Personen, die sich auf Grund eines nur Tagesteile umfassenden, nicht verpflegungsbedingten Zusammenseins oder ohne jede Bindung zur Esseneinnahme aus einer diese Mahlzeiten gemeinsam zubereitenden Küche vereinigten. Demgemäß gehörten zu den Gemeinschaftsverpflegungseinrichtungen Anstaltshaushaltungen (Kranken-, Heil-, Pflege-, Erziehungsanstalten, Kinder-, soziale Erholungsheime, Lazarette, Strafanstalten u. ä.), Gemeinschaftslager, Seeschiffsbesatzungen u. dgl. Zu den sonstigen Sammelverpflegungseinrichtungen gehörten Werkküchen, Kantinen, Gaststätten, Volksküchen, Kindertagesstätten, Kindergärten und Schulspeisungen. Die Zuteilungen an die Gemeinschaftsverpflegungseinrichtungen wurden unter Berücksichtigung der Altersgliederung der Insassen und, soweit Werktätige in Betracht kamen, unter Berücksichtigung von deren Arbeitsschwere bemessen. Die Krankenanstalten umfaßten die zuschlagsberechtigten Anstalten. Das waren die allgemeinen Krankenanstalten, Tuberkuloseheilanstalten, Kinderkrankenhäuser und Entbindungsanstalten. Nicht zuschlagsberechtigt waren die Heil- und Pflegeanstalten. Die Zuteilungen an die Gemeinschaftsverpflegungseinrichtungen erfolgten über Bezugscheine. Bei dem sich hieraus ergebenden Verrechnungsverkehr fielen für die Gemeinschaftsverpflegungseinrichtungen Warenschulden und -guthaben an. Diese wurden bei der Ausstellung von Bezugscheinen durch entsprechende Veränderung der Zahl der Personen verrechnet. In solchen Fällen stimmte die rechnungsmäßige Personenzahl mit der tatsächlichen Verpflegungsstärke nicht überein. Wurde nach Verpflegungstagen abgerechnet, so wurde die durchschnittliche Verpflegungsstärke der betreffenden Gemeinschaftsverpflegungseinrichtung in der Weise errechnet, daß die Zahl der Verpflegungstage bei monatlicher Abrechnung durch 30 oder 31, bei vierwöchentlicher Abrechnung durch 28 geteilt wurde. Für die Personenzahl auf Grund der abgestempelten Bestellisten des Einkaufsbuchs für Seeschiffer sah eine solche Berechnung, sofern die Verpflegung nicht in einmaliger Abrechnung für die ganze Zuteilungsperiode empfangen wurde, wie folgt aus, wenn wir hier einmal von einer Berücksichtigung der Alters- und Zulagestufen absehen:

230 Mann	5 Reisetage	=	1150	Verpflegungstage
180 Mann	14 Reisetage	=	2520	Verpflegungstage
20 Mann	28 Reisetage	=	560	Verpflegungstage
			4230 : 28 = 151,1	
in voller Personenzahl			= 151	

Die Zuteilungen an die sonstigen Sammelverpflegungseinrichtungen erfolgten, soweit es sich nicht um Sonderzuweisungen u. dgl. handelte, auf Grund der abgegebenen Marken. Hierbei spielten die Reisemarken eine Rolle, die vorzugsweise der Verpflegung von Reisenden in Gaststätten, aber auch über den Einzelhandel galten, in allen Landesernährungsamtsbezirken gültig waren und über die Zuteilungsperioden hinweg eine allerdings nicht unbegrenzte, sondern von Zeit zu Zeit durch besonderen Verwaltungsakt aufgehobene Gültigkeit besaßen. Zur Verminderung ihres Ausgabeumfangs und zur stärkeren Bindung des Verbrauchs an die Zuteilungsperioden wurden nach 1945 noch Tageskarten eingeführt, die insbesondere bei Übergängen aus Gemeinschaftsverpflegung während der Zuteilungsperiode (z. B. Entlassung aus dem Krankenhaus) eingeführt wurden und ihr Vorbild etwa in den vor 1945 ausgegebenen Reichskarten für Urlauber haben mochten. Außerdem gab es zu dieser Zeit als kürzer befristete Bezugsausweise noch die Wochenkarten für ausländische Zivilarbeiter.

Außer den durch tatsächlichen physiologischen Bedarf bezugsberechtigter Personen bestimmten Zuteilungen war noch der Bedarf aus Warenverlusten auf dem Transport, durch Feuer- und Wasserschäden, Verderb und Diebstahl in der Versorgungsplanung zu berücksichtigen.

Hierfür wurden an die Kleinverteiler und Sammelverpflegungseinrichtungen erforderlichenfalls sogenannte Ersatzbezugscheine ausgegeben.

Der Markenrücklauf und die Bezugscheinkontenführung setzte bestimmte Abrechnungsregeln voraus. Hierzu gehörten die Terminierung des Umtausches der von Einzelhandel und Gaststätten während einer Zuteilungsperiode eingenommenen Bezugsausweise, Aufklebezwang für diese Bezugsausweise nach der aufgedruckten Gewichtsangabe nach einem vorgeschriebenen Schema mit Aufdruck der abrechnenden Firma, Entwertungsvorschriften für die eingenommenen Bezugsausweise, Erteilung von Abrechnungsquittungen, Bezugscheinkontenkartenanlage bei den Ernährungsämtern und Vorschriften über Kontenabschlüsse und Zwischensaldenbildung.

Über die Ausgabe der Lebensmittelkarten und Bezugsausweise wurden von den Ernährungsämtern gegenüber den Landesernährungsämtern Verwendungsnachweise geführt, die jedoch nicht nach einheitlichem Muster angelegt waren. Da sie gleichzeitig die Grundlage für die Aufstellung der statistischen Angaben bildeten und deren Prüfung wiederholt auf buchungstechnische Fehlerursachen hingeweisen hatte, wurde schließlich eine Vereinheitlichung der Verwendungsnachweise von der Verwaltung für Ernährung, Landwirtschaft und Forsten für das Vereinigte Wirtschaftsgebiet angestrebt. Das hierauf von *Sperling* und *Steiniger* im Herbst 1948 entworfene Formular, das zunächst als Formular E W 09/71/119 vom Landesernährungsamt Nordrhein-Westfalen für seinen Verwaltungsbereich im Oktober 1948 erprobt worden war, unterschied in der Verwendungsnachweisung nach Sollbestand, Istbestand, Ausgabe, Rückgabe und Rücklieferung der Lebensmittelkarten. Der Sollbestand setzte sich zusammen aus den vom Ernährungsamt laut Lieferschein des Landesernährungsamts vor Beginn der Zuteilungsperiode empfangenen neuen Karten und der vom Landesernährungsamt auf Anforderung nachgelieferten oder von anderen Ernährungsämtern im Wege der Aushilfe empfangenen Karten. Der Istbestand errechnete sich durch Substraktion der Fehlmengen, Fehldrucke und Mustersätze sowie der an andere Ernährungsämter geleisteten Aushilfen vom Sollbestand unter Hinzuzählung der laut Protokoll über die Nachzählung des Empfangs festgestellten Mehrexemplare. Die Gesamtausgabe umfaßte die Ausgabe laut Hauptausgabelisten, Ausgabelisten für Nachzügler, Ausgabelisten für Zugänge (Geburten, Zuzug, Zugang aus Gemeinschaftsverpflegung) und Ausgabelisten für Kartenersatz (Diebstahl und Verlust). Die an Binnenschiffer und auf Wanderpersonalkarte ausgegebenen Lebensmittelkarten wurden hierbei besonders nachgewiesen. Dieser Gesamtausgabe stand buchungsmäßig gegenüber die Zahl der vom Verbraucher laut Rückgabeliste zurückgegebenen vollen Karten und der im Laufe der Zuteilungsperiode zurückgegebenen belieferten Karten (z. B. Sterbefälle, Eintritt in Gemeinschaftsverpflegung usw., ebenfalls nach Rückgabeliste). Die Gesamtausgabe abzüglich der Summe der zurückgegebenen Karten ergab die Nettoausgabe. Die Differenz aus Istbestand und Gesamtausgabe zuzüglich der vom Verbraucher zurückgegebenen vollen Karten bildete den buchmäßigen Restbestand, der durch eine buchungsmäßig festzuhaltende Aufnahme des tatsächlichen Bestandes zu kontrollieren war. Dieser Bestand war unter Beifügung eines Protokolls über die etwaige Differenz zwischen buchmäßigem und tatsächlichem Bestand vom Ernährungsamt an das Landesernährungsamt bzw. von der Kartenstelle, die mit dem gleichen Vordruck abrechnete, an das Ernährungsamt zurückzuliefern.

Auf den Verwendungsnachweisen fußte die große Statistik der Verbrauchergruppen. Die kleine Statistik, ursprünglich „Statistik der Nährmittelbevölkerung" genannt, weil sie wegen der Bedeutungslosigkeit der Selbstversorger für diese Nahrungsmittelgruppe im Mehrkartensystem vor 1945 auf die Ausgabe der Nährmittelkarten gestützt war, ging von den Hauptausgabelisten aus. Diese „Statistik der Nährmittelbevölkerung" war mit der 46. Zuteilungsperiode (8. 2.—7. 3. 1943) als ein System von Schnellmeldungen eingeführt worden, die im Anschluß an die Hauptausgabe der Lebensmittelkarten abzugeben waren und außer einer Vorausschätzung der Nachzügler und der Angabe der Gemeinschaftsverpflegtenzahl nach dem letzten Abrechnungsstand keine Vorgänge eines Gesamtabrechnungsstandes spiegelten. Diese Schnellmeldungen waren aber notwendig geworden, um die Bewegung des Verbraucherbestandes von Periode zu Periode unmittelbar verfolgen zu können. Die bisher für jede Periode auf Grund der Endabrechnung umfassend durchgeführte Statistik hatte sich für die laufenden Planungsdispositionen als zu schwerfällig erwiesen und wurde daher weiterhin als sogenannte „Große Verbrauchergruppenstatistik" nur noch alle drei bis vier Zuteilungsperioden zur Korrektur der zwischenzeitlich nach der „Kleinen Verbrauchergruppenstatistik" getroffenen Dispositionen durchgeführt. Bevölkerungsstatistisch entsprachen die Ergebnisse der „Großen Verbrauchergruppenstatistik" den tatsächlichen Beständen mehr als die Schnellmeldungen der „Kleinen Verbrauchergruppenstatistik", die nach 1945 auf immer mehr Tatbestände ausgedehnt und dadurch allmählich zu einer komprimierten „Großen Verbrauchergruppenstatistik" wurde, die sie schließlich auch ersetzen sollte, nachdem ihr Berichtstermin vom Zeitpunkt nach dem Abschluß der Hauptausgabeliste auf den Termin nach Abschluß des Verwendungsnachweises verlegt worden war. Die Senkung der Rationen und die Durchführung der politischen Reinigung untergrub zu dieser Zeit die Meldezuverlässigkeit und fügte so eine äußere Fehlerquelle zu der verwaltungsmäßigen inneren, die in dem nach 1945 vielfach eingetretenen Personalwechsel begründet war. Der

Wahrheitsgehalt der statistischen Aussage der Verbrauchergruppenstatistik ist nach der Kapitulation wiederholt erörtert worden. Man kann sagen, daß diese statistischen Feststellungen trotz mancher Mängel ihren Wert als Dispositionsunterlagen für die Nahrungsmittelversorgung auch nach 1945 behielten. Bevölkerungsstatistisch wird den Ergebnissen der Verbrauchergruppenstatistik bleibender Wert und dokumentarischer Charakter nur für die Zeit bis zum Frühjahr 1945 zuerkannt werden können. Das Statistische Bundesamt hat sich daher in dem vom Verfasser bearbeiteten Statistischen Bericht Nr. VIII/19/1 auf eine Zusammenfassung der Ergebnisse dieser Statistik für die Zeit von 1940 bis 1945 beschränkt. Für die folgenden Jahre liegen zuverlässige Ergebnisse der Bevölkerungsstatistik vor.

Diese genannte Zusammenstellung gibt nach der „Großen Verbrauchergruppenstatistik" folgende Bevölkerungszahlen für die Zeit von 1939 bis 1944 an (in 1000):

Reichsgebiet Gebietsstand	Wohnbevölkerung am 17. 5. 1939	Versorgte Zivilbevölkerung		
		Febr./März 1941	Febr./März 1943	Febr./März 1944
31. 12. 1937	69 593,9	65 964,4	66 232,0	65 772,1
1. 9. 1939	75 509,3	75 669,5	75 906,3	75 663,2

Die Zahlen der „Kleinen Verbrauchergruppenstatistik" sind zwar aus den angegebenen Gründen niedriger und weniger genau, lassen aber doch wenigstens die Entwicklung bis Anfang 1945 erkennen (in 1000):

Reichsgebiet Gebietsstand	Versorgte Zivilbevölkerung		
	Febr./März 1943	Febr./März 1944	Dez./Jan. 1944/45
31. 12. 1937	63 515,1	64 541,2	65 642,8
1. 9. 1939	72 989,9	74 373,6	75 857,0

Die weitere Entwicklung des Bevölkerungsstandes im Bundesgebiet während der Rationierung ergibt sich aus den bevölkerungsstatistischen Zahlen des Statistischen Bundesamtes (in 1000 jeweils für die Jahresmitte):

Jahr	Bevölkerungsstand
1946	42 601,7
1947	44 632,3
1948	45 901,2
1949	46 777,8
1950	47 518,5

Im Februar/März 1944 gliederte sich die versorgte Zivilbevölkerung des Reichsgebiets (Gebietsstand vom 1. 9. 1939) nach den Ergebnissen der

„Großen Verbrauchergruppenstatistik" wie folgt nach den Hauptverbrauchergruppen für die wichtigsten Nahrungsmittel (in Mio.):

Verbrauchergruppe*	Nährmittel	Brot	Fleisch u. Fleischwaren	Butter	Butterschmalz	Margarine
NSV	53,7	53,4	48,8	48,7	48,7	41,8
TSV	15,1	15,3	0,6	5,8	6,7	1,0
VSV	—	—	19,2	14,1	—	—
AZ	0,6	0,8	0,8	0,9	—	0,6
GV	6,2	6,2	6,2	6,2	6,2	6,2
NV	—	—	0	—	14,1	26,0
Zus.	75,7	75,7	75,7	75,7	75,7	75,7

Verbrauchergruppe*	Speiseöl	Schlachtfette	Käse	Zucker	Eier	Speisekartoffeln
NSV	35,7	35,7	48,7	68,0	41,9	47,3
TSV	0,9	—	15,6	0,8	—	—
VSV	0,4	14,9	4,3	—	26,6	21,5
AZ	—	—	0,9	0,6	0,9	0,6
GV	6,2	6,2	6,2	6,2	6,2	6,2
NV	32,5	18,8	—	—	0	—
Zus.	75,7	75,7	75,7	75,7	75,7	75,7

* NSV = Nichtselbstversorger, TSV = Teilselbstversorger, VSV = Vollselbstversorger, AZ = Ausländische Zivilarbeiter in Industrie und Landwirtschaft, GV = Gemeinschaftsverpflegte, NV = Personen, die nicht zu den Verbrauchern des betreffenden Nahrungsmittels rechneten.
Differenzen in den Summen durch Runden der Zahlen.

In der britischen Zone zählte die „Große Verbrauchergruppenstatistik" für die 97. ZP. (6. 1.—2. 2. 1947) bei einer versorgten Bevölkerung von 23,3 Mio. Menschen 77,6 % Nichtselbstversorger, 7,2 % Teilselbstversorger, 11,1 % Vollselbstversorger, 4,0 % Gemeinschaftsverpflegte und 0,1 % Tageskarten (Personen je 28 Verpflegungstage).

Die rund 6 239 400 Gemeinschaftsverpflegten der 59. ZP. (7. 2.—5. 3. 1944) im Reichsgebiet (Gebietsstand: 1. 9. 1939) setzten sich nach Institutionen wie folgt zusammen (in 1000): Reichsarbeitsdienst 207,9; Gemeinschaftserziehungsanstalten 100,9; Krankenanstalten 683,4, darunter Personal 196,6; Arbeitsgemeinschaftslager 1305,0; Lager für Kriegsgefangene und Ostarbeiter 2520,6; Strafgefangene auf Arbeitskommando 53,5; Gefangenenanstalten u. ä. 318,6, darunter Aufsichtspersonal 3,9.

Die im Reichsgebiet am 28. 8. 1939 begonnene Rationierung endete im Bundesgebiet am 1. März 1950 nach einer Dauer von 10½ Jahren und 4 Tagen mit Ablauf der 135. Zuteilungsperiode, nachdem die Alliierte Hohe Kommission zugestimmt hatte. Die Aufhebung der Rationierung erschien, als sie erfolgte, nur noch als ein formaler Vorgang. Die Lebensmittelzuteilung war in der letzten Zeit ihres Bestehens selbst praktisch nur noch eine Formsache gewesen, über welche die Wirklichkeit sich mehr und mehr anschickte, sich hinwegzusetzen. Über dem billigen Vorwurf der Wirklichkeitsfremdheit, den man einer sogenannten Bürokratie im Überschwang der Freude über die erwartete Erlösung von jahrelangem Zwang gerne anheften mochte, wurde aber übersehen, daß ein unvorbereiteter Übergang zum freien Markt infolge des zunächst bestehenden Mißverhältnisses zwischen Angebot und Nachfrage ein Chaos herbeigeführt hätte. Wenn sich der Übergang auch nicht auf allen Warengebieten reibungslos vollzog, so war die neu erstandene Wirtschaftsfreiheit doch der Gefahr eines Mißerfolges entgangen, auf den die Bevölkerung oder doch wenigstens ihr sozial schwächerer Teil sicher alsbald mit dem Begehren nach wieder planerischer Sicherung ihrer Anteile am Nahrungsaufkommen reagiert hätte. Der Verbrauchsspielraum des einzelnen hatte sich gegen Ende der Rationierung wohl geweitet, so daß die Rationen der letzten Zuteilungsperioden kaum noch Maßstäbe für die Entwicklung des Individualverbrauchs an Nahrungsmitteln liefern. Die Erinnerung an die Zeiten des Hungers war aber noch sehr lebendig; denn es waren die ersten Jahre nach der Kapitulation gewesen, die den Tiefstand der Ernährung gebracht hatten und die näher lagen als die Jahre der Kampfhandlungen und des Luftkrieges, die ernährungsmäßig noch eine günstigere Situation geboten hatten. In der Zeit von Kriegsbeginn bis zur Währungsreform hatte im Durchschnitt aller Zuteilungsperioden eines Jahres kalorisch das Rationsjahr 1940/41 mit 2445 Kal. je Tag für den Normalverbraucher den günstigsten, das Jahr 1945/46 mit 1412 Kal. den ungünstigsten Stand. Der Eiweißgehalt der Nahrung war mit 74,0 g je Tagesration des Normalverbrauchers im Rationsjahr 1939/40 am höchsten, 1947/48 mit 43,0 g am niedrigsten gewesen. Für den Fettgehalt entfiel der Höchststand mit 57,7 g ebenfalls auf das Rationsjahr 1939/40, der Tiefstand aber mit 14,3 g schon in 1946/47. Der Drang nach freier Einkaufsmöglichkeit erschien nur zu begreiflich, nachdem die Währungsreform durchgeführt worden war, um den unrealisierbaren Kaufkraftüberhang zu beseitigen und die Mark wieder vollwertig zu machen, wie dies der Bevölkerung in zahlreichen Publikationen vor Augen geführt worden war. Aber weil nicht nur die Mark, sondern auch die Kalorien zeitweise „papieren" geworden waren, mußte der freien Warenversorgung der Weg zum Erfolg durch ein sorgsam abgewogenes Vorgehen der Verwaltung geebnet werden. Auch die Wirtschaftsfreiheit und ihre Wiedergewinnung ist bei dem heutigen sozialorganisatorischen Entwicklungsstand der Volkswirtschaft letzten Endes ein Element der Wirtschaftslenkung.

Die Entwicklung der Rationen nach Nahrungsmittelgruppen im einzelnen zu verfolgen, ist sinnvoll nur noch bis etwa ein Vierteljahr nach der Währungsreform, weil das sich aus den Zuteilungen errechnende Nahrungsaufkommen die wirkliche Nahrungsmittelversorgung des einzelnen immer weniger repräsentierte. Gewiß gab es noch Engpässe wie in der 124. ZP. (März 1949), als statt geplanter 11 000 g Brot im Monat nur 10 000 g für Normalverbraucher und für Kinder von 6—10 Jahren aufgerufen wurden, wodurch sich im Vereinigten Wirtschaftsgebiet die Kaloriensumme für diese Verbrauchergruppen von 1574 auf 1493 bzw. von 1609 auf 1528 je Tag senkte. Diese Kaloriensumme umfaßte aber nicht mehr Kartoffeln, die letztmalig mit 15 000 g für den Monat oder mit 334 Kal. je Tag in die Kaloriensumme des Normalverbrauchers von täglich 1883 Kal. für die 121. ZP. (Dezember 1948) einkalkuliert worden waren. Eier waren bereits Anfang Juli 1948 freigegeben worden. Was zur markenmäßigen Zuteilung hinzugekauft werden konnte, weil die Ware in irgendwelcher Form angeboten wurde, war nicht mehr zu übersehen, weil die Landwirtschaft Bargeld brauchte und Hortungen im Hinblick auf eine Kaufkraftverbesserung der Währung sinnlos geworden waren. Was hinzugekauft wurde, war gleichfalls nicht mehr zu übersehen, weil alle Erfahrungen über die Verbrauchsstruktur aus der Zeit eines gewohnheitsmäßig freien Verbrauchs vor dem Kriege, aus der Periode strenger Rationierung während des Krieges und aus der Zeit der vom schwarzen Markt begleiteten Bewirtschaftung nach 1945 durch den Währungsschnitt zunichte gemacht worden waren. Auch in der Verbrauchergruppenbildung prägte sich die Auflockerung der rationierten Versorgung aus. So wurden in der 121. ZP. (Dezember 1948) die drei Altersstufen der Verbraucher über 6 Jahre zu einer Gruppe zusammengelegt. Wenn sich formal die Festsetzungen der Rationen auch aneinanderreihten, so hatte sich doch ihre wirtschaftliche Bedeutung gewandelt. Sie wurden Übergangsmaßnahmen auf dem Wege zur freien Wirtschaft, geneigte Laufbretter, die von der ungebundenen Marktentwicklung immer höher überspült wurden, bis der Verbraucher ihre Stütze verlor und zu schwimmen beginnen mußte, noch ehe sie ganz unter ihm verschwunden waren. Bleiben wir also im Rahmen des einigermaßen Vergleichbaren und verzichten bei der Betrachtung der Rationsentwicklung auf die Sätze der ersten „Ausweiskarte“ und auf die Festsetzungen nach der 118. ZP. (September 1948).

Als Quellen dienten hier wie für die folgenden Darstellungen der Einzelrationen Berichte des Statistischen Reichsamts, des Statistischen Amtes für die britische Besatzungszone sowie Erlasse und sonstige Bekanntgaben der Verwaltung für Ernährung, Landwirtschaft und Forsten des Vereinigten Wirtschaftsgebietes, des Zentralamts für Ernährung und Landwirtschaft in der britischen Besatzungszone und der Landesernährungsämter.

Die Fleischrationen der Nichtselbstversorger. Die Fleischration des Normalverbrauchers betrug in der 2. Periode 2000 g je 4 Wochen. In ihrer Entwicklung lassen sich fünf deutlich erkennbare Abschnitte unterscheiden, innerhalb deren sich die Ration um folgende Durchschnitte hielt:

Perioden	Zeit	Durchschnitte in g je 4 Wochen
2.— 23.	25. 9. 39— 1. 6. 41	2033
24.— 49.	2. 6. 41—30. 5. 43	1436
50.— 77.	31. 5. 43—22. 7. 45	1066
78.—101.	23. 7. 45—25. 5. 47	540
102.—118.	26. 5. 47—30. 9. 48	309

Mit rund 370 g je 4 Wochen betrug die Fleischration im September 1948 18,5 % ihres Anfangsstandes. Eine Zahlentafel über die Entwicklung der Rationen im einzelnen ist beigefügt.

Die Fleischrationen der Nichtselbstversorger

Zeitpunkt der Veränderung	Beginn der ZP. Nr.	Rationen in Gramm je 4 Wochen nach Altersgruppen der Verbraucher			
			über 6 Jahre		bis 6 Jahre
1939: 25. 9.	2		2000		1000
20. 11.	4		2125		1125
18. 12.	5		2250		1250
1940: 15. 1.	6		2125		1125
11. 3.	8		2000		1000
		über 18 Jahre		über 6—18 Jahre	bis 6 Jahre
1941: 2. 6.	24		1600		
1942: 6. 4.	35	1200		1400	600
19. 10.	42	1400		1600	800
14. 12.	44	1510		1710	910
1943: 11. 1.	45	1485		1685	885
8. 2.	46	1400		1600	800
31. 5.	50	1000		1200	400
1944: 6. 3.	[1]60	1250		1500	500
1. 5.	[2]62	1100		1300	
29. 5.	63	1000		1200	400
16. 10.	68	[3]1200		1200	400
13. 11.	69	[4]1250		[5]1550	[4]650
11. 12.	70	[6]1250		[6]1450	450
1945: 5. 3.	[7]73	1000		960	320
2. 4.	[7]74	1250		1390	630
30. 4.	[8]75	1000		1200	
25. 6.	77	800		1000	400
23. 7.	78	600		800	

[1] Auf Abschnitt II der Reichsfleischkarte (50 g) wurden 100 g Kalbfleisch als Sonderzuteilung ausgegeben. — [2] Einschl. einer Sonderzuteilung von 100 g Rind-, Kalb- oder Hammelfleisch für alle Verbraucher. — [3] Einschl. einer Sonderzuteilung von 200 g Schweinefleisch. — [4] Einschl. einer Sonderzuteilung von 250 g Fleisch. — [5] Einschl. einer Sonderzuteilung von 350 g Schweinefleisch. — [6] Einschl. einer Sonderzuteilung von 250 g Schweinefleisch. — [7] Die Geltungsdauer der 73. ZP. wurde um eine auf 5 Wochen verlängert. Für diese Zeit waren die Rationen für Nichtselbstversorger über 18 Jahre unter Beibehaltung einer Sonderzutlg. von 250 g Fleisch in der Höhe der 70. bis 72. ZP. festgesetzt, für die übrigen Nichtselbstversorger auf den Stand der 68. ZP. gesenkt. Die Rationen der 74. ZP. wurden für 3 Wochen wie folgt festgesetzt: Nichtselbstversorger über 18 Jahre 1000 g, 10-18 Jahre 1150 g, bis 6 Jahre 550 g, sämtlich einschl. einer Sonderzuteilung von 250 g Fleischdauerwaren. Die Vierwochenrationen sind so errechnet, daß die Gesamtzutlg. für die 73. ZP. durch 5 geteilt, die Menge von 4 Anteilen für die 73. ZP. gebucht und der Anteil für die 5. Woche der Dreiwochenmenge der 74. ZP. hinzugeschlagen wurde. — [8] Außerdem in Hamburg 750 g Salzfleisch

Die Fleischrationen der Nichtselbstversorger

Zeitpunkt der Veränderung	Beginn der ZP. Nr.	Rationen in Gramm je 4 Wochen nach Altersgruppen der Verbraucher			
			über 3 Jahre		[9]bis 3 Jahre
15. 10.	81		600		400
1946: 4. 2.	85		450		
1. 4.	87		700		600
24. 6.	90		420		360
22. 7.	91		450		400
14. 10.	94		500		
		über 20 Jahre		über 6—18 Jahre	über 1—3 Jahre
1947: 26. 5.	102	300		500	300
23. 6.	103	500		500	500
21. 7.	104	300		600	400
18. 8.	105	400			
1948: 5. 1.	[10]110	300		500	300
2. 2.	[11]111	400		600	400
1. 3.	112	274,4		434	274,4
				über 1 Jahr	
1. 4.	113			89,6	
1. 7.	116			274,4	
1. 9.	118			366,8	

auf Sonderkarte. — [9] Ab 87. ZP. keine Fleischzuteilung mehr an Kinder bis 1 Jahr. — [10] Ab 109. ZP. lt. Angaben LEA. (Abtlg. Stat.) der Hansestadt Hamburg. — [11] Davon 100 g für 110. ZP. nachgeliefert. —

Die Fischzuteilungen. Der Fischverbrauch wurde seit der 16. Periode (21. 10. 1940) in der Weise gelenkt, daß die Fangergebnisse nach bestimmten, auf Grund des Friedensverbrauchs ermittelten Schlüsselsätzen auf die Verbrauchszentren verteilt wurden. Die Verbraucher wurden auf Grund örtlicher Bezugsausweise versorgt. Der Fischbezug war somit zwar zuteilungsgebunden, unterlag aber nicht der Bindung an Reichskarten. Das Statistische Reichsamt hat daher auf Grund der statistischen Meldungen der Hauptvereinigung der deutschen Fischwirtschaft in Verbindung mit den Unterlagen der amtlichen Fischereistatistik und der Verbrauchergruppenstatistik für die Zeit von Oktober 1940 bis Januar 1945 die durchschnittlichen Fischzuteilungen für städtische Verbraucher errechnet, wobei die einzelnen Arten von Fischen und Fischwaren nicht unterschiedlich bewertet wurden. Diese Berechnung ergab für das 2. bis 5. Rationsjahr (jeweils Oktober/September) und die ersten 4 Perioden des 6. folgende Durchschnittswerte je Kopf und Zuteilungsperiode in Gramm: 220 — 213 — 152 — 167 — 432 — 575.

Diese Werte sind mit den Fischzuteilungen durch das spätere Zentralamt und die Verwaltung für Ernährung, Landwirtschaft und Forsten, bei denen eine Leitgruppe für die Zuteilung festgesetzt wurde, zu der die

Die Fischzuteilungen für Nichtselbstversorger in Gramm je 4 Wochen

a) Durchschnittliche Fischzuteilungen für städtische Verbraucher bis zum 6. 1. 1946

Jahr	Veränderungsdatum	ZP.	Zuteilg. g	Jahr	Veränderungsdatum	ZP.	Zuteilg. g	Jahr	Veränderungsdatum	ZP.	Zuteilg. g
1939	25. 9.	2	frei	1942	1. 6.	37	364	1944	3. 4.	61	172
1940	21. 10.	16	140		29. 6.	38	125		1. 5.	62	135
	18. 11.	17	129		27. 7.	39	133		29. 5.	63	92
	16. 12.	18	207		24. 8.	40	89		26. 6.	64	1046
1941	13. 1.	19	238		21. 9.	41	99		24. 7.	65	43
	10. 2.	20	360		19. 10.	42	103		21. 8.	66	36
	10. 3.	21	327		16. 11.	43	83		18. 9.	67	37
	7. 4.	22	274		14. 12.	44	73		16. 10.	68	39
	5. 5.	23	320	1943	11. 1.	45	98		13. 11.	69	40
	2. 6.	24	291		8. 2.	46	154		11. 12.	70	1021
	30. 6.	25	248		8. 3.	47	247	1945	8. 1	71	61
	28. 7.	26	147		5. 4.	48	269		5. 2.	72	47
	25. 8.	27	154		3. 5.	49	266		5. 3.	73	95
	22. 9.	28	136		31. 5.	50	298		2. 4.	74	296
	20. 10.	29	105		28. 6.	51	140		30. 4.	75	1000
	17. 11.	30	93		26. 7.	52	84		28. 5.	76	500
	15. 12.	31	231		20. 9.	54	75		23. 7.	78	470
1942	12. 1.	32	151		18. 10.	55	77		20. 8.	79	680
	9. 2.	33	241		15. 11.	56	71		17. 9.	80	655
	9. 3.	34	247	1944	10. 1.	58	78		15. 10.	81	705
	6. 4.	35	314		7. 2.	59	150		12. 11.	82	620
	4. 5.	36	466		6. 3.	60	161		10. 12.	83	320

b) Fischzuteilungen für Verbraucher über 3 Jahre[1] seit dem 7. 1. 1946

Jahr	Veränderungsdatum	ZP.	Zuteilung g	Leitsorte
1946	7. 1.	[2]84	300	Frischfisch
	4. 2.	[3]85	450	ohne Kopf u. Schwanz
	1. 4.	87	600	mit Kopf u. Schwanz
	29. 4.	88	450	Fischfilet
	27. 5.	89	900	Fischfilet
	22. 7.	91	600	Fischfilet
	14. 10.	94	750	Fischfilet
	11. 11.	95	600	Fischfilet
1947	3. 2.	98	500	Fischfilet
1948	2. 2.	[4]111	625	Fischfilet
	1. 3.	[5]112	622	Fischfilet
	1. 4.	[6]113	921	Fischfilet
	1. 5.	114	701	Fischfilet
	1. 6.	115	549	Fischfilet
	1. 7.	116	918	Fischfilet

[1] Für Verbraucher bis 3 Jahre keine Zuteilung. — Die Angaben für die 84., 85. und 89. bis 96. ZP. sind Regelungen für die Britische Besatzungszone, von der 99. ZP. an für die US.- und britische Besatzungszone. — Die Angaben für die 86., 88. und 98. ZP. beruhen auf Erlassen der Landesernährungsämter Hamburg und Nordrhein, für die 87. ZP. auf einem Erlaß des Landesernährungsamtes Hamburg. — [2] Ersatzzuteilung für 150 g Fleisch an Verbraucher über 6 Jahre. — [3] Ersatzzuteilung für 150 g Fleisch an Verbraucher über 3 Jahre. — [4] Dabei 118 g Fisch für 100 g Fleisch. — [5] Dabei 168 g Fisch für Fleisch. Ab 112. ZP. lt. Ang. LEA. (Stat. Abt.) Hansest. Hamburg. — [6] Dabei 372,4 g Fisch für Fleisch.

alternativ abzugebenden anderen Gruppen in einem bestimmten Mengenverhältnis standen, nicht exakt vergleichbar. Vom 7. 1.—31. 3. 1946 galt Frischfisch ohne Kopf und Schwanz, im April 1946 Frischfisch mit Kopf und Schwanz, seitdem Fischfilet als Leitgruppe, die Zuteilungen an Fischfilet begannen am 29. 4. 1946 mit 450 g je Kopf und 4 Wochen und betrugen im September 1948 rund 918 g.

Die beigefügten Zahlentafeln zeigen die Entwicklung im einzelnen.

Die Zuteilungen an Eiern. An Eiern gelangten folgende Stückzahlen je 4 Wochen im Durchschnitt der einzelnen Rationsjahre (Sept./Aug.) je Normalverbraucher zur Verteilung:

1939/40	6,5	1943/44	3,7
1940/41	5,2	1944/45	1,5
1941/42	3,2	1945/46	0,6
1942/43	2,8	1946/47	0,5

In der Zeit von September 1947 bis Juni 1948 wurden 225 g Trockenei und 1 Frischei verteilt. Seit Anfang Juli 1948 sind Eier freigegeben.

Das Schaubild 7 veranschaulicht die Entwicklung der Zuteilungen im einzelnen.

Milch für den Nichtselbstversorger. Vollmilch ist an die Normalverbraucher während der ganzen Rationszeit nicht zugeteilt worden. Die ihnen zustehenden Rationen an Magermilch, die bis Mai 1942 frei bezogen werden konnte, zeigen 4 Abschnitte, deren Durchschnittsrationen sich einigermaßen deutlich voneinander absetzen:

Perioden	Zeit	Durchschnitt in Liter je 4 Wochen
37.—44.	1. 6. 1942—10. 1. 1943	3,2
45.—69.	11. 1. 1943—10. 12. 1944	4,4
70.—86.	11. 12. 1944—31. 3. 1946	4,1
87.—118.	1. 4. 1946—30. 9. 1948	2,7

In der 118. Zuteilungsperiode (1. 9. 1948) wurden 3,0 l zugeteilt.

Über die Details der Entwicklung dieser Zuteilungen (Schaubild 8) ist folgendes zu sagen:

a) Entrahmte Frischmilch

Der Bezugsausweis für entrahmte Frischmilch wurde am 1. 6. 1942 eingeführt. Die Mengen in dem beigefügten Schaubild gelten bis zur 39. Zuteilungsperiode für Groß-Berlin und sind vom Statistischen Reichsamt berechnet worden.

Die für die 40.—60. Zuteilungsperiode veranschlagten Mengen wurden entsprechend der Belieferung des Einzelhandels in Berlin und in den Kreisen Niederbarnim und Teltow nach Angaben des Milch- und Fettwirtschaftsverbandes Kurmark in Anlehnung an Schätzungen des Sta-

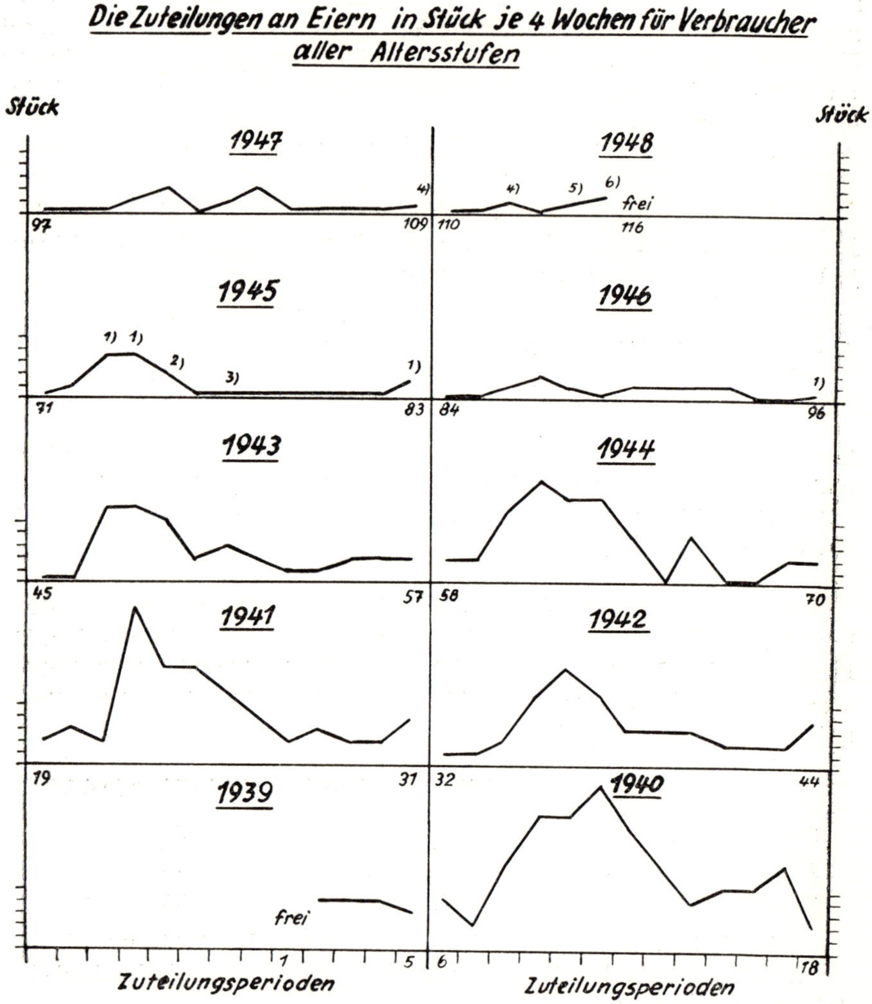

1) Einschl. 25g Trockenei.- 2) Ab 75 ZP. Zuteilungen für die Britische Besatzungszone. Soweit für diese nicht einheitliche Mengen zugeteilt wurden, sind die Hamburger Zuteilungen zugrunde gelegt.- 3) Voranmeldung für 50g Eiaustauschstoff (Trockenei). Über den Zeitpunkt der Verteilung liegen keine Unterlagen vor.- 4) = 50g Trockenei. 5) Einschl. Trockenei. - 6) = 75g Trockenei.

Schaubild 7

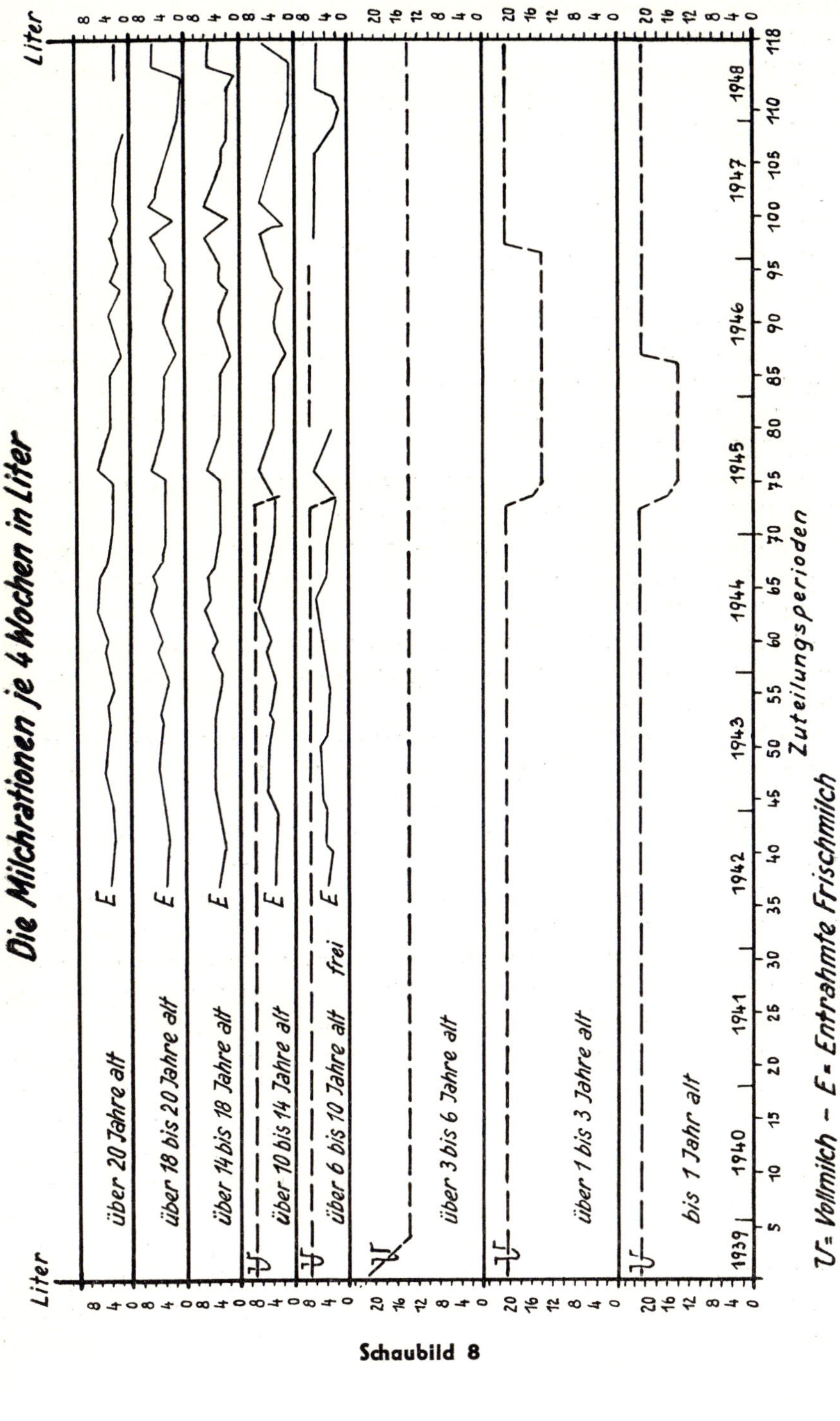
Die Milchrationen je 4 Wochen in Liter
Liter
über 20 Jahre alt
über 18 bis 20 Jahre alt
über 14 bis 18 Jahre alt
über 10 bis 14 Jahre alt
über 6 bis 10 Jahre alt
frei
über 3 bis 6 Jahre alt
über 1 bis 3 Jahre alt
bis 1 Jahr alt
E
V
1939
1940
1941
1942
1943
1944
1945
1946
1947
1948
Zuteilungsperioden
V = Vollmilch – E = Entrahmte Frischmilch

Schaubild 8

tistischen Reichsamtes auf der Basis eines Grundkontingents von 3,6 l je Person über 6 Jahre berechnet. Die Mengenangaben für die 61. bis 70. Zuteilungsperiode sind aus dem für die 60. Zuteilungsperiode berechneten Wert entsprechend der Entwicklung des Molkereiabsatzes an E-Milch in der Britischen Zone extrapoliert worden. Der für die 70. Zuteilungsperiode errechnete Wert ist für die 71. Zuteilungsperiode unverändert übernommen worden. Die Angaben wurden auf volle Viertelliter abgerundet. Dasselbe gilt für die 72. Zuteilungsperiode.

Die Geltungsdauer der 73. Zuteilungsperiode wurde um eine auf fünf Wochen verlängert. Die Geltungsdauer der 74. Zuteilungsperiode betrug nur drei Wochen. Die Vierwochenrationen beider Perioden sind so errechnet, daß die Summe der Zuteilungen beider Perioden gemittelt wurde. Da die Milch täglich ausgegeben wird, ist anzunehmen, daß die täglichen Ausgabemengen trotz Verlängerung der 73. Zuteilungsperiode unverändert blieben.

Den Mengen für die 76.—79. Zuteilungsperiode liegen Angaben des Statistischen Amts der Hansestadt Hamburg zugrunde.

Für die 80. Zuteilungsperiode wurde die nach einem Befehl der Britischen Militärregierung (Hamburger Nachrichten-Blatt vom 15. 11. 1945) vermutete Sollration eingesetzt.

Die Angabe für die 81. Zuteilungsperiode ist der vom Hauptternährungsamt Hamburg für diese Periode herausgegebenen Tabelle der Rationssätze entnommen.

Die Mengenangabe für die 82. Zuteilungsperiode beruht auf Unterlagen für Nordrhein und Weser-Ems. Für Hamburg wurden für diese Zuteilungsperiode nur 2 Liter angegeben.

Die Mengen für die 83. Zuteilungsperiode sind nach Rationstabellen der Landesernährungsämter Hannover, Weser-Ems, Nordrhein und Westfalen angegeben. Die Angaben für die 84. Zuteilungsperiode sind durch Rationstabellen der Landesernährungsämter Hamburg, Hannover, Weser-Ems und Westfalen belegt. Die für die 85. und 86. Zuteilungsperiode eingetragenen Werte sind den Rationstabellen der Landesernährungsämter Hannover, Weser-Ems und Westfalen entnommen.

Die Mengen für die 87. Zuteilungsperiode sind nach dem Erlaß der Britischen Militärregierung, Abteilung für Ernährung und Landwirtschaft, vom 5. 3. 1946, Anlage Ziff. 11, angegeben. Laut Bekanntgabe der Zentralstelle für Ernährung und Landwirtschaft,, Fischerei und Forstwirtschaft (Regional Food Office) vom 17. 6. 1946 (Hamburger Allgemeine Zeitung vom 21. 6. 1946) über die Abgabe von Lebensmitteln in der 90. Zuteilungsperiode, Ziff. 9, war die Abgabe von entrahmter Frischmilch jahreszeitlich etwas gesteigert. Laut Rationstabellen der Landesernährungsämter Hamburg, Hannover, Weser-Ems und Westfalen betrug die E-Milch-Ration in der 90. Zuteilungsperiode 3,5 Liter. Der sich hiernach ergebende Unterschied zwischen den Rationssätzen der 87. und 90. Zuteilungsperiode ist zur Errechnung der Zwischenwerte gleichmäßig aufgeteilt worden. Die so für die 88. und 89. Zuteilungsperiode errechneten Werte wurden auf volle Viertelliter abgerundet.

Von der 91. Zuteilungsperiode an sind die in den Berichten des Statistischen Amtes für die Britische Besatzungszone verzeichneten Mengen angegeben.

In seinen Berichten über den Kriegs- und Friedensverbrauch von Arbeiterhaushaltungen hat das Statistische Reichsamt mit gleichen Zuteilungen für alle Nichtselbstversorger über 6 Jahre gerechnet. Diese Berichte reichen bis zur 59. Zuteilungsperiode. Die in diesen angegebene altersmäßige Begrenzung der E-Milch-Zuteilung wird durch die betreffenden Bestellabschnitte der Reichsfettkarte, später der Grundkarte und schließlich der Lebensmittelkarte, die für die 60.—84. Zuteilungsperiode in den Ausfertigungen für Kiel oder für Hamburg vorlagen, bestätigt. Die Zuteilungen für die einzelnen Altersstufen in den folgenden Perioden wurden nach den vorliegenden Rationstabellen und Erlassen bemessen.

Außer den angegebenen Mengen entrahmter Frischmilch erfolgten nach den Feststellungen des Statistischen Reichsamts (bis 59. Zuteilungsperiode) und den Aufrufen des Landesernährungsamtes Hamburg (anschließende Zeit) Zuteilungen an kondensierter Milch. Für die 5., 17.—18., 35., 48. und 58. Zuteilungsperiode sind in den angegebenen Quellen je 168 g für alle Nichtselbstversorger verzeichnet. Für die 8. und 10.—12. Zuteilungsperiode geben die Quellen je 44 g für alle Nichtselbstversorger an. In der 13.—16. Zuteilungsperiode betrug diese Zuteilung je 100 g für alle Nichtselbstversorger. Für die 19. Zuteilungsperiode sind für die gleichen Verbrauchergruppen 378 g verbucht. In der 28., 61. und 65. Zuteilungsperiode wurden 170 g kondensierte Milch zugeteilt. In der 70. Zuteilungsperiode erhielten die 0—18jährigen 1 Dose (= etwa 85 g). Für die 74. Zuteilungsperiode ergibt sich nach den Hamburger Unterlagen eine Zuteilung von 5 Dosen (425 g) an Kinder bis zu 6 Jahren und von 2 Dosen (170 g) an Jugendliche von über 6—18 Jahren.

Ferner erfolgte laut Bekanntmachung des Landesernährungsamtes Abt. B Hamburg (Hamburger Freie Presse vom 8. 3. und 2. 4. 1947) auf Sonderabschnitt E 915 der Lebensmittelkarten 11—13 und 31—33 „Hamburg" der 99. Zuteilungsperiode eine erstmalige Zuteilung von 100 g Magermilchpulver. Laut Erlaß der Zweizonenverwaltung für Ernährung, Landwirtschaft und Forsten vom 12. 11. 1947 — III B 2 — 3097/47 II — waren in den Notstandsgebieten in der 108. Zuteilungsperiode an Nichtselbstversorger von 6—20 Jahren 400 g und an solche über 20 Jahre 200 g Trockenmagermilch auszugeben. Solche Notstandsgebiete waren innerhalb der Britischen Zone Hamburg und Nordrhein-

Westfalen. Laut Bekanntmachung des Hamburgischen Amtes für Ernährung (Hamburger Allgemeine Zeitung vom 13. 1. 1948) erhielten die Nichtselbstversorger über 6—10 Jahre für die 109. und 110. Zuteilungsperiode je 200 g und diejenigen über 10 Jahre je 125 g Magermilchpulver.

b) Vollmilch

Die Vollmilch wurde seit Beginn des Krieges rationiert.

Bis zur 59. Zuteilungsperiode lagen die Angaben des Statistischen Reichsamts über die reichseinheitlichen Rationen nach Altersstufen vor. Von der 60.—75. Zuteilungsperiode wurden die den Reichskartensätzen aufgedruckten Rationen verbucht. Die weiteren Zuteilungen bis zur 85. Zuteilungsperiode ergaben sich aus den Rationstabellen des Landesernährungsamtes Hamburg. Für die 86. Zuteilungsperiode wurden die Angaben den Aufdrucken des Kartensatzes für die Britische Zone entnommen. Seit der 87. Zuteilungsperiode wurde nach den Verbrauchsregelungserlassen des Zentralamtes für Ernährung und Landwirtschaft bzw. der Zweizonenverwaltung für Ernährung, Landwirtschaft und Forsten gebucht.

Die 73. Zuteilungsperiode wurde um eine auf fünf Wochen verlängert, die 74. Zuteilungsperiode dementsprechend um eine auf drei Wochen gekürzt. Die Haushaltsausweise für Vollmilch galten von der 71. bis 74. Zuteilungsperiode. Sie enthielten Tagesfelder, die vom Verteiler bei der täglichen Ausgabe abgestrichen wurden. Da die 74. Zuteilungsperiode verspätet einsetzte, die Vollmilchkarte aber mit Vierwocheneinteilung weitergalt, deckte sich die 1. Woche der 74. Zuteilungsperiode nach diesem langfristigen Vordruck mit der unvorhergesehenen 5. Woche der verlängerten 73. Zuteilungsperiode. Hiernach ist anzunehmen, daß die Verteiler in dieser Woche die gleichen Tagesmengen ausgaben wie bisher. Das bedeutet, daß auch die 6—14jährigen in dieser Woche noch täglich ¼ l Vollmilch erhielten, da der Fortfall dieser Zuteilung für sie erst zum Beginn der 74. Zuteilungsperiode bekanntgegeben wurde. Bei einer Umrechnung der Zuteilungen für diese beiden unregelmäßigen Perioden auf Vierwochenrationen mußte daher für die 73. Zuteilungsperiode die volle bisherige Ration, für die 1. Woche der 74. Zuteilungsperiode eine Wochenration in bisheriger Höhe und für die 2.—4. Woche dieser Periode die Summe von 3 Wochenrationen neuer Festsetzung angenommen werden.

Die Zuteilungen an Handelsfetten. In der Zuteilung an Handelsfetten (Butter, Margarine und alle sonstigen Arten zukammen) lassen sich fünf Zeitabschnitte deutlich verschiedener Rationshöhe erkennen. In diesen stellten sich die vierwöchentlichen Durchschnittsrationen des Normalverbrauchers wie folgt:

Perioden	Zeit	Durchschnitt in g je 4 Wochen Handelsfette	dar. Butter
2.—34.	25. 9. 1939— 5. 4. 1942	1087	544
35.—74.	6. 4. 1942—29. 4. 1945	840	514
75.—90.	30. 4. 1945—21. 7. 1946	423	242
91.—113.	22. 7. 1946—30. 4. 1948	185	130
114.—118.	1. 5. 1948—30. 9. 1948	495	215

Im September 1948 betrug die Vierwochenzuteilung des Normalverbrauchers 574 g. Die Einzelentwicklung nach Fettarten und Änderungsdaten ergibt sich aus der beigegebenen Zahlentafel.

Die Zuteilungen an Handelsfetten

Zeitpunkt der Veränderung	ZP.	Rationen in Gramm je 4 Wochen nach Altersgruppen der Verbraucher					
			über 14 Jhre.		über 6-14 Jahre		bis 6 Jhre.
1939: 25. 9.	2		1080		820		320
23. 10.	3		1075		825		450
						über 3-6 Jhr.	bis 3 Jhre.
20. 11.	4		1200		1162,5	875	625
1940: 15. 1.	6		1075		1037,5	750	500
3. 6.	11		1077,5		1050		
1. 7.	12		1202,5		1175	875	625
6. 8.	14		1077,5		1050	750	
23. 9.	15				1062,5		
21. 10.	16	über 18 Jhre.	1065	über 14-18 Jhre.	1050		
18. 11.	17	1065		1190		737,5	
16. 12.	18	1052,5		1177,5	1037,5	725	
1941: 7. 4.	22	1077,5		1202,5			
2. 6.	24			1265			
30. 6.	25	1075		1200			
15. 12.	31	1062,5		1187,5	1062,5		500
1942: 9. 3.	34	1050		1175			
6. 4.	35	825		1075			
4. 5.	36	812,5		1062,5		750	
1. 6.	37	800		1050	1050		
29. 6.	38	812,5		1062,5			
24. 8.	40	825		1075	1062,5		
16. 11.	43	800		1050			
14. 12.	44	870		1120	1132,5		
1943: 11. 1.	45	854		1104	1116,5		
8. 2.	46	800		1050	1062,5		
31. 5.	50	850		1100			
26. 7.	52	875		1125			
18. 10.	55	862,5		1100	1112,5	800	550
15. 11.	56	700		887,5			
13. 12.	57	825		1012,5	1237,5	925	675

Die Zuteilungen an Handelsfetten

Zeitpunkt der Veränderung	ZP.	Rationen in Gramm je Wochen nach Altersgruppen der Verbraucher							
1944: 10. 1.	58	700		887,5					
7. 2.	59	825		1012,5					
3. 4.	61	875		1125		1112,5	800		550
29. 5.	63	862,5		1062,5					
26. 6.	64	862,5		1112,5					
24. 7.	65	850		1100		1125			
21. 8.	66	785		1035		1160			
				über 10-18 Jhre.		über 6-10 Jahre			585
16. 10.	68	885		1035		1160	835		
					über 6-18 J.				
13. 11.	69	760			910				710
11. 12.	70	910			1160		710		585
		über 18 Jhre.			über 6-18 J.		über 3-6 Jhr.		bis 3 Jahre
1945: 5. 3.	73	725			975		650		525
2. 4.	74	900			1150		825		700
								bis 6 Jahre	
30. 4.	75	550			825			500	
28. 5.	76	500						500	
23. 7.	78	400			650			500	
12. 11.	82							525	
						über 1-6 Jahre			bis 1 Jahr
1946: 22. 7.	91	200			450				512,5
18. 8.	92	340			590	450			450
16. 9.	93	200			450				512,5
		über 20 Jhre.				über 1-20 Jahre			bis 1 Jahr
1947: 3. 2.	98	250				350			350
3. 3.	99	200							375
23. 6.	103	150				250			300
18. 8.	105					300			350
1948: 5. 1.	110	75				150			300
2. 2.	111	150				300			—
1. 3.	112	154				305,2			366,8
				über 6-20 Jahre			über 1-6 Jhr.		
1. 4.	113	240,8				291,2			344,4
1. 5.	114	355,6		310,8			234,8		
		über 10 Jhre.		über 6-10 Jahre				bis 6 Jahre	
1. 6.	115	428,4		364					
		über 20 Jhre.		über 10-20 Jahre		über 6-10 Jahre		366,8	
1. 7.	116	544,8		529,2					
1. 8.	117	574		574		456,2			
1. 9.	118	574		486,4					

Käse und Quark auf Marken. Nach einer Angabe der Hauptvereinigung der deutschen Milch- und Fettwirtschaft wurden 1940 im Deutschen Reich (ohne damals eingegliederte Ostgebiete) erzeugt (in dz):

Labkäse mit über 20 % Fettgehalt i. T.	1 219 895
Labkäse mit 20 % Fettgehalt i. T.	596 848
Labkäse mit unter 20 % Fettgehalt i. T.	137 981
Sauermilchkäse	604 611

Von der Erzeugung an Labkäse mit über 20 % Fettgehalt i. T. wurden nach gleicher Quelle 80—90 % für die Wehrmacht abgezweigt. Die Qualität des Käses für die Zivilbevölkerung hatte sich danach schon zu dieser Zeit vermindert. Das Statistische Reichsamt schätzte die Zusammensetzung des Käses zur Versorgung der Zivilbevölkerung für jene Zeit wie folgt:

	dz	%
Käse mit über 20 % Fettgehalt i. T.	243 979	19
Käse mit 20 % Fettgehalt i. T.	343 110	27
Käse mit unter 20 % Fettgehalt i. T. (einschließlich Sauermilchkäse)	671 025	54
Zusammen	1 258 114	100

Die Entwicklung der Rationen von Käse und Quark zeigt die beigefügte Tabelle.

Die Zuteilungen an Käse und Quark
für Nichtselbstversorger aller Altersgruppen
in Gramm je 4 Wochen

Zeitpunkt der Veränderung	ZP.	g	Zeitpunkt der Veränderung	ZP.	g
25. 9. 39	2	312,5	11. 1. 43	45	339,3
18. 2. 39	5	236	8. 2. 43	46	250
11. 3. 40	8	312,5	8. 3. 43	47	312,5
8. 4. 40	9	250	3. 5. 43	49	375
6. 5. 40	10	312,5	31. 5. 43	50	500
3. 6. 40	11	436	28. 6. 43	51	375
1. 7. 40	[1]12	312,5	23. 8. 43	53	437,5
23. 9. 40	15	250	20. 9. 43	[2]54	187,5
18. 11. 40	17	312,5	18. 10. 43	55	125
10. 3. 41	21	375	5. 2. 45	[2,3]72	62,5
28. 7. 41	26	312,5	3. 2. 47	[4]98	125
22. 9. 41	28	250	3. 3. 47	99	62,5
9. 2. 42	33	312,5	28. 4. 47	101	125
9. 3. 42	34	250	26. 5. 47	[2]102	62,5
6. 4. 42	35	312,5	18. 8. 47	105	125
27. 7. 42	39	287,5	13. 10. 47	107	62,5
24. 8. 42	40	462,5	1. 3. 48	112	—
21. 9. 42	41	312,5	1. 4. 48	[2]113	56,0
14. 12. 42	44	348,2	1. 7. 48	116	112,0

[1] Bis 30. 6. 1940 verstehen sich die angegebenen Rationen einschl. Quark. Vom 1. 7. 1940 bis 19. 9. 1943 war Quark freigegeben. Die in folgenden angegebenen Rationen verstehen sich für Käse. Quarkzuteilungen sind in den Fußnoten vermerkt. — [2] In der 54. bis 84., 88. bis 92., 94. und 104. ZP. außerdem 125 g, in der 93.. und 102. ZP. 250 g, in der 103. ZP. 100 g und in der 115. ZP. 112 g Quark. — [3] Vom 15. 10. 1945 (81. ZP.) bis 2. 2. 1947 (97. ZP.) keine Zuteilung an Kinder bis 6 Jahre. — [4] Ab 3. 2. 1947 (98. ZP.) keine Zuteilung an Kinder bis 3 Jahre.

Die Brotrationen der Nichtselbstversorger je 4 Wochen

Zeitpunkt der Veränderung	ZP.	Zuteilungen nach Altersgruppen der Verbraucher in kg *					
		über 20 Jahre	über 10-20 J.	über 6-10 Jhr.	über 3-6 Jahre		bis 3 Jahre
1939: 25. 9.	[1] 2	9,6	9,6	6,8	4,4		4,4
1940: 29. 7.	13	9,0	10,4	6,8	4,4		4,4
1942: 6. 4.	35	8,0	10,4	6,8	4,8		3,6
19. 10.	42	9,0	10,4	6,8	4,8		3,6
14. 12.	44	9,4	10,8	7,2	5,2		4,0
1943: 11. 1.	45	9,3	10,7	7,1	5,1		3,9
8. 2.	46	9,0	10,4	6,8	4,8		3,6
31. 5.	50	9,3	10,9	7,1	5,1		4,1
28. 6.	51	9,3	10,7	7,1	5,1		4,7
18. 10.	[2]55	9,3	11,1	8,0	5,5		5,1
		über 18 Jahre	über 14-18 J.				
1944: 16. 10.	68	8,9	11,1	8,0	5,1		4,7
1945: 5. 3.	[3]73	7,1	8,9	6,4	4,1		3,8
2. 4.	[3]74	6,9	8,9	7,6	4,0		3,9
30. 4.	75	6,8	8,0	8,0	4,0		4,0
17. 9.	80	9,2	10,4	10,4	4,0		4,0
15. 10.	81	10,0	11,0	11,0	4,0		3,5
12. 11.	82	10,0	11,0	11,0	6,0		3,5
10. 12.	83	10,0	11,0	11,0	4,0		3,5
1946: 9. 2.	85	10,0	11,0	8,5	5,5		3,5
4. 3.	86	5,0	8,0	5,5	3,5		2,5
						üb. 1-3 J.	bis 1 Jahr
1. 4.	87	5,0	8,0	5,5	3,5	2,5	2,0
22. 7.	91	7,0	10,0	7,5	5,5	4,5	2,0
19. 8.	[4]92	8,6	11,6	9,1	5,5	4,5	2,0
16. 9.	[5]93	9,9	12,4	10,4	5,5	4,5	2,0
14. 10.	94	10,0	13,5	10,0	6,0	4,5	2,5
		über 20 Jahre	über 10-20 J.				
11. 11.	95	10,0	13,0	10,0	6,0	4,0	2,5
1947: 3. 2.	98	14,3	12,0	12,0	7,0	4,0	2,5
3. 3.	99	11,3	14,5	12,0	7,0	4,0	2,5
31. 3.	100	10,5	14,0	11,5	6,5	3,0	2,5
23. 4.	102	8,0	12,5	10,5	8,0	3,8	2,0
23. 6.	103	8,0	10,5	7,5	7,0	4,0	3,0
21. 7.	104	9,5	11,0	10,0	6,0	3,0	2,0
18. 8.	105	10,0	12,5	11,0	6,0	3,0	1,8
15. 9.	106	10,0	12,5	11,0	6,0	3,0	2,0
			über 6-20 Jhr.				
1948: 2. 2.	111	9,0	10,0		6,0	3,0	2,0
1. 3.	112	9,2	10,2		6,1	3,1	2,0
1. 4.	113	8,9	9,9		5,9	2,9	2,0
1. 5.	114	9,2	10,1		6,1	3,0	2,0
1. 6.	115	8,3	9,2		5,1	2,5	2,0
1. 7.	116	9,2	10,1		6,0	2,8	2,0
1. 9.	118	10,1	10,1		6,0	2,8	2,0

* Angaben auf volle 100 g gerundet.

[1] Mehl und Backwaren frei: Mehl wird von der 3., Backwerk von der 10. ZP. an kartenpflichtig. In der 3. ZP. zusätzlich 125 g, in der 4. 200 g Lebkuchen. — [2] Für die 59. bis 61. ZP. haben alle Verbraucher, die keine Kartoffeln eingekellert hatten, einen Sonderbezugsausweis über wöchentlich 300 g Brot erhalten. — [3] Die Geltungsdauer der 73. ZP. wurde bei unveränderlichen Gesamtmengen um eine auf 5 Wochen verlängert. Die Rationen der 74. ZP. wurden für 3 Wochen wie folgt festgesetzt: Nichtselbstversorger über 18 Jahre 5100 g, 6 bis 18 J. 6000 g, bis 6 J. 3000 g. Die Vierwochenrationen sind so errechnet, daß die Gesamtzuteilung für die 73. ZP. durch 5 geteilt, die Menge von 4 Anteilen für die 73. ZP. gebucht und der Anteil für die 5. Woche der Dreiwochenmenge der 74. ZP. hinzugeschlagen wurde. — [4] Einschl. der Zusatzration für Nichtselbstversorger über 6 J. = 1600 g in Städten über 50 000 Einwohnern sowie im Ruhrgebiet in geschlossenen Ortschaften mit über 10 000 Einwohnern. — [5] Einschl. 2400 g Zusatzmenge auf Sonderabschnitt für Nichtselbstversorger über 6 J. in den in Anm. 4 angegebenen Städten und Ortschaften.

Das tägliche Brot des Nichtselbstversorgers. Die mit 9600 g je vier Wochen beginnende Brotration sank nach wechselndem Stand zwischen 8000 und 9300 g Anfäng März 1945 erstmals an und unter die 7000-g-Grenze, wovon sie sich erst Mitte September 1945 erholte. In der Folge spiegelte die Brotration deutlich den Mangel an Getreidereserven und auswärtigen Hilfsquellen wider. Durch Hilfsmaßnahmen der Besatzungsmächte und Zunahme der Einfuhren haben sich die Schwankungsunterschiede zwischen Sommer- und Winterhalbjahr allmählich vermindert, so daß im Sommer 1948 — vom Juni abgesehen — der Stand der angrenzenden Winterhalbjahre im allgemeinen um nicht mehr als rund 1000 g unterschritten wurde. Gegenüber dem absolut niedrigsten Stand von 5000 g im März und April 1946 bedeutet die Septemberration des Jahres 1948 mit rund 10 110 g je 4 Wochen eine Steigerung um rund 102 %, gegenüber dem Anfangsstand um 5,3 %.

Im einzelnen änderten sich die vierwöchentlichen Brotrationen, wie aus der Übersicht erkennbar.

Nährmittel für den Nichtselbstversorger. Die Nährmittelration, mit 600 g je 4 Wochen beginnend, hielt sich bis Anfang März 1945 ungefähr in dieser Höhe. Dann erfolgte ein Einbruch auf 200 g, von dem sie sich bis zum Oktober nur schrittweise erholte, sie sprang dann aber auf 2000 g. Wenn sie Anfang März 1946 auf 1000 g zurückging, so hielt sie doch weiterhin fast ständig einen erheblich über ihrer Ausgangshöhe liegenden Stand, der ihr im Rahmen der Gesamtzuteilungen eine stark

Die Nährmittelrationen in Gramm je 4 Wochen
(einschl. Stärke-Nährmittel und Kinder-Nährmittel)
— Angaben, soweit erforderlich, auf volle Gramm gerundet —

Zeitpunkt der Veränderung	ZP.	Die Zuteilungen nach Altersgruppen der Verbraucher in Jahren				
			über 6		bis 6	
1939: 25. 9.	2				600	
23. 10.	3		600		725	
20. 11.	4				1 100	
18. 12.	[1] 5		788		1 288	
1940: 12. 2.	7		600		1 100	
1941: 3. 1.	19		[2] 725		1 225	
5. 5.	23		600		1 100	
30. 6.	25		850		1 350	
28. 7.	26		475		975	
22. 9.	28		[3] 600		1 100	

1 Außerdem in der 5. ZP. eine kleine Dose Kondensmilch als Sonderzuteilung. — 2 Die Angaben für die 19. bis 22. ZP. verstehen sich einschl. einer Sonderzuteilung von 125 g Reis je Periode für Verbraucher über 20 J. — 3 Außerdem in der 28., 31., 35. u. 48. ZP. eine Normaldose Kondensmilch als Sonderzuteilung für Verbraucher über 20 J. — 4 Einschl. 250 g Gerstengrütze auf Sonderabschnitt der Fleischkarte. Ebenso in der 51. ZP. — 5 Bis zur 55. ZP. einschl. 125 g Reis auf Fleischkarte. —

Zeitpunkt der Veränderung	ZP.	Die Zuteilungen nach Altersgruppen der Verbraucher in Jahren					
				über 6	über 3-6	bis 3	
1942: 6. 4.	35			[3] 600	850	1 100	
1943: 11. 1.	45			663	913	1 163	
8. 3.	47			[3] 600	850	1 100	
31. 5.	50			[4] 850	1 100	1 350	
25. 8.	53			[5] 725	975	1 225	
15. 11.	56			[6] 600	850	1 100	
1944: 11. 12.	70			[7] 550	800	1 050	
1945: 5. 3.	73			200	400	600	
						bis 6	
2. 4.	74			[8] 275		[9] 1 025	
30. 4.	75			300		800	
23. 7.	78			500		1 000	
					über 3-6	bis 3	
15. 10.	81			2 000	}	1 750	
			über 18	über 6-18	}		
1946: 4. 3.	86		1 000	2 000	} 1 500	1 750	
1. 4.	87		1 000	2 000	}	[10] 2 000	
27. 5.	89		1 000	2 000	}	1 750	
22. 7.	91		800	1 800	1 300	1 550	
19. 8.	92		960	1 960	1 460	1 710	
16. 9.	93		1 235	[11] 2 235	1 485	1 735	
14. 10.	94		1 750	2 250	1 750	1 750	
11. 11.	95		[12] 2 000	2 000	1 500	1 750	
			über 18	über 6-18	über 3-6	über 1-3	bis 3
1947: 3. 2.	98		[12] 1 250	1 250	1 250	1 250	2 000
				über 10-18	über 3-10		
3. 3.	99		[12] 1 100	1 100	1 250	1 500	2 000
31. 3.	100	über 20	1 500	1 500	1 750	1 750	2 000
23. 4.	101	600	1 100	1 100	1 350	1 750	2 000
26. 5.	102	1 950	1 450	1 450	1 650	1 750	2 000
23. 6.	103	900	1 250	1 250	1 500	1 750	2 000
18. 8.	105	}			{ 1 500	1 750	2 000
15. 9.	106	} 1 250	1 250	1 250	{ 1 500	1 750	1 250
13. 10.	107	}			{ 1 500	1 750	2 000
				über 6-20			
1948: 2. 2.	111	1 250		1 375	1 500	1 750	2 000
1. 3.	112	1 319		1 400	1 514	1 767	2 064
1. 4.	113	778		893	1 033	1 260	1 687
1. 5.	114	711		778	918	1 145	1 766
				über 6			
1. 6.	115 }						{ 1 996
1. 9.	118 }			1 378	1 604	1 837	{ 2 064

[6] Außerdem in der 58., 61. und 65. ZP. 2 Dosen Kondensmilch als Sonderzuteilung. — [7] Außerdem in der 70. ZP eine Dose Kondensmilch als Sonderzuteilung für Verbraucher über 6 bis 18 J. — [8] Außerdem 2 Dosen Kondensmilch für Verbraucher über 6 bis 18 J. — [9] Einschl. einer Sonderzuteilung von 500 g Maizena. Außerdem 5 Dosen Kondensmilch. — [10] Zuzüglich einer Sonderzuteilung von 500 g Reisflocken für Verbraucher von über 1 bis 3 J. und von 250 g Reisflocken für Verbraucher bis 1 J. — [11] Für Verbraucher über 6 bis 10 J.: 1985 g. — [12] Für Verbraucher über 20 J. in der 95. bis 97. ZP. 1500 g und in der 98. u. 99. ZP. 1000 g.

über ihrem Ernährungsanteil im Frieden und in den ersten Rationsjahren hinausgehende Bedeutung verlieh. Mit rund 1380 g je 4 Wochen lag sie im September 1948 um 130 % über ihrem Anfangsstand.

Die Einzelentwicklung der vierwöchentlichen Rationen zeigt die beigefügte Übersicht nach Änderungsdaten.

Der Kaffee-Ersatz. Der Nährwert von Kaffee-Ersatz ist gering. Das Statistische Reichsamt veranschlagte ihn sowohl in seiner Friedens- als auch in seiner Kriegsnährwerttabelle mit 11 Kal. je 100 ccm Kaffee-Aufguß bei einem Gehalt von 0,15 g Eiweiß und 2,46 g Kohlehydraten. Seit der Kapitulation wurde ein Nährwert von Kaffee-Ersatz bei der Berechnung des Kalorien- und Nährstoffgehalts der Rationen nicht mehr in Ansatz gebracht. Die Vierwochenrationen entwickelten sich laut nachstehender Tabelle:

Kaffee-Ersatz in Gramm je 4 Wochen nach Altersgruppen der Verbraucher

Zeitpunkt der Veränderung	Z. P.	über 18 Jahre	bis 18 Jahre	Zeitpunkt der Veränderung	Z. P.	über 18 Jahre	bis 18 Jahre
1939: 25. 9.	2	[1] 400		1945: 8. 1.	71	250	250
				5. 2.	72	125	125
1940: 21. 10.	16	[2] 350		5. 3.	73	125	125
18. 11.	17	[2] 335		2. 4.	74	[5] 100	100
16. 12.	18	[2] 375		25. 6.	77	125	125
			400	15. 10.	81	250	250
1941: 13. 1.	19	[3] 335					
10. 3.	21	400		1946: 1. 4.	87	[6] 125	[7] 125
15. 12.	31	[2] 335					
				1947: 3. 2.	98	125	[8] 125
1942: 12. 1.	32	[2] 400		15. 9.	106	250	[8] 250
6. 4.	35	312,5	312,5	13. 10.	107	125	[8] 125
21. 9.	41	250	250				
				1948: 1. 3.	112	112	[8] 112
1944: 16. 10.	68	150	150				

[1] In der 15. ZP. außerdem 75 g Bohnenkaffee. — [2] Statt 125 g Kaffee-Ersatz wahlweise in der 16. ZP. 75 g, in der 17., 31. und 33. ZP. 60 g, in der 18. ZP. 100 g Bohnenkaffee. — [3] Statt 125 g Kaffee-Ersatz wahlweise 60 g Bohnenkaffee oder 25 g Tee in der 19. und 20. ZP. — [4] Außerdem 50 g Bohnenkaffee in der 41. und 57. ZP. In der 65. ZP. außerdem 50 g Bohnenkaffee an Frauen der Geburtsjahrgänge 1926 und früher. — [5] Außerdem 100 g Bohnenkaffee. — [6] In der 88. ZP. außerdem 50 g Bohnenkaffee an weibliche Verbraucher über 25 Jahre. — [7] Keine Zuteilungen mehr an Kinder bis 1 J. — [8] Keine Zuteilungen mehr an Kinder bis 3 Jahre.

Zucker, Marmelade, Kunsthonig. Die Zucker- und Marmeladeration wurde bis Ende Januar 1947 gesondert festgesetzt und war auf getrennte Abschnitte zu beziehen. Seit der 98. Periode (3. 2. 1947) konnten statt 250 g Zucker wahlweise auch 450 g Marmelade oder 312,5 g Kunsthonig bezogen werden. Die Ausgangsration der 2. Periode bestand für den Normalverbraucher aus 1000 g Zucker und 400 g Marmelade. Kunst-

Die Zuckerrationen für Nichtselbstversorger in Gramm je 4 Wochen nach Altersgruppen der Verbraucher

Zeitpunkt der Veränderung	ZP.	alle Altersgruppen	Zeitpunkt der Veränderung	ZP.	alle Altersgruppen
1939: 25. 9.	2	1000	1944: 10. 1.	58	900
			26. 6.	64	1400
1940: 6. 5.	10	900	24. 7.	65	900
16. 12.	18	1400	16. 10.	68	875
1941: 13. 1.	19	900	1945: 5. 3.	73	700
30. 6.	25	1400	2. 4.	74	1550
28. 7.	26	900	30. 4.	75	500
			23. 7.	78	800
1942: 14. 12.	44	1043	17. 9.	80	500
1943: 11. 1.	45	1007			
8. 2.	46	900			
28. 6.	51	1150			
20. 9.	54	900			
13. 12.	57	1150			

Zeitpunkt der Veränderung	ZP.	über 20 Jahre	über 6-20 Jahre	über 3-6 Jahre	über 1-3 Jahre	bis 1 Jahr
1946: 4. 2.	85	375	375	250	250	250
1. 4.	87	500	500	375	375	750
22. 7.	91	250	250	125	125	750
14. 10.	94	500	500	375	375	750
1947: 3. 2.	98	500	625	750	750	1250
26. 5.	102	375	500	750	750	1250
23. 6.	103	600	625	750	750	1250
17. 7.	104	500	625	750	750	1250
1948: 2. 2.	111	1000	1000	1000	1000	1250
1. 3.	112	2318	2318	2318	1618	1963
1. 4.	113	2378	2378	2918	2168	2513
1. 5.	114	2755	2755	2293	1607	1949
1. 6.	115	1378	1378	918	918	1263

honig wurde an Normalverbraucher vor Einführung des wahlweisen Bezugs nur bis November 1941 in zwei- bis viermonatlichen Abständen, mit monatlicher Regelmäßigkeit aber nur an die Nichtselbsversorger bis zu 6 Jahren zugeteilt. Die Zuckerration ist während der ersten fünf Rationsjahre deutlich beeinflußt durch die Zuteilungen von Einmachzucker im Juni und — mit Ausnahme von 1944 — der Weihnachtszuteilungen im Dezember. Abweichend von diesem Turnus erfolgte im April 1945 eine Sonderzuteilung von 1000 g. Von diesen Spitzen abgesehen, hielt sich die Zuckerzuteilung bis zum Frühjahr 1945 auf ungefähr 900 g. Dann sank sie mit wenigen Schwankungen auf 500 g im Winterhalbjahr 1946/47.

Die Marmeladerationen

Zeitpunkt der Veränderung	ZP.	Zuteilungen in g je 4 Wochen nach Altersgruppen der Verbraucher	
		alle Altersgruppen	
1939: 25. 9.	2	400	
		über 14 u. bis 6 Jahre	über 6—14 Jahre
23. 10.	3	400	600
1940: 6. 5.	10	600	800
1941: 13. 1.	19	700	900
1944: 16. 10.	68	[1]750	[2]950
13. 11.	69	[3]750	[4]950
11. 12.	70	[1]750	[2]950
1945: 8. 1.	71	[3]750	[4]950
5. 2.	72	[1]750	[2]950
5. 3.	73	[3]600	[4]760
2. 4.	74	[5]900	[5]1190
30. 4.	75	750	750
25. 6.	77	400	400
15. 10.	81	[6]250	250
1946: 4. 2.	85	[6]500	500
4. 3.	86	[6]450	450
1947: 3. 2.	98	wahlweise 450 g Marmelade statt 250 g Zucker	

1 Ohne über 14 bis 18 Jahre. — 2 Einschl. über 14 bis 18 Jahre. — 3 Einschl. über 10 bis 14 Jahre. — 4 Ohne über 10 bis 14 Jahre. — 5 Über 10 bis 18 Jahre: 1150 g. — 6 In der 81., 85. und 86. ZP. für Kinder bis 6 Jahre in der 87. ZP. für solche über 1 bis 6 Jahre: Doppelte Menge.

Daneben liefen die Marmeladenzuteilungen, die von 400 g allmählich auf 750 g, von dieser Höhe seit Juni 1945 nach Einbrüchen bis zu 250 g im Oktober und November 1945 aber auf 450 g kamen. Bei Einführung des Wahlbezugs betrug die Gesamtration 500 g Zucker, erreichte aber ihren Tiefstand mit 375 g und 28 % des Ausgangsstandes Ende Mai 1947, von dem sie sich jedoch bereits in der darauffolgenden Periode erholte und im Juni 1948 mit rund 1380 g bis auf weiteres stabilisierte.

Die Kunsthonigrationen betrugen für Kinder bis 6 Jahre vom 23. 10. bis 19. 11. 1939, vom 18. 12. 1939—10. 3. 1940, vom 8. 4.—2. 6., 1. 7.—22. 9., 21. 10.—17. 11., 16. 12. 1940—9. 3. 1941, vom 7. 4.—1. 6., 30. 6.—24. 8., 22. 9. bis 16. 11. und vom 15. 12. 1941—11. 11. 1945 (3., 5.—7., 9.—10., 12. bis 14., 16., 18.—20., 22.—23., 25.—26., 28.—29. und 31.—81. Zuteilungsperiode) 125 g je 4 Wochen. Für Kinder von 6—10 und 10—14 Jahren wurden die gleichen Mengen zugeteilt mit Ausnahme der 74. Zuteilungsperiode, die für beide Gruppen, und der 65.—67., der 70. und der 72. Zuteilungsperiode, die für die letztgenannte Gruppe ohne Zuteilungen blieben. Für Verbraucher über 14 Jahre wurde in den angegebenen Zeiten kein Kunsthonig zugeteilt mit Ausnahme der 69., 71., 73. und 75. Zuteilungsperiode, in denen die Altersgruppe 14—18 Jahre 125 g je Kopf und 4 Wochen erhielt. In den Zuteilungsperioden zwischen den oben angegebenen Zeiten belief sich die Kunsthonigration für Verbraucher bis 14 Jahre auf 250 g und für die älteren auf 125 g je Kopf und 4 Wochen. Außerdem wurde 1 Pfund Bienenhonig zugeteilt in der 58. und 60. Zuteilungsperiode an Verbraucher bis 18 Jahre, in der 65. Zuteilungsperiode an Verbraucher von 3—10 Jahre und in der 73. Zuteilungsperiode an die Gruppe bis 14 Jahre. Für die Kunsthonigzuteilung der 75. Zuteilungsperiode konnte Zucker in einem Umtauschverhältnis von 100 : 80 bezogen werden. Umgekehrt wurden in der 85. Zuteilungsperiode, nachdem von der 82.—84. Zuteilungsperiode nur an die bis zu 3 Jahre alten Verbraucher 250 g Kunsthonig je 4 Wochen gewährt worden waren, nur wahlweise auf 100 g Zuckermarken 125 g Kunsthonig für alle Verbraucher zugeteilt. In der 86. Zuteilungsperiode verblieb es allein bei einer Austauschmöglichkeit, wobei an Verbraucher bis 6 Jahre statt 250 g Zucker die gleiche Menge Bienenhonig, im übrigen für beide alternativ auf Marmelade oder Zucker lautenden Abschnitte 250 g Zucker, 450 g Marmelade oder 312,5 g Kunsthonig ausgegeben wurden. Nachdem von der 87. bis 90. Zuteilungsperiode Kunst- oder Bienenhonig nicht mehr zugeteilt worden war und von der 91.—97. Zuteilungsperiode noch einmal 312,5 g je 4 Wochen an die Verbraucher bis 6 Jahre ausgegeben worden waren, endete mit Beginn der 98. Zuteilungsperiode am 3. 2. 1947 die spezielle Zuteilung von Kunst- oder Bienenhonig. Bis zum Schluß der Rationierung bestand von da an wahlweise eine Bezugsmöglichkeit für je 250 g Zucker von 450 g Marmelade oder 312,5 g Kunsthonig.

Die Kartoffelration. Kartoffeln, zunächst frei beziehbar, begannen mit einer Ration von 9900 g je 4 Wochen, die mit leichten Schwankungen bis 16 800 g (Ende September 1942) stieg und sich in der Folge allmählich auf 10 000 g senkte, die von März bis Mitte September 1945 gehalten wurden. Dann trat ein scharfer Rückgang auf 6500 g ein, dem ein allmählicher Wiederanstieg auf den Stand vom Sommer 1945 folgte, der von November 1946 bis Mitte Juli 1947 gehalten wurde. Danach trat eine Senkung auf 8000 g ein, Anfang März 1948 wurde die Ration wieder auf 9000 g erhöht. Am 1. 7. 1948 wurde sprunghaft eine Ration von 20 000 g erreicht. Im nächsten Monat wurden 14 000 g zugeteilt. Vor der Aufhebung der Kartoffelrationierung (1. 11. 1949) betrug die Ration 15 000 g.

In den Berichten des Statistischen Reichsamts über den Kriegs- und Friedensverbrauch der Arbeiterhaushaltungen werden die Kartoffeln bis zum Ablauf der 34. Zuteilungsperiode als freie Nahrungsmittel geführt. Erst vom 6. 4. 1942 an (35. Zuteilungsperiode), als in Berlin der Bezugsausweis für Speisekartoffeln eingeführt wurde, betrachtete das Statistische Reichsamt dieses Nahrungsmittel als gebunden.

In Hamburg wurden die Kartoffeln nach Feststellung der Statistischen Abteilung des Amts für Ernährung bereits von der 29. Zuteilungsperiode an (20. 10. 1941) zugeteilt. Diese Zuteilungen lagen aber mit 18 kg erheblich über dem durchschnittlichen Verbrauch der Arbeiterhaushaltungen nach den Wirtschaftsrechnungen von 1937. Nach deren Vorergebnis für 350 Arbeiterhaushaltungen, das den Vergleichsberechnungen des Statistischen Reichsamts zugrunde liegt, verbrauchten diese in vier Wochen nicht ganz 10 000 g je Kopf. Das eigentliche Nahrungsaufkommen je Vollperson betrug nach den Berechnungen des Statistischen Reichsamts in der 34. Zuteilungsperiode 2517, in der 35. Zuteilungsperiode 2421 Kal. Bei diesem Nahrungsstande ist nicht unbedingt anzunehmen, daß höhere Kartoffelrationen ausgekauft wurden. In der Anfangszeit des Krieges gingen auch aus Arbeiterkreisen verschiedener Verdienstlage Beschwerden ein, daß ihr Arbeitseinkommen ihnen nicht den Einkauf aller ihnen kartenmäßig zustehenden Zuteilungen gestatte. Ein Bedürfnis, mit den Aufzeichnungen über die Kartoffelzuteilungen anders als das Statistische Reichsamt zu beginnen, schien daher nicht gegeben.

Die Kartoffelzuteilungen für Nichtselbstversorger in Kilogramm je 4 Wochen

Zeitpunkt der Veränderung	ZP.	Allgem. Rationen	Zeitpunkt der Veränderung	ZP.	Rationen für Verbraucher von		
					über 3 Jhr.	über 1-3 J.	bis 1 Jahr
1939: 25. 9.	2	frei	1943: 15. 11.	56	14,0	14,0	14,0
1942: 6. 4.	35	9,9	1944: 13. 11.	69	12,0	12,0	12,0
4. 5.	36	9,5	1945: 5. 3.	73	10,0	10,0	10,0
29. 6.	38	11,9	23. 7.	78	10,0	5,0	5,0
27. 7.	39	16,8	17. 9.	80	6,5	3,3	3,3
24. 8.	40	16,2	15. 10.	81	8,0	4,0	4,0
21. 9.	41	16,8	1946: 1. 4.	87	8,0	4,0	—
19. 10.	42	15,8	11. 11.	95	10,0	5,0	—
1943: 8. 3.	47	16,3	1947: 23. 6.	103	10,0	5,0	2,0
5. 4.	48	14,0	21. 7.	104	8,0	4,0	4,0
11. 5.	50	15,1	1948: 1. 3.	112	9,0	4,5	4,5
28. 6.	51	12,2	1. 7.	116	20,0	10,0	—
26. 7.	52	12,1	1. 8.	117	14,0	7,0	—
20. 9.	54	12,4	1. 9.	118	15,0	7,5	—
18. 10.	55	11,1					

Die Werte der Übersicht sind für die 35., 41.—46. und 51.—55. Zuteilungsperiode aus den Durchschnittsangaben des Statistischen Reichsamts je Haushaltung berechnet.

Die Angaben für die 36.—40. Zuteilungsperiode sind gewogene Durchschnitte aus den Zuteilungen je Kopf in den Städten Berlin, München, Dresden, Breslau und Frankfurt (Main), in der 47.—50. Zuteilungsperiode aus denen der Städte Berlin, Dresden, Breslau und Magdeburg. Als Wägungsgrundlage diente die Wohnbevölkerung von 1939. Soweit wahlweise alte oder neue Kartoffeln bezogen werden konnten, wurde die Zuteilungsmenge an alten Kartoffeln zugrunde gelegt.

Von der 56.—94. Zuteilungsperiode wurden die Angaben des Hamburgischen Amtes für Ernährung verwertet. Für die 81.—94. Zuteilungsperiode konnten Stichproben an Hand von Bekanntgaben anderer Ernährungsämter gemacht werden. Danach ist anzunehmen, daß die angegebenen Rationen einheitlich für die britische Zone galten.

Da nach den vom Ernährungsamt Kiel vorliegenden Reichskartensätzen bis zur 68. Zuteilungsperiode ein einheitlicher Kartoffelbezugsausweis für alle Altersstufen galt, wurde insoweit allgemein die volle Kartoffelzuteilung zugrunde gelegt. Die Laufzeit für den folgenden nicht vorliegenden Kartoffelbezugsausweis ist für die 69.—77. Zuteilungsperiode anzunehmen. Laut Pressenotiz vom 7. 2. 1945 wurde die Kartoffelmenge ohne Differenzierung herabgesetzt. Danach ist zu vermuten, daß die Unterscheidung der Nichtselbstversorger mit Speisekartoffeln nach Kleinstkindern und sonstigen Verbrauchern, die sich aus dem Kartensatz des Landesernährungsamts Hamburg für die 78. Zuteilungsperiode ergibt, zu diesem Zeitpunkt erstmalig vorgenommen wurde.

Da die Geltungsdauer der 73. Zuteilungsperiode um eine Woche verlängert, die der 74. Zuteilungsperiode aber entsprechend verkürzt wurde, ist die Summe der Zuteilungen für beide Perioden in Hamburg zur Errechnung der Vierwochenration halbiert worden.

Laut Anordnung B 60/46 des Landesernährungsamts Hannover vom 27.3. 1946 und Bekanntmachung des Landesernährungsamts Weser-Ems L 133 vom 19. 3. 1946 ist die Kartoffelzuteilung für Säuglinge bis zu 12 Monaten mit Beginn der 87. Zuteilungsperiode fortgefallen. Diese Regelung dürfte einheitlich für die Britische Zone gegolten haben, da zu diesem Zeitpunkt die Säuglingskarte eingeführt wurde. Mit Beginn der 103. Zuteilungsperiode wurde die Kartoffelzuteilung an Säuglinge laut Weisung 34 des Ernährungs- und Landwirtschaftsrates für das amerikanische und britische Besatzungsgebiet wieder eingeführt. Nach den Rationsplänen der Landesernährungsämter Hamburg und Weser-Ems betrug die Ration der Säuglinge in dieser Periode 2000 g gegenüber 5000 g für 1—3jährige. Von der 104. Zuteilungsperiode an galten laut zentraler Festsetzung für Säuglinge und Kleinstkinder gleiche Rationssätze.

Laut Verbrauchsregelungserlaß des Zentralamts für Ernährung und Landwirtschaft für die 95. Zuteilungsperiode wurde die Kartoffelration auf 10 000 bzw. 5000 g erhöht. Diese Ration blieb nach den folgenden zentralen Erlassen der Ernährungsverwaltung bis zur 103. Zuteilungsperiode bestehen. Von der 104. bis 111. Zuteilungsperiode galt nach diesen zentralen Erlassen ein Rationssatz von 8000 bzw. 4000 g.

Die Versorgungslage für Kartoffeln war von der 3. Woche der 81. Zuteilungsperiode bis zur 111. Zuteilungsperiode sehr unbefriedigend. Die Landesernährungsämter waren in dieser Zeit gezwungen, in großem Umfang mit Ersatzzuteilungen zu arbeiten. Im Bereich des Landesernährungsamtes Hamburg galten nachstehende Regelungen:

In den letzten beiden Wochen der 81. Zuteilungsperiode sowie in der 82. und 83. Zuteilungsperiode standen keine Kartoffeln zur Verfügung. Als Ausgleich wurden in der 81. Zuteilungsperiode an Verbraucher über 3 Jahre 600 g Brot oder 450 g Nährmittel und in der 82. und 83. Zuteilungsperiode 1500 g Brot und 8 kg Steckrüben (4 kg für Kinder bis zu 3 Jahren) geliefert. In der 84. bis 86. Zuteilungsperiode wurde die Hälfte der ausgegebenen Kartoffelration durch 500 g Brot oder 375 g Nährmittel und durch 8 kg Steckrüben ersetzt. Kinder unter 3 Jahren erhielten bei der gleichen Menge Brot keine Steckrüben. In der 87. bis 89. Zuteilungsperiode kamen als Ersatz für die gesamte Kartoffelzuteilung einheitlich 2000 g Brot zur Verteilung. Infolge besonderer Transportschwierigkeiten durch Frostwetter wurden in der 98. Zuteilungsperiode an Stelle von frischen Kartoffeln 1400 g Trockenkartoffeln (700 g für Kinder von 1 bis 3 Jahren) und in der 99. Zuteilungsperiode 350 g Trockenkartoffeln in der ersten Woche und 1875 g Brot oder 1500 g Mehl in den restlichen 3 Wochen ausgegeben. In der 100. Zuteilungsperiode wurde die Kartoffelzuteilung durch 2500 g Brot bzw. 1250 g für Kinder von 1 bis 3 Jahren ersetzt. In der 101. Zuteilungsperiode konnte nur die halbe Kartoffelration beliefert werden. Ersatz für die fehlende Hälfte konnte nicht gewährt werden. In der 102. Zuteilungsperiode wurden statt der Kartoffelration 2000 g Brot ausgegeben. In der 103. Zuteilungsperiode wurde die 1. Hälfte der Kartoffelration durch einheitlich 1000 g Brot ersetzt und die andere Hälfte durch 4000 g Frühkartoffeln nur für Verbraucher über 3 Jahre abgedeckt. Von der 104. bis 107. Zuteilungsperiode wurde der Bezugsausweis wie vorgesehen mit Kartoffeln aufgerufen. Für die 108. Zuteilungsperiode wurden in Hamburg erst in der 110. Zuteilungsperiode 2 kg Speisekartoffeln für alle Verbraucher aufgerufen und ausgeliefert, die restlichen 6 kg (2 kg für Kinder bis zu 3 Jahren) wurden in der 111. Zuteilungsperiode nachgeliefert. Für die 109. und 110. Zuteilungsperiode konnte eine Kartoffelzuteilung nicht erfolgen, da übergebietliche Kartoffellieferungen ausblieben. Als Ersatz kamen für Verbraucher über 3 Jahre 2800 g Brot oder 2000 g Mehl, für Verbraucher bis zu 3 Jahren die halbe Menge zur Ausgabe. An Stelle der Kartoffelration für die 111. Zuteilungsperiode sind in der ersten Dekade der 112. Zuteilungsperiode 1400 g Weißzucker (700 g für Kinder bis zu 3 Jahren) geliefert worden.

Hülsenfrüchte. Der Verbrauch von Hülsenfrüchten war von Kriegsbeginn bis 14. 1. 1940 gesperrt. Von da an erfolgten bis Anfang 1943 mit Ausnahme der Juli/August-Periode 1941 Zuteilungen jeweils in der Mitte des Winterhalbjahres. Von Mai 1944 an fielen die Zuteilungen in die Sommermonate. Seit 1. 8. 1948 sind Hülsenfrüchte freigegeben. Im einzelnen waren die Rationen folgende (in g je 4 Wochen):

Hülsenfrüchte

Zeitpunkt der Veränderung	ZP.	g	Zeitpunkt der Veränderung	ZP.	g
1940: 15. 1.	6	250	1944: 1. 5.	[1] 62	250
11. 3.	8	—	29. 5.	63	—
16. 12.	18	500	1946: 22. 7.	91	200
1941: 13. 1.	19	250	19. 8.	92	40
10. 3.	21	—	16. 9.	93	15
28. 7.	26	125	14. 10.	94	—
25. 8.	27	—	1947: 23. 6.	103	400
15. 12.	31	250	21. 7.	104	—
1942: 9. 2.	33	—	1948: 1. 5.	[2] 114	229,6
14. 12.	44	42	1. 8.	117	frei
1943: 11. 1.	45	167			
8. 3.	47	—			

[1] Auf Wunsch Reis oder Hülsenfrüchte. — [2] Ab 109. ZP. lt. Angaben LEA. (Abtlg. Stat.) der Hansestadt Hamburg.

Die Gemüsezuteilungen. Bis zur 31. Zuteilungsperiode konnte Gemüse frei bezogen werden.

Für die 32.—59. Zuteilungsperiode ist die Gemüseversorgung vom Statistischen Reichsamt nach laufenden Angaben des Marktbeauftragten für die Obst- u. Gemüseversorgung Groß-Berlins über die für die Berliner Zivilbevölkerung angelieferten Gemüsemengen berechnet worden. Hierzu wurde auf Grund der vom Statistischen Amt der Stadt Berlin angegebenen Verbraucherzahlen die je Kopf der Zivilbevölkerung entfallene Menge ermittelt. Dadurch wurde die gesamte Gemüseversorgung der Zivilbevölkerung erfaßt, die öffentlich aufgerufenen Mengen bildeten nur die gegen Abtrennung von Kartenabschnitten erfolgenden Zuteilungen, während die gegen Abstempelung durch den Händler gewährten

Rationen von Anweisungen des Marktbeauftragten an den Handel abhingen. Die Aufrufe behielten in der Regel über die Zuteilungsperiode hinaus Gültigkeit, so daß sie auch noch nach deren Ablauf beliefert werden konnten. Da die Verbraucher jedoch individuell verschieden befriedigt wurden, ist die gesamt für eine Zuteilungsperiode zur Verfügung stehende Anlieferung jeweils als Versorgung für diese Periode gebucht worden. In geringem Umfang enthielt diese Gesamtmenge Gemüse, das frei abgegeben wurde. Bei der Berechnung der durchschnittlichen Menge je Kopf konnten Unterschiede in der Belieferung von Haushaltungen, Sammelverpflegungen und Gaststätten nicht berücksichtigt werden. Die Mengen der 60.—94. Zuteilungsperiode verstehen sich nach Ermittlungen des Statistischen Amts der Hansestadt Hamburg. Die für die 32.—94. Zuteilungsperiode ermittelten Werte wurden auf volle 50 g auf- bzw. abgerundet. Für die 95.—98. Zuteilungsperiode sind die vom Zentralamt für Ernährung und Landwirtschaft für die britische Zone aufgerufenen Mengen zugrunde gelegt. Seit der 99. Zuteilungsperiode sind die Mengen nach den Zuteilungserlassen der Verwaltung für Ernährung, Landwirtschaft und Forsten des Vereinigten Wirtschaftsgebiets angegeben.

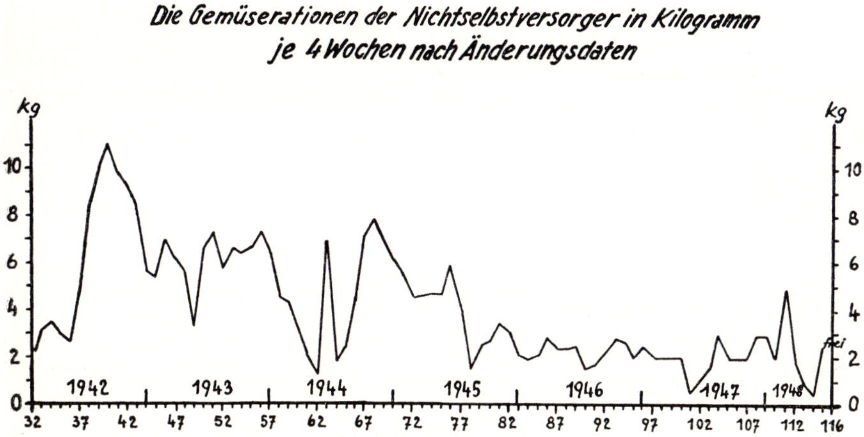

Schaubild 9

Die Zuteilungen an Obst und Südfrüchten. Die Zuteilungen an Obst und Südfrüchten waren von Anfang an örtlich bestimmt. Sie differierten zeitlich und örtlich stark. Eine zusammenfassende Darstellung dieser Zuteilungen kann daher nur ungefähre Größenordnungen liefern. Das Statistische Reichsamt behandelte Kernobst und Südfrüchte bis zum 20. 10. 1940 als freie Nahrungsmittel. Vom 21. 10. bis 17. 11. 1940 war die

Abgabe gesperrt. Von da an sind die Zuteilungen zunächst im Durchschnitt je Woche und Haushaltung berichtet worden. Beeren- und Steinobst wurde vom 23. 6. 1941 als zuteilungsgebundene Ware behandelt. Zunächst folgte das Statistische Reichsamt in seinen Berechnungen der Berliner Regelung. Anfang 1942 hatte es eine Berichterstattung aufgezogen, an der die Städte Königsberg, Breslau, Posen, Gleiwitz, Berlin, Dessau, Dresden, Wien, München und Essen beteiligt waren. Außerdem wurden im 2. Vierteljahr 1942 die Ergebnisse von Erhebungen des Deutschen Frauenwerks in Arbeiterhaushaltungen von 15 mittel-, west- und süddeutschen Gemeinden ergänzend herangezogen. Vom September 1943 an wurden außerdem Hamburger Unterlagen benutzt.

Die hiernach berechneten Näherungswerte sind bewußt auf volle 25 g auf- oder abgerundet. Sie ergeben ungefähr folgendes Bild:

An Frischobst aller Art standen jeweils im Jahresdurchschnitt etwa folgende Mengen je Verbraucher und 4 Wochen zur Verfügung (in g):

	Verbraucher im Alter von . . . Jahren					
	über 18	üb. 14-18	üb. 10-14	üb. 6-10	üb. 3-6	bis 3
1940/41	1300	1925	1925	1925	1925	1925
1941/42	450	800	850	850	950	950
1942/43	350	625	650	675	750	750
1943/44	400	450	475	500	525	525
1944/45	50	50	50	50	50	50
1945/46	25	25	25	25	50	75
1946/47	50	50	50	125	125	125

Südfrüchte sind hierbei in den Zahlen für 1940/41 einbegriffen. Für die anschließenden Jahre kann anscheinend mit folgender Menge gerechnet werden:

	über 18	üb. 14-18	üb. 10-14	üb. 6-10	üb. 3-6	bis 3
1941/42	125	250	250	250	300	300
1942/43	50	75	75	75	75	75

Für die weiteren Jahre muß die Zuteilung an Südfrüchten ebenfalls als in den Frischobstmengen enthalten angenommen werden.

Die Zuteilungen an Hartschalenobst scheinen für alle Altersstufen gleich gewesen zu sein. In vollen 10 Gramm gerechnet ergeben sich hierfür schätzungsweise folgende Mengen je Kopf und 4 Wochen:

1940/41	1941/42	1942/43
40	30	10

Für die weitere Zeit darf im großen ganzen mit einem Ausfall dieser Zuteilungen gerechnet werden.

Während Obst im allgemeinen zusammen mit Gemüse gleich nach der Währungsreform freigegeben wurde, blieben Südfrüchte zunächst weiterhin bewirtschaftet.

Gemüse- und Obstkonserven. Für Gemüse-, Obstkonserven und Dörrobst können für die ersten vier Rationsjahre etwa folgende Verbrauchsmengen je Verbraucher und Zuteilungsperiode angenommen werden (in g):

1939/40	1940/41	1941/42	1942/43
500	925	625	600

Schokolade, Süßwaren und Kakaopulver. In der Lebensmittelbewirtschaftung wurde unterschieden zwischen Schokolade und sonstigen kakaohaltigen Erzeugnissen einerseits und Kakaopulver andererseits. Wegen der ausländischen Rohstoffbasis sind beide Nahrungsmittel zu Kriegsbeginn in das Rationierungssystem einbezogen worden.

In der 2. Zuteilungsperiode durfte Kakaopulver vom Einzelhandel nicht mehr abgegeben werden. Ebenso war der Verkauf von Tafel- und Blockschokolade gesperrt. Der Bedarf an Schokoladenerzeugnissen konnte aber durch die freie Abgabe von Pralinen gedeckt werden. Das Statistische Reichsamt hat daher in seinen Berichten über den Kriegs- und Friedensverbrauch von Arbeiterhaushaltungen den Schokoladenkonsum zunächst als ungebunden betrachtet.

Von der 3. Zuteilungsperiode an wurden Schokoladenwaren und Kakaopulver „markenpflichtig", und zwar konnte Schokolade nur auf die Reichsnährmittelkarte, Kakaopulver auf die Reichsfettkarten für Kinder bei jeweiliger kommunaler Bekanntmachung bezogen werden. Von der 36. Zuteilungsperiode an hat das Statistische Reichsamt die Schokoladenerzeugnisse in seinen Berichten als „zuteilungsgebundene" Nahrungsmittel geführt, da sie zu dieser Zeit bereits überwiegend gegen kommunale Bezugsausweise abgegeben wurden. Es liegen deshalb nur Städtemeldungen vor, von denen hier bereits ab 35. Zuteilungsperiode die Angaben für Berlin herangezogen sind. Von der 54. Zuteilungsperiode an sind die Hamburger Aufrufe zugrunde gelegt.

In den Zuteilungsmengen sind die Schul- und Schwedenspeisungen sowie sonstige Hilfs- oder Sonderzuwendungen einzelner Organisationen nicht berücksichtigt.

Die vom Statistischen Reichsamt für die Kriegszeit ausgewiesenen Wochenzuteilungen je Einzelperson sind auf die Zuteilungsperiode umgerechnet. Soweit für Schokoladenzuteilungen Sammelangaben für mehrere Zuteilungsperioden vorlagen (35. bis 53. Zuteilungsperiode), sind sie mit Hilfe einfacher Durchschnitte auf die einzelnen Zuteilungsperioden verteilt worden..

S c h o k o l a d e ist in der Kriegszeit an alle Altersgruppen der Bevölkerung ausgegeben worden.

Die ersten Reichszuteilungen betrugen nach den Berechnungen des Statistischen Reichsamtes über den Verbrauch in Arbeiterhaushaltungen in der 3. Zuteilungsperiode rund das Doppelte, in der 4. Zuteilungsperiode etwa das Vierfache des Verbrauchs in der entsprechenden Zeit

Die Schokoladenzuteilungen je 4 Wochen nach Änderungsdaten

Zeitpunkt der Veränderung	ZP.	g	Zeitpunkt der Veränderung	ZP.	g
1939: 25. 9.	2	[1] —	1941: 20. 10.	29	[3,7] 250
23. 10.	3	100	17. 11.	30	[6,7] 125
20. 11.	4	200	15. 12.	31	[7] 250
18. 12.	5	—	1942: 12. 1.	32	92
1940: 15. 1.	6	[2] —	9. 2.	33	[7] 61,5
12. 2.	7	62,5	9. 3.	34	[7] 215,5
3. 6.	11	[3] —	6. 4.	35	94
1. 7.	12	125	1. 6.	37	[8] 51,5
26. 8.	14	62,5	21. 9.	41	[9] 59,5
21. 10.	16	[4] 125	1943: 8. 3.	47	[10] —
1941: 13. 1.	19	—	28. 6.	51	[3] 42
10. 2.	20	[4] 125	20. 9.	54	[12] —
5. 5.	23	[5] —	1945: 10. 12.	83	[13] —
2. 6.	24	62,5	6. 12.	96	[14] —
30. 6.	25	[6,7] 187,5	1947: 6. 1.	97	—
28. 7.	26	[4,7] 125	8. 12.	109	[15] —
22. 9.	28	125	5. 10.	110	—

[1] Tafel- und Blockschokolade gesperrt, Pralinen frei. — [2] Tafel- und Blockschokolade gesperrt, ab 2. 2. 1940 Pralinen frei. — [3] Bis 18 Jahre 125 g. — [4] Bis 18 Jahre i. d. 18., 21. und 26. ZP. 187,5 g. — [5] Bis 18 Jahre 62,5 g. — [6] Bis 18 Jahre 375 g. — [7] Einschl. Süßwaren. — [8] Bis 18 Jahre 82,5 g. — [9] Bis 18 Jahre 95 g. — [10] Bis 18 Jahre 165,5 g. — [12] Für die 54. bis 56. ZP. und für die 59. ZP. nur noch in Berlin Ausgabe von 31,2 g kakaohaltigen Erzeugnissen im Periodendurchschnitt. — [13] Für alle 62,5 g Fruchtschnitte, außerdem bis 18 Jahre 50 g Schokolade. — [14] Bis 6 Jahre 113,4 g. — [15] 1 bis 6 Jahre und, soweit die Einschulung noch nicht erfolgt war, über 6 bis 7 Jahre: 50 g.

des Jahres 1937. Diese Mengen wurden bei der Versorgungslage zu Kriegsbeginn von der Bevölkerung nicht aufgenommen.

Als Folge davon wurde in der 5. Zuteilungsperiode Schokolade nicht zugeteilt. Das Statistische Reichsamt betrachtete den Verbrauch als gesperrt. Die weitere Auslieferung von Schokoladenwaren an den Einzelhandel war verboten. Dieser durfte nur Restbestände von bis dahin nicht aufgenommenen Erzeugnissen absetzen, jedoch als freie Ware. Danach trat eine kurzfristige Verkaufssperre ein. Während der 6. Zuteilungsperiode wurde mit Wirkung vom 2. 2. 1940 der Verkauf mit geringen sortenmäßigen Einschränkungen freigegeben. Nach Ansicht des Statistischen Reichsamtes ist der Bedarf auch in dieser Zeit gedeckt worden.

In der 10. Zuteilungsperiode wurde ungefüllte Tafel- oder Blockschokolade erstmalig als Austauschnahrungsmittel für Kakaopulver auf die Reichsfettkarte abgegeben. Zur Räumung der bei den Verteilern noch vorhandenen geringfügigen Vorräte war der wahlweise Bezug auch in der 12. und 13. Zuteilungsperiode zugelassen. Im Rahmen der eigentlichen Schokoladenzuteilungen wurden jedoch in der 11. und 12. Zuteilungsperiode Kinder und Jugendliche, in der 17. und 18. Zuteilungsperiode sämtliche Verbraucher nur mit Pralinen (kakaohaltigen Erzeugnissen) beliefert. In der 19. Zuteilungsperiode — im Anschluß an Weihnachten und Neujahr — unterblieb eine Schokoladenzuteilung bei gleichzeitiger Verlängerung der Abgabefristen für die Dezember-Zuteilung bis 31. 1. 41. In der 23. Zuteilungsperiode wurden nur Kinder und Jugendliche bis zu 18 Jahren berücksichtigt. Von dieser Zuteilungsperiode an gingen die Zuteilungsmengen für Schokoladenerzeugnisse zurück. Seit Beginn der 25. Zuteilungsperiode wurden zusammen mit Schokolade auch Süßwaren zugeteilt.

Die Qualität der Versorgung ließ während des ersten Kriegsjahres nach. Laut Ermittlungen des Statistischen Reichsamtes wurden die Zuteilungen von den Geschäften aus Mangel an besserer Ware verschiedentlich „in Form billiger Cremestangen“ vorgenommen.

Im zweiten Kriegsjahr stiegen die Gesamtzuteilungen an Schokoladen- und Süßwaren mengenmäßig an und lagen höher als im ersten Kriegsjahr. Die Zuweisungen in der 31. und 34. Zuteilungsperiode enthalten Sonderzuteilungen aus Anlaß des Weihnachts- bzw. des Osterfestes.

Nachdem bereits in der 32. Zuteilungsperiode einzelne Städte mit der Abgabe von Schokoladen- und Süßwaren gegen Abschnitte kommunaler Ausweise begonnen hatten, wurden die Zuteilungen mit Beginn der 35. Zuteilungsperiode regional sehr verschieden. In der 35. und 36. Zuteilungsperiode u. a. lagen sie in Berlin und Wien am höchsten.

Die durchschnittlich anfallenden Mengen an Schokoladen- und Süßwaren wurden im dritten Kriegsjahr gegenüber dem vorangegangenen noch etwas erhöht. Der Zuteilungssatz für Verbraucher über 20 Jahre erreichte in der 29. und 31. Zuteilungsperiode 250 g, während Kinder und Jugendliche bis zu 18 Jahren in der 30. Zuteilungsperiode 375 g erhielten. Diese Menge ist seit Bestehen der Bewirtschaftung nur noch in der 25. Zuteilungsperiode ausgegeben worden.

Nach den Unterlagen des Statistischen Reichsamtes über ausgewählte Berichtsstädte blieb die Höhe der ausgegebenen Rationen bei gleichwertiger Zusammenrechnung von Schokoladen- und Süßwarenzuteilungen auch im vierten Kriegsjahr beträchtlich. So kam in der 50. Zuteilungsperiode mehr als das Fünffache des entsprechenden Verbrauches von Arbeiterhaushaltungen im Jahre 1937 zur Ausgabe. Seit der 46. Zuteilungsperiode ist jedoch für die Kriegszeit von Schokoladenzuteilungen nichts mehr bekannt geworden. Soweit kakaohaltige Erzeugnisse noch ausgegeben werden konnten, waren sie in der 47. bis 50. Zuteilungsperiode größtenteils für Kinder und Jugendliche bis zu 18 Jahren bestimmt, in der 51. bis 53. Zuteilungsperiode sind sie in Berlin und Essen zugeteilt worden. Im übrigen blieben die Rationen auf Süßwaren beschränkt.

Bei Beginn des fünften Kriegsjahres kamen kakaohaltige Erzeugnisse nur noch in Berlin zur Verteilung. Die ausgegebenen Mengen waren bei allen Verbrauchergruppen auf 31,2 g je Kopf im Durchschnitt für die 54. bis 56. und die 59. Zuteilungsperiode abgesunken, während bei Mitberücksichtigung der Süßwaren noch 134,3 g auf Erwachsene, 156,2 g auf Jugendliche zwischen 14 und 18 Jahren und 94 g auf Kinder bis zu 14 Jahren entfielen. Zu der gleichen Zeit gab Hamburg an Süßwaren in der 54. Zuteilungsperiode 125 g, in der 56. Zuteilungsperiode 250 g jeweils an alle Verbraucher und in der 59. Zuteilungsperiode 125 g an Kinder bis zu 14 Jahren.

Die austauschweise Lieferung von 50 g Tafelschokolade für 62,5 g Kakaopulver, die durch die Verbrauchsregelungserlasse des Reichsernährungsministers für die 58., 59. und 60. Zuteilungsperiode „im Rahmen der bei den Verteilern vorhandenen Vorräte" wiederum zugelassen war, ließ sich praktisch nicht mehr verwirklichen.

In der 57. und 58. Zuteilungsperiode konnten reichseinheitlich auf Weihnachtssonderkarte — mit der Gültigkeitsdauer von zwei Kartenlaufzeiten — für Verbraucher über 18 Jahre insgesamt 125 g Zuckerwaren oder wahlweise 100 g Zucker, für Kinder und Jugendliche bis zu 18 Jahren insgesamt 250 g Zuckerwaren oder 200 g Zucker bezogen werden.

Von der 60. bis zur 82. Zuteilungsperiode wurden ausschließlich Süßwaren abgegeben. Erwachsene und Jugendliche zwischen 18 und 20 Jahren erhielten letztmalig in der 61. Zuteilungsperiode eine Ration von 125 g. Der Satz für Kinder und Jugendliche bis zu 18 Jahren betrug einheitlich in der 60. bis 63. Zuteilungsperiode, in der 67. und in der 69. bis 71. Zuteilungsperiode 125 g, dagegen in der 65. Zuteilungsperiode 250 g Süßwaren. In der 78. Zuteilungsperiode kamen 100 g zur Ausgabe. In der 82. Zuteilungsperiode wurden 120 g Süßwaren und 80 g Studentenfutter verteilt.

In der 83. Zuteilungsperiode gab es als Weihnachtszuteilung 1945 für Kinder und Jugendliche bis zu 18 Jahren erstmalig wieder 50 g Tafelschokolade und zusätzlich 62,5 g Fruchtschnitte. Kinder bis zu 6 Jahren erhielten außerdem 400 g Süßwaren. Abgesehen von Hamburg und Schleswig-Holstein verteilten die übrigen Länder der britischen Zone für die entsprechende Altersstufe lediglich Süßwaren. Zu Weihnachten 1946 (96. Zuteilungsperiode) wurden an Kinder und Jugendliche bis zu 18 Jahren 250 g Süßwaren ausgegeben. Die 0- bis 6jährigen erhielten in Hamburg außerdem 113,4 g (4 Unzen) Schokolade. In der 109. Zuteilungsperiode wurden als Weihnachtszuteilung 250 g Süßwaren für Kinder und Jugendliche von 1—20 Jahren aufgerufen. An 1- bis 6jährige kamen zusätzlich in Hamburg 50 g Schokolade zur Ausgabe.

In den nichtgenannten Zuteilungsperioden sowie seit der 110. Zuteilungsperiode sind nach den Hamburger Unterlagen Schokolade und Süßwaren in keiner Form verteilt worden. Jedoch konnten Süßwaren nach

Bezugsregelung für Süßwaren	Gültigkeitsdauer	Zuteilungsperioden	Altersgruppen der Verbraucher
freier Bezug	bis 29. 6. 1941	bis 24.	alle
in Schokoladezuteilung enthalten	20. 6.—21. 9. 1941 20. 10. 41-11. 1. 1942 9. 2.— 5. 4. 1942	25.—27., 29.—31., 33., 34.	—
Abgabe gesperrt oder keine Zuteilung	22. 9.—19. 10. 1941 12. 1.— 8. 2. 1942 18. 10.—14. 11. 1943 10. 1.— 6. 2. 1944 26. 6.—23. 7. 1944 21. 8.—17. 9. 1944 16. 10.—12. 11. 1944 5. 2.—22. 7. 1945 20. 8.—11. 11. 1945 7. 1.— 8. 12. 1946 6. 1.—7. 12. 1947 5. 1.—29. 2. 1948	28., 32., 55., 58., 64., 66., 68., 72.—77., 79.—81., 84.—95., 97.—108., 110., 111.	alle
31 g je 4 Wochen	6. 4.—31. 5. 1942	35.—36.	über 18 Jahre
36,5 g je 4 Wochen 47 g je 4 Wochen	21. 9. 1942 bis 7. 3. 1943	41.—46.	über 18 Jahre bis 18 Jahre
55 g je 4 Wochen	1. 6.—20. 9. 1942	37.—40.	alle
66,5 g je 4 Wochen	28. 6.—19. 9. 1943	51.—53.	bis 18 Jahre
94 g je 4 Wochen	6. 4.—31. 5. 1942	35.—36.	bis 18 Jahre
100 g je 4 Wochen	23. 7.—19. 8. 1945	78.	bis 18 Jahre
112,5 g je 4 Wochen	28. 6.—19. 9. 1943	51.—53.	über 18 Jahre
125 g je 4 Wochen	20. 9.—17. 10. 1943 13. 12. 43—9. 1. 1944 3. 4.—30. 4. 1944	54., 57., 61.	über 18 Jahre
	20. 9.—17. 10. 1943 6. 3.—25. 6. 1944 18. 9.—15. 10. 1944 13. 11. 44—4. 2. 1945	54., 60.—63., 67., 69.—71.	bis 18 Jahre
	7. 2.— 5. 3. 1944	59.	bis 14 Jahre
169 g je 4 Wochen 172 g je 4 Wochen	8. 3.—27. 6. 1943 8. 3.—27. 6. 1943	47.—50. 47.—50.	bis 18 Jahre über 18 Jahre
180 g je 4 Wochen	12. 11.— 9. 12. 1945	82.	bis 18 Jahre
250 g je 4 Wochen	15. 11.—12. 12. 1943	56.	über 18 Jahre
	15. 11. 43—9. 1. 1944 24. 7.—20. 8. 1944 9. 12. 46—5. 1. 1947	56.—57., 65.	bis 18 Jahre
	8. 12. 47—4. 1. 1948	109.	1—20 Jahre
400 g je 4 Wochen	10. 12. 45—6. 1. 1946	83.	bis 6 Jahre
wahlweise auf Kleinabschnitte der Zuckerkarte	ab 1. 3. 1948	ab 112.	alle

dem Erlaß III B 2 des Ernährungs- und Landwirtschaftsrates in Stuttgart vom 22. 2. 1947 seit der 100. Zuteilungsperiode einschl. auf Zuckerabschnitt der Lebensmittelkarten im Verhältnis 1 : 1 bezogen werden.

An Kakaopulver wurden von der 3. bis 65. Zuteilungsperiode reichseinheitlich für Kinder aller Altersstufen 62,5 g je Zuteilungsperiode ausgegeben. Lediglich in der 4. bis 6. Zuteilungsperiode und in der 12. bis 15. Zuteilungsperiode wurden zusätzlich weitere 62,5 g als Sonderzuteilung aufgerufen, um die beim Handel lagernden Vorräte dem Verbrauch zuzuführen.

In der 10., 12. und 13. Zuteilungsperiode sowie in der 58. bis 60. Zuteilungsperiode war der wahlweise Bezug von 50 g ungefüllter Tafel- oder Blockschokolade an Stelle von 62,5 g Kakaopulver zugelassen.

Der Wochenverbrauch je Haushaltung lag nach den Berechnungen des Statistischen Reichsamtes für das erste Kriegsjahr um mehr als 80 % über dem entsprechenden Satz von 1937, sank aber im folgenden Kriegsjahr. Dafür verminderte sich Anfang 1940 der Fettgehalt des Kakaopulvers von 14 % auf 4 %; mit Anfang April 1940 waren nach den Ermittlungen des Statistischen Reichsamtes die Vorräte des Einzelhandels an reinem Kakaopulver im allgemeinen erschöpft, so daß nur noch Mischkakao, in der Zusammensetzung von Kakao und Hafermehl zu gleichen Teilen, abgegeben werden konnte. Daneben kamen bereits seit der 16. Zuteilungsperiode Malzkakao und Schokoladenpulver ersatzweise zur Auslieferung. Zu Beginn der 35. Zuteilungsperiode wurde ein Milchgetränkpulver mit Hagebuttenzusatz in die Karten- und Bezugschein-

Die Zuteilungen an Kakaopulver

Zeitdauer der Zuteilung	ZP.	Menge je Kopf u. 4 Wochen in g.	Altersgruppen der Verbraucher
25. 9. 1939—22. 10. 1939 21. 8. 1944— 4. 3. 1945 19. 8. 1946 und weiter	2,66—72 92 u. weiter	[1]—	alle
25. 10. 1939—19. 11. 1939 12. 2. 1940—30. 6. 1940 21. 10. 1940—20. 8. 1944	3,7—11 16—65	62,5	bis 14 J.
20. 11. 1939—11. 2. 1940 1. 7. 1940—20. 10. 1940	4—6 12—15	125	bis 14 J.
5. 3. 1945—21. 7. 1946	73—90	125	bis zum vollend. 5. Lebensj.
22. 7. 1946—18. 8. 1946	91	200	bis 1 J. als selbst. Zuteilung, außerdem für 1—10 J. an Stelle von 125 g Kaffee-Ersatz

1 In der 96. ZP. 100 g Kakaopuddingpulver an Verbraucher bis 10 Jahre.

pflicht für Kakaopulver aufgenommen. Die zugeteilten Mengen dürften ausgekauft worden sein.

Von der 66. Zuteilungsperiode an wurden die Zuteilungen von Kakaopulver im Reichsgebiet eingestellt. Die Gültigkeit der zum Bezuge berechtigenden Abschnitte der Reichsfettkarte für die 65. Zuteilungsperiode wurde noch bis zum Ablauf der 66. Zuteilungsperiode verlängert. Seitdem sind in der britischen Besatzungszone während der 73. Zuteilungsperiode für Kinder von 0—5 Jahren 125 g und während der 91. Zuteilungsperiode für Kinder von 0—10 Jahren 200 g Kakao ausgegeben worden. Diese Menge ist in der 91. Zuteilungsperiode den 1- bis 10jährigen als Ausgleich für die nicht belieferten 125 g Kaffee-Ersatz angerechnet worden. Als letzte kakaopulverhaltige Ware wurden in der 96. Zuteilungsperiode 100 g Kakaopuddingpulver an 0- bis 10jährige verteilt.

Die Zulagen für Arbeiter. Die Kategorien der zulageberechtigten Arbeiter haben sich im Laufe der Rationierung geändert. Von ihrem Beginn bis zur Gegenwart wurden unverändert nur die Schwer- und Schwerstarbeiter geführt, neben denen bis zur 11. Periode (3. 6. 1940) weitere zulageberechtigte Arbeitergruppen nicht existierten. Zu diesem Zeitpunkt wurde zusätzlich die Gruppe der Lang- und Nachtarbeiter eingeführt, die von der 75. Periode (30. 4. 45) ab durch die abweichend definierte Gruppe der Teilschwerarbeiter ersetzt wurde. Neben diese drei Gruppen trat seit der 82. Periode (12. 11. 45) der Mittelschwerarbeiter. Von der 110. Periode an (5. 1. 48) wurde ferner der Normalarbeiter

Zeit	Schwer-		Schwerst-		Normalverbraucher		
	arbeiter						
	Kaloriengehalt je Tag der					Anteil der	
	markenpflicht.	markenpflicht. u. ausweisgebunden.	markenpflicht.	markenpflicht. u. ausweisgebunden.	Gesamt-	markenpflicht.	ausweisgebunden.
	Nahrungsmittel					Nahrungsmittel an Gesamtnahrung in %	
59. Z.P. (7. 2. 44)	2276	2718	3044	3485	1995	79,5	20,2
55. Z.P. (18. 10. 43)	2247	2717	3014	3484	1994	77,7	22,0
50. Z.P. (31. 5. 43)	2228	2832	2996	3600	2109	71.4	28,3
46. Z.P. (8. 2. 43)	2193	2840	2961	3608	2118	70,2	29,5
40. Z.P. (24. 8. 42)	2075	2757	2843	3524	2047	68,5	31,2
1940/41	.	2491	.	3319	2445	76,9	2,5

eingeführt. Seit der 81. Periode (15. 10. 45) fanden die Bergarbeiter eine besondere Berücksichtigung in der Rationierung. Die Entwicklung dieser Zulagen wurde von der 82. Periode ab (12. 11. 45) statistisch beobachtet, und zwar wurden die Rationen der Bergschwer- und Bergschwerstarbeiter verfolgt. Die Zulagen der Bergteilschwerarbeiter wurden wegen der geringen Zahl der Empfänger statistisch nicht erfaßt. In der 117. Periode (August 1948) wurden somit acht Zulagegruppen für gewerbliche Arbeit geführt, deren unterste, die der Normalarbeiter, mit der 118. Periode (September 1948) wieder entfiel.

Seit dem zweiten Kriegsjahr wies das Statistische Reichsamt den Kaloriengehalt der täglichen Rationen der Empfänger von Arbeiterzulagen gesondert aus. Diese Angaben umfassen die Grundration zuzüglich der Zulagen. Die nachfolgende Zusammenstellung zeigt die Entwicklung in großen Zügen unter Gegenüberstellung mit der gleichzeitigen Gesamtration des Normalverbrauchers und deren Zusammensetzung nach der Bezugsbedingung.

Für die 115. Periode (Juni 1948) verzeichnete das Statistische Amt für die britische Besatzungszone folgende Nährwertgehalte der täglichen Ist-Rationen (tatsächlich aufgerufene Mengen) für Arbeiter im Durchschnitt für die britische Zone (in Kalorien):

Grundration Normalverbraucher	Zulagen (einschließlich Grundration)				
	Normal-	Teilschwer-	Mittelschwer-	Schwer-	Schwerst-
	arbeiter				
1540	1808	2066	2339	2604	3128
		Bergschwerarbeiter		Bergschwerstarbeiter	
		3399		4083	

In den hierbei für Bergarbeiter angegebenen Werten sind aus dem Punktsystem für Bergarbeiter (am 16. 1. 47 in Kraft getreten) angefallene Mengen an Speck und Zucker nicht berücksichtigt.

Den beigegebenen Zahlentafeln über die Rationsmengen liegen für die 2.—53. Periode die Aufstellungen des Statistischen Reichsamts, für die 54.—74. Periode Material aus dem Bereich des Landesernährungsamts Nordrhein-Westfalen, für die 75.—118. Periode Angaben aus der Hansestadt Hamburg zugrunde. Die Zahlentafel für Bergarbeiter stützt sich hauptsächlich auf die Aufruferlasse des Landesernährungsamts Nordrhein-Westfalen. Eine laufende Statistik der Zulagemengen ist, abgesehen von den drei ursprünglichen Gruppen, die vom Statistischen Reichsamt laufend verfolgt worden sind, nicht in dem Sinne der Statistik über die zulagefreien Nichtselbstversorger geführt worden. Zeit- und gebietsweise ergaben sich Abweichungen, deren Umfang nicht genau

Die Zulagen der gewerblichen Arbeiter sowie der werdenden und stillenden Mütter auf Karten in Gramm je 4 Wochen nach den Zuteilungsperioden eines Änderungseintritts und nach Lebensmittelgruppen

Brot		Nährmittel		Fleisch		Butter, Fett		Margarine		Zucker		Kartoffeln	
ZP.	g	ZP.	g	ZP.	g	ZP.	g	ZP.	g	ZP.	g	ZP.	g
						Lang- und Nachtarbeiter/Normalarbeiter							
11	2 400	110	500	5	400	37	80	4	80	110	63	110	2 000
55	2 800	112	507	24	800	38	—	37	[1] 60	112	56	112	1 837
70	3 600	118	—	35	600	110	75	38	80	116	—		
				42	800	111	100	75	—	Schmalz			
75	—			75	—	112	45	111	50	2	—		
110	1 250			110	150	113	—	112	56	117	48		
111	1 500			111	200	114	45	113	101	118	—		
112	1 415			112	182	115	—	114	45				
116	1 008			113	90			115	90				
117	918			114	—			116	59				
118	—							117	—	Zucker			
						Mittelschwerarbeiter							
82	1 600	101	500	82	400	82	140	111	100	101	63	101	2 000
101	1 500	110	1 000	101	200	101	100	112	157	112	56	110	6 000
110	2 500	112	1 008	110	300	110	150	113	202	115	—	112	5 510
111	3 000	116	778	111	400	111	200	114	118	Schmalz		Käse	
112	3 027	118	549	112	297	112	45	116	89	2	—	2	—
116	2 752			113	90	113	—	117	—	117	73	110	63
118	1 378			114	—	114	45	118	90	118	—	112	56
						116	—			Zucker		Kartoffeln	
						Teilschwerarbeiter							
75	2 800	75	200	75	500	75	165	111	150	101	63	82	4 000
82	1 000	82	500	101	400	76	—	112	210	111	125	87	—
93	2 000	90	750	110	450	82	195	113	302	112	115	90	4 000
94	2 500	101	1 000	111	600	101	200	114	182	115	—	112	3 674
101	3 000	110	1 500	112	412	110	225	116	89	Schmalz		Käse	
110	3 750	112	1 515	113	90	111	300	117	—	2	—	2	—
111	4 000	116	1 560	114	—	112	90	118	90	117	73	101	63
112	4 589	118	1 055			113	—			118	—	112	56
116	4 130					114	90						
118	2 752					116	—						

[1] Speiseöl.

Brot		Nährmittel		Fleisch		Butter, Fett		Margarine		Zucker		Kartoffeln	
ZP.	g	ZP.	g	ZP.	g	ZP.	g	ZP.	g	ZP.	g	ZP.	g
Schwerarbeiter													
2	3 600	2	[2] 1 500	2	2 000		—	2	250	2	—	2	—
54	5 600	54	—	4	1 600	37	150	35	150	75	500	75	6 000
75	4 400	75	500	5	2 000	38	—	37	[1] 120	77	—	82	8 000
76	3 600	82	1 000	24	1 600	75	300	38	150	101	125	112	7 347
82	2 000	87	1 500	35	1 200	76	160	75	210	112	115	Käse	
93	4 000	101	2 000	42	1 400	77	140	76	—	115	—	2	—
94	5 000	112	2 019	75	2 400	79	165	77	250	Marmelade		75	125
101	6 000	116	1 882	76	700	82	390	82	—	2	—	76	—
110	5 000	118	1 652	77	1 000	87	140	111	200	75	750	101	125
111	6 000			101	800	90	390	112	311	77	—	112	125
112	6 149			110	600	101	400	113	403	Schmalz			
116	5 967			111	800	110	300	114	274	2	[3] 250		
118	4 130			112	549	111	400	116	118	67	[4] 285		
				113	90	112	90	117	—	75	—		
				114	—	113	—	118	118	87	250		
						115	90			90	—		
						116	—			117	109		
										118	—		
										Zucker		Kartoffeln	
Schwerstarbeiter													
2	7 600	2	[2] 1 500	2	2 800	2	—	2	500	2	—	2	—
54	9 600	54	—	24	2 400	37	475	35	475	75	500	75	6 000
70	9 200	75	1 000	35	2 200	38	—	37	[1] 380	77	—	82	16 000
75	6 400	82	2 000	42	2 400	75	600	38	475	101	188	87	8 000
76	4 400	87	1 500	75	3 400	76	210	65	500	112	171	101	12 000
79	8 400	101	3 000	76	1 400	77	530	75	785	115	—	112	11 021
82	6 200	112	3 027	77	2 000	82	780	76	210	Marmelade		Käse	
94	7 200	116	3 112	82	2 400	87	530	77	250	[5]			
101	9 000	118	2 752	101	1 200	90	780	82	—			2	—
110	7 500			110	900	101	600	111	300	Schmalz		75	125
111	9 000			111	1 200	110	450	112	459	2	1 380	76	—
112	8 996			112	826	111	600	113	596	4	1 375	101	187
116	8 720			113	90	112	118	114	307	35	[3] 1 000	110	188
118	6 885			114	—	113	—	116	230	65	[3] 975	112	171
						115	182	117	—	70	[6] 960	Kaffee-Ersatz	
						116	—	118	182	75	—	2	—
										87	250	70	100
										90	—	76	—
										117	182	79	125
										118	—	87	—
												101	150
												110	—

[1] Speiseöl. — [2] Mehl aus Brotgetreide. — [3] In der 54., 55., 64. und 65. ZP. Speck, in der 63. ZP. halb Fleischschmalz, halb Speck. — [4] 160 g Fleischschmalz u. 125 g Speck. — [5] Wie Schwerarbeiter. — [6] 160 g Fleischschmalz u. 850 g Speck.

Brot ZP.	Brot g	Nährmittel ZP.	Nährmittel g	Fleisch ZP.	Fleisch g	Butter, Fett ZP.	Butter, Fett g	Margarine ZP.	Margarine g	Zucker ZP.	Zucker g	Kartoffeln ZP.	Kartoffeln g
						Bergschwerarbeiter							
82	3 200	82	2000	2	2 000	82	780	Gemüse		82	500	82	12 000
93	4 400	85	2500	94	2 500	94	1 320	82	8 000	85	100	101	18 000
94	6 000	102	3500	95	2 700	95	1 212	101	—	101	163	102	12 000
95	7 000	112	2500	101	2 300	101	1 132	Käse		102	100	112	11 934
96	6 992	118	2481	102	2 900	102	1 282			112	101	Kaffee-Ersatz	
101	6 792			112	2 890	107	1 292	82	—	118	95		
102	7 792			118	2 716	112	1 243	94	250			82	—
112	7 804					118	1 207	95	160				
118	5 149							101	223			101	50
								102	160			102	—
								118	—			112	230
												118	—
								Gemüse				Kartoffeln	
						Bergschwerstarbeiter							
82	7 800	82	2000	82	3 400	82	1 170	82	8 000	82	500		
94	13 080	85	2500	94	3 700	94	1 710	101	—	85	100	Kaffee-Ersatz	
95	12 400	102	4000	95	3 800	95	1 784	Käse		101	225	82	—
96	12 384	112	2500	101	3 200	101	1 664	82	—	102	100		
101	12 084	118	2481	102	4 000	102	1 864	94	250	112	101	95	250
102	13 184			112	3 993	112	1 862	95	320	118	95	101	75
112	13 219			118	3 828	118	1 772	101	383			102	—
118	9 607							102	320			112	230
								112	319			118	238
								115	—				
								Margarine				Kartoffeln	
						Werdende und stillende Mütter[8]							
81	3 500		[10]	81	400	81	525	81	—	81	[13] 500	81	4 000
87	2 000	81	[11] 1 500	102	800	82	450	82	75	85	[14] 250	82	—
88	3 500	93	1250	112	734	85	325	85	200	94	[14] 375	85	4 000
91	3 000	100	[11] 1500	116	92	88	450	88	60	99	875	86	8 000
93	2 500	101	[11] 2750	117	344	91	438	89	75	101	500	87	—
100	3 600	112	[11] 2752			94	513	99	—	112	504	88	4 000
101	2 000	116	[11] 2526			[12] 101	500			116	230	101	2 000
112	2 019					112	504					116	—
116	[9] 689					116	274						

7 Wie Bergschwerarbeiter. — 8 Für die Zeit vor der 81. ZP. liegen keine ausreichenden Unterlagen für die Aufstellung einer Übersicht vor. Außer den angegebenen Rationen jeweils 14 l Vollmilch. — 9 Außerdem 549 g Dauerbackwaren. — 10 Einschl. Kinderstärkemehl. — 11 Außerdem in der 84. bis 86. ZP. 250 g, in der 87. und 100. bis 118. ZP 125 g Kaffee-Ersatz. — 12 Außerdem ab 101. ZP. je 125 g Käse. — 13 Außerdem 500 g Marmelade bzw. in der 82. bis 84. ZP. 250 g Marmelade und 250 g Kunsthonig. — 14 Außerdem in der 85. und 86. ZP. 1000 g, in der 87. und 88. ZP. 900 g und in der 89. ZP. 450 g Marmelade sowie in der 91. bis 98. ZP. 450 g Marmelade und 312,5 g Kunsthonig.

festliegt. Im Zweifel wurden die vermutlichen für den repräsentativen Bereich oder bei Unklarheiten über die Summe aller Wochenmengen die wahrscheinlichste Größe zugrunde gelegt. Seit Umstellung der Vier-Wochen-Periode auf die Monatsperiode (1. 3. 48) wurden die monatlichen Mengen ebenso wie bei allen anderen Rationsangaben auf vier Wochen umgerechnet.

Das Punktsystem für Bergarbeiter[9] wurde am 16. Februar 1947 für die Untertagebetriebe des Kohlenbergbaues an der Ruhr, im Aachener Revier, in Niedersachsen und auf dem Braunkohlentiefbau in der britischen Zone zur Erhöhung der Kohlenförderung eingeführt. Das unter dem Sammelnamen eines Punktsystems in den Sprachgebrauch eingegangene Verfahren war ein Leistungsprämiensystem, das zweigliedrig gehandhabt wurde. Es unterschied die Bezugskarten mit Bezugsberechtigung für feste Mengen und die Punkte, die diesem System den Namen gaben.

Auf die Bezugskarten wurden Nahrungs- und Genußmittel abgegeben. Dabei wurden folgende Personengruppen unterschieden:

1. Untertagegedingearbeiter, sofern sie mindestens den Hauerdurchschnittslohn von 10,80 RM erreichten,
2. im Schichtlohn tätige Untertagearbeiter, sofern sie die gleiche Voraussetzung erfüllten,
3. Aufsichtsbeamte im Untertagebau,
4. sonstige Untertagearbeiter,
5. männliche Übertagearbeiter und technische Betriebsangestellte,
6. männliche technische Angestellte, soweit sie nicht unter Ziff. 5 fallen, und männliche kaufmännische Angestellte, jeweils mit Ausnahme der Jugendlichen,
7. Berglehrlinge mit einem Lehrvertrag,

Personengruppe	Bezugskarte	Monatlich zugeteilte Mengen an				
		Speck g	Kaffee g	Zucker g	Spirituosen Fl.	Zigaretten St.
1 — 3	A	750	500	250	2	100
4	B	250	250	250	1	50
5	B	250	250	250	0,5	20
6	C	—	250	250	0,5	20
7	D	750	250	250	—	—
8	E	250	250	250	—	—
9	F	—	250	250	—	—

[9] *Wirtschaftsrevue* Konstanz v. 7. 6. 1947, Die Versorgung der Ruhrbergarbeiter; *Die Welt* Nr. 41 v. 5. 4. 1947, Rationen und Punktsystem; *Tagesspiegel* Berlin Nr. 37 v. 13. 2. 1947, Das Punktsystem im Ruhrbergbau.

8. sonstige männliche jugendliche Belegschaftsmitglieder,
9. weibliche Arbeiter und Angestellte.

Für diese Gruppen wurden Bezugskarten mit den in vorstehender Übersicht verzeichneten monatlichen Mengen ausgegeben.

Gleichzeitig mit der Bezugskarte erhielt der bezeichnete Personenkreis Punkte, für die zusätzlich Lebensmittel und Verbrauchsgüter gekauft werden konnten. Die Zahl der zugeteilten Punkte wurde nach dem verdienten Schichtlohn wie folgt bemessen:

Schichtverdienst RM	Punkte Anzahl
6,12	61
7,53	78
8,05	81
10,08	101
10,20	102
je weitere 0,10	1 mehr

Die Höchstgrenze der Punktzuteilung betrug für Bergleute 150 Punkte, für über Tage tätige Belegschaftsmitglieder bildete die auf den Schichtlohn des gelernten Handwerkers entfallende Punktzahl unabhängig von der tatsächlichen Lohnbemessungsgrundlage die obere Grenze. Als Berechnungsgrundlage der Punktzuteilung galt der Schichtverdienst ohne Leistungszulagen, Prämien, Hausstands- und Kindergeld. Revierführende Steiger erhielten die sich aus dem tariflichen Hauerdurchschnittslohn ergebende Punktzahl zuzüglich 5 %.

Die Zuteilungen der Bergarbeiter setzten sich demnach wie folgt zusammen:

Allgemeine Lebensmittelkarte
+ Bergschwer- oder Bergschwerstarbeiterkarte
+ Bezugskarte
+ Punkte
+ zusätzliche Werksverpflegung (Eintopf mit Fleisch und belegte Brote vor und nach jeder Schicht in der Kantine).

Die Punktberechnung legte normalerweise 25 volle Schichten im Monat unabhängig von der Zahl der Arbeitstage zugrunde. Für Arbeiten an Sonn- und Feiertagen im durchgehenden Betrieb erhöhte sich die Punktzahl um $^1/_{25}$, für jede aus betrieblichen Gründen ausfallende vergütete oder nicht vergütete Schicht verminderte sie sich um den gleichen Wert.

Bei willkürlichen Fehlschichten erfolgten folgende Kürzungen:

Zahl der Fehl-schichten im Monat	Ausfallende Zuteilungen auf Bezugskarte	Kürzung der monatl. Punkt-zuteilung	Sonstige Abzüge
1	Tabakwaren und Branntwein	5/25	Werkver-pflegung
2	außerdem Kaffee und Zucker	10/25	„
3 u. mehr	sämtliche	sämtl.	„

Entschuldigte Fehlschichten, die nicht bis zum 15. des nächsten Monats nachgeholt wurden, sind als willkürliche Fehlschichten mit den entsprechenden Abzügen behandelt worden.

Bei Krankheiten bis zu vier Wochen wurden weder Bezugskarten noch Punkte ausgegeben, bis die Werksleitung in Verbindung mit dem Betriebsrat über den betreffenden Fall entschieden hatte. In Fällen längerer Krankheitsdauer entschied ein aus Vertretern der Zechenleitungen und des Industrieverbandes Bergbau gebildeter Punktsystem-Ausschuß. Bei Betriebsunfällen erfolgte ohne weiteres bis zu 26 Wochen die halbe Punktberechnung. Bei leichteren Verletzungen bis einschließlich sechs Schichten wurde die Gesamtpunktzahl um $^1/_{25}$ je ausgefallene Schicht gekürzt.

Die Punktwerte der auf Bergarbeiterpunkte zu beziehenden Erzeugnisse waren in einer Punktwertskala festgelegt. Zu den auf Punkte erhältlichen Waren gehörte auch Bekleidung und Hausgerät. Beispielsweise erforderten ein Herrenmantel 233, ein Herrenanzug 195, ein Herrenhemd 38 und ein Paar Socken 8 Punkte.

Die Zulagen für werdende und stillende Mütter. Für werdende und stillende Mütter können die Zulagen erst von der 81. Periode an gegeben werden. Die Zusammenstellung für die vorangegangene Zeit, für welche die Einzelunterlagen nicht mehr zur Verfügung standen, konnte nicht mehr zuverlässig nachgeholt werden. Bereits die I. DurchfVO zur VO zur vorläufigen Sicherstellung des lebenswichtigen Bedarfs des deutschen Volkes vom 27. 8. 1939 (RGBl. I S. 1502) verpflichtete die Gemeindebehörden, werdenden und stillenden Müttern zusätzlich 0,3 l Milch je Tag und auf ärztliche Bescheinigung auch Zusatzkarten für einzelne andere Lebensmittel zu bewilligen. In der Folge wurde die Milchsonderzuteilung modifiziert und später — soweit feststellbar, seit der 64. Periode — die Berechtigungskarte für werdende und stillende Mütter eingeführt. Obwohl also von Anfang der Kriegswirtschaft an Zulagen an diese Verbrauchergruppe gewährt wurden, erlaubt die Technik ihrer Gewährung keinen Überblick über die Entwicklung der Rationshöhe für den gesamten Zeitraum.

Die sonstigen Zulagen. Die Differenzierung des Zuteilungswesens hat eine laufende statistische Beobachtung aller Einzelregelungen ausgeschlossen. Solche Sonderregelungen bestanden aber nicht ohne weiteres in Zulagen. Zum Teil handelte es sich um Tauschmöglichkeiten. So konnten die Vegetarier während des Krieges unter Verzicht auf den Fleischbezug Butter, Quark und Eier beziehen. Auch Kranken und Leidenden wurden ihren Diäterfordernissen angepaßte Bezugsmöglichkeiten geboten, die teilweise in einem Umtausch von Bezugsrechten bestanden.

Die diätgemäßen Zuteilungen waren während des Krieges[10] für umstimmende Ernährungsbehandlung, für örtlich angesetzte Ernährungsbehandlung mit Schonung und Übung und für Diät auf Grund allgemeiner Krankheitssymptome besonders festgesetzt. Zur erstgenannten Gruppe rechneten z. B. Rohkostbehandlungen, Behandlungen mit vegetabilischer Heilkost, Banting-Kuren und Hollywood-Diät. Die zweite Gruppe gliederte sich nach Krankheitsgruppen (Magen/Darm, Nieren, Herz und Kreislauf, Atmungsorgane, extrapulmonale Tuberkulose, Gelenke, Stoffwechsel), innerhalb deren Höchstzuteilungen bestimmt waren für die diätwichtigsten Krankheitsuntergruppen (z. B. akute Nephritis, chronische Nephritis, Nierenbecken-/Nierenbecken-Blasenentzündung), erforderlichenfalls unter Berücksichtigung der Diätfolge (z. B. Magenblutungsdiät für 4 Wochen, anschließend Ulcus-Kur für 4—6 Wochen, anschließend Magen-Darm-Schonkost für zunächst 8—12 Wochen unter Verlängerungsmöglichkeit des Attestes bis auf 16 Wochen, wenn ein chronischer Zustand gegeben war oder sich entwickelte). Die Zulagen der dritten Gruppe bezogen sich mehr auf Symptome und Krankheitserscheinungen als auf Krankheiten (z. B. Atrophie von Muskelgruppen als Folge von Frakturen, Poliomyelitis oder Neuritis). Die Zuteilungen an Kranke konnten in reinen Zulagen oder in Zuteilungen unter teilweisem Einzug der allgemeinen Lebensmittelkarten bestehen und waren in beiden Fällen zeitlich begrenzt. Ein Beispiel für reine Zulagen bieten die Zuteilungen wegen extrapulmonaler Tuberkulose. Auf Grund eines Erlasses des Reichsministers für Ernährung und Landwirtschaft vom 15. 10. 1940 — II 1 b — 2210/40 — wurden bei Lupus, Knochen- und Gelenktuberkulose wöchentlich bis zu einer Gesamtdauer von 6 Wochen bewilligt: 3½ l Vollmilch, 250 g Butter und 3 Eier. Ein Beispiel für die Bewilligung von Diätkost im Umtauschverfahren bietet die damalige Regelung für Leber-, Gallen- und Pankreaserkrankungen, bei deren mit länger dauernden, akuten Entzündungen verbundenen Fällen wöchentlich 3,5 l Vollmilch, 450 g Nährmittel und 3 Eier gegen Abgabe der halben Fett-

[10] Vgl. *Schenck*, Grundlagen und Vorschriften für die Regelung der Krankenernährung im Kriege, Berlin-Wien 1942.

oder halben Fleichration und evtl. von einem Drittel der Brotration für eine Dauer von vier Wochen zugeteilt wurden.

Im amerikanischen und britischen Besatzungsgebiet wurden spezielle Krankenzusatzkarten eingeführt, welche die Bezeichnung 71 bis 77 trugen, wovon jede bestimmten Diätanforderungen zugeordnet war. In der Anlage 1 zum Erlaß des Ernährungs- und Landwirtschaftsrats für beide genannten Besatzungsgebiete vom 21. 5. 1947 — III B 2 — 1122/47 — waren folgende Zuordnungen getroffen worden:

Karte Nr.	Ursache des Diäterfordernisses	Gültigkeit der Bewilligung (Wochen)
71	a) Diabetes	16, max. 24
72	b) Chronische Magen- und Darmkrankheiten, Leber- und Gallenleiden	24
	c) Geschwürkrankheit des Magens und Zwölffingerdarms (2 Karten)	8
	d) Nervöse Störungen	24
73	e) Nierenentzündung	24
	f) Tuberkulose bei Kindern bis zum vollendeten 5. Lebensjahr u. bei Tbc-gefährdeten Kindern	24
74	g) Abmagerung und Untergewicht	12
75	h) Arbeitsunfähige Tbc-Kranke, soweit nicht die Voraussetzungen einer anderen Tbc-Gruppe gegeben waren und in Arbeit stehende zwei Jahre lang nach Abschluß der Pneumothoraxbehandlung und nach einem großen chirurgischen Eingriff	24
	i) In Arbeit stehende Tbc-Kranke, deren Krankheit durch konservative Maßnahmen zum Abschluß gekommen ist, ein Jahr lang	24
	j) Eiweiß- und Vitaminmangelkrankheiten, Mangelödeme und Nephrose	12
76	k) Schwere akute Erkrankungen	8
	l) Rekonvaleszenz	8
	m) Schwere Erkrankungen des Blutes	12
77	n) Schilddrüsenerkrankungen (Thyreotoxikose) bei 20 % Untergewicht und erhöhtem Grundumsatz	24
72+75	o) Akute Tuberkulose, die stationärer Behandlung zugeführt werden soll, alle Tbc-Kranken zwölf Wochen nach Abschluß einer erfolgreichen Behandlung, Kranke mit noch akuter Tuberkulose, die aber bereits in Arbeit stehen, in Arbeit stehende Pneumothoraxträger	24
	p) Tbc-kranke Kinder und Jugendliche von 6 bis 20 Jahren	24

Für die einzelnen Zusatzkarten gibt der genannte Erlaß folgende Zuteilungsmengen an:

Karte Nr.	Brot	Nähr-mittel	Fisch	Fleisch	Butter	Käse	Milch Liter je Woche	Kal. insg. je Tag
	g je Woche							
71	—	—	250	500	200	375	—	370
72	—	250	—	—	—	—	1,75	257
73	—	500	—	—	100	—	1,75	485
74	1000	500	—	250	100	—	—	760
75	—	250	500	500	100	—	1,75	575
76	—	250	—	250	100	—	1,75	417
77	1000	750	—	—	200	—	1,75	1063

Zusätzlich zu diesen Bewilligungen wurden gewährt je Zuteilungsperiode eine Gemüsekarte oder die entsprechende Menge Trockengemüse in den Fällen zu a, d und e, wöchentlich 250 g Fisch oder 3 Eier in schweren Fällen zu a, wöchentlich 1,75 l Vollmilch in schwersten Fällen zu k, wöchentlich 100 g Butter in den Fällen zu c, h, o und p, wöchentlich 50 g Butter in den Fällen zu f und wöchentlich 125 g Käse in den Fällen zu j. Folgende Austäusche waren zugelassen: Roggenbrotration ganz oder teilweise gegen Weißbrot oder Nährmittel in den Fällen zu b, 500 g Fisch gegen 3 Eier und 125 g Käse in den Fällen zu o. Pflichtumtäusche waren wie folgt vorgeschrieben: In den Fällen zu c Roggenbrotration ganz gegen Weißbrot oder Nährmittel und halbe Fleischration gegen 4 Eier. Für die Fälle zu a war der Einzug sämtlicher Zuckerabschnitte angeordnet, wofür jedoch ein Berechtigungsschein für 450 g Diabetikermarmelade, soweit verfügbar, je Zuteilungsperiode ausgegeben werden konnte; außerdem war in diesen Fällen die über 6 kg je Zuteilungsperiode hinausgehende Brotration um die Hälfte zu kürzen. Für Erkrankungen, die in obiger Aufstellung nicht genannt sind, hatte der behandelnde Arzt die für notwendig gehaltene Zulage festzustellen. Die in jenem Erlaß festgesetzten Zusatzrationen waren aber grundsätzlich nach Art und Menge unverändert zu verordnen. Nur besonders geartete Krankheitsfälle und besonders schwere Fälle der aufgeführten Krankheiten bildeten begründete Ausnahmefälle. Die genannten Zulagen für ambulante Kranke konnten neben den Arbeiterzulagen, den politischen und den sozialen Zulagen, auch neben Pflegezulagen und im Falle ernster Erkrankung neben der Mütterzulage, nicht aber neben Zulagen für Kranke in Krankenanstalten gewährt werden.

Durch einen Erlaß vom 15. 9. 1947 — III B 2 — 2268/47 — hatte das Verwaltungsamt für Ernährung, Landwirtschaft und Forsten für das amerikanische und britische Besatzungsgebiet das gesamte Zulagewesen außer den bereits geregelten Krankenzulagen vereinheitlicht. Neben den Arbeiterzulagen oder gewerblichen Arbeitszulagen, deren Entwicklung wir bereits behandelt haben, und den ebenfalls schon erwähnten Zulagen für nicht ständige Arbeiter in der Landwirtschaft, die damals 150 g Brot, 50 g Fleisch und 10 g Fett je Arbeitstag betrugen, unterschied der Erlaß politische Zulagen sowie Sozial- und Gesundheitszulagen.

Als politische Zulage erhielten politisch, religiös oder rassisch Verfolgte auf Grund mindestens einjähriger Inhaftierung, Berufsfeuerwehrleute, Gefängnisbedienstete und Angehörige des Zoll- und Steuerfahndungsdienstes die Teilschwerarbeiterzulage, politisch, religiös oder rassisch Verfolgte auf Grund einer Haft von mindestens 6 Jahren, Polizei-, Bahnschutzpolizei- und Wasserschutzpolizeibeamte, Angehörige der Polizei- und Feuerwehrschulen sowie das Personal der Internierungslager Schwerarbeiterzulagen, Tiefseetaucher die Bergschwerstarbeiterzulage und bei den Besatzungsmächten akkreditierte Diplomaten Zulagen gemäß besonderer Bestimmung.

Die Sozial- und Gesundheitszulagen waren in dem Erlaß für Kindertagesstätten, werdende und stillende Mütter, Frauenmilchspenderinnen, Familienfeiern, alte Leute und Blutspender gemäß beigefügter Übersicht geregelt.

Werdende und stillende Mütter erhielten ihre Zulagen über die Berechtigungskarte Nr. 70. Zu den Sozial- und Gesundheitszulagen zählten ferner die in Form von Kinderspeisungen ausgegebenen Mengen, die Zulagen für Insassen von Heimen für Kinder, Kriegsopfer und Schwerbeschädigte und die Altersspeisung. Diese Zuteilungen wurden durch besondere Erlasse geregelt. Für hauswirtschaftliche Kochkurse, für den Kochunterricht in Schulen, für einschlägige staatliche Prüfungen sowie für die Abhaltung von Kochlehrlings- und Kochlehrmeister-Prüfungen waren Höchstmengen je Kocheinheit (= Schüler × Kochtag) in vier Zuteilungsgruppen festgesetzt. Heimkehrende Kriegsgefangene und Flüchtlinge erhielten Lebensmittelzulagen im Rahmen der Bestimmungen über die Gewährung von Zulagen für ambulante Kranke. Flüchtlinge aus anderen Besatzungszonen bekamen in den Auffang- und Durchgangslagern der britischen Zone zu den Normalverbrauchersätzen 50 % der allgemeinen Krankenhauszuschläge. Kriegsversehrte der Versehrtenstufen III und IV, Unfallversehrte mit einer Minderung der Erwerbsfähigkeit von mehr als 65 % und geburtsblinde Erwerbstätige mit entsprechend geminderter Erwerbsfähigkeit sowie Ärzte und Pflegepersonal erhielten Teilschwerarbeiterzulage. Soweit Ärzte und Pflegepersonal auf Tbc-, Typhus- und Fleckfieberstationen eingesetzt oder als Spezialärzte oder -pflegepersonen auf diesen Gebieten tätig waren, erhöhte sich ihre Pflege- und Gefährdetenzulage auf die Schwerarbeiterzulage unter Zusatz von täglich ¼ l Milch. Pflegepersonal in ständiger Röntgentätigkeit und Desinfektoren konnten eine Normalarbeiterzulage und täglich ¼ l E-Milch erhalten. Die Teilschwerarbeiterzulage konnte ferner an medizinisch-technische Assistentinnen, an Beschäftigte der Institute für

Zulageberechtigte Gruppe	Zuteilung je	Brot g	Nährmittel g	Zucker g	Fleisch g	Butter g	Milch L	E-Milch L	Eier St	Wein Fl.
Kinder in Kindertagesstätten	Tag	—	25	10	—	—	—	1/8	—	—
Werdende Mütter vom Beginn des 4. Monats der Schwangerschaft an	ZP	[1] 2000	2800	500	800	[2] 500	14	—	—	—
Stillende Mütter bis zu 4 Monaten, bei längerer Stillzeit bis zu 9 Monaten nach der Entbindung ...	ZP	[1] 2000	2800	500	800	[2] 500	14	—	—	—
Frauenmilchspenderinnen	500 g Spende	500	—	—	125	62,5	1/2	—	—	—
Goldene, diamantene u. eiserne Hochzeiten bis zu 10 Personen	Person	200	100	25	100	25	—	1/4	1	1/2
Leute über 70 Jahre	Tag	—	—	—	—	—	—	1/4	—	—
Blutspender über 20 Jahre	100 ccm	—	200	—	[4] 250	125	1 3/8	—	—	—
Blutspender bis 20 Jahre	100 ccm	—	[3] 375	—	[4] 250	—	3 1/2	—	—	—

[1] Außerdem 2000 g Kartoffeln und 125 g Kaffee-Ersatz. — [2] Fett. — [3] Oder 250 g Zucker. Außerdem 500 g Obst oder 1000 g Gemüse oder 1/1 Gemüsekonserven. — [4] Oder 10 Eier.

Pathologie, Bakteriologie, Serologie und Hygiene, an in der Anatomie oder Gerichtsmedizin tätige Personen, an ständig im Außendienst tätige Gesundheitsfürsorgerinnen und Gesundheitspflegerinnen sowie an vollbeschäftigte Hebammen gewährt werden. Vegetarier konnten statt 100 g Fleisch 20 g Fett und 25 g Nährmittel oder an Stelle von beidem 62,5 g Hartkäse und statt 100 g Fisch ½ Frischei erhalten.

Die Selbstversorger. Nach einer Berechnung des Statistischen Amts der britischen Besatzungszone für die 87. Periode und nach den vom Amt für Ernährung der Hansestadt Hamburg laufend herausgegebenen Zusammenstellungen der Rationen ergibt sich in Abständen von etwa fünf zu fünf Perioden folgendes Bild für die Tagesrationen der erwachsenen Selbstversorger einschließlich der ihnen aus Eigenerzeugung zugestandenen Mengen an zentral bewirtschafteten Nahrungsmitteln (in Kal.):

Periode	Beginn	Teilselbstversorger mit		Vollselbst-versorger
		Butter	Fleisch und Schlachtfetten	
87.	1. 4. 46	1267	1186	1715
90.	24. 6. 46	1205	1107	1299
95.	11. 11. 46	1795	1817	2268
100.	31. 3. 47	1782	1785	2211
105.	18. 8. 47	1678	1718	2244
110.	5. 1. 48	1673	1675	2449
115.	1. 6. 48	1873	1883	2451
118.	1. 9. 48	2076	2010	2472

Die Sammelverpflegten. Die Hauptgruppen der Sammelverpflegten sind die Krankenanstalten und Erholungsheime, die im November 1948 fast 60 % der in der Bizone vorhandenen Sammelverpflegten ohne Ausländer in Lagern umfaßten. Ihre Verpflegungssätze wurden vom Amt für Ernährung der Hansestadt Hamburg für die Erwachsenen in der 118. Periode (September 1948) je Tag wie folgt angegeben (in Kal.):

Allgemeine Krankenanstalten	2399
Tbc-Krankenanstalten	3482
Erholungsheime	2187

Weniger zahlenmäßig als unter dem Gesichtspunkt der Nahrungsmittelversorgung von Interesse sind die Verpflegungssätze der Seeschiffer, die sich nach Angaben von Hamburg für die 118. Periode, wie folgt stellten (in Kal.):

Hochseefischer	3971
Sonstige Seeschiffer	3402

Das Gaststättenessen. Abgesehen von einem markenfreien sogenannten Stammgericht, das auf der Speisekarte zu halten die Gastwirte während des Krieges verpflichtet waren, unterlag jeder Bezug von Nahrungsmitteln in Form von Gasthausgerichten der Markenpflicht ebenso wie der Einkauf beim Händler. Das Stammgericht, in der Regel fast ausschließlich aus Gemüse ohne Fettzusatz oder Fleischbeigabe bestehend, hatte einen dementsprechend geringen Nährwert, der sich zudem nur aus Kohlehydraten aufbaute. Dennoch war das Ausmaß der Gasthausverpflegung im Kriege sehr groß. Nicht nur Einschränkungen in der Hausbrand-, Gas- und Stromversorgung, sondern vor allem die durch den Luftkrieg ausgelösten Evakuierungen und Betriebsverlagerungen mit den sich daraus ergebenden Trennungen der Familien trugen hierzu bei. Hinzu kam die zunehmende Wohnraumbeengung, die über die Kapitulation hinweg, gesteigert durch den Flüchtlingsstrom, fortwirkte.

Im April 1945 wurde die Zahl der im Gaststättengewerbe verpflegten Personen für die zweite Hälfte 1944 in Deutschland auf 9½—10 Mill. geschätzt. Für das Frühjahr 1945 wurde die Zahl der je Tag ausgegebenen warmen Gasthausessen auf rund 12 Mill. veranschlagt. Danach wurden im Jahr etwa 4½ Mrd. Gäste in deutschen Gaststätten beköstigt. Der Umfang des Markenanfalls im Gaststättengewerbe wurde auf jährlich 15,3 Mrd. Markenabschnitte geschätzt. Aneinandergereiht ergibt dies einen Streifen von etwa 310 000 km, der also beinahe achtmal um die Erde reichen würde.

Die Auswirkung der Rationierung auf den Ernährungs- und Gesundheitszustand der Bevölkerung[11] ist von Beginn des Krieges an in Deutschland beobachtet worden. Hierzu baute sich auf die Statistik der Rationen die Statistik der Nährwertberechnungen auf, mit deren Hilfe Indexziffern der Nahrungsmittelversorgung von Arbeiterfamilien berechnet wurden. Diese Berechnungen waren vom Statistischen Reichsamt aufgenommen worden und wurden vom Statistischen Amt für die britische

[11] *Statistisches Bundesamt,* Die Zivilbevölkerung des Deutschen Reiches 1940—1945, Statistische Berichte, Arb. Nr. VIII/19/1, Wiesbaden 1953; *Kraut-Bramsel,* Körpergewichtsentwicklung deutscher Arbeiter von 1937 bis 1947, Arbeitsphysiologie, Bd. 14/1951; *Mehnert-Schulte,* Deutschland-Jahrbuch 1949, Essen 1950; *Esser,* Eiweißmangelerkrankungen, Ztschr. Medizinische Klinik Nr. 4/1948; *Harmsen,* Papierkalorien, Hippokrates, Heft 4/1948; *Sperling,* Die Ernährungsstatistik, Statistisches Monatsheft für die britische Zone, Heft 9, Dezember 1948; *Olivier-Graf,* Ernährung, — Gesundheit — Leistung, Dortmunder Schriften zur Sozialforschung, Heft 4, Hamburg 1947; *Schulze,* Richard, Die quantitative Bedeutung des Schwarzen Markts und seine volkswirtschaftlichen Auswirkungen, vervielfältigtes Manuskript, 1947; *Bansi,* Zur Klinik und Pathogenese der Mangelödeme, Ärztliche Wochenschrift, Heft 17/18 — 1946; *Ders.,* Die Ödemkrankheit, Ztschr. Medizinische Klinik, Nr. 14/1946; *Brock,* Erhöhte Hungerresistenz der Jugendlichen?, Ärztliche Wochenschrift, Heft 13/14 — 1946; *Heilmeyer,* Hungerschäden, Ztschr. Medizinische Klinik, Nr. 13/1946; *Kühnau,* Eiweißmangel als Ernährungsproblem, Ärztl. Wochenschrift, Heft 11/12 — 1946; *Nevermann,* Gegenwartsfragen der Sozialpolitik,

Besatzungszone fortgeführt. Außerdem hatte das Statistische Reichsamt in Verbindung mit dem Max-Planck-Institut für Arbeitsphysiologie Erhebungen über den Ernährungszustand der Bevölkerung durchgeführt. Neben diesen laufenden Arbeiten der amtlichen Statistik bieten insbesondere Feststellungen auf kommunaler Ebene sowie vor allem klinische Beobachtungen wichtige Unterlagen für die Beurteilung des damaligen Ernährungs- und Gesundheitszustandes.

Die Statistik der Nährwertberechnungen wertete die Rationsmengen nach ihrem Nährstoffgehalt und Nährwert aus. Obwohl die Kalorie nur einen Maßstab für die Deckung des komplexen ernährungsphysiologischen Bedarfs gewährt, über die Befriedigung des für den Baustoffwechsel ausschlaggebenden Eiweißbedarfs also ebensowenig Aufschluß gibt wie über das den Betriebsstoffwechsel beeinflussende Verhältnis von Fett und Kohlehydraten, bedingte die allmählich eintretende Verkürzung der Ernährungsdecke eine zunehmende Konzentration der Planung auf die kalorische Versorgung. Auf der Grundlage der Statistik der Rationen und derjenigen der Nährwertberechnungen wurde die Indexziffer der Nahrungsmittelversorgung von Arbeiterfamilien berechnet. Ein Vergleich der Kriegsernährung des Arbeiters mit seinem Friedensstandard war nur möglich auf der Basis der Ergebnisse der Erhebungen über Wirtschaftsrechnungen von Arbeiterhaushaltungen. Dabei eignete sich aber die bei diesen als Verbrauchseinheit verwendete Vollperson nicht ohne weiteres. Das Statistische Reichsamt stellte daher dem Verbrauch des in seiner Zusammensetzung nach Verbrauchergruppen einwandfrei gliederungsfähigen Personenkreises der Erhebung von 1937 die diesen Gruppen entsprechenden Mengen der Grund- und Zusatzrationen zuzüglich derjenigen Mengen an freien Nahrungsmitteln gegenüber, die ein Arbeiterhaushalt bei dem gegebenen Einkommens-Preisverhältnis beschaffen konnte. Diese zusätzlichen Ermittlungen vereinfachten sich mit der Ausdehnung der Bewirtschaftung. Der Anteil der freien Nahrungsmittel an dem Nährwert des Gesamtnahrungsaufkommens ging wie folgt zurück (Gesamtaufkommen = 100):

1939/40	1940/41	1941/42	1942/43	54.—59. Periode
18,4	20,6	10,0	0,3	0,3

Die Welt Nr. 16 v. 24. 5. 1946; *Schweigart*, Gutachten über die derzeitige Ernährung unter besonderer Berücksichtigung der Vitamin-Unterernährung, vervielfältigtes Manuskript, Bremen 1946; *Statistisches Reichsamt*, Die Veränderung des Körpergewichts von Industriearbeitern, unveröffentlichte Berichte, 1942/1943; *Dass.*, Die Veränderungen des Körpergewichts erwachsener Personen in Haushaltungen gewerblicher Arbeiter, unveröff. Bericht, 1942; *Dass.*, Der Einfluß der kriegswirtschaftlichen Versorgungsmaßnahmen auf die Einkommensverwendung, Bericht, Sept. 1940; *Ernährungswirtschaftliche Forschungsstelle*, Statistik der Verbrauchergruppen und des Bedarfs an Lebensmitteln, 7. u. 17. ZP., Berichte, Berlin 1940; *Wulkow*, Die Körpermaße der Lebensversicherten, Berlin 1936.

Über das Frühjahr 1944 sind die Indexberechnungen auf der genannten Grundlage infolge von Materialverlusten durch Kriegseinwirkung nicht fortgesetzt worden. Ihre Wiederaufnahme nach der Kapitulation scheiterte nicht nur an dem Maß der verbliebenen technischen Mittel, sondern auch an der Unübersichtlichkeit der Einnahme- und Ausgabeverhältnisse infolge des Schwarzen Markts. Nach der Währungsreform begann die Rationierung langsam abzuklingen, so daß für derartige statistische Berechnungen neben den Voraussetzungen hinreichender Zuverlässigkeit auch die Notwendigkeit schwand. Für die durch die genannten Berechnungen nicht gedeckte Zeit stehen daher insoweit nur die Berechnungen über die Rationsentwicklung zur Verfügung. Auch die amtlichen Erhebungen über den Ernährungszustand, mittels deren die aus den Nahrungsmittelzuteilungen abgeleiteten statistischen Feststellungen ursprünglich nachgeprüft werden sollten, konnten nur bis 1943 geführt werden. Für die spätere Zeit stehen fast ausschließlich die Ergebnisse von Erhebungen einzelner Städte und klinische Feststellungen zur Verfügung. In die Ergebnisse der nach der Kapitulation durchgeführten Gewichtskontrollen gewannen die deutschen Stellen der amtlichen Statistik keinen Einblick. Die Überwachung des Körpergewichts lag in der Britischen Zone zu dieser Zeit in den Händen des Nutrition Survey Team, Public Health Branch, CCG. (BE.). Sie wurde mit Erhebungsformularen A und C für Erwachsene und für Kinder und Jugendliche durchgeführt, in denen über den üblichen Rahmen hinaus der Familienstand, die Zahl der abhängigen Familienangehörigen, die Verbrauchergruppe und der Monatsverdienst bzw. bei den Kindern und Jugendlichen die Rationskarte des Vaters erfragt wurden. Die über das Finanzpräsidium Düsseldorf gesammelten Ermittlungen wurden im Rahmen des Combined Nutrition Committee für die drei westlichen Besatzungsgebiete zusammen ausgewertet. Soweit feststellbar, wurden diese Erhebungen Mitte 1946 aufgenommen und während des Jahres 1947 fortgeführt, haben aber verschiedentlich später begonnen oder früher geendet. Von 38 Gemeinden mit statistischen Ämtern waren 22 an diesen Erhebungen beteiligt, sie nahmen aber keine Auswertung vor. Trotz der vorhandenen Lücken läßt das Material jedoch die wesentlichen Merkmale erkennen, so daß wir hier versuchen wollen, ein Bild der Entwicklung zu zeichnen.

In dem Abschnitt über die Gliederung der Bevölkerung ist bereits auseinandergesetzt worden, daß und warum ein Vergleich auf der Grundlage des Verbrauchs von Familienhaushaltungen ein verhältnismäßig günstiges Bild entwirft, das für reine Erwachsenenhaushaltungen und für Alleinstehende weit weniger gut ist. Sicher wäre es richtiger gewesen, jene Indexziffer aus Meßzahlen des Verbrauchs der verschiedenen Haushaltungstypen zu bilden, die mit dem Anteil dieser Typen an der Gesamtzahl der Haushaltungen in der Bevölkerung gewogen waren. Dahingehende Überlegungen mußten aber fallengelassen werden, weil aus der Erhebung über Wirtschaftsrechnungen von 1937 zunächst nur ein Teilergebnis als Vergleichsgrundlage zur Verfügung stand, das keine weitgehende Aufgliederung zuließ. Hierbei mußte beachtet werden, daß als Gliederungsmerkmal nicht nur die Zahl, sondern ganz besonders auch die Alterszusammensetzung wichtig war, was ein erhebliches Beobachtungsmaterial erforderte, wenn seine Teile noch einigermaßen repräsentativ sein sollten. Anderseits standen die Ergebnisse der Volkszählung 1939 noch nicht zur Verfügung, so daß auf die Zählung von 1933 hätte zurückgegriffen werden müssen. Auch wenn dieser Rückgriff nicht notwendig gewesen wäre, blieb zweifelhaft, ob man Volkszählungsergebnisse überhaupt hätte verwenden können, weil deren Angaben über die Zusammensetzung der Haushaltungen durch Einberufungen, Verlagerungen, Evakuierungen u. dgl. für die Kriegsdauer weitgehend entwertet wurden. Durch die Beobachtung der Ernährungsentwicklung der einem verhältnismäßig günstigen Familienausgleich unterliegenden Arbeiterhaushaltungen aus der Wirtschaftsrechnungsstatistik einerseits und durch die laufende Zusammenstellung der Normalverbraucherrationen anderseits wurde daher die allein verbleibende Möglichkeit gewählt, mit den zugänglichen statistischen Mitteln einen Rahmen zu zeichnen, innerhalb dessen etwa sich die mittlere Linie der Versorgungsentwicklung zog.

Zeichnen wir diesen Rahmen nach, so ergibt sich folgendes Bild (N = Rationen des Normalverbrauchers, A = berechneter Verbrauch von Arbeiterfamilien je Haushaltung; Angaben 1943/44 für A nur Sept./März; 1939/40 = 100):

Rationsjahr	Kalorien		Eiweiß		Fett		Kohlehydrate	
	N	A	N	A	N	A	N	A
1940/41	100,4	100,4	94,6	103,0	98,8	99,1	102,0	100,6
1941/42	79,2	94,4	66,2	93,5	81,5	87,2	81,0	97,1
1942/43	85,3	102,3	73,4	102,0	73,5	82,4	91,5	110,3
1943/44	81,4	99,9	70,5	96,3	69,7	104,9	85,6	108,2
1944/45	71,9	.	63,4	.	55,3	.	71,5	.
1945/46	58,0	.	58,4	.	37,8	.	64,7	.
1946/47	58,6	.	59,9	.	24,8	.	70,0	.
1947/48	61,7	.	58,1	.	26,2	.	74,1	.

Der Nährwert der zugeteilten Nahrungsmittel betrug in der Haushaltungsernährung der Arbeiterfamilien im Kriegsjahr 1939/40 rund 97 vH des Nährwertes, den dieselbe Gruppe von Nahrungsmitteln im friedensmäßigen Ernährungsprogramm dieser Haushaltungen einnahm. Rationiert waren zu dieser Zeit dem Nährwert nach rund 82 vH des Nahrungsaufkommens dieser Arbeiterhaushaltungen oder je Tag und

Vollperson im Jahresdurchschnitt 2235 Kal. Dieser Durchschnittswert wurde von der Normalverbraucherration 1939/40 noch um knapp 9 vH überschritten. Bereits 1941/42 hatte sich dies Verhältnis aber, wie die vorstehende Übersicht zeigt, weitaus umgekehrt. Den weiteren Verlauf der Entwicklung illustriert die im Abschnitt über die Gliederung der Bevölkerung gegebene Übersicht über die prozentuale Deckung des ernährungsphysiologischen Bedarfs der einzelnen Verbrauchergruppen durch markenpflichtige und ausweisgebundene Nahrungsmittel in den Jahren 1942 und 1943, wobei zu erinnern ist, daß diese Nahrungsmittel zur angegebenen Zeit praktisch das gesamte Nahrungsaufkommen darstellten. Nach den Vergleichsrechnungen des Statistischen Reichsamts über die Ernährung in Arbeiterhaushaltungen waren aus den 18,4 vH des Gesamtnahrungsaufkommens, die diese Haushaltungen 1939/40 noch mit freien Nahrungsmitteln darstellen konnten, 1942/43 ganze 0,3 vH geworden. Immer mehr bildeten die rationierten Nahrungsmittel die ausschließliche Quelle der Ernährung und immer mehr gewann die Situation des Normalverbrauchers infolge familientrennender Kriegseinflüsse u. dgl. symptomatische Bedeutung für die Ernährungslage der Bevölkerung überhaupt. Zwar wurde dieser Tatsache nach 1945 durch die schon behandelte weitgehende Differenzierung der Verbrauchergruppen Rechnung getragen, doch blieb die Masse der Verbraucher auch dann noch einfacher „Nichtselbstversorger", und das Gesamtniveau der Ernährung wie auch die Veränderungen des Differenzwertes der Zuteilungen der verschiedenen Altersgruppen hatten der einmal so stark erörterten Frage des Familienausgleichs alle Aktualität genommen. Nur sozusagen mit negativen Vorzeichen tauchte sie noch einmal auf, als

Verbrauchergruppe	Physiol. Bedarf (männl. Person) Kal.	Nährwert der rationierten Nahrungsmittel in den Gebieten	
		Reich	Hamburg, Bremen, SVG. West[1]
		in der ... Zuteilungsperiode	
		46. (8. 2. — 7. 3. 1943)	111. (2. 2. — 29. 2. 1948)
		Physiologischer Bedarf = 100	
Normalverbraucher	2400	55	59
Normalarbeiter	2700	78	63
Teilschwerarbeiter	3000	70	66
Mittelschwerarbeiter	3300	75	68
Schwerarbeiter	3600	79	71
Schwerstarbeiter	4500	80	70

1 Siehe Anmerkung 12, Seite 346.

Befürchtungen laut wurden, daß die Arbeiterzulagen im Familientopf verschwänden und damit nur noch in einem Bruchteil der erstrebten Produktionserhöhung dienten. Dabei lag die Versorgung der Empfänger von Zulagen im Verhältnis zu ihrem physiologischen Bedarf kaum günstiger als diejenige des Nichtselbstversorgers ohne Zulagen (s. Tabelle Seite 343).

Sieht man davon ab, daß sich die Aufwärtsbewegung in der ersten Zeile nur aus der Aufteilung der ursprünglich zusammengefaßten und gemeinsam mit einem Tagesbedarf von 3000 Kal. kalkulierten ersten drei Gruppen ergibt, so kann von der Sicht dieser Bedarfskalkulation her nur von einer fallenden Tendenz der physiologischen Bedarfsdeckung gesprochen werden, die in gleicher Weise für Nichtzulageempfänger und für Zulageberechtigte galt. 56,6 vH der versorgten Bevölkerung in der britischen Zone empfingen zu Beginn der 100. Zuteilungsperiode Lebensmittelkarten für Nichtselbstversorger ohne Arbeiter- und Mütterzulagen. 0,4 vH wurden über Tageskarten versorgt. 3,4 vH waren Sammelverpflegte mit Tagesrationen unter dem Mindestsatz des Völkerbundes. Zusammen also 63,4 vH der Bevölkerung befanden sich mithin etwa im Normalverbraucherstand. Rechnet man wegen der ebenfalls unzureichenden Deckung ihres erhöhten ernährungsphysiologischen Bedarfs die gewerblichen Zulageberechtigten hinzu, so befanden sich 80,9 vH der Bevölkerung in entsprechender Lage. Den erwachsenen Teilselbstversorgern stand in dieser Periode aus Zuteilungen und Eigenerzeugung ein täglicher Verbrauch von 1780 Kalorien, den Vollselbstversorgern von 2210 Kalorien zu. Ohne Berücksichtigung des ernährungsphysiologischen Bedarfs der einzelnen Verbrauchergruppen und Altersstufen einerseits und der Zuschüsse aus dem Bergarbeiterpunkteprogramm anderseits ergibt hiernach eine rein mathematische Aufteilung der Nominalrationen, daß zu dieser Zeit 88,8 vH der Bevölkerung von Tagesrationen unter 2400 Kalorien lebten und nur 11,2 vH Rationen von 2400—3960 Kalorien hatten. Auch unter diesem Gesichtspunkt erscheint daher der Normalverbraucherstatus in hohem Maß repräsentativ.

Halten wir uns darum an die Rationsentwicklung des Normalverbrauchers, so lassen sich hier etwa drei Phasen unterscheiden. In den beiden ersten Kriegsjahren halten sich die Rationen um rund 2400 Kal. je Tag konstant. In den drei folgenden Kriegsjahren bleiben sie um 2000 Kal. Dann tritt zu 1944/45 der große Bruch der Entwicklungslinie ein, in dessen Folge die Rationen auf und unter 1500 Kal. im Tag sinken, so daß der Nährwert der Normalverbraucherration 1945/46 im Jahresdurchschnitt um mehr als 1000 Kal. unter ihrem Ausgangswert im Durchschnitt des ersten Kriegsjahres liegt. 1947/48 ist die fallende Tendenz überwunden, obwohl der Stand der Rationen sich noch nicht wesentlich verändert hat. Dennoch ist die Tatsache ihrer Hebung unverkennbar, und sie allein ist in der Folge praktisch wichtig, weil mit ihr die Rationierung als Verwaltungsinstitution in den Hintergrund zu treten beginnt und, ohne die Rationen auch nur annähernd auf ihren Ausgangsstand gebracht zu haben, dem freien Verbrauch die Bahn freigibt. Für die einzelnen Rationsjahre zeigt die Entwicklung des Nährstoff- und Nährwertgehaltes der Rationen des Normalverbrauchers folgendes Bild:

Rationsjahr	Kalorien	Eiweiß g	Fett g	Kohlehydrate g
1939/40	2435	74,0	57,7	389,1
1940/41	2445	70,0	57,0	397,0
1941/42	1928	49,0	47,0	315,0
1942/43	2078	54,3	42,4	356,0
1943/44	1981	52,4	40,2	333,1
1944/45	1671	46,9	31,9	278,2
1945/46	1412	43,2	21,8	251,6
1946/47	1426	44,3	14,3	272,5
1947/48	1503	43,0	15,1	288,3

Trotz der zentralen Handhabung der Rationierung bestanden gewisse gebietliche Unterschiede. Während des Krieges bildeten diese einen Bestandteil der zentralen Planung. Nach 1945 stellten sich zeitweilig Unterschiede ein, die sich aus der Zwangsläufigkeit der Situation ergaben.

Die Ernährungsplanung während des Krieges hat zwar die Berücksichtigung von regionalen Verbrauchsunterschieden nicht zum Grundsatz erhoben, innerhalb des allgemeingültigen Rahmens der Nährstoff- und Nährwertzuteilung jedoch auf Verbrauchsgewohnheiten Rücksicht genommen, wenn und soweit dies möglich war. So war am 7. 4. 1941 das Zuteilungsverhältnis von dunklem und hellem Brot nach Zonen wie folgt geregelt worden:

Zone	Verhältnis Roggen- / Weizenbrot	Landesernährungsamtsbezirk
I	70 : 30	Danzig-Westpreußen, Mecklenburg, Sachsen, Sudetenland, Thüringen, Mark Brandenburg, Hannover, Hessen-Nassau, Ostpreußen, Pommern, Sachsen-Anhalt, Schlesien.
II	55 : 45	Alpenland, Bayern, Donauland (ohne Stadt Wien), Hessen, Oldenburg, Saarpfalz, Südmark, Rheinprovinz, Schleswig-Holstein, Westfalen.
III	50 : 50	Berlin, Hamburg, Wien.
IV	40 : 60	Baden, Württemberg.

Ferner bot die regionale Behandlung der sogenannten sonstigen Zuteilungen die Möglichkeit, die gebietlichen Verbrauchsgewohnheiten, freilich auch Versorgungsvoraussetzungen, zu berücksichtigen. Hierzu rechnete das Statistische Reichsamt Anfang 1944 noch Kartoffeln, Gemüse, Obst, Südfrüchte, Bienenhonig, kakaohaltige Erzeugnisse, Süßwaren, Milch, Fische und Fischwaren. Sie machten im Februar/März 1944 noch 20,2 vH des Gesamtnahrungsaufkommens aus, von dem zu dieser Zeit 79,5 vH durch zentrale Zuteilungen und 0,3 vH durch freie Nahrungsmittel gedeckt waren. Mit der Zeit wurden freilich die regionalen Regelungen stark durch die zentralen Zuteilungen aufgesogen. Nach dem Bericht des Statistischen Amtes für die Britische Besatzungszone für die 115. Zuteilungsperiode, in welche die Währungsreform fiel, waren die regional bewirtschafteten Nahrungsmittel nur noch mit 1,3 vH am Gesamtverbrauch des Normalverbrauchers in Hamburg beteiligt. 98,7 vH stellten die zentral bewirtschafteten Lebensmittel. Freie Ware wurde in dieser Rechnung — als praktisch zu normalen Preisen nicht mehr erhältlich — nicht mehr berücksichtigt.

Waren aber die Regelungen, für die in irgendeiner Beziehung noch ein subjektives regionales Interesse angenommen werden kann, nach und nach in der zentralen Bewirtschaftung untergegangen, so traten im Verlauf der Entwicklung unterschiedliche Behandlungen einzelner Gebiete aus Gründen der zentralen Bewirtschaftung ein. So wurde die Brotration im Land Niedersachsen vom Dezember 1947 bis Juni 1948 aus Gründen einer vom Gesamtplan abweichenden Kartoffeleinkellerung, die in den auf laufendem Kartoffelbezug basierenden Berechnungen des Statistischen Zonenamtes allerdings nicht zum Ausdruck kommt, niedriger als in den anderen Ländern festgesetzt. Zusätzliche Mengen an einzelne Gebiete wurden ebenfalls gewährt, jedoch nicht unter dem Gesichtspunkt des herkömmlichen Verbrauchsniveaus, sondern unter dem eines besonders ungünstigen Ernährungsstandes im Zeitpunkt der Bewilligung. Hierher gehören die Sonderzuteilungen an Brot, Fleisch und Butter in der 92. Periode (19. 8.—15. 9. 1946) und an Brot in der 93. Periode (16. 9.—13. 10. 1946), die in der Britischen Zone in Städten mit über 50 000 Einwohnern sowie in geschlossenen Ortschaften des Ruhrgebiets mit über 10 000 Einwohnern gewährt wurden. Letzteres fand vom Februar mit Juni 1948 erneut eine Sonderberücksichtigung im Rahmen des Sonderversorgungsgebiets West.[12] Immerhin wirkten sich diese beiden Maßnahmen im Sinne einer Berücksichtigung des höheren Friedensverbrauchs der vorgenannten betreffenden Zone aus. Für Niedersachsen gilt eine solche Niveauanpassung durch die genannten Maßnahmen nicht.

---

[12] Das Sonderversorgungsgebiet West umfaßte den Bereich des Hauptenährungsamts Ruhr sowie die Städte Düsseldorf, Köln, Wuppertal, Remscheid, Solingen, Aachen und Siegen. Die Verbrauchergruppen sind in der Vorspalte der Übersicht auf Seite 343 in der Einteilung der 111. ZP. aufgeführt. Dasselbe gilt für die physiologischen Bedarfe. Die vom Reichsernährungsministerium angewandte Einteilung ergibt sich aus der im Abschnitt „Gliederung der Bevölkerung" wiedergegebenen Übersicht für die 40.—46. ZP. Die Bergarbeiter, die damals keine besondere Zulageempfängergruppe bildeten und später besonderen Ernährungsbedingungen unterlagen, sind in genannter Übersicht nicht berücksichtigt.

Das zentral geplante Soll der Rationen hat sich freilich nicht immer mit dem Ist dessen gedeckt, was von den Landesernährungsämtern tatsächlich aufgerufen werden konnte. So verzeichnet das Statistische Amt der Britischen Besatzungszone folgende Tagesrationssätze der Hauptzuteilungen für Normalverbraucher aus Landesernährungsamtsbezirken für die 82. Kartenlaufzeit vom 12. 11. bis 19. 12. 1945 (in Kalorien):

Hamburg	Hannover	Weser-Ems	Nord-Rhein
1648	1668	1548	1655

Etwa um die Jahreswende 1945/46 wurde die nach der Kapitulation zunächst unterbrochene zentrale Planung für die britische Zone wieder wirksam. Etwa um den April 1947 büßte der zentrale Zuteilungsplan seine Allgemeinverbindlichkeit aber insofern ein, als die verschiedene Versorgungslage der einzelnen Länder Abweichungen bedingte, die in den Aufrufplänen der einzelnen Landesernährungsämter zum Ausdruck kamen, so daß die uniforme Ration in eine zentral geplante Sollration und eine hiernach regional durchgeführte Istration auseinanderzuzweigen begann. Gegen Mitte 1948 waren deren Schwankungen um die Sollration jedoch unerheblich geworden. Das Statistische Amt für die Britische Besatzungszone verzeichnete für diese Zeit folgende Soll- und Istrationen (in Kal. der vergleichbaren Nahrungsmittelzuteilungen je Tag und Normalverbraucher):

Periode Nr.	Soll-Ration	Ist-Ration					
		Schleswig Holstein	Hamburg	Hannover	Weser-Ems	Nord-Rhein	Westfalen
100	1552	1324	1472	.	1550	1293	1175
101	1553	1095	1077	1111	1117	834	909
102	1186	995	1164	1189	940	1186	1175
103	1142	1112	1123	1166	1078	1208	1192
104	1387	1338	1338	1382	1370	1351	1368
105	1431	1431	1431	1420	1431	1383	1383
106	1256	1419	1419	1420	1432	1432	1432
107	1425	1425	1389	1400	1425	1414	1414
108	1425	1401	1207	1426	1413	1389	1389
109	1425	1402	1452	1226	1226	1402	1402
110	1405	1401	1489	1195	1207	1264	1264
111	1411	1149	1364	1168	1162	1196	1196
112	1398	1154	1410	1159	1170	1365	1365
113	1564	1321	1685	1276	1323	1418	1418
114	1593	1380	1594	1384	1405	1447	1447
115	1635	1342	1650	1519	1486	1567	1567

Gelegentliche Überschreitungen des Solls in dieser Übersicht erklären sich durch nachträgliche Aufrufe auf Lebensmittelkartenabschnitte früherer Perioden.

Außer diesen Abweichungen entstand noch eine dritte Variante der Rationen dadurch, daß auch der aufrufmäßige Kartenanspruch in der Zeit von etwa Anfang 1947 bis ungefähr Mai 1948 von den Versorgungsberechtigten nicht immer und nicht überall voll in Ware umgesetzt werden konnte. Dieses Erfüllungsist oder diese Realquote zeigte nach den Aufzeichnungen des genannten Statistischen Zonenamtes, ebenfalls bezogen auf die zentral bewirtschafteten Nahrungsmittel, folgende Entwicklung der täglichen Normalverbraucherkalorien:

Zuteilungsperiode Nr.	Zuteilungsperiode Beginn	Erfüllungsist in Kal. je Tag: Ver. Wirtschaftsg.	Britische Zone	Amerikan. Zone
	1947			
97	6. 1.	1362	1252	1517
98	3. 2.	1517	1505	1535
99	3. 3.	1410	1410	1411
100	31. 3.	1746	1483	2108
101	28. 4.	1042	1071	1002
102	26. 5.	1123	1121	1126
103	23. 6.	1210	1185	1245
104	21. 7.	1385	1349	1435
105	18. 8.	1410	1387	1442
106	15. 9.	1441	1474	1394
107	13. 10.	1381	1389	1369
108	10. 11.	1322	1279	1384
109	8. 12.	1311	1261	1398
	1948			
110	5. 1.	·	1424	1370 (W.-Bd.)
111	2. 2.	·	1447 (Hbg.)	1385 („)
112	1. 3.	·	1515 („)	1350 („)
113	1. 4.	·	1558 („)	1547 („)
114	1. 5.	·	1600 („)	·

Schließlich waren mangels einer für ganz Deutschland zentralen Planung, abgesehen von der späteren Zusammenfassung der britischen und amerikanischen Zone, die Rationssätze in den einzelnen Zonen nicht einheitlich. Nach dem Handelsblatt (Westdeutsche Wirtschaftszeitung) vom 12. 9. 1946 galten Anfang September 1946 in den vier Besatzungszonen für den Normalverbraucher folgende täglichen Kaloriensätze:

Britische	Amerikanische	Französische	Sowjetische
Besatzungszone			
1334 (Großstädte)	1330	1280	1263

Neben diesen rein rationsmäßigen Unterschieden traten schließlich noch erhebliche Differenzen im tabellenmäßigen und im tatsächlichen Nährwert der zugeteilten Nahrungsmittel auf, die gebietsweise verschieden groß, aber vom Herbst 1946 bis jedenfalls weit in den Sommer

1947 offenbar vorhanden waren. Nach sorgfältigen Analysen, die das Hygienische Institut der Universität Hamburg im Juni/Juli 1947 auf Veranlassung der Britischen Militärregierung durchgeführt hatte, machte *Harmsen* folgende Gegenüberstellung:

Lebensmittel	Tabellenwert (Stand: 101. ZP.)	Neufestsetzungsvorschlag (Hyg. Inst. Hamb.)
	in Kal. je 100 g Rohware	
Brot	245	214
Hülsenfrüchte	350	335
Fleisch	160	101
Wurst	160	135
Trockenmilchpulver	350	345
Käse	240	200
Quark	120	82
Marmelade	250	235
Kartoffeln	68	59
Fisch	140	70

Zu dieser Neufestsetzung ist es nicht gekommen. Als *Harmsen* im April 1948 diese Zahlen veröffentlichte, stand die Währungsreform bereits so nahe bevor, daß sie mit ihren wirtschaftlichen Aspekten bereits selbst die bislang überragende Bedeutung aller Ernährungsfragen zu überlagern begann. Anderseits bemühten sich die Ernährungsverwaltungen des Vereinigten Wirtschaftsgebiets und der Länder zweifellos um eine Hebung der Warenqualität auf den Stand des tabellarischen Nährwertgehalts. Bei alledem war aber die Entwicklung des Nährstoffgehalts noch bedenklicher als diejenige des Nährwertes der Rationen. In der Übersicht über die Entwicklung der Normalverbraucherversorgung sind die Nährstoffgehalte bereits angegeben. Die lebenswichtigste Bedeutung kommt hier dem Eiweiß zu. Wir sehen den Eiweißgehalt der Rationen von 74,0 g je Tag im Kriegsjahr 1939/40 bis 1942/43 um 26,6 vH, bis 1945/46 um 41,6 vH und bis 1947/48 um 41,9 vH zurückgehen. Erst dann beginnt sich der Eiweißgehalt wieder zu heben. Im März 1949, als der Rationierung freilich schon nicht mehr die Ausschließlichkeit der Vorjahre zukam, ergab sich nach den Aufrufen des Landesernährungsamts Nordrhein-Westfalen wieder ein Eiweißgehalt von 76,9 vH des Standes von 1939/40. Neben dem unzulänglichen Gehalt an Gesamteiweiß spielte der Mangel an tierischem Eiweiß für den

Rationsjahr	Eiweißgehalt der Normalverbraucherration in Gramm je Tag	
	insgesamt	darunter tierisch
1942/43	54,3	17,2
1943/44	52,4	15,8
1944/45	46,9	16,1
1945/46	43,2	12,6

Ernährungszustand der Bevölkerung eine wesentliche Rolle. Für die Jahre 1942/43 bis 1945/46 liegen hierüber zu den Angaben über die Entwicklung der Normalverbraucherration vorstehende Zahlen (siehe Seite 349 u.) vor.

Diese Unterversorgung mit Eiweiß traf mit einem Fettmangel zusammen, der in der Normalverbraucherration mit einem Rückgang zum Ausdruck kam, der bis einschließlich 1942/43 noch geringer war als die Verminderung des Eiweißgehalts, dann aber so scharfe Formen annahm, daß der biologische Fettanteil der Ration 1946/47 einen Tiefpunkt erreichte, an dem er um 75,2 vH unter dem Stand von 1939/40 lag. Von da an erholte sich der Fettgehalt der Normalverbraucherration allerdings wieder. Der Grad der Notwendigkeit dieser Tendenzumkehr konnte gar nicht überschätzt werden, weil auch der Kohlehydratgehalt der Normalverbraucherration stark zurückgegangen war. Allerdings hatte dieser mit einem Rückgang um 35,3 vH gegenüber 1939/40 seinen Tiefpunkt 1945/46 zuerst von allen Hauptnährstoffen erreicht, so daß sich in der Überwindung des Tiefstandes die Zeitfolge Kohlehydrate — Fett — Eiweiß ergab.

Angesichts dieser Entwicklung der Rationen fragt es sich, welche Bedeutung der Schwarze Markt gewann. In einer Untersuchung für die britische Besatzungszone wurde das Volumen des Schwarzen Marktes für Lebensmittel im Jahre 1946 (unter Zugrundelegung von Normalpreisen) auf 281,5 Mio. RM, der effektive Ausgabenbetrag für Ernährung aus dem Schwarzen Markt auf 5480 Mio. RM geschätzt. Eine sichere Grenze zwischen überhöhtem Selbstverbrauch und Schwarzmarktverzehr konnte allerdings nicht gezogen werden. Der Verfasser *Schulze* nahm aber an, daß etwaige Abweichungen bei dem einen oder anderen Nahrungsmittel sich gegenseitig aufheben. „Ein Kostenaufwand, der ohne Kompensationsgüter um ¾, mit ihnen um 180 % über den Ausgaben für den Weißen Markt liegt, bringt nicht viel mehr als 1/12 (8,8 %) der Nahrungsmittel, gemessen an den Normalpreisen, ein.“ Er kam zu dem Schluß, daß 1946 in der britischen Zone durchschnittlich je Kopf und Tag zusätzlich Nahrungsmittel im Werte von 138 Kal. gekauft wurden. Bei dem von ihm angenommenen Durchschnittspreis von 8,28 RM je 1000 Kal. entspricht dieser Zukauf einem wöchentlichen zusätzlichen Aufwand von rund 8 RM je Kopf. 1937 wurden in Arbeiterhaushaltungen 0,30 RM je 1000 Kal. ausgegeben. Bis 1946 ist das legale Kalorienaufkommen um etwa 42 % zurückgegangen, während sich die Lebenshaltungskosten erhöht haben. Einschließlich des von *Schulze* veranschlagten Durchschnittsaufwandes für zusätzliche Lebensmittel ergibt sich für die Durchschnittshaushaltung der Wirtschaftsrechnungserhebung von 1937 eine Steigerung der Ernährungsausgaben bis 1946 um rund 141 %. Nimmt man die Veränderung der Nominalwochenverdienste im Durchschnitt aller Arbeitergruppen und Gewerbezweige als maßgebend für die Einnahmegestaltung der Arbeiterhaushaltungen an, so müßte der Anteil der Kosten für eine verbesserte Ernährung unter Einbeziehung der Versorgung über den Schwarzen Markt für 1946 mit rund 109 % der Gesamteinnahmen bzw. -ausgaben angenommen werden. Wenn der Arbeiter also jedem seiner Familienmitglieder nur eine tägliche Zusatzkost von 138 Kal. schaffen wollte, müßte er — falls der Betrieb ihm nicht neben dem Barlohn aus der eigenen Produktion Kompensationswaren für Tauschzwecke gab oder selbst für zusätzliche Nahrungsmittel sorgte — entweder zusätzliche Einnahmen durch selbständige Freizeitarbeit erzielen oder von der Substanz zusetzen, also eigene Gebrauchsgüter gegen Nahrungsmittel eintauschen, oder von seinen Ersparnissen zehren. Diese Berechnung zeigt, daß unter besonderen Mangelverhältnissen der Ernährungsaufwand durchaus auch einmal den Rahmen des laufenden Einkommens sprengen kann. Ist dieser nicht erweiterungs- oder ergänzungsfähig, so wird der Anteil für Ernährungsausgaben mindestens so weit steigen, bis der ernährungsphysiologische Mindestbedarf gedeckt ist oder bis er so weit befriedigt ist, als dies unter Einschränkung aller übrigen Ausgaben bis zum Minimum des zum Leben und zur Berufsausübung Unverzichtbaren möglich ist. Die untere Grenze der Einschränkbarkeit dieses Ausgabenteils dürfte, bezogen auf ein Arbeitereinkommen, schätzungsweise bei 30 % gelegen haben. Das bedeutete unter anderem schon völligen Verzicht auf Ergänzungsanschaffungen an Bekleidung, ein Zustand, der nur für eine begrenzte Zeit tragbar ist. Dann hätte also die obere Grenze für die Ausdehnbarkeit des Ausgabenanteils der Nahrungsmittel bei 70 % angenommen werden müssen.

Abgesehen davon, daß die für 1946 berechnete tägliche Durchschnittsmenge von 138 Kalorien, deren Beschaffung über den Schwarzen Markt für den Nichtselbstversorger denkbar erschien, nicht zur Erfüllung des ernährungsphysiologischen Solls ausreichte, konnte also der Arbeiter auch diese Menge nur unter Überschreitung seiner Einkommensverhältnisse beschaffen. Zwar betrug der Vermögensverzehr im Durchschnitt von 128 im Oktober/November 1946 in der britischen Zone erfaßten Arbeiterfamilienhaushaltungen 22,1 % und bei solchen mit 2 Kindern unter 10 Jahren 29,6 %, gegenüber 1,0 % der Gesamteinnahmen im Durchschnitt der Arbeiterhaushaltungen von 1937 und der Vermögensverzehr in der Zeit vom 1. 5. 1945 bis 1. 2. 1947 nach Ermittlungen der Kreissparkasse in einer westfälischen Stadt bei Arbeiterhaushaltungen je Haushaltung und Monat durchschnittlich 30 RM, bei Angestelltenhaushaltungen 42 RM, doch kennzeichnen diese Zahlen nur das Tempo, in dem sich der Schwund der Reserven vollzog. Auch entsprachen Aufwendungen in dieser Höhe nur dem Schwarzmarktpreis von etwa 3600 bis 5000 Kalorien, bei einem Ehepaar mit 2 Kindern also einem Zusatz von ganzen 30—40 Kalorien je Kopf und Tag. Nimmt man wirklich bei einem Arbeiter mit 36 RM Wochenlohn und 30 RM monatlichem Verzehr von Ersparnissen eine Ausweitung des Ernährungsanteils auf 70 % der Gesamteinnahmen an, so wird man bei einem Aufwand von 17,36 RM je Vierwochenperiode für die Normalverbraucherzuteilung einschließlich sonstigen zu normalen Preisen erhältlichen Lebensmitteln, wie er nach *Nevermann* im Mai 1946 die Grundlage für die Erörterungen über die Zusicherung eines Versorgungsminimums im Wohlfahrtsausschuß beim britischen Hauptquartier in Bünde gebildet hat, auf kaum mehr als 65 Schwarzmarktkalorien je Kopf im Vierpersonenhaushalt kommen. Wenn auch der Arbeitslohn aus Hauptberuf und der Vermögensverzehr nicht die Einnahmemöglichkeiten erschöpften und vor allem die Fachkräfte unter den Arbeitern bei dem unvergleichlich gestiegenen Bedarf an Reparaturen usw. in ihrer Freizeit durch nebenberufliche Dienstleistungen das Arbeitseinkommen nicht nur geldlich über dessen Friedensanteil von 0,4 % erheblich erhöhen, sondern auch solchen Nebenverdienst unter Umständen in kalorisch wertvoller Naturalform vereinnahmen konnten, so ist doch zu berücksichtigen, daß eine Erhöhung der Schwarzmaktkalorien von 65 auf 138 je Kopf eine Steigerung der nebenberuflichen Einnahmen unter den gedachten Voraussetzungen von 0,4 % auf 42 % der Gesamteinnahmen erfordert hat. Angesichts dieser Steigerung auf mehr als das Hundertfache erscheint es zweifelhaft, ob der Durchschnittssatz von 138 Kalorien gerade für die Arbeiterbevölkerung voll in Ansatz gebracht werden kann. Jedenfalls ist nicht anzunehmen, daß sich der Arbeiter im Vergleich zu dem Normalverbraucher, der die fachlichen Voraussetzungen für solche Dienstleistungen nicht besaß, erheblich günstiger stellte. Diese Dienstleistungen beanspruchten ja auch ihrerseits wieder Arbeitskalorien, so daß der mit ihrer Hilfe erzielte Nahrungszuschuß im Vergleich mit dem ernährungsphysiologischen Bedarf nicht voll als Reingewinn gewertet werden darf. Wir sahen bereits, daß die Empfänger gewerblicher Arbeitszulagen, gemessen an ihrem ernährungsphysiologischen Bedarf, in der 111. Zuteilungsperiode selbst als Schwerstarbeiter ein Ernährungsdefizit hatten, das nur rund 10 % des Bedarfs weniger betrug als das des Normalverbrauchers. Selbst der Bergmann kam nach *Graf* 1946 einschließlich seiner Speckprämien bei weitem nicht auf sein ernährungsphysiologisches Soll. Die Feststellung des Chancellor of the Duchy, auf die sich *Churchill* in der Unterhausdebatte vom 12. 3. 1947 bezog, wonach 1550 Kal. nur die deutsche Grundration seien, ein großer Teil der Deutschen aber Gesamtrationen zwischen 2550 und 3990 Kal. erhielten, war an sich richtig. Sie besagte aber nichts über die Deckung des ernährungsphysiologischen Bedarfs. Ebenso hat derjenige, der sich durch handwerkliche und ähnliche Nebenleistungen zusätzliche Lebensmittel erwarb, zweifellos sein Nahrungsaufkommen erhöht. Gleichzeitig ist aber auch sein ernährungsphysiologischer Bedarf gestiegen, und seine Familie nahm an dieser Zusatznahrung zudem gewöhnlich teil. Weder auf Grund des eigentlichen Schwarzmarkts noch aus den durch „Schwarzarbeit" erworbenen Lebensmittelergänzungen fiel somit eine Verbesserung des Ernährungsstandes an, die das ernährungsphysiologische Defizit ausgeglichen hätte.

Die Rationen deckten, wenn wir die Zeit von 1939 bis 1948 betrachten, immer weniger den physiologischen Bedarf. Aber sie umfaßten einen immer größeren Teil der Nahrungsmittel. Der Anteil der frei beziehbaren Nahrungsmittel sank zur Bedeutungslosigkeit herab. Dafür eröffnete sich nach der Kapitulation ein Schwarzer Markt. Die Menge der für die große Masse der Bevölkerung auf diesem Schwarzen Markt erwerbbaren Nahrungsmittel reichte nicht aus, um die auf Marken zustehenden Lebensmittel in einem für den physiologischen Bedarf ausreichenden Umfang zu ergänzen. Der Familienausgleich war mehr als problematisch. Für die Familien, deren Kinder bereits im Alter der Jugendlichen oder der Erwachsenen waren, traf er jedenfalls nicht zu. Je kürzer die Ernährungsdecke für die Haushaltung war oder wurde, um so mehr neigten die Zulageempfänger dazu, ihre Zulagen in den Familientopf gehen zu lassen. Dies milderte zwar die Ernährungslage der Familie, beeinträchtigte aber um so mehr die Befriedigung des ernährungsphysiologischen Bedarfs der Person, für welche die Zulagen bestimmt waren. Was war also nun die Folge alles dessen für den Ernährungszustand der Bevölkerung?

Die Auswirkung dieser Umstände prägte sich zunächst einmal ziemlich deutlich in den Ergebnissen der reichsamtlichen Untersuchung über den Ernährungszustand der Arbeiterschicht aus. Ein Vergleich für rund 1800 Personen dieses Kreises ergab für Februar 1942 gegenüber Dezember 1937 einen durchschnittlichen Gewichtsverlust von 1,4 %. Während die Frauen ihr Gewicht gehalten hatten, war das Gewicht der Männer um 3,1 % zurückgegangen. Mit einem Defizit von 6,6 % lag das Gewicht der 60—65jährigen Männer, danach das der 35—40jährigen Männer am stärksten unter dem erwartungsmäßigen Gewicht nach *Wulkow*. Von den Arbeitern der Altersklasse 25—30 Jahre, die hier hauptsächlich als Haushaltungsvorstand einer Familie mit kleinen Kindern gedacht werden müssen, wurde das Friedensgewicht damals noch um 2,1 % überschritten. Waren diese Untersuchungen auch auf den Personenkreis der Wirtschaftsrechnungen beschränkt, der durch seine Teilnahme an der Haushaltsbuchführung zu dieser Erhebung einen stärker ausgeprägten Sinn für wirtschaftliche Haushaltsführung bekundet hatte, so bot sie doch deutlichere Anhaltspunkte für die Zusammenhänge zwischen Familienausgleich, Zusatzrationen und Ernährungszustand des Arbeiters. Für das Maß der Entwicklungsunterschiede sind ihre Ergebnisse freilich nicht so repräsentativ wie diejenigen der vom Statistischen Reichsamt zusammen mit dem Max-Planck-Institut für Arbeitsphysiologie durchgeführten Feststellungen an 7500 Industriearbeitern, welche für die rund 6500 männlichen Beschäftigten folgende Entwicklung der Körpergewichte zeigten (1937 = 100):

1938	1939	1940	1941	1942	1943
100,2	100,2	98,7	97,4	94,0	91,7

In einem großen Werk der Elektroindustrie Berlins mit über 2000 männlichen Arbeitern, von denen knapp 59 vH mittelschwere und 13 vH schwere und schwerste Arbeit leisteten, war deren durchschnittliches Körpergewicht im ersten Vierteljahr 1942 um 7 vH geringer als 1938. Für die Belegschaft der drei für Männerarbeit wichtigsten Betriebe dieses Werks gibt das Statistische Reichsamt folgende Entwicklung an:

Arbeitsschwere	Entwicklung des durchschnittlichen Körpergewichts männlicher Arbeiter in der Elektroindustrie (1937 = 100)				
	1938	1939	1940	1941	1. Vj. 1942
leichte Arbeit					
im Sitzen (L 1)	101,8	103,1	97,9	97,8	96,0
im Stehen u. Gehen (L 2)	96,2	97,5	95,1	93,1	91,3
mittelschwere Arbeit (M)	100,1	100,0	96,9	95,3	92,7
schwere Arbeit (S)	101,5	101,7	99,9	96,8	95,8
schwerste Arbeit (Sst) ..	101,3	101,1	98,3	95,2	90,3
Zus.	99,6	100,0	97,0	95,2	93,0

Die Beobachtung von nicht ganz 1200 männlichen Arbeitskräften eines Werks der chemischen Industrie in Mitteldeutschland zeigte von 1937 bis zum ersten Vierteljahr 1942 einen Gewichtsrückgang von nur rund 4 vH, der sich aber bis zum vierten Vierteljahr 1942 auf fast 9 vH erhöhte:

Arbeitsschwere	Anteil d. Arbeitskräfte	Entwicklung des durchschnittlichen Körpergewichts männl. Arbeitskräfte in der chem. Industrie (1937 = 100)							
		1938	1939	1940	1941	1942			
						1. Vj.	2. Vj.	3. Vj.	4. Vj.
L 1	2,0	102,9	101,0	98,5	95,4	93,6	91,2	92,1	91,6
L 2	26,9	101,5	102,1	98,7	97,7	97,1	94,4	93,6	94,1
M	46,1	101,5	102,0	98,1	96,8	95,5	92,6	90,9	90,8
S	21,4	99,4	100,5	96,9	95,1	94,8	90,5	87,6	87,4
Sst	3,6	100,5	101,8	99,9	99,2	97,6	98,3	95,4	100,5
Zus.	100,0	101,0	101,7	98,1	96,7	95,8	92,8	91,1	91,3

Bemerkenswert ist die Feststellung des Statistischen Reichsamts für ein Werk der Maschinenindustrie in Baden-Württemberg, daß sich das durchschnittliche Körpergewicht der knapp 300 männlichen Arbeitskräfte in der kurzen Zeit von 1941 bis Ende 1942 um 7,6 vH verringert habe, obwohl ein großer Teil der Belegschaft außerhalb des Arbeitsortes in den umliegenden Dörfern wohne und über einen Garten, etwas Land oder wenigstens Kleinvieh verfüge und über 93 vH der erfaßten Arbeiter Zulageempfänger seien. Bei diesem Anteil der Zulageempfänger dürften die auf dem Lande wohnenden Belegschaftsmitglieder nichtlandwirtschaftliche Selbstversorger gewesen sein oder sogenannte Ergänzungsselbstversorger mit Erzeugnissen, die von der Bewirtschaftung nicht oder jedenfalls bei den in Frage kommenden Erzeugungsmengen nicht erfaßt wurden (z. B. Kaninchen, Gemüse). Zu diesen Verpflegungszusätzen kam hinzu, daß ungefähr die Hälfte der Belegschaft aus der Werkküche in Form von warmen Mittagessen zusätzliche Verpflegung empfing, die durch eigene Gärten der Firma und Anbauverträge mit Bauern in der Umgebung des Arbeitsortes hinsichtlich der Versorgung mit Gemüse und Kartoffeln sichergestellt war. Außerdem wurde an die Nachtschichtarbeiter eine warme Mahlzeit ausgegeben. Wenn trotz alledem die Körpergewichtseinbuße dieser Arbeitskräfte so stark war, so wird man zum guten Teil den Mehraufwand an körperlicher Anstrengung dafür als Ursache ansehen müssen, der durch die Pendelwanderung vieler Belegschaftsmitglieder und in Verbindung hiermit durch die sich im Laufe des Krieges verschlechternden Verkehrsverhältnisse bedingt war.

Selbstverständlich änderte sich der ernährungsphysiologische Bedarf der Arbeitskräfte gegenüber der Vorkriegszeit auch durch den Anstieg der Arbeitszeiten. In einem niedersächsischen Werk der Kautschukindustrie, dessen männliche untersuchte Belegschaftsmitglieder von 1939 bis zum 1. Vierteljahr 1942 5,7 vH ihres Körpergewichts verloren hatten, und zwar die Schwer- und Schwerstarbeiter sogar 6,7 vH, und dessen weibliche Arbeitskräfte 8,5 vH, in der Spitze sogar in der Gruppe der mittelschweren Arbeit 13,1 vH ihres Körpergewichts eingebüßt hatten, waren die im Zeit- und Akkordlohn tatsächlich geleisteten Arbeitsstunden (einschließlich der Mehr-, Über-, Sonn-, Nacht- und Feiertagsarbeit) je Woche von September 1939 zum September 1942 für Chemiebetriebs- und Chemielaborfachwerker um 4,0 vH, für Chemiebetriebs- und Chemielaborwerker um 4,1 vH, für Arbeiterinnen um 7,8 vH, für Hilfswerker um 9,8 vH und für Betriebshandwerker um 21,3 vH gestiegen.

Die Untersuchungen an 85 mittelschwer und 141 schwer arbeitenden männlichen Arbeitern einer Schiffswerft an der Unterweser ergab einen Gewichtsrückgang bei der erstgenannten Gruppe von 1940 bis zum

1. Vierteljahr 1943 um 6,3 vH, bei den Schwerarbeitern um 0,6 vH. Diese unterschiedliche Entwicklung kommentierte das Statistische Reichsamt an Hand von Ergebnissen der Erhebung von Wirtschaftsrechnungen für 1927/28. In diesen boten sich Unterlagen für eine Auswertung nach der Berufsschwere unter besonderer Berücksichtigung der norddeutschen Küstenstädte. Die Gegenüberstellung des damaligen Verbrauchs mit den entsprechenden täglichen Nahrungsaufkommen im Durchschnitt der 41. bis 47. Zuteilungsperiode (21. 9. 1942—4. 4. 1943) zeigt, daß die Ernährung der Schwerarbeiter gegenüber dem freien Vergleichsverbrauch weniger stark zurückstand als bei der anderen Gruppe:

Gruppe	Zeit	Nährwert 1927/28		Nährstoffgehalt		
		Kal.	= 100	Eiweiß g	Fett g	Kohlehydr. g
Mittelschwer Arbeitende im nordd. Küstengebiet	1927/28	2967	100,0	80,5	118,2	374,0
Lang- und Nachtarbeiter	1942/43	2389	80,5	64,1	50,0	403,8
Schwerarbeiter i. nordd. Küstengebiet	1927/28	3048	100,0	82,4	120,6	386,4
Schwerarbeiter	1942/43	2820	92,5	75,2	65,5	462,7

Obwohl die Devise „Kanonen statt Butter“ dazu geführt hatte, daß ab 23. 11. 1936 auf Grund der Anordnung Nr. 9/1936 der Hauptvereinigung der deutschen Milch- und Fettwirtschaft nur 80 vH der im Oktober 1936 bezogenen Buttermengen ausgeliefert werden durften, obwohl die Abgabe von Butter durch die Anordnung Nr. 12/1937 der genannten Hauptvereinigung vom 3. 3. 1937 an Kundenlisten gebunden worden war und obwohl die Abnehmer ab 25. 12.1937 auf Grund der Anordnung Nr. 22/1937 mit einem von der Hauptvereinigung jeweils durch Bekanntmachung festgesetzten Prozentsatz der im Oktober 1937 durch die Milchwirtschaftsverbände bewilligten Butterabgabemengen zu beliefern waren, der am 9. 12. 1937 85 vH betrug, zeigen die Untersuchungen für 1938 und 1939 im allgemeinen einen günstigeren Stand der Körpergewichte als 1937. Diese Entwicklung darf nicht dazu verleiten, die Bedeutung der Nährstoffe gegenüber dem Nährwert, insbesondere die Bedeutung des Fettanteils der Nahrung zu überschätzen. Die Gründe waren mehr wirtschaftlicher Natur. Das Statistische Reichsamt berichtete hierzu: „In den Vergleichszahlen für 1938 und 1939 dürfte eine gewisse Wohlstandsentwicklung zum Ausdruck kommen. Die Arbeitslosigkeit war allmählich durch einen Arbeitermangel abgelöst worden. Die Arbeitsverdienste stiegen, während sich die Indexziffer der Lebenhaltungskosten im allgemeinen nur mäßig, die Kosten der Ernährung fast gar nicht erhöhten. Dem Arbeiter stand daher eine erhöhte Kaufkraft zur Verfügung, die er — wenn man von der losen Bezugsregelung für Butter seit November 1936 absieht — seiner Ernährung bis zum 28. August 1939 unbeschränkt zuwenden konnte.“ Die Beschränkung des Butterbezugs bedeutete ja nicht eine Einschränkung der Fettbezugsmöglichkeit schlechthin. Nach wie vor konnte der Arbeiter fettes Schweinefleisch erhalten oder Schweinefett, Rindertalg und Margarine. Der Einfluß der Nährstoffanteile und besonders des Fettanteils auf das Körpergewicht ist an sich vorhanden und unbestreitbar. Um den Einfluß der Rationierung auf die Körpergewichtsentwicklung erkennen zu können, verglich das Statistische Amt für die Britische Besatzungszone die Entwicklungsreihe der aus den Reichsamtsuntersuchungen vorliegenden Körpergewichte mit denen der Kalorien, des Eiweißes, des Fettes und der Kohlehydrate. Dabei wurde als verfügbare Nahrung die Ration zuzüglich der Mengen freier Nahrungsmittel zugrunde gelegt, deren Anschaffung das Budget des Arbeiters zuließ. Die stärkste Übereinstimmung zeigte sich mit der Verminderung des Fettaufkommens. Im einzelnen errechnete das StABB folgende positive Korrelationskoeffizienten:

Kalorien	Eiweiß	Fett	Kohlehydrate
0,7	0,8	1,0	0,5

Es darf nun aber keineswegs angenommen werden, daß die Ausgangsgewichte der untersuchten Arbeitskräfte überhöht gewesen wären. Als Beispiel seien die Körpergrößen und Körpergewichte der männlichen und weiblichen Arbeitskräfte des bereits erwähnten Werkes der Kautschukindustrie für 1939 und 1942 gegenübergestellt:

Berufs-schwere-gruppe	Männer (Kautschukindustrie)			Frauen (Kautschukindustrie)		
	Körper-größe cm	Körpergewicht 1939 kg	Körpergewicht 3. Vj. 1942 kg	Körper-größe cm	Körpergewicht 1939 kg	Körpergewicht 3. Vj. 1942 kg
L 1	172,0	66,7	63,9	161,7	61,7	58,8
L 2	166,9	66,1	61,8	160,4	65,6	59,3
M	170,1	68,4	65,0	161,8	71,4	62,0
S u. Sst	171,7	67,5	63,0	—	—	—
Zus.	169,1	67,0	63,2	160,8	64,7	59,2

Die Durchschnittskurve der Körpergewichte der vom Statistischen Reichsamt gemeinsam mit dem Max-Planck-Institut für Arbeitsphysiologie gewogenen männlichen Arbeiter im Alter von 30 und mehr Jahren verlief nach *Kraut* und *Bramsel*, die dieses Material einer genauen physiologisch-statistischen Analyse unterzogen, in den Jahren 1937 bis 1939 von 61,5 kg bei 160 cm Größe bis 73,5 kg bei 175 cm. Bei einer durchschnittlichen Körpergröße von 168 cm betrug das Körpergewicht in dieser Zeit 68 kg. Die 30—40jährigen lagen mit ihrem Durchschnittsgewicht im Frieden um 5,6 kg unter den von *Wulkow* 1930—1932 für deutsche Lebensversicherte ermittelten Werten, so daß das von *Kraut-Bramsel* berechnete Absinken der Körpergewichtswerte der Arbeiter um 4—5 kg bis 1942 gegenüber dem Friedensstand eine Gesamtdifferenz gegenüber den Werten nach *Wulkow* um insgesamt rund 10—11 kg darstellt. Den weiteren Verlauf lassen die Angaben von *Kraut* und *Bramsel* an Hand von annähernd 20 000 Wägungen der Jahre 1945 und 1946 abschätzen: „In den Jahren 1945 und 1946 konnten im Dortmunder Bergrevier 15 000 Wägungen an Bergleuten sowie im Jahr 1947 eine Wägung von 3500 Männern in den Straßen der Stadt vorgenommen werden. Die Durchschnittsgewichte der Bergleute in den Jahren 1945 und 1946 lagen nur um ungefähr ½ kg unter den Durchschnittsgewichten der Arbeiter aus dem Jahr 1943. Dagegen lagen die Werte der Dortmunder Straßenwägung im Jahr 1947 um 2 kg unter denen der Bergleute und rund 6 kg unter den Mittelwerten der Vorkriegszeit.“

Von Einzelfällen wie etwa demjenigen des erwähnten Werks der Kautschukindustrie, vielleicht überhaupt von Fällen schwerer Arbeit abgesehen, hielten die Frauen ihr Gewicht im allgemeinen besser als die Männer, und zwar auch in den einzelnen Arbeitsschwerestufen. Dies verdeutlicht eine Gegenüberstellung der Körpergewichte aus 1942 von den männlichen Arbeitskräften des schon betrachteten Werkes der Berliner Elektroindustrie mit den Arbeiterinnen eines weiteren Betriebes in diesem Werk (1937 = 100):

	1942 (Elektroindustrie)	
Arbeitsschwere	Männer	Frauen
L 1	92,6	97,9
L 2	91,9	95,7
M	93,3	96,6
S	95,8	95,8
Sst	90,3	—

Im Gesamtdurchschnitt einer Ermittlung des Statistischen Reichsamts an 816 männlichen und 958 weiblichen Mitgliedern von Arbeiterhaushaltungen war das Durchschnittsgewicht der Männer von Dezember 1937 bis Februar 1942 um 3,1 vH zurückgegangen, dasjenige der Frauen aber gleich geblieben. „Der stärkste Durchschnittsverlust an Körpergewicht“, lautet der betreffende Bericht, „ergab sich für Männer und Frauen mit 5,4 und 1,7 vH in den Großstädten von 500 000 bis 1 Mio Einwohnern. Der Ernährungsstand in den Städten mit 20 000 bis unter 500 000 Einwohnern (Abnahmen von durchschnittlich 3,6 bis 3,1 vH) entspricht nach den Gewichtsfeststellungen an Männern ungefähr dem der Millionenstädte Berlin und Hamburg (— 3,5 vH). Berlin, für sich betrachtet, zeigt allerdings ein ungünstigeres Bild (Männer — 5,4, Frauen — 3,2 vH). Die Gewichtsveränderung der Frauen, die stärker schwankt, ist in Berlin und Hamburg (— 1,3 vH) im Durchschnitt ungünstiger als in den Städten mit 10 000 bis unter 500 000 Einwohnern (— 0,1 bis + 1,8 vH). Innerhalb dieser zeigen aber die durchschnittlichen Gewichtsveränderungen ein mit abnehmender Ortsgröße bis zu den Städten von 10 000 bis unter 20 000 Einwohnern bei Männern (— 3,8 vH) und Frauen (— 0,9 vH) ungünstigeres Bild. Dies gestaltet sich erst mit weiterhin abnehmender Gemeindegröße wieder günstiger." Für die einzelnen Gemeindegrößenklassen ergab sich folgendes Veränderungsbild:

Gemeinden mit ... Einwohnern	Körpergewicht 1942 (1937 = 100) Männer	Frauen
weniger als 2000	98,9	100,6
2 000 bis unter 5 000	97,8	98,5
5 000 bis unter 10 000	97,7	100,9
10 000 bis unter 20 000	96,2	99,1
20 000 bis unter 50 000	96,4	99,9
50 000 bis unter 100 000	96,5	100,4
100 000 bis unter 500 000	96,9	101,8
500 000 bis unter 1 Mio.	94,6	98,3
1 Mio und mehr	96,5	98,7

Auf die Dauer unterlagen auch die Zuteilungen der jüngeren Altersstufen in zunehmendem Maß der Kürzung. Zeitigte ein Vergleich der Gewichtsfeststellungen an rund 4500 Schulanfängern von 1939 mit denen von rund 10 500 solchen von 1942 in Breslau noch durchaus befriedigende Ergebnisse, so stellte Wilhelmshaven auf Grund einer Mitte Juni 1946 durchgeführten Untersuchung an 11 276 Schulkindern fest, daß folgende Prozentsätze jedes Jahrgangs das Normalgewicht nicht erreichten:

Knaben		Mädchen	
Alter in Jahren	Untergewicht in % aller Fälle	Alter in Jahren	Untergewicht in % aller Fälle
6	86	7	88
8	60	9	44
10	96	11	98
12	84	13	94
14	95	15	78

Schulkinderuntersuchungen im Stadt- und Landkreis Worms hatten im 1. Vierteljahr 1948 nach *Mehnert* und *Schulte* (Deutschlandjahrbuch 1949) folgende Ergebnisse:

Untersuchungsbereich	Zahl der Fälle	In ... % der Fälle wurde festgestellt:						
		Normalgewicht	Untergewicht von ... kg					
			0,1 — 1	1,1 — 2	2,1 — 3	3,1 — 4	4,1 — 5	5,1 u. mehr
Stadt Worms								
Volksschule ..	5 138	26,9	18,9	18,5	15,3	9,1	4,6	6,6
Höhere Schule	1 189	21,6	0,3	10,7	10,4	9,7	6,5	31,8
Landkr. Worms	1 530	43,0	14,6	15,2	11,4	6,3	4,0	5,6

Mit dem Rückgang der Rationen verminderte sich nach 1945 allmählich auch die Möglichkeit, durch sogenannte Hamsterfahrten, durch die Ausnutzung verwandtschaftlicher oder freundschaftlicher Beziehungen auf dem Lande mit normalen Mitteln Zusatznahrung zu erlangen, in dem Maße, als der Bauer durch die unzureichende Versorgung mit Betriebsmitteln und Haushaltsgerät im Rahmen der Bewirtschaftung im Wege der Kompensation auf den Grauen Markt gedrängt wurde oder die Realisierbarkeit des Seltenheitswerts seiner Produkte auf dem Schwarzen Markt erkennen und ausnutzen lernte.

Die Ausdehnung der Bewirtschaftung von Nahrungsmitteln und deren Preisentwicklung im „Freiverkehr“ erschwerte es ferner den gewerblichen Betrieben, die von manchen in den ersten Kriegsjahren geübte Beschaffung zusätzlicher Verpflegungsmittel für die Werkkantinen aufrechtzuerhalten.

Die Möglichkeit der Nahrungsergänzung durch die Bearbeitung von Kleingärten blieb freilich nach wie vor offen. Dennoch lassen sich die Größenordnungen der Friedenserträge aus diesen, die im Durchschnitt der Wirtschaftsrechnungen von 1937 pro Jahr 170,7 kg Kartoffeln, 47,2 kg Gemüse und 12,3 kg Obst je Haushaltung ergeben hatten, nicht ohne weiteres auf die Kriegsverhältnisse übertragen. Die Küche wurde hierdurch fast ausschließlich um Kohlehydrate bereichert, die den bereits zuteilungsmäßig verminderten Eiweiß- und Fettanteil weiter reduzierten. Anderseits setzten diese Erträge einen zusätzlichen Arbeitsaufwand voraus, der mit steigender beruflicher Inanspruchnahme, zunehmender luftkriegsbedingter Freizeitbeeinträchtigung und abnehmender körperlicher Leistungsfähigkeit immer schwerer fiel. Die Erträge selbst wurden ferner durch die fortschreitende Verknappung von Düngemitteln gemindert, die sich unmittelbar selbstverständlich zuerst und am radikalsten gegenüber dem Kleingartenbau auswirkte und mittelbar die Bereitschaft der Tierhalter zur Abgabe von Stalldünger an diesen beeinträchtigte.

Ähnliches gilt für die Kleintierhaltung, aus der 1937 im Durchschnitt je Jahr und Haushaltung nach den Wirtschaftsrechnungen 90 Eier, 1 kg

Geflügel und 1,6 kg Ziegen- und Kaninchenfleisch anfielen. Insbesondere litt die Geflügelhaltung im Haushalt des gewerblichen Arbeiters am stärksten unter dem Verbot der Getreideverfütterung. Günstiger blieb infolge der Möglichkeit der Weidefütterung die Ziegen- und Schafhaltung, wobei allerdings die schließliche Einbeziehung in die Hausschlachtungsbestimmungen und die Verpflichtung zur Wollabgabe zu berücksichtigen bleibt. Auch über die Schweinehaltung ist eine Anzahl gewerblicher Arbeiter in den Teilselbstversorgerstand gelangt. Alles in allem ist der Anteil der Teil- und Vollselbstversorger an der Gesamtbevölkerung aber trotzdem annähernd in der gleichen Größenordnung geblieben; denn die Futtermittellage, über die von der Landwirtschaft in steigendem Maße geklagt wurde, war für den gewerblichen Arbeiter bestimmt nicht günstiger. Das Kaninchen erfreute sich zwar steigender Beliebtheit, war aber zum großen Teil ein Veredler der Kleingartenprodukte, die es als relativ schlechter Futterverwerter dementsprechend stark dem unmittelbaren Verzehr entzog, und ein Verwerter der mit Verknappung von Kartoffeln und Gemüse und mit zunehmender Ausnutzung der Nahrungsmittel abnehmenden und entwerteten Küchenabfälle des eigenen und der nachbarlichen Haushalte. Die Wege- und Wiesenränder wurden bei dieser Futtermittellage auch für die Kaninchenhalter ein immer beliebteres Ausbeutungsobjekt.

Alle diese Beengungen in der Gewinnung von Zusatznahrung wirkten sich aber vornehmlich bei den Bewohnern der Mittel- und Kleinstädte und der kleinen Gemeinden aus, denen die Landverbundenheit ihrer Wohnsitze diese Möglichkeiten an sich mehr und leichter bot, als es für die Großstadteinwohner der Fall war. Es ist hiernach anzunehmen, daß die Kurve der Körpergewichte, die nach der Vergleichsuntersuchung Dezember 1937 / Februar 1942 mit steigender Ortsgröße zu den Großstädten als Minimum abgenommen hatten und in den unteren Gemeindegrößenklassen von der Rationierung noch weniger tangiert waren, nach 1942 verhältnismäßig stärker gefallen sind. Wenngleich die günstigere Lage dieser Gruppe gegenüber den Großstädten sicher auch erhalten blieb, so dürfte sich die Schere der Gewichtsentwicklung beider Gruppen weiterhin doch verengt haben; denn die behandelten Erschwerungsfaktoren bedeuten nichts anderes, als daß eine zunehmende Zahl von Personen auf den Normalverbraucherstatus reduziert wurde. Hierfür spricht auch der beachtliche Anteil der unterernährten Schulkinder im Landkreis Worms, der namentlich in der 4,1- und 5,1-kg-Stufe nicht viel hinter den Ergebnissen der städtischen Volksschulen zurückbleibt.

Auch die Gründe, die in dem Vergleich 1937/1942 die Gewichtsentwicklung in den Millionenstädten gegenüber den Städten mit 0,5 bis 1 Million Einwohner begünstigt hatten, nämlich vor allem die bevorzugte Versorgung dieser allerdings landfernsten Siedlungskonzentrationen mit

Sonderzuteilungen, verloren mit der Zeit ihr Gewicht. Im Februar 1942 standen die Millionenstädte durch diese mit einem Körpergewicht der dort erfaßten männlichen Arbeiter mit 96,5 % von deren Friedensgewicht auf gleicher Ebene mit den Städten von 50 000 bis unter 100 000 Einwohnern und wiesen einen nur um 0,4 % des Körpergewichts ungünstigeren, aber um 0,9 % des Ausgangsgewichts günstigeren Ernährungszustand ihrer männlichen Arbeiter auf als einerseits die Städte mit 100 000 bis 500 000, anderseits diejenigen mit ½ bis 1 Million Einwohnern. Erst 1942 setzte aber der Luftkrieg über deutschem Gebiet im eigentlichen Sinn ein. Die Luftangriffe und mehr noch die Fliegeralarme[13] verminderten die Schlafzeit der Einwohner in den Groß- und Industriestädten und erhöhten damit deren sonst in dieser Zeit auf den Ruhebedarf beschränkten ernährungsphysiologischen Bedarf. Wenn immerhin den schwer luftkriegsbetroffenen Städten aus solchem Anlaß auch zeitlich begrenzt Ernährungszulagen für Luftgefährdung bewilligt wurden, so dürften diese und die sonstigen Sonderzuteilungen in den Weltstädten durch die Mehrbelastung ihrer Einwohner doch allmählich aufgezehrt worden sein, zumal alle diese Zusätze mit der Zeit rarer wurden. Es besteht daher wohl kein Zweifel, daß sich die Schere um die Halbmillionenstädte nach und nach auch von dieser Seite verengt, wenn nicht sogar geschlossen oder nach der Gegenseite geöffnet hat.

Für die zunächst noch günstiger gestellten Frauen, deren geringerer Grundumsatz im Prinzip die Differenz zwischen Bedarf und Zuteilung im Vergleich zu den Männern verminderte, brachte die Erschwerung der Haushaltsführung und die Kriegsdienstverpflichtung einen zusätzlichen Bedarf an Arbeitskalorien.

Nach *Mehnert* und *Schulte* wurde aus Berlin ein erhebliches Ansteigen der Frauenkrankheiten gemeldet als Folge von Überanstrengung durch ungewohnte, überschwere Männerarbeit. In der Universitäts-Frauenklinik Hamburg wurde nach 1945 eine starke Zunahme der Amenorrhoe beobachtet, als deren Ursache außer psychischen Faktoren hauptsächlich der Mangel an hochwertigen Aminosäuren und Fetten angesehen wurde. Die entsprechend der Zunahme von Hernien bei Männern im Verlauf der Rationsdauer beobachtete Zunahme von Gebärmutter- und Scheidensenkungen auch bei jungen Frauen wurde auf einen Schwund der physiologischen Fettpolster und auf ernährungsbedingte Bindegewebeschwäche zurückgeführt.

Zweifellos wurde im Fortgang der Rationierung auch das summarische Gleichgewicht der Zuteilungen für Säuglinge und stillende Mütter mit dem physiologischen Bedarf gestört, das im zweiten Kriegsjahr noch be-

[13] Auf das Stadtgebiet von Berlin entfielen nach den Aufzeichnungen der Berliner Feuerwehr im 1. Vierteljahr 1945 auf je rd. 3 Kalendertage 2 Alarmnächte mit durchschnittlich 68 Alarmminuten.

wußt ausgewogen war. Es ist ferner naheliegend, daß die in dem geringeren Grundumsatz des weiblichen Körpers liegenden stillen Reserven für den Familienausgleich mit dem Absinken der Rationen auch dadurch aufgezehrt wurden, daß die Mütter naturgemäß bestrebt waren, Ernährungsausfälle der Kinder zu Lasten ihrer eigenen Ernährung auch dann noch zu mildern, wenn sowohl deren als auch ihr eigenes physiologisches Soll nicht mehr saturiert war, so daß sich der Ausgleich in eine Verlagerung zuungunsten der Mütter verwandelte.

Alle diese Faktoren deuten darauf hin, daß die Voraussetzungen für den im Anfang der Rationierung günstigeren Ernährungszustand der Frauen allmählich entfielen. So ergaben Reihenuntersuchungen, die 1947 in Essen an der Kruppschen medizinischen Klinik bei je 120 Männern und Frauen durchgeführt wurden, daß die Hausfrauen am stärksten von der Unterernährung betroffen waren.

Das Bild, das die Zahlen von *Kraut* und *Bramsel* für 1946 und 1947 für Arbeiter zeigen, wird ergänzt durch eine Angabe von *Olivier* auf Grund des Berichts einer Bergwerksgesellschaft. Danach hatten von den gewogenen Bergleuten im Mai 1947 75 % Untergewicht, und zwar 50 % ein solches von rund 10 % und 25 % ein solches von 20 %, mehrfach sogar von 25—30 %. Nach anderem Untersuchungsmaterial des Gesundheitsamts der Stadt Dortmund hatten im Januar 1947 77 % der hierbei erfaßten Bergleute und 94 % der Fabrikarbeiter nicht das Sollgewicht. Dieser Anteil entsprach annähernd dem der gleichzeitig untersuchten Gefängnisinsassen (92 %), derjenige der Bergarbeiter dem von Kindern in Waisenhäusern (73 %). Prinzipiell bestand also kein Unterschied mehr in der Ernährungslage zwischen Zulageempfängern und anderen Nichtselbstversorgern. Die Wirkung zeigte der Rückgang der Arbeitsleistung in der Industrie. Nach einer Untersuchung der Handelskammer Lübeck, deren Ergebnisse von *Mehnert* und *Schulte* wiedergegeben werden, hatte sich die Leistung der Beschäftigten bei einer Reihe wichtiger Firmen der dortigen Industrie im Oktober 1946 gegenüber dem Normalstand infolge Verminderung der Arbeitszeit um 12 %, durch Fehlzeiten um 17 % und durch Verminderung der Arbeitsintensität um 20 %, insgesamt also um 49 % gesenkt. *Schulze* hielt einen Rückgang des Produktionswertes für 1946 auf 25 % der industriellen Normalproduktion für zutreffender als die veröffentlichten 36 %. Daß die volkswirtschaftlichen Funktionen überhaupt noch bis zu diesem Grade aufrechterhalten werden konnten, war nur durch den Abbau von Körpersubstanz der Arbeitenden möglich; denn, wie *Kraut* feststellt, kann auf die Dauer niemand mehr an körperlicher Arbeit leisten, als ihm die mit der Nahrung zugeführten Kalorien erlauben, und jede Überschreitung führt mit zwingender Notwendigkeit zu einem Abbau von Körpersubstanz, der vom Reservefett über das Muskeleiweiß zum Eiweiß der inneren Organe fortschreitet und schließlich zu den bekannten Ödemerscheinungen führt, wie sie etwa in den für Juli 1947 berichteten 441 Zugängen an Fällen von Hungerödem an den Krankenanstalten Hamburgs bei einem Bestand von 738 Fällen oder den 127 Neuerkrankungen dieser Art in der 99. Periode in Bremen zum Ausdruck kamen. So gering freilich diese Maximalzahlen für die Berichtsstädte und diesen Zeitraum im Vergleich mit der betreffenden Gesamteinwohnerschaft sind, kennzeichnen sie doch den Umfang des Gesamtabbaues, mit dem die restliche Aufrechterhaltung der volkswirtschaftlichen Arbeit unter den damaligen Umständen erkauft wurde. Dieser Grad volkswirtschaftlichen Lebens bildete daher keinen Beweis für eine im Grunde noch ausreichende Ernährung, sondern unterstrich vielmehr die Nivellierung der ernährungsphysiologischen Lage für alle Nichtselbstversorger.

Diese galt auch für die Angestellten und Beamten. Ohnehin waren diese nicht zulageberechtigt, weil sie nicht körperlich tätig waren und somit auch nicht Schwerarbeit leisten konnten. Anderseits war bei dem höheren Einkommensniveau dieser Schichten grundsätzlich eine etwas stärkere Inanspruchnahme des Schwarzen Markts aus dem Arbeitseinkommen möglich. Abgesehen von der im allgemeinen doch geringfügigen Bedeutung dieser Zusätze hatten diese Schichten ein stärkeres Ausgangsgefälle im Ernährungsstand aufzuweisen als die Arbeiter. Während deren Ernährungsetat gegenüber ihrem Friedenshaushalt nach einer Berechnung des Statistischen Reichsamts für Haushaltungen gleicher Zusammensetzung bis 1940 um der Rationierung willen noch keine Einschränkung, gegebenenfalls sogar im Gegenteil eine gewisse Erweiterung erfahren hatte, trat bei den Angestelltenhaushaltungen mit 3000 RM Jahreseinkommen bereits eine Minderung der Ausgaben für Nahrungsmittel um 0,8 % ein. Bei Beamten mit 4800 RM Jahresgehalt minderten sie sich um 17,4 %, bei 6000 RM um 19,9 % und bei 7200 RM um 26,3 %. Bei einem monatlichen Einkommen je Haushaltungsmitglied von 150 RM, wie es sich für diese Einkommensstufe ergab, wovon im Frieden 33,30 RM auf Nahrungsmittel entfielen, ist nicht anzunehmen, daß in diesen Haushaltungen vor dem Krieg geradezu Völlerei getrieben wurde, so daß die bezifferte Reduktion nicht außergewöhnliche Sonderfälle betraf. Tatsächlich war das Körpergewicht der Angestellten nach den Feststellungen des Statistischen Reichsamts in den ersten Kriegsjahren auch relativ stärker zurückgegangen als bei den Arbeitern. Dies lag nicht nur an der Beschränkung der Zulagen auf die körperliche Arbeit. Der sich für jene Schichten im besonderen ergebende plötzliche Wechsel stellte dementsprechend hohe Anforderungen an die physische Resistenzkraft, wodurch der Abbau der körperlichen Fettdepots stimuliert wurde und das Sekundärstadium des Eiweißabbaues mit dem Absinken der Rationen eher erreicht wurde als beim Arbeiter, welcher in dieses zudem mit einer erheblich entwickelteren Muskulatur eintrat als gemeinhin der geistige Arbeiter. Anderseits sind infolge plötzlicher Minderung der Ernährung, ohne daß deren Stand unbedingt unter das ernährungsphysiologische Soll zu sinken brauchte, innersekretorische Störungen beobachtet worden. Zumal mit der Zunahme des Nahrungsanteils der Kohlehydrate bei gleichzeitig rückläufigem Anteil namentlich von hochwertigem Eiweiß traten durch Glykogenablagerung infolge ungenügender Verbrennung nachmals Fälle lipophiler Dystrophie auf. Offenbar waren die Wirkungen der sich allmählich entwickelnden Ernährungslage auch auf das Sexualleben bei den Angestellten nicht anders als bei den Arbeitern. Erhebungen, die im Juli 1946 an einem sowohl aus Angestellten als auch aus Arbeitern zusammengesetzten Beobachtungsmaterial von 913 Personen in Essen durchgeführt wurden, ergaben nach *Mehnert* und *Schulte* bei nahezu allen Untersuchten Störungen der Keimdrüsenfunktionen. Und zwar wurde in 599 Fällen keine, in 310 geringe und nur in 4 normale Betätigung festgestellt. Selbst wenn man annimmt, daß höheres Einkommen eine etwas stärkere Teilnahme an der Schwarzmarktversorgung erlaubte, so glich diese Einkommensdifferenz in den meisten Fällen noch nicht einmal die Möglichkeit des zusätzlichen Freizeitverdienstes des Arbeiters aus, so daß für den nicht körperlich Arbeitenden in der großen Masse trotz durchschnittlich günstigerer Lage des Arbeitseinkommens aus Hauptberuf diejenigen Bedingungen der Normalverbraucherexistenz eintraten, ohne welche die erwähnten Folgeerscheinungen nicht erklärbar wären.

Der Wandel in der Lebensmittelzuteilung für Kinder hat dem Familienausgleich allmählich die Voraussetzungen entzogen. Die differentielle Bedeutung der Gemeindegrößenklassen hat sich mit der Zeit für die Versorgungsmöglichkeiten der Nichtselbstversorger vermindert. Die Grundumsatzdifferenz der Frauen ist durch einen gesteigerten Arbeitskalorienbedarf außer Wirkung gesetzt worden. Die Versorgungsmöglichkeit über den Schwarzen Markt hat auf keiner im Rahmen der Gesamtversorgung maßgeblichen Einkommensstufe die Auswirkungen der Rationierung in der Grundlinie ihrer Entwicklung entscheidend beeinflußt. Die Lage der Zulageberechtigten im Verhältnis zu ihrem ernährungsphysiologischen Bedarf war schließlich nicht wesentlich anders als diejenige der Normalverbraucher. Die medizinischen Zeitschriften widmeten den Ernährungsschäden in zunehmendem Maß ihre Aufmerksamkeit. „Am stärksten betroffen ist das männliche Geschlecht, besonders in den Lebensaltern jenseits der vierziger Jahre“, schreibt *Heilmeyer* im Juli 1946. „In ein und derselben Familie bei völlig gleicher Ernährung ist der Mann oft hochgradig abgemagert, während die Frau, die oft sogar noch an die Kinder von ihrer Ration abgibt, ihre alte Rechnung mehr oder weniger gut konserviert hat. Recht gut halten sich die Kinder, die offenbar ein viel besseres Ausnutzungsvermögen für alle Nährstoffe besitzen als der erwachsene, besonders der alternde Mensch." Hier anschließend untersucht *Brock* im Oktober 1946 die Frage einer erhöhten Hungerresistenz der Jugendlichen. Eingehend behandelt *Bansi* im Juli und November 1946 das Phänomen der Ödemkrankheiten, und *Kühnau* gibt im Durchschnitt für die Monate März bis Juli 1946 folgende Bedarfsdeckungszahlen der lebenswichtigen Aminosäuren an (physiologischer Bedarf = 100):

	Jugendliche von 10—18 Jahren	Erwachsene
Valin	25	31
Leucin	30	39
Zystin	29	37
Methionin	23	32
Phenylalanin	22	29
Tryptophan	31	44
Arginin	99	132
Histidin	30	42
Lysin	17	24

Die Vitaminversorgung scheint vor 1945 noch einigermaßen ausgereicht zu haben. Danach erscheint auch dies fraglich. In einer im März 1946 durchgeführten Untersuchung kam *Schweigart* zu einer Vitamin-Unterbilanz. Nach seiner Berechnung war der physiologische Bedarf an Vitamin A zu dieser Zeit nur zu 12 % gedeckt, der Bedarf an B 1 zu 58 %, an B 2 ungefähr zu 50 %, an Nikotinsäure (Faktor P-P) zu etwa 15 %, der physiologische Bedarf an Vitamin C zu 15 % und an Vitamin D zu 30—35 %.

Die Wohnungs- und Hausratnot, die verbreiteten Trümmergebiete in den Städten, die allgemeine Instandhaltungsvernachlässigung, die Verschlechterung der hygienischen Bedingungen boten einen reichen Nährboden für die Entwicklung von Krankheitskeimen und von Ungeziefer, das sie verbreitete. Hinzu kam, daß die über den Schwarzen Markt umgesetzten Lebensmittel sich der Kontrolle entzogen und vielfach auch nicht einwandfrei gelagert wurden. Die große Wärme und Trockenheit des Sommers 1947 erhöhte die Schädigungswirkungen dieser Einflüsse auf eine unterernährte und überanstrengte Bevölkerung. Eine Zunahme der Infektionskrankheiten war die Folge. Typhus und Paratyphus erreichten 1946 und 1947 Spitzenwerte der Krankheitshäufigkeit, deren Bedeutung sich am besten daran erkennen läßt, daß die Zahl der Neuerkrankungen an Typhus 1947 höher war als 1949 die Zahl derjenigen an Masern und daß die Zahl der 1947 gemeldeten Paratyphusfälle nicht sehr unter der Hälfte der für 1950 gemeldeten Grippeerkrankungen lag. Die Ruhrerkrankungen, im ganzen von ihrem Kriegsstand absinkend, erreichten 1947 immerhin ein Ausmaß nahezu des Dreifachen von

1948 und des Viereinhalbfachen der Jahre 1949 und 1950. Die Erkrankungsfälle an Lungenentzündung, die besonders in ihrer katarrhalischen Form den in seiner Abwehrkraft geschwächten Körper befällt, betrugen 1947 mehr als das Sechsfache ihres Standes von 1950. Die Tuberkulosesterblichkeit lag im Gebiet der Bundesrepublik 1946 höher als im Deutschen Reich während der letzten zehn Vorkriegsjahre und betrug mehr als das Doppelte des Jahres 1950. Die Sterbeziffer insgesamt (ohne Totgeborene, nachträglich beurkundete Kriegssterbefälle und gerichtliche Todeserklärungen) unterlag seit Beendigung der Kampfhandlungen zwar nicht mehr der Luftkriegseinwirkung, lag aber 1946 mit 12,3 und 1947 mit 11,6 Gestorbenen je 1000 Einwohner noch erheblich über dem bei 10,4 liegenden Durchschnitt der folgenden fünf Jahre.[14] Besonders deutlich ist der Einfluß der Ernährungsverhältnisse in den letzten Kriegs- und ersten Nachkriegsjahren auf die Säuglingssterblichkeit zu erkennen, wie ihn das einer Arbeit von *Koller* und *Peters*[15] entnommene Schaubild 10 in besonders eindrucksvoller Weise für Bayern zeigt.

Über den Ernährungs- und Gesundheitszustand der Bevölkerung, der sich im Laufe der Rationierung entwickelt hatte, kann danach kein Zweifel bestehen. Eiweißmangelschäden, schwere Allgemeinschädigungen infolge Unterernährung, Schädigungen des vegetativen Systems, Kreislaufschädigungen sind Stichworte, die bis 1948 durch die medizinischen Veröffentlichungen geistern. Als wirtschaftliches Krankheitssymptom manifestierte sich daneben der Kaufkraftüberhang. Das Milieu des Schwarzen Markts war die soziale Leiterscheinung. So präsentiert sich uns das Ergebnis der Rationierung in der Rückschau. War wirklich die Rationierung als solche die Ursache? Sicher war das nicht der Fall, sondern die Ursache lag im Verlust des Krieges. Aber es ist doch bemerkenswert, daß *Kraut* und *Bramsel* feststellen können, daß bereits die Ernährung des ersten Kriegsjahres nicht mehr zur Erhaltung des Körpergewichts ausreichte. Sie tat dies also trotz einer bis in die letzten Einzelheiten durchdachten Planung nicht zu einem Zeitpunkt, als die militärischen Ereignisse ein fast über Erwarten günstiges Bild zeigten. Und jene erste Unzulänglichkeit der Ernährung erwies sich an Arbeitern, deren Vorkriegsgewicht keineswegs über der Norm lag.

Nun, die Rationierung ging, eine nach der Währungsreform immer mehr verblassende Zeiterscheinung, am 1. 3. 1950 zu Ende und wurde von einer freien Versorgung über den Markt abgelöst. Das Bild des Ernährungs- und Gesundheitszustandes der Bevölkerung wäre nicht

---

[14] Wegen der ausführlichen Zahlenangaben über die Entwicklung der Krankheitshäufigkeit wird hingewiesen auf Band 61 zur Statistik der Bundesrepublik Deutschland: Gesundheitswesen, Statistische Ergebnisse 1946—1950.

[15] *Koller*, Siegfried, und Henriette *Peters*, Gegenwärtige Probleme der Frühsterblichkeit, statistische Grundtatsachen, Referat zur Tagung der Deutschen Vereinigung für die Gesundheitsfürsorge des Kindesalters e. V. am 9. 9. 1954 in Essen.

vollständig, wenn nicht auch die Siuation nach dem Einlaufen der freien Versorgungsmöglichkeit mit einigen Strichen eingezeichnet werden würde. Gewiß wird man die Folgeerscheinungen der Unterernährung auf die gesundheitliche Verfassung der Menschen oft kaum als solche identifizieren können. Die Wirkungen der Unterernährung bestanden ja vielfach in der Bodenbereitung für Infektionskrankheiten, und auch der erheblich schneller als seinerzeit die Gegenentwicklung verlaufene Übergang vom Ernährungstiefstand zur Vollernährung mag als solcher Kreis-

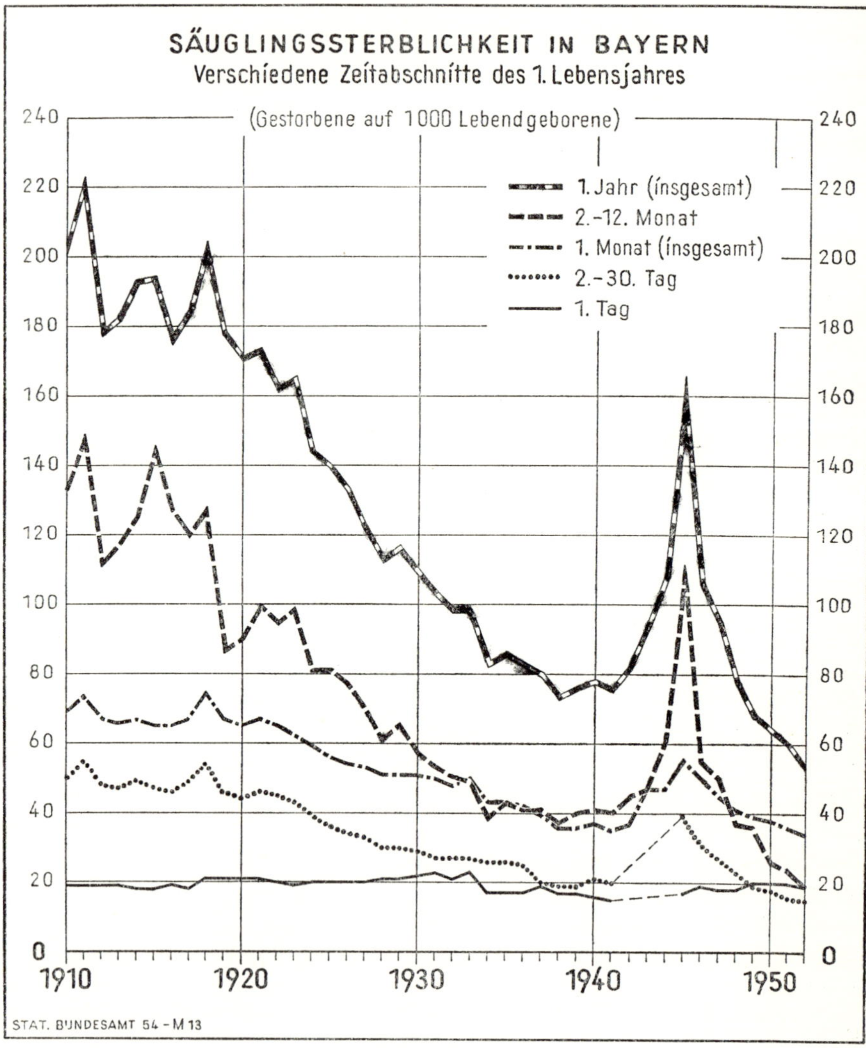

Schaubild 10

laufstörungen begünstigt haben. Vorgänge, die so weitgehende Umstellungen in Ernährungsgewohnheit und Ernährungsmaß gefordert haben wie die deutsche Lebensmittelversorgung der Kriegs- und Nachkriegsjahre können nicht ohne Hinterlassung jedweder Spur an einer Bevölkerung vorübergehen. Davon abgesehen, kann sich die Bevölkerung nach Überwindung eines solchen Abschnittes mehr oder weniger schnell erholen. Es wurde in anderem Zusammenhang schon bemerkt, daß der Ernährungszustand der deutschen Bevölkerung bereits etwa 1952 als in seinen wesentlichen Zügen normalisiert betrachtet werden konnte. Über eine sehr eingehende, wenn dadurch auch auf einen engen Personenkreis beschränkte Untersuchung über den Gesundheitszustand von Arbeiter- und Angestelltenhaushaltungen West-Berlins im Winterhalbjahr 1951/52 berichten *Ronge* und *Becker* in einer 1954 vom Bundesernährungsministerium herausgegebenen Schrift wie folgt: „Wie es bei der längst erfolgten Stabilisierung des Lebensmittelangebots nicht anders zu erwarten war, ergab sich, daß die schweren gesundheitlichen Folgen, die die noch nicht lange zurückliegenden Mangeljahre hervorbrachten, soweit sie sich ausgleichen lassen, im wesentlichen auch überwunden sind. Zeichen einer extremen, vor allem auch quantitativen Unterernährung, wie sie damals nicht selten auftraten (erhebliche Untergewichte in großer Zahl, Mangelödeme, starker Wachstumsrückstand der Kinder usw.), wurden nicht mehr beobachtet. Das Körpergewicht, dessen Soll jeweils an Hand von Körpergröße und Körperbautyp (schlank-, rundwüchsig usw.) festgelegt wurde, entsprach in der Mehrzahl der Fälle — allerdings nicht immer — der Norm. Demgemäß war auch meist der allgemeine Ernährungs- und Kräftezustand, beurteilt nach Körperhaltung, Beschaffenheit von Haut, Schleimhäuten, Muskulatur, Fettgewebe usw., ausreichend bis gut. Eindeutig ernährungsbedingte Übergewichte traten, der sozialen Schichtung der Erhebungsteilnehmer entsprechend, kaum auf. Der Blutdruck, der während der Mangelzeiten als funktionelle Folge der Unterernährung, besonders auch an Eiweiß, durchweg erniedrigt war, erreichte zwar bei den meisten Untersuchten, jedoch nicht überall, wieder seine dem jeweiligen Alter zukommende Höhe. Ähnlich verhielt sich das Gesamteiweiß im Blutserum, aus dem allerdings nur bedingt auf die Eiweißversorgung geschlossen werden kann.“

Wenn zweifellos bei einem gegebenen Notstand kaum eine andere Wahl als diejenige der Rationierung besteht, so fragt sich nun hier doch, ob die gleichmäßige Sicherung des Anteils jedes einzelnen am volkswirtschaftlichen Nahrungsaufkommen in Form der Rationierung etwa aus sozialen Gründen auch als ein Regelfall angesehen werden kann oder ob die Lenkung der Versorgungsvorgänge eine natürliche Grenze hat, welche die Zweckmäßigkeit einer Bewirtschaftung bis zum Letztverbraucher auf den Notstand beschränkt.

Grenzen der Wirtschaftslenkung.[16] Die technologische Bestimmtheit der neuzeitlichen Wirtschaftsentwicklung hat dazu verleitet, den Ablauf des ökonomischen Geschehens wie den Bewegungsvorgang eines mechanischen Getriebes zu betrachten, der sich aus einer diesem als solchem innewohnenden Automatik vollzieht, so daß nur zu klären bleibt, ob das System des zentralen oder des Einzelantriebs die technisch vollkommenere Lösung bietet. Da die Verfechter des Einzelantriebs die *Kant*sche Autonomie der moralischen Persönlichkeit, ihre Gegner aber das Primat der Gesamtheit gegenüber dem Individuum für ihr Prinzip in Anspruch nehmen, ist ihre technische Meinungsverschiedenheit zur ethisch-ideologischen Antithese angewachsen und auf dieser Ebene zu Dogmen mit machtpolitischem Hintergrund erstarrt, dessen Gewicht noch mehr als die Dialektik der Gründe den Meinungsstreit über ihre Anwendung beschattet. Daß eine politische oder dialektische Überlegenheit des einen oder des anderen Partners noch kein Beweis für sein wirkliches Recht ist und in einem Disput zweier Partner nicht notwendig die Meinung des einen richtig sein muß, hat *Chuang Tzu* bereits vor bald zweieinhalb Jahrtausenden erkannt. Schwieriger ist schon zu sagen, wo in diesem Fall die dritte Möglichkeit liegt.

Die Betrachtungsweise „der Wirtschaft“ als eines Erscheinungskörpers eigener Gesetzlichkeit, der machtpolitischer Verfügungsgewalt zugänglich ist, kann nicht nur den Verfechtern sozialistischer Thesen zugeschrieben werden. „Die Wirtschaft“ ist als gewissermaßen autonomer Funktionskomplex gegenüber „dem Staat“ vielmehr gerade durch die Verfechter der liberalistischen Lösung hervorgehoben worden, bei denen sich eine solche Entpersönlichung eines vitalen Sozialgeschehens kaum anders als durch eben jene technologisch bestimmte Anschauung „der Wirtschaft“ als einer Art selbständigen Mechanismus erklären läßt, welche die Fragestellung ebenso wie die Lösungsmethoden beherrscht. Die breite Resonanz des Rufes nach Liberalisierung von Handel und Produktion, der schon in der Zeit vor der Währungsreform 1948 immer fordernder erklang, wird man daher weniger als Massenbekenntnis zu einer der alternativen Lösungsmethoden denn als Reaktion gegen die

---

[16] *Sperling*, Psychologische Grenzen der Bewirtschaftung, Schmollers Jahrbuch 1950; *ders.*, Über die Relativität der ökonomischen Freiheit, ebenda 1950; *ders.*, Ideologien und soziale Grundbeziehungen, ebenda 1951; *Kipp*, Höherentwicklung und Menschwerdung, Stuttgart 1949; *Ortega y Gasset*, Betrachtungen über die Technik, Stuttgart 1949; *Planck*, Vom Wesen der Willensfreiheit, Leipzig 1948; *Aebi*, Kants Begründung der Deutschen Philosophie, Basel 1947; *Francé*, Bios, Leipzig 1926; *Wieser*, Das Gesetz der Macht, Wien 1926; *Müller-Freienfels*, Die Seele des Alltags, Berlin 1925; *Chamberlain*, Immanuel Kant, München 1909.

Suprematie der ökonomisch-technischen Faktoren über den Menschen zu werten haben, dessen Mittel zur Lebenserhaltung und -entfaltung sie sein sollen. Dann aber beruht diese Resonanz auf der Erwartung, daß die Wissenschaft und ihre Anwendung gegenüber dem abstrahierten Vorgang und dem technischen Faktor den lebendigen Menschen als deren Träger stärker in das Zentrum ihrer Betrachtung rücken. Dieser Erwartung scheint in der Welt der Wissenschaft das Drängen der Soziologie um ihre Anerkennung zu korrespondieren. Auch in der Naturwissenschaft wird eine zunehmende Lösung vom wissenschaftlichen Materialismus, ihrem einstigen legitimen Kinde, deutlich. Andrerseits zeigt gerade sie die funktionelle Bedeutung der Individuen ebenso wie deren Eingeordnetsein in eine höhere Funktionsgemeinschaft. Daß diese Ordnung nicht auf einem konkurrierenden Phagismus als Generalprinzip beruht, tritt schon in den Schriften von *Francé* als Merkmal des Übergangs von der mechanischen zur organischen Auffassung der Lebensvorgänge hervor. Auch die sozialen Lebensvorgänge können hiernach nicht mehr als nur ich-bestimmt gedacht werden. Vielmehr gewinnt die Soziale die Bedeutung der Rahmenfunktion, die Individuale diejenige der Inhaltsfunktion. Die restlose Verplanung der Mitglieder einer sozialen Gemeinschaft würde daher ebenso dem gegenwärtigen Erkenntnisstand widersprechen wie der restlose Verzicht des sozialen Rahmenorganismus auf seine ordnende Funktion gegenüber seinen Gliedern innerhalb deren wirtschaftlicher Tätigkeit.

Dann bedeutet eine Liberalisierung der Produktion und des Handels aber nur einen graduellen Vorgang unter der Augure eines grundsätzlichen staatspolitischen Anspruchs auf Beeinflussung des wirtschaftlichen Geschehens. Die Frage nach dessen „Antriebsart" wäre damit über alle dogmatischen Dispute hinweg im Sinne einer potentiellen Wirtschaftslenkung gelöst. Mit der Rücknahme des Verwaltungsarms aus einer bestimmten Kategorie von Wirtschaftsvorgängen oder mit seiner Erstreckung in sie tritt daher nicht mehr eine neue Aera ein. Faktisch entsteht die Frage nach dem Maß zentral lenkender Planung oder dem Grad der wirtschaftlichen Handlungsfreiheit sozusagen nicht mehr auf der strategischen Ebene, sondern im operativen oder auch nur taktischen Sektor.

Bei dieser tatsächlichen Lage übernimmt jede Regierung ein vorhandenes Lenkungspotential, das sofort zu operieren in der Lage ist. Damit hat die verwaltungspolitische Entwicklung diejenige der ideologisch-dogmatischen Klärung überflügelt, so daß im Sinne der Ausgangsbasis beider Grunddogmen — in der einen wie in der anderen Richtung — die Gefahr einer operativen Machtanwendung nach technokratischen Gesichtspunkten entsteht. Das Vorhandensein sozialfunktioneller Organe besagt also nicht, daß sie auch von einer sozialorganischen Auffassung beseelt werden müssen und es ausgeschlossen wäre, daß über den Menschen statt für ihn verfügt würde.

Hier entsteht daher für die nationalökonomische ratio die Frage nach den Zweckmäßigkeitsgrenzen der Anwendung jenes Potentials gegenüber dem homo oeconomicus socialis. Die Frage besteht ebenso nach der negativen Erstreckung, also nach dem Optimum des Lenkungsverzichts oder der Freigabe der Handlungsfreiheit, wie nach der positiven Ausdehnung des Lenkungspotentials, also dem Maß an Wirtschaftslenkung. Das Grenzmaß der Bewirtschaftung kann verwaltungstechnisch oder als Toleranzgrenze gedacht werden. Letztere kann physiologisch, psychologisch, ideologisch oder ethisch bestimmt sein. Vielleicht wäre jeder dieser Punkte einer besonderen Betrachtung wert. Die breite Resonanz, die der Ruf nach Wirtschaftsfreiheit in der Deutschen Bundesrepublik noch zu einem Zeitpunkt fand, als sich der Druck der Bewirtschaftung bereits weitgehend gemildert hatte, und noch gegenwärtig findet, läßt aber darauf schließen, daß in hohem Maße ein psychologisches Problem vorliegt. Immerhin wird es nicht zweckmäßig sein, diese Komponente von den begleitenden völlig zu abstrahieren.

Jede Wirtschaftsplanung unterliegt einem gewissen Schematismus. Wenn die Bedarfsstruktur auch vereinheitlichenden sozialen Einflüssen in viel höherem Maß folgt, als liberaler Individualismus zuzugeben bereit ist, vermag eine ihrem Wesen nach im Prinzip immer zentrale Planung auch den in diesem Rahmen bestehenden Differenzierungen nur ungenügend Rechnung zu tragen, selbst wenn es sich um ganze soziale Gruppen und um deren physiologisch bedingte Bedarfshöhe handelt. Die Spannweite des physiologischen Bedarfs der dem Begriff des Normalverbrauchers unterfallenden Bedarfsgruppen hat dies nur zu sehr veranschaulicht. Zweifellos führt also die Bestimmung des Verbrauchs durch den Bedarfsträger selbst zu einer angemesseneren Befriedigung seiner Bedürfnisse, weil eine zentrale Quantifizierung der Anteile am Sozialprodukt verwaltungstechnisch weder statisch noch dynamisch in organischer Anpassung an die letzten Verästelungen des Verbrauchs erfolgen kann und weil die Zuschreibung des Bedarfsmaßes in allen Einzelheiten die Impulse ausschließt, die letzten Endes die Dynamik der Wirtschaft tragen.

Bei aller Dominanz, welche das wirtschaftliche Getriebe im gesellschaftlichen Leben hat, bleibt es doch nur ein Mittel dieses Lebens oder des Lebens schlechthin und verliert seine Existenzgrundlagen, wenn es dessen Entfaltung mechanistisch überlagert. Es mag dahingestellt bleiben, ob der Sinn des Anthropozoismus in einem zunehmenden Unabhängigwerden, also in einer Emanzipation des Menschen von der Umwelt besteht, wie *Kipp* annimmt, und so der Fortschrittsgedanke eine biologische Rechtfertigung im Sinne einer Höherentwicklung des Menschseins erhält. Sicher ist aber die technologische Konstitution der gegenwärtigen Wirtschaftsform mehr als jede vorangegangene davon abhängig, daß sich Bedürfnisse e n t f a l t e n.

Gewiß kann die Bedeutung der Einzelbedürfnisse als bestimmender Faktor des Wirtschaftslebens gegenüber vordringlichen gesamtgesellschaftlichen Bedürfnissen zeitweilig zurücktreten. Die jüngste Vergangenheit hat bewiesen, daß die Befriedigung der Alltagsbedürfnisse im Interesse der Lösung eines kriegerischen Konflikts unter Aufrechterhaltung einer beträchtlichen Kriegsproduktionsleistung bis zur Beeinträchtigung des physiologischen Bedarfs zurückgestellt werden kann. Sie könnte es in gleicher Weise für jedes andere gesellschaftliche Ziel wie die Durchführung kolonisatorischer Erschließungsaufgaben oder die Schaffung industrieller Voraussetzungen zur Hebung des allgemeinen Lebensstandards. Wesentlich ist nur, daß die Zielsetzung der Masse der Arbeitenden eine Erleichterung in ihrer Lebensführung verspricht und daß eine Verbesserung derselben dieser oder jener Art in absehbarer Zeit auch empfunden wird.

Die Masse der Einzelnen folgt einem sozialen Ziele nicht als etwas Abstraktem, das an sich erstrebt wird, sondern aus der durchaus persönlichen Vorstellung einer Lebenserhöhung, die im Rahmen der sozialen Gemeinschaft, für welche die Zielstellung gilt, für deren Glieder erwartet wird. Die Selbstaufgabe, die für den einzelnen auf dem Wege zu diesem Ziel erforderlich werden kann, schließt nicht aus, daß er in der Verfolgung dieses Zieles im Rahmen einer Wir-Beziehung handelt, die aus jenem Selbsterhaltungstrieb höherer Ordnung resultiert, der seine Wurzeln im einzelnen psychophysischen Organismus hat. Dieser ist der Sitz aller physischen und psychischen Reaktionen und Willensbildungen und wird es immer bleiben, solange der biologische Fortbestand der Menschheit auf dem Dualismus der Geschlechter beruht. *Wieser* hat die Begriffe der Massenseele und des Massenwillens klar auf ihre Komponenten zurückgeführt und die mit diesen Bezeichnungen umschriebene Gleichrichtung von Gefühlen und Wünschen der Vielzahl sozialer Glieder als erfolgsbedingt gekennzeichnet. Für den konkreten Zusammenhang bedeutet dies, daß sich die Masse der Bevölkerung in dem Maß und Tempo von einer gesellschaftlichen Zielstellung löst, in dem deren Erfolgswahrscheinlichkeit abnimmt.

Abgesehen von politischen Aktionen, welche die gesellschaftlichen Funktionsträger, von denen die organisatorischen und technischen Mittel zur Erreichung des gedachten Zieles gehandhabt werden, immerhin unterdrücken mögen, äußert sich dieser Lösungsvorgang in einer abnehmenden Bereitwilligkeit der Massen, ihre Alltagsbedürfnisse zugunsten der gesellschaftlichen Zielstellung zurückzustellen. Da sie diese nicht legal in der erstrebten Weise befriedigen können, weichen sie den gesetzlichen Schranken entweder durch illegale Bedarfsbefriedigung aus, der auf der Erzeuger- und Lieferantenseite eine Anschneidung der vorgeschriebenen Versorgungskanäle entspricht, oder reduzieren ihre Leistung und damit ihren physischen Aufwand entweder schlechthin oder im Rahmen der Haupt- zugunsten einer Nebenerwerbstätigkeit. Den Prototyp der illegalen Bedarfsbefriedigung bildet der Schwarze Markt. Der Leistungsabfall hat in Deutschland aber schon vor dessen massivem Auftreten eingesetzt. Er beruhte nicht nur auf Mäßigung des individuellen Arbeitstempos und auf nachlässigerer Arbeit mit erhöhtem Ausschuß, sondern besonders auch auf der Zunahme der Krankheitsausfälle, die keineswegs ausschließlich auf physiologische Ursachen, sondern sicher zum Teil auch auf psychologische zurückzuführen gewesen sein dürften. Daß derartige Retardierungsmomente in Deutschland zu einer Zeit einsetzten, als das physiologische Soll durch die Lebensmittelrationen noch nicht offensichtlich in geradezu gefahrdrohender Weise unterschritten worden war, weist darauf hin, daß die Grenze der Zumutbarkeit einer Reglementierung des Bedarfs nicht ausschließlich von der physiologischen Tragbarkeit der Zuteilungen, sondern — unter Umständen unabhängig von dieser — von dem Duldungswillen der Bevölkerung abhängt. Auch ein noch so differenziertes System der Zwangsanwendung wird fehlenden Willen auf die Dauer nicht in Initiative verwandeln können, weil es sich gegen ein biologisches Essentiale wendet. Vermag der einzelne nicht oder nicht mehr die gesamtgesellschaftliche Zielstellung dem ihm kraft des Lebenserhaltungsprinzips immanenten Entfaltungsstreben zu assimilieren, so tritt mit biologischer Zwangsläufigkeit jene Sterilität der sozialen Lebensgestaltung ein, welche entweder zu ständiger Forcierung immer neuer, sich von den eigentlich vitalen Impulsen entfernender gesamtgesellschaftlicher Zielstellungen zwingt oder bei deren Fortfall zur Stagnation eines Wirtschaftssystems führt, dessen natürliche Impulse betäubt sind.

Daß, wie es *Wieser* ausdrückt, im Rahmen der vergesellschafteten Lebensform für die große Masse der Menschen in ihren privaten Angelegenheiten die „Psychologie des Man“ gilt, ist nicht das Ergebnis einer nach der ratio gesellschaftlicher Planung bestimmten Zumessung der Bedürfnisse. Im Gegenteil ist die voluntaristische Gleichrichtung der Glieder einer Gesellschaft das Produkt von individuellen Vorstellungen, die, weil das Individuum nur in gesellschaftlicher Verbundenheit existent und die Gesellschaft nur im Zusammenwirken von Individuen denkbar ist, auf die jeweiligen Möglichkeiten der gesellschaftlichen Wirtschaft nach dem von *Francé* einmal aus den biologischen Komponenten entwickelten „Gesetz des Optimums“ im Sinne des allem Lebenden innewohnenden Prinzips der Lebensentfaltung reagieren.

Was Mode sein soll, wird von ihren Schöpfern nicht als abstrakte Konstruktion gestaltet, sondern wird sich nur dann durchsetzen, wenn in ihr die Elemente verdichtet sind, die einerseits in den Wunschvorstellungen der Frauen- und Männerwelt schwingen, andererseits sich in dem zeitlich gegebenen Stand der Produktionstechnik und ihrer Rohstoffgrundlagen bieten. Dabei offenbart gerade die Kleidungsmode, wie sehr das „Man trägt" nur den Rahmen für die Individualität der Frau, gerade der „modischen" Frau, bildet. Es gibt wenige Gebiete, auf denen die Entfaltung der persönlichen Gestaltungswünsche innerhalb eines allgemein festgelegten Rahmens in der Vielfältigkeit der Schnitte, des Verputzes und des Schmuckes so augenfällig wird wie in der Frauenmode. Sie hier zu behandeln, würde sich dennoch erübrigen, wenn sie sich von dem Wesen der Bedarfsbefriedigung auf anderen Gebieten anders als nur graduell unterscheiden würde. Sie bildet nur e i n prägnantes Beispiel für die Wechselbeziehung zwischen persönlicher Wunschvorstellung und gesellschaftlichem Schaffen einerseits und für die Rahmenbeziehung sozialer Verhaltensregeln zum effektiven persönlichen Verhalten in der Bedürfnisbefriedigung anderseits.

Daß eine geeignete Reklame Bedürfnisse zu wecken vermag, die bisher noch nicht geltend gemacht wurden, ist nur ein scheinbarer Gegenbeweis; denn alle Bedürfnisäußerungen lassen sich auf eine verhältnismäßig geringe Zahl biologisch bedingter Grundbedürfnisse zurückführen, deren Befriedigungsformen unbegrenzt variabel sind. Dadurch ist es ohne weiteres möglich, durch psychologische Massenbeeinflussung, nenne sie sich nun Reklame, Propaganda, Erziehung oder Schulung, die Bedarfsbefriedigung auf andere als die bisher gewohnten Formen hinzulenken, sofern diese als Bereicherung des Daseins im Sinne der Lebensentfaltung oder als Lösung aus bisheriger Umweltbeengung im Sinne einer Lebensentwicklung empfunden werden. Gerade das aber sind Kriterien der subjektiven Vorstellungswelt, die davor bewahren sollten, den sogenannten Durchschnittsmenschen, den Jedermann, als unselbständige Zelle einer Massenseele zu betrachten, die ohne Beeinträchtigung des sozialen Organismus jeder, auch willkürlichen massenpsychologischen Beeinflussung schrankenlos zugänglich ist.

Selbstverständlich gibt es Zeiten, in denen die unmittelbare Daseinserhaltung der Daseinsentfaltung vorgeht. Es gibt auch Zeiten, in denen die Erzeugung für den öffentlichen oder gesellschaftlich korporativen Bedarf der Produktion für den Individualbedarf vorangesetzt werden muß. Mögen die Ursachen solcher Vorgänge militanter Art sein, in Erschließungsaufgaben oder in einer Anpassung der Produktionskapazität an ein verändertes Verhältnis von Bedarf zu Erzeugung liegen, so erfordern sie jedenfalls für den Zeitraum ihrer Abwicklung eine Verlagerung des Sozialprodukts zu Lasten der privaten Verbrauchssphäre.

Die Masse der privaten Verbraucher wird sich der Notwendigkeit nicht verschließen, wenn und solange sie die hierdurch bedingten Beschränkungen ihrer persönlichen Bedürfnisbefriedigung als Voraussetzung der Daseinserhaltung empfindet, von deren Sicherung die Wiederentfaltung eines organisch abgestimmten sozialen Lebens erwartet wird. Sie wird sich ferner mit Beschränkungen in dem Maß abfinden, als einmal die soziale Zwecksetzung einen Zustand anstrebt, der eine Lebensentfaltung auf verbesserter Ebene mit entsprechendem Anteil der durch die Beschränkungen betroffenen sozialen Glieder in Aussicht stellt, und weiter als die für das soziale Ziel geforderten Beengungen der gegenwärtigen Lebensführung zu dem von seiner Erreichung erwarteten Sozialzustand in einem angemessenen Verhältnis stehen. Keine noch so geschickte Propaganda vermag daher die Masse der individuellen Lebensträger auf die Dauer an Ziele binden, aus denen kein Erfolg für die soziale Lebenshaltung resultiert. Man vermag die Masse der Bevölkerung über soziale Fehlunternehmungen vielleicht für eine Zeitspanne durch Aufstellung immer neuer Ziele hinwegtäuschen. Allmählich reagiert sie aber zwangsläufig mit Interesselosigkeit, Apathie und Ablehnung, und es geht ihr wie einem Rennfahrer, dessen Ziel während der Fahrt um immer neue Runden hinausgesteckt wird.

In seinem Buch über die Psychologie des Alltags weist *Müller-Freienfels* darauf hin, daß die menschlichen Organisationen dazu neigen, sich in avitale Mechanismen zu verwandeln. Die Erfahrung hat gelehrt, daß Institutionen zur Erreichung bestimmter gesellschaftlicher Ziele sich zur Erstarrung im Selbstzweck entwickeln können. Volkswirtschaftlich bedeutet dies eine Fehlleitung von Sozialprodukt und -ertrag, welche die organischen Wechselbeziehungen des wirtschaftlichen Lebens stört und eine geordnete Fortführung beeinträchtigt. Daß sich ein Schiff auch mit falscher Trimmung eine Zeitlang auf Kurs halten läßt, wenn entsprechende Maßnahmen ergriffen werden, steht außer Zweifel. Ebenso klar ist aber auch, daß es sich bei dem Staatsschiff hierbei um Zwangsmaßnahmen, also um Eingriffe in die private Sphäre bis zu deren Leugnung handeln muß. Inwiefern solche Eingriffe hinsichtlich ihrer Erfolgsmöglichkeiten begrenzt sind, wurde bereits dargetan. Wesentlich ist, daß sie überhaupt begrenzt sind und kein irgendwie geartetes Wirtschaftssystem sich auf die Dauer hierüber in einer Zeit hinwegsetzen kann, in der die soziale Produktivität infolge der Differenzierung ihrer Grundlagen und des Grades ihrer Intensität auf den ungehemmten Leistungswillen aller sozialen Glieder angewiesen ist.

In welchem Umfang lenkende Eingriffe in den Wirtschaftsablauf dessen reibungslose Weiterführung unter einer bestimmten sozialen Großaufgabenstellung zu fördern und zu gestalten imstande sind, verhält sich durchaus proportional der Resonanz dieser Zwecksetzung in der Bevölkerung, einer Resonanz, die nach Zeitdauer und Größe in erster Linie psychologisch bestimmt ist. Ihr Abklingen setzt nicht erst dann ein, wenn die auferlegten Beschränkungen die Grenze der physiologischen Tragbarkeit erreicht haben, sondern bereits, wenn die jene auslösende Zwecksetzung psychologisch nicht mehr akzeptiert wird.

Die psychologische Situation einer Wirtschaftslenkung wird daher dann besonders schwierig, wenn eine vorangegangene Periode erfolgloser Zielsetzungen den Kredit auf schließliche Lebensentfaltung oder gar auf Lebenserhaltung bei der Bevölkerung durch tiefgreifende Beschränkungen in der Lebensführung bereits langfristig erschöpft hat. Gewiß, Leben, das sich nicht mehr entfalten kann, erstarrt, und es ist grundsätzlich möglich, ein in die Zellen eines vielfältig normierenden Geflechts verfangenes soziales Leben geraume Zeit zu konservieren. Mit biologischer Notwendigkeit muß aber der vitale Innendruck dann zum Ausgleich mit dem mechanischen Außendruck drängen, wenn der primitive Selbsterhaltungstrieb auf die Grenze zwischen endgültiger Verkümmerung der Lebensentfaltung, auf der letzten Endes das Leben schlechthin beruht, und Weitergeltung des Lebensprinzips gelangt, also an die Entscheidung zwischen Sein und Nichtsein.

Daß dieser soziale Gärungsprozeß unter dem Signum „Man kann nicht mehr ertragen" in Erscheinung tritt, darf nicht darüber hinwegtäuschen, daß seine Impulse von der biologischen Einheit Mensch ausgehen, die sich in ihren Lebensäußerungen gefesselt fühlt, die einer Heimstatt ihres intimsten Seins bedarf, die sich kleiden will, die Hunger empfindet. Wenn alles dieses Wollen und Wünschen auf die Schranken beengender Normierung stößt, kumuliert sich die Auflehnung der Vielheit der Einzelnen in gleichen Belangen zwangsläufig zur Massenreaktion des „Man", die ein anderes Gewicht erlangt als diejenige des Einzelnen, der aus dem Vorhandensein des „Man" Rechtfertigungen für Verhaltensformen und Ansprüche auf Handlungen ableitet, zu denen er sich aus an sich gleichen Motivationen ohne den Mantel des „Man" nie aufschwingen würde. Es ist naheliegend, daß dieses Fluidum des „Man" unter solchen Voraussetzungen verhältnismäßig leicht in eine zielstrebige Ideologie eingeformt werden kann, die zu revolutionärer Initiative führt. Dennoch ist die Reaktion des „Man" als solche keineswegs mit revolutionärer Aktion zu identifizieren, weil zwischen jener und dieser eine Reihe physiologisch, psychologisch, ideologisch und organisatorisch bestimmter Phasen liegt, die zu der gedachten Auswirkung verlaufen können, aber nicht müssen. Unter sonst gleichen physiologischen und psychologischen Voraussetzungen wird die ideologische Komponente nicht zum Tragen kommen, wenn die abgelaufene Periode der Erfolglosigkeit auch die ideologische Kapazität der Bevölkerung so weit erschöpft hat, daß diese von keiner irgendwie gearteten Ideologie mehr die Verwirklichung der angestrebten Wiederentfaltung des Lebens erhofft. Mag ein derartiger Zustand vom Standpunkt einer bestehenden sozialen Ordnungsidee auch als gefahrmindernd betrachtet werden, so ist er doch eben ein Zustand der Indolenz, in welchem auch das bestehende soziale Gefüge seinen Kredit als lebenserhaltende Macht mehr oder weniger eingebüßt hat.

Die Folge sind dann freilich nicht Aktionen revolutionären Charakters. Es genügt aber für eine tiefgreifende Erschütterung des sozialen Gefüges, wenn der Schirm des „Man" massenweise Handlungen deckt, die dem gegebenen System gegenüber asozial sind. Wird dessen Ordnung der Bedarfsbefriedigung in breiter Linie durch einen illegalen, auf oft undurchsichtige Weise versorgten Schwarzen Markt, durch Mißachtung der Versorgungsregeln seitens der Produktion, durch Feld- und Transportdiebstähle durchbrochen, so bahnt sich hiermit eine anarchische Reaktion gegen eine Fesselung der Lebensentfaltung an, die selbst durch strengste Strafmaßnahmen nicht zu bewältigen ist, wenn die Bestrafung in der moralischen Haltung des „Man" keine abwertende Resonanz mehr findet. Diese kann aber dann nicht mehr erwartet werden, wenn die soziale Ordnung einen organischen Ablauf der Lebensvorgänge nicht mehr gewährleistet; denn dazu ist sie da.

Die Situation nach der Kapitulation und Besetzung Deutschlands kennzeichnete sich dadurch, daß nicht nur die ideologische Aufnahmefähigkeit der Bevölkerung erschöpft war, sondern auch zunächst alle Ansatzpunkte für eine auf Wiederentfaltung des sozialen Lebens gerichtete Zielstellung fehlten, die ein Vertrauen in die soziale Wiedergesundung hätten begründen können; denn die elementaren Voraussetzungen für die Erfolgsaussichten einer solchen Zielstellung waren weder auf dem Gebiet der sozialkonstruktiven Formung noch auf dem der Erzeugung vorhanden. Mit dem Zusammenbruch des staatspolitischen Rahmens hatten die sozialen Beziehungen ihren Halt verloren, und die Wiederherstellung der inneren sozialen Bindungen konnte zunächst nur formalkonstruktiv angestrebt werden. Die industrielle Produktion war durch den Krieg so stark beeinträchtigt, daß sie weder auch nur entfernt eine schnelle Schließung der Bedarfslücken an gewerblich erzeugten Gütern noch vielmehr eine industrielle Ausfuhr zum Import der dringlichst benötigten Ergänzung der Ernährungsgrundlage zuließ. Diese selbst war durch den Rückgang der landwirtschaftlichen Erzeugung so stark gefährdet, daß vorderhand mit einer Verschlechterung der Ernährungslage mehr zu rechnen war als mit einer Aufrechterhaltung ihres ohnehin schon geminderten Niveaus. Mit der hierdurch bedingten scharfen Anspannung des physiologischen Aushaltevermögens der Bevölkerung traf deren mindestens ebenso starke psychologische Aversion gegen die Beengung ihrer nach endlicher Geltung drängenden Lebensäußerungen zusammen. Diese wog um so schwerer, als eine relative Geldfülle psychologisch den Schein einer wunschgemäßen Bedarfsbefriedigungsmöglichkeit aufrechterhielt, wenn man ihr nur stattgegeben hätte. Da die Währungsreform diese Vorstellung nicht so sehr durch die Erkenntnis der tatsächlichen Verarmung als durch die Idee ablöste, daß die Relation der Marktfaktoren nun mit einem Schlage wieder hergestellt und ihre obrigkeitliche Beeinflussung damit überflüssig geworden sei, drängte der Ruf nach dem freien Markt nun sowohl von der Verbraucher- als auch von der Erzeugerseite gegen die Behörden der Bewirtschaftung und der Planung, und der Kampf gegen die sogenannte Bürokratie entfaltete sich in aller Breite.

Hätte man nur darüber hinweggesehen, daß die angemessenere Befriedigung der Bedürfnisse nach dem Ermessen der Bedarfsträger an die sehr realen Voraussetzungen der Produktions- und Einfuhrgegebenheiten und deren wirtschafts- und staatspolitische Verflochtenheiten gebunden ist, so hätten sich diese Behörden der unendlich mühevollen Quantifizierung differenziertester Zuteilungsquoten leicht durch die Flucht in ein „Laissez faire" entziehen können. Daß sie die deutsche Wirtschaftswelt nicht den Weg des freien Kräfteausgleichs von unzureichender Güterversorgung und überdimensionalem Bedarf gehen ließen, wird man bei objektiver Würdigung der Folgen eines dergestalt „freien Spiels" so diskrepanter Kräfte kaum als Machtbesessenheit einer nicht abtreten wollenden Bürokratie auslegen können. Inwieweit ihre wirtschaftspolitische Linie eigener Initiative oder einer Bindung an die Entscheidungen der Militärregierungen entsprang, ist für die Tatsache belanglos, daß durch diese Wirtschaftspolitik ungeachtet aller widrigen Voraussetzungen ohne nachhaltige Störung der grundsätzlichen sozialwirtschaftlichen Ordnung ein Verhältnis zwischen Bedarf und Befriedigungsmöglichkeit herbeigeführt wurde, das jenes Erfolgsempfinden vermittelte, ohne welches das psychologische Vertrauen und die ideologische Aufgeschlossenheit, die für die schrittweise Rücknahme des Verwaltungsarms ebenso wie für die Wiedererstellung eines festen sozialkonstruktiven Rahmens unerläßlich waren, keinen Ansatzpunkt finden.

An dieser psychologischen Bedingtheit einer Verminderung des Bewirtschaftungsdruckes wird die Abhängigkeit auch einer Liberalisierung des Wirtschaftslebens von einem zentralen Planungserfolg deutlich. Auch von den Vertretern des Wirtschaftsliberalismus wird heute nicht mehr eine schrankenlose Spielfreiheit der ökonomischen Kräfte befürwortet, obwohl der Mißerfolg der dem Bewirtschaftungsvorgehen zugrunde gelegenen sozialen Zielstellung es nahegelegt hätte, dem Verwaltungsüberdruß der breiten Bevölkerungsschichten zu folgen und den ganzen Apparat der staatlichen Wirtschaftsverwaltung in Bausch und Bogen über Bord zu werfen. Die Voraussicht, daß die unvermittelte Freigabe von Handel und Wandel bei der Nachkriegsdiskrepanz von Warenangebot und Verbrauchsgüterbedarf zu einem Chaos geführt hätte, liegt noch durchaus in der ökonomisch-technischen Ebene. Daß sich dieses Chaos als Mißerfolg des Prinzips der Wirtschaftsfreiheit dokumentiert hätte und als Reaktion das spontane Begehren, vor allem der kaufkraftschwachen Schichten, nach planerischer Sicherung der Versorgung des „kleinen Mannes" aufgetreten wäre, ist eine psychologische Erkenntnis.

Sie beruht auf der Tatsache, daß eine Bewirtschaftung, welche die psychologische Toleranzgrenze bereits erreicht hat, ohne anarchische Wirkung nicht aufgehoben werden kann, solange die ökonomisch-technischen Kräfte für eine freiere Marktgestaltung nicht so ausgewogen worden sind, daß diese selbst der Verbraucherschaft eine Daseinsverbesserung bietet, die jener als Erfolg der freieren Wirtschaftsgebarung erscheint. Gelingt es nicht, eine Bewirtschaftung, deren psychologischer Kredit bei der Bevölkerung sich erschöpft, an diesen Umkehrpunkt zu führen, so erstarrt sie zu einem Mechanismus, der aus eigener Hilf- und Ausweglosigkeit ohne Rücksicht auf die Tragfähigkeit der Bevölkerung weiterbesteht. Seine Wirkung kann dann durchaus die psychologische und physiologische Toleranzgrenze überschreiten. Ohne die Folge eines chaotischen Zusammenbruchs kann der Mechanismus dabei aber dann nur aufrechterhalten werden, indem das Bewirtschaftungssystem Ventile schafft. Sie können in einer immer mehr individualisierten Präferenzskala oder in einer stillschweigenden Duldung „schwarzer" Versorgungskanäle bestehen. Die Verfeinerungsmöglichkeiten hierin mögen ungemessen sein, sie sind aber nicht unbegrenzt, weder sachlich noch zeitlich. Zu irgendeinem Zeitpunkt ist der Kredit eines nicht mehr tragfähigen Wirtschaftssystems so weit ausgehöhlt, daß es mit keinem Trick mehr Gläubige findet.

Soll hierdurch kein Chaos entstehen, so muß die Wirtschaftsführung die Vorbedingungen einer legalen Wirtschaftsliberalisierung ebenso planen, wie auch die Duldung eines Schwarzen Marktes ein geplanter Vorgang ist. Diese planerische Grundlage einer Wirtschaftsliberalisierung zu betonen, ist notwendiger, als den selbstverständlich planerischen Übergang von Wirtschaftsfreiheit zu Bewirtschaftung hervorzuheben. Diese beiden Momente zusammen kennzeichnen aber eindeutig, wie sehr die jeweilige Gestalt der Wirtschaftsvorgänge ihre Grundkonzeption für die nähere Zukunft durch das zeitgeschichtliche Hineinwachsen privater Risiken in soziale Risiken empfangen hat und nur in den Grenzen operativer Maßnahmen inkonstanten Änderungen unterliegt, so daß keine Regierung auf die verwaltungsmäßigen Operationsbasen verzichten *kann*. Unter diesem Aspekt sind Wirtschaftslenkung und „freie" Wirtschaft keine Prinzipien-, sondern Zweckmäßigkeitsfragen, die sich nach den jeweiligen realen Gegebenheiten bestimmen und daher kaum noch für programmatische Erklärungen eignen.

Dessenungeachtet kann die zweckmäßige Handhabung der Wirtschaftsoperative an dogmatischen Erwägungen und Gegensätzen scheitern, die mehr ideologisch und machtpolitisch als rational bestimmt sind. Eine organisch denkende Wirtschaftsführung wird daher bestrebt sein, den sozialen Menschen als das Maß ihrer Dinge in Rechnung zu stellen, und zwar den Menschen als ganzen, nicht nur als Arbeitskraft oder Bedarfsträger, sondern als eben den Homo sapiens, dessen wesentliches entwicklungsgeschichtliches Merkmal seine Psyche ist.

Wenn das psychologische Vertrauen und die ideologische Aufgeschlossenheit die Grundlage für die Wiederschaffung eines festen sozialkonstruktiven Rahmens der Volkswirtschaft bilden, so gelten diese Voraussetzungen nicht nur für das soziale Verbundenheitsgefühl aller Glieder einer Sozialwirtschaft untereinander, sondern auch für die funktionelle Einordnung der Sozialwirtschaften in eine kontinentale Großraumwirtschaft und in die Weltwirtschaft.

ANHANG

Kalender der Zuteilungsperioden reichsdeutscher und westdeutscher Lebensmittelrationierung

28. 8. 1939—31. 12. 1949

ZP. Nr.	Zeit
1	[1]28. 8. 1939—24. 9. 1939
2	25. 9. 1939—22. 10. 1939
3	23. 10. 1939—19. 11. 1939
4	20. 11. 1939—17. 12. 1939
5	18. 12. 1939—14. 1. 1940
6	15. 1. 1940—11. 2. 1940
7	12. 2. 1940—10. 3. 1940
8	11. 3. 1940— 7. 4. 1940
9	8. 4. 1940— 5. 5. 1940
10	6. 5. 1940— 2. 6. 1940
11	3. 6. 1940—30. 6. 1940
12	1. 7. 1940—28. 7. 1940
13	29. 7. 1940—25. 8. 1940
14	26. 8. 1940—22. 9. 1940
15	23. 9. 1940—22. 10. 1940
16	21. 10. 1940—17. 11. 1940
17	18. 11. 1940—15. 12. 1940
18	16. 12. 1940—12. 1. 1941
19	13. 1. 1941— 9. 2. 1941
20	10. 2. 1941— 9. 3. 1941
21	10. 3. 1941— 6. 4. 1941
22	7. 4. 1941— 4. 5. 1941
23	5. 5. 1941— 1. 6. 1941
24	2. 6. 1941—29. 6. 1941
25	30. 6. 1941—27. 7. 1941
26	28. 7. 1941—24. 8. 1941
27	25. 8. 1941—21. 9. 1941
28	22. 9. 1941—19. 10. 1941
29	20. 10. 1941—16. 11. 1941
30	17. 11. 1941—14. 12. 1941
31	15. 12. 1941—11. 1. 1942
32	12. 1. 1942— 8. 2. 1942
33	9. 2. 1942— 8. 3. 1942
34	9. 3. 1942— 5. 4. 1942
35	6. 4. 1942— 3. 5. 1942
36	4. 5. 1942—31. 5. 1942
37	1. 6. 1942—28. 6. 1942
38	29. 6. 1942—26. 7. 1942
39	27. 7. 1942—23. 8. 1942
40	24. 8. 1942—20. 9. 1942
41	21. 9. 1942—18. 10. 1942
42	19. 10. 1942—15. 11. 1942
43	16. 11. 1942—13. 12. 1942
44	14. 12. 1942—10. 1. 1943
45	11. 1. 1943— 7. 2. 1943
46	8. 2. 1943— 7. 3. 1943
47	8. 3. 1943— 4. 4. 1943
48	5. 4. 1943— 2. 5. 1943
49	3. 5. 1943—30. 5. 1943
50	31. 5. 1943—27. 6. 1943
51	28. 6. 1943—25. 7. 1943
52	26. 7. 1943—22. 8. 1943
53	23. 8. 1943—19. 9. 1943
54	20. 9. 1943—17. 10. 1943
55	18. 10. 1943—14. 11. 1943
56	15. 11. 1943—12. 12. 1943
57	13. 12. 1943— 9. 1. 1944
58	10. 1. 1944— 6. 2. 1944
59	7. 2. 1944— 5. 3. 1944
60	6. 3. 1944— 2. 4. 1944
61	3. 4. 1944—30. 4. 1944
62	1. 5. 1944—28. 5. 1944
63	29. 5. 1944—25. 6. 1944
64	26. 6. 1944—23. 7. 1944
65	24. 7. 1944—20. 8. 1944
66	21. 8. 1944—17. 9. 1944
67	18. 9. 1944—15. 10. 1944
68	16. 10. 1944—12. 11. 1944
69	13. 11. 1944—10. 12. 1944
70	11. 12. 1944— 7. 1. 1945
71	8. 1. 1945— 4. 2. 1945
72	5. 2. 1945— 4. 3. 1945
73	5. 3. 1945— 8. 4. 1945 (35 Tage)
74	9. 4. 1945—29. 4. 1945 (21 Tage)
75	[2]30. 4. 1945—27. 5. 1945
76	28. 5. 1945—24. 6. 1945
77	25. 6. 1945—22. 7. 1945
78	23. 7. 1945—19. 8. 1945
79	20. 8. 1945—16. 9. 1945
80	17. 9. 1945—14. 10. 1945
81	15. 10. 1945—11. 11. 1945
82	12. 11. 1945— 9. 12. 1945
83	10. 12. 1945— 6. 1. 1946
84	7. 1. 1946— 3. 2. 1946
85	4. 2. 1946— 3. 3. 1946
86	4. 3. 1946—31. 3. 1946
87	1. 4. 1946—28. 4. 1946
88	29. 4. 1946—26. 5. 1946

[1] Beginn der Rationierung durch Festsetzung von Vierwochenrationen (28 Tage). — [2] Kapitulation (8. 5. 1945).

ZP. Nr.	Zeit	ZP. Nr.	Zeit
89	27. 5. 1946—23. 6. 1946	112	[3]1. 3. 1948—31. 3. 1948 (März)
90	24. 6. 1946—21. 7. 1946	113	April 1948
91	22. 7. 1946—18. 8. 1946	114	Mai 1948
92	19. 8. 1946—15. 9. 1946	115	[4]Juni 1948
93	16. 9. 1946—13. 10. 1946	116	Juli 1948
94	14. 10. 1946—10. 11. 1946	117	August 1948
95	11. 11. 1946— 8. 12. 1946	118	September 1948
96	9. 12. 1946— 5. 1. 1947	119	Oktober 1948
97	6. 1. 1947— 2. 2. 1947	120	November 1948
98	3. 2. 1947— 2. 3. 1947	121	Dezember 1948
99	3. 3. 1947—30. 3. 1947	122	[5]Januar 1949
100	31. 3. 1947—27. 4. 1947	123	Februar 1949
101	28. 4. 1947—25. 5. 1947	124	März 1949
102	26. 5. 1947—22. 6. 1947	125	April 1949
103	23. 6. 1947—20. 7. 1947	126	Mai 1949
104	21. 7. 1947—17. 8. 1947	127	Juni 1949
105	18. 8. 1947—14. 9. 1947	128	Juli 1949
106	15. 9. 1947—12. 10. 1947	129	August 1949
107	13. 10. 1947— 9. 11. 1947	130	September 1949
108	10. 11. 1947— 7. 12. 1947	131	Oktober 1949
109	8. 12. 1947— 4. 1. 1948	132	November 1949
110	5. 1. 1948— 1. 2. 1948	133	Dezember 1949
111	2. 2. 1948—29. 2. 1948		

[3] Beginn der monatlichen Rationierung. — [4] Währungsreform (21. 6. 1948). — [5] Beginn der Ausgabe von 2-Monats-Karten unter Beibehaltung der monatlichen Numerierung der Zuteilungsperioden.

Schriftennachweis

A. Sammelwerke, Abhandlungen und Aufsätze

Aebi, Magdalena: Kants Begründung der Deutschen Philosophie, Basel 1947.

Agatz, Arnold, u. a.: Wasser — die Sorge Europas. Dortmund 1951. In: Forschung und Leben, H. 2.

Andres, Paul: Getränke. Stuttgart 1950.

Attlee, C. R. — *Dalton,* Hugh — *Gould,* Barbara A. — *Greenwood,* Arthur — *Laski,* Harold — *Morrison,* Herbert — *Noel-Baker,* Philipp J., and *Woolf,* Leonard: Labour's Aims in War and Peace. London 1940.

Bames, Ernst: Lebensmittel-Lexikon. Berlin 1935.

Bames, Ernst — *Bleyer,* Benno — *Grossfeld,* Johs.: Handbuch der Lebensmittelchemie. Berlin 1933—1942.

Bansi, Hans-Wilhelm: Zur Kritik und Pathogenese der Mangelödeme. In: Ärztl. Wochenschrift H. 17/18-1946.
Die Ödemkrankheit. In: Medizinische Klinik, Wochenschrift f. Klinik und Praxis Nr. 14/1946.
Änderung der Nahrungszufuhr durch Kriegs- und Nachkriegsverhältnisse. In: Hippokrates S. 180/1947.

Bartels, Hildegard, und Hans *Spilker:* Das Einkommen aus unselbständiger Arbeit im Rahmen der Volkseinkommensberechnung. In: Wirtschaft und Statistik, 7/1954.

Bartz, Fritz: Alaska — wie es heute ist. In: Kosmos H. 3/1950.

Basler, Adolf: Über die willkürlichen Bewegungen bei verschiedenen Menschenrassen. In: Kosmos H. 10/1923.

Bauer, Willy: Einkommen und Fleischverbrauch. Sonderh. 28 der Vierteljahrshefte zur Konjunkturforschung, S. 20—42. Berlin 1932.

Bavink, Bernhard: Die Naturwissenschaft auf dem Wege zur Religion. Oberursel 1947.

Bayer, Gustav: Das Zypermandlgras, eine hochwertige Kulturpflanze. In: Kosmos H. 5/1953.

Beard, Charles and Mary: A Basic History of the United States. New York 1952.

Behrens, Otto: Die größte Wasserleitung der Erde. In: Kosmos H. 11/1949.

Beller, Karl Friedrich: Viren und Miasmen. Stuttgart 1949.

Bening, A.: Soja-Broschüre. Im Manuskript vorgelegen, Hamburg-Frankfurt (Main), etwa 1946.
Arbeitsgemeinschaft Soja. Berichte 1946/47.

Beveridge, William Henry: British Food Control. London — New Haven 1938.

Beznák, A. von: Unterscheidung von Menschenrassen durch Blutuntersuchung. In: Kosmos H. 4/1923.

Bickel, Walter: Die Art der Eiweißernährung als Grundlage körperlicher Leistungssteigerung. In: Forschungen und Fortschritte Nr. 11/12 S. 121/1942.

Binet, Léon: Wie wehrt sich dein Körper? Stuttgart 1950.

Bramesfeld, Erwin — *Euler,* Hans — *Stevens,* Hans — *Schilling,* Fritz — *Schoppe,* Rudolf: Analyse und Bewertung von Angestelltentätigkeiten. In: Sozialwirtschaftliche Schriftenreihe, H. 5/1953.

Brock, Erhöhte Hungerresistenz der Jugendlichen? In: Ärztliche Wochenschrift H. 13/14-1946.

Burgdörfer, Friedrich: Zurück zum Agrarstaat? Berlin 1933.

Buurmann, Otto, und Franz *Ickert:* Vorschlag zur Umgestaltung der Lebensmittelkarte — Die physiologische Grundkarte. Denkschrift, Hannover 1946.

Chamberlain, Houston Stewart: Immanuel Kant, München 1909.

Conring, Hans: Der deutsche Butterhandel. Diss. Frankfurt (Main) 1938.

Deneffe, Peter: Die Entwicklung des Verbrauchs in Arbeitnehmerhaushaltungen seit 1949. In: Wirtschaft u. Statistik H. 5/1953.

Der Verbrauch in Arbeitnehmerhaushaltungen im Jahr 1953. Ebenda 4/1954.

Die Gehälter der Angestellten in der Bundesrepublik. Ebenda 1/1954.

Das Lohngefüge in der Bundesrepublik. Ebenda 7 u. 10/1954.

Denzer, Hans W.: Elektro-Fischerei. In: Kosmos H. 2/1953.

Diepgen, Paul: Die Entwicklung der Medizin in den letzten 50 Jahren. In: Naturwissenschaftl. Rundschau, Stuttgart, 4. Jg. (1951) N. 8.

Dove, Karl: Afrikanische Wirtschaftsstudien. In: Hamburgische Forschungen, H. 4, Braunschweig 1917.

Droese, Werner, und Herbert *Bramsel:* Vitamin-Tabellen der gebräuchlichsten Nahrungsmittel. 1. Aufl. Leipzig 1941.

Egle, Mary: Wesen und Formen der Verbrauchsrationierung in Europa. In: Weltwirtschaftliches Archiv H. 2/Sept. 1943.

Ehrath, Reinhard — *Fensch*, Hans-Ludwig — *Heim*, Peter — *Hüsch*, Karl — *Lorey*, Max — *Mitscherlich*, Eilh. Alfred — *Müller*, Wilhelm — *Rauch*, Hans — *Rauterberg*, Martin — *Rosemann*, Karl — *Schlosser*, Ernst — *Tarapanoff*, Edmund — *Vopelius*, Oswalt — *Walter*, Ulrich — *Wirth*, Hermann — *Wohlfahrt*, Otto: Landwirtschaftsstatistik. In: Die Statistik in Deutschland, hgg. v. Friedrich Burgdörfer, Bd. II, Berlin 1940.

Erhardt, Sophie: Rassenmäßige Zusammensetzung (des deutschen Volkes). In: Carl Flügge's Grundriß der Hygiene, Berlin 1940.

Eltzbacher, Paul: Die deutsche Volksernährung und der englische Aushungerungsplan. Eine Denkschrift von Friedr. Aereboe, Karl Ballod, Frz. Beyschlag u. a. Braunschweig 1914/1915.

Esser, H.: Eiweißmangel-Erkrankungen. In: Medizinische Klinik, Wochenschrift f. Klinik u. Praxis Nr. 4/1948 S. 103.

Euler, Hans, und Hans *Stevens:* Die analytische Arbeitsbewertung als Hilfsmittel zur Bestimmung der Arbeitsschwierigkeit. Düsseldorf 1950 u. 1952.

Fachmann, W. — *Kraut*, H. — *Sperling*, H.: Nährstoff- und Nährwertgehalt von Nahrungsmitteln. Leipzig 1953.

Fischer, J.: Ertragssteigerung bei Bohnen und Tomaten durch Blütenspritzung mit Hexachlorcyclohexan. In: Kosmos H. 5/1953.

Flaig, Walther: Harnstoff — ein Kuhfutter. In: Kosmos H. 6/1923.

Fleisch, Alfred: Ernährungsprobleme in Mangelzeiten. Die schweizerische Kriegsernährung 1939—1946. Basel 1947.

Flössner, Otto: Nährstoffbedarf des Menschen. In: Carl Flügge's Grundriß der Hygiene, Berlin 1940.

Umschichtungen der Volksernährung in Europa. In: Forschungsdienst, Organ der deutschen Landwirtschaftswissenschaft 16, 1943, 5.

France, Raoul H.: Bios. Leipzig 1926.

Freiensehner, Hans: Um das künstliche Fett. In: Rhein-Neckar-Zeitung Nr. 63 v. 3. 6. 1947.

Friedmann, Frances — *Gray*, Wood, und Richard *Hofstadter:* Grundriß der Geschichte der Vereinigten Staaten von Amerika. Washington 1952.

Fürst, Gerhard (und Mitarbeiter): Zur Frage der Einkommensschichtung. In: Wirtschaft u. Statistik, 6/1954.

Gräfe, H. K.: Grundlagen und Ergebnisse physiologischer Ernährungsbilanzen. Abhandlungen der Deutschen Akademie der Wissenschaften in Berlin, 1953, 2. Berlin 1954.

Ernährungswirtschaft im Rahmen der Aufgaben des Instituts für Ernährungsforschung. Potsdam-Rehbrücke. In: Die Pharmazie 6/1954.

Eine Ernährungsbilanz für Schwerstarbeiter. Ebenda 10/1953.

Hagner, G. W., und H. *Weng:* Arbeitsschwierigkeit und Lohn. Darstellung und Anleitung für das Anwenden d. Arbeitsbewertung nach Rangreihen. Köln 1952.

Hahn, Walter (in Verbindung mit Otto *Flössner* und Jonas *Schmidt*): Die Ernährungswirtschaft Europas in den Jahren 1936 bis 1938. In: Probleme der Weltwirtschaft 70, Jena 1942, VIII.

Hahn, Walter — *Jacobs*, Alfred — *Kraut*, Heinrich — *Flössner*, Otto: Großdeutschlands Ernährung im 4. Kriegsjahr. Umdruck Berlin 1943.

Harmsen, Hans: Papierkalorien. In: Hippokrates H. 4/1948, S. 97.

Unterwertigkeit der Lebensmittel. In: Hamburg in Zahlen H. 4/1948, S. 1.

Harmssen, Gustav Wilhelm: Reparationen — Sozialprodukt — Lebensstandard. Denkschrift des Bremer Instituts für Wirtschaftsforschung. Bremen 1947.

Hartmann, Helfried: Deutschlands Einfuhrbedarf an Ernährungsgütern. In: Wirtschaftszeitung Nr. 1 v. 3. 1. 1947.

Heidemanns, Irmgard: Die Ernährungswirtschaft in den wichtigsten außereuropäischen Gebieten. In: Weltwirtschaftliches Archiv H. 1/2 Juli/Sept. 1944 (Einleitung von Walter Hahn).

Heilmeyer, Ludwig: Hungerschäden. In: Medizinische Klinik, Wochenschrift f. Klinik u. Praxis Nr. 13/1946.

Heine, Hans: Das veranlagte Einkommen und seine Besteuerung. In: Wirtschaft u. Statistik, 6/1954.

Heinrichsbauer, August: Die Wasserwirtschaft im rheinisch-westfälischen Industriegebiet. Essen 1936.

Hermes, Heinrich: Warum nicht Butter aus Kohle? In: Die Welt Nr. 39 vom 1. 4. 1947.

Lohnt die Arbeit noch? In: Die Welt Nr. 24 v. 25. 2. 1947.

Heupke, Wilhelm: Diätetik. 3. Aufl. Dresden u. Leipzig 1942.

Hickmann, Ernst: Statistisches Taschenjahrbuch der Weltwirtschaft 1942/43. Berlin 1943.

Hömmken, Elisabeth: Verbrauchsausgaben in bäuerlichen Haushaltungen. In: Mitteilungen für die Landwirtschaft, H. 38 v. 16. 9. 1944.

Horstmann, Kurt: Zahl und Art der Einkommensbezieher in den Haushaltungen. In: Wirtschaft u. Statistik, 5/1954.

Der Umfang der Erwerbstätigkeit der Bevölkerung. Ebenda 9/1952.

Horstmann, Kurt, und Fritz *Molle:* Vielfalt und Einheit des Berufslebens in Europa. In: Studium Generale, H. 2/1953.

Imhausen, K. H.: Synthetisches Speisefett. In: Rhein-Neckar-Zeitung Nr. 25 v. 27. 2. 1947.

Kahn, Fritz: Leben des Menschen. Stuttgart 1923.

Keynes, John Maynard: Allgemeine Theorie der Beschäftigung, des Zinses und des Geldes. Berlin 1936 und 1952.

Kipp, Friedrich A.: Höherentwicklung und Menschwerdung. Stuttgart 1948.

Knobloch, Horst O. H.: Memorandum über Verbrauchsregelung vom 31. 10. 1945. Minden (Westf.). Manuskript.

Leitfaden zur Bekanntmachung der Militärregierung Deutschlands (Britisches Kontrollgebiet) über Kontrolle und Verteilung von Verbrauchsgütern. Minden (Westf.) 1946.

König, Franz Joseph: Chemie der menschlichen Nahrungs- und Genußmittel. Berlin 1910—1923.

Kogeler, Hans-Joachim: Arbeitsleistung und Ernährung. Diss. Hamburg 1948.

Koller, Siegfried, und Henriette *Peters:* Gegenwärtige Probleme der Frühsterblichkeit, Statistische Grundtatsachen, in: Die Sterblichkeit der ersten Lebenstage, Hg. G. Joppich, Selbstverlag: Deutsche Vereinigung für die Gesundheitsfürsorge des Kindesalters e. V., Berlin, vorauss. 1955.

Konrich, Friedrich: Hygiene der Luft, des Klimas und des Bodens. In: Carl Flügge's Grundriß der Hygiene. Berlin 1940.

Krause, Fritz: Über die Bezeichnung der durch Unterernährung entstehenden Schäden. In: Therapie der Gegenwart, S. 75, Jg. 1946/47.

Kraut, Heinrich: Der Nahrungsbedarf des körperlich Arbeitenden. In: Ärztliche Wochenschrift H. 31/32-1948.

Die ernährungsphysiologischen Grundlagen der Arbeitsleistung. In: Zentralblatt für Arbeitswissenschaft 1. Jg. H. 7/Okt. 1947.

Kraut, Heinrich — *Kofrányi*, Ernst — *Müller*, Erich A. — *Wildemann*, Liesel — *Spitzer*, Helmut — *Zimmermann*, Horst — *Wirths*, Willy — *Bramsel*, Herbert: Richtige Ernährung — die Grundlage der Leistungsfähigkeit. Frankfurt (Main) 1953.

Kraut, Heinrich, und Herbert *Bramsel:* Körpergewichtsentwicklung deutscher Arbeiter von 1937—1947. Arbeitsphysiologie Bd. 14 (1951) S. 394—406.

Kraut, Heinrich — *Bramsel*, Herbert — *Wecker*, Hildegard: Über die Ausnutzung von pflanzlichem und tierischem Eiweiß im menschlichen Verdauungstrakt. In: Biochem. Ztschr. S. 422/1950.

Kraut, Heinrich — *Lehmann*, Gunther — *Bramsel*, Herbert: Vorschlag zu einer Ernährungsstatistik auf der Grundlage des Arbeitsbedarfs der einzelnen Berufe. In: Arbeitsphysiologie, H. 4 (1939) S. 455.

Kroeber-Keneth, L.: Die Frau in der Industrie. In: Sozialer Fortschritt H. 3/1954.

Kühnau, Joachim: Eiweißmangel als Ernährungsproblem. In: Ärztl. Wochenschrift H. 11/12-1946 S. 161.

Kunhenn, Paul: Hirten, Nomaden, Eroberer. In: Kosmos H. 10/11-1948.

Landois, Leonard, und Rudolf *Rosemann:* Physiologie des Menschen. München-Berlin 1950.

Langenfeld, Heinz: Staatliche Investitionslenkung in Wirtschaftstheorie und Wirtschaftspolitik. Dresden 1941.

Lehmann, Gunther — *Müller*, Erich A. — *Spitzer*, Helmut: Der Calorienbedarf bei gewerblicher Arbeit. In: Arbeitsphysiologie Bd. 14/1950.

Lehmann, Gunther: Praktische Arbeitsphysiologie. Stuttgart 1953.

Lehnartz, Emil: Einführung in die chemische Physiologie. 9. Aufl. Berlin-Göttingen-Heidelberg 1949.

Lehovec, Otto: Wieviel Menschen kann die Erde ernähren? In: Kosmos H. 11/1953.

Lelonek, Heinz: Das Gewicht der Anforderungsmerkmale bei der Arbeitsbewertung. In: Bundesarbeitsblatt Nr. 11/1953.

Lübke, Anton: Die biochemische Fettgewinnung. In: Wirtschaftszeitung Nr. 5 v. 31. 1. 1947.

Lux, W.: Künstlicher Regen in Tanganjika. In: Kosmos H. 10/1951 u. H. 4/1953.

Maltzahn, Vollrath von: Ausfuhr — unsere Lebensfrage. In: Die Welt Nr. 47 v. 23. 4. 1949.

Marshall, A.: Handbuch der Volkswirtschaftslehre. Übers. v. Ephraim und Salz, 1905.

Mehnert, Klaus, und Heinrich A. T. *Schulte*: Deutschland-Jahrbuch 1949. Essen 1949.

Meyer, Konrad: Nahrungsraum und Übervölkerung. Göttingen 1953.
Morrow, Edward A.: Food Crisis acute in 4 Germans Zones. In: New York Times Overseas Weekly Nr. 196 v. 18. 5. 1947.
Mühlens, P.: Die russische Hunger- und Seuchenkatastrophe in den Jahren 1921—1922. Berlin 1923.
Müller-Freienfels, Wolfram: Die Seele des Alltags. Berlin 1925.
Munk, Friedrich Karl: Geistige Grundlage der ärztl. Therapie. In: Therapie der Gegenwart H. 9/1946-47.
Nevermann, Paul: Gegenwartsfragen der Sozialpolitik. In: Die Welt Nr. 16 v. 24. 5. 1946.
Nichterlein, Ernst: Erzeugung und Ernährung. In: Ernährungsdienst Nr. 29 v. 18. 7. 1947.
Oldenburg-Januschau, Elard von: Erinnerungen. Leipzig 1936.
Olivier, Gerhard, und Otto *Graf*: Ernährung — Gesundheit — Leistung. In: Dortmunder Schriften zur Sozialforschung H. 4/1947.
Oppenheimer, Carl: Der Mensch als Kraftmaschine. Leipzig 1921.
Ortega y Gasset, José: Betrachtungen über die Technik, Stuttgart 1949.
Paech, Karl: Die biologischen Grundlagen der Gefrierkonservierung von Lebensmitteln. In: Kosmos H. 7/1949.
Passarge, K.: ZEL, Zentralamt für Ernährung und Landwirtschaft in der Britischen Zone 1945—1948. Hamburg 1948.
Planck, Max: Vom Wesen der Willensfreiheit. Leipzig 1948.
Rein, Hermann: Physiologie des Menschen. Berlin 1938.
Kampf dem Hunger, Vortrag v. 31. 7. 1945 vor der Göttinger Med. Ges.; in: Die Gegenwart Nr. 8/9 v. 24. 4. 1946 und Hippokrates Jg. 1947 S. 24.
Reichle, Hermann, und Wilhelm *Saure*: Der Reichsnährstand — Aufbau, Aufgaben und Bedeutung. Berlin 1934.
Richarz, Hugo: Von Hot Springs nach Kopenhagen. In: Wirtschaftszeitung Nr. 5 v. 31. 1. 1947.
Riebicke, Otto: Was brauchte der Weltkrieg? Berlin 1936.
Römpp, Hermann: Atomlexikon. Stuttgart 1949.
Chemie der Zukunft. Stuttgart 1950.
Terramycin erhöht Ernte-Erträge. In: Kosmos H. 3/1953 S. 141.
Ronge, Anna, und Walter *Becker:* Erhebung über die Ernährungsverhältnisse in 25 Westberliner Haushalten mit Kindern 1951/52, in: Landwirtschaft — angewandte Wissenschaft, Nr. 16, Münster 1954.
Rüdiger, Walter: Die theoretischen Grundlagen und die wirtschaftliche Bedeutung der Pflanzenzüchtung. In: Kosmos H. 2/1952.
Rudolph, Willi: Vitamine — Elemente des Lebens. Stuttgart 1951.
Saller, Karl: Raum für acht Milliarden Menschen. In: Die Welt Nr. 72 v. 25. 3. 1950.
Saure, Wilhelm: Reichsnährstandsgesetze. Berlin-Leipzig 1935.
Seidel, Käthe: Landgewinnung durch Binsenkulturen. In: Kosmos H. 4/1953.
Skalweit, August: Die Nahrungsmittelwirtschaft großer Städte im Kriege. Berlin 1917.
Die deutsche Kriegsernährungswirtschaft. Stuttgart - Berlin - Leipzig - New Haven 1927.
Sperling, Hans: Die ökonomischen Gründe für die Minderbezahlung der weiblichen Arbeitskraft. Berlin 1930.
Niederländische Erhebungen über Haushaltsrechnungen. In: Soziale Praxis 1941 S. 169 ff.
Die Ernährungsweise des Städters in Bulgarien. In: Die Ernährung, Bd. 6 H. 7/1941.

Die Berechnungsgrundlagen für eine amtliche Zusammenstellung des Nährstoff- und Nährwertgehalts von Lebensmitteln. Manuskript 1943.

Die Berechnungsgrundlagen für eine amtliche Zusammenstellung des Nährstoff- und Nährwertgehalts von Lebensmitteln im Kriege. Manuskript 1944.

Die landwirtschaftliche Produktionsstatistik. In: Statistische Monatshefte für die Britische Zone, 8/Okt./Nov. 1948.

Die Ernährungsstatistik. Ebenda H. 9, Dez. 1948.

Psychologische Grenzen der Bewirtschaftung. In: Schmollers Jahrbuch für Gesetzgebung, Verwaltung und Volkswirtschaft, 70. Jg. (1950), H. 2.

Über die Relativität der ökonomischen Freiheit. H. 5/1950.

Normalverbrauchers dornenvoller Weg. In: Mindener Tageblatt Nr. 22 v. 26. 1. 1950.

Das Schwein ist unser Fettlieferant. Ebenda Nr. 64 v. 16. 3. 1950.

Ideologien und soziale Grundbeziehungen. In: Schmollers Jahrbuch f. Gesetzgebung, Verwaltung und Volkswirtschaft, 71. Jg. (1951), H. 2.

Die ernährungsphysiologischen Grundtatsachen und ihre volkswirtschaftliche Bedeutung. Ebenda 72. Jg. (1952), H. 4.

Spilker, Hans: Das Einkommen aus unselbständiger Arbeit in den Jahren 1949 bis 1953. In: Wirtschaft u. Statistik 7/1954.

Spitta, Oskar: Hygiene der Kleidung. In: Carl Flügge's Grundriß der Hygiene. Berlin 1940.

Schäfer, Ernst Ludwig: Die Unterernährung, Stoffwechselstörungen und klinische Störungen. In: Ärztl. Wochenschrift S. 171/1946.

Schall, Hermann: Nahrungsmitteltabelle. Leipzig 1935.

Scharlau, Kurt: Zum Problem des Nahrungsspielraums der Erde. Deutsche Gesellschaft f. Bevölkerungswissenschaft. Bericht über d. Mainzer Arbeitstagung v. 8. 10. 1953.

Bevölkerungswachstum und Nahrungsspielraum, Bremen 1953.

Schenck, E. G.: Grundlagen und Vorschriften für die Regelung der Krankenernährung im Kriege. Berlin-Wien 1942.

Schmitz, Karl Ludwig: Medizinische Körperbauforschung. In: Ärztl. Praxis 3. Jg. (1951) Nr. 27.

Körperbauanalyse mit Hilfe der formvariablen Soma-Einheit. In: S.A.S. Bolletino del Comitato Internazionale per l'Unificazione dei Metodi e per la Sintesi in Antropologia Eugenica e Biologia, Bologna, Nr. 22-23/1951.

Schörry, Otto: Die Vorräte in der Wirtschaft von 1951 bis 1953. In: Wirtschaft u. Statistik 4/1954.

Schrödinger, Erwin: What is Life? New York 1945.

Schulze, Gertrud: Die Verwendung von Walfleischmehl für die menschliche Ernährung. Diss. Hamburg 1948.

Schulze, Richard: Die quantitative Bedeutung des schwarzen Marktes und seine sozialwirtschaftlichen Auswirkungen. Bericht im Auftrage des StABB 1947, vervielfält. Manuskript.

Schultze, Ernst: Das Meer in der Geschichte und Wirtschaft. Berlin 1938.

Schweigart, Hans Adalbert: Der Ernährungshaushalt des deutschen Volkes. Berlin 1937.

Gutachten über die derzeitige Ernährung unter besonderer Berücksichtigung der Vitamin-Unterernährung. Vervielfältigtes Manuskript. Bremen 1946.

Steckhan, Hans: Wie erhalten wir den Boden und seine Fruchtbarkeit? In: Kosmos H. 10/1952 S. 437 ff.

Stepp, Wilhelm: Ernährungslehre. Berlin 1938.

Stepp, Wilhelm — *Kühnau,* Joachim, und Hermann *Schroeder*: Die Vitamine und ihre klinische Anwendung. Stuttgart 1952.

Stübler, Elfriede: Neue Erkenntnisse auf dem Gebiet der Vitaminforschung. Schriftenreihe des AID, H. 31, Stuttgart 1952.

Thiess, Karl, und Kurt *Wiedenfeld*: Die Preisbildung im Kriege. Mit einer Einf. v. Adolf v. Batocki. In: Beiträge z. Kriegswirtschaft H. 1/1915.

Thomas, Karl: Über synthetisches Speisefett. In: Die Welt Nr. 132 v. 6. 11. 1947.

Tornau, Udo, und Johannes *Kreck*: Beiträge zur Ernährungsstatistik. In: Beihefte zur Zeitschr. „Die Ernährung", Leipzig 1938.

Tüngel, Richard: Sprechende Zahlen. In: Die Zeit Nr. 5 v. 30. 1. 1947.

Vogt, William: Road to Survival. New York 1948.

Walter, Hubert: Klimazonen und Hautfarben. In: Kosmos H. 6/1953.

Warburg, James P.: Germany — Bridge or Battleground. London-Toronto 1946/47.

Weber, Erich: Probleme der Ernährung im Kriege. Manuskript, etwa 1940.

Wegener, Karl August: Nationale Fettwirtschaft, Teil II: Margarine und Öle. Kempten 1933.

Weidlich, Karl: Die Selbstversorgung Deutschlands mit pflanzlichen Ölen und Fetten. Diss. Frankfurt (Main) 1937.

Wicharz, Michael: Die Ernährungs- und Landwirtschaftsorganisation der Vereinten Nationen (FAO). Dokumente Heft VIII, hgg. v. d. Forschungsstelle für Völkerrecht und ausländ. öffentl. Recht der Universität Hamburg. Frankfurt (Main) - Berlin 1953.

Wieser, Friedrich: Das Gesetz der Macht. Wien 1926.

Wulkow, Hans: Die Körpermaße der Lebensversicherten. Berlin 1936.

Ziegelmayer, Wilhelm: Handbuch der Nährwertkontrolle. Berlin 1946.

Zotz, Lothar F.: Vormenschen, Urmenschen und Menschen. Stuttgart 1948.

B. Amtliche Quellen

Auswärtiges Amt: Vertrag über die Gründung der Europäischen Gemeinschaft für Kohle und Stahl. Bonn 1951.

Berufssystematischer Ausschuß: Systematik der Berufe. Berlin 1950.

Bipartite Finance Group: Das Währungs-ABC. 1948.

Bundesminister für den Marshallplan: Wiederaufbau im Zeichen des Marshallplanes 1948—1952. Bonn 1953.

Bureau van Statistik der Gemeente Amsterdam: Onderzoek naar den toestand van understeunde werkloozen en hun gezinnen (Oct. 1934/Febr. 1935). Statistische Mededeelingen Nr. 105, Amsterdam 1937.

Ernährungswirtschaftliche Forschungsstelle: Gliederung der Bevölkerung nach Verbrauchergruppen in Großdeutschland und in den einzelnen Landes-(Provinzial-)Ernährungsämtern. Ergebnisse der Umfrage bei den Ernährungsämtern für die 36. Zuteilungsperiode vom 4. 5.—31. 5. 1942; Berlin, August 1942.

Statistik der Verbrauchergruppen und des Bedarfs an Lebensmitteln für die einzelnen Zuteilungsperioden. Berichte. Berlin, Juni 1940.

Food and Agriculture Organization of the United Nations (FAO): Energy Yielding Components of Food and Computation of Calorie Values. Washington 1947.

Tables des Compositions des Aliments pour l'usage international. Washington 1949.

Calorie Requirements. Bericht des CCR. Washington 1950.

The Work of FAO 1951/52. Report of the Direktor-General, Rom 1952.

Hygienisches Institut der Universität der Hansestadt Hamburg: Umrechnungsfaktoren für die Verteilung von Fischen. Bericht v. 18. 9. 1948.

Institut National de la Statistique et des Etudes Economiques: Code des Catégories Socio-Professionelles. 2. Aufl. Paris 1952.

Landesernährungsamt Oldenburg: Broschüren. Oldenburg 1947 und 1948. Erlasse. 1948—1949.

Ministerial Collecting Center (Office of Military Government for Germany - U.S.) Economics Division: Statistisches Handbuch von Deutschland, Teil II, Ernährungs-, Land- und Forstwirtschaft. Fürstenhagen 1946.

Ministry of Food: ABC of Rationing in the United Kingdom. London 1951. How Britain was fed in War Time. Food Control 1939—1945. London 1946.

Niedersachsen Regional Food Team: Ernährungswirtschaft unter deutscher Verwaltung. Ernährungsdienst Nr. 23 v. 9. 8. 1946.

Preuß. Min. d. Innern: Die Ernährung im Kriege. Berlin 1915.

Reichsausschuß für Wirtschaftlichkeit im Handel beim RKW: Die Entwicklung der Umsätze und Wareneingänge im Einzelhandel im Jahre 1942. Bericht, Berlin 1943.

Statistisches Amt für die Britische Besatzungszone (StABB): Berichte über Mengen, Nährstoffgehalt und Nährwert der Nichtselbstversorger-Rationen. Umdrucke 1945—1948.

Umrechnungsfaktoren für die Verteilung von Fischen. Bericht v. 9. 9. 1948.

Schätzung des Bedarfs an gewerblichen Verbrauchsgütern. Bericht v. 6. 9. 1946.

Statistik der Verbrauchergruppen und des Bedarfs an Lebensmitteln. Berichte, Hamburg 1945—1947.

Die Lebenshaltung der Bevölkerung. Bericht, Hamburg 1947.

Statistisches Bundesamt: Die Frau im wirtschaftlichen und sozialen Leben der Bundesrepublik. Stat. Bericht, Arb. Nr. II/2/2 v. 12. 11. 1952.

Statistische Unterlagen zum Schumanplan. Stat. Bericht Arb. Nr. II/12/1, Wiesbaden 1952.

Die berufliche Gliederung der Erwerbspersonen im Bundesgebiet. Stat. Bericht Arb. Nr. VIII/8/20, Wiesbaden 1952.

Gesundheitswesen, Statistische Ergebnisse 1946—1950, Bd. 61 zur Statistik der Bundesrepublik Deutschland, Wiesbaden-Köln 1952.

Stat. Jahrbuch für die Bundesrepublik Deutschland 1953. Wiesbaden-Stuttgart-Köln 1953.

Die Zivilbevölkerung des Deutschen Reiches 1940—1945. Stat. Bericht Arb. Nr. VIII/19/1 v. 28. 2. 1953.

Der Verbrauch in Arbeitnehmerhaushaltungen 1949—1952. Stat. d. Bundesrepublik Deutschland Bd. 97, Stuttgart-Köln 1954.

Die Haushaltungen (Die Bevölkerung der Bundesrepublik Deutschland nach der Zählung v. 13. 9. 1950). Stat. d. Bundesrepublik Deutschland Bd. 35 H. 4 und 8, Stuttgart-Köln 1954.

Bevölkerung und Erwerbstätigkeit am 13. 9. 1950 und 17. 5. 1939. Stat. Bericht Arb. Nr. VIII/8/28, Wiesbaden 1954.

Statistisches Reichsamt: Stat. Jahrbücher für das Deutsche Reich 1941/42, 1939/40, 1938 und 1936.

Abt. III (Sozialstatistik): Durchschnittswerte des Nährstoff- und Nährwertgehaltes von Lebensmitteln auf der Verbraucherstufe. Juli 1945 (im Abzugsverfahren vervielfältigt).

Kriegsverbrauch an Nahrungsmitteln im Vergleich mit dem Friedensverbrauch nach den Ergebnissen von Wirtschaftsrechnungen. Berichte 1939—1944.

Nahrungsmittelverbrauch und Beruf. Vierteljahrshefte zur Statistik des Deutschen Reichs 1939, I.
Die Grundlagen einer laufenden Statistik des Verbrauchs an Nahrungs- und Genußmitteln. Vierteljahreshefte zur Statistik des Deutschen Reichs 1937, I.
Die Lebenshaltung von 2000 Arbeiter-, Angestellten- und Beamtenhaushaltungen 1927/28. Einzelschrift Nr. 22 zur Stat. des Deutschen Reichs.
Statistik der Verbrauchergruppen und der Zuteilung an Lebensmitteln. Berlin 1942—1944 und Weimar 1944.
Der Einfluß der kriegswirtschaftlichen Versorgungsmaßnahmen auf die Einkommensverwendung. Bericht, Sept. 1940.
Die Veränderung des Körpergewichts von Industriearbeitern. Berichte 1942/43.
Die Veränderungen des Körpergewichts erwachsener Personen in Haushaltungen gewerblicher Arbeiter. Bericht 1942.

United Nations: Charter of the United Nations and Statute of the International Court of Justice. New York (1953).

U.S. Department of Agriculture: Composition of Foods. Agriculture Handbook Nr. 8, Washington 1950.

U.S. Department of Labor. Bureau of Employment Security: Dictionary of Occupational Titles, 2 Bde. 2. Aufl. Washington 1949.

Verwaltung für Ernährung, Landwirtschaft und Forsten des Vereinigten Wirtschaftsgebietes: Erlasse 1949—50.

Zentralamt für Ernährung und Landwirtschaft in der Britischen Zone: Erfassen oder Laufenlassen? Berichte und Nachrichten aus der Land- und Ernährungswirtschaft Nr. 15 v. 12. 11. 1946.
Die landwirtschaftliche Bedeutung der Gebiete ostwärts der Oder-Neiße-Linie. Ebenda Nr. 16 v. 6. 2. 1947.

C. Zeitungen und Zeitschriften

Auslandsstimmen für die deutsche Wirtschaft, Jg. 1941.
Deutscher Pressedienst, Jg. 1947.
Die Welt, Jg. 1947/1950.
Ernährungs-Dienst, Jg. 1947.
F. O. Licht-Berichte, Jg. 1947/1948.
Hamburger Echo, Jg. 1947.
Hamburger Freie Presse, Jg. 1946/47.
Handelsblatt Düsseldorf, Jg. 1946/47.
Neue Zeit, Jg. 1946.
Neue Zeitung, Jg. 1946/1947.
New York Times Overseas Weekly, Jg. 1947.
Niederdeutsche Zeitung, Jg. 1947.
Rhein-Neckar-Zeitung Heidelberg, Jg. 1947.
Tagesspiegel Berlin, Jg. 1947.
The Manchester Guardian Weekly, Jg. 1947.
Wiesbadener Kurier, Jg. 1953.
Wirtschaftsrevue Konstanz, Jg. 1947.
Wirtschaftszeitung, Jg. 1947.